JRE

KulturGeschichteN

Festschrift für Walter Pötzl zum 60. Geburtstag

Titelbild: Heilige Katherina, aus: Der Heiligen Leben und Leiden, 1. Band Winterteil, Nürnberg 1384, Nachdruck Leipzig 1913, S. 142

Heimatverein für den Landkreis Augsburg e. V.
Geschäftsstelle:
Prinzregentenplatz 4, 86150 Augsburg,
Zimmer W 004, Tel. (08 21) 31 02-547
Bankverbindung: Kreissparkasse Augsburg, Konto 380

ISBN 3-925549-12-9
Redaktion: Bettina Schwenk und Alexandra Kohlberger
Druck: Schoder Druck GmbH & Co. KG, 86368 Gersthofen

KulturGeschichteN

Festschrift für Walter Pötzl zum 60. Geburtstag

Herausgegeben von

Alexandra Kohlberger

im Auftrag des Heimatvereins für den Landkreis Augsburg e.V.

26. Jahresbericht 1997/1998/1999

Band 2

Inhaltsverzeichnis:

Band 2

Die Briefe des P. Ulrich Peutinger vom Kloster Irsee an Georg Wilhelm Zapf in Augsburg

Konstantin Maier

Einleitung

Die Benediktiner des Klosters Irsee genossen im 18. Jahrhundert einen herausragenden Ruf, unter den Klöstern Schwabens besonders aufgeschlossen zu sein gegenüber den neuen Methoden und Wissenschaften, vor allem in den Sektoren der Mathematik, der Philosophie, der Astronomie und der Theologie. Die Reichsprälaten Bernhard Beck (1731-1765), Ämilian Mock (1765-1784) und Honorius Grieninger (1784-1802) waren entschiedene Förderer ihrer begabten Konventualen.[1] Zudem verdeutlichen die engen Verbindungen zur Benediktineruniversität Salzburg, in deren Präsidium die Äbte häufig vertreten waren, zum bischöflichen Lyzeum in Freising[2], wohin zwischen 1727 und 1800 regelmäßig Professoren von ihren Äbten beordert wurden, oder auch die verstärkten Beziehungen zur

[1] Zur Geschichte des Klosters Irsee: Walter Pötzl, Geschichte des Klosters Irsee. Von der Gründung bis zum Beginn der Neuzeit (1182-1501) (Studien und Mitteilungen zur Geschichte des Benediktiner-Ordens, Ergänzungsband 19), Ottobeuren 1969. - Ders., Die Geschichte des Klosters Irsee im Mittelalter. Ein Überblick, in: Hans Frei (Hrsg.), Das Reichsstift Irsee. Vom Benediktinerkloster zum Bildungszentrum. Beiträge zu Geschichte, Kunst und Kultur (Beiträge zur Landeskunde von Schwaben 7), Weißenhorn 1981, 9-16. - Ders., Der Irseer Konvent und seine Äbte in der Neuzeit (1502-1802), in: Ebd., 17-75, hier: 49-62. - Hans Pörnbacher, Barockliteratur in Irsee, in: Ebd., 246-265. - Franz-Rasso Böck, Wissenschaftliches Leben in den Benediktinerklöstern Ottobeuren, Irsee und Füssen im Zeitalter der Aufklärung 1750-1800, in: Zeitschrift für bayerische Landesgeschichte 54 (1/1991), 253-267.

[2] Anton Mayer, Die Errichtung des Lyzeums in Freising im Jahre 1834. Eine Studie zur Kulturgeschichte des Restaurations-Zeitalters. Festgabe zur Feier des 100jährigen Bestehens der Philos.-theol. Hochschule Freising (Historische Forschungen und Quellen 11), München/Freising 1934, 9-47.

Ritterakademie nach Kremsmünster, wie bekannt der 'moderne Geist' von Irsee gewesen sein muß.[3]

Mehrere in den Wissenschaften hoch angesehene Patres begründeten dieses bemerkenswerte Prestige des Klosters.[4] P. Ulrich Weiß (Profeß: 13. November 1729, † 5. Juni 1763)[5] galt als ungewöhnlich begabt und besaß offenbar ein großes Durchsetzungsvermögen. Er war der erste Mathematikprofessor in ganz Schwaben; so beförderte er trotz großer Widerstände in den Klöstern das Studium dieser säkularen Wissenschaft bis nach Kremsmünster und Prag.[6] In seine Fußstapfen traten schließlich seine einstigen Schüler P. Eugen Dobler (Profeß: 28. Oktober 1733, † 29. April 1796)[7], der lange Jahre (1742-1762) in Kremsmünster gewirkt[8], und Candidus Werle (Profeß: 11. November 1736, † 24. Februar 1770)[9], der als Professor der Mathematik an der Universität Salzburg unterrichtet hatte[10]. Diesen drei Patres wurde eine hohe Anerkennung für ihre wissenschaftlichen Leistungen zuteil und so wurden sie 1759 in die Bayerische Akademie der Wissenschaften aufgenommen.[11] Zur selben Zeit führte P. Meinrad Spieß (Profeß: 12. November 1702, † 12. Juni 1761)[12] als Musiker und Klosterkomponist das musikalische Leben in Irsee zu einer neuen Blüte.[13]

---

[3] Aegidius Kolb, Das Reichsstift Irsee in der Schwäbischen Benediktinerkongregation (1699-1802), in: Frei (Hrsg.), Das Reichsstift Irsee, 76-93, hier: 91-93.

[4] Andreas Kraus, Geistesleben im Reichsstift Irsee im Zeitalter der Aufklärung, in: Ebd., 266-274.

[5] Pötzl, Der Irseer Konvent, 46 und 52.

[6] Kraus, 267-269. - Staats- und Stadtbibliothek Augsburg (zukünftig SuStB Augsburg), Chronicon Imperialis Monasterii B.V. Mariae Ursin Augustane Dioecesis vontinuatum de anno 1710 usque ad annum 1784 a. P. Honorio Grieninger eiusdem Monasterio Professo Pars III (II), 119f. (Eintrag vom 5. Februar 1737).

[7] Pötzl, Der Irseer Konvent, 50 und 61.

[8] Kolb, 92.

[9] Pötzl, Der Irseer Konvent, 50 und 56.

[10] Ebd., 52.

[11] Kraus, 269.

[12] Pötzl, Der Irseer Konvent, 42 und 52.

[13] Alfred Goldmann, Meinrad Spieß. Der Musikprior von Irsee (Schwäbische Heimatkunde 5), Weißenhorn 1987. - Ders., Musikpflege im Kloster Irsee, in: Frei (Hrsg), Das Reichsstift Irsee, 235-245, hier: 236-241. - Ders., Meinrad Spieß und seine Stellung in der Musikwelt

Der jungen und zugleich letzten Generation (vor Eintritt der Säkularisation 1803) der Irseer Gelehrten gehörten auch Abt Honorius Grieninger, der sich als Mathematiker und fleißiger Klosterchronist[14] versuchte[15], und nicht zuletzt der Theologe P. Ulrich Peutinger (1751-1817)[16], der am 22. November 1722 die Profeß ablegte[17], an. In diese späte Blüte des Irseer Geisteslebens trat, wie auch in anderen schwäbischen Klöstern, neben der Pflege der Naturwissenschaften wiederum das Studium der Theologie in Auseinandersetzung mit den philosophischen Strömungen der Zeit bis hin zu Immanuel Kant (1724-1804), besonders aber auch ein intensives Studium der orientalischen (biblischen) Sprachen in den Vordergrund.
Das Rüstzeug in der Theologie erhielt Peutinger, der einst bei den Augsburger Jesuiten zur Schule gegangen war, im Kloster von P. Joseph Maria von Landsee (Profeß: 27. August 1758, † 2. Juli 1780)[18]. Im Konvent hatte der Benediktiner einst unterschiedliche Aufgaben übernehmen müssen. Bereits als Professor des Hausstudiums empfahl er sich durch mehrere Veröffentlichungen für das akademische Lehramt.[19] Nach einem großen Skandal um die freizügige Lebensart der schwäbischen Benediktiner Jakob Danzer von Isny (1743-1796) und Tiberius Sartori von Zwiefalten (1762-1825)[20] als Professoren in Salzburg erhielt Peutinger

---

des 18. Jahrhunderts, in: Jahrbuch des Vereins für Augsburger Bistumsgeschichte e.V., 19 (1985) 110-118.

[14] SuStB Augsburg, Chronicon III-IV.

[15] Kraus, 271.

[16] Zu Peutinger s. Kraus, 271f. (Würdigung Peutingers als Theologe). - S. a. Philipp Schäfer, Kirche und Vernunft. Die Kirche in der katholischen Theologie der Aufklärungszeit, Habil.-Schrift (Münchener Theologische Studien II, 42), München 1974, 216, 230-235.

[17] Pötzl, Der Irseer Konvent, 54.

[18] Ebd., 51 und 57.

[19] Ulrich Peutinger, Positiones eclecticae ex Philosophia practica universali, Kaufbeurae 1784. - Ders., Ekiographia universi iuris canonici etc. Ad diem xxviii Aprilis MDCCLXXIX. - Ders., Pruefungs-Sätze aus der Moralphilosophie für die Ordensneulinge des freyen Reichs=Stifts Irsee, Antonius Natterer, Stephanus Scheroll, Ignatius Manostätter unter der Anleitung des P. Ulrich Peutinger, samt einer Einleitungsrede, Kaufbeuren 1791.

[20] Richard W. Apfelauer, Die Aufklärung an der Benediktineruniversität Salzburg unter dem Erzbischof Hieronymus Graf Colloredo 1772-1803, in: Jahrbuch der Universität Salzburg 1981-1983, Salzburg 1984, 70-86. - Konstantin Maier, Der Einfluß der Aufklärung im Kloster Isny am Beispiel von Jakob (Joseph) Danzer und Augustin (Joseph Alexander)

1793 einen Ruf als Professor für Dogmatik an die dortige Universität. Während seiner akademischen Lehrtätigkeit (bis 1804) erschienen seine wichtigen Werke, die ihm im Zeitalter der späten Aufklärung einen Platz in der Theologiegeschichte des ausgehenden 18. Jahrhunderts sicherten.[21] Der schwäbische Benediktiner wurde jedoch auch von heftigen Kritikern scharf denunziert. Mit spitzer Feder kritisierte Matthäus Fingerlos den schwäbischen Dogmatikprofessor. Peutinger habe sich über die Grenzen der Theologie hinaus verirrt und könne auf seinem Lehrstuhl nicht vorankommen. Der unerfahrene Professor habe zudem die Philosophie Kants nicht erfaßt und sich daran sogar krank studiert.[22] Auch sein Abt Honorius soll ihn streng ermahnt haben, in der Dogmatik nichts zu verändern. Inwieweit Peutinger in Salzburg in öffentlichen Mißkredit geraten war, wissen wir leider nicht. Zum Ende des Studienjahres verließ Peutinger im Sommer 1804 die Universität und fand vorübergehend bis 1806 eine neue Wirkungsstätte im noch nicht säkularisierten Kloster Wiblingen bei Ulm.[23] Im Anschluß kehrte er endgültig nach Irsee zurück und starb dort am 12. Juni 1817.[24]

Rugel, in: Reichsabtei St. Georg in Isny (1096-1802). Beiträge zu Geschichte und Kunst des 900jährigen Benediktinerklosters, hrsg. von Rudolf Reinhardt, Weißenhorn 1996, 223-259.

[21] Ulrich Peutinger, Religion, Offenbarung und Kirche. In der reinen Vernunft aufgesucht, etc., Salzburg 1795. - Ders., Skizze des Peutingerischen Systems Religion, Offenbarung und Kirche, Salzburg 1796. - Ders., De mutata Theologia, et de immutabili ecclesiae Fide, Programma, quo ad agenda die XIV. Martii solemnia electionis Reverendissimi Archiepiscopi ac Celsissimi Principis nostri Hieronymi, Typis Fr. Xav. Duyle, [Salzburg] 1797. - Ders., Geschichte der Kirche unseres Herrn Jesus Christus. Ein Versuch 1ster Th. 1ste Abth., Salzburg 1802. - S. a. Johann Jacob Gradmann, Das gelehrte Schwaben oder Lexicon der jetzt lebenden schwäbischen Schriftsteller, Hildesheim/New York 1797 (Nachdruck der Ausgabe von 1802), 446f.

[22] Matthäus Fingerlos, Ueber öffentliche Lehranstalten insbesondere über Lektionskataloge auf Universitäten, Erstes Bändchen, Germanien (i.E. Nürnberg) 1798, 20-25.

[23] Zu Wiblingen s. Anton Naegele, Die Geschichte des Klosters Wiblingen nach Aufzeichnungen seines letzten Priors, des späteren Bischofs Gregorius Ziegler. Ein Gedenkblatt aus dem Jubiläumsjahre 1899, in: Studien und Mitteilungen zur Geschichte des Benediktinerordens 21 (1900) 277-185 und 529-534; 22 (1901) 147-155, hier: 153-155.

[24] Pötzl, Der Irseer Konvent, 62.

Zu den Briefen Peutingers an Georg Wilhelm Zapf

Der in Nördlingen geborene Georg Wilhelm Zapf (1747-1810)[25] gehörte zu den interessantesten Gelehrten seiner Zeit. Als Autodidakt hatte er sich der Buchdruckgeschichte, der historischen Diplomatik und Literatur zugewandt. Im Juli 1773 war er nach mehrmaligem Ortswechsel nach Augsburg gezogen und noch im gleichen Jahr wurde er als Notar dieser Reichsstadt berufen. Zu einer Berühmtheit entwickelte sich seine bedeutende und äußerst umfangreiche Bibliothek, voll gefüllt mit erlesenen Raritäten der frühen Buchdruckerkunst. Einem größeren Publikum war Georg Wilhelm Zapf durch die Publizierung seiner verschiedenen wissenschaftlichen 'literarischen Reisen' bekannt geworden. Als vorwiegend gerne gesehener Gast erhielt er Einblick in zahlreiche Bibliotheken in Schwaben, Bayern und in der Schweiz. Zapf schätzte als Protestant die edle Gastfreundschaft, die man ihm in den Klöstern entgegenbrachte. Auch hinter die Klostermauern habe der Geist der konfessionellen Toleranz Eingang gefunden.[26] Um vieles bedeutender als die 'literarischen Reisen' waren jedoch die unzähligen Briefe, die Zapf seit 1766 an die Bibliothekare und an Gelehrte in ganz Deutschland und in der Schweiz je nach seiner Interessenlage geschickt hatte. Büchertausch und Geschäfte, viele Anfragen und der Austausch an historisch-literarischem Wissen bis hin zu persönlichen Anmerkungen - kurzum: eine Vielfalt an Informationen - bestimmte die Briefe der Korrespondenten. Zapf selbst hatte

---

[25] Im Überblick s. Barbara Schimpp, Die Klosterreisen des Georg Wilhelm Zapf, Schriftliche Hausarbeit für das Lehramt an Gymnasien in Bayern, Frühjahr 1998 [Manuskript am Lehrstuhl für Mittlere und Neue Kirchengeschichte der Theologischen Fakultät an der Katholischen Universität Eichstätt], Eichstätt 1998. - S. a. Joachim Jahn, Zapf, Georg Wilhelm, in: Karl Bosl (Hrsg.), Bosls Bayerische Biographie. 8000 Persönlichkeiten aus 15 Jahrhunderten, Regensburg 1983, 869f.. - Albert Schlagbauer, Zapf, Georg Wilhelm, in: Albert Schlagbauer und Wulf-Dietrich Kavasch (Hrsg.), Rieser Biographien, Nördlingen 1993, 461. - Helmut Gier, Zapf, Georg-Wilhelm, in: Augsburger Stadtlexikon. Geschichte, Gesellschaft, Kultur, Recht, Wirtschaft, hrsg. von Wolfram Baer, u. a. Augsburg, 1985, 418.

[26] Georg Wilhelm Zapf, Ueber meine vollbrachte literarische Reise in einige Klöster Schwabens und in die Schweiz. An Herrn D. Johann Bernoulli in Berlin, Augsburg 1782, 43f.

die eingehenden Briefe mit dem Eingangsdatum versehen und (wahrscheinlich) auch bis 1787 jahrgangsweise geordnet. So sind 4289 Briefe in der Staats- und Stadtbibliothek Augsburg erhalten geblieben, die auch bisher unbekannte und überraschende Einblicke in die Bibliotheksgeschichte schwäbischer Klöster am Ende des 18. Jahrhunderts bieten.[27] Unter den zahlreichen Korrespondenten ist auch P. Ulrich Peutinger zu finden. 49 Briefe von Irsee nach Augsburg erstrecken sich auf den Zeitraum vom 10. Oktober 1780 bis zum 19. Dezember 1787.[28] Mögen auch manche Briefe wenig ergiebig sein und sich in der trockenen Materie der Buchgeschichte verlieren, so sind es doch wertvolle Zeugnisse aus einer Lebensphase Peutingers, aus der wir so gut wie keine Nachrichten besitzen.[29] An dieser Stelle kann zumindest ein partieller Einblick in die Aufgaben des späteren Gelehrten gegeben werden.
Der junge Prediger, der damals auch mit großem Fleiß im Archiv des Klosters Irsee gearbeitet hatte, muß sehr angetan gewesen sein vom Vertrauen, das der Augsburger Gelehrte in ihn setzte. Interessant ist, daß Zapf schon bei der ersten Kontaktaufnahme ein Werk von P. Ulrich Weiß sich erbeten hatte. Da aber genaue literarische Angaben fehlen, bleibt es bei der Mutmaßung, daß es das berühmteste Opus des Autors, *„Liber de emendatione intellectus humani“*[30], gewesen sein könnte. Peutinger erhoffte sich für diesen Freundschaftsdienst auch eine kleine Anerkennung. Sogleich möchte er mit dem Buchhändler Geschäfte machen.

---

[27] SuStB Augsburg, Folio 2°, Cod. Aug. 420-436. - Konstantin Maier, „Bibliophile Leidenschaft“ im 18. Jahrhundert. Andreas Strauß von Rebdorf und seine Briefe an Georg Wilhelm Zapf in Augsburg (dieser Artikel erscheint im Frühjahr 1999 in einem Sonderband des „Sammelblatt des Historischen Vereins Eichstätt“). Ein weiterer Beitrag wird in Bezug auf die schwäbischen Klöster vorbereitet.

[28] SuStB Augsburg, Folio 2°, Cod. Aug. 420, 422, 426, 428, 432, 434.

[29] Pötzl, Der Irseer Konvent (passim) und Kraus, 271f. bieten keine Hinweise für eine möglicherweise vorhandene Korrespondenz Peutingers.

[30] Ulrich Weiß (Udalrici Weis], Liber de emendatione intellectus humani. In duas partes digestus, veram operationum omnium intellectus theoriam ..., Kauffburani 1747.

Dessen Bücherkatalog hatte Peutinger bereits eingesehen; nun hoffte er, das 'tausendjährige Ottobeuren'[31] aus dem Sortiment noch erwerben zu können.[32] Erstaunlich war es dennoch, daß diese Jubiläumsschrift aus nächster Nachbarschaft noch nicht nach Irsee gelangt war. Überaus leichtsinnig war schließlich Peutingers Offerte vom 22. November 1780, worin er dem Augsburger Bücherfreund wertvolle Prachtbände ohne jegliche Rücksprache mit dem zuständigen Irseer Klosterbibliothekar anpries. Unter den angebotenen Frühdrucken befand sich auch eine deutsche Bibel, die der Nürnberger Gelehrte Georg Wolfgang Panzer (1729-1805) in seiner *„Litterarischen Nachricht"*[33] als eine von den *„alleraltischen gedruckten deutschen Bibeln"* beschrieb.[34] Schon im Dezember desselben Jahres mußte Peutinger seine Versprechungen sukzessive zurücknehmen. Am 6. Dezember wünschte er von Zapf einen 'Anschlag' über den geschätzten Wert der Bücher, und bat, die Sache zu verschieben, bis man sich persönlich besprechen könne.[35] Eine Woche später mußte Peutinger schließlich gestehen, daß er dieses Geschäft ohne den Bibliothekar, der, unabhängig davon, selbst in ein Doublettengeschäft eingestiegen war, angefangen hatte. So bat er Zapf, zumindest für die älteren Bücher *„de saeculo typographico"* um weitere Geduld. Doch im Gegenteil wurde der Augsburger mehr als ungeduldig und wahrscheinlich schrieb er dem Irseer Benediktiner, daß er sich wohl in ihm getäuscht habe. Peutinger gab sich alle Mühe, Zapf mit lobenden Worten zu versöhnen. Er

---

[31] [Augustin Bayrhammer], Das von der gottseligen Milde Sylachi gestiftete, durch weise Regierung würdigster Vorsteher erhaltene, durch ausnehmende Freygebigkeit der höchsten und ansehnlichen Gutthätern verherrlichte, tausendjährige Ottobeyren, oder kurtze Beschreibung der Stifftung, Erhaltung und Wachsthums deß uralten und befreyten Reichs-Stiffts und Gotts-Hauses Ottobeyren, Ottobeuren 1766.

[32] SuStB Augsburg, Folio 2°, Cod. Aug. 420, Brief vom 18. Oktober 1780. Seine Bitte um das 'tausendjährige Ottobeuren' äußerte Peutinger auch in einem weiteren Schreiben vom 10. Dezember 1780 (SuStB Augsburg, Folio 2°, Cod. Aug. 420, 272-273).

[33] Georg W. Panzer, Litterarische Nachricht von den allerältesten gedruckten deutschen Bibeln aus dem funfzehenden Jahrhundert, welche in der öffentlichen Bibliotheck der Reichsstadt Nürnberg aufbewahret werden, Pullach 1972 (Nachdruck der Ausgabe Nürnberg 1777-1781), § VII.

[34] SuStB Augsburg, Folio 2°, Cod. Aug. 420, 274-275, Brief vom 22. November 1780.

[35] Ebd., 276-277, Brief vom 6. Dezember 1780.

pries den Literaten als einen Freund, der sein Leben zum Besten der Literatur aufopfere, einen beinahe verschwenderischen Aufwand betreibe und nicht zuletzt eine solche Unverdrossenheit in seiner literarischen Arbeit an den Tag lege, die für einen Außenstehenden fast allen Glauben übersteige. Uneigennützig sei auch dessen Intention, *„jedes litterarische Bestreben"* zu fördern. P. Ulrichs Lobeshymne gipfelte in dem Satz: *„Sie verdienen von allen Liebhabern der Literatur unendlich geschätzt zu werden."* Deshalb sei es ihm das größte Vergnügen, dem Buchhändler jede Unterstützung zu gewähren. So uneigennützig war der Irseer Pater nun doch nicht. Zapf hatte einen Auszug aus dem Stiftungsbrief des Klosters Irsee[36] in Händen, wovon der neugierige Peutinger sich eine Abschrift erbat.[37] Zu Beginn des neuen Jahres 1781 konnte sich der Benediktiner im Streit um die Doubletten endlich wieder neue Hoffnungen machen, auch wenn nun mit einem höheren Preis zu rechnen sei. Nur mit der *„bemelten Bibeln"* gäbe es weiterhin enorme Schwierigkeiten, weil dieses als kostbares Werk angepriesen würde. Schließlich aber mußte Peutinger endgültig eingestehen, daß die Misere durch seine eigene Unvorsichtigkeit entstanden sei.[38] Auch wenn Zapf nun seine *„Flüche"* in Richtung Irsee schickte, erhoffte sich Peutinger immer noch das Fragment der schon erwähnten Stiftungsurkunde.[39]
Zwischen all diesen Büchergeschäften war der Benediktiner wohl häufig im Auftrag des Klosters unterwegs. Solche Bemerkungen über seine *„Berufsgeschäfte"* finden sich in zahlreichen Briefen. Im Februar 1781 hoffte der niedergeschlagene Pater, sich von *„jenem erbärmlichen Contrast"* erholen zu können. Zwischen den Zeilen beklagte er sich über die Umstände in seinem Kloster; er hoffte aber, durch geduldiges *„Betragen"* einmal an das Ziel seiner Wünsche zu gelangen.[40] Aber

---

[36] Pötzl, Geschichte des Klosters Irsee, 27-37.
[37] SuStB Augsburg, Folio 2°, Cod. Aug. 420, 280-281, Brief vom 20. Dezember 1780.
[38] Ebd., Folio 2°, Cod. Aug. 422, 74-75, Brief vom 3. Januar 1781.
[39] Ebd., 76-77, Brief vom 12. Januar 1781.
[40] Ebd., 78-79, Brief vom 14. Februar 1781.

wiederum sollten ihn Unpäßlichkeit und unvermutete Geschäfte unentwegt plagen.[41]

Zapfs 'literarische Reisen' in Schwaben und das Kloster Irsee

Die Korrespondenz Zapfs beschäftigte sich vor allem mit der *„literarischen"* Vergangenheit und Gegenwart einer Bibliothek oder eines Klosters (diesen Schluß lassen die Antwortbriefe sehr häufig zu). Hier machte auch das Benediktinerkloster Irsee keine Ausnahme. Die Informationen, welche Peutinger dem Augsburger Buchhändler lieferte, gingen zum Teil fast wörtlich bis in den Text der 'literarischen Reisen' ein.
Obwohl Zapf einen Besuch im Kloster Irsee angekündigt hatte, ließ er es laut seiner ersten Ausgabe der *'literarischen Reise in einige Klöster Schwabens und der Schweiz'*[42] links liegen. Am 22. September 1781 war der Gelehrte über Schwabmünchen, Türkheim, Mindelheim, Memmingen, Wurzach, Wolfegg, die Klöster Weingarten, Weißenau, Salem, St. Blasien bis hinunter an den Rhein nach Basel, von dort aus nach Zürich und zu dem Benediktinerkloster Rheinau gereist. Während seiner Reise hatte das grandiose Naturschauspiel des Rheinfalls von Schaffhausen große Begeisterung bei dem Gelehrten ausgelöst. In den Klöstern pflegte er den Äbten und Bibliothekaren stets seine höfliche Aufwartung zu machen, um so einen Zugang zu den Klosterbibliotheken und deren wertvollen Bestände zu erhalten. Um die Möglichkeiten für seinen 'historisch-literarischen' Besuch zu sondieren, hatte Zapf bereits vor längerer Zeit mit den zuständigen Bibliothekaren darüber korrespondiert.[43] Bei seiner Rückreise u.a. über Tettnang, Weingarten, Memmingen und Mindelheim konnten einige Freunde Zapf schließlich noch zu einem längeren Aufenthalt in Kaufbeuren bewegen.[44] Als Kaufbeurens *„lebendiges Archiv"*

---

[41] Ebd., 80-81, Brief vom 7. März 1781.
[42] Georg Wilhelm Zapf, Ueber die Absicht meiner literarischen Reise in einige Klöster Schwabens und in die Schweiz. An Herrn Paul von Stetten den jüngern, Augsburg 1781. - Ders., Ueber meine vollbrachte literarische Reise.
[43] SuStB Augsburg, Folio 2°, Cod. Aug. 436b passim (enthält in alphabetischer Reihenfolge die Namen der Klosterbibliothekare, mit denen Zapf in Korrespondenz stand.).
[44] Zapf, Ueber meine vollbrachte literarische Reise, 5-41.

bezeichnete er den dortigen Kanzleidirektor Wolfgang Ludwig Hörmann von und zu Guttenberg (1713-1795)[45] und seinen Freund und fleißigen Korrespondenten, Christian Karl am Ende (1730-1799)[46].
Ohne schließlich dem Kloster Irsee einen Besuch abgestattet zu haben, verließ Zapf am 7. November 1781 die Stadt Kaufbeuren.[47] Vergeblich hatte Peutinger auf den berühmten Gast gewartet. Wenige Tage nach Zapfs Abreise aus Kaufbeuren beschwerte er sich auch schon über die ignorante Behandlung des Klosters während dessen Gelehrtenreise. Hätte er sein Schreiben (wohl ein Entschuldigungsschreiben für das Fernbleiben) früher erhalten, so wäre der Gelehrte ihm nicht *„entwischt"*. Zu seinem Ärger habe Peutinger der Brief jedoch erst am 8. November in Irsee erreicht. Enttäuscht von dieser Brüskierung wolle er nun sehen, wie der Schaden wieder gutzumachen sei. Dennoch werde er Zapf bis zum 'Verdruß' auch weiterhin mit Briefen verfolgen.[48] Aber bereits zu Beginn des neuen Jahres 1782 schlug Peutinger wieder versöhnlichere Töne an, auch wenn er den Vorfall noch nicht völlig verschmerzt hatte.[49]
Auch Zapf leistete in der nächsten Ausgabe seiner Klosterreisen eine Wiedergutmachung.[50] So berichtete Peutinger in einem Brief andeutungsweise von einem schließlich im September 1782 erfolgten Besuch des Gelehrten in Irsee.[51] Nach Zapfs eigenen Angaben kam er am 18. September dort an und war von Abt Ämilian freundschaftlich empfangen worden.[52] Solche Besuche vermittelten dem Augsburger bleibende Eindrücke, sie gaben ihm die Gelegenheit zu Gesprächen und stets drängte er auf den Eintritt in die Bibliothek. Ohne Zweifel lieferte ihm Peutinger die

[45] Nach freundlicher Auskunft des Stadtarchivars in Kaufbeuren, Herrn Dr. Stefan Fischer.
[46] Bibliographie nach Clemens A. Baader, Lexikon verstorbener Baierischer Schriftsteller des achtzehnten und neunzehnten Jahrhunderts, Bd. I, Augsburg/Leipzig 1824 (Nachdruck: Hildesheim/New York 1971), 132-138.
[47] Zapf, Ueber meine vollbrachte literarische Reise, 39-41.
[48] SuStB Augsburg, Folio 2°, Cod. Aug. 422, 90-91, Brief vom 14. November 1781.
[49] Ebd., Folio 2°, Cod. Aug. 424, 39-40, Brief vom 2. Januar 1782.
[50] Georg Wilhelm Zapf, Literarische Reisen durch einen Theil von Baiern, Franken, Schwaben und der Schweiz in den Jahren 1780, 1781 und 1782. In einigen Briefen an meine Freunde, Augsburg 1783, 47-53.
[51] SuStB Augsburg, Folio 2°, Cod. Aug. 424, 52, Brief vom 25. September 1782.
[52] Zapf, Literarische Reisen, 47f.

wichtigsten Angaben für seinen Bericht über das Benediktinerkloster in den 'literarischen Reisen' von 1783. Im Anschluß an den Besuch hatte Zapf bei Peutinger mehrfach um nähere Informationen gebeten. Es betraf die bereits verstorbenen Konventualen Ulrich Weiß, Joseph Maria von Landsee und den noch lebenden Mathematiker Eugen Dobler. Allerdings wollte der Irseer über Letzteren ohne Angabe von Gründen keine näheren Auskünfte erteilen.[53]

Unter dem 15. Mai 1783 lieferte Peutinger schließlich einen ausführlichen biographischen Bericht über die wissenschaftlichen Leistungen des P. Ulrich Weiß. Nach dem Willen des Abtes Bernhard Beck war der Benediktiner an die Universität Salzburg zum Studium der Philosophie und Jurisprudenz geschickt worden. Diese Fächer hätten ihm jedoch keineswegs behagt, und so habe sich das Genie schon an der Universität zum unbequemen Querdenker entwickelt, was ihm so manche Verdrießlichkeit eingebracht habe. Mit seinen unbehutsamen Äußerungen hatte er dort keinen Beifall gefunden. Zurückgekehrt nach Irsee begann er 1737 als Professor für das Hausstudium neue Wege zu beschreiten. Gegen alle Widerstände führte Weiß die Mathematik als Lehrfach ein, was in den Klöstern damals eine *„ganz unbekannte Sache“* gewesen sei. Aufsehen erregte auch, daß der Benediktiner es wagte, das Naturrecht zu dozieren und sich schließlich auch nicht scheute, eine neue Theologie ohne scholastische Spitzfindigkeiten zu vermitteln, indem er viele damals übliche Lehrsätze kritisierte. Diese Angaben Peutingers bestätigte weitgehend auch Abt Honorius Grieninger in seiner handschriftlichen Klosterchronik.[54] Hingegen erkannte der Salzburger Mathematikprofessor P. Anselm Desing (1699-1772)[55] die großen Talente seines Mitbruders Weiß. Abt Bernhard erlaubte, daß Weiß mit Desing nach Prag reisen konnte, um dort eine Studienreform in die Wege zu leiten. Am 3. Februar

---

[53] SuStB Augsburg, Folio 2°, Cod. Aug. 424, 57-58, Brief vom 9. Oktober 1782. Wenig später mußte Peutinger den Augsburger Gelehrten noch einmal vertrösten, da er sein Versprechen bisher nicht einhalten konnte, ihm Nachrichten über P. Ulrich Weiß zukommen zu lassen (Ebd., Folio 2°, Cod. Aug. 424, 59, Brief vom 18. Oktober 1782).

[54] Ebd., Chronicon III, 119-120, Eintrag vom 5. Februar 1737.

[55] Stephan Haering, Desing, Anseln, in: Lexikon für Theologie und Kirche, Dritter Band, Freiburg/Basel/Rom/Wien 1995, Sp. 111.

1744 verließ der Pater das heimatliche Irsee und kehrte bereits nach einem Jahr wieder nach Hause zurück.[56] In den Widerspruch der Theologen war P. Ulrich schließlich mit seinem bekanntesten Werk *„Liber de emendatione intellectus humani"*[57] geraten.
Beim Besuch eines der berühmtesten Klosterreisenden jener Zeit, Angelo Maria Kardinal Quirini (1680-1755)[58], erhielt Weiß im Mai 1748[59] ein großes Lob für seine Gelehrsamkeit. Der hohe römische Gast riet ihm sogar zu einer Apologie gegen seine Widersacher.[60] Die Kritik 'dummer Köpfe' verhinderte wahrscheinlich, daß Weiß mit einem weiteren Werk an die Öffentlichkeit ging. Peutinger nannte hierfür den Titel: *„De praejudicis Religionis in Rebus Philosophicis"*. Die angekündigte Schrift blieb allerdings ein Fragment, wenn auch Peutinger einige Bögen in die Hände bekam, die ihm in der Theologie *„treffliche Dienste"* leisteten. Im letzten Jahrzehnt seines Lebens wurde es nach außen stiller um den genialen Theologen und Mathematiker in Irsee. Er blieb zu Hause als Regens der Studenten und als Pfarrer von Irsee. Als Seelsorger setzte er auf eine Reform der Pastoral. Er wollte seine Pfarrkinder, so die Diktion Peutingers, von *„albernen Vorurteilen"* befreien und ihnen ein *„körniges Christenthum"* einprägen. Zu diesem Zweck verfaßte er eine deutsche Messe in Versen und auch andere deutsche Lieder, die vom Volk mit größter Erbauung abgesungen worden seien. Für Peutinger war es eine Reformation, *„die des Ulrichs würdig war"*. Ulrich Weiß starb am 4. Juni 1763 nach mehreren Jahren der Krankheit an einem Schlaganfall. Wenig Wert muß der bekannte Gelehrte auf den Erhalt seiner zahlreichen Briefe

[56] Pötzl, Der Irseer Konvent, 50 (Nach Pötzl lehrte Weiß nach seiner Rückkehr aus Prag ein Jahr Mathematik im Kloster Weingarten.).

[57] S. Anm. 30 und SuStB Augsburg, Chronicon III, 171-173 (mit einem hohen Lob für dieses Werk).

[58] Hubert Jedin, Quirini (Querini), Angelo Maria, in: Lexikon für Theologie und Kirche, Band 8, ^{2}1963, Sp. 945f.

[59] Johann G. Schelhorn, Briefwechsel, hrsg. von Friedrich Braun (Schriftenreihe zur bayerischen Landesgeschichte 5), München 1930. - S. a. SuStB Augsburg, Chronicon III, 180-183.

[60] Ulrich Weis, Ad emintissimum ac reverendissimum principem dominum dominum Angelum Mariam... Cardinalem Quirinum... Udalrici Weis... epistola apologetica contra P. Fortunati a Brixia calumnias, aliosque etc., S.l. 1750.

gelegt haben. Der größte Teil davon ging verloren, so daß Peutinger seinem Augsburger Bücherfreund nur zwei Briefe von dem Philosophen Johann Jakob Brucker (1696-1770)[61], die an Weiß gerichtet waren, überlassen konnte. Nachdrücklich soll er darin das Studium der Kirchengeschichte empfohlen haben.[62]
Den oben dargelegten Brief übernahm Zapf bis in die Einzelheiten und zum Teil wörtlich in seine 'literarischen Reisen'.[63] Wenn auch das Kloster Irsee verheerende Unglücksfälle über sich ergehen lassen und 1634 (?) schließlich große Teile der Bibliothek dem Augsburger Arzt Dr. Johann Henisius für Kontributionen an die Schweden überlassen mußte[64], so waren doch bereits zu Lebzeiten des P. Ulrich Weiß weitsichtig Reformen in die Wege geleitet worden, *„wo es nicht so helle war, und wo noch an vielen Orten dicke Dunkelheit auf den Bergen und in den Tiefen schwebte"*.[65] Obwohl Peutinger beharrlich schwieg, kam in Zapf's Publikation auch ein Schüler des P. Ulrich, P. Eugen Dobler, zu Ehren. Enge Kontakte habe er zu Georg Friedrich Brander in Augsburg (1713-1783)[66] unterhalten und sich ab 1756 für einige Jahre in Paris aufgehalten, um dort zahlreiche Kenntnisse in der Mathematik und in der Astronomie zu erwerben, *„so weit ein Mensch die Vollkommenheit erreichen kann"*.[67] Er sei ein freundlicher Gelehrter gewesen, der eine erlesene Büchersammlung besitze, ein Vogel- und Naturalien-Kabinett unterhalte und in seinem Alter noch immer über *„Wahrheiten"* nachdenke. Allerdings fehle es bei der Naturaliensammlung wie auch in der Bibliothek an der Fort-

---

[61] Gertrud Kahl-Furthmann, Brucker, Johann Jakob, in: Neue Deutsche Biographie, Zweiter Band, Berlin 1955, 647.
[62] SuStB Augsburg, Folio 2°, Cod. Aug. 426, 66-67, Brief vom 15. Mai 1783. - Zapf, Literarische Reisen, 52.
[63] Zapf, Literarische Reisen, 49-52.
[64] Pötzl, Der Irseer Konvent, 31 f. (Peutinger gibt das Jahr 1636 an [SuStB Augsburg, Folio 2°, Cod. Aug. 424, 43-44, Brief vom 20. Februar 1782; in diesem Brief zählt Peutinger den noch verbliebenen Restbestand an Frühdrucken auf.]).
[65] Zapf, Literarische Reisen, 52.
[66] Alto Brachner, Naturwissenschaften im Kloster Ochsenhausen, in: Max Herold (Hrsg.), Ochsenhausen. Von der Benediktinerabtei zur oberschwäbischen Landstadt, Weißenhorn 1994, 419-426, hier: 421.
[67] Zapf, Literarische Reisen, 53. - S. a. SuStB Augsburg, Chronicon III, 221 (1756).

setzung. Mit dieser leisen Kritik beendete Zapf seinen Reisebericht über das Kloster Irsee.[68]

Der unbekannte Peutinger

Als Theologe ist Ulrich Peutinger in gewisser Weise bekannt geworden. Sieht man von seinen gedruckten Werken[69] ab, besitzen wir aber nur wenige Nachrichten über dessen wissenschaftliches Arbeiten bis zu seiner Berufung als Professor an die Universität Salzburg im Jahre 1793. Schon anhand seiner ersten Briefe an Zapf im Jahre 1780 erfahren wir, daß er bereits zu dieser Zeit fleißig und kenntnisreich in Bibliothek und Archiv gearbeitet hatte. Der Pater interessierte sich vor allem für Quellen und historische Literatur. Die von Zapf in dessen Bücherkatalogen angepriesenen Werke fanden daher sein großes Interesse.[70] Auch hatte Peutinger sich bitten lassen, für Zapf eine Darstellung der Klostergeschichte Irsees anzufertigen, deren Manuskript er bald liefern wollte.[71] Aber die immerwährende Klage über seine *„Berufsgeschäfte"*, welche der Konventuale mit keinem Wort näher umschreiben wollte, zwangen ihn schließlich im Februar 1781 dazu, die Beschreibung seines Klosters vorläufig ruhen zu lassen. Es schien fragwürdig, ob und wann er diese Arbeit je wieder aufnehmen sollte oder auch wollte. Immerhin befragte er noch Zapf nach dem Gebrauch des Papiers gegen Mitte des 13. Jahrhunderts im Urkundenwesen.[72] Für Peutinger aber schien die Publikation über die Klostergeschichte des 16. Jahrhunderts doch sehr bedeutsam zu sein, da er erstaunlicherweise schon im darauf folgenden Monat an Zapf ein Manuskript nach Augsburg senden konnte; dabei gab er selbstkritisch zu, daß die Darstellung, vor allem des Bauernkrieges (1525), sehr weitläufig ausgefallen sei. Je näher er nun an die Geschichte der Gegenwart herankomme, umso beschwerlicher falle es ihm, historische Beschreibungen anzufertigen. Zudem würde ihm noch der Umgang mit der

[68] Zapf, Literarische Reisen, 53.
[69] S. Anm. 19 und 21.
[70] SuStB Augsburg, Folio 2°, Cod. Aug. 420, 272-273, Brief vom 10. Dezember 1780.
[71] Ebd., 278-279, Brief vom 13. Dezember 1780.
[72] Ebd., Folio 2°, Cod. Aug. 422, 78-79, Brief vom 14. Februar 1781.

steigenden Quellenmasse Schwierigkeiten bereiten: *„Sind sie [Beschreibungen] kurz, so werden sie nothwendig, unerheblich, droken, und lohnt also nicht einmal die Mühe; sie etwas weitschichtiger abführen braucht Klugheit, und Behutsamkeit.“*[73]
Noch interessanter stellen sich Peutingers Hinweise zur Kastenvogtei heraus, deren Irrungen fast 200 Jahre angedauert hatten. Der Kopist des Klosters habe sich beim Kauf des Gerichtszwangs in den Orten Schlingen und Mauerstätten *„elendiglich getäuscht“*. Er habe das Jahr 1479 angegeben, doch sei der Kauf dieser Gerichte erst 1530 unter Abt Peter Fend (1502-1533) erfolgt.[74] ‘Rache’ und das ‘Aufkochen’ alter Widerspenstigkeiten meinte Peutinger nicht umgehen zu können, wenn er *„weitschichtiger“* erzählen wollte. Daran hätten den kämpferischen Pater jedoch allein der Kopist, der seine Arbeit noch nicht abgeschlossen habe, und auch der Zeitmangel gehindert.[75] Im Streit um alte Rechte griff 1792 auch noch Abt Honorius Grieninger zur Feder, um die skandalösen Eingriffe der Fürstabtei Kempten in die Irseer Rechte zurückzuweisen. Inwieweit diese Darstellungen auch auf Ulrich Peutinger zurückgehen, müßte noch näher untersucht werden.[76]
Peutinger gab in der Folgezeit seine Arbeiten an der Klostergeschichte nicht auf. Jedoch wurden die Zeitabstände, in denen er von der Fortsetzung seiner Arbeit berichtete, immer länger. Im April 1782 wollte er in spätestens zwei Wochen einen neuen Beitrag liefern. In diesem Brief erklärte sich der Konventuale bereit, eine Ankündigungsschrift von Zapf an das Kloster St. Mang in Füssen und eventuell auch nach Memmingen zu senden. Mit keinem Wort erwähnte Peutinger allerdings, welche Schrift er damit meinte.[77] Im Mai desselben Jahres wollte er mit der dreijährigen

[73] Ebd., 84-85, Brief vom 28. März 1781.
[74] Pötzl, Der Irseer Konvent, 20.
[75] SuStB Augsburg, Folio 2°, Cod. Aug. 422, 84-85, Brief vom 28. März 1781.
[76] Wilhelm Liebhart, Die Reichsabtei Irsee im Kampf um die volle Landeshoheit 1551-1692, in: Frei (Hrsg.), Das Reichsstift Irsee, 152-167. - Pötzl, Der Irseer Konvent, 20.
[77] SuStB Augsburg, Folio 2°, Cod. Aug. 424, 45-46, Brief vom 24. April 1782.
Die Ankündigung der Briefedition von Aeneas Silvio Piccolomini erschien erst am 8. Dezember 1782. S. a. Georg Wilhelm Zapf, Bitte an meine Gönner und Freunde etc. Die

Amtszeit des Abtes Maurus Keuslin (1652-1655) beginnen und von diesem Zeitpunkt an fortlaufend einmal pro Woche weitere Beiträge liefern.[78] Tatsächlich hielt Peutinger zunächst sein Versprechen und lieferte am 6. Juni 1782 seine erste Fortsetzung mit dem Hinweis, daß er seine Arbeit in Zukunft nicht mehr so häufig unterbrechen wolle.[79] Es blieb jedoch bei den vollmundigen Ankündigungen Peutingers. Mehrere Monate verstrichen und im nächsten Brief des Konventualen vom 25. September 1782 war von der 'Klostergeschichte' keine Rede mehr.[80] Ob Peutinger zu einem späteren Zeitpunkt doch noch weitere Fortsetzungen verfaßt hat, geht aus den Briefen an Zapf nicht hervor.

In den folgenden Jahren interessierte sich der Irseer Konventuale verstärkt für seine Klosterbibliothek und den Ankauf von Büchern aus den Angeboten des Augsburger Buchhändlers Zapf. Dieser hatte in seinen 'literarischen Reisen' vornehm angedeutet, daß der Aufbau einer ordentlichen Bibliothek für das Kloster eine wichtige Aufgabe der Zukunft wäre.[81] Immerhin begann man 1782 mit der Erstellung eines Bibliothekskataloges. Peutinger berichtete am 10. Oktober desselben Jahres, daß die Bücher in den oberen Schränken noch nicht erfaßt werden konnten. Bei der kalten Witterung dürfte sich die Arbeit zusätzlich verzögern. Mittels dieser Katalogisierung beabsichtigte der unermüdliche Doublettensammler Zapf, besonders an antilutheranische Schriften („Antilutherania") heranzukommen. Ähnliches versuchte er unter großem Erfolg bei dem Rebdorfer Klosterbibliothekar Andreas Strauß (1751-1805).[82] Peutinger versprach dem Augsburger, daß man ihm so weit wie möglich entgegenkommen werde.[83]

Sammlung aller Ausgaben von den Briefen Aeneas Sylvius oder Pabst Pius II. betreffend, Augsburg 1782. - Maier, Bibliophile Leidenschaft (erscheint im Frühjahr 1999).

[78] SuStB Augsburg, Folio 2°, Cod. Aug. 424, 47, Brief vom 22. Mai 1782.

[79] Ebd., 48-49, Brief vom 5. Juni 1782.

[80] Ebd., 52, Brief vom 25. September 1782.

[81] S. Anm. 68.

[82] Maier, Bibliophile Leidenschaft (erscheint im Frühjahr 1999).

[83] SuStB Augsburg, Folio 2°, Cod. Aug. 424, 57-58, Brief vom 9. Oktober 1782.

Immer wieder versuchte der Irseer, über die Kataloge des Augsburger Buchhändlers an Ausgaben für sein persönliches Studium und auch an große Werke für die Bibliothek heranzukommen. Gerne würde er zum Zeitvertreib in der Geschichte der Griechen blättern; auch Hartzheims großes Quellenwerk zur Konziliengeschichte fehlte noch in der Irseer Bibliothek. Für Peutinger war es allerdings sehr bitter, daß er bei einem Aufenthalt in Augsburg nicht an der Türe Zapfs anklopfen konnte oder durfte. Nähere Hintergründe lassen sich aus der Korrespondenz hierzu aber nicht ermitteln.[84]

Für den Bücherkauf besaß Peutinger offenbar keine Befugnisse; dies scheint in Irsee durch den jeweiligen Prior oder Abt entschieden worden zu sein.[85] Aus der Korrespondenz gewinnt man den Eindruck, daß der zuständige Prior Honorius Grieninger beim Kauf wertvoller Bücher stets viel Zeit verstreichen ließ. Peutinger wollte dies aber nicht kritisieren, denn im Guten ließe sich eben mehr bewegen.[86] Zapf schien über solches Geschäftsgebaren verständlicherweise des öfteren sehr unwillig.

Schließlich sollte der Augsburger Bücher zum Kauf vorschlagen, welche Peutinger persönlich ‘glücklich’ machten.[87] Als Professor des philosophischen und theologischen Hausstudiums suchte der Irseer immer wieder nach Literatur oder großen Nachschlagewerken. Im Herbst 1783 übernahm er die Aufgabe, die Fratres in der Praktischen Philosophie, in der griechischen Sprache und in der Theologie zu unterrichten. Peutinger hoffte, daß Griechisch sich zu seiner Lieblingssprache entwickeln könnte.[88]

Im Frühjahr 1784 schien der Irseer Konventuale jedoch mit seinem im gleichen Jahr erschienenen Werk *„Positiones eclecticae ex Philosophia practica universali, Kaufburae 1784“*[89] selbst bei Zapf in die Kritik zu geraten. Peutinger konnte dies nicht fassen. Es schien dem Benediktiner

---

[84] Ebd., Folio 2°, Cod. Aug. 426, 71-72, Brief vom 9. Oktober 1783.

[85] Ebd., 76-77, Brief vom 10. Oktober 1783.

[86] Ebd., 73, Brief vom 23. Oktober 1783. - Ebd., 74-75, Brief vom 13. November 1783.

[87] Ebd., 73, Brief vom 23. Oktober 1783.

[88] Ebd.

[89] S. Anm. 19.

unmöglich, daß Zapf eine solche *„Denkungsart"* an den Tag legte, hatte er doch bisher die Historie und Literatur als beste Hilfsmittel für die Wahrheitssuche bezeichnet und auch hoch geachtet. In dieser Kritik war es wohl um nichts anderes gegangen als um einen Gelehrtenstreit im Verhältnis von Geschichte, Philosophie und Theologie.[90] Monate später aber mußte Peutinger den Augsburger Buchhändler darüber hinwegtrösten, daß dieser selbst mit kindischen Lästerungen und bösen Meinungen in den Widerstreit geraten war, da man über ihn nun einen mit *„Gall ganz vollen Becher"* ausgeschüttet hatte. Der Irseer machte sich persönlich Vorwürfe, Zapf nicht früher zum Stillschweigen bewogen zu haben. In einem letzten Brief vom 19. Dezember 1787 bedankte sich Peutinger für das typographische Werk[91] des Gelehrten und Wormser Weihbischofs, Stephan Alexander Würdtwein (1722-1796)[92] und erbat sich zudem entsprechende Fachliteratur für die Biblische Professur und zu den orientalischen Sprachen. Noch einmal klagte er über Abt Honorius, der seit Tagen mit vielen anderen Dingen beschäftigt sei und sich wieder einmal zum Bücherkauf aus dem Zapf'schen Katalog nicht habe entschließen können.[93]

Fazit

Seit der Säkularisation der Reichskirche (1802/03) sind nun beinahe 200 Jahre vergangen. Die meisten Klöster fanden bei dieser 'staatlich-kirchlichen Flurbereinigung' ihr Ende - auch das reichsprälatische Benediktinerkloster Irsee. Die große kulturelle und zum Teil auch wissenschaftliche Bedeutung der Klöster im schwäbischen Raum hat die Forschung erst in den letzten Jahrzehnten neu erkannt. Zumindest ein

---

[90] SuStB Augsburg, Folio 2° , Cod. Aug. 428, 174, Brief vom 29. April 1784.

[91] Wahrscheinlich ist folgendes Werk Würdtweins gemeint: Stephan A. Würdtwein, Bibliotheca Moguntina libris saeculo primo typographico Moguntiae impressis instructa. Hinc inde addita inventae typographiae historia, Augustae Vindelicorum 1779. - Neuausgabe unter gleichem Titel, Augustae Vindelicorum 1787.

[92] Hans Ammerich, Würdtwein, Stephan Alexander, in: Erwin Gatz (Hrsg.), Die Bischöfe des Heiligen Römischen Reiches (1648 bis 1803). Ein biographisches Lexikon, Berlin 1990, 577f.

[93] SuStB Augsburg, Folio 2°, Cod. Aug. 433, 263-264, Brief vom 19. Dezember 1787.

Zeugnis, wie in den Klöstern Schwabens um das Verhältnis weltliche und geistliche Wissenschaft im 18. Jahrhundert gerungen wurde, stellen die Briefe des P. Ulrich Peutinger an Georg Wilhelm Zapf in Augsburg dar. Wie bei dieser Korrespondenz bleibt jedoch in vielen Fällen nur die zufällige 'Spurensuche' in Archiven und Bibliotheken, um sich über die an konkreten 'Lebenszeichen' von Klostermitgliedern am Ende des 18. Jahrhunderts ein viel lebendigeres Bild machen zu können, als sich indirekt mit der Recherche von Rechnungsbüchern und Bibliothekskatalogen begnügen zu müssen, da die Aktenausscheidungen der Staatsbeamten Bayerns oder Württembergs und auch anderer in Besitz gekommener adeliger Standesherren Aktenmaterial solcher Provenienz nicht gebührend zu würdigen wußten und häufig 'abräumen' ließen. In den erhaltenen Briefen an Georg Wilhelm Zapf schlummert noch so manches kleine Geheimnis zur Gelehrsamkeit und über die Bibliotheksgeschichte der Klöster Schwabens und weit darüber hinaus bis in das Zeitalter der Aufklärung. Wer sich in Zukunft mit der Säkularisation der Klöster beschäftigt, wird sich zwangsläufig auch mit der vorangegangenen Epoche, vielfach eine letzte Spätblüte oder eine verborgene Krise, beschäftigen müssen, zumal das Schicksal vieler Ordensleute bis in das 19. Jahrhundert hineinreicht.

Vom Elend der Landpfarrer...

Geistliche Herren und Viehhaltung, ein bisher wenig beachteter Komplex des dörflichen Zusammenlebens

Anneliese Till

„Vom Elend der Landpfarrer“ nannte sich eine Ausstellung 1997/98 in den Räumen der Universitätsbibliothek Eichstätt.[1] Sie wurde zum Gedenken an den hochverehrten Eichstätter Diözesanhistoriker Domkapitular Prälat Franz Xaver Buchner (1872 –1959) ausgerichtet und dokumentierte nicht nur das Leben Buchners, sondern noch anderer Landgeistlicher aus der Diözese Eichstätt.[2]

Nun wurde zwar bei der Ausstellung nicht ganz klar, ob bei „Elend“ nur an die ärmlichen, „elendigen“ finanziellen Verhältnisse, oder auch an „Elend“ im Übertragenen, gedacht worden war. Aus heutiger Sicht freilich sind die früheren Landpfarrer in vielerlei Hinsicht als bedauernswert zu bezeichnen. Ihr Aufgabenbereich war vielfältig und oft noch in ganz anderer Weise, als nur geistlich, mit der dörflichen Gemeinschaft verbunden.

Landwirtschaft – ein vernachläßigter Aspekt des Landlebens

„Die Lebensbedingungen für den ganzen staatlichen und ständischen Aufbau ... bildete doch immer die Landwirtschaft, aber gerade über diese unerschütterliche Grundlage des bairischen Volkslebens fließen unsere Quellen am spärlichsten“[3]. An dieser Aussage Riezlers hat sich bis heute nur wenig

---

[1] „Vom Elend der Landpfarrer“ Aussstellung vom 12.Dezember 1997 – 20. Februar 1998, Teilbibliothek 3, Hofgarten 1, Eichstätt.

[2] Aus Anlaß der Ausstellung der Universitätsbibliothek Eichstätt zum 125 Geburtstag von Domkapitular Prälat Franz Xaver Buchner (1872 – 1959) erschien in der Schriftenreihe der Universitätsbibliothek Eichstätt der Bd. 36. Bünz, Enno u. Littger, Walter (Hrsg.), Klerus, Kirche und Frömmigkeit im spätmittelalterlichen Eichstätt. Ausgewählte Aufsätze von Franz Xaver Buchner, 1997.

[3] Riezler, Siegmund v., Geschichte Baierns, 8 Bde., Neudruck der 2°,1927, Bd. 3. S. 778.

geändert, obwohl das Haus der Bayerischen Geschichte 1992 mit seiner Landesausstellung „Bauern in Bayern – Von der Römerzeit bis zur Gegenwart“[4] eine großangelegte Übersicht und das umfassendste Bild des bayerischen Bauerntums entworfen hat, „das es bisher gegeben hat.“ Die Tatsache mag auch insofern verwundern, *„hat sich doch gerade die Volkskunde mehr als hundert Jahre gern als eine 'Bauernkunde' verstanden.“*[5] Das ganze 19. Jahrhundert hindurch und auch die ersten Jahrzehnte dieses Jahrhunderts hatte die Volkskunde fast nur ein Ziel: das Sammeln und Bewahren von Fakten einer ländlich bäuerlichen Kultur. Dies geschah freilich unter dem Aspekt: *„Bewahren der Überlieferungsgüter vor dem 'Vergehen in letzter Minute!' Ganz selbstverständlich standen bei solchen Forschungszielen stets die Objekte im Mittelpunkt, die Stoffe, die Gegenstände – Hausformen und Trachten, Lieder und Bräuche ....“*[6] So bestimmten an solchen stofflichen Fixpunkten festgemachte Forschungsziele zunächst lange Zeit die volkskundlichen Arbeiten zum Bauerntum oder Landleben.[7] Als in den 60 er Jahren ein Paradigmenwechsel in der Volkskunde einsetzte und sich die Volkskunde zum Teil mehr als eine Sozialwissenschaft zu verstehen begann, änderte sich der Blickwinkel, aus dem die Forschung die bäuerlichen Objekte betrachtete. Sie *„erschlossen sich dem Forscher als das was sie sind: Zeichen sozialen Verhaltens, praktischen Lebens und gesellschaftlicher Bedingungen. Als eine – oft non verbale – 'Sprache' der Dinge und Handlungen liefern sie den Schlüssel für das Verständnis vom Denken und Handeln sozialer Gruppen, in unserem Falle der Dorfbewohner.“*[8]

---

[4] So auch der gleichlautende Titel des Katalogs zur Ausstellung im Herzogschloß Straubing vom 5. Mai bis 1. November 1992. Henker/Brockhoff, Geisler/Morawa/Müller-Wirthmann/Riepertinger/Scharrer (Hrsg.), Bauern in Bayern. Von der Römerzeit bis zur Gegenwart. Veröffentlichungen zur Bayerischen Geschichte und Kultur Nr. 23/ 92. Hrsg. vom Haus der Bayerischen Geschichte, 1992. Der wissenschaftliche Textteil umfaßt 285 Seiten , davon sind ganze 16 Seiten dem Thema Ackerbau und Viehzucht gewidmet.

[5] Weber-Kellermann, Ingeborg, Landleben im 19. Jahrhundert, 1987. S. 9.

[6] Ebd. S. 9.

[7] Vgl. dazu Harvolk Edgar (Hrsg.), Wege der Volkskunde in Bayern. Ein Handbuch. 1987.

[8] Weber-Kellermann wie Nr. 5, S. 11.

Das Bestreben, das soziale Bezugsfeld kultureller Erscheinungen, in unserem Beispiel das Dorfleben, stärker in den Mittelpunkt zu stellen, bestärkte den Forschungszweig der rechtlichen Volkskunde[9], und lenkte den Blick wieder auf dic ländlichen Rechtsquellen, die zum Teil schon Jacob Grimm unter der Bezeichnung „Weistümer“[10] ediert hatte, und die neben Volkskundlern interdiziplinär von Historikern, Ökonomen und Juristen untersucht werden.

Spätestens seit die „Volkskultur in der Moderne“[11] entdeckt wurde, rückte dörfliches Leben immer mehr aus dem Interessenskreis der Volkskunde heraus. Zwar hatte die Landwirtschaft - Ackerbau und Viehzucht - das Dorfleben immer geprägt, doch hat sich die historische Volkskunde weitgehend aus der Erforschung dieses Themenbereichs zurückgezogen. An den Freilichtmuseen wird der Themenbereich am Rande bearbeitet, hier stehen die Häuser im Zentrum.

Auch beim Rieser Bauernmuseum Maihingen steht nicht unbedingt die Landwirtschaft, sondern mehr „das dörfliche Leben und Arbeiten im Ries“[12] im Mittelpunkt.

So wird die Forschung um „Ackerbau und Viehzucht“ weitgehend der Agrargeschichte[13] überlassen.

---

[9] Vgl. dazu Kramer, Karl-S., Grundriß einer rechtlichen Volkskunde, 1974.

[10] Grimm Jacob, Weistümer, Bd. 1-7. Göttingen 1839 – 1878. Gleichzeitig mit der Edition löste Grimm eine Forschungsdiskussion aus, die noch nicht endgültig abgeschlossen ist und sich zunächst am Begriff „Weistum“ entzündete. Einen guten neueren Überblick über die Forschungsdiskusssion und Forschungsstand (Forschung über Weistümer, Forschung in Weistümer, Forschung mit Weistümer) in: Trauchburg Gabriele v., Ehehaften und Dorfordungen. Untersuchungen zur Herrschafts-, Rechts- und Wirtschaftsgeschichte des Rieses anhand ländlicher Rechtsquellen aus der Grafschaft Oettingen, Augsburg 1995.

[11] Vgl. Jeggle/Korff/Scharfe/Warneken (Hrsg.), Volkskultur in der Moderne, Probleme und Perspektiven empirischer Kulturforschung, Hamburg 1986.

[12] Vgl. dazu die Selbstbeschreibung des Museums in: Frei, Hans (Hrsg.), Wege der Volksmusik. Beispiel Ries. Schriftenreihe der Museen des Bezirks Schwaben. Bd. 7, 1992, S. 72. „Breiten Raum nimmt das bäuerliche Wohnen mit einfachen Gebrauchsmöbeln und bemalten Aussteuerstücken ein. Bekleidung auf dem Land, Handarbeiten und Keramik sind weitere Abteilungen. Das ländliche Handwerk ist mit Wagner, Schmied, Schreiner, Schuster und Sattler vertreten. Geräte der Feld- und Hofarbeit und Anspannvorrichtungen sind ebenso wie Gerätschaften der Wäschepflege und des Mostens als Studiensammlung zugänglich. Eine Schulstube ist originalgetreu nachgebildet.“

Praktische Probleme der Viehhaltung am Beispiel der Faselviehhaltung

Verbunden mit der Tierhaltung mußte eine ganze Reihe von Arbeiten und Problemen gelöst werden, die zum einen den einzelnen Tierhalter, zum anderen die ganze Dorfgemeinschaft betrafen. Stallunterbringung und Fütterung im Winter waren Angelegenheiten des Einzelnen. In die Sommerweide, auf der Allmende und der Brache, waren alle Bauern der Dorfgemeinschaft zusammen eingebunden und die Verträge mit den Dorfhirten waren meist ebenfalls für die ganze Dorfgemeinschaft bindend.

Von entscheidender Bedeutung für die Tierhaltung war die Regelung der Nachzucht, konkret die Haltung und Betreuung der Faseltiere (Stier, Eber, Bock). Laktierende Tiere wie Kuh, Milchschaf oder Ziege geben nur eine bestimmte Zeit nach der Geburt Milch und fallen dann in ihren Leistungen stark ab. Sie müssen daher regelmäßig immer wieder neu gedeckt werden. Bei reinen Fleischnutzungsarten wie beim Schwein, ist die Haltung ohnehin auf ständige Nachzucht angelegt, da die Tiere mit dem Erreichen ihres Mastgewichtes geschlachtet werden. Nun war bei der Tierhaltung die Frage der Vatertierhaltung eine der problematischsten. Die Haltung der Decktiere war stets mit einem hohen Risiko verbunden, da die Tiere mit zunehmendem Alter meist agressiv wurden und schwer zu handhaben waren.

Um dem vorzubeugen, wurden die männlichen Jungtiere kastriert. *„Ohne Zweifel stellt die Kastration eine der ältesten nachweisbaren 'veterinärchirurgischen' Handlungen dar. Das operative Entfernen der Hoden männlicher Nutztiere zum Zwecke der Mast und um ein ruhigeres Wesen des Tieres zu erzielen, dürfte schon in der Frühzeit der Haustierhaltung durchgeführt worden sein. Wahrscheinlich sammelte man zunächst Erfahrung beim Schaf oder Schwein, den leichter zu handhabenden Haustieren, und übertrug sie dann auf größere Arten.“*[14] Im Gegensatz zum kastrierten und somit beschnittenen Vieh wurden die männlichen deckfähigen Tiere früher meist als „ganzes Vieh“ bezeichnet. Die noch heute allgemeine Be-

---

[13] Vgl. Bauern in Bayern, wie 4., S. 19. „Die Agrargeschichte ist in Deutschland und Bayern ein verhältnismäßig junger Zweig der historischen und sozialgeschichtlichen Wissenschaft. Das Fach Agrargeschichte ist nur an einer einzigen bayerischen Universität vertreten.“

[14] Driesch v.d., Angela, Geschichte der Tiermedizin. 5000 Jahre Tierheilkunde, o. Jg., S. 13.

zeichnung dafür ist Faselvieh bzw. Faseltiere.[15] Die Ausdrücke für die einzelnen männlichen Decktiere sind regional sehr unterschiedlich. So wird der Stier zuweilen als Ochs, Herdochs, Gemeindeochs, Bulle, Farre oder Hommel, der Eber hingegen meist als Bär, zuweilen auch Schweinsbär, bezeichnet. Wegen der Schwierigkeit ihrer Haltung, die außerdem keinen direkten Nutzen, sondern über den Deckakt nur einen indirekten Vorteil der gesicherten Nachzucht brachte, stellen die männlichen deckfähigen Tiere nicht den Normalfall in der Tierhaltung dar. Die Bedeutung und Sonderstellung der Decktiere zeigen die weitgehenden Freiheiten, die sie oft innerhalb der Dorfflur genossen und die in etlichen Dorfordnungen, wie z.B. der Köschinger Ehehaftordnung festgelegt sind: *„Wenn einem ein bulle oder bähre (aper) im korn gienge, der soll sie fürder (d.h. aus seinem feld) treiben, wolte der andere sie nicht leiden, der solle es eben so machen, auf daß sie ihre nahrung haben oder er treibe sie in den stall u. gebe ihnen satt zu eßen."* [16]

Die Frage, wie die Haltung der Decktiere zu regeln sei, war wegen der Sicherung der Nachzucht für die Dorfgemeinschaft von grundlegendem Interesse und betraf alle Tierhalter. Wichtig war in diesem Zusammenhang eine langfristige, ja dauerhafte Lösung zu finden. Zuchtvieh gehörte mit zum sogenannten *„eisernen vieh"*[17]. Eisern steht im Rechtsleben häufig für „ewig" oder „ständig" für einen Bestand, der in vollem Wert und Umfang dauerhaft erhalten werden muß.

„Eisern Vieh stirbt nie" lautet ein Rechtssprichwort, das besagt, daß jedes abgegangene Tier (etwa durch Tod) sofort durch ein neues ersetzt werden muß.[18] Für die Dorfgemeinschaft bedeutete dies im Falle der Faselviehhal-

---

[15] So auch bei Buchner, Franz, Xaver, Das Bistum Eichstätt. Historisch-statistische Beschreibung. Bd. 1, 1933, Bd. 2, 1938, Sachregister.

[16] Zitiert n. Grimm Jacob, Deutsche Rechtsaltertümer, Nachdruck der Ausgabe 1899, 1994, Bd. 2, S. 131.

[17] Ebd., S. 131.

[18] „Eisern Vieh" konnte neben Zuchtvieh auch Vieh umfassen, das von einem Pächter bei Pacht eines Hofes übernommen wurde und bei Pachtende in demselben Wert und Umfang wieder zurückgegeben werden mußte. Eisenviehvertrag wurde in der Rechtssprechung ländliche Pachtverträge genannt, die neben dem Grundstück auch Inventar umfaßten. Meyers Großes Konversations-Lexikon, Leipzig 1904, sowie der Große Brockhaus 1968,

tung, daß einmal geschlossene Vereinbarungen über die Zuchttierhaltung für einen langen Zeitraum geregelt sind. Die Bezeichnung „Eisernvieh-Vertrag“ wurde zu einem stehenden Begriff, der auch auf andere Bereiche mit zu erhaltendem Inventar übertragen werden konnte. Es läßt sich an Beispielen belegen, daß die Regelungen der Faseltierhaltung tatsächlich von langer Dauer waren, und zum Teil ein halbes Jahrtausend ihre Rechtsgültigkeit behielten.

Geistliche in der Praxis der Viehhaltung, als Faselviehhalter

Die Bedeutung der Faseltierhaltung für die Dorfgemeinschaft läßt sich aus der Tatsache erschließen, daß mit der Haltung nicht eine Privatperson, sondern eine übergeordnete Einrichtung, beauftragt wurde. Dadurch können langfristige, über das Lebensalter einer Einzelperson hinausgehende Vereinbarungen getroffen werden. Es macht daher auch Sinn, wenn in vielen Gemeinden die Faseltierhaltung dem Maierhof auferlegt war. Die Maier leiteten als grundherrliche Beamte die Bewirtschaftung der Fronhöfe, übten die öffentlich-rechtlichen Befugnisse der Grundherren aus und erhoben die dem Grundherren zustehenden Einkünfte. Daneben hatten sie meist auch Einfluß auf die Gemeindeverwaltungen und stimmten bei der Besetzung der Gemeindedienste, wie Hirten, Büttel usw. mit. *„Aber auch die Gemeinde hat ihre Rechte gegenüber dem Grundherrn und dem Maier. Der Maier muß einen Zuchstier (so in Pfunds im Oberinntal), muß Mühlen unterhalten.“*[19]

Diese Regelung war jedoch nicht allgemein gültig. Vielen Pfarrhöfen oblag nämlich, für uns heute überraschend, die Last bzw. Verpflichtung (onerus) der Faseltierhaltung, d.h. der Haltung der männlichen Zuchttiere für die ganze Dorfgemeinschaft.

führen beide unter „eisern“ noch den Eisernviehvertrag als Beispiel der alten Rechtssprache auf. Im BGB war § 587 ein Fall dieses „Eisenviehvertrags“. „Der gemeinrechtliche Eisernviehvertag ist im BGB nicht besonders geregelt“ Bessau, BGB-Kommentar, 8°, 1934, S. 231. Bessau führt noch auf, daß die §§ 587-589 zur Anwendung kommen können. Heute spielt der Eisernvieh-Vertrag durch die geänderten gesellschaftlichen Verhältnisse fast keine Rolle mehr.

[19] Riezler, Sigmund v., wie 3, Bd. 1, 2. S. 442.

Die Belege für diese „Last" sind schon allein bei Buchner[20] für den Bereich der Diözese Eichstätt sehr zahlreich. 17 Belege[21] dieser Art zeigen, daß es sich nicht um ausgefallene Einzelregelungen handelt. Im ältesten Beleg aus dem Jahr 1399 stellt Johann von Kotensdorf, Pfarrer von Treuchtlingen einen Revers aus, *„alle Rechte und Gewohnheiten der Pfarrei wie sein Vorgänger zu halten, a.a. .... einen Stier und Bären zu halten...."*[22] 1413 befiehlt *„ein Landgerichtsurteil dem Pfarrer von Illschwang, das Faselvieh zu halten (Ochsen*[23]*, Bären und Hammel).*[24] 1486 weist Fürstbischof Wilhelm den Anspruch der Gemeinde Wettstetten, daß der Pfarrer *„außer Ochsen, Widder und Bären auch noch den Bock zu halten habe"* ab, er hat nur die ersten drei Stück zu halten[25] und 1513 heißt es in einem Vergleich zwischen dem Pfarrer und der Gemeinde Lauterhofen, der vor dem Landgericht Amberg in 30 Punkten errichtet wurde *„Den Herdochsen hat der Pfarrer, so einer absteht zu ersetzen"*[26]. Wie ungern die Pfarrer dieser Verpflichtung nachkommen, ist schon früh bezeugt. Bereits 1548 beantragt der Pfarrer von Wolferstadt, *„daß das Domkapitel gegen Reichung einer Kompetenz das Widdum und die Last der 'Ganzviehhaltung' übernehme."*[27] Diesem Antrag wird aber offensichtlich nicht stattgegeben, denn 1571 heißt es in der Wolfferstattischen Ehehaft: *„Item, so ist allweegen herkhommen ‚zue wolfferstatt, daß der Pfarrherr soll haben jetlichs Viechs, Ain ganz Viech"*[28] (also von jeder Viehart, ein unbeschnittenes, d.h. ganzes Tier).

Diese Verpflichtung der Pfarrer zur Haltung des Faselviehs existierte allerdings nicht nur in der Diözese Eichstätt. Schon Beyschlag hatte 1922

[20] Buchner, Franz, Xaver, wie 15.

[21] Es handelt sich um die Ortschaften: Böhmfeld, Ensfeld, Gaimersheim, Gelbelsee, Gundelsheim, Heimbach, Herrieden, Hofstetten, Illschwang, Kinding, Lauterhofen, Möhren, Mündling, Neunstetten, Treuchtlingen, Wettstetten und Wolferstadt.

[22] Hauptstaastsarchiv München, zitiert nach Buchner, wie 15, S. 636.

[23] Der Ausdruck „Ochs" wir heute nur noch für das kastrierte männliche Tier verwendet.

[24] Wie 15, S. 541.

[25] Wie 15, S. 778.

[26] Wie 15, S. 73.

[27] Wie 15, S. 793.

[28] Wolfferstattische Ehehaft,Wolferstadt, Gemeindearchiv.

diese *„bemerkenswerte Mitteilungen über die wirtschaftliche Bedeutung des mittelalterlichen Pfarrers“*[29] gemacht und in einer Zusammenstellung der betreffenden Literatur festgestellt, daß *„die Pflicht des Pfarrers der Gemeinde das Zuchtvieh zu stellen weithin im Bereiche deutscher Zunge verbreitet war, und sie u.a. aus österreichischen, Schweizer und luxemburgischen Weistümern belegt“*[30] worden ist. Als zeitlichen Rahmen der Belege nennt er das 15. und 16. Jahrhundert.[31]

Beyschlag suchte in seiner Erklärung für das Phänomen, daß Pfarrer als Zuchttierhalter auftraten, noch ganz im Grimmschen Sinne, eine vorchristliche Erklärung. Einen möglichen Hinweis darauf sah er in den sogenannten „Stierwiesen“[32], die urspünglich heidnisch-germanisches Kultgut gewesen sein könnten, und von den späteren Pfarrern quasi als Rechtsnachfolger mit allen Rechten und Pflichten übernommen worden wären.[33] Es ist allerdings viel wahrscheinlicher, daß es vorwiegend praktische Gründe waren, die dazu führten, daß dem Pfarrer die Vatertierhaltung oblag. Tatsächlich erscheint es sinnvoll, daß eine Dorfgemeinschaft, die eine dauerhafte Regelung der Vatertierhaltung anstrebte, diese nicht an einen Hof mit wechselnden Besitzer, sondern an eine Einrichtung, bzw. an einen Hof, hier den Pfarrhof, ankoppelte, der ungeteilt in einer Hand blieb und dessen gesicherter Fortbestand so ewig erschien wie der des „ewig viehs“[34]. Es spricht auch etliches dafür, daß man die Haltung des Zuchtviehes mit dem

---

[29] Vgl. Dazu Beyschlag Fr., Pfarrer als Zuchttierhalter. In: Jordan, D., Hermann (Hrsg.), Beiträge zur bayerischen Kirchengeschichte, Bd. XXVIII, Erlangen 1922. S. 15 – 24. Im ältesten bei Beyschlag aufgeführten Beleg von 1332 weigert sich der damalige Schweinfurter Pfarrherr zunächst dieser Verpflichtung gegenüber der ehemaligen Filialgemeinde Schonungen nachzukommen. S. 15.

[30] Ebd. S. 22.

[31] Ebd. S. 23.

[32] Häufig wird im Zusammenhang mit der Pflicht der Faseltierhaltung die Nutznießung einer bestimmten Wiese, oft „Ochsenwiese genannt, erwähnt. Vgl. Auch bei Buchner wie 15, S. 106. So ist der Pfarrer von Böhmfeld *„aber auch schuldig gegen Genuß der Ochsenwiesen Ochsen und salva venia Bären zu halten.“*

[33] Beyschlag Fr., wie 29, S. 23.

[34] Dieselbe Argumentation übrigens schon bei Mone, Zur Geschichte der Viehzucht vom 14. – 16. Jahrhundert. In: Zeitschrift für die Geschichtedes Oberrheines III. 1852 S. 401, referiert bei Beyschlag, wie 29, S. 21.

sogenannten Blutzehent in Zusammenhang brachte. Vielfach waren ja die Pfarrer die Bezieher dieses Zehenten.[35] Andererseits gibt es Belege, daß bei der Weigerung der Pfarrer die Zuchttiere zu halten, die Gemeinde im Gegenzug den Zehnet verweigerten. *„Da sich nun damals (1474)[36] der Pfarrer...weigerte dieser auch für die umliegenden Ortschaften, jedoch nicht für Schweinfurt selbst bezeugten Gepflogenheiten nachzukommen, so versagten ihm die Schonunger den bisher in den Schweinfurter Pfarrhof gelieferten kleinen Zehnt vom Vieh (Kälber, Schweine und Zehnthühner) und vom Obst (Äpfel, Nüsse, Birnen, Pfirsiche), auch an Krautrüben und dergleichen, weil man nach ihrer Meinung hiefür die selbstverständliche Gegenleistung des Pfarrers fehle."*[37] Es gibt allerdings auch Beispiele, wo sich der Meierhof und der Widemhof die Haltung der Vatertiere teilten, oder sogar einzelne Viehbesitzer Zuchttiere hielten.[38]

Die Frage ist nun, wie lange sich die armen Landpfarrer mit den Faseltieren abplagen mußten. Durch die Jahrhunderte gibt es immer wieder Belege, daß einzelne Pfarrer aus dieser Last entlassen werden wollten, was aber nur selten gewährt wurde, wie z.B. in Gaimersheim 1718.[39] Zunehmend läßt sich jedoch feststellen, daß die Bereitschaft der Pfarrer, diese Last zu tragen, immer mehr schwand und im 19. Jahrhundert gänzlich verloren ging, wie das Schreiben des Pfarrers Georg Sailer aus Mündling an das Bischöfliche Ordinariat, vom Mai 1829 zeigt, wo es heißt: *„Die Gemeinde Mündling muthet der dortigen Pfarrei die Verbindlichkeit zu, das sogenannte Faselviel, nämlich den Stier, die Schweinsbäre, Hämmel zu halten und springen zu lassen."*[40] Vielfach mußte die leidige Angelegenheit gerichtlich geregelt werden. So auch in Mündling. Der dortige Pfarrer hatte wohl 1768 die Haltung der Faseltiere einem Gemeindeglied übertragen,

---

[35] Rösener Werner, Bauern im Mittelalter, 1985, S. 147. Dieselbe Argumentation schon bei Beyschlag , wie 29, S. 20.
[36] Anmerkung des Verfassers.
[37] Beyschlag, wie 29, S. 15 f.
[38] Trauchberg ,wie 4, S. 323.
[39] Buchner, wie 15, S. 356.
[40] Dözesanarchiv Eichstätt. Pfarrakten, Mündling. Hier wird differenziert zwischen der Haltung und dem „springen lassen", d.h. der Überwachung des Deckaktes, was wohl als besonders unangemessen empfunden wurde.

dem mit Zustimmung der Klosters Heilig Kreuz in Donauwörth, als Grund- und Zehentherr, dafür die Befreiung vom Klein- und Blutzehent gewährte wurde. Als 1827 der Bauer auf erwähntem Hof die Haltung nicht mehr fortführen wollte, hatte ihm der damalige Pfarrer Wehsely dafür noch 20 fl bezahlt.[41] „...*und so blieb es, bis Wehsely versetzt wurde. Hierauf machte die Gemeinde mit dem nämlichen Bauern einen Vertrag im Namen des künftigen Pfarrers, daß er jährlich 30 fl erhalten solle, und als ich unterthänigster Unterzeichneter als Pfarrer in Mündling ernannt wurde, bestätigte ich diesen schon im voraus für mich abgeschlossenen Vertrag, da ich mit den Verhältnissen unbekannt war, sohin noch nicht wissen konnte, ob und was ich schuldig war. Im heurigen Jahr jedoch verlangte man von mir neben der Zehntbefreiung jährlich 50 fl und dies veranlaßte mich zu der Erklärung, daß ich das Vieh selbst halten wolle, wenn diese Last auf der Pfarrei liege, was ich auf einige Zeit that, als ich mich jedoch von dem Gegentheil überzeugte, verweigerte ich es, wurde indessen durch landgerichtliches Dekret vom 22 dies provisorisch und vorbehaltlich der Austragung meiner Rechte auf dem Prozeßwege wieder hiezu angehalten.*“[42] Was der Rechtsstreit des Pfarrers mit der Dorfgemeinschaft für Auswirkungen auf das dörfliche Zusammenleben hatte, ist schwer vorstellbar. Pfarrer Sailer führte einen langwierigen und kostspieligen Prozeß bis zum Jahr 1851 ohne Erfolg, wodurch der Pfarrei neben dem Ärger noch ein Kostenbetrag von 500 fl entstand. Erst 1863 gelingt es dem Nachfolger Pfarrer Hager die Verhandlungen um die Abtretung des Faselviehs in Gange zu bringen. „*Pfarrer Hager versuchte deshalb den Weg des Friedens resp. des Vergleichs mit der Gemeinde, und weil er bis jetzt in sehr gutem Einvernehmen mit seinen Parochionen steht, so ist es ihm durch viele angewandte Mühe gelungen, mit den sonst für ihre Interessen sehr besorgten Bewohnern von Mündling einen Ablösungs-Vertrag für immerwährende Zeit abzuschließen, welcher für die Pfarrei unstreitig von unberechenbarem Nutzen wird, und als ein rein glücklicher Zufall zu betrachten ist, da es nicht zum zweitenmale gelingen möchte die Bewohner von Mündling zur*

[41] Dözesanarchiv Eichstätt. Pfarrakten. Mündling. Schreiben des Pfarrers Georg Sailer zu Mündling an das Bischöfliche Ordinariat, v. 25. Mai 1829.
[42] Ebd.

Abschließung eines derartigen Vertrages zu bewegen."...„Wenn man die zahlreiche Menge von Zucht-Thieren[43] *betrachtet welche bisher vom Pfarrer zu halten waren, wenn zugleich das Kapital und die Gefahr ins Auge gefaßt wird welche mit solcher Viehhaltung verbunden ist, und überdies zu wie viel Zwistigkeiten zwischen Pfarrer und Gemeinde diese Sache schon geführt hat, so erscheint das Ablösungs – Capital von 2200 fl als sehr gering.*"[44] Diese Ansicht teilte offensichtlich auch das Bischöfliche Ordinariat, denn es genehmigt die Ablösung und am 12. Januar 1864 wird der Ablösungsvertrag beim königlichen Notar in Donauwörth von beiden Parteien, nämlich dem königlichen Pfarrer Josef Hager für das Pfarrwiddum und sechs Verwaltungsgliedern für die Gemeinde Mündling unterzeichnet.[45] 1836 wird die Faselviehhaltung in Ensfeld, 1861 in Gundelsheim und 1867 in Wolferstadt endgültig von der Gemeinde abgelöst.[46]

Modernisierung der Tierzucht: der Staat regelt die Zuchttierhaltung

Der Grund für die endgültige Ablösung der Faselviehhaltung von den Pfarrhöfen ist vielfältig. Zum einen empfanden es im 19. Jahrhundert wohl zunehmend die Pfarrer wie auch die Bevölkerung als für einen Geistlichen *„schmähliche Last"*. Andererseits hatten immer weniger Pfarrer genügend Kenntnisse in der Landwirtschaft um den Pfarrhof selbst zu bewirtschaften, sie bemühten sich, ihn zu verpachten. *„Zu diesen Schritten veranlaßte den ehrerbietigst Unterzeichneten... nicht etwaiges Unglück im Ökonomiebetrieb, nicht Unlust an der Ökonomie, sondern die Unbotmäßigkeit zumal der männlichen Dienstboten und Mangel an eigentlicher Kenntniß des Ökonomiebetriebs, so daß er den Tag der Verpachtung mit Freuden begrüßte, um einer so schweren Bürde sich entledigen zu können"*[47], faßt Michael Mayer, Pfarrer aus Hofstetten die Probleme mit der Bewirtschaftung des Pfarrgutes zusammen.

---

[43] Ebd. In diesem Falle 2 Sprung-Stiere, 1 Schweins-Bär und 6 Zucht-Widder.

[44] Diözesanarchiv Eichstätt. Pfarrakten. Mündling. Schreiben des Pfarrers J. Hager an das Bischöfliche Ordinariat v. 4.12.1863.

[45] Diözesanarchiv Eichstätt. Pfarrakten. Mündling.

[46] Buchner, wie 15, S. 106, S. 793.

[47] Diözesanarchiv Eichstätt. Pfarrakten. Hofstetten.

Tatsächlich war das Betreiben der Landwirtschaft komplizierter geworden. Die Wissenschaften hatten auch die Landwirtschaft erreicht und zahlreiche Innovationen eingeführt. Im heutigen Gebiet Bayern wurde 1768 der erste Lehrstuhl für „Kameralistik und Landwirtschaft“ in Würzburg eingerichtet, der Lehrbetrieb jedoch nach drei Jahren wieder eingestellt. In der 1822-1878 bestehenden Staatswissenschaftlichen Fakultät wurde neben der Volkswirtschaft auch der Landbau berücksichtigt.[48] Hier im Landbau lagen zunächst die großen Erfolge der Landwirtschaft, hier brachte die Modernisierung und Intensivierung meßbare Ertragssteigerungen. Gedacht sei nur an die neue Düngerlehre, die sich aus dem Fachgebiet Chemie heraus entwickelte, oder an die endgültige Verdrängung der Dreifelderwirtschaft durch eine moderne Fruchtwechselwirtschaft. Der eifrigste Verfechter hierfür war in Bayern Albrecht Thaer.
Die Ertragserfolge im Ackerbau brachten durch die verbesserte Futtersituation im 19. Jahrhundert zunächst auch einen zahlenmäßigen Anstieg in der Viehhaltung. Trotzdem blieb das Viehmaterial selbst, vor allem im Vergleich mit anderen, z. B. den englischen Viehschlägen, unbefriedigend. Zwar gab es beim Oktoberfest 1811 schon vier Preise für die besten Schweinsbären und damit erkennbare Bemühungen von herrschaftlicher Seite die Rentabilität zu verbessern, doch blieben solche und andere Maßnahmen zunächst ohne Erfolg. Sie stießen auch zunächst auf zu wenig Interesse, da die wissenschaftlichen Erfolge des Ackerbaues die Tierzucht an die Seite drängten. So schrieb Weckherlin, ehemaliger Direktor der land- und forstwirtschaftlichen Akademie Hohenheim, noch 1845 im Vorwort seines Buches „Die landwirtschaftliche Thierproduktion“, er wolle es *„zur freundlichen Aufnahme (zu) übergeben, auf die ich vielleicht um so mehr hoffen darf, als ich ein Fach unserer Landwirtschaftslehre zum Gegenstand meiner Arbeit gewählt habe, das bei uns noch nicht so umfassend zu behandeln versucht worden ist, als es seine ganze Wichtigkeit verdient, für das aber zum besten Frommen der Landwirthschaft immer größeres Interesse erwacht.“*[49]

[48] Schlögl Alois, Bayersiche Agrargeschichte, 1954, S. 473.
[49] Weckherlin, A. v., Die landwirtschaftliche Thierproduktion, Erster oder allgemeinder Theil, 3°, Stuttgart 1857.

Obwohl der Augustiner Gregor Johann Mendel (1822 - 1884) sich ab 1856 mit Kreuzungsversuchen beschäftigt hatte, wurden seine Vererbungsgesetze erst ab 1900 beachtet, so daß die Verbesserungen in der Tierzucht, die Veredlung durch Vererbung, sprich durch Einkreuzen edlerer Rassen, nicht auf wissenschaftlicher Basis, wie z.B. die Düngerlehre auf der Naturwissenschaft Chemie, sondern noch immer auf empirischer Basis, beruhte.
Trotzdem hatte man Wichtiges erkannt. Zunächst war eine Verbesserung des Zuchtmaterials nötig. Dies konnte am einfachsten über die männlichen Decktiere erfolgen, was über entsprechende Gesetze zur „Förderung der Tierzucht" erreicht wurde. 1855 wurde für die Rheinpfalz und 1857 für die rechtsrheinischen Gebiete Bayerns der Körzwang für alle Bullen sowie Vorschriften für ihre Haltung erlassen.[50] Der Körzwang besagt, daß alle zur Zucht benutzten männlichen Zuchttiere zunächst von einer Körkommission angekört sein mußten. Hierzu war erforderlich, daß die Tiere körperlich gut entwickelt und frei von schwerwiegenden Fehlern sind. Ferner mußten ihre körperlichen Eigenschaften zu dem im Körbezirk festgelegten Zuchtzielen passen.[51]
Damit wurden nun an die Faselviehhalter ganz neue Ansprüche gestellt. Das männliche Zuchttier mußte plötzlich ganz bestimmten Qualitätskriterien entsprechen. Es war nicht mehr beliebig käuflich und es war wahrscheinlich teurer. Gleichzeitig waren die Kriterien für die Qualitätsfeststellung noch ungenügend, so daß die letztliche Beurteilung durch den Tierzüchter, den Bauern, wohl nicht immer gütlich ausfiel.
Nicht zuletzt diese Neuerungen mögen den entscheidenden Anlaß gegeben haben, daß im Laufe der zweiten Hälfte des 19. Jahrhunderts die Abtretung der Vatertierhaltung auch seitens des Bischöflichen Ordinariats, das jeweils seine Zustimmung geben mußte, gut geheißen wurde. Zum anderen mußten die Gemeinden ein zunehmendes Interesse daran haben, aus Gründen der Qualitätssicherung bei der Auswahl der Decktiere mit zu reden.

---

[50] Schlögl wie 48, S. 261.
[51] Die Körordnungen wurden bis heute immer wider erneuert, genauso wie die Zuchtziele immer wieder verändert werden. Über die Zuchtziele der einzelnen Tierarten entscheidet der Zuchtverband.

Für die Tierhaltung in Bayern hatte die staatliche Regulierung weitreichende Konsequenzen. Die strikte Verfolgung eines einzigen Zuchtzieles bei den einzelnen Tierarten, z.B. schnelle Masterfolge in kurzer Zeit, führten dazu, daß in relativ kurzer Zeit zahlreiche regionale Nutztierrassen ausstarben.

Das halbrote Bayerische Landschwein, wegen seiner typischen Färbung auf Votivtafelbeständen des 18. und 19. Jahrhunderts leicht zu erkennen, war vor allem in Ober- und Niederbayern, sowie der Oberpfalz[52] verbreitet gewesen. Kurz nach 1925 starb es aus.[53] Von den regionalen 28 Rinderschlägen im Jahr 1860 waren 1948 nur noch ganze 5 vorhanden.[54]

Die Körordnung für Bayern vom 24.12.1936 verpflichtete die Gemeinden schließlich gesetzlich zur Anschaffung und Haltung der nötigen Vatertiere. Um die Kosten für die Haltung guter Vatertiere zu regeln, war die Gemeinde berechtigt und sogar verpflichtet, eine sogenannte „Deckumlage" auf alle zuchtfähigen weiblichen Tiere zu erheben. Das Einheben von Deck- oder Sprunggeldern war dagegen verboten. Damit sollte gesichert werden, daß von dem qualitätsvollen Zuchtmaterial auch Gebrauch gemacht wurde.

---

[52] May, Zeitschrift des Landwirtschaftlichen Vereins in Bayern, München 1880, S. 357, sowie: Kreiner, Hans, Das halbrote bayerische Landschwein im Entwicklungsgang der Schweinezucht in Altbayern, besonders in Niederbayern und der Oberpfalz, Diss. München, 1926.

[53] Schlögl wie 48, S. 285. „Die Halbroten leben heute nur noch in der Erinnerung und auf den Votivtafeln an den Wänden vieler bayerischer Wallfahrtsorte- und Kapellen, die unbeabsichtigt davon Kunde geben, daß diese Rasse einmal zu dem Wertvollsten gehörte, was die Bewohner dieses Landes in früheren Zeiten besessen hatten."

[54] Schlögl wie 48, Karten S. 240 u. S. 256.

Fortschritte in der Fortpflanzungsbiologie machten es schließlich möglich, daß ab 1947 die künstliche Besamung eingeführt wurde. Die natürliche Vatertierhaltung wurde dadurch zunächst in der Rinderzucht, später auch in der Schweinezucht, zurückgedrängt. Der Vorteil der künstlichen Besamung lag auf der Hand : z.B. gezielterer Einsatz von geprüften Vererbern, Wegfall des lästigen und gefährlichen Sprungaktes und effizientere Deckseuchenbekämpfung. Mit der Umstellung der Besamungsstationen von Frischsamen mit nur begrenzter Haltbarkeit von wenigen Tagen, auf tiefgefrorenen Samen mit langer Haltbarkeit, setzte sich dann die künstliche Besamung flächendeckend durch. Inzwischen gehört die „Öffentliche Bullenhaltung“ und die „Öffentliche Eberhaltung“, die früher durch ein schwarz-weißes Emailschild am Stall in jeder Landgemeinde ausgewiesen war, überall der Vergangenheit an. Das „eisern vieh“ hielt sich lange, aber nicht ewig.

Für die Gemeinschaft „Dorf“ lassen sich entlang der Strukturen in der Tierhaltung Strukturen des dörflichen Lebens aufzeigen. Wenn ein Pfarrer als Faseltierhalter in einer Gemeinde auftrat, dann stand er nicht mehr nur als „Geistlicher Herr“ über der Gruppe der Bauern, sondern war, auf der Ebene der Tierzucht, eng mit ihnen verbunden. Es zeigt sich an diesem Beispiel, wieder einmal, *„...daß <Dorf> nicht – wie früher so oft dargestellt- eine homogene Gemeinschaft von Bauern mit gleichartigem statischen Kulturverhalten ist, sondern ein vielfach verstricktes Geflecht zahlreicher sozialer Gruppierungen von Bauern, aber auch solchen über und unter der Bauernschicht...“*[55] war. Mit der Ablösung der Faseltierhaltung veränderte sich auch die Stellung des Pfarrers innerhalb der Dorfgemeinschaft. War er zuvor noch in direktem Kontakt mit den Bauern und ihren landwirtschaftlichen Problemen, so stand er nun, abgehoben, auf einer anderen gesellschaftlichen Ebene.

Alleine an den Veränderungen in der Vatertierhaltung läßt sich bereits aufzeigen, wie stark das (Arbeits-) Leben der Bauern zu allen Zeiten von rechtlichen, wirtschaftlichen und technologischen Verhältnissen beeinflußt

---

[55] Weber- Kellermann wie 5, S. 11.

war. Mit der gemeindlichen Faseltierhaltung ist der Bulle ja, salopp gesagt, noch im Dorf geblieben. Erlebnisreiche Episoden aus der alten Zeit, als eine Gruppe von beauftragten Bauern den Gemeindebullen einkauften, sind noch fast in jedem Dorf lebendig. Zu der Kommission zu gehören, die den neuen Gemeindebullen ankaufte, wurde stets als eine Auszeichnung betrachtet. Sagte diese Berufung doch etwas aus über das Ansehen, das man im Dorf besaß. Freilich konnte man sich auch gehörig blamieren, sofern der Kauf ein Fehlgriff war und der Bulle z.B. nicht springen wollte.

Mit der Einführung der künstlichen Besamung ging dann auch ein Stück Kommunikation im Dorf verloren. Der Besamer kam auf Bestellung in den Stall und verrichtete routinemäßig seine Arbeit. Die Außenkontakte, die vorher entstanden waren, wenn man das weibliche Tier zum Bullen oder Eber führte, hörten auf.

Gleichzeitig mit dieser Entwicklung setzte eine Intensivierung und Ertragssteigerung in der Landwirtschaft ein, die es ermöglichte, daß der Anteil der in der Landwirtschaft tätigen Personen heute auf unter fünf Prozent gesunken ist. Hand in Hand damit ging eine Entfremdung weiter Teile der Bevölkerung vom einstmals natürlichen Umfeld „Land". Viele Städter können eine Wiese heute nicht mehr von einem grünen Getreidefeld unterscheiden und nicht nur Stadtkinder haben ihren einzigsten Kontakt zu Kälbern und Ferkeln im Streichelzoo.

Trotzdem suchen wir im „Landleben" noch immer die heile Welt. „Urlaub auf dem Bauernhof" ist so gefragt wie nie. Zwar sind gerade solche Betriebe meist keine Bauernhöfe mehr, sondern oft mehr Pensionen mit dem erwähnten Streichelzoo für die Feriengäste, aber das schadet dem Image keineswegs; und außerdem: daß der Schein nicht mit der Realität übereinstimmt, hat in der deutschen Agrarromantik Tradition.

Landwirtschaftliche Dienstboten am Übergang zum 20. Jahrhundert

Obrigkeitliche Bewertung und erlebte Praxis

Manfred Veit

Im Reichstagsabschied „Reformation guter Pollicei zu Augspurg 1530 auffgericht", unter der Überschrift „Von Reysigen knechten und dienstbotten", „...sol auch eyn jede oberkeyt / so vil die dienstbotten betrifft / inn seinen gebieten eyn satzung machen ... / wie die selbig nach eynß jeden landts gelegenheyt / iren underthanen / und gemeynem nutz zum fruchtbarlichsten ansehen wirt domit sie jres gefallens nit auß den diensten tretten / unnd der selben ungehorsam und eygen will fürkommen". Dieser Aufforderung des Reiches, daß das Dienstbotenwesen in einem jeden Land zu regeln sei, kam Bayern in der Folge mehrfach nach. Die erste zusammengefaßte Ordnung dürfte in das Landrecht von 1616 für Ober- und Niederbayern eingefügt worden sein[1]. Ab der Mitte des 18. Jahrhunderts erschienen dann eigenständige Dienstbotenordnungen in Altbayern. Diejenige vom 17. März 1755[2] kam mit 14 Artikeln aus. Die Bestimmungen vom 02. Mai 1781 dagegen umfaßten bereits nicht weniger als 44 Punkte, die sich - bis auf wenige Ausnahmen - fast ausschließlich auf ländliche Dienstboten bezogen. Neuburg erhielt 1790 eine Dienstbotenordnung, für

[1] Vgl. HARTINGER, Walter: Bayerisches Dienstbotenleben auf dem Land vom 16. bis 18. Jahrhundert, in: ZBLG 38 (1978), S. 598 - 638. Darin sind die grundlegenden Begriffe zu Dienstboten und Taglöhnern aufgeführt. Vgl. auch PLATZER, Hans: Geschichte der ländlichen Arbeitsverhältnisse in Bayern, München 1904 (= Altbayr. Forschungen des Historischen Vereins von Oberbayern) und SCHNORBUS, Axel: Die ländlichen Unterschichten in der bayerischen Gesellschaft am Ausgang des 19. Jahrhunderts, in: ZBLG 30 (1967), S. 824 - 852.

[2] Diese, die Ordnung von 1781 und die von 1801 ist abgedruckt bei MEYR, Georg Karl von: Sammlung der Churpfalz-baierischen allgemeinen und besonderen Landesverordnungen, München 1784 und folgende.

die oberpfälzischen Lande wurden am 21. August 1801 und für die 'Churpfalzbaierische Provinz in Schwaben' am 27. August 1804[3] eigene umfangreiche Ordnungen erlassen, die aber im wesentlichen auf der Ordnung von 1781 beruhten. Grundlagen aller waren Klagen über Dienstboten, wie sie einleitend in der Ordnung von 1804 drastisch beschrieben sind: „Uebermuth und Starrsinn, Verdrossenhheit und Trägheit, unbändiger Hang zum Spielen und Schwelgen, zur Ueppigkeit, Kleiderpracht und heilloser Befriedigung niedriger Sinnlichkeit, scheinen in ihm [dem Dienstboten] jedes Gefühl für freudige Erfüllung seiner Pflichten, für Anhänglichkeit und Treue, Willigkeit und Arbeitsliebe, Mäßigkeit, Anstand und Sittlichkeit verdrängt zu haben."
Alle diese Vorschriften blieben noch weit ins 19. Jahrhundert hinein unverändert gültig. Mehrere Initiativen wurden zu Beginn des 19. Jahrhunderts ergriffen, um die Dienstbotenordnungen einer Überprüfung zu unterziehen. So bezeichnete sie der Abgeordnete Lechner 1825 als nicht mehr für „unsere Menschen passend" und im Jahr 1851 legte der Abgeordnete Amschler einen Initiativantrag zu einem Gesetz über eine Dienstbotenordnung beim Landtag vor[4]. Beide Versuche einer Änderung blieben erfolglos.
1855 dann, am 19. Oktober, beantragte der niederbayerische Abgeordnete Joseph Rabl in der Abgeordnetenkammer des bayerischen Landtages des Jahres 1855/56, die bisherige Dienstbotenordnung zu revidieren. Die darin als Strafe vorgesehene körperliche Züchtigung sollte in Einklang mit dem Gesetz von 1848 abgeschafft, und das ausnahmslose Verdingen auf ein volles Jahr beseitigt werden, da es den neuen Anbaumethoden bei den sogenannten Fabrikpflanzen Zuckerrübe und Hopfen und den zu erstellenden Kultureinrichtungen (Wasserregulierungen, Trockenlegungen) hinderlich wäre. Dazu legte er gleichzeitig einen eigenen Entwurf für eine neue Dienstbotenordnung vor[5]. Auslöser dazu war eine Polizeiaktion gegen Per-

[3] Regierungsblatt für die Kurpfalzbaierische Provinz in Schwaben, XXXIX. Stück, Ulm, Samstags am 29. September 1804.
[4] Zitiert bei dem Bericht des Abgeordneten Rabl, siehe unten und Anmerkung 5.
[5] Verhandlungen der Kammer der Abgeordneten des bayerischen Landtages 1855/56, Beilagenband III, Beilage LXXXIII

sonen, die neue Kulturen anlegen sollten und die nicht auf ein Jahr gedungen waren. Am 14. Dezember 1855 wurde der Antrag im Landtag vorgetragen, wegen diverser Verfahrensfragen diskutiert und an die Ausschüsse verwiesen. Die Diskussion und Debatte fand in der öffentlichen Sitzung vom 01.04.1856 statt[6], dabei betonte Rabl besonders, daß „das Recht des Hausherrn unter der Bevormundung der Behörden steht", und daß „Einmengung der Behörden in die häuslichen Verhältnisse, in die Sitten und Gebräuche des Volkes, sogar in die Arbeitsweise und Dauer" stattfindet. Mit den Stimmen beider Kammern[7] wurde daraufhin als einzige Maßnahme ein Gesamtbeschluß gefaßt, in welchem vorgeschlagen wurde, daß König Max II. eine umfassende Revision der bestehenden Dienstbotenordnungen anordnen möge[8]. Da „... Seine Majestät der König ... dem Dienstbotenwesen bereits seit längerer Zeit die besondere landesväterliche Aufmerksamkeit zuzuwenden geruhte ..."[9], ordnete dieser an, daß zuvörderst die Dienstbotenordnung vom 02. März 1781 hinsichtlich veralteter Bestimmungen aus der Erkenntnis heraus überprüft werden sollte, daß zwischenzeitlich „Sitten, Gebräuche, Einrichtungen, Gewohnheiten die Bevölkerungverhältnisse vielfach geändert"[10] hätten. Aus diesem Grund wurde „Im Namen Seiner Majestät des Königs von Bayern" durch die Kgl. Regierung von Schwaben und Neuburg, Kammer des Innern, am 30. Juni 1856 von sämtlichen Distriktspolizeibehörden eine Stellungnahme mit der Darlegung der Zustände gefordert. Es sollte besonders herausgearbeitet werden, was veraltet, unzeitgemäß oder zweckwidrig wäre. Im Einzelnen müßte man in Erfahrung bringen, ob die Beendigung und der Beginn eines

[6] a.a.O., Stenographische Berichte Bände I bis III

[7] Die Bayerische Verfassung von 1818 legt im Titel VI, § 1 ein Zweikammersystem mit der Kammer der Reichsräte und jener der Abgeordneten fest. Vgl. dazu TREML, Manfred: Königreich Bayern (1806 - 1918), in: TREML, Manfred (Hrsg.): Geschichte des modernen Bayern, München 1994, S. 13-145.

[8] Gerade König Max II (1848-1864) war es, der sich in besonderem Maße um das Wohl der Bewohner Bayerns kümmerte und zu diesem Zweck umfangreiche Untersuchungen über die bestehenden Zustände für Entscheidungsvorbereitungen durchführen ließ. Vgl. PÖTZL, Walter: So lebten unsere Urgroßeltern, Augsburg 1988, S. 9 ff.

[9] StAA Bezirksamt Neuburg 2766

[10] a.a.O.

Arbeitsverhältnisses nur an Lichtmeß (02.02.) oder Michaeli (29.09.) erfolgen könne. Obwohl diese Bestimmungen sowohl zum Vorteil der Dienstherren wie auch im Interesse der Dienstboten wären, sollte bei einer grundsätzlichen Beibehaltung doch der freien Vereinbarung zwischen Dienstherrn und -boten mehr Freiraum gestattet sein. Weitere Überprüfungen wurden hinsichtlich der Vorschriften über das Benehmen der Dienstboten, insbesondere das Gaßlgehen der jungen Burschen[11], die übermäßige Kleiderpracht (mit der Auflage, sich ehrbare Tracht zu beschaffen), den Wirtshausbesuch und die Zusammenkünfte in Privathäusern an abgewürdigten Feiertagen[12], die Arbeitsverweigerungen an solchen, über Tanzveranstaltungen und den Kirchenbesuch angeordnet. Unter dem Gesichtspunkt, daß andere, bereits bestehende Vorschriften und Gesetze dieser Dienstbotenordnung widersprechen, sollte auch überprüft werden.

Die Antwort aus dem Landgericht Schwabmünchen wurde mit dreiwöchiger Verspätung am 22. September 1856 erstattet[13]. Dazu wurde die Expertise und der Rat von mehreren erfahrenen Landwirten und von Mitgliedern des landwirtschaftlichen Bezirks-Commitees Lechfeld eingeholt. Auch amtliche Akten und Unterlagen wurden zu Grunde gelegt. Dienstboten selbst wurden nicht beteiligt oder nach ihrer Meinung gefragt. Die in diesem Gremium getroffenen Feststellungen und die daraus resultierenden amtlichen Feststellungen erscheinen gegenüber der fortschrittlich klingenden regierungsseitigen Aufforderung eher konservativ:

> Die Problematik des Dienstbotenmangels wäre noch nicht akut, da in jedem Dorf genügend Leute vorhanden wären, die sich als Taglöhner verdingen würden. Außer den Klagen wegen eigenmächtiger Aufkündigung des Dienstes während der Erntezeit wären keine wesentlichen Übertretungen bekannt geworden. Dies läge aber weniger in der genauen Beachtung der Vorschriften als vielmehr in Unkenntnis dieser. Entsprechend würden auch keine Anklagen erhoben. Ebenso wäre zu große Nachsicht oder aber Angst vor Rache der Grund, daß man Exzesse

[11] vgl. SCHMELLER: „dem geliebten Mädchen vor und wohl auch in ihrem Schlafkämmerlein einen nächtlichen Besuch machen“

[12] Zu den aufgehobenen Feiertagen siehe den Exkurs am Ende dieses Aufsatzes.

[13] StAA Bezirksamt Neuburg 2766

klaglos hinnehmen würde. Als einzige Maßnahme käme der Wechsel des Arbeitgebers in Frage. Es würden aber weiterhin Klagen über das Verhalten der Dienstboten geführt, jedoch wäre wegen polizeilicher Maßnahmen gegenüber früher Besserung eingetreten. Die Klagen beträfen den ungebührlichen Luxus in unstandesgemäßer Kleidung, die Teilnahme an allen möglichen Vergnügungen wie Wirtshaus- und Tanzbodenbesuch, die Unzufriedenheit mit der gereichten Kost und die eigenmächtigen Dienstaustritte besonders zur Zeit der größten Arbeitsbelastung während der Erntezeit. Als besonders bedrückend würde empfunden, daß bei den Dienstboten ein Streben nach Freiheit und Selbständigkeit einsetzte, die Bande des dienstlich bedingten Gehorsams dadurch gelockert würden und die Einordnung und Unterwerfung im Haus nicht mehr gegeben wäre. Unbotmäßigkeit wäre an deren Stelle getreten. Dazu kämen die Versuche, die Löhne in die Höhe zu treiben. Mit dem sittlichen Verfall ginge die Zahl der unehelichen Geburten einher. Auch die Arbeitsverweigerung an den abgeschafften Feiertagen wäre noch gängige Praxis.

Dennoch wurde in der Stellungnahme darauf hingewiesen, daß veraltete Bestimmungen beseitigt werden sollten. Berechtigte Anordnungen müßten aber einerseits mit Umsicht, Erfahrung und Praxisbezug, andererseits dennoch konsequent, mit Strenge und Ausdauer durchgesetzt werden. Der „Gleichgültigkeit und mitunter sträflichen Nachlässigkeit“ sowie der „unmännlichen Furcht“ unter den Dienstherrn müßte entgegengewirkt werden. Als Maßnahmen wurden vorgeschlagen: Die einjährige Verdingung soll grundsätzlich Bestand haben. Jedoch soll bei triftigen Gründen im Zuge freier Vereinbarung auch eine kürzere Dienstzeit abgesprochen werden können. An den observanzmäßigen Ein- und Austrittszeiten ist festzuhalten. Neben Lichtmeß und Michaeli wird nun aber auch Weihnachten als herkömmlich bezeichnet. Führt sich ein Dienstbote schlecht auf oder entweicht er aus dem Dienst, so soll die Polizei die Strafgewalt in ihrem eigenen Ermessen ausüben können. Wenn aber die Gefängnisstrafe unwirksam bleibt, so soll auch die körperliche Züchtigung gegen hartnäckig Verfehlende angewandt werden dürfen[14]. Die Ahndung der Aufhetzung von Dienstboten und Gewährung von Unterschlupf für entlassene Dienstboten ist der örtlichen Obrigkeit zu überlassen. Damit wird eine Dezentralisierung der Exekutive und eine Abkehr von den restlichen Auswirkungen der Montgelas'schen Zentralisierungsbestrebungen für erforderlich erachtet. Ebenso werden die Strafen für das nächtliche Auslaufen und den Besuch der Wirts- und Tanzstätten gegen den Willen der Herrschaft, für das Umherschwärmen der Knechte und Bauernsöhne, wie für das nächtliche Gässelgehen als zu hoch empfunden. Sie sollen gemindert und in das Ermessen der Ortspolizei gestellt werden. Die Bestimmungen über Luxus und Kleiderpracht können nicht mehr aufrechterhalten werden, da sich die gewerblichen und industriellen Verhältnisse geändert hatten, die Mode Einzug in das Bekleidungsverhalten genommen hatte und damit die Tracht als überlieferte Form und langlebige Ausstattung nicht mehr in Gebrauch war. Der Grund ist auch in der neuerlichen Wohlfeilheit der Stoffe zu sehen[15]. Jedoch ist der Dienstherr anzuhalten, darauf zu achten, daß sich die Dienstboten anständig kleiden und nicht zu viel Geld in die wechselnde Mode investieren. Nachdem eine spezielle Ordnung über Tanzmusiken erlassen wurde, können diesbezügliche Bestimmungen in der Dienstbotenordnung wegbleiben. Arbeitsverweigerung und Wirtshausbesuche an aufgehobenen Feiertagen, sowie Zusammenkünfte in Privathäusern sind nicht zu dulden. Die dafür vorgesehenen Strafen sind jedoch nicht mehr zeitgemäß. Dennoch soll in diesen Fällen die Obrigkeit gegen Dienstboten, Wirte und Hausherren in eigenem Strafermessen einschreiten. Da während der Heu- und Erntezeit durch absichtlichen Ungehorsam, Widerspenstigkeit, Faulheit oder simulierte körperliche Leiden eine vorzeitige Entlassung zu erwirken versucht wird, um während dieser Zeit bei einem anderen Dienstherrn als Taglöhner bei höherem Lohn mehr Geld zu verdienen, muß dagegen mit aller Strenge vorgegangen werden. Ledige Personen ohne Dienstverhältnis sollen für Taglöhnertätigkeiten eine schriftliche Erlaubnis

[14] Diese Forderung ist erstaunlich, da doch um diese Zeit die Prügelstrafe in Bayern offiziell abgeschafft war.

[15] Zu diesem Problem widersprechen sich in der Stellungnahme die Klagen und die vorgeschlagenen Maßnahmen.

durch die Ortspolizeibehörde brauchen. Die Einführung der Dienstbotenbücher hat sich bewährt, die Bestimmungen hinsichtlich des Gottesdienstbesuches ebenso. Sie sind beizubehalten. Dagegen sind die Taglöhner bezüglich der Lohnforderungen aus der Dienstbotenordnung herauszunehmen. Sie sind nur Aushilfsarbeiter. Da sie sich aber innerhalb einer Region oder eines Ortes zu übermäßig hohem Lohn verabreden könnten, ist dies unter Strafandrohung zu verbieten.
Als Grundübel wird angesehen, daß die Voraussetzungen für die Einstellung eines Dienstboten sehr oft nicht gegeben sind. Es fehle die körperliche und geistige Eignung. Es wird angeführt, daß oftmals Fertigkeiten zur Ausübung der Arbeit oder zumindest die Fähigkeiten, diese Arbeiten zu erlernen, nicht vorhanden sind. Die Anstellung in einem festen Dienstverhältnis ist aus Gründen der öffentlichen Sicherheit und zur Existenzsicherung regelmäßig geboten. Ausnahmen können nur gemacht werden, wenn die ledige Person die Mittel, die Befähigung und den festen Willen hat, ein unterhaltssicherndes Gewerbe oder eine sonstige zu den freien Erwerbsarten zählende Beschäftigung erfolgreich zu erlernen. Die Kinder, die man zu Landwirtschaft oder Gewerbe aber nicht benötigt, hält man zu Hause und schickt sie nicht in Dienst. Damit können sie nichts lernen und fallen später dem Bettel und Müßiggang anheim. Kinder sollen, wenn nicht anders erfolgversprechend, zwangsweise in Dienst gesteckt werden und gegen die Eltern mit Strafen vorgegangen werden. Dies ist aber oft erfolglos, weil die Kinder gar nicht arbeiten wollen. Zur Verbesserung ist auch notwendig, daß die zu erwartende, revidierte Dienstbotenordnung in ausreichender Zahl gedruckt an die Gemeinden ausgegeben wird, damit Herrschaften und Personal die Bestimmungen genauer kennen lernen und die Befolgung besser erreicht wird.
Als Folge dieser Erhebung erläßt das Kgl. Staatsministerium des Innern in München am 21.12.1858 an alle Polizeibehörden eine Entschließung, nach welcher die Dienstbotenordnung von 1781 bis zum Erscheinen einer neuen Dienstbotenordnung grundsätzlich Geltung behält. Gleichzeitig mit der Entschließung werden aber doch noch in Form von ‘instruktiven Weisun-

gen' Anwendungskriterien für die Ordnungen herausgegeben[16]. Die Stellungnahmen haben also wenig bewirkt, wenn man von der Absicht absieht, eine neue Ordnung zu verfassen, und daß die Einschränkungen eine gewisse Erleichterung bedeuteten.
So mußte sich zwar der Dienstbote weiterhin auf ein volles Jahr verdingen, für den Dienstherrn bestand dazu aber keine Verpflichtung. Er konnte mit Einwilligung des Dienstboten eine kürzere Zeit vereinbaren. Im gegenseitigen Einvernehmen durfte der bestehende Vertrag vorzeitig gelöst werden. An die Stelle der Abschiede und Kundschaften[17] sind die Dienstbotenbücher getreten. Die Vermögenskonfiskation wurde für diejenigen, die außer Landes gegangen sind, aufgehoben. Neu gefaßt wurden die Bestimmungen über das ungebührliche Benehmen: „Nächtliches Schwärmen, Gässel- oder Kammerfensterlgehen, Besuch der Kunkelstube[18], unanständiger Verkehr beider Geschlechter, Besuch von Wirtshäusern, Tanzplätzen und Belustigungsorten zu unerlaubter Zeit sowie Umgang mit böser, verdächtiger Gesellschaft ist untersagt". Die Strafen für diese Übertretungen wurden aber drastisch reduziert und nur noch mit Arrest belegt, für die Wirte und Vorschub leistende Privatleute war Geldstrafe vorgesehen.
Die Dienstboten wurden zur Sparsamkeit ermahnt, bei Ansässigmachung bekamen diejenigen einen Vorzug, die fünfzehn Jahre treu gedient und namhafte Ersparnisse angelegt hatten.
Dienstfähige, die zu Hause entbehrlich erschienen, konnten angewiesen werden, einen Dienst einzugehen. Wenn dieser Anordnung nicht Folge geleistet wurde, konnte gegen sie und die Eltern Arrest ausgesprochen werden. Die Arbeit um Taglohn nach vorheriger Genehmigung war abgeschafft, das Weglaufen aus dem Dienst besonders in der Erntezeit aber weiterhin untersagt. Die Höhe des Lohns war ab jetzt freies Übereinkommen. Die Pflicht zum sonn- und feiertäglichen Gottesdienstbesuch wurde

[16] Königlich bayerisches Kreisamtsblatt von Schwaben und Neuburg 109 vom 31.12.1858, Spalte 1520 ff.
[17] Bedeutete soviel wie Dienstzeugnisse.
[18] siehe SCHMELLER: „Spinnstube, Zusammenkunft der Mädchen und Weiber an den langen Winterabenden, um gemeinschaftlich zu spinnen und zu plaudern. Diese traulichen Dorfkränzchen, aus denen männliche Personen nicht immer ausgeschlossen sind, findet man ... vergebens verboten."

aufgehoben und dazu nur noch ermahnt. Eine Verpflichtung zum ordentlichen Lebenswandel bestand aber weiterhin. Auf die Verordnung gegen Bettler und Landstreicher von 1816 wurde aber nochmals ausdrücklich hingewiesen. Einweisungen in Zwangsarbeitshäuser waren in diesem Fall anzuwenden.

Es gab erstmals ein Beschwerderecht gegen Entscheidungen der ersten Instanz.

Obwohl eine neue Dienstbotenordnung erlassen werden sollte, kam es nicht zu einer solchen. Sie blieb bis zur Einführung des BGB im Jahr 1900 gültig. Lediglich in das Polizeistrafgesetzbuch für Bayern vom 26.12.1871 wurden in der Folge noch Bestimmungen aufgenommen, die aber nur die Strafmaße für Übertretungen im Dienstbotenwesen festlegten. Für Dienstboten waren darin Haft bis zu acht Tagen oder Geldstrafe bis 15 Taler vorgesehen. Die Tatbestände blieben die altbekannten, wie nicht rechtzeitiges Kündigen, gleichzeitiges Verdingen bei mehreren Dienstherrschaften, Nichteinstehen zum vorgesehenen Zeitpunkt, vorzeitiges Verlassen des Dienstes, Dienstverweigerung an abgeschafften Feiertagen oder Nichtverrichtung der Notwendigkeiten an Sonn- und Feiertagen, Sitzen in der Wirtschaft, auf Spielplätzen oder Winkelkneipen während der Arbeitszeit, Ungehorsam und Widerspenstigkeit, unerlaubtes Beherbergen und unerlaubtes Verlassen der Behausung zur Nachtzeit. Die Verfehlungen waren aber nur noch Antrags- und nicht mehr Offizialdelikte.

In dieser Zeit, wo einerseits von vielen die Notwendigkeit einer grundlegenden Revision des Dienstbotenrechts eingefordert wurde, der Staat aber andererseits keine neuen gesetzlichen Regelungen erließ sondern nur mit weichen Auslegungshinweisen reagierte, hat ein Landwirt und Brauer im Dorf Bergen, das etwa acht Kilometer nördlich von Neuburg an der Donau gelegen ist, ein betriebliches Tagebuch geführt[19]. Aus diesem können, wenn es auch nicht mit großer Genauigkeit niedergeschrieben wurde, zu den Dienstboten und ihrer Einbindung in die rechtlichen Vorgaben Aussagen gemacht werden, die die Umsetzung in die Praxis verdeutlichen.

---

[19] Die Aufzeichnungen sind im Privatbesitz des jetzigen Nachfahren Otto Böhm, Hotelier und Gastwirt in Bergen bei Neuburg. Sie wurden mir freundlicherweise zugänglich gemacht. Dafür sage ich herzlichen Dank.

Ignaz Böhm begann mit seinen Aufzeichnungen im Jahr 1840. Anfangs notierte er in bunter Abfolge alle möglichen Begebenheiten, die sich in Zusammenhang mit der Bewirtschaftung seines Anwesens mit etwa 100 Tagwerk Feldern, knapp 40 Tagwerk Wiesen und fast 53 Tagwerk Wald ergaben. Die Brauerei blieb bei seinen Notizen fast außer Betracht. Im Mittelpunkt standen Angaben über die gedungenen Dienstboten, „wenn sie eingestanden und wie viel ieder Lohn hat". So beispielsweise „Fuhrknecht Bernhard Dußman, 40 fl[20] und 1fl Haftgeld und 2 Hämder, eingestanden den 4. Februar 1840, den 19. Juli eingenohmen 5 fl, den 19. August 4 fl eingenohmen, den 4. September auf den Leichgottesdienst eingenohmen 2fl. Im Nikolauimark 2 fl eingenohmen." Johann Baptist Böhm und dessen Frau Christine, die Nachfolger von Ignaz Böhm ab 1847, behielten die Dienstbotenaufzeichnungen bei. 1907 hörten sie dann mit Alfons Böhm auf. Es sind damit 67 Jahre, in denen die Ein- und Ausstandzeiten, die Einkommensverhältnisse, die ungefähre Verwendung der Löhne und auch wenige außergewöhnliche Ereignisse entnommen werden können. Für die Knechte sind die Aufzeichnungen über diesen Zeitraum fast lückenlos, bei den Mägden sind nur Eintragungen in den Jahren 1840 bis 1857 und wieder von 1898 bis einschließlich 1903 vorhanden.

Die Böhms beschäftigten fast durchgehend 3 Knechte und 2 Mägde, dazu kam fallweise noch ein Bräuknecht. Als Bezeichnungen für die Verantwortungs- und Tätigkeitsebenen der Dienstboten sind Fuhrknecht, Oberknecht oder Stangenreiter angegeben, dann Hausknecht und auf der untersten Ebene Mittelknecht oder Ochserer. In den letzten Jahren war dann noch ein sogenannter 'Bub', vermutlich ein Lehrling, der sowohl in der Landwirtschaft wie auch in der Brauerei lernte, eingestellt. Bei den Mägden war die Bezeichnung Oberdirn oder später Hausmagd und Dirn oder später Mittelmagd.

Die Jahreseinkommen der Dienstboten waren abhängig von der Dienststellung und wohl auch vom Verhandlungsgeschick, der Zufriedenheit des Dienstherrn und der Zeit, die bereits Dienst geleistet wurde. Neben dem reinen Geldeinkommen und der freien Kost und Logis wurden teilweise

---

[20] Im weiteren steht fl für Gulden, xr für Kreuzer, hl für Heller. In Bayern der damaligen Zeit waren 2 Heller = 1 Pfennig, 4 Pfennig = 1 Kreuzer und 60 Kreuzer = 1 Gulden.

noch Sachwerte als Jahresgaben ausgehandelt. So erhielt der Fuhrknecht der Jahre 1840 bis 1842 zu seinen 40 Gulden noch jeweils 2 Hemden pro Jahr, der Hausknecht im gleichen Zeitraum zu seinen 32 Gulden noch 1 Hemd und der Mittelknecht, wohl als kleine Kompensation zu seinen geringen Jahreseinkünften von 21 fl, jährlich noch 2 Hemden. Als 1842 ein neuer Mittelknecht eingestellt wurde, erhielt dieser keine Hemden mehr als Zugabe. Das Häftelgeld war in dieser Zeit für alle Knechte gleich, nämlich 1 Gulden. Auch die Mägde erhielten zumindest 1840 noch jeweils 1 Gulden Häftelgeld. Ihr Jahreslohn war aber gegenüber den Knechten erheblich niedriger, so mußte die Oberdirn mit 15 fl und die Dirn sogar nur mit 12 fl zufrieden sein. Als kleiner Ausgleich und als Grundstock für eine Aussteuer im zukünftigen Heiratsfall wurden den Mägden 1840 und 1841 noch jährlich 20 Ellen Tuch gereicht.
Die Lehrerstochter Walburga Schauer trat im Jahr 1842 als Oberdirn in Dienst. Sie war zu dieser Zeit bereits 33 Jahre alt[21]. Als Lohn bekam sie 15 fl, 1 fl Häftelgeld und 22 Ellen Tuch, 1843 steigerte sich ihr Einkommen auf 16 fl. Die Sachleistung war wie im Vorjahr. Das Haftgeld wurde aber auf 30 xr reduziert. Im Jahr 1844 setzte sie dann schon 25 fl durch (30 xr Haftgeld) und zusätzlich 1 fl für einen Jahrmarktbesuch, ein Pfund Wolle und das Recht, auf dem Grund des Dienstherrn einen halben Metzen Lein auszusäen. Ihre 'Kollegin', die 1844 eingestandene Dirn Kreszenz Stuber hatte zu den geringen 13 fl Jahreslohn noch ein Haftgeld von 30 xr, 16 Ellen Tuch, ein Pfund Wolle und ein Viertel Metzen Lein auszusäen vereinbart. Walburga Schauer trat am 01. Oktober 1845 aus und heiratete. Sie wurde kurzfristig durch die 34-jährige Schäfertochter Walburga Schlamp ersetzt. Ihre Nachfolgerin ab Lichtmeß 1846, die 26-jährige Schwester Therese Schlamp, bekam wiederum nur 15 fl, dazu 11 Ellen 'hanfigs' und 11 Ellen 'wergigs' Tuch, sowie ein Pfund Wolle.
Der Anwesenbesitzer Ignaz Böhm starb als Lediger am 10. August 1847 im Alter von nur 34 Jahren. Der Nachfolger, sein Bruder Johann Baptist Böhm, erhöhte ab 1848 die Einkünfte der Oberdirn auf 22 Gulden bis zu 24 fl im Jahr 1855 und der Mitteldirn jeweils schwankend von 17 fl (1849)

[21] Alle Angaben zu Alter und Personenstand stammen im folgenden aus den Matrikelbüchern der Pfarrei Bergen, die sich im Diözesanarchiv Eichstätt befinden.

auf 22 fl (1851), bis er schließlich im Jahr 1855 wieder auf 16 Gulden reduzierte.
Die Stehzeiten im Dienst bei den Mägden waren in dieser Zeit fast ausschließlich nur ein Jahr. Lediglich Walburga Schauer (siehe oben) blieb dreieinhalb Jahre, Kreszenz Stuber als Mitteldirn drei Jahre und die erstmals um Lichtmeß 1848 als vierundzwanzigjährige Dirn eingetretene Webertochter Lucia Stoll (wieder ausgetreten am 12.10.1848) kam in den Jahren 1854 und 55 als Oberdirn zurück. Zwischen den beiden Tätigkeiten beim Bräu hat Lucia am 21. September 1850 ein illegitimes Kind zur Welt gebracht, das zwei Monate später wieder starb. Sie heiratet schließlich 1857 dreiunddreißigjährig den Bergener Söldner und Weber Richard Murr.
Die Schäfertochter Theresia Schlamp tritt 1846 an Lichtmeß mit 26 Jahren als Oberdirn ein. 1847 muß sie bei einem anderen Arbeitgeber in Diensten gewesen sein, 1848 erscheint sie wieder bei Böhm als Oberdirn. Am 10.12.1848 heiratet sie schließlich und beendet damit ihr Dienstbotendasein.
Zwischen 1840 bis 1855 sind 23 verschiedene Frauen als Oberdirn oder als Dirn bei Böhm in Diensten gewesen. Ihr Diensteintritt war regelmäßig in der Zeit um Lichtmeß, endete auch mit Ausnahme bei den zwei Hochzeiterinnen (siehe oben) wieder Anfang Februar. Das Eintrittsalter bei den Mägden war um 21 bis 24 Jahre, das der Oberdirnen schon im reiferen Alter von 26 bis 34 Jahren. Lediglich die Söldnertochter Theresia Mäußl wurde zwanzigjährig als Oberdirn im Jahr 1853 gedungen. Sie blieb nur ein Jahr.
Weiter als bis zum Lichtmeßeintritt 1855 können weibliche Dienstboten nicht ermittelt werden, weil entweder keine Aufzeichnungen mehr gemacht wurden oder, was wahrscheinlicher ist, weil deren Arbeiten von den möglicherweise sich noch oder wieder im Haus aufhaltenden Schwestern des Anwesenbesitzers mit übernommen wurden. Jedenfalls blieb Maria Anna Theresia Böhm ledig im Haus, sie starb 1888 im Alter von 82 Jahren. Ihre Schwestern wurden 1811, 1817 und 1824 geboren, sie waren alle auswärts in herrschaftlichen Häusern - zum Teil bis in Wien - in Stellung. Alle kamen unverheiratet im fortgeschrittenen Alter wieder nach Haus zurück. Damit war eine Aufnahme von weiblichen Dienstboten nicht mehr nötig.

In den Jahren 1898 bis 1903 wurden wieder Mägde erwähnt, 1899 bis 1902 waren es sogar drei. Ihr Einkommen betrug nun zwischen 130 Mark bei der Oberdirn und 110 Mark bei der dritten Magd (zum Vergleich in die Guldenwährung umgerechnet: 77 bzw. 65 fl). Das Einkommen einer Oberdirn stieg demnach von 1855 bis 1899 um den Faktor Drei, das der einfachen Dirn vervierfachte sich sogar.
Zwischen 1840 und 1874 wurden ständig drei Knechte beschäftigt. Als 1874 Johann Baptist Böhm starb, standen ab 1875 bis zur Anwesenübergabe 1898 an Alfons Böhm nur noch zwei Knechte im Dienst, in manchen Jahren (1882 - 1884) und 1888 sogar nur ein männlicher Dienstbote. Für die Jahre 1880 und 1881 sind überhaupt keine Dienstboten erwähnt. Ob in diesen Jahren keine Aufzeichnungen gemacht wurden oder tatsächlich keine Mitarbeiter eingestellt waren, konnte nicht ergründet werden. Es kann aber angenommen werden, daß die Witwe Christine Böhm offensichtlich erfolgreich versuchte, mit weniger Personal auszukommen. Ihr Sohn Georg war beim Beginn ihrer Witwenschaft bereits 19 Jahre alt. Er blieb im Haus und konnte damit einen Knecht entbehrlich machen. Der zweite Sohn Alfons war 1880 sechzehn Jahre alt. Möglicherweise hat Christine Böhm 1880 und 1881 mit ihren beiden Söhnen allein die Land- und Tafernwirtschaft geführt. Es ist aber auch nicht auszuschließen, daß in diesen beiden Jahren keine Aufzeichnungen gemacht wurden. Ab dem Jahr 1882 aber kann sicher gelten, daß beide Söhne zusammen mit einem einzigen, bzw. zwei Dienstboten die angefallenen Arbeiten erledigten. Georg Böhm ging 1894 mit 39 Jahren aus dem Haus und heiratete die verwitwete Brauereibesitzerin Kirchbauer in Bittenbrunn. Der jüngere Sohn Alfons übernahm 1898 vierundreißigjährig die Ökonomie. Ab diesem Zeitpunkt wurden wieder drei Knechte und zeitweise sogar drei Mägde beschäftigt.
Die Einkommensverhältnisse und -entwicklung bei den männlichen Dienstboten ist aus der Abbildung ersichtlich. Im Jahr 1840 erhielt der Fuhrknecht Bernhard Dußmann 40 Gulden, der Hausknecht Georg Schauer 32 fl und der Mittelknecht Georg Kappler 21 fl. Alle drei hatten einheitlich 1 fl Haftgeld bei ihrem Einstand um Lichtmeß erhalten. Die Bezüge des Fuhr- und des Hausknechtes blieben bis in das Jahr 1858, also 18 Jahre lang annähernd konstant. Lediglich das Einkommen des ursprünglich ge-

ringer bezahlten Mittelknechtes glich sich bis 1846 dem des Hausknechtes fast an. Der große Einkommenssprung des Hausknechts, des Schneidersohns Joseph Hell, im Jahr 1874 kam dadurch zustande, daß dieser erst am 13. Juli einstand. Für die Restdienstzeit bis zum Lichtmeßtag wurden ihm noch 52 Gulden zugestanden. Wird dieser Betrag auf das ganze Jahr hochgerechnet, ergibt sich ein Jahresverdienst von 94 fl.

Als nach mehreren Jahren ohne Knechte 1885 wieder Fuhr- und Hausknecht gedungen wurden, nützte die Witwe Böhm die Situation der fehlenden Kontinuität und der Währungsumstellung dazu, daß sie die Löhne gegenüber denjenigen der letzten Dienstboten deutlich reduzierte und sie erst wieder im Jahr 1890 auf den alten Stand von 1878 brachte. Besonders gravierend war der Lohnrückgang beim Mittelknecht nach den Vakanzjahren von 1884 bis 1889. Hier sank das Einkommen von 85 fl auf umgerechnet 64,2 fl, es stieg dann aber in den zwei Folgejahren wieder überproportional auf 145 Mark [= 84,6 fl].

Die Einkommensentwicklung bei den Knechten war zwischen 1840 und 1858 gleichbleibend stabil. Von 1859 bis zum Tod von Johann Baptist Böhm 1874 stieg sie kontinuierlich. Der Lohn war mit 100 Gulden pro Jahr nun etwa doppelt so hoch wie vorher. In der Zeit, in welcher die Witwe Christine Böhm die Geschicke des Anwesens leitete, waren die Einkünfte der Knechte großen Schwankungen unterworfen. Wenn man sie interpoliert, so kann man doch von einer gleichbleibenden Höhe von nach wie vor 100 Gulden (umgerechnet) ausgehen, um welche die Beträge pendelten. Mit Alphons Böhm blieben die Löhne zuerst konstant bei 111 fl, ab 1904 wiederum gleichmäßig auf 122,5 fl.

Bis zum Jahr 1885 wurden die Jahreslöhne noch ausnahmslos in Gulden vereinbart, die geforderten Abschlagzahlungen im Verlauf eines Jahres aber seit 1878 in Mark ausbezahlt. Der Fuhrknecht Sedelmeir erhielt 1878 noch eine Mischung aus Gulden und Mark. Das Haftgeld wurde bis 1878 in Talerwährung (siehe unten) vereinbart, ab 1879 aber in Mark, obwohl doch der Jahreslohn noch sechs Jahre lang durch den Gulden bestimmt war. Dies ist erstaunlich, war doch die Mark bereits ab dem 09. Juli 1873 auch in Bayern offizielles Zahlungsmittel. Offensichtlich gab es damals eine Übergangs- und Umgewöhnungszeit bei der Währungsumstellung.

Bekanntlich waren die neuen Kursmünzen, besonders aber die Pfennigmünzen auch nicht so schnell verfügbar, so daß auf dem Land die Gulden, Kreuzer und Heller noch geraume Zeit Verwendung fanden und auch überall akzeptiert wurden.

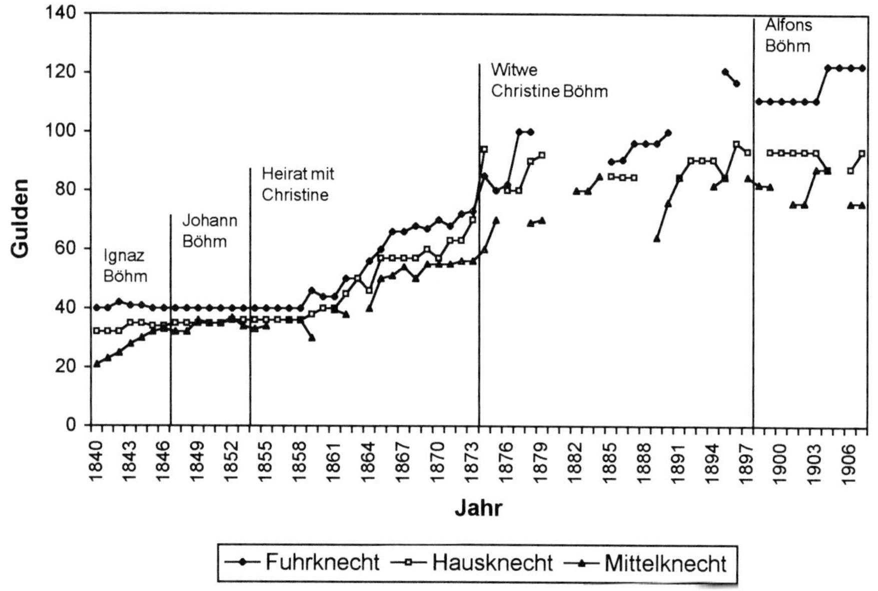

Abbildung: Lohnentwicklung bei den männlichen Dienstboten[22]

[22] Die ab den achtziger Jahren in Mark angegebenen Einkommen wurden zur Vergleichbarkeit in Gulden umgerechnet. Dazu wurde der bei den Notaren angewandte Umrechnungskurs von 1,71425 Mark auf einen Gulden verwendet. (Staatsarchiv München, Außenstelle Notariatsarchiv in Eichstätt)

Als Häftelgeld[23] war bis 1860 ein Gulden üblich. Eine Ausnahme bildete der Fuhrknecht Zinsmeister im Jahr 1845, der sich einen halben Krontaler aushändigen ließ.
Der Krontaler[24] wurde von 1863 bis zum Jahr 1877 regelmäßig von Fuhr- und Hausknechten als Haftgeld angenommen. Der Mittelknecht erhielt bis 1872 aber lediglich den wertloseren Gulden. Haus- und Mittelknecht ließen sich 1878 als Drangeld jeweils einen Preußentaler geben. Es kann vermutet werden, daß diese repräsentativen Silbermünzen nicht als Zahlungsmittel in den Verkehr gebracht wurden, sondern daß diese Taler an der Uhrkette oder an der Weste als Zierde verwendet wurden. Ab 1879 war das Häftelgeld dann fast immer fünf Mark.
Obwohl von der Dienstbotenordnung vorgesehen war, daß der Lohn erst nach Ablauf des Arbeitsjahres ausbezahlt werden sollte, vielmehr daß kein „Vorschuß auf den Liedlohn [gemacht werden soll], er [der Dienstherr] seye dann der guten Anwendung hinlänglich gesichert“, ließen sich die betrachteten Dienstboten ihren Lohn regelmäßig in mehr oder weniger großen Abständen vorzeitig auszahlen. Um sich über die ‘gute Anwendung’ zu vergewissern, notierten die Böhms jeweils den Grund für die Auszahlung. Besonders hohe Beträge wurden jeweils für die traditionellen Märkte in Neuburg von den Knechten und Mägden ‘eingenohmen’ und dort ausgegeben. Es waren die schon im Salbuch von 1497 des Herzogs Georg dem Reichen von Landshut erwähnten Georgi-, Jakobi- und Michaelimärkte[25]. Zusätzlich wurde noch der Nikolausmarkt in der Adventszeit frequentiert. So ließ sich beispielsweise der Fuhrknecht Bernhard

[23] vgl. SCHMELLER: Sich durch ein Versprechen, einen Vertrag, besonders durch ein Haftgeld, Angeld, Darangeld binden. Was zur Befestigung eines geschlossenen Vertrages darauf gegeben wird. Nach der Dienstbotenordnung durfte das Drangeld den zwanzigsten Teil des Jahreseinkommens nicht überschreiten.
[24] Ob es sich dabei um den einen niederländisch-habsburgischen, einen in den preußischen Rheinlanden üblichen und auch in Süddeutschland kursierenden oder den seit 1809 auf Ansuchen der Augsburger Kaufmannschaft für den Handel mit dem Ausland in Bayern geprägten Kron(en)taler handelte, ist unbekannt. Vgl. GRASSER, Walter: Bayerische Münz- und Geldgeschichte, in: ROTH, Hans / SCHLAICH, Heinz W. (Hrsg.): Bayerische Heimatkunde, S. 162-171:
[25] Staatsarchiv Augsburg, Pfalz-Neuburg Lit. 8

Dußmann im Jahr 1841 von seinen vierzig Gulden Jahreslohn zum Georgimarkt 8 fl (20%), zum Jakobimarkt 9 fl (22,5%) und an Michaeli 7 fl (17,5%), insgesamt also 60% seines Gesamteinkommens auszahlen. Für den Nikolausmarkt benötigte er noch 2 fl. Die Magd Margaretha Gastl verbrauchte an Georgi, Jakobi und Nikolaus jeweils am Markt 67% ihrer 12 fl Jahreslohn (1842). Während der Dienstherr größere Beträge zu den Markttagen ausbezahlte, wurden von ihm kleinere Summen für allerlei Festtage gefordert. Besonders zur Ortskirchweih setzten die Dienstboten höhere Beträge um, aber auch zu auswärtigen Kirchweihfesten in Attenfeld und Meilenhofen. Um 1 bis 3 Gulden wurden an beliebten Feiertagen gefordert. Dabei ist anzunehmen, daß diese geringeren Mittel für den Wirtshausbesuch Verwendung fanden. Der Ochserer Anton Erdenreich ließ sich im Dienstjahr 1884 seinen Lohn in 28 Raten auszahlen. Neben den Markterminen Georg, Jakob und Michael bekam er zweimal Geld für die ‘Kontrollversammlungen’ im Frühjahr und im Herbst, sowie 10 Mark zum Einrücken im Mai[26]. Zweimal waren Bekleidungsbedürfnisse als Grund für die Auszahlung aufgeführt, so 3 Mark zum Stiefeldoppeln und 3 Mark für Hosenträger. An den Montagen nach Fastnacht, Ostern, Pfingsten und Kirchweih ließ er sich zwischen 2 und 6 Mark aushändigen und an den ‘Feiertagen’ Vitus, Peter und Paul, Willibald, Maria Himmelfahrt, Kreuzerhöhung[27], Kathrein und zusätzlich an dem darauffolgenden Tag, Mariae Empfängnis, Lucia, Weihnachten und Neujahr bekam er zwischen 2 und 4 Mark, lediglich am Kathreintag, einem Sonntag im Jahr 1884 und dem darauffolgenden Montag verbrauchte er zusammen 13 Mark. Eine besondere Vorliebe schien Anton Erdenreich für sonntägliche Ausgänge gehabt zu haben. Fünfmal ist ein Sonntag für ihn Zahltag, wobei er als Ziel: ‘in die Stadt’ (Neuburg) angab. Die Auszahlungen an den Feiertagen und den Sonntagen schienen vornehmlich in das Wirtshaus getragen worden zu

[26] Was es mit den Kontrollversammlungen auf sich hat, ist mir unbekannt. Möglicherweise waren dies Termine der Militärbehörden. Beim Einrücken handelte es sich sicher um eine Kurzwehrübung, denn ein paar Tage später war er wieder auf der Auszahlungsliste aufgeführt.

[27] Willibald und Kreuzerhöhung sind regionale Feiertage, Willibald ist der Bistumsheilige des Bistums Eichstätt, Kreuzerhöhung ist das Fest der Bergener Pfarrei, die das Heilig-Kreuz-Patrozinium hat.

sein. Eine Einkaufsmöglichkeit bestand an den Sonntagen jedenfalls nicht. Bei einem Jahreslohn von 85 Gulden verbrauchte er während des Jahres 133 Mark. Damit verblieben ihm als Rest für Lichtmeß noch 12,71 Mark. Nach einem Arbeitsjahr war das bestimmt keine große Ersparnis. Vielleicht hatte es Anton auch gar nicht nötig. Er war zu diesem Zeitpunkt 27 Jahre alt und stammte aus einem Bauernanwesen in Bergen. Als der älteste seiner Brüder hatte er möglicherweise mit der Übernahme des elterlichen Anwesens zu rechnen oder zumindest aus diesem Hof ein entsprechend gutes Heiratsgut zu erwarten. Eine Ausnahme bildete Anton Erdenreich aber nicht. Schon 1849 ließ sich der vierunddreißigjährige Mittelknecht Sebastian Mäußl 60% seines Jahreseinkommens an Sonn- und Feiertagen in kleinen Beträgen aushändigen. Auch der Mittelknecht Schober verbrauchte 1882 von seinen 80 Gulden Jahresverdienst an zwölf Sonntagen, sechs Feiertagen und besonders am Fastnachtsmontag (7 Mark!) und Pfingstmontag einschließlich des Jakobimarktes, des Rennertshofener Marktes (er selbst kam aus dem Rennertshofener Nachbarort Treidelheim) und des Nikolausmarktes 96% seines Jahresverdienstes. Die Marktbesuche machten dabei nur etwa 20% aus. Neben den 'Sonn- und Festtagen', die von Anton Erdenreich gefeiert wurden, waren von anderen Dienstboten auch noch häufig der Josephitag, Palmtag, Johanni, Ulrich, Anton, Dreikönig und der Sebastianstag ein Grund zum Ausgehen und zu vorherigem Geldempfang. Auffallend oft war an den entsprechenden Tagen noch der Zusatz 'zum Karten' aufgeführt. Insoweit hatte der Dienstherr die Aufforderung, seine Dienstboten zu Sparsamkeit zu ermahnen, entweder nicht beachtet oder nicht durchsetzen können. Die Verpflichtung zum ordentlichen Lebenswandel wurde durch den häufigen Wirtshausbesuch mit Kartenspiel demnach offenbar nicht verletzt. Inwieweit das Verbot des Kartenspielens um hohe Einsätze durchgesetzt wurde, kann daraus nicht ermittelt werden, da die Höhe des Einsatzes eine Ermessensfrage ist. Wenn aber für den Wirtshausbesuch und das Kartenspiel ein hoher Anteil des Jahreseinkommens verwendet wurde, so hätte damit zur damaligen Zeit schon ein fürsorglicher Grund zum Einschreiten bestehen können. Auch das Verbot, an abgeschafften Feiertagen das Wirtshaus zu besuchen, wurde offensichtlich nicht beachtet und wohl auch nicht mehr geahndet.

Aus den Auszahlungsbelegen ist eine Vorliebe für besondere Kleidung nicht zu entnehmen. Die wenigen direkten Hinweise auf Beschaffung von Kleidung oder Reparatur derselben sind zu allgemein gehalten. „Schuster 50 xr, zum Uhrkauf 30 xr, Hutkauf 5,-, 2,60 für Stiefel, 8,- für Hausschuhe, 10,- zum Stiefelzahlen, Stiefel doppeln“ oder „20,- für Stiefel“ sind für das Bekleidungsverhalten kaum aussagekräftige und verwertbare Bemerkungen. Lediglich 1845 gab der Mittelknecht dem Säckler 3 Gulden für Hosen. Es handelte sich folglich um Lederhosen. Da aber an den Märkten in Neuburg neben Essen und Trinken auch der Einkauf eine große Rolle spielte, werden sich die Dienstboten gerade an diesen Tagen mit der nötigen Kleidung eingedeckt haben. Nicht von ungefähr waren die empfangenen Geldbeträge für den Marktbesuch sowohl bei Knechten wie auch bei den Mägden überdurchschnittlich hoch.
Den eingesparten Arbeitskräften in den Jahren 1887 bis 89 und 1897 bis 98 wurde mit der Einstellung eines ‘Buben’ begegnet. 1887 wurde der vierzehneinhalbjährige Franz Fieger eingestellt, 1897 der 14-jährige Wendelin Stoll. Fieger blieb drei Jahre als Bub und Stoll war vier Jahre Bub, wurde an Weihnachten 1900 Ochserer und von Weihnachten 1901 bis Oktober 1902 Vizebräu. Es ist also anzunehmen, daß Wendelin Stoll neben der Landwirtschaft auch das Brauwesen erlernte.
Die Standzeiten der Knechte war höher als die der Mägde. Auch war vielfach ein beruflicher ‘Aufstieg’ beim gleichen Dienstherrn gegeben. Einen besonderen Werdegang hatte der 1842 mit 19 Jahren als Mittelknecht eingestandene Michael Krämer zu verzeichnen. Krämer war der illegitime Sohn der Bergener Lehrerwitwe Schauer mit dem Bittenbrunner Forstgehilfen Michael Krämer. Seine Halbgeschwister, der 29 Jahre alte Georg Schauer und die 33-jährige Walburga Schauer waren zur gleichen Zeit bei Böhm als Hausknecht bzw. Oberdirn in Diensten. Michael Krämer blieb ein Jahr Mittelknecht und wurde nach zwei Jahren, in denen er wohl in anderen Diensten stand, 1845 Hausknecht. Nach einem Jahr avancierte er zum Fuhrknecht, was er sechs Jahre hindurch blieb. Von 1852 bis 62 ist seine Tätigkeit unbekannt. Im November 1862 heiratete er als Söldner in Bergen die Schustertochter Sens aus Laisacker und, nachdem seine erste Frau gestorben war, 1867 die Bauerntochter Seitz von Attenfeld. Während

seiner Dienstzeit hatte er sich wohl so viel Geld zusammengespart, daß er eine Sölde erwerben konnte.
Der Dienstherr Böhm mußte mit den Dienstboten aus der Lehrerfamilie sehr zufrieden gewesen sein. Schauer Georg war mindestens seit 1840 [Beginn der Aufzeichnungen] mit 27 Jahren Hausknecht. Er blieb es noch dreieinhalb Jahre, bis er am 03.10.1843 in Bergen in eine Sölde einheiratete. Er stand erst zwei Tage vor seiner Hochzeit am 01.10.1843 aus. Walburga Schauer (siehe oben) diente auch bis unmittelbar vor ihrer Verheiratung.
Johann Dußmann von Stepperg hatte schon vor seinem Einstand beim Bräu Beziehungen zu Bergen, denn mit der kurzzeitig 1845 bei Böhm eingestandenen Schäfertochter Walburga Schlamp hatte er 1848 ein illegitimes Kind gezeugt. Das war schon das zweite uneheliche Kind der Walburga. Ein drittes sollte 1850 folgen. Alle drei Kinder starben jeweils wenige Tage nach der Geburt. Trotz ihres Lebenswandels konnte Walburga 1851 einen Söldner und Maurer in Bergen heiraten. Johann Dußmann selbst trat 1853 als Fuhrknecht ein. Er blieb in dieser Funktion seinem Dienstherrn 5 Jahre treu.
1859 trat Alois Sedelmeier erstmals als Fuhrknecht - außerhalb der regulären Einstandszeit - am 16. Mai ein. Sedelmeier wurde 1828 als illegitimes Kind der Grubenmacher- und Kühhirtentochter Viktoria Kappler von Bergen und des Dienstknechtes Christian Sedelmeier von Feldkirchen / Neuburg geboren. Über sein Leben ist kaum etwas bekannt, außer daß er bei Böhm immer wieder als Fuhrknecht auftaucht. Als 31-jähriger trat er ein und blieb noch ein weiteres Jahr bis Lichtmeß 1861. 1865 kam er wieder bis zum September, desgleichen 1874 von Lichtmeß bis Michaeli. 1877 diente er von Michaeli bis Lichtmeß und dann das ganze Jahr 1878 hindurch. Was er in den Zwischenzeiten machte, war nicht zu erfahren. Er schien aber stets kurzfristig verfügbar gewesen zu sein. Seine Arbeit wird Böhm jedenfalls geschätzt haben, sonst hätte er ihn kaum immer wieder und selbst mit dem fortgeschrittenen Alter von fast fünfzig Jahren eingestellt.
Auffallend ist, daß sich die Dienstboten bei Böhm aus wenigen Familien rekrutierten. Die Lehrerkinder Schauer sind oben bereits erwähnt. Von der

Söldner- und Taglöhnerfamilie Pfafflinger aus Bergen waren fünf bei Böhm in Diensten. Kaspar diente 1851 als Mittelknecht, ebenso dienten seine vier Schwestern Sophia als Dirn 1840, Anna Maria 1850 als Dirn, Walburga 1854 als Dirn und Crescentia 1855 18-jährig ebenfalls als Dirn. Alle Pfafflingermägde blieben jeweils nur ein Jahr. Sie fielen aber später der Gemeinde Bergen im Armenhaus zur Last. Sophia bekam mit 37 und mit 41 Jahren illegitime Kinder, Anna Maria in regelmäßigen Abständen 1856, 1857, 1859, 1861 und 1863. Sie wohnte 1861 als Exkommunizierte im Armenhaus. Walburga brachte als Dienstmagd ein uneheliches Kind in Riedensheim zur Welt. Von Crescentia, die 1861 auch im Armenhaus lebte, waren wieder zwei außereheliche Kinder bekannt. Alle Kinder starben früh.

Von der Weberfamilie Stoll aus Bergen verdingten sich zwei als Mägde und vier als Knechte bei Böhm, Joseph und Wendelin (als Bub) sogar in der zweiten Generation. Joseph Stoll stand von 1889 an mit 19 Jahren zwei Jahre als Mittelknecht in Dienst, kam 1892 als Hausknecht für ein Jahr und trat schließlich 1895 als Fuhrknecht ein. Er wurde aber am Montag den 20. Mai 1895 [Kreuzwoche oder Bittage[28]] zusammen mit dem Hausknecht fristlos entlassen und am 21. Mai ausbezahlt, weil beide „auf dem Bittgang nach Bittenbrunn den ganzen Tag gesoffen“ hatten.

Im Jahr 1862 war das ganze Haus des Bräu fest in Stollscher Hand. Leonhard mit 26 Jahren war Fuhrknecht, Andreas mit 23 Jahren Hausknecht und Wendelin mit 21 Jahren Mittelknecht. Leonhard trat erstmals 1852 als Mittelknecht mit 16 Jahren in Dienst, Wendelin 1858 ebenfalls mit 16 Jahren und Andreas mit 19 Jahren.

Auch die Töchter und Söhne der Söldnerfamilie Dunz waren mit neun Namen in zwei Generationen bei Böhm vertreten. 1873 stellten Dunzsöhne Fuhr- und Hausknecht. Am 28. November in der Früh mußte es zu einer Auseinandersetzung zwischen dem Fuhrknecht Jakob Dunz und dem Dienstherrn gekommen sein. Jedenfalls trat Jakob spontan um 08.00 Uhr

[28] Zu den Bittagen: PÖTZL, Walter: Volksfrömmigkeit - Jahreslaufbrauchtum des 16. Jahrhunderts, in: BRANDMÜLLER, Walter (Hrsg.): Handbuch der bayerischen Kirchengeschichte, Bd. II, St. Ottilien 1993, S. 877 f und ders.: Volksfrömmigkeit, in: a.a.O. Bd III, St. Ottilien 1991, S. 809-844.

morgens aus. Am nächsten Morgen folgten ihm in einer Art solidarischer Aktion sein Bruder Georg als Hausknecht und der Ochserer Lorenz Meier. Die Böhms waren damit auf einen Schlag alle drei Knechte los. Ein Fuhrknechtersatz fand sich aber bereits drei Tage später. Als Bräuknecht war Mitte September Joseph Beck eingestanden. In der Winterzeit mit der geringeren Arbeitsbelastung kam Böhm damit sicher mit einem Knecht und dem Bräuknecht, der, wenn nötig, auch in der Landwirtschaft mit Hand anlegen konnte, aus. 1874 um Lichtmeß, am 08.02. und am 11.02., nach der Schlenkerweil, traten wieder ein neuer Fuhrknecht (siehe oben: Sedelmeier) und ein Mittelknecht ein. Ein Hausknecht folgte erst im Juli. Sonstige disziplinare Probleme sind wenige aus den Aufzeichnungen erkennbar. 1868 trat Georg Korn von Leidling[29] als Fuhrknecht, wohl ohne Zustimmung des Dienstherrn, vorzeitig am 02.09. aus, denn Böhm hatte vor Gericht den noch nicht ausbezahlten Restlohn hinterlegen müssen. Zu Beginn des 20. Jahrhunderts hieß es dann beim Fuhrknecht Anton Dischlinger von Schweinspoint, daß er am 02. Juli 1904 davongelaufen wäre, und der Hausknecht Anton Theißer von Hessellohe wäre am 04. Januar 1905 „gleich wieder davongejagt [worden], weil er blau gemacht“ hätte.
Während die Dienstboten vornehmlich aus dem Taglöhner- und Hirtenumfeld kamen, stellten doch auch Bauernsöhne der Familie Erdenreich von Bergen ab 1883 gleich vier Knechte bei Böhm (siehe oben: Anton Erdenreich). Auch Handwerkersöhne und -töchter, vom Sattler, Schneider und Schreiner waren vertreten. Die überwiegende Zahl der Dienstboten kam aus dem eigenen Dorf, die übrigen aus dem Umkreis von wenigen Kilometern. Die Einstandzeit war mit Lichtmeß üblich, wenn nicht außergewöhnliche Situationen, wie ein vorzeitiger Austritt, andere Zeiten bedingten. Erstaunlich ist, daß dann regelmäßig wenige Tage später Ersatz zur Verfügung stand. Ein Mangel an Arbeitskräften konnte demnach in der Gegend nördlich Neuburgs nicht groß gewesen sein. Mit der Übernahme des Anwesens durch Alfons Böhm 1898 änderten sich auch die Eintrittszeiten. Die Knechte wurden um Allerheiligen in Dienst genommen, die Mägde um den 20. Oktober bis Anfang November. Dieser Herbstwechsel blieb bis

[29] Korn heiratete zehn Jahre später in Bergen die Magd Walburga Murr, deren Mutter 1843 selbst bei Böhm diente.

zum Abbruch der Aufzeichnungen 1907 üblich. Aber auch um Weihnachten traten 1901 zwei Knechte in Dienst.
1902 erschienen mit Reinwald und 1907 mit Lorenz Roßkopf aus Blossenau erstmals 'Schweizer', die einen Wochenlohn in Höhe von 5 bzw. 6 Mark und freie Logis bekamen. Die traditionelle Einbindung der Dienstboten in die Familie scheint mit den Schweizern beendet worden zu sein. Es ist nämlich ausdrücklich nur von freier Logis die Rede, inwieweit auch die Kost unentgeltlich gereicht wurde, ist unbekannt.
An sonstigem Personal beschäftigte Böhm insbesondere noch Bräuknechte. Diese traten im Herbst, Mitte September bis Anfang Oktober für Wochenlohn in Dienst. Im Frühjahr, wenn die Brausaison zu Ende war, beendeten sie ihre Arbeit. Was diese dann im Sommer arbeiteten, ist mir unbekannt geblieben. Vermutlich verdingten sie sich als Taglöhner. Es waren aber nur in wenigen Jahren Bräuknechte von Nöten. Offensichtlich wurde die Arbeit in der Brauerei von den Anwesenbesitzern selbst erledigt, denn nur nach dem Tod des Ignaz Böhm wurde 1847 ein Bräuknecht aus Neuburg eingestellt. Ebenso machte es möglicherweise eine Krankheit des Johann Baptist Böhm im Jahr 1873 nötig, daß ein solcher beschäftigt wurde. Nachdem der Bräu gestorben war, hatte die Witwe für die Jahre 1877 und 78 nochmals für zwei Brauperioden einen Brauer eingestellt, da sicherlich der Sohn mit 13 Jahren das Brauhandwerk noch nicht beherrschte. Mit 15 Jahren führte er aber möglicherweise schon die Brauerei weiter. Warum der Bräuknecht Matthias Bendenrieder im Winterhalbjahr 1840/41 benötigt wurde, kann nicht beantwortet werden. Er stand am 12. Oktober ein und war vom 06. November bis 26. November krankheitshalber ausgestellt. Am 12. April 1841 beendete er seinen Dienst. Er bekam wöchentlich 1 fl, für die Gesamttätigkeit zusammen 23 Gulden. Eine Sozialversicherung oder Lohnfortzahlung im Krankheitsfall war in der damaligen Zeit noch nicht vorhanden. Ein längerer Krankeitsfall hatte daher weitreichende Folgen für den Betroffenen und konnte zur absoluten Verarmung führen. Nach den Gesetzen der damaligen Zeit hatte diejenige Gemeinde für den Armen bzw. Kranken aufzukommen, in welcher der Betroffenene das Heimatrecht besaß. Als weiterer, indirekt bei der Brauerei Beschäftigter, erschien 1844

in einem mehrwöchentlichen Einsatz der 'Binder Seitz', welcher 'Taufel gehaut'[30] mit einem Wochenlohn von 1 fl 24 xr.
Im Sommer, zur Erntezeit, wurde der Schnitt teilweise noch in Akkordarbeit an ortsansässige Taglöhner, wie an die Schäferin Schlamp, die „Hirtenweibsbilder Lisl und Anamarie" oder den Schneider Börkl vergeben. Der Schnitterlohn für das neue Jauchert zu 115 Dezimal war für Männer und Frauen gleich und betrug bei Korn und Weizen 1 fl 12 xr, bei Gerste und Hafer 48 xr. Zusätzlich wurde für ein Tagwerk noch ein Laib Brot gereicht. Der Zeitbedarf für diese Arbeit ist aus den Aufzeichnungen nicht direkt ersichtlich, so daß daraus kein unmittelbarer Rückschluß auf den Tagesverdienst eines Lohnmähers gezogen werden kann. Es ist auch nicht zu erkennen, ob das Getreide noch mit der Sichel oder schon mit der Sense geerntet wurde. Erfahrungswerte sind, daß ein durchschnittlich schnell mit der Sense mähender Landarbeiter für die schweren Getreidesorten (Korn und Weizen) etwa fünf Stunden pro Tagwerk und für die leichteren Sorten (Hafer und Gerste) circa 4 Stunden benötigte[31]. Wenn man bedenkt, daß noch eine zweite Person zum Wegnehmen der Garben notwendig war, so konnte eine Person im Taglohn etwa 1,5 Gulden verdienen. Högl mähte beispielsweise beim Bräu in Bergen 1840 drei mit Hafer angebaute Felder zu etwa 5 Tagwerk 45 Dezimal mit zwei 'Consorten'. Sie ernteten dabei 11 Schöber und 20 Garben. Der Lohn war für die drei 4 fl 20 x. Es kann angenommen werden, daß sich diese Angabe auf die Arbeit eines Tages bezog. Wenn dagegen das Jahreseinkommen eines Dienstboten im gleichen Jahr damit verglichen wird, das bei einem Oberknecht bei 40 fl, beim Hausknecht bei 32 fl und bei einer Oberdirn bei 15 fl lag, so war die Sorge der Obrigkeit sehr wohl berechtigt, daß, um des schnellen Verdienstes willen, die Dienstboten während der Ernte 'davonliefen' und mit Lohnarbeiten an wenigen Erntetagen soviel verdienen konnten, wie sie das ganze Jahr als Dienstboten bekamen. Außer dem Fuhrknecht Dischlinger, der unmittelbar

[30] Binder ist die Bezeichnung für Schäffler, Böttcher oder Faßmacher; Taufel sind die Faßdauben, allgemein wird damit ein breites, dünnes Holz bezeichnet (vgl. Grimmsches Wörterbuch und Schmeller).
[31] Diese Werte wurden mir von zwei alten Landwirten gegeben. Wenn die Lohnrelation des Böhm zu Grunde gelegt wird, so müßte das Verhältnis 5 zu 3,5 Stunden sein.

vor der Erntezeit am 02. Juli 1904 'davongelaufen' war, kann kein weiterer Fall angeführt werden, der die behördlichen Befürchtungen bestätigen würde. Zudem ist von Dischlinger das Motiv nicht bekannt.
Zusammenfassend kann aus den Aufzeichnungen der Bräuer- und Landwirtfamilie Böhm entnommen werden, daß sowohl die in den Vorworten der Dienstbotenordnungen als auch die in der Stellungnahme des Landgerichts Schwabmünchen an die Provinzregierung gemachten Befürchtungen in Bergen kaum oder zumindest nur in geringen Teilen Bestätigung finden. Ein Dienstbotenmangel kann wegen des schnellen Ersatzes von ausgetretenen Dienstboten nicht erkannt werden. Damit ist diesbezüglich auch eine Lohnspirale nach oben nicht ableitbar. Die Löhne gehen nur während einiger Jahre in die Höhe. In anderen Zeiten sind Lohnminderungen und Arbeitskräftereduktion von einem deutlichen Einsparungswillen gekennzeichnet. Vergleicht man die in Bergen bezahlten Löhne mit denen, die Schnorbus[32] für männliche und weibliche Dienstboten in Schwaben angibt, so ergeben sich deutliche Diskrepanzen. Im Vergleich zu seinen schwäbischen 'Kollegen' bekam der männliche Bergener Dienstbote im Durchschnitt aller drei Knechtstände nur etwa 70% in den Jahren 1873 und 1879, im Jahr 1906 sogar nur etwa 60%. Setzt man seine Einkünfte aber mit denen der mittelfränkischen Knechte in Vergleich, so verringert sich der Abstand auf etwa 80% 1873, knapp 90% 1879 und 76% 1906. Diesen Vergleichen liegen aber die Bergener Durchschnittswerte zugrunde. Wenn nur die Fuhrknechtlöhne mit den Angaben bei Schnorbus verglichen werden, so entsprechen sie denen aus Mittelfranken. In Relation zu Schwaben liegen sie allerdings immer noch um 20% niedriger. Die Magdlöhne sind im Vergleich zu Schwaben anfangs des 20. Jahrhunderts um 25% und im Vergleich zu Mittelfranken sogar um knapp 30% niedriger. Bei dem höheren Verdienst der Hausmagd relativiert sich der Unterschied auf 20% bzw. 25%. Die Verdienstmöglichkeiten in der Region nördlich von Neuburg waren damit deutlich geringer als in den umgebenden Räumen. Lediglich in den Regierungsbezirken Oberpfalz und Oberfranken waren die Durchschnittseinkommen ähnlich niedrig.

[32] siehe Anmerkung 1, S. 842 f

Die Löhne wurden bei manchen Knechten überwiegend in die freudige Gestaltung der freien Zeit im Wirtshaus und beim Kartenspiel investiert. Die männlichen Dienstboten waren dabei bedeutend freizügiger im Umgang mit ihren Mitteln als die weiblichen, bei denen man annehmen kann, daß sie doch gezielter auf ihre Aussteuer hin sparten. Es mangelte aber auch nicht bei dem einen oder anderen Knecht an Sparsamkeit, wie durch die Ausgaben und späteren Lebensverläufe der Stiefbrüder Schauer und Krämer belegt werden kann.

Die betrachteten weiblichen Dienstboten bekamen viele illegitime Kinder. Jedoch bestand in keinem einzigen Fall ein unmittelbarer zeitlicher Zusammenhang zwischen dem Dienst bei Böhm und einer Schwangerschaft. Vielleicht fand gerade beim Bräu in Bergen eine entsprechende 'Dienstaufsicht' statt, wie sie die Dienstbotenordnung vorschrieb. Auch die sonstigen Disziplinlosigkeiten hielten sich offenbar in Grenzen. Bei den Mägden wurden in den wenigen Jahren, in denen solche beim Bräu arbeiteten, keine Probleme protokolliert. Bei den Knechten wurden zwei fristlose Kündigungen wegen übermäßigen Alkoholkonsums und eine wegen 'Blaumachens' ausgesprochen. Bei einem Knecht kann angenommen werden, daß er mit dem Dienstherrn in Streit geriet und im Zorn den Dienst sofort aufkündigte, die beiden anderen Dienstboten erklärten sich daraufhin mit ihrem Kameraden solidarisch und verließen ebenso fristlos den Dienst. In einem weiteren Fall mußte ein Knecht nach einem offensichtlich einseitig erfolgten Austritt seinen noch ausstehenden Lohn vor Gericht einklagen. Er bekam sein Recht. Hier wurde, aus welchem Grund auch immer, die alte Dienstbotenordnung, die den Dienstboten in einem derartigen Fall mit Strafe bedrohte, nicht angewandt. Möglicherweise verhielt sich auch der Dienstherr unkorrekt, so daß zu Gunsten des Beschäftigten entschieden wurde.

Insgesamt kann festgestellt werden, daß in den über sechzig Jahren, in denen das kleine Betriebstagebuch bei den Land- und Brauwirten in Bergen geführt wurde, die Obrigkeit keinen Grund hatte, auf der Basis der Dienstbotenordnung und den darin erwähnten Grundlagen der Unbotmäßigkeit, Unmoral, Trägheit und Spielsucht einzugreifen. Anhänglichkeit und Treue zum Dienstherrn, sowie Arbeitsamkeit und Willigkeit, sind bei der überwiegenden Zahl der Dienstboten aus der Unterlage zu erkennen. Die auch noch am Übergang zum zwanzigsten Jahrhundert bei der Obrigkeit bestehenden Befürchtungen können, was das Verhalten der Dienstboten betrifft, zumindest bei dem betrachteten Dienstherrn nicht bestätigt werden.

Exkurs über die abgewürdigten Feiertage

Im Bistum Augsburg wurden im 13. und 14. Jahrhundert folgende Feiertage geboten[33]: „Circumcisio domini (01.01.), Epyphania domini (06.01.), Conversio Pauli ap^{li} (25.01.), Purificatio Marie virg. (02.02.), Agathe virg. et m^{ris}. (05.02.), Mathie ap^{li}.(24.02.), Annunciacio Marie virg. (25.03.), Georgij m^{ris}. (24.04.), Phylipi et Jacobi ap^{lorum} (01.05.), Invencio sancte crucis (03.05.), Viti, Modesti et Crescentie (15.06.), Nativitas Johannis baptiste (24.06.), Petri et Paulo ap^{lorum} (29.06.), Visitacio Marie virg. (02.07.), Udalrici ep^{i} (04.07.), Septem fratrum (10.07.), Marie Magdalene (22.07.), Jacobi ap^{li} (25.07.), Afre m^{ris} (07.08.), Laurencij m^{ris} (10.08.), Hylarie et Sodalium (12.08.), Assumpcio S. Marie (15.08.), Bartholomei ap^{li} (24.08.), Magni confess^{s} (06.09.), Nativitas Marie (08.09.), Mathie ap^{li} (21.09.), Mauricij et sociorum eius (22.09.), Dedicacio matricis ecclesie (28.09.), Michahelis archangeli (29.09.), Galli conf. (16.10.), Symonis et Jude ap^{lorum} (28.10.), Narcisci ep^{i} et m^{ris} (29.10.), Omnium sanctorum (02.11. [sic!]) Martini ep^{i} (12.11. [sic!]), Otmari abbatis (16.11.), Elizabeth vidue (19.11.) Katherine virg et m^{ris} (25.11.), Andree ap^{li} (30.11.), Nycolai ep^{i} (05.12. [sic!]), Thome ap^{li} (20.12. [sic!]), Nativitas Xpi (25.12.), Stephani prothom^{ris} (26.12.), Johannis evangeliste (27.12.), Sanctorum innocentum (28.12.) und Thome ep^{i} et m^{ris} (29.12.)". Zu diesen 45 Feiertagen kamen noch die beweglichen Hochfeste Ostern und Pfingsten, Fronleichnam und Christi Himmelfahrt, sowie das Kirchweih- und Patroziniumfest jeder Pfarrei.

Im Jahr 1611 gab es in dem *Decretorum Synodalium Diocesis Augustanae*[34] die Pflicht, 32 Feiertage neben den beweglichen Kirchenfesten Ostern und Pfingsten, bei denen zusätzlich noch jeweils der Montag und

[33] clm 3908: Ordo divinorum officiorum cum pluribus ornamentis, zitiert nach LECHNER; Anton: Mittelalterliche Kirchenfeste und Kalendarien in Bayern, Freiburg 1891

[34] Dillingen, XV. Calend. Februarij MDCXI

Dienstag als Festtage galten, und Fronleichnam sowie Christi Himmelfahrt kirchlich zu begehen. Dazu waren noch Kirchweih, das örtliche Patrozinium und bereits in den einzelnen Orten überlieferte traditionelle Feiertage zu begehen. Gegenüber dem 14. Jahrhundert fielen Pauli Bekehrung, Agatha, Kreuzauffindung, Vitus, Heimsuchung Mariens, Sieben Brüder, Hylaria die Mutter Afras, Magnus, Moritz, das Einweihungsfest als fester Termin, Gallus, Narcissus als Bekehrer von Afra, Otmar, Elisabeth und Thomas Becket weg. Neu hinzugekommen sind der Annatag und Mariä Empfängnis.

Die Unzahl der Feiertage, zu denen auch noch als arbeitsfreie Tage die 52 Sonntage zählten, sowie die sogenannten Schlenkeltage als inoffizielle Urlaubstage um Lichtmeß, die Fastnachtstage mit dem Aschermittwoch („wo man die Dienstbothen an erstern zum Tanz, am leztern in die Kirche gehen lassen muß“[35]), die Christenlehrtage in der Fastenzeit, die Karwoche mit mindestens einmaligem Heiliggrabbesuch, die Bittwoche („wo gewiß die halbe Woche verlohren geht“[36]), andere Kreuzgänge, Feiertage aus Verlobungsgründen wegen überstandener Gefahr, die Kirchweihtage mit der Nachkirchweih am Montag und zuweilen auch noch am Dienstag und Tage, an denen eine Übergabe geschah oder ein Vertrag unterschrieben wurde und Hochzeitstage, Leichenbegängnisse und Wallfahrtstage erregten den Unmut der aufklärerischen Geister. Als Gründe für die Entstehung der vielen Feiertage wurden mancherlei Ursachen angegeben. Erwähnt wurden besonders die „schädlichen Folgen der zu vielen Feyertäge“ sowohl in ökonomischer wie auch in moralischer Hinsicht. In ökonomischer Hinsicht bezog sich der Schaden auf den Ausfall von Arbeitszeit und damit auch auf die Ernte. Bezüglich der Dienstboten wurde aber der Schaden besonders in der Förderung der schlechten Moral gesehen. Wenn bei Katholiken etwa 120 arbeitsfreie Tage im Jahr üblich waren, so endete der Über-

[35] Dankadresse an Max Joseph IV den Weisen wegen Abschaffung der Feyertäge oder historisch-kritische Abhandlung über die Vermehrung und Verminderung der Feyertäge, 1802 (Verfasser und Ort sind unbekannt), S. 29. Dieses Werk schildert eingehend die Auffassung des aufgeklärten Zeitgenossen zu der Feiertagproblematik. Dazu auch: Über die Abwürdigung der Feyertage von J.G.V. zu P**, 1802 als anonyme Predigt- und Argumentenvorlage für die Geistlichen.

[36] a.a.O.; siehe auch Anmerkung 29

gang „vom Nichtsthun zum Übelthun“ notwendigerweise in Ausschweifung, Trunk, Tanz und Spiel. Aus diesem Grund begann zuerst Maria Theresia in Österreich 1754, die Feiertage zu reduzieren. 1772 wurde dann durch Kurfürst Max III Joseph von Bayern von Papst Clemens XIV ein Breve erwirkt, in welchem von höchster kirchlicher Autorität die Reduktion der Feiertage angeordnet wurde[37]. Dieses Breve erlaubte für die abgeschafften Feiertage die Arbeit und befreite auch von der Pflicht, an diesen Tagen die Messe zu hören. Die Anordnung fiel auf keinen besonders fruchtbaren Boden. 1785 mußten die Maßnahmen und Sanktionen für die Einhaltung verschärft werden. Doch schon 1786 machte Kurfürst Karl Theodor selbst wieder einen Rückzieher. Erst Kurfürst Max IV Joseph, der spätere König Max I Joseph setzte schließlich die Verringerung der Feiertage konsequent durch[38]. Die Umsetzung dauerte aber noch über hundert Jahre, bis sich mit Zwang und Belohnung auch unter der Landbevölkerung die neue Regelung durchsetzte. Für Bayern blieben noch folgende Feiertage: Ostertag mit dem darauf folgenden Tag, Pfingsten mit dem Montag, Geburt Christi, Beschneidung des Herrn, Heilig-Drei-König, Himmelfahrt, Fronleichnam, die fünf Marienfeste Reinigung, Verkündigung, Himmelfahrt, Geburt und Empfängnis, dazu der Josephstag, Johannes der Täufer, Peter und Paul, Allerheiligen und Stephanus. Dazu konnte ein besonderer Hauptpatron beibehalten und gefeiert werden. Bei dem Vergleich mit dem am 16. Mai 1772 erlassenen Breve und der Praxis, wann die Dienstboten aus Bergen noch ihre alten Feiertage mit Kartenspiel feierten, ist erkennbar, wie lang sich die Traditionen der jeweiligen Tage gehalten haben.

[37] Breve Clemens des XIV an die Bischöfe in Baiern wegen Verminderung der Feyertage; mit historischen Anmerkungen begleitet, München 1773

[38] siehe Dankadresse an Max Joseph IV (Anmerkung 35), S. 69-76

‘Lehrerklagen’ – Soziallage und Berufsproblematik des Volksschullehrers im Spiegel der Liedüberlieferung

Wolfram Haderthauer

Jede Beschäftigung mit schulgeschichtlichen Fragestellungen führt immer auch zu den Trägern der schulischen Vermittlungsprozesse, den Lehrern. Beim Entstehen unserer modernen Gesellschaft, beim Umbau der Agrar- zur Industriewirtschaft, kam insbesondere den Volksschullehrern eine bedeutende Rolle zu. Waren doch sie es, welche eine sowohl lese- und schreibkundige als auch disziplinierte Arbeiterschaft heranzubilden hatten. Ganz im Gegensatz zu dieser wichtigen Funktion stellte sich die soziale Lage des Standes äußerst problematisch dar. Von Staat und Kirche reglementiert, völlig unzureichend bezahlt und schlechten Arbeitsbedingungen ausgesetzt, so fristete der Volksschullehrer noch im ganzen vorigen Jahrhundert sein Dasein. Etwas besser als die Landlehrer hatten es die Lehrer in den Städten, wo sich gelegentlich Aufstiegschancen oder Möglichkeiten für Zusatzverdienste boten. Es ist hier nicht der Ort, ausführlicher auf die Sozialgeschichte des Lehrerstandes einzugehen – eine mittlerweile umfangreich gewordene Literatur unterrichtet darüber. Diese Untersuchungen, aber auch zeitgenössische Selbstzeugnisse von Lehrern, geben immer wieder Hinweise auf Reaktionen der Betroffenen. Sie lassen sich mit den Begriffen Klage, Selbstmitleid, Resignation und Verbitterung charakterisieren. Es wundert nicht, daß die Lehrer den Druck von oben und von außen auf diejenigen weitergaben, die es am wenigsten verdienten: die Schüler. In der Schulstube wurde das unerfüllte Streben nach Anerkennung und Sicherheit oft genug durch brutales und tyrannisches Verhalten kompensiert.

Angeregt durch eine Arbeit Hermann Strobachs, der 'Bauernklagen' im Volkslied untersucht hat,[1] drängte sich der Gedanke auf, daß es auch 'Lehrerklagen' in dieser Form geben müsse. Sollte nicht auch die erbärmliche Lebenssituation dcs Volksschullehrers im populären Lied ihren Niederschlag gefunden haben?
Die Durcharbeitung der Bstände einschlägiger Sammlungen, insbesondere des Deutschen Volksliedarchivs (DVA) in Freiburg,[2] förderte eine ganze Reihe solcher Lieder zutage. Mit der folgenden Zusammenstellung von zehn ausgewählten, regional gestreuten Beispielen soll erstmals ein Einblick in das Phänomen 'Lehrerklagelied' ermöglicht werden.
Nach der in der Volksliedforschung üblichen Terminologie sind diese Lieder thematisch als 'Ständelieder' anzusprechen. Was ihre Entstehung angeht, so handelt es sich nicht durchweg um anonyme, 'volksentstandene' Gebilde. Es finden sich auch Produkte, die mit der literarischen Tradition in Verbindung stehen bzw. auf einen uns bekannten Verfasser zurückgehen. Hier zeigt sich, wie so oft, daß Volkslied und Kunstlied nicht streng zu scheiden sind. Zur Verbreitung läßt sich sagen, daß Texte von nur geringer räumlicher Reichweite überwiegen. Lediglich für das Lied vom „armen Dorfschulmeisterlein" läßt sich ein überregionaler Bekanntheitsgrad belegen. Es dürfte im übrigen das einzige sein, das heute noch gesungen wird.
Wer Volksliedforschung betreibt, muß sich bewußt sein, daß es mit der bloßen Sammlung von Liedern oder Liedvarianten nicht getan ist. Es gilt vielmehr, deren Verwendungszusammenhänge und Sozialfunktionen herauszustellen, und in besonderer Weise muß dies dort gelten, wo die Lieder selbst soziale Fragestellungen aufgreifen. Der genaueren Erforschung des einstigen 'Gebrauchswerts' dieser Lieder stellt sich als Hindernis jedoch die Aufzeichnungspraxis der früheren Volksliedsammler entgegen, die sich in der Regel auf die bloße Fixierung beschränkten, ohne den situativen Kontext festzuhalten. Die Lieder wurden gleichsam aus ihrem Zusammen-

---

[1] H. Strobach: Bauernklagen. Untersuchungen zum sozialkritischen deutschen Volkslied. Berlin 1964.

[2] Den Mitarbeitern dieser Institution, die mich bei meinen Recherchen in liebenswürdigster Weise unterstützten, gilt mein besonderer Dank.

hang herausgerissen und lassen deshalb häufig nicht mehr erkennen, welche Funktionen ihnen im einzelnen zukamen. Die Kommentare zu den folgenden Liedern können zu diesen Aspekten daher nur gelegentlich konkrete Hinweise geben.
Auf eine Wiedergabe hin und wieder vorhandener Melodien wurde verzichtet – es geht nicht um eine Wiederbelebung, sondern um die Darstellung historischer Gegebenheiten.
Zur Textgestaltung sei angemerkt, daß Orthographie und Interpunktion der hochdeutschen Texte dem heutigen Gebrauch angeglichen, Lieder im Dialekt jedoch unverändert übernommen wurden.

1. Das arme Dorfschulmeisterlein

Ach, willst du wissen, lieber Christ,
Wer der geplagt'ste Mensch hier ist? -
So stimmen alle Herren ein:
„Das arme Dorfschulmeisterlein!“

Denn, wenn noch Hans im Bette liegt
Und sich in süßen Träumen wiegt,
So läutet schon am Glöckelein
Das arme Dorfschulmeisterlein.

Kaum hat er dies Geschäft vollbracht,
So wird das Schulhaus aufgemacht,
Es treten dann die Buben ein
Zum armen Dorfschulmeisterlein.

Beholzpantoffelt ist die Schar,
Das nimmt man an dem Lärm schon wahr,
Der nun beginnt von Groß und Klein
Beim armen Dorfschulmeisterlein.

Wird der Spektakel ihm zu arg,
So tritt herein der Schulmonarch;
„Wollt ihr wohl gleich hübsch artig sein!“
Rufts arme Dorfschulmeisterlein.

Und in der vollen Schule dann,
Wie ist geplagt der arme Mann!
Wer möcht’ bei hundert Kindern sein
Ein armes Dorfschulmeisterlein!

Hier schrein die Kleinen: „A, B, C!“
Und dort ein Größ’rer: „Au, o weh!
Ich will ja künftig artig sein,
Mein liebes Dorfschulmeisterlein!“

„Es macht mir der Methodenkram
Von allem den geringsten Gram,
Die Keile soll wirksamer sein“,
Denkt’s arme Dorfschulmeisterlein.

So strengt er Geist und Körper an
Und hat selbst nach der Schule dann
Noch seine Plage groß und klein,
Das arme Dorfschulmeisterlein.

Kaum hat er vor den Buben Ruh,
So holt er Futter für die Kuh
Und fährt es auf der Karre ein,
Das arme Dorfschulmeisterlein.

Dann steigt den Kirchturm er hinauf
Und stellt die Uhr und zieht sie auf
Und schmiert auch wohl die Räder ein,
Das arme Dorfschulmeisterlein!

Bei aller Not und aller Plag
Winkt ihm dann auch manch froher Tag,
Es kehrt die Freud auch öfter ein
Beim armen Dorfschulmeisterlein.

Denn, wird im Dorf ein Schwein geschlacht' t,
Seht, wie ihm da das Herze lacht,
Die größte Wurst muß seine sein. –
Das arme Dorfschulmeisterlein!

Und ist im Dorfe Kindelbier,
So ißt und trinkt er mit Begier,
In alle Taschen steckt er ein,
Das arme Dorfschulmeisterlein!

Und dann bei jedem Hochzeitsschmaus
Sucht er die größte Kafel aus
Für seine lieben Kindelein,
Das arme Dorfschulmeisterlein.

Und klopft bei ihm der Tod dann an,
So stirbt als Christ der gute Mann,
Zum Himmel fährt ein Engelein:
Das arme Dorfschulmeisterlein.

St. Peter spricht: „Komm her zu mir,
Den besten Platz verwahrt' ich dir."
Ambrosia und Nektar fein
Genießt das sel'ge Meisterlein.

Das wohl älteste Lied, welches die soziale Lage des Volksschullehrers thematisiert, ist das vom „armen Dorfschulmeisterlein". Dutzende von Varianten bezeugen seine Verbreitung im gesamten deutschen Sprachgebiet. Die erste nachweisbare schriftliche Fixierung des Textes stammt von dem aus Kiel gebürtigen Studenten Friedrich Reyher, der ihn in seine um 1745 angelegte Liederhandschrift aufnahm.[3] Zur Verbreitung des Lieds trugen im 18. Jahrhundert gedruckte Flugschriften bei, die entsprechend den Gepflogenheiten der Zeit von fahrenden Händlern verkauft wurden. Eine frühe Variante hat sich in der Staatsbibliothek Berlin erhalten.[4] Vermutlich aus Zensurbefürchtungen werden Druckort und Erscheinungsjahr nicht genannt. Tatsächlich wurde eine in Leipzig erschienene Ausgabe des Liedes von den sächsischen Behörden im Jahr 1802 zusammen mit vielen anderen volkstümlichen Liedern konfisziert mit der Begründung, die Texte seien „ärgerlich und den guten Sitten zuwiderlaufend, auch sonst besonders dem gemeinen Volke schädlich."[5]

Einen Popularitätsschub verschaffte dem Lied die Bearbeitung durch den badischen Volksschullehrer und Dichter Samuel Friedrich Sauter (1766-1846), die erstmals 1799 in dem 'Almanach und Taschenbuch für häusliche und gesellschaftliche Freuden' veröffentlicht wurde. Sauter, dem man das Lied zu Unrecht als originäre Schöpfung zuordnete, zog sich den Zorn vieler seiner Lehrerkollegen zu, die ihm unterstellten, sich über die standestypische Armut lustig gemacht zu haben.

Auch in unserem Jahrhundert gab das Lied noch Anlaß zu Auseinandersetzungen. 1939 wurde in einem Zeitungsartikel die Forderung eines Lehrerverbandsfunktionärs zitiert, daß das Lied „endlich einmal aufhören müsse: denn in diesem Lied würde gerade das Beste, was der Landlehrer besitze, sein Idealismus, sein stiller, ständiger Einsatz herabgewürdigt und verächtlich gemacht."[6]

20 Jahre später nahm ein Lehrer Anstoß am Abdruck in der 'Mundorgel', einem Liederbuch für Fahrt und Lager. Schnell wuchs sich der Anstoß zu einer Kampagne aus. In der 'Allgemeinen Deutschen Lehrerzeitung' erschien ein bitterböser Kommentar, der in dem Vorwurf gipfelte, durch das Lied werde bei der Schuljugend „der letzte Rest von Achtung, Respekt und Autorität vor einem Stand, ohne den kein konkurrenzfähiger Staat bestehen

[3] Abschriftlich im DVA.
[4] Sign. Yd 7901.I.30; DVA, Bl 2457.
[5] Mitteilungen des Vereins für Sächsische Volkskunde 3 (1903-05), S. 133.
[6] DAZ 1939, Nr. 11.

kann, zerstört, ver- und zernichtet."[7] Diese Überreaktion ist uns heute kaum verständlich. Sie war gewiß nicht geeignet, den notleidenden Dorfschullehrer als historischen Tatbestand begreifbar zu machen. Das Lied wurde in der 'Mundorgel' jahrelang nicht mehr abgedruckt und erst 1968 wieder in die Sammlung aufgenommen.
Die hier wiedergegebene Fassung wurde 1858 in Tschernow (Brandenburg) aufgezeichnet.[8] Es werden in einer Art Tageslaufbeschreibung (Strophen 2-11) die Arbeiten geschildert, die ein Dorfschullehrer zu erledigen hat. Neben die Schularbeit treten die Verrichtungen als Küster und die Tätigkeiten für den landwirtschaftlichen Nebenerwerb. Die freudigen Seiten des Schulmeisterdaseins beziehen sich auf die Teilnahme an dörflichen Festivitäten, wobei der Lehrer als heißhungriger, gieriger Raffer karikiert wird. Wirkliche Belohnung für sein opfervolles Dasein erfährt das „Meisterlein" erst im Himmel.

2. Schulmeistertrost

Ich habe viele Sorgen,
Mein Leben wird vom Morgen
Bis in die späte Nacht
Mit Lehren zugebracht.

Viel Mägdlein und viel Knaben
Auf seiner Seele haben,
Ist wahrlich eine Pflicht
Von drückendem Gewicht.

Doch tu' ich es mit Freuden;
Denn Christi Schäflein weiden
Auf kleebesäter Trift
Macht selig nach der Schrift.

---

[7] 1960, Nr. 10.
[8] DVA, E 13033.

Die großen starken Geister
Beschämt oft ein Schulmeister,
Der in dem Hirtenamt
Von reinem Eifer flammt.

Der Kinder Herz regieren
Und sie zur Tugend führen
Durch treuen Unterricht,
Welch eine süße Pflicht!

Das Lesen, Rechnen, Schreiben
Mit künft'gen Bürgern treiben,
Und sie mit Bildners Hand
Bereiten für das Land;

Und wenn mit stillem Schmähen
Die Menschen auf uns sehen,
Und für verdienten Lohn
Oft geben Spott und Hohn;

Dies leiden ohne Kränken
Und still im Herzen denken:
Ich dulde gern die Schmach
Dem größten Lehrer nach –

Dies ist Schulmeisterswürde;
Drum trag' ich meine Bürde
Und meinen Hirtenstab
Geduldig bis ins Grab.

Wenn ich die Orgel spiele
Voll göttlicher Gefühle,
Und die Gemeinde singt,
Daß mir's im Herzen klingt;

Wenn Gottes Huld mir lächelt
Und Himmelsluft mich fächelt,
Rinnt von der Stirne heiß
Herunter mir der Schweiß:

So fühl' ich süßen Frieden;
Und will ich auch ermüden,
So denk' ich an den Lohn,
Uns beigelegt am Thron.

Sing' ich mit meinen Knaben:
„Laßt uns den Leib begraben!"
Vor eines Christen Grab,
So blick' ich stumm hinab;

Und seufz': Hier will ich schlafen
Einst unter meinen Schafen,
Und ach, nach kurzer Ruh',
Erlöser, weckst uns du!

Diese Verse stammen aus der Feder des Sturm und Drang-Dichters Christian Friedrich Daniel Schubart (1739-1791).[9] Schubart war von 1763-1769 Knabenschulmeister und Organist im schwäbischen Geislingen. Das Gedicht ist nach Angabe seines Sohnes Ludwig während Schubarts Festungshaft auf dem Hohenasperg (1777-1787) entstanden,[10] gewissermaßen als Nachklang seines Geislinger Wirkens. 1789 kam es zum Druck in der von ihm selbst herausgegebenen Zeitung 'Vaterländische Chronik'. In den Volksgesang ist das Lied nicht eingegangen, doch es fand sich ein Beleg für die Rezeption im pädagogischen Bereich. Ein J.R. Wilfling übernahm es in seinen 'Kalender für Aufseher, Katecheten und Lehrer der Na-

[9] G. Hauff: Chr. Fr. D. Schubarts Gedichte. Historisch-kritische Ausgabe. Leipzig o.J. (1884), S. 457-459.
[10] Ebd., S. 459.

tionalschulen im Königreiche Böhmen auf das Jahr 1798',[11] nicht ohne den Text verschlimmbessert zu haben, da er nach seiner Auffassung, „nicht nach allen Regeln der Poesie verfaßt"[12] war. Eine Melodie dazu wurde eigens komponiert und dem Abdruck vorangestellt. „Gewiß läßt der Gesang desselben bei mehrern Jugendlehrern Empfindungen und Eindrücke zurück, die nicht anders als wohltätig und heilsam für sie und ihre Zöglinge seyn können"[13] - diese Zweckbestimmung gab Wilfling dem Lied mit auf den Weg. Große Resonanz scheint es allerdings nicht gefunden zu haben. Der Abdruck in einem Kalender, der nur regionale Reichweite hatte und im darauffolgenden Jahr schon durch einen neuen ersetzt wurde, konnte zur Verbreitung nicht viel beitragen.

Schubarts Gedicht strahlt Unmittelbarkeit und Lebensnähe aus. Man kann dem Verfasser nachfühlen, daß die Bürden des Amtes sich bei mangelnder äußerer Anerkennung wohl nur ertragen ließen durch den Mechanismus autosuggestiven Trostspendens, der freilich, ganz zeitgemäß, nur in christlich-religiösem Sinne wirksam werden konnte.

3. Des Lehrers Klage

Was bringt mir au de Morge,
Was chünd't d'r Herbst mir aa?
Verdruß und Chrüüz und Sorge
Und mängs no mues i haa.

Ein jeder suecht si Nutze,
Tuet fiini Chueche zue;
Dem Lehrer mues's dur d' Woche
E Vierlig Anke tue.

---

[11] Prag o.J. (1797), S. 187-190.
[12] Ebd., S. 187.
[13] Ebd., S. 188.

Und treit mer bblätzet Hose,
So heißt's: „E-n arme Tropf!"
Und goot mer g'wixt dur d' Strooße:
„En eitle Näbelchopf!"

In Wauwil im Schweizer Kanton Luzern wurde dieses Lied aufgezeichnet.[14]
Es formuliert in resignativer Grundhaltung die Aussichtslosigkeit, als Lehrer aus der sozialen Deklassiertheit ausbrechen zu können. Während jeder andere „seinen Nutzen" sucht, hat der Schulmeister sich in sein offensichtlich unabänderliches Los zu bescheiden. Dem Gespött der Umwelt kann er nicht entrinnen. Ärmliche Kleidung stempelt ihn augenfällig zum Außenseiter, und sollte er doch einmal versuchen, gepflegt in Erscheinung zu treten, hält man ihn für eingebildet.

4. Der Pädagog

Mit der Geig', dem Bogen,
Bakel und Papier
Kommst du hergezogen,
Armer Schulkurier.

Aus dem dumpfen Häuschen
Schaust du armer Tor -
Wie ein Kirchenmäuschen
Aus dem Loch – hervor.

Aller Welt Bedienter,
Dem geprägt kein Gold,
Schraubt man stets gelinder
Deinen kargen Sold.

---

[14] A. L. Gaßmann: Das Volkslied im Luzerner Wiggertal und Hinterland. Basel 1906, S. 115.

Trocknes Brot mit Schimmel
Sei auf Erden dein,
Groß – sagt man – im Himmel
Wird dein Lohn einst sein!

Das Lied ist der Anthologie 'Magister jovialis' des bayerischen Lehrers A. J. Ruckert aus dem Jahr 1873 entnommen.[15] Ein Verfasser ist nicht genannt, möglicherweise stammt der Text vom Herausgeber selbst.
Es handelt sich um eine Parodie auf Friedrich Schillers bekanntes Lied „Mit dem Pfeil, dem Bogen / Durch Gebirg und Tal / Kommt der Schütz gezogen ..." aus dem 3. Auftritt von 'Wilhelm Tell'.
Der Lehrer, gekennzeichnet durch die Attribute Geige, Stock und Papier, wird in seiner erbärmlichen materiellen Situation vorgeführt. Der Verweis auf himmlischen Lohn hat dabei durchaus reale Hintergründe, was uns aus vielen zeitgenössischen Quellen überliefert ist. „Wenn die Welt dir den Lohn karg zumißt, so denke an den Gotteslohn", antwortete man z.B. noch 1862 in einer Lehrerkonferenz auf die Frage „Was beruhigt uns beim Anblick der Unebenheiten, mit denen der Leidensweg eines Lehrers so reich besetzt ist?"[16]

5. Der Schulmeister

A Schulmoasta z' san,
Geduld muaß er habn;
Er braucht an guatn Vastaund
Und an sakrischn Magn.

Deutsch und lateinisch,
Alls Lesn und Schreibn;
's Roatn ausn Koupf
Und aa mit da Kreidn.

[15] A. J. Ruckert: Magister jovialis. Neuses 1873, S. 18 f.
[16] Zit. n. K. Trinks: Die Sozialgestalt des Volksschullehrers. Hrsg. v. R. Bölling. Stuttgart 1980, S. 36.

Und aftn huld naun
Aa d' Musi dazua;
Und kaun er dös ulls,
Is's aa naun nit gnua.

Mit die Kina von Laund,
Da haw i man Plag;
Es is ja a Schaund,
Wenn i engs sag.

Sie keman in d' Schul
Gaunz ohne Manier
Und haumt a Benehma
Wia unsas Nabban san Stier.

's Gsicht vulla Ruaß
Und mit schmutzign Händ,
Sou kemans agschwitzti
In d' Schul dahergrennt.

Das oan kaun nit sitzn,
Das aundri nit staihn;
Und loahnst is nit aun,
Faungts aun glei zan Flain.

Und fragst oan um was,
Daun schaut a di aun;
Aft macht ar an Brumma
Als hätt er oan taun.

Ulls schneuzt si afn Fuaßboudn
Und anhin in d' Händ;
Und wischn in Routz sougoar
Affi af d' Wänd.

Aft schreit oana: „Du Kantna,
Mach ma d' Housnknöipf af,
Daß i wischaln mag gaihn
Und scheißn kaun draf."

Wer sulchane Säuereien
Aa muaß vertragn,
Der braucht ja an guatn
Und koan schlechtn Magn.

Und aft a schlechts Deanstl,
Dös troat nit viel ein;
Da Tuifl sull's huln,
A Schulmoasta z' sein.

Und wullt ma man Suhn
Afran Schulmoasta studiern,
Dem zoigat i's glei
Und schlüag'n mitn Hauma afs Hirn.

In der Gegend von Friedberg im Böhmerwald wurde dieses Lied um 1860 gesungen, aber auch im benachbarten Oberösterreich war es bekannt.[17]
Das Anforderungsprofil für den Schulmeister, das hier erstellt wird, besteht zum einen aus dem guten Verstand, den die vielfältigen Lehrstoffe verlangen, zum anderen - und das scheint wichtiger – aus dem „sakrischn Magn", um das Verhalten der ungepflegten und unbeholfenen Landkinder zu verdauen, welches mit kaum zu überbietender Drastik dargestellt ist. Wer so unter den Kindern leidet, wie der Klagende, hat den Beruf verfehlt. Das weiß er, aber er will die Schulmeistertätigkeit auch nicht weiterempfehlen. Seinem Sohn würde er handgreiflich abraten, sollte dieser es wagen, in die Fußstapfen des Vaters treten zu wollen.

---

[17] G. Jungbauer: Volkslieder aus dem Böhmerwalde. Bd. 1. Prag 1930, S. 494.

6. Der Schulgehilfe

I kenn koan ärman Teifi nöt
Als Kantner auf'n Land;
I woass, wanns du a Schulg'hülf warst,
Dir tats erschröckla ahnd.
Denn Läut'n müassats'd in da Früah,
Sobald'sd'a wengal siagst;
Und pünktli müassat'sd'a nu sein,
Weilsd' sunst an Branntwein kriagst.

Auf d'Nacht, da gang's da netta so,
Du müassast hoam, wann's is';
Du dearfst ban Wirt nöt länger bleib'n,
Wann's no so lusti is'.
Wann d'Bau'rn a weng an Arbat hab'nd,
Gehn d'Kinda nöt in d'Schul;
Da hoasst's aft: „Seppl, bleib dahoam!"
Was glei' den Büabal g'fiel.

Und d'Buam, dös san dö recht'n Knöpf,
Es geht eahn gar nix ein;
Da muass ma si' oft tüchti' plag'n
Und a unsinni' schrei'n.
Und greinst a so an Spitzbuam aus
Und garaus wann's d' 'n schlagst,
Da kimmt dö Alt' und macht di aus,
Aft wirst d' a nu vaklagt.

Und 's Löhn'l is' bei uns so kloan,
A Stallbua hat oft mehr,
Denn wann's d'amal 40 Gulden hast,
Mehr geb'n s' scho gar nöt her.
Von Köstl will-i gar nöt red'n,
Dös is' ban-uns so kloan, -
Denn wann ma-r-amal a Bradl hab'n,
Da kriag-i netta d'Boan.

Und wann ma-r-a was Bössas hab'n,
Das frisst da Herr alloan;
Da braucht a ja koan G'hülf'n nöt,
Dös richt't a schon alloan.
Und kemman s' mit a Kindstauf erst,
Da wöll'n s' da nixi geb'n;
Da tat's oft not, ma mahnat s' z'erst,
Sonst kimmt ma ganz daneb'n.

Und heirat's d'gar a saubas Kind,
So wia's da halt nu' g'fallt,
Dö hübsch lusti und a sauba-r-is'
Aft müassast häufti zahl'n.
So geht halt unsa Löb'n dahin,
Mir hat gar nia koan Freud';
Drum wiar nur ja koan Schulg'ülf nöt,
Mi' hat's schon recht oft g'reut.

Dieses Lied wurde um 1870 im oberösterreichischen Waldneukirchen gesungen,[18] aus der selben Zeit liegt eine Böhmerwald-Variante vor.[19] Es gibt ein detailliertes Bild von der beschwerlichen Amts- und Lebensführung eines Unterlehrers innerhalb der dörflichen Gemeinschaft. Die Gewährsperson merkte dazu an, man habe das Lied „öfter im Wirtshause ge-

[18] Zeitschrift des Vereins für Volkskunde 26 (1916), S. 95 f.
[19] G. Jungbauer: Volkslieder aus dem Böhmerwalde. Bd. 1, Prag 1930, S. 493.

sungen; wenn der Lehrer aber da war, so zahlte er dem Sänger ein paar Krügel Bier, da unterließ er es."

7. Dorfschulmeisterei

Liebe Kinder, gebt doch acht,
Daß ihr's ABC recht macht!
Merket auf, ihr kleinen Fratzen,
Sonst kriegt ihr die Händ voll Tatzen!
Macht mir doch nicht so viel Zoren,
Sonst krieg ich euch bei den Ohren!
Liebe Kinder, gebt doch acht,
Daß ihr's ABC recht macht!

Nit so, nit so, nit so, nit so!
So, so, so! So, so, so! Ja, so ist's recht!
Dürfet nicht so arg erschrecken,
Ich komm nicht gleich mit dem Stecken,
Aber wenn ihr mich auslachet
Und euer Sach nicht besser machet,
Dann hau ich mit der Rute drein.
Gelt, so, so, so, so wird's besser sein?

B-a-b bab, b-a-b bab,
Ba be bi bo bu, wa we wi wo wu,
Buchstabier mir's du!
A-b ab, a-b ab, i-b ib, u-b ub,
B-a ba, b-e be, b-i bi, b-u bu.
B-a-b bab, b-a-b bab,
Ba be bi bo bu, wa we wi wo wu,
Buchstabier mir's du!

Ist es nicht ein hartes Ding
Um die Schulmeisterei?
Möchte lieber Kuhhirt sein!
Im Winter wär ich frei.
Nichts als immer buchstabieren,
Nichts als immer sillabieren,
Federn schneiden, Tinte rühren
Und beim Schreiben d' Händ noch führen!
Wie wird's mir manchmal so warm,
Ach, daß Gott, daß Gott erbarm!

In etwa einem Dutzend Varianten ist uns dieses Lied bekannt, die fast alle aus dem alemannischen Sprachraum (Schwarzwald, Elsaß und vor allem Nordschweiz) überliefert sind. Die hier wiedergegebene Lesart nach einem handschriftlichen Blatt von 1860 stammt aus Brumath im Elsaß.[20]
Eine didaktische Funktion ist unverkennbar: das Lied wendet sich an die Schüler, es enthält Verhaltens- und Lernanweisungen. Einige weitere Fassungen wurden speziell dazu benutzt, den Kindern das Alphabet 'einzuschleifen'. Im nordbadischen Sinsheim etwa wurde das Lied so vorgetragen, daß zunächst die Schüler das vollständige ABC absangen, worauf der Schulmeister respondierte „Ist es nit ein hartes Ding ...".[21] Ein weiterer Hinweis auf derartige Verwendungszusammenhänge findet sich als Vermerk auf einer anderen Variante, wo es heißt: „Auf dem Schwarzwald singt man den Kindern das ABC vor, indem man den Lehrer imitiert".[22]
Der klagende Schulmeister scheint sich in seinem Beruf nicht so recht wohl zu fühlen. Das Lesen- und Schreiben-Lehren sind ihm monotone Tätigkeiten, noch dazu läßt die Aufmerksamkeit der Schüler zu wünschen übrig. Nur mit Stecken und Rute vermag er sich zu helfen. So muß ihm der im Winter arbeitslose Kuhhirt als Inbegriff alternativ-freiheitlichen Landlebens erscheinen.

[20] J. Lefftz: Das Volkslied im Elsaß. Bd. 2. Kolmar 1967, S. 245.
[21] E. M. Marriage: Volkslieder aus der Badischen Pfalz. Halle a.S. 1902, S. 247.
[22] DVA, A 119702.

8. Lehrerleiden

I muß von früh bis in die Nacht
Mich manchmal doch recht plagen
Und dabei Arme Ritter noch
Im Elendsfette backen.

Mit achtzig Talern so ein Jahr
Sich ehrlich durchzuschlagen,
Das greift an Leib und Seele gar,
Besonders an den Magen.

Der Jahre sieben gehn sie nur
Zu Land hier in die Schule,
Dabei verdient und profitiert
Man kaum 'ne Federspule.

Und dann die böse Jugend noch
Mit ihren Teufelsmucken,
Verdruß und Ärger muß man da
Gar oft hinunterschlucken.

Ja, wäre nicht Respekt annoch
Vor meinem Haselstocke,
Es wehte längst von meinem Haupt
Schon manche graue Locke.

Ich wollte, dort der Tannenwald
Bis hinter an die Kämme[23]
Gäb her zu Bänken ins Schulhaus
All seine schönsten Stämme.

---

[23] Im Original steht „bis hinter an die Berge“ - aufgrund der Reimassonanz vermutlich ein Aufzeichnungsfehler.

Drauf müßten von dem sechsten Jahr
die Bauernjungen sitzen
Und, bis sie reif zum Ehestand,
Hier in der Schule schwitzen.

Dabei das Schulgeld auf den Punkt,
Daß man nicht braucht' zu borgen,
Dann zög ich meinen Hut und rief:
„Herr Pfarrer, guten Morgen!"

Aus Bad Dirsdorf in Schlesien stammt dieses undatierte Lied.[24] Die Klagen, welche der Lehrer anhebt, beziehen sich recht konkret auf seine materielle Situation. Er nennt sogar die Summe seiner Jahreseinkünfte, und so kann jeder, der mit dem Lied konfrontiert wird, vergleichend ermessen, wie es mit dem Lehrerverdienst in Relation zu seinem eigenen bestellt ist. Der Aufbau ist dreiteilig. Auf die Darstellung der materiellen Lage (Strophen 1-3) folgt die Erwähnung der psychischen Belastungen durch die „böse Jugend", wogegen der Klagende sich allerdings zu helfen weiß (Strophen 4 u. 5). Sodann werden, korrespondierend zu den drei Anfangsstrophen, Vorschläge zur Verbesserung der Situation gemacht (Strophen 6-8). Drei Forderungen werden sichtbar, eine Art 'Programm zur Verbesserung der Einkommensverhältnisse': die Vergrößerung der Schülerzahl, eine Verlängerung der Schulzeit und die rechtzeitige Entrichtung des Schulgelds (welches die Eltern aufzubringen hatten).

9. Schulmastrliedl

's hot su gedwediger Stand sei Manier:
Der Doktr, dr Pastr, dr Schneidr un Balwier.
Ben Schulmastrn siehst da drim a an Getu
Ihr wink Professiu.

[24] DVA, A 47165; Überschrift vom Verfasser.

Se namma sich garn vur dr Arwet in acht:
A Halbgahr ze wenigst werd Feirohmd gemacht;
Se halten siech a noch amol su gescheit
Als wie annera Leit.

Nu will ich na obr nischt wättr nochsong
Sist hetzn se mir gar'n Schandarm noch an Krong,
Ich mach nu amol garn da Leit a wink schlacht.
(Un ho ich net racht?)

's hot odr a, dass ichs när orndlich eich sog,
A gedwedigs Handwark sen Gammer un sei Plog,
Su is a dr Schulmastr, ich sog eich ka Lieg,
A geplogts Stickl Viech.

A manniga Mad un a mannigr Gung,
Die damisch sei un umdraufnauf ugezung,
Die sell nu dr Lärer ze Menschn drzieh,
Un a liebreich sell's gieh.

Ar hot schu an Schtack'n, mecht obr net ha,
Denn drischt'r an Gung, kimmt dr Ma un da Fra,
Ich sog se's fei, doss Sie men Gung nimmer schlong,
Sist tu'ch Se verklong.

Su hot'r viel Ärgr bei all sener Plog,
Oft wärsch eich ka Wunnr, es tröf'n dr Schlog.
A Gall kriegt dar eich fei gewiess a su gruss
Wie a Ardäppelkluss.

Se warn eich mei Tog net a Rusn gebett'.
Schpackschwartn asetzn, dos kunntn se net.
A mannigr war eich, wess Gott, e su dörr
Wie e gebackene Börr.

War su aner tut nochr, un wur'r getrong
Vun Engln in'n Himmel, tot dr Peterus song:
Was brängt'r dä do fer a därrsch wink Schkelett?
Zrbracht mersch fei net!

Un wur'r verschtußn in dr Hell gar an End,
Sogt dr Teifl: dar werd net als Feiring verschwendt,
Dar is prassldörr wie a bichener Spah,
Mit dan feirn mer a!

Das „Schulmastrliedl" findet sich abgedruckt auf einer Postkarte aus der Zeit um 1920,[25] verlegt in Johanngeorgenstadt im sächsischen Erzgebirge. Der Text, verfaßt von einem A. Plattner, ist mit der Abbildung eines an der Tafel schreibenden Lehrers kombiniert.
Auf die einleitende Kritik am Lehrerstand - die vielen Ferien und Besserwisserei werden als berufstypische Negativpunkte genannt - folgt das Bedauern über die Schwierigkeiten beim Kindererziehen. Die Schlußstrophen mit der Überzeichnung der Schulmeister als Unterernährte stehen im Präteritum, spielen also auf vergangene Zeiten an. Kontrastierend ist die Abbildung gewählt, die einen zeitgenössischen, durchaus wohlgenährten und elegant gekleideten Leherer präsentiert.

10. Die geplagte Lehrerschaft

Wie war es doch alles so anders vordem,
So anders vordem!
0 selige Zeiten, o selige Zeiten,
Wie hatten's die Lehrer so leicht und bequem.

Da gab's nicht Grammatik, nicht Geometrie,
Nicht Geometrie,
Da gab's nicht Methoden, da gab's nicht Methoden
Und keine Systeme der Pädagogie.

[25] Im Besitz des Verfassers.

Der Kantor ging sorglos zur Klasse hinein,
Zur Klasse hinein,
So heute wie morgen, so heute wie morgen
Und bleute den Jungen die Buchstaben ein.

Und hatt' er die Stunden zuend exerziert,
Zuend exerziert,
Dann schnitt er sich Ruten, dann schnitt er sich Ruten,
So war er für'n folgenden Tag präpariert.

Dann saß in der Schenke der würd'ge Kantor,
Der würd'ge Kantor,
Las aus dem Kalender, las aus dem Kalender
Den staunenden Bauern die Witterung vor.

Kein Mensch revidierte, kein Schulrat erschien,
Kein Schulrat erschien,
Und niemand hielt Reden, und niemand hielt Reden,
Man brachte sein Leben in Ruhe dahin.

Jetzt kommen Reskripte und fordern Bericht,
Und fordern Bericht,
Die soll man studieren, die soll man studieren;
Nun gibt es Vereine, nur Ruhe gibt's nicht.

O selige Zeiten der Schulmeisterei,
Der Schulmeisterei,
Wir plagten die Jungen, wir plagten die Jungen,
Jetzt plagt man uns selber mit tausenderlei.

Das letzte Lied unserer Reihe wurde nach einem Vermerk des Aufzeichners um 1900 in Lehrerkreisen im ostpreußischen Wormditt gesungen.[26] Um diese Zeit muß es auch entstanden sein, denn es spiegelt 'moderne'

---

[26] DVA, A 159476; Überschrift vom Verfasser.

Zustände. So scheint die Prügelstrafe zurückgedrängt, und neue Lehrinhalte und Methoden sind eingeführt. Statt des Pfarrers visitiert der Schulrat, und der Lehrer ist in eine Schulverwaltung eingebunden, die ein effizientes Umsetzen der Neuerungen bewerkstelligen soll. Doch gerade diese Neuerungen sind der Gegenstand von Klagen. Die „seligen Zeiten" – die es nie gab – werden zurückgewünscht, und so dokumentiert das Lied die Sehnsucht nach der 'guten alten Zeit', die immer dann beobachtet werden kann, wenn gesellschaftliche Wandlungen Umdenken und Umstellungen erfordern.

Die Physikatsberichte als wiederentdeckte volkskundliche Quelle - der Physikatsbericht von Obergünzburg

Gerhard Willi

Einleitung

1982 veröffentlichte Wolfgang Zorn[1] in der Vierteljahresschrift für Sozial- und Wirtschaftsgeschichte einen Beitrag über die Physikatsberichte. Es wurde damit eine historische Quelle neu entdeckt, die tief in die Lebensgewohnheiten, Arbeit, Brauchtum, Wohnung, Nahrung, Kleidung, Festlichkeit usw. der hauptsächlich bäuerlichen Unter- und Mittelschichten blicken läßt. Darüber hinaus finden wir in diesen Physikatsberichten auch relativ detaillierte Landschaftsbeschreibungen. So wird die Flora und Fauna ebenso beschrieben wie Gewässer, Klima und Bodenkultur. Die Physikatsberichte besitzen nicht nur aufgrund ihrer Ausführlichkeit einen hohen Stellenwert, sondern auch wegen ihrer geographischen Differenziertheit. Die Landesbeschreibungen der Landgerichtsärzte liegen praktisch von allen bayerischen Landgerichten vor und haben - auf Schwaben bezogen - durchschnittlich 120 handschriftliche Manuskriptseiten Umfang.
Aufgrund der Bedeutung dieser Quelle gibt es verschiedene Initiativen, die Physikatsberichte zu edieren. Neben den oberbayerischen sollen die unterfränkischen Berichte nach und nach publiziert werden[2]. So lieferten die

---

[1] Zorn, Wolfgang: Medizinische Volkskunde als sozialgeschichtliche Quelle. Die bayerische Bezirksärzte - Landesbeschreibung von 1860/62. In: Vierteljahreschrift für Sozial- und Wirtschaftsgeschichte 69 (1982), S. 219 - 231.

[2] Für Oberbayern z. B. Aichach (Aichacher Heimatblatt 1996), Landsberg (Landsberger Geschichtsblätter 91./92.Jg., 1992/93), Weilheim, Schongau (Oberbayerisches Archiv Bd. 119, 1995) Aichach, Tegernsee und Wasserburg (ebd. 120, 1996) und Starnberg (ebd. 121, 1997). Für Unterfranken Reder, Klaus - Albert, Reinhold: Rhön und Grabfeld im Spiegel der Beschreibungen der Bezirksärzte Mitte des 19. Jahrhunderts, o.O. 1995.

Unterfranken auch die neueste und gründlichste Abhandlung zum Thema Physikatsberichte mit der Dissertation von Klaus Reder[3]. Auch für den Regierungsbezirk Schwaben ist ein ähnliches Editionsprojekt geplant[4]. Grundlage der Abfassung dieser Physikatsberichte waren zwei Ministerialentschließungen vom 21. April 1858. Die Entschließung „die Herstellung medicinischer Topographieen und Ethnographieen betreffend“ wies die Amtsärzte an, binnen dreier Jahre eine Topographie und eine Ethnographie ihres Physikats zu verfassen. Dieser Bericht sollte eine stabile Grundlage für die gesamte medizinische Topographie und Ethnographie für Bayern abgeben. Die zweite Ministerialentschließung regelte die Abfassung der Jahresphysikatsberichte. Da diese Berichte in der früheren Zeit unterschiedlich abgefaßt wurden, waren nicht miteinander zu vergleichen. Aus diesem Grunde wurde für das Berichtsjahr 1857/58 ein neues Gliederungsschema entworfen, das alle bayerischen Gerichtsärzte zu beachten hatten. Die innerhalb von drei Jahren zu verfassenden Berichte sollten die Grundlage für die weiterhin jährlich zu bearbeitenden Jahresberichte abgeben. Diese Jahresberichte sollten dann aber in den folgenden Jahren nur noch dahingehend ergänzt werden, was sich neu oder anders entwickelt habe. Auch wurde eine Veröffentlichung der Berichte in Aussicht gestellt, aber niemals verwirklicht.
Das Gliederungsschema umfaßte zwei Hauptschwerpunkte, einmal die Topographie und zum andern die Ethnographie.

Die Topographie war unterteilt in:

- Lage des Bezirks

- Grenzen des Bezirks

- klimatische Bedingungen

---

[3] Reder, Klaus: Die bayerischen Physikatsberichte 1858 bis 1861 als ethnographische Quelle am Beispiel Unterfranken, Würzburg 1995 (Veröffentlichungen zur Volkskunde und Kulturgeschichte 57).
[4] Die Bezirksheimatpflege Schwaben plant, über eine Schriftenreihe der Schwäbischen Forschungsgemeinschaft die Gesamtedition der schwäbischen Physikatsberichte. 1999/2000 sollen die Physikatsberichte von Bissingen, Lauingen und Dillingen ediert werden.

- Saat- und Erntezeiten
- Geologie
- Bodennutzung und schließlich
- medizinische Verwertbarkeit der einheimischen Pflanzen

Die Ethnographie unterteilte sich in folgende Unterpunkte:

- Bevölkerungscharakteristik und Bevölkerungszahlen
- Wohnsituation
- Kleidung
- Nahrung
- Arbeit
- Lagerstätten
- Wohlhabenheit
- Sauberkeit
- Festlichkeit
- Sexualität und Ehe
- geistige Verfassung, worunter Bildungs- und Auswanderungsbestrebungen ebenso wie Religiosität gemeint war.

Die Physikatsberichte sollten für alle bayerischen Landgerichte abgefaßt werden und sind größtenteils noch erhalten[5].

Quellenkritische Überlegungen

Die Physikatsberichte müssen auf ihren Quellenwert hin betrachtet werden. Sie als „die" historische Quelle für die hauptsächlich landwirtschaftliche

[5] Handschriftenabteilung der Staatsbibliothek München cgm 6874/1 - 207 bzw. die oberbayerischen Berichte lagern im Archiv des historischen Vereins für Oberbayern, Stadtarchiv München, Bestand historischer Verein von Oberbayern Ms 401.

Unter- und Mittelschicht der zweiten Hälfte des 19. Jahrhunderts zu bezeichnen, würde die Quelle sicherlich überschätzen und wichtige quellenkritische Überlegungen außer acht lassen. Es ist nicht möglich, innerhalb eines Aufsatzes die Verwobenheit der Physikatsberichte in ihrer Entstehungszeit zu schildern, es sei aber darauf hingewiesen, daß die Physikatsberichte Kinder ihrer Zeit waren; sie sind aus einer medizinischen Diskussion heraus entstanden und spiegeln einen Kompromiß verschiedener medizinischer Richtungen wider (Hypokratiker – Bakteriologen). Auch in politischer Hinsicht waren die Physikatsberichte Kinder ihrer Zeit. Sie standen im Kontext mit der sozialen Frage, die insbesondere nach der Revolution von 1848/49 auch in Bayern eine bedeutendere Rolle spielte. Sie wurden darüber hinaus von hochgebildeten, promovierten und dem bürgerlichen Stande angehörigen Medizinern verfaßt, die ihre Patienten hauptsächlich aus der Unter- und Mittelschicht meist in ihrem Wesen nicht verstanden. Die Berichte wurden darüber hinaus nicht freiwillig abgefaßt, sondern wurden aus einer Verpflichtung heraus geschrieben. Die Berichte spiegeln somit nicht immer die Realität wider, sondern sie dienten auch und im besonderen dazu, den Vorgesetzten wohlgefällig zu sein - auch die Amtsärzte dachten an ihr berufliches Fortkommen.

Neben den allgemeinen quellenkritischen Bemerkungen sind auch prosopographische Anmerkungen zu treffen und auf die individuelle Biographie des Berichterstatters abzuheben[6]. Das nähere Eingehen auf die Lebensumstände der Physikatsärzte im allgemeinen muß einer größeren Abhandlung vorbehalten bleiben. Zum Berichterstatter des nachfolgend teiledierten Obergünzburger Physikatsberichtes Dr. Martin Frey[7] lassen sich folgende Angaben machen:

---

[6] Vgl. hierzu auch Pötzl, Walter: Prosopographie und Volkskulturforschung. In: Harmening, Dieter, Wimmer, Erich (Hgg.): Volkskultur - Geschichte - Region, Würzburg 1990 (Festschrift für Wolfgang Brückner zum 60. Geburtstag), S. 111 - 127.

[7] Schematismus sämmtlicher Civil- und die Civilpraxis ausübender Militär-Aerzte im Regierungsbezirke Schwaben u. Neuburg (Extra-Beilage zum Kreisamtsblatte von Schwaben und Neuburg Nr. 5 vom 16. Januar 1869), S. 35 - 38; Königlich bayerisches Kreis-Amtsblatt von Schwaben und Neuburg, Nr. 100 vom 29. November 1854 und Hof- und Staatshandbuch des Königreichs Bayern, München 1847 - 1867 und StAA: Bezirksamt

Dr. Martin Frey (z.T. auch mit der Schreibweise „Frei") wurde am 7. März 1803 in Schwaighofen/Pfalz geboren. 1832 promovierte er und im folgenden Jahr folgten die Proberelation und der Staats-Concurs. Im gleichen Jahr begann er auch mit der Ausübung der ärztlichen Praxis. 1849 trat er in den Staatsdienst ein und wird 1853 erstmals im Hof- und Staatshandbuch des Königreichs Bayern genannt. Er war in diesem Jahr Amtsgerichtsarzt in Mindelheim. Aber bereits im folgenden Jahr - am 3. November 1854 - wurde er auf die Landgerichtsphysikatsstelle Obergünzburg berufen. Dort blieb er wohl bis zu seinem Tod am 8. Mai 1869. Der königliche Landgerichtsarzt II. Klasse war Witwer und hinterließ einen Sohn, Karl Frey.

Die Physikatsberichte im Werk von Walter Pötzl

Für Schwaben wurden bereits mehrere Physikatsberichte ediert bzw. waren Grundlage wissenschaftlicher Abhandlungen[8].

Interessant ist, daß Walter Pötzl sich in mehreren Abhandlungen mit den Physikatsberichten auseinandersetzte und somit auch in dieser Richtung die Forschung vorantrieb[9].

Oberdorf Nr. 470 (Duplikat der Pfarrmatrikel für die Gemeinde Obergünzburg) und ebd.: Amtsgericht Obergünzburg Nachlaßakten VV 49/1869.

[8] Den neueren Forschungsstand auf Schwaben bezogen liefern: Bergmeier, Monika: Wirtschaftsleben und Mentalität. Modernisierung im Spiegel der bayerischen Physikatsberichte 1858 - 1862 (Mittelfranken, Unterfranken, Schwaben, Pfalz, Oberpfalz), München 1990; Völker, Michael, Wormer, Eberhard J.: Alltag und Lebenszyklus in Bayerisch-Schwaben. Rekonstruktion ländlichen Lebens nach den Physikatsberichten der Landärzte aus den Jahren 1858 - 1861, München 1991 (MBM 156). Als wichtige Editionen sind u.a. zu nennen: Zorn, Wolfgang: Augsburg um 1860, Ein unveröffentlichter Amtsarztbericht als sozialgeschichtliche Quelle. In: Zeitschrift des historischen Vereins für Schwaben 76 (1982), S. 92 - 137, Scharrer, Werner: Topographie und Ethnographie des Landgerichts Kempten um 1860. In: Allgäuer Geschichtsfreund 90 (1990), S. 41 - 104, ders.: Topographie und Ethnographie der Stadt Kempten nach dem Physikatsbericht von Dr. Kalr Hartmann. In: Ebd. 93 (1993), S. 15 - 53, Till, Anneliese: Alltagsleben in Donauwörth und Umgebung um 1860 nach den Physikatsberichten des Donauwörther Bezirksgerichtsarztes Dr. Thomas Lauber. In: Mitteilungen des historischen Vereins für Donauwörth und Umgebung 1994, Donauwörth 1995, S. 23 - 93. Zu Walter Pötzl vgl. Anm. 9.

[9] Als sein Hauptwerk in Beziehung auf die Physikatsberichte ist zu nennen: Pötzl, Walter (Hg.): So lebten unsere Urgroßeltern. Die Berichte der Amtsärzte der Landgerichte Göggingen, Schwabmünchen, Zusmarshausen und Wertingen, Augsburg 1988 (Beiträge zur Hei-

Im nachfolgenden sei - aus Platzgründen - nur der zweite, ethnographische Teil des Obergünzburger Physikatsberichts ediert. Walter Pötzl verlebte nämlich nach dem Zweiten Weltkrieg große Teile seiner Kinder- und Jugendzeit in Algers, einem Einsiedlerhof bei Ebersbach, das zum Physikatsbereich Obergünzburg gehörte.[10]

---

matkunde des Landkreises Augsburg, Band 10/1988). Auch in zahlreichen Abhandlungen Pötzls finden sich immer wieder die Physikatsberichte als Quelle. Ohne Anspruch auf Vollständigkeit seien hier exemplarisch genannt: Pötzl, Walter: Volksfrömmigkeit. In: Brandmüller, Walter (Hg.): Handbuch der bayerischen Kirchengeschichte, Band III, St. Ottilien 1991, S. 809 - 844; ders.: Charakterisierung der Eichstätter im Jahre 1860. Nach dem Physikatsberichte des kgl. Gerichtsarztes Dr. Karl Barth. In: Schönere Heimat 81/2 (1992), S. 72 - 76; ders.: Ostbayerische Volksfrömmigkeit im 19. Jahrhundert auf der Grundlage der Physikatsberichte. In: Ostbairische Grenzmarken, Passauer Jahrbuch für Geschichte, Kunst und Volkskunde XXXI (1998), S. 86 - 97; ders.: Geschichte des Anwesens und seiner Bewohner. In: Pötzl, Walter/Gutmann, Horst (Hgg.): Das Staudenhaus aus Döpshofen, Augsburg 1985, S. 19 - 34; ders.: Brauchtum. In: Landkreis Unterallgäu Band 1, Mindelheim 1987, S. 417 - 431; ders.: Brauchtum im Landgericht und Bezirksamt Kempten im 19. und 20. Jahrhundert. In: Allgäuer Geschichtsfreund 89, Kempten 1989, S. 79 - 94; ders.: Der Landkreis Augsburg, Augsburg 1989; ders.: Die Entwicklung der drei Siedlungen vom späten Mittelalter bis zum Beginn des 20. Jahrhunderts. In: Gottlieb, Gunther und Pötzl, Walter (Hgg.): Geschichte der Marktgemeinde Stadtbergen. Stadtbergen, Leitershofen, Deuringen, Stadtbergen 1992, S. 57 - 78; ders.: Zusmarshausen. Markt, Pflegamt, Landgericht und Bezirksamt, Zusmarshausen 1992; ders. und Hartmann, Anni: Häuser, Möbel, Trachten. Zur Sachkultur des Volkes, Augsburg 1993 (Der Landkreis Augsburg, Band 8); ders.: Kirchengeschichte und Volksfrömmigkeit, Augsburg 1994 (Der Landkreis Augsburg, Band 5); ders. und Hartmann, Anni: Geschirr und Geräte in alter Zeit, Augsburg 1995 (Beiträge zur Heimatkunde des Landkreises Augsburg 13/1995).

[10] Freundliche Auskunft von Frau Pötzl, Neusäß.

[...][11]
pg. 36.

B.

II. Theil. Ethnographie.

§. 1.

Charakteristisches in der physischen, intellectuellen und geistigen Constitution der Bezirksbevölkerung.

a. Charakteristisches in der physischen Constitution.

Der Volksschlag der Bewohner des Gerichtsbezirkes Obergünzburg dürfte ihrer physischen Constitution nach immer noch den stämmigen Allgäuer=Schlage, mit rüstigem, kraftvollen u. ebenmäßigem Körperbaue beigezählt werden, der übrigens einer sichtlich zunehmenden Verkümmerung entgegen zu gehen scheint; welche Verkümmerung mehr oder weniger der Neuzeit zugeschrieben werden muß. Es ist nicht selten, daß Jünglinge u. Jungfrauen in ihren schönsten Blüthejahren das Opfer der Lungen=, Tuberkel= der Bleich= u. Scrophelsucht[12] werden, wohin die Gewohnheit des allzufrühen Rauchens, oft der schlechtesten Zigarren, des frühzeitigen Genusses geistiger Getränke, die zu früh erwachten u. die Gesundheit unter-

[11] Staatsbibliothek München, Handschriftenabteilung: cgm 6874/130. Der Physikatsbericht wurde buchstaben- und wortgetreu übertragen. Dies betraf auch Zeichensetzung, Wortschreibweise und Grammatik. Einfügungen des Bearbeiters finden sich in eckiger Klammer [...]. Text- und Worterläuterungen finden sich in den Anmerkungen. Der Text ist fortlaufend ediert worden ohne Rücksicht auf Zeilen- und Seitenenden. Bei einem Absatz wurde in der Edition generell eine Leerzeile eingefügt. Unterstreichungen sind übernommen, Verdoppelungsstriche aufgelöst worden. Die Seitenzählung des Physikatsberichtes wurde mit übernommen.
[12] Meist im Kindesalter auftretende Erkrankung des Lymphsystems.

grabenden Leidenschaften u. andere Uebel führen; viele Jungfrauen schämen oder scheuen sich vor der Oekonomiewirthschaft und finden ihren kränkelnden Körper in der selbst gewählten Lebensweise als Näherin, Fabrikarbeiterin u.s.f. Männer, die schon als entnervte Jünglinge eine langdauernde Ehe zu schließen glaubten, hinterlassen frühzeitig eine trauernde Wittwe und unglückliche Waisen; Fabrik=Arbeiterinnen verscherzen nur zu oft bei ihrer ungebundenen u. in Freistunden aufsichtsloser Lebensweise ihr

pag. 37.

Glück u. ihre Kraft u. saftlose Geschöpfe sind ihr einziger Gewinn - Der Hang zur Bequemlichkeit, allzu große zeitliche Gewinnsucht, verschuldete oder nicht verschuldete Körperschwäche verleiten die Mutter, dem Säuglinge die naturgemäße Kost; dafür erhält es eine erkünstelte, u. sehr oft ganz schlechte Nahrung; nicht selten wird es einer gänzlichen Verwahrlosung preisgegeben. -
Manche Mütter schämen sich sogar ihrer heiligen Mutterpflicht des Selbststillens u. nennen dasselbe absurd, eckelhaft u. abgeschmackt. - Beweise dieser Tathsachen sind bei den Impfungen, bei den Consoniztionen[13] u. bei den vielen Todfällen der Kinder von dem Tage ihrer Geburt bis zum ersten Lebensalter; bei den vielen Leichenbegängnissen frühzeitig dahingeschiedener Jünglinge u. Jungfrauen mehr als genug zu finden.

b. Charakteristisches in der intellectuellen und geistigen Constitution der Bevölkerung. -

Bezüglich der intellectuellen Constitution ist die Bevölkerung, die größtentheils dem Bauern= u. Gewerbstande angehört, von der Nothwendigkeit einer bestehenden Gesetzlichkeit u. Ordnung u. von deren praktischen, rücksichtslosen u. gleichen Durchführung überzeugt u. achtet deshalb die bestehenden Gesetze u. die Vollstrecker derselben. In industrieller u.

[13] ?, eventuell Consultationen gemeint oder Conspectionen = Überblick, Aufzeichnungen.

landwirthschaftlicher Betriebsamkeit entwickelt dieselbe durchweg große Arbeitslust u. Regsamkeit, eine ziemliche Geneigtheit geschäftlicher Handelsthätigkeit, gepaart mit Häuslichkeit, Sparsamkeit u. Ausdauer, mit Liebe u. besonderm Kräfteaufwand in dem Landwirth=

pag. 38

schaftsbetriebe, während der Gewerbesinn durch den allgemeinen Druck der Fabriken mehr oder weniger zu erschlaffen beginnt.
Freundlichkeit, Höflichkeit, Offenheit u. Geradheit sind charakteristische Merkmale der Bewohner des Bezirkes, wenn gleich auch bisweilen als Folge des zunehmenden, oft unreellen Spekulationsgeistes, des Hanges sich von dem Altehrwürdigen loszureißen u. sich dafür dem aufgeblähten, kernlosen Thun u. Treiben des neuen Zeitgeistes hinzugeben, jene Geradheit u. Offenheit in Verschmitztheit, Abgeschliffenheit, Hinterlistigkeit u. Falschheit; die Höflichkeit u. Sittsamkeit in Rohheit u. Ausgelassenheit; die Nüchternheit in Trunksucht u. die Friedfertigkeit in Streite u. Händelsucht ausartet. -
Ruhiges Verhalten, Verträglichkeit, heiterer Sinn mit fröhlichem Humor sind gute Seiten der Bewohner, u. eigentliche Rauflust, Hang zu groben Exzessen, Schlägereien mit starken Verwundungen gehören zu den seltenen Erscheinungen. -
Die Kinder sind heiter u. Fälle von außerordentlicher Bosheit oder toller Jugendstreiche sind selten; die Jünglinge u. Jungfrauen, von den Eltern fleißig überwacht, sind im Allgemeinen sittsam u. moralisch nicht verkommen. -
Die Eheleute u. Männer u. Frauen, sind thätige, arbeitsame Leute u. suchen durch Arbeitsamkeit u. Sparsamkeit das Ihrige zu erhalten u. zu vermehren. Unter ihnen gibt es intelligente Köpfe, welche versuchen, den Schlendrian aller Vorurtheile zu entfernen u. vernünftige, zeitgemäße Verbesserungen zu machen.

Wird die geistige Constitution der Bevölkerung nach den Geistesanlagen überhaupt im approximativen[14]

pag. 39

Maßstabe beurtheilt, so dürften nur einige mit eminenten oder umgekehrt mit ganz schwachen; viele mit sehr guten; mehre[re] mit guten u. die übrigen Bewohner mit hinlänglichen Geistesanlagen begabt gefunden werden. In mathematischen Zahlen dürften die mit eminenten oder ganz schwachen Anlagen Begabten 10 %, mit sehr guten u. hinlänglichen 26 % u. mit guten Anlagen 28 % u. jene mit mittelmäßigen 36 % abgeben. Insbesondere ist die Auffassungskraft, die praktische Anwendung des theoretisch Erlernten, jener der Bewohner des Unterlandes in gleichem Maße voraus, als sie gegen jene des eigentlichen Oberlandes zurück ist. Uebrigens geschieht für die Volksbildung immerhin von den geistlichen und weltlichen Lehrern so viel, als immer nur möglich, zumal da die Sommerschulen auf dem Lande, wo man es einzig u. allein nur mit Kindern aus dem Bauern= u. Gewerbestande zu thun hat, von keiner besondern Bedeutung sein kann. -
Aus letzterm Grunde ist auch sehr erklärlich, warum eine Neigung zu höherer Ausbildung zu den sehr seltenen Erscheinungen gehört.
Der Oberländer u. mit ihm auch der Bewohner unseres Bezirkes liebt seine Heimath u. verläßt sie nicht, gerne; ist aber andererseits dem Heimweh gerade nicht unterworfen, wenn er anderswo sein Glück u. Fortkommen zu finden weiß. -

pg. 40.

§. 2.

<u>Statistik; Vertheilung der Bevölkerung im Bezirke; Verhältniß der Zahlen der Geschlechter; der Altersklassen, der Verehlichten, Verwittibten und Unverheiratheten.</u>

---

[14] Annähernd, ungefähr.

Die Bevölkerung des hiesigen Bezirkes mit 10432 Seelen, in 2413 Familien, vertheilt sich in 14 Pfarr= u. 4 Kirchdörfer, 101 Weiler u. 144 Einöden, welche 18 Gemeinden bilden, die der hügellichten Beschaffenheit des Terrains wegen an sich ziemlich klein u. aus mehr oder weniger Weilern u. Einöden gebildet sind. - Auch hierin ist wieder der Uebergang des hiesigen Bezirkes vom Flachlande zum Hochlande zu erkennen. - Der Gesammtgrund=Complex sämtlicher Gemeinden beträgt 72482 Tgw. -
Die Gesammtbevölkerung bilden 2515 Personen unter 14 Jahren mit 1263 Knaben u. 1252 Mädchen u. 7917 Personen von über 14 Jahren mit 3856 männl. und 4061 weibl. Geschlechts. Es verhält sich die Zahl der Personen unter 14 Jahren zu der über 14 Jahren wie 10:31 u. die Gesammtzahl der Männlichen mit 5119, zu der der Weiblichen mit 5313 wie 10:12. Die Personen unter 14 Jahren bilden 24 % oder 2 ½ Zehntel, u. die über 14 Jahren 76 % oder 6 ½[!] Zehntel, die Personen männl. Geschlechts bilden 48 % u. jene des weiblichen Geschlechtes 52 %.
Es übersteigt die Zahl des weibl. Geschlechtes jene des männlichen sonach nur 194, d.h. um 2,8 %. -
Unter den Personen unter 14 Jahren sind von 0 - 14 Jahren von 222 Waisen männl. u. 242 weiblichen Geschlechtes; darunter sind 133 Knaben u. 124 Mädchen lediger Personen; die Zahl der Doppelwaisen von 0 - 14 Jahren

p. 41.

beträgt 14 männl. u. 16 weibl. Geschlechtes. - Unter den Personen über 14 Jahren sind es 1366 Ehepaare, 175 Wittwer u. 281 Wittwen; die Zahl der Verwittweten mit 456 verhält sich zu der der Ehepaare wie 10:3,4 u. die der Wittwer zu der der Wittfrauen wie 1,7:2,8. Die Zahl der dienenden Klasse mit Lehrjungen, Gesellen, Tagwerkern beträgt gegen 1550; die jährliche Zahl der Conscribirten stellt sich nach einem 10jährigen Durchschnitte auf etwa 100, wovon gegen 20 wegen Hauptgebrechen gänzlich untauglich sind. -
Hieran reiht sich zunächst der Ausweis über die Völkerbewegung u. Mortalität der Bewohner des hiesigen Bezirkes an. Im Jahre 1834 zählte derselbe mit Einschluß der Gemeinde Kemnat 10306 Seelen; i.J. 1852 da ge-

nannte Gemeinde dem Landgerichtsbezirke Kaufbeuren einverleibt wurde, zählte derselbe 9999; im Jahre 1855 stieg letztere Seelenzahl auf 10125 u. bei der letzten Volkszählung i.J. 1858 auf 10432. Die Zunahme v. 1855 - 58 betrug sonach nur 307 Seelen; d.h. etwa 3,03 %.
Die Mortalität der Bewohner schwankt nach einem 10jährigen Durchschnitte zwischen 2,5 u. 2,9 %. Von der Zahl der Gesamtsterbfälle bilden die Kinder von 0 - 5 Jahren beinahe die Hälfte. So auffallend diese Zahl ist, so sind jene Todesfälle von Personen höhern Alters nicht selten, u. es betragen jene von 70 - 80 Jahren 2,7 %; jene von 80 - 90 Lebens=Jahren 1,1 % u. jene über 90 Jahre 0,09 %.
Der Todesart nach stehen die Todesfälle der Convulsionen[15] oben an; diesen folgen die der Atrophien[16], der Tuberkelo, Schwindsuchten, Lungenvereiterungen, Wasser=

pag. 42.

suchten, Altersschwäche u.s.f. Den Jahreszeiten nach kommen die meisten Sterbfälle auf die Monate Jänner, Februar, März, November u. Dezember, an die sich der April zunächst anreiht. Wenn die Bevölkerung unserer Einwohner bei den sonst nicht ungünstigen klimatischen u. tellurischen[17] Verhältnissen u. bei der frühzeitigen Angewöhnung des immerhin kräftigen Volksschlages an das rauhe Klima u. bei dem Mangel an grassirenden Epidemien seit vielen Jahren so unbedeutend zunahm; so dürfte die Ursache davon zunächst darin zu finden sein, daß
a.) die Ehen sehr oft schon in weit fortgeschrittenen Jahren eingegangen werden, oft Kinderlos oder doch wenigstens sehr gering gesegnet bleiben;
b.) sehr viele Familien existiren, in denen die Relikten[!] viele Jahre mit einander forthausen, ohne sich zu verehlichen u. daß
c.) viele Kinder aus mancherlei Ursachen in den ersten Jahren ihres Lebens wieder sterben. -

---

[15] Krampferscheinungen, besonders bei Säuglingen aufgrund falscher Ernährung.
[16] Körperschwund.
[17] Von der Erde herrührende Einflüsse auf die Menschen.

§. 3.

Wohnungsverhältnisse.

Sämtliche Wohnhäuser, 1868 an der Zahl, sind sowohl in den Marktflekken, Gemeinden u. Weilern als selbst in den Einöden durchschnittlich auf gutem Grunde u. mit gutem Baumateriale aufgeführt; die meisten davon mit wenigen Ausnahmen stehen auf einer trockenen Hofstatt, deren Grund meist kieselartig u. steinreich ist. Aber auch da, wo der Grund ein nasser Lehmboden ist, in dessen Folge der sogenannte

pg. 43.

Schwamm - Merulius destruens [darüber von fremder Hand: Destructor] - in den Wohnungen sich öfters zeigt, wird durch Untermauern eine trockene Unterlage gesucht; die Wohnungen sind durchschnittlich geräumig, hell u. namentlich die der Einöden mit dem Giebel gegen Osten u. der Fronte gegen Süden gewendet; werden mittelst Holz u. Torf meist noch in den großen Kachelöfen geheizt; die oft nur in zu großer Anzahl vorhandener Fenster sind nach neuerer Art, meistens aber nach älterer Form, gegen 1 ½‘ breit u. gegen 2 ½‘ hoch u. durchgehends mit s.g. Guggern oder Schiebern versehen; die Kreuzstöcke sind gegen 4 ½‘ breit u. 3‘ hoch[18]; die Fuß=Böden bestehen durchgehends aus Brettern u. sehr oft ist die Decke der Wohnstube vertäfelt. -

Die Lagerstätte auf dem Lande u. in den Marktflecken bestehen für Kinder u. Dienstbothen in hölzernen Bettladen mit Strohsäcken, Helmsäcken[19], Leintüchern, Pfulgen[20] u. Oberbetten u. sind in der Regel in kalten Kämmern oder auf den Gängen des obern Stockwerks - den s.g. Sollern - aufgeschlagen u. nur ausnahmsweise ist die Lieger= oder Schlafstätte der Eheleute, in Marktflecken mehr ausgenommen, in mit Oefen oder sogenannten Wärmelöchern geheizten Zimmern oder Kammern. In Krankheitsfällen übt

[18] Ein Fuß etwa 30 cm.
[19] Ev. Ableitung von „Hehlen“ = bedecken.
[20] Kopfkeil.

dieser Umstand bei kalter Jahres=Zeit äußerst nachtheilig, da die Kranken entweder in ungeheizten Lokalen oder in den mit Kindern oder erwachsenen Personen überfüllten u. sehr oft überheizten Wohnstuben entweder ihrer Genesung oder ihrem Tode entgegen sehen müssen; noch nachtheiliger wirkt dieser Umstand, wenn mehrere Kranken in einem Hause in einer derartigen

pag. 44.

Wohnstube zusammengehäuft sind. -
Da auf eine Quadratmeile[21] des Gerichtsbezirkes 2179 Seelen, auf eine Familie 4 1/3 u. auf ein Haus höchstens 6 Familien=Mitglieder zu rechnen sind, so ist von einem zu dichten Zusammenwohnen nicht wohl die Rede.-
Die Abtritte sind wo möglich rückwärts der Häuser bisweilen offen, meistens aber mit Brettern verschalt; deren Inhalt wird zur Begeilung des Gras u. Getreidebaues benützt, weshalb die Abtritte, so wie die meist in den Ställen selbst angebrachten Behälter auch öfters gereinigt werden. Daß durch die Ausdünstungen letzterer je eine Krankheit unter Menschen u. Vieh entstanden oder auch nur theilweise befördert worden wäre, läßt sich bisjetzt nirgends nachweisen u. wird in Zukunft weniger der Fall sein, als bei zunehmender Verbreitung neuerer ökonomischer Kunstgriffe bald jeder Landmann sogar chemische Mittel anzuwenden weiß, welche theils zur schnellen Fäulung der Dungmittel, theils zur Bindung des Amoniaks u. somit theilweise zur Desinfection dienen. -
Die Düngerstätten sind bald vor, bald hinter den Häusern angebracht, wie es gerade die Lage u. der ökonomische Zweck erfordern. Da die Wohnungen meist auf der südöstlichen Seite angebracht sind, die Stallungen dagegen auf der westlichen, so trifft es sich oft, daß die Dungstätten zwar vor dem Hause - von letzterem durch einen Bodenaufwurf, der mit Steinplatten, dicken Läden oder Prügeln gedeckt ist, u. Füllenbank genannt wird, getrennt - aber meist auf östlicher oder südlicher Seite sich befinden; was in so ferne nicht gerade als

[21] 1 Meile = 7,42 km.

pag. 45.

ungünstig erachtet werden kann, als durch das Vorherrschen des Westwindes die Ausdünstungen von den Wohnungen entfernt werden.- Uebrigens sind die Dunghaufen meistens wohl aufgeschichtet, so daß eine besonders starke Ausdünstung nicht entstehen kann; sie werden auch nach kurzer Zeit ausgeführt, ehe eine allzugroße u. schädliche Fäulniß eintritt; die Ausdünstung beim Wegführen selbst ist bei dem starken Luftwechsel auf dem Lande nicht in Anschlag zu bringen. -

Die Dunglachen, zur Auffassung des Regenwassers bestimmt, sind theils eingeschalt, theils frei offen vor der Dunglage, deren Abdachungen das Wasser vom Wohnhause weg u. bei allenfallsigem Ueberflusse desselben in die nahe anliegenden Grasböden, s.g. Baindten, leitete; sehr oft aber sind die Abdachungen dem Wohnhause selbst zugekehrt, so daß das Dunglachenwasser die Grundmauern des Hauses angreift u. eine höchst schädliche Feuchtigkeit im Hause selbst veranlaßt. - Bisweilen sind die Dunglachen mit ihren Behältern unter dem Dunghaufen selbst oder hinter den Häusern angebracht, u. zur Zubereitung eines stark düngenden Güllenwassers bestimmt. -

§. 4.

Volkstracht.

Die immer zunehmende Modesucht mit dem Hange der niedern Volksklasse, jedem höhern Stand hierin nah zu kommen, wo nicht gar vorzuthun, - die Scham u. Scheu an der volksthümlichen Tracht festzuhalten, u. das Haschen nach der neuern Mode des französischen Flitters - sind die Ursachen, daß unter den Bewohnern des hiesigen Bezirkes so

pag. 46.

wenige volksthümliche Trachten zu finden sind, u. daß die Trachten zu einem Gemische von älterem u. neuerem Anzuge, oder zur französischen

Mode, oder gar zu einer Kleidungsweise herunter gesunken sind, von der man nicht weiß, was man daraus machen soll. - Sind auch die Kleidungsstücke nach Alter, Geschlecht, u. hie u. da nach Stand, nach Jahreszeiten im Allgemeinen aus passendem Stoffe verfertigt u. einigermaßen dem rauhen Klima, der hiesigen Gegend entsprechend, so ist doch der zunehmende Kleiderluxus ein pecuniär groß nachtheiliger Eingriff in das Hauswesen, des Bauern=, Bürger= u. Gewerbestandes u. nicht selten in moralischer Beziehung ein wohl zu beachtender Umstand. - Hie u. da trägt noch ein Bauer von ächtem Schlage einen schwarzen, langhaarigen, in der Mitte mit einer Troddel /: Schnur:/ umschnürten Hut, unter dem der Zipfel einer seidenen Haube hervorschaut; einen feinen manschesternen Rock ohne Taille u. bis zu den Fußknöcheln reichend; feine, schwarze, hirschlederne Hosen bis zum Knie, weiße Zwickelstrümpfe u. silberbeschnallte Schuhe; ein rothes Leible mit schweren silbernen Knöpfen. Die Bäuerin von gleichem Schlage trägt eine Radhaube; ein schwer seidenes goldbefranztes Halstuch schlängelt sich leicht um den Hals u. hängt in langen Zipfeln leicht über den Rücken hinab; ein seidener Spenser u. Rock, eine Schürze aus gleichem Stoffe vollenden den Anzug. Ueber der Pockelhaube sieht man auch noch die Bayerhaube, eine niedere Pelzmütze mit goldverbrämtem Boden. Ein Mantel bei Winters=Zeiten deckt die Anzüge beiderlei Geschlechtes. -

pag. 47.

An Festtagen trug ehemals eine Bäuerin von ächtem Schlage u. gutem Wohlstande eine reichlich verzierte Pockel= oder Radhaube, ein reichlich mit Geld befranztes Halstuch, eine Halskette mit goldenem Kreuz, ein rothes Mieder mit silbener Masche, darüber ein Koller mit feinen Spitzen, ein überreichlich verziertes Schelkle /:Korset:/ mit kurzen Aermeln u. Handschuhe, einen kurzen, dickfaltigen Rock mit einem schmalen rothen Schürzchen, rothe Zwickelstrümpfe u. Stollen=Schühchen. -
Ehemals, u. theilweise noch jetzt zeigte die Visir= oder Radhaube mit schwarzen Borten mit einer großen vergoldeten Haarnadel das ledige, die Radhauben mit weißen Borten oder auch die Bayerkappe das verheirathete, weibliche Geschlecht an.-

Der dermalige mehr modernisirte Bauern= u. Gewerbestand hat heut zu Tage mehr die französische oder Städter=Tracht angenommen; runde Hüte, kurze Gehröcke mit langen Hosen, Burnusse, Paletots u.s.w. sind die Anzüge des männlichen, u. Ringel=Till=Hübelets=Hauben, Hüte selbst, Schwäls, Schlipps, Jacken, Talmas, Mantile, lange Röcke mit kurzen schmalen Schürzchen die des weiblichen Geschlechtes. -
Die Kleidungsstücke der arbeitenden Klasse an Werktagen u. bei rauhen, kalten Jahreszeiten sind allerdings von dichterem, wärmerem Stoffe u. sehr oft deckt ein tüchtiger Kotzen mit einer Kaputze den ganzen Anzug während der Winterszeit. -

§. 5.

Nahrungsweise u. Getränke.

Die Nahrungsweise der hiesigen Bewohner, die

pag. 48.

größtentheils aus Oekonomen u. Gewerbsleuten bestehen und sich neben dem Feldbau u. dem Gewerbe hauptsächlich mit Viehzucht abgeben, besteht vorherrschend aus dem Thierreiche u. ist mehr reichlich als arm zu nennen, wobei freilich die ordinären u. mehr rauheren Nahrungsmittel aus dem Pflanzenreiche nicht übergangen werden. Die fast tagtäglichen Nahrungsmittel bestehen für den Morgen in einem Haber= hie u. da in einem Kern[22]=Mehlmus /:Mehlbrei:/, das aus Haber oder Kernmehl mit süßer oder gerührter Milch u. Schmalz bereitet wird; für das Frühbrod gegen 11. Uhr Vormittags - Unding genannt - aus Milch u. Brod, oder Kartoffel u. Milch, oder aus Käschen; für das Mittagessen gegen 1 - 2 Uhr zuerst aus Sauerkraut, oder im Sommer aus Salat, dann aus einer Suppe, darauf einer aus Mehl u. Milch bereiteten u. mit Schmalz gerösteten Mehlspeise u. zuletzt aus einer Schüssel Milch mit Brod; für das Nachtessen aus Kraut,

[22] Dinkel.

Suppe u. Milch, oder aus Kraut, Kartoffeln u. Milch. - In den Aerntezeiten spielen die Kügeln [=Kücheln] eine Hauptrolle u. Fleisch wird bei den Bauersleuten nur an größern Festtagen, an den sogenannten Schlähteltagen, an Kirchweihen u. in Wirthshäusern, in Marktflecken dagegen u. in dem Bürgerstande öfters in der Woche gegessen. - Die Bereitungsweise der Speisen für die Bauersleute geschieht mit Schmalz, entweder mehr reichlich oder ärmlich, u. die Speisen selbst sind, weil aus Mehl, Milch u. Schmalz bereitet, gerade deßhalb schwer verdaulich u. erzeugen so manche unheilbare Magenleiden, zumal wenn hiezu noch ein aus dem s.g. Brodkorn gebackenes Brod hinzukommt. -

pag. 49.

Die Ernährungsweise der Kinder in den ersten Lebensjahren besteht durchgängig in dem rohen u. groben Mehlmuse, das durch das öftere Stehenlassen, Wiederaufwärmen schon sauer wird, ehe es dem Kinde gereicht wird. - Die Muttermilch, als die natürliche Nahrung, wird leider sehr oft nicht gegeben u. eine Ernährung mit Kuhmilch, Fleischbrühe, Eichelkaffe oder sonstige Brod-Tismen kennt man nicht. -

Getränke, natürliche u. künstlich erzeugte.-

Die altehrwürdige u. dabei häusliche Sitte des Landmannes, sich nur mit weißem Bier zu begnügen, hat die Neuzeit schon längst verdrängt u. dem Genusse des braunen Bieres Platz gemacht, so daß das weiße Bier nur zu Hause u. in den Heu= u. Aerntezeiten von dem Landvolke getrunken wird. Wenn ein mäßiger Genuß des Brantweines im Winter gegen Kälte, im Sommer gegen allzugroße Hitze schützt, u. die Verdauungskraft bei den rohen u. fetten Speisen ansporrt, u. insoferne selbst geboten erscheint, so ist denn doch der immer zunehmende Mißbrauch des Branntwein= Genusses insbesondere in den versteckten u. heimlichen Schnapps=Butiken ein großes - die Gesundheit, die Moralität u. das häusliche Glück - untergrabendes - Uebel. - Zum Glück, daß diesem verderblichen Uebel Getränke ein frisches, reines u. ganz vorzügliches Trinkwasser aus den besten Quellen gegenübersteht. -

Der Genuß von andern geistigen Getränken kommt selten u. höchstens hie u. da bei fröhlichen Unterhaltungen oder sonstigen außergewöhnlichen Festen vor. -

§. 6.

Beschäftigung der Bewohner.

Viehzucht in großem Maßstabe ist neben Ackerbau

pag. 50.

die Hauptbeschäftigung der hiesigen Bewohner; hieran schließt sich der Gewerbestand, der mehr die gewöhnlichen Gewerbe in sich begreift, u. mit dem nebenbei eine mehr oder weniger große Oekonomie u. Viehzucht verbunden wird; nur wenige befassen sich mit ihren Gewerben ganz allein. Der Gartenbau u. die Obstzucht gedeihen in hiesiger Gegend nur sehr kümmerlich u. liefern die Erträgnisse von nur rauhen Arten; auch die Bienenzucht wird gepflegt u. die Fischzucht größtentheils der Forellen wegen soviel möglich befördert. -
An dem Oekonomie=Betriebe u. der Viehzucht nimmt die Jugend schon frühzeitig Antheil, ohne aber, daß dieselbe zu allzuschwerer Arbeit benützt wird. Fabriken oder sonstige Arbeitslokale gibt es hier zur Zeit keine; dagegen blüht der Käse= und Schmalzhandel in hiesiger Gegend sehr, ebenso der Holzhandel. -
Viele zur Landwirthschaft täthige Hände suchen in den Fabriken zu Kempten u. Kaufbeuren Arbeit. - Wenn auch Viehzucht, Getreide= u. Futterbau gleich den mannigfachen ordinären Gewerben mit rastlosem Eifer betrieben werden, so ist die Zeiteintheilung für Ruhe u. Arbeit auf einen ziemlich mäßigen Zeitraum eingetheilt, den die Arbeiter, sonderbar genug, selbst bei Ärnte=Zeiten, gewissenhaft einhalten u. nicht leicht überschreiten. -
In frühern Zeiten gewährte der Flachsbau u. die Beschäftigung mit Flachs= u. Wolle=Produkten ein großes Einkommen für die Bewohner unseres Ge-

richtsbezirkes, das aber seit dem Bestehen der Fabriken außerordentlich abnahm. -

pag. 51.

§. 7.

Wohlstand, Verhältniß der Wohlhabenden, Reichen u. Armen.

Der bedeutende Gewinn, den die Produkte aus der Viehzucht, als Käse, Butter, Schmalz abwerfen; der enorm hohe Preis des Viehes, der schöne Erlös aus sämtlichen Cerealien; der deshalb beständig angespornte unermüdliche Fleiß u. Eifer durch Cultivirungen u. Verbesserungen den Gras= u. Getreidebau auf die höchst erträgliche Stufe zu bringen; das eigenthümliche Verhältniß, daß fast jeder Gewerbsmann, mit Ausnahme Weniger, neben seinem Gewerbe auch noch Ackerbau u. Viehzucht betreibt; der für Viehzucht besonders gedeihliche Graswuchs sind die Quellen, aus denen die hiesigen Bewohner seit mehreren Jahren ihren Wohlstand schöpfen, der sich offenbar noch besser gestalten würde, wenn nicht der Luxus bei dem Bauern= u. Gewerbestande sich so sehr eingeschlichen hätte u. nicht Veranlassung zu so vielen unnöthigen u. dabei höchst kostspieligen Ausgaben geben würde. -

Eine ziemlich genaue Be=Rechnung entziffert, nach Abzug eines reichlichen Bedarfs an Milch für jeden Kopf, die nicht unbedeutende Zahl von wenigstens 300.000 fl reinen jährlichen Gewinns, der aus den Produkten der Viehzucht erzielt wird. Die Zahl der Wohlhabenden möchte etwa zwei Drittheile u. jene der Reichen u. Armen das übrigte Drittheil der Bewohner des Bezirkes ausmachen. - Es gibt einzelne Gemeinden, die gar keine conscribirte Armen haben; Gemeinden, die mit freiwilligen Beiträgen u. sonstigen Unterstützungsmitteln nicht ausreichen, u. zur Deckung der Auslagen des nothwendigen

pag. 52.

Unterhaltes der Armen zu Pflichtbeiträgen gezwungen sind, gibt es nur wenige. Ist auch die Zahl der conscribirten Armen nicht gerade so gering u. insbesondere groß, so ist jene der verschämten Bettler, die bei der großen Mildthätigkeit der hiesigen Bewohner dieselben fleißig besuchen, - nicht unbedeutend.

§. 8.

Reinlichkeit in u. außer den Häusern; an Wäsche und Kleidung.

Eine besonderes lobenswerthe Eigenschaft der Bewohner unseres Bezirkes ist die große Reinlichkeit in u. außer den Häusern, an Wäsche u. Kleidung, die hie u. da selbst über Gebühr einzeln aber auch äußerst nothdürftig ausgeübt wird; nur dürfte die Reinlichkeit auf öffentlichen Strassen mehr gehandhabt werden, welcher Fehler übrigens die nothwendige Folge der Landwirthschaft u. der Viehzucht zuzuschreiben u. nicht leicht zu beseitigen ist. - Die unlöbliche Sitte, mit ganz entkleidetem Körper sich zu Bette zu legen, besteht nur noch in einzelnen Haushaltungen. -
Die Neigung zum Baden muß deßhalb nach u. nach ganz verschwinden, da sämtliche Flüsse ihres nahen Ursprungs wegen zum Baden zu kalt u. öffentliche Badplätze mit wärmerem Wasser z.Z. in nur ganz geringer Anzahl vorhanden sind; ein Fehler, der sich nicht leicht verbessern läßt. -

pag. 53.

§. 9.

Volks=Sitte: Vergnügen, Feste, besondere Gewohnheiten.

Der fleißige Ökonom u. der thätige Gewerbsmann des hiesigen Bezirkes kennt wenig Vergnügen oder großartige Feste u. begnügt sich mehr mit dem Gewöhnlichen bei reichlich besetztem Tische u. meist im Kreise sei-

ner Familie. - Die Feste für die Jugend sind vor Allem der Klausetag - das Fest des hl. Nikolaus - an dem der Klause mit einer Ruthe, in rasselnden Ketten u. einem Pelzrocke die bösen Kinder erschreckt u. die braven mit allerlei Eßwaaren, Obst u. dgl. beschenkt; denselben Klause bringen auch die Schulkinder als ein Zeichen der Liebe u. Verehrung ihren Lehrern; - den Christbaum u. die Weihnachtsbescheerungen findet man nur in einzelnen bessern Häusern in den Marktflecken. Ein weiteres Jugendfest ist der Seelensonntag und der hl. Ostertag, an denen die Kinder von den Tauf= u. Firmpathen /:Gottle:/ genannt, mit Seelenzöpfen u. Ostereiern beschenkt werden. In munterem Scherze feiern die Knaben am sog. weißen Sonntage, d.i. am 1.ten Adventsonntage [Advent durchgestrichen und durch „Fasten" ersetzt], in einzelnen Orten das „Funkenbrennen", in dem sie von Haus zu Haus Holz u. Stroh betteln, dasselbe aufhäufen, anzünden u. nun im kühnsten Sprunge durch die hellauf lodernden Flammen hinübersetzen.
Endlich ist der Gumbete= Donnerstag für die Jugend der Faschingstag, an dem sie meist in anständigen Masken=Kleidern sich bei der Verwandten u. auch öffentlich gerne bewundern lassen. -
Für die arbeitende Klasse sind am Schlusse der Aernte

pag. 54.

der sogenannte Eingewinne Hahn[23], /:Schnitthahn, Sichelhenken [:/] und wenn die Früchte ausgedroschen sind das s.g. Pflegelhenken Freudetage für den Magen bei reichlichem Mahle, gewürzt mit allerlei spaßhaften Scherzen. Die Flachs=Schwingerinnen ersuchen den Vorübergehenden, er wolle ihnen mithelfen, am Flächslereiben, d.h. etwa einen Sechser schenken, um damit Bier zu kaufen u. den staubigen Hals abzuspülen. - Als Erholungs= und Freudentage dienen ferner die Besuche der Märkte, der Tanzböden an den Faschingstagen, bei einzelnen Hochzeiten u. Jahrtägen der Gewerbsleute. Im Winter sind es die Gungelstuben, wobei Söhne u. Töchter, Mägde u. Knechte in den Nachbarshäusern oder in denen der nächsten Anverwandten zusammenkommen u. da die Zeit mit Spinnen,

[23] Abgeleitet von: Ernte eingewinnen, einernten.

unter scherzhaften Gesprächen, Erzählungen u. Gesängen zu bringen. Für den hohen Festtag wird bei dem wohlhabenden Bauern geschlachtet u. derselbe ladet Abends seine Nachbarn zu Wurst, Fleisch u. Bier zum s.g. „Schlachteln" ein.
Ein besonderer Freuden=Tag ist für die dienende Klasse das jährliche Freischießen zu Obergünzburg mit dem damit verbundenen herkömmlichen Glücksspielen. Eine eigenthümliche Sitte ist die, daß in einzelnen Orten die ledigen Mädchen an den Sonn= u. Feiertagen während der Heu= u. Getreide=Aerntezeit, u. in andern dagegen an den Frauentagen die Wirthshäuser besuchen. Von allen Festen bleibt aber das Kirchweihfest das Hauptfest, das selten mit Tanzmusiken, wohl aber bei reichlich besetztem Tische u. in Gesellschaft von Verwandten u. Bekannten

pag. 55.

meist zu Haus u. im Familienkreise gefeiert wird, u. bei dem der Magen vollauf zu thun hat. -
Es liegt in der eigenen Würde des Menschen, daß die 3 wichtigsten Momente seines Lebens, nemlich die Taufe, die Hochzeit u. das Begräbniß in jedem Stande, so solenn[24] als möglich gefeiert werden. [Am rechten Blattrand von fremder (?) Hand: „?"]
Der kirchlichen Handlung der Taufe folgt in einem Gasthause ein kleiner Taufschmaus „Gottlob" genannt; - u. einige Tage später folgt das Weisat mit vollen Händen an Eßwaaren, seitens der Gevatter= u. Nachbarsleute. - Der Gotl erhält für das Kindsmahl nach der Taufe im Wirthshause, für sein Einbindgeld u. Trinkgeld an Hebamme u.s.w. eine Gegenvergütung zurück. -
Die Gotlschaft wechselt nicht, sondern sie findet bei allen Kindern statt. - Mit einem größern Ceremoniell wird dagegen die Hochzeit gefeiert, denn die Hochzeiten sind in der Regel mehr Geschäfts= als Herzenssachen. Geld ist die erste Frage bei wohlhabigen Bauern, Aermere begnügen sich bei der Wahl einer Lebensgenossin mit den Requisiten arbeitstüchtiger Hände.

[24] Feierlich, festlich.

Hat der Bräutigam seine Lebensgefährtin gefunden, so stipulirt[25] zuerst oder gewöhnlich durch den einschlägigen Vorsteher gemachter „Aufsatz“ das Leibgeding[26], das Ausgemächt für die Geschwisterte[27], die Handhabung des eingebrachten Vermögens; das fast durchgängig als ein ei[n]geworfenes Gut erklärt wird, den Rückfall[28], u.s.f. Diese Handlung, das „G'sehn“ genannt, wird mit einem kleinen, bisweilen großartigen Schmauß im Hause der Braut gehalten, wobei die angehende Braut die Kuchen selbst backen muß.
Diesen Aufsatz bringt man bei Gericht zum „Protokolliren“ u. von da werden die Sponsalien[29] mit dem vorausgehenden

pag. 56.

Brautexamen an demselben Tage im Pfarrhofe geschlossen. -
Diesen zweiten Akt schließt man gleichfalls mit einem kleinen Mahl, zunächst in dem Wirthshause, indem man die Hochzeit abzuhalten gedenkt. Einige Tage vor der Hochzeit wird von dem Nachbarn des Bräutigams das Brautfuder abgeholt, und unter Freudenschüssen u. mit verzierten Pferden nach eingenommenem Mahle an den neuen Bestimmungsort gebracht. - An manchen Orten ist es hiebei Sitte, daß die Braut die Schlüssellöcher sämtlicher Mobiliarstücke, ehe sie aufgeladen werden, mit geweihtem Wachs verschließt, das auch nur sie wieder entfernt.
Die Hochzeiterin geht oder fährt in einem besondern Gefährte dem Brautfuder nach; richtet alles im Hause des Bräutigams in Ordnung u. wird nach genossenem kleinen Festschmause von ihrem Bräutigam wieder nach Hause begleitet. - Dieses Anfahren des Braut=Fuders wird gleichfalls mit Freudenschüssen empfangen.
Durchgängig ist das Einsegnen des Brautbettes üblich.- Am Hochzeittage selbst wird den versammelten Gästen vor dem Abfahren eine Morgensuppe

---

[25] Sich ausbedingen.
[26] Pfründe für die Eltern.
[27] Erbanteil bzw. ausbezahlte Geldsumme für die Geschwister.
[28] Regelung über die Rückgabe der Mitgift beim Tod der Frau.
[29] Verlobungsgeschenke.

bereitet u. ein Gebet mit einigen Vater unsern verrichtet. Oft wird die Braut von jenem Gastwirthe abgeholt, bei dem man die Hochzeit hält. Der Zug des Brautpaares u. der Hochzeitgäste bewegt sich entweder aus dem Hause des Brautpaares, wenn in dem Orte selbst die kirchliche Handlung stattfindet, oder von dem Wirthshause aus. Vor dem Abzuge werden gleichfalls einige Vaterunser abgebetet. Nach beendigter kirchlicher Trauung kehrt der Hochzeitszug in derselben Ordnung, wie derselbe

pag. 57.

sich in die Kirche bewegte, wieder zum Wirthshause zurück. -
Daselbst angekommen erfolgt der Ehrentanz des Brautpaares allein; dann wird abwechselnd getanzt u. an der reichlich besetzten Tafel sich gütlich gethan. - Das sogenannte übliche „Brautstehlen", ein für den Brautführer sehr theuerer u. für den Wirth sehr ergiebiger Spaß, belebt die bisweilen sehr langweilige Unterhaltung. Eine durch den Abdanker, dem der Wirth zur Seite steht, am Schlusse des Hochzeitmahles, gehaltene Rede, in der oft Zeit mit Ewigkeit, Gegenwart u. Zukunft, das Andenken der Lebenden u. Todten des Brautpaares, die Freuden u. Leiden u. die Pflichten des Ehestandes sonderbar vermischt werden, fordert die Gäste zur Zahlung des Mahlgeldes u. zum reichlichen Schenken für die Brautleute auf, was man Gauben nennt. Kehrt das Braut=Paar nach Hause, so werden ihm daselbst die geschlossenen Eingänge zum Hause nur mittelst eines Trinkgeldes an die Hüterin geöffnet. - In 8 - 14 Tagen nach der Hochzeit besucht die Braut mit ihrem Manne ihre Heimath u. holt bei einem kleinen Schmauß den sogenannten „Löffel" ab, als Zeichen, daß deren Eltern ihre Töchter von nun an aus dem elterlichen Hause entlassen haben. Das Geschenk besteht in einem Löffel von mehr oder wenigem Werthe oder aus Geld= u. Geldeswerth.
Das wechselseitige Bedürfniß, das Gefühl der Zusammengehörigkeit der Nachbarn der Bewohner des Landes äußert sich hauptsächlich in Krankheiten u. Sterbfällen. -
Die Besuche der Kranken mit allerlei Gaben für dieselben sind sehr häufig; nur ist zu bedauern, daß diese

pag. 58.

Besuche während der Heftigkeit der Krankheit so oft und vielseitig u. in der Reconvaleszenz beinahe gar nicht stattfinden; eine Verschlimmerung der Krankheit ist deßhalb nicht selten die Folge. - Der nächste Nachbar besorgt die Abholung des Geistlichen zur Provisuren[30]; sagt den Todesfall an u. bringt die Leiche zur Mutterkirche; einige Nachbarn besorgen bei Bier, Brantwein, Brod, Käschen u.s.w. das sogenannte Wachen bei dem Verstorbenen; besuchen die üblichen Betstunden vor der Beerdigung, entweder im Hause des Verstorbenen, in einer Kapelle, oder in der Kirche selbst und nehmen sehr zahlreich an dem Leichengang u. deren Seelengottesdienste Antheil, auf den der sogenannte Leichentrunk in einem Wirthshause folgt, der oft sehr kostspielig wird. Auffallend ist der Gebrauch, daß man an einzelnen Orten den Leichnam in Leintücher derart einnäht, daß weder Hände noch Füße frei bleiben. - Die Trauerzeit dauert für Eltern 1. Jahr, für Kinder ein halbes Jahr, wenn sie erwachsen sind, für Verwandte u. ganz kleine Kinder 4 Wochen. -
Bezüglich des ehelichen Lebens ist es sehr auffallend, daß im Allgemeinen in ziemlich vorgerückten Jahren geheirathet wird. - Unter den im Jahre 1858/59 geschlossenen Ehen befanden sich von 20 - 25 Lebensjahren nur 2 weibliche; dagegen von 25 - 30 Jahren 16 männliche u. 19 weibliche, von 30 - 40 Jahren 24 männliche u. 20 weibliche, endlich von 40 - 60 Jahren u. darüber 12 männliche u. 11 weibliche Personen. Die Ursache hievon mag wohl darin liegen, daß in der Regel der älteste Sohn das elterliche Anwesen übernimmt u. die übrigen Geschwister mit baa-

pag. 59.

rem Gelde auslöst; daß die Geschwisterte gewohnt sind, viele Jahre mit den Eltern das Oekonomiewesen fortzubetreiben, u. daß, sterben die Eltern frühzeitig weg, diese Sitte viele Jahre beibehalten wird. Ein Hang zur Ehelosigkeit ist übrigens im Allgemeinen nicht, u. nur theilweise in letzte-

[30] Versehgang: Überbringung und Spendung der Kommunion an Kranke und Sterbende.

rer Beziehung anzunehmen. Geschlechtsausschweifungen u. andere heimliche Uebel sind, mit wenigen Ausnahmen, dem hiesigen Landvolke fremd. Rohe Behandlungen der Schwangern u. Wöchnerinnen, die an u. für sich schon ihre Körperkräfte so viel möglich ihren speziellen Pflichten widmen, sind selten. -

§. 10.

§. 10. Geistige Constitution, religiöse Haltung des Volkes, Hang zu Mysticismus, Schwärmerei, Aberglauben -

Die Beurtheilung der geistigen Constitution fand seinen Platz bei jener der intellectuellen Constitution der Bevölkerung.
Der im diesseitigen Bezirke vorherrschende Gewerbe= u. Bauernstand bekennt sich mit Ausnahme Weniger durchgehends zur katholischen Kirche; derselbe nimmt nach u. nach einen höhern Grad von religiöser Bildung an; das Wort der Wahrheit übt er durch ein im Allgemeinen musterhaftes, äußeres u. inneres religiöses Leben aus. - Insbesondere zeichnen sich die Bewohner in der Anhänglichkeit u. Liebe zu ihrem Glauben durch einen reichlichen Sinn für Verschönerung ihrer Gotteshäuser, durch einen fleißigen Besuch des Gottesdienstes aus, und halten sie auch noch theilweise die abgeschaffenen Feiertage, so geschieht dies nur durch den Besuch des vormittägigen

pg. 60.

Gottesdienstes. Nehmen die Bewohner auch häufigen Antheil an Bruderschaften, Bittgängen u. dgl. so sind denselben Mysticismus u. Schwärmerei ganzlich fremd. - Ebensowenig will man heutzutage von Schatzgräberei Etwas wissen, u. kommen auch einzelne Thatsachen von Aberglauben u. Hexereien, namentlich in den Stallungen des Viehes vor, so sind sie allerdings nicht zu leugnen, kommen aber selten vor. -
Die abergläubigen Handlungen, als: das Umwinden der Füße mit geweihtem Flachs gegen Krämpfe überhaupt u. namentlich bei Gebärenden; das

Gebet der sogenannten 7 Himmelsriegel unter den Kopf gelegt gegen das Gebären todter Kinder; das Reiben des Kopfhaares Neugeborner mittelst der frischen Nachgeburt gegen rothe Haare; den abgefallenen Nabelrest dem Kinde in dem Mus gereicht, oder dem Knaben bei seinem ersten Schulbesuche heimlich in den Sack gesteckt als Mittel gegen schlechtes Lernen; das Hinterhaupt eines Neugeborenen auf ein Evangeliumbuch oder Kalender gelegt, als Schutzmittel gegen geringen Verstand; nichts sagende Mittel gegen Verblutungen, Brand, Rothlauf, Warzen, Bleichsucht u.s.f. gehören meist der ganz ungebildeten u. höchst geistesbeschränkten Volkklasse an. -

§. 11.

Volksmedizin.

Wissenschaftliche gebildete Aerzte stehen in mehr als genügender Anzahl den hiesigen Bewohnern in Krankheiten u. Körpergebrechen zur Seite, u. doch ist der Glaube an Volks=Mittel u. das Vertrauen zu Pfuschern sehr groß. - Viele

pg. 61.

aus dem Volke wollen für jedes Leiden ein Mittel, für jedes Körpergebrechen eine Salbe oder ein Pflaster kennen u. wissen heimlich Abführpillen, Laxirkräuter, Brustthees x. zu kaufen u. wieder zu verkaufen. Groß ist der Arzneischatz des Volkes, der unter eigenen B[en]ennungen in den Apotheken oder in Gottes freier Natur gesucht wird. Jedes Naturreich liefert hiezu sein Quantum u. wo man damit nicht ausreicht, behilft man sich mit Symphatien, Bespechen, Gebetformeln, oder mit andern Kräften, die man oft gar nicht kennt, oder die gar nie existiren. -

§. 12.

Volkssprache.

Der Landgerichtsbezirk bildet wie in klimatischer u. örtlicher, so auch in sprachlicher Hinsicht einen Uebergangs= u. Scheidepunkt vom niederschwäbischen zum oberschwäbischen Landes=Gebiete; denn der Obergünzburger Dialekt in seinen Grundzügen der schwäbischen Mundart treu bleibend, hat in seiner Wortbildung u. seinem Accente so viel Eigenthümliches, weder dem eigentlichen Oberlande noch den schwäbischen Niederungen Angehörendes, daß er als eine Art Inclave zwischen genannten Sprachdistrikten bezeichnet werden könnte, wie er nicht andrerseits doch mit dem Wortausdrucke des Unterlandes großentheils übereinstimmte, in der Aussprache aber sich dem Oberlande zueignete; daher er als eine Verschmelzung beider Idiome betrachtet werden muß. -

Vertate -

[pag. 62.]

Gefertiget zu Obergünzburg im Monate Dezember 1860.

Königl. Landgerichts=Physikat:
[Unterschrift Dr. Frey
u. Stempel des „K. B. Landgerichtsarzt zu O.Günzburg“]

Der Wasservogel
Quellen zur Erforschung eines Pfingstbrauches (in Bayerisch-Schwaben)

Gudrun Reißer

In vielen Dörfern im mittleren Schwaben hat sich bis heute ein Pfingstbrauch erhalten, der ein interessantes volkskundliches und historisches Phänomen darstellt. Die Einheimischen nennen die in Laub gekleidete Brauchfigur „Wasservogel“, „Pfingstvogel“ oder „Staudenmockel“.
An Pfingstsonntag[1] und/oder Pfingstmontag ziehen Kinder und Jugendliche zu Fuß oder zu Pferd durch ihr Heimatdorf, tragen vor jedem Haus einen Heischevers vor und bitten um Gaben.
Zu einem traditionellen Umzug gehört die in Besenginster oder Laub gehüllte Hauptfigur, der „Wasservogel“. Die Pfingstfigur wird begleitet vom „Maienträger“, der ein bunt geschmücktes Birkenbäumchen mitführt, und einigen weiteren Personen, ausgestattet mit Geldsack, Eierkorb (Kretza), Schmalzkübel, Geißel und Glocke. In Pfaffenhofen (Lkr. Dillingen) hat sich bis heute zusätzlich der „Schwertträger“ erhalten und in Unterbissingen im Kesseltal (Lkr. Dillingen) der sogenannte Käsbua.
Die Verkleidung der Hauptfigur ist sehr variantenreich und hängt von der ortsüblichen Tradition, von den regionalen Bewuchsmerkmalen, vom Engagement der Brauchträger und nicht zuletzt von der Akzeptanz und Spendenbereitschaft der Dorfgemeinschaft ab.

---

[1] Das Wort „Pfingsten“ leitet sich etymologisch vom griechischen „pentecoste hemera“ ab und bedeutet der „50. Tag (nach Ostern)“. Das mittelhochdeutsche „pfingesten“ wurde im Neuhochdeutschen zu „Pfingsten“. Dazu: Friedrich Kluge, Etymologisches Wörterbuch der deutschen Sprache, Berlin; New York, 1989, S. 540.
Die kirchliche Liturgie tritt angesichts der zahlreichen profanen Frühlingsbräuche an diesen Tagen in den Hintergrund. Zu den verschiedenen Vegetationsbräuchen gehört z. B. das „Setzen von jungen Birken (Maien)“.

Die Brauchträger, meist Jungen und Mädchen im Alter von zehn bis 17 Jahren, tragen kurz vor den Pfingstfeiertagen große Mengen Buchenlaub oder Besenginster zusammen und verkleiden eine ausgewählte Person, bis diese ganz unter einer Laubhülle verschwindet. Unter dem Kleid aus Laub bekommt der „Wasservogel" zuerst einen Regenmantel und darüber einen Rupfensack gezogen. Der Regenmantel ist nötig, weil der „Wasservogel" traditionsgemäß mit Wasser begossen wird. An den Rupfensack werden die Zweige angenäht, bis ein dichter Mantel oder Anzug aus Laub entsteht. (vgl. Abb. 1 und 2)

Großen Wert legen die Kinder auf das Schmücken des Birkenbäumchens, das der Maienträger anschließend von Haus zu Haus trägt. Heute ist das frisch geschlagene Bäumchen vielfach mit bunten Bändern, in früheren Jahren war es mit ausgeblasenen Eiern oder Schellen verziert. Nur noch in wenigen Gemeinden, z.B. in Ried und Lützelburg (Lkr. Augsburg) oder in Baiershofen (Lkr. Dillingen), reitet der „Wasservogel" zu Pferd von Haus zu Haus. (vgl. Abb. 3) In den meisten Dörfern sind Fußgruppen unterwegs und bringen vor jedem Haus einen Heischevers vor und bitten um kleine Gaben.

In Bayerisch-Schwaben gehört das „Wasservogel-Laufen" oder „Wasservogel-Reiten" an Pfingsten mit zu den beliebtesten Bräuchen im Jahreslauf. Sehr häufig gibt es den Pfingstbrauch im Landkreis Augsburg, gefolgt von den Landkreisen Dillingen und Donau-Ries.[2] Allerdings existiert der Brauch heute nur noch auf dem Land, in den Städten ist er vollkommen unbekannt. Der Lechrain bildet seit dem Ende des 19. Jahrhunderts eine Grenze, so ist der Brauch in Thierhaupten heute vollkommen unbekannt.[3] (vgl. Karte/Abb. 4)

---

[2] Die Karte wurde von der Verfasserin in den Jahren 1986 bis 1990 durch Feldforschung und Ausarbeitung archivalischer Quellen zusammengestellt. Im Landkreis Donau-Ries hat sich eine kleine Enklave erhalten. Den „Wasservogel" gibt es dort nur noch in den Gemeinden Neuhausen und Schweinspoint.

[3] Der Brauch ist heute z. B. in den Gemeinden Thierhaupten oder Rehling vollkommen unbekannt. Mitte des 19. Jahrhunderts war der Brauch allerdings auch auf der linken Seite des Lechs noch sehr beliebt. Aus der Gemeinde Gempfing bei Rain am Lech gibt es aus dem Jahr 1854 einen Bericht an das Königliche Landgericht Rain, wonach der „Feyertagsschüler Jacob Kigle von Sallach" beim „Wasservogelwettreiten" so schwer stürzte, daß er seinen

Noch zu Beginn des 20. Jahrhunderts wurde der Pfingstbrauch nahezu in ganz Südwestdeutschland, so in Bayerisch-Schwaben, im Bayerischen Wald, Baden-Württemberg, Rheinland-Pfalz und in Teilen Hessens ausgeübt.
Pfingstbräuche in ähnlicher Form gab es im ausgehenden 19. Jahrhundert noch in ganz Europa. Die Bezeichnungen „Grüner Georg", wie man die Brauchfigur im österreichischen Kärnten nannte, oder „Jack of the Green" in London, „Pfingsterblom" in Ostfriesland sowie „Pfeischtspritzlig" in der Baseler Umgebung lassen erkennen, daß es üblich war, an Pfingsten Figuren mit frischem Laub oder Blumen zu schmücken, um die wiedererwachte Natur zu feiern. Neben den kirchlichen Feierlichkeiten wurde der Pfingstbrauch in früheren Jahrhunderten als nicht-christliches Fest von der einfachen Bevölkerung recht überschwenglich, derb und ausgelassen gefeiert. Dies hatte zur Folge, daß sich die geistliche Obrigkeit dazu genötigt fühlte, gegen den Brauch Beschwerde einzulegen und ihn – nach Möglichkeit – zu verbieten.[4]
Nach Auswertung archivalischer Quellen stellt der Brauch ein Konglomerat aus Frühlings-, Rechtsbrauchtum und Gewohnheitsrecht dar. Natürlich darf die Brautwerbung bei diesem wichtigen Maibrauch nicht fehlen. Der Brauch hat sich über die Jahrhunderte verändert und weiterentwickelt, dies hängt sowohl von sozialen als auch von gesellschaftlichen Verhältnissen ab. Die traditionellen Brauchträger verschwanden von der zeitgeschichtlichen Bühne, der Brauch büßte einen wichtigen Teil seiner Funktion ein. Heute wird er manchmal nur noch als sinnentleerter Bettelumzug durchgeführt. Als Kontinuum haben sich einzig der Heischevers erhalten und die in Laub geschmückte Hauptfigur, der „Wasservogel". Zu den archivalischen Quellen ist der Heischevers der „Schlüssel zum Schloß". Aber auch

---

Verletzungen erlag. Aus: Pfarrarchiv Gempfing. Anm. der Verf.: Der Brauch des „Wasservogelreitens" wurde in Gempfing bis Ende des 19. Jahrhunderts durchgeführt.

[4] Diesem Umstand verdankt die volkskundliche Forschung Beschwerdeprotokolle, wenn sich Gemeidepfarrer an den zuständigen Bischof wandten, mit der Bitte den Brauch zu verbieten. In den Protokollen werden Daten genau festgehalten, Ausschweifungen genau beschrieben und die Forschung erhält wertvolle Hinweise auf die Brauchträger und den Ablauf des Brauches.

diese Überlieferung ist schwer zu enträtseln, denn der Vers wird heute nur noch in verkürzter Form wiedergegeben, die Aussagekraft schwindet immer mehr.

Die ältesten Dokumente zur Ausübung des Brauches und Überlieferung in Schwaben verdanken wir den Aufzeichnungen von Anton Birlinger aus dem Jahr 1868.[5] Wichtige Hinweise finden sich auch in den Physikatsberichten der Landgerichte aus der Mitte des 19. Jahrhunderts. Heischeverse aus der Zeit vor dem 19. Jahrhundert wurden bisher nicht gefunden. Die ältesten bildlichen Darstellungen des „Wasservogels" sind auf einem Ausschneidebilderbogen von Martin Engelbrecht (1684-1756) abgebildet. Darauf sind der in Laub gekleidete „Wasservogel" und zwei „Pfingstsinger" mit geschmückten Maienbäumchen zu sehen.[6] (vgl. Abb. 5)

Eine erste urkundliche und somit schriftliche Nennung, die mit dem Brauch in Verbindung gebracht werden kann, enthält ein Erfurter Zuchtbrief aus dem Jahre 1351.[7] Der Zuchtbrief stammt aus einem Kopialbuch des 16. Jahrhunderts. Der Landesherr verbietet darin, daß *„niemant zu Ostern, zu Pfingsten, noch zu keyner andern zeyt den andern in das waszer tragen oder werffen sol."*[8]

Johann Andreas Schmeller verdanken wir 1837 die erste Aufzeichnung über einen „Wasservogelritt", wie er Mitte des 15. Jahrhunderts in Niederbayern, in Adldorf an der Vils, stattgefunden haben soll. Einer Urkunde aus dem Jahre 1447 ist zu entnehmen, daß Herzog Heinrich von Landshut befahl, daß *„am Samstag vor Georgentag"* um die Grenzen des Ortes Baumgarten *„wieder geritten ward der Wasservogel"*. Die Urkunde selbst ist nicht mehr vorhanden, doch erscheint es glaubhaft, wenn Schmeller weiterhin notierte, daß dem Dokument zu entnehmen war, daß in Adldorf seit 1447 auf Befehl des Herzogs nun alljährlich wieder der *„Wasservogelritt"* mit dem Amtmann , einem Gerichtsdiener *„mit Eisen und Ban-*

---

[5] Anton Birlinger, So sprechen die Schwaben, Berlin, 1982, unveränderter Neudruck der Ausgabe von 1868.

[6] Ausschneidebilderbogen von Martin Engelbrecht (1684-1756), in: Sigrid Metken, Geschnittenes Papier, eine Geschichte des Ausschneidens in Europa, München, 1978.

[7] Stadtarchiv Erfurt, Nr. 2/100-11, Blatt 32 r.

[8] Ebd.

de" (Schwert) neben sich auf dem Pferd, dem Gerichtsverwalter und den vier ältesten Gemeindemitgliedern an der Spitze um die *„Markung"* stattfand. Schmeller schreibt wörtlich: [...] *"er (der Umritt) hatte am Pfinstmontag stattzufinden, [...] augenscheinlich zum Zwecke, die Gränzmarken in frischer Erinnerung zu erhalten, wenn auch anderwärts aus demselben Act ein bloser nichtssagender Spaß geworden seyn mag."*[9]
Aus der Beschreibung Schmellers geht hervor, daß es sich bei dem genannten „Wasservogelritt" um den Rechtsbrauch des „Grenzumrittes" handelt, wonach Vertreter der landesherrlichen Obrigkeit zusammen mit der Bevölkerung die Gemarkungsgrenzen umritten haben. Traditionsgemäß wurde dabei der „Wasservogel" mitgeführt. Wie die Figur des „Wasservogels" ausgesehen hat und ob es sich überhaupt um eine Person gehandelt hat, wird leider nicht angegeben. Kann man den Aufzeichnungen Schmellers glauben, wurde der Erlaß 1447 deshalb gegeben, weil zwischen den Herren von Baumgarten und den Landesherren von Vilshofen ständig Konflikte wegen der Grenzmarken entstanden sind. Die Herren von Baumgarten vollzogen jedes Jahr einmal mit größter Genauigkeit diesen Umritt, an dem sich Herrschaft und Volk beteiligen mußten. Viel Ärger soll es gegeben haben, wenn die Reiter den Hof des Schacherbauern erreichten, denn dort führte die Grenze genau durch das Haus. Es wird berichtet, daß die Reiter absaßen und die Pferde geradewegs durch den Hausflur führten. Selbst als der Bauer die Türe mit Eisenketten verriegelte, erbrachen die Reiter das Schloß und zogen mit ihren Pferden durch das Haus.
Der Grenzumritt dauerte einen Tag und endete am Schloß Baumgarten. An den feierlichen Rechtsakt schloß sich ein Volksfest an. Die Dorfbewohner nahmen alle daran teil, und die Herrschaft spendete „Speis und Trank".
Warum der Umritt selbst „Wasservogelritt" genannt wurde, kann nur vermutet werden. Vermutlich führten die Reiter die Brauchfigur des „Wasservogels" beim Umritt als Fruchtbarkeitssymbol mit um die Felder. So verschmolz ein Frühlingsbrauch mit dem Rechtsbrauch des Grenzumrittes und wurde als solcher weiter tradiert.

[9] Johann Andreas Schmeller, Bayerisches Wörterbuch, Sonderausgabe 2/2, München, 1985 (= unveränderter Nachdruck der Ausgabe von 1837), S. 1019f.

Abb. 1: Eine Wasservogelgruppe zu Fuß, unterwegs in Baiershofen (Lkr. Augsburg), 1988

Abb. 2: Eine auserwählte Person wird unter einem Laubkleid versteckt, Altenbaindt (Lkr. Dillingen), 1988

Abb. 3: Wasservogelgruppe zu Pferd, Baiershofen (Lkr. Augsburg), 1988

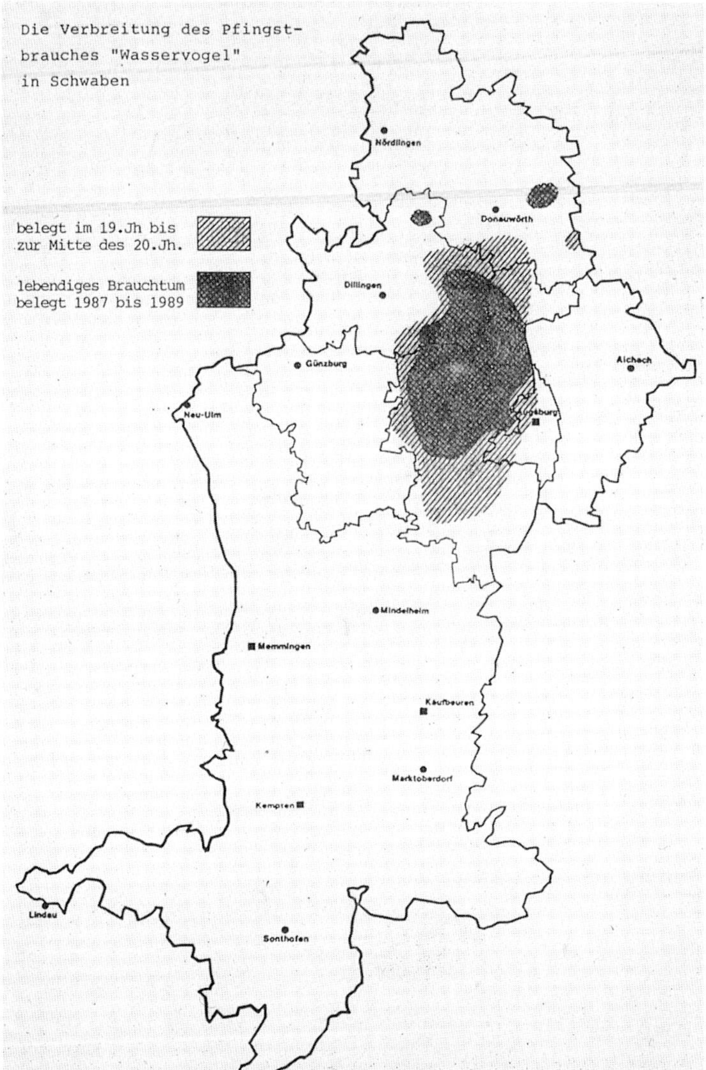

Abb. 4: Verbreitung des Brauches in Bayerisch-Schwaben im 19. Jahrhundert (schraffiert) und im 20. Jahrhundert (dunkel)

Abb. 5: Ausschneidebilderbogen von Martin Engelbrecht (1684-1756)

Daß auch andernorts Grenzumritte mit der Brauchfigur des „Wasservogels“ in Verbindung gebracht wurden, zeigen weitere Aufzeichnungen aus Niederbayern. Aus dem 16. Jahrhundert und später für das Jahr 1615 ist der pfingstliche Brauch des „Wasservogelumrittes“ von zwölf Bürgersöhnen aus Grafenau urkundlich belegt, welche in acht Tagen, mit Musketen bewaffnet, die Grenze zum Bistum Passau hin abritten und sich mit ihrem „Wasservogelsang“ in den Dörfern die Verpflegung erbettelten.[10] Der Umritt fand bis in das Jahr 1735 regelmäßig statt. An den Grenzumritt reihten sich allerhand „Kurzweilspiele“. Die Besucher vergnügten sich mit Faßstechen, Hahnenwerfen, Kegelschieben und Festschießen. 1647 nahmen sogar fremde Offiziere in der Nachbarschaft Quartier, um das „Wasservogelspiel“ besuchen zu können. In den Kriegsjahren 1700 bis 1703 löste den „feierlich-frohen Umritt“ an den Pfingstfeiertagen ein Wettlaufen der Burschen und Bauernmägde ab. Zwischen 1729 und 1735 fand der „Wasservogelumritt“ noch mehrere Male statt, bis er im Zuge einer festen Grenzziehung seinen Sinn verloren hatte und abgeschafft wurde. Eine der genauesten Beschreibungen eines „Wasservogelumrittes“ zur Festlegung der Gemarkungsgrenzen ist für das Dorf Baumgarten bei Pfarrkirchen aus dem Jahre 1768 erhalten. Die detaillierten Aufzeichnungen sind einer nicht bekannten Streitsache der Grafen Tattenbach zu Baumgarten zu entnehmen:
„es wird aber solcher alljährlich zu Pfingstmontag gehalten, wobei nach altem Herkommen ein jeder Unterthane zu Pferd zu erscheinen verbunden; jeder derselben bekommt eine Lanze in die Hand und nach dem vom Amtmann vorgemelter herzoglicher Vermarkungsbrief vorgelesen worden, so werden sie durch einen zeitlichen Verwalter, unter eine Estandarte, dann Musikanten angeführt, welcher der Amtmann vorreitet, der nebst seinem Seitengewehr Eisen und Band in signum jurisdictiones auf dem Pferd aufgepackt hat und von den 4 der ältesten Männer , die den Umritt schon von 20, 30 oder 40 Jahren her beritten haben, infolge davon beste Kundschaft geben können, geführt wird. Wie zumal an manchen Orten die Grenze über Wiesen und Felder geht, so pflegen wohl Gerichts- als Hofmarksunterta-

[10] Radel, Lunen, Sonnewald, Das Bild des Altbayerischen Kreises Grafenau, Grafenau, 1972, S. 139.

nen jederzeit zu bitten, man möchte sie mit dem Ritt verschonen, weil sie sich zur Jurisdiction nach Baumgarten bekennen und wüßten, daß der Umritt oder die Grenze dieser Herrschaft durch und über ihre Gründe gehe".[11]

An diesem Umritt beteiligten sich jährlich zu Pfingsten mehrere hundert Hofmarksuntertanen und die Herrschaft. Zwischen 1775 und 1776 erfolgte der Umritt nach topographischen Karten, die den „kleinen und den großen Wasservogelumritt" markierten.[12] Die Gerichtsdiener führten bei dem Umritt die „Wasservogelstandarte" mit dem gräflichen Wappen mit. Georg Schierghofer beteuerte in seiner 1921 erschienenen Publikation „Umrittsbrauch und Roßsegen"[13], daß er sowohl die topographischen Karten als auch die Standarte noch gesehen habe.[14]

Der „Wasservogelritt" wurde in Baumgarten bis ins Jahr 1913 regelmäßig aufgeführt, während des Ersten Weltkrieges ruhte er und lebte 1936 nochmals auf. 1962 traten einige Akteure nochmals für das Bayerische Fernsehen in Aktion.[15]

Warum die genannten Grenzumritte gerade mit der Brauchfigur des „Wasservogels" in Verbindung gebracht wurden, dafür hatte Oberarchivar Josef Knöpfler aus Landshut 1922 folgende Erklärung:

„es ist kein bloser Zufall, wenn der Grenzumritt in Baumgarten und vermutlich auch anderswo am Pfingstmontag stattfand. Ja, es verrät auch ein ausgezeichnetes diplomatisches Geschick, daß der Hofmarksherr seinen Grenzumritt mit dem tief im Volksleben verwurzelten Pfingstlritt verband. Am Pfingstmontag waren die Unterthanen schon von je her gewohnt, sich zu Pferde zu sammeln, es brauchte also für den Grenzumritt kein eigener

[11] Rossweih und Umritt, Niederbayern und benachbarte Oberpfalz, in: Der Bayerwald 62 (1970), Sonderheft Karl B. Krämer, S. 19.

[12] Friedrich Panzer, Bayerische Sagen und Bräuche, Beitrag zur deutschen Mythologie, Bd. 1, München, 1884, S. 235-237.

[13] Georg Schierghofer, Umrittsbrauch und Roßsegen, München, 1921, S. 48.

[14] Bei einer schriftlichen und mündlichen Vorprache der Autorin in Baumgarten und bei der Graf Arco-Valley´schen Schloßadministration in Adldorf an der Vils sowie in anderen Archiven 1989 waren weder der Verbleib der Karten noch der Standarte bekannt.

[15] Franz Stelzenberger, Das Wasservogelreiten in Baumgarten, in: Heimat an Rott und Inn (1971), S. 232.

Termin angesetzt werden. Pfingstritt und Grenzumritt verwuchsen so ineinander, daß der für den ersteren gebräuchliche Name Wasservogel allmählich zum terminus technicus für die juristische Amtshandlung der Grenzbereitung geworden ist. Kaum anders verhält es sich mit dem Grenzumritt in Grafenau."[16]

Daß es sich bei der Feier des „Wasservogelritts" oft um ausgelassene dörfliche Lustbarkeiten handelte, war dem herzoglichen Pfleger Hiltprand Lung zu Tandern ein Dorn im Auge. Er kritisierte Wettrennen, Reiterspiele und Faßstechen als „vergebentliche fanthasei" und „Gaugelwerch". Am 7. November 1601 verfaßte er deshalb eine Beschwerde an die Obrigkeit, dem der folgende Auszug entnommen ist:

„der Rith des wasservogels, so einem faßnachtspill ähnlich und mit Zerstöchung eins vaß sein ausgang hat, mit fürpilden oder entwerffen, allein (er sei) so beschaffen, wie die paurn umb Münichen järlich in Pfinngstfeyrn auch dergleichen Rith fürnemmen und der Sanndtrigl gennent würde."[17]

Daß das „Wasservogelreiten" am geheiligten Pfingstmontag auch in Schwaben im ausgehenden 18. Jahrhundert ein ausgelassenes Fest der gemeinen Dorfbevölkerung gewesen ist, zeigt ein Beschwerdebrief von Pfarrer Allgeyer aus Langweid. Pfarrer Allgeyer führte die kleine Pfarrei Langweid am Lech von 1778 bis 1780. Der „verfluchte Wasservogel" war ihm ein Dorn im Auge, und er überlegte sich, entweder den weltlichen Arm oder das Hochwürdige Domkapitel in Augsburg um Abhilfe zu bitten, als er folgende Beschwerde formulierte:

„Am Pfingstmontage sind hier zwei Mißbräuche. 2. Halten hier die ledigen Burschen den sog. Wasservogel. Schon in aller Frühe rennen sie in den Wald, kleiden einen aus ihrer Mitte mit Gesträuchern und Kränzen ein, setzen ihn auf ein Pferd und halten nach geendigtem Vormittagsgottesdienst ihren Umzug unter Jauchzen und Johlen in das Dorf hinein, betteln von einem Haus zum anderen Eier, Schmalz und Geld usw., werfen endlich

[16] Wie Anm. 11, S. 19-20.

[17] Hans Moser, Der Santrigl, ein alter Pfingstbrauch in der Umgebung Münchens, in: Volksbräuche im geschichtlichen Wandel, Forschungshefte hg. v. BNM, München, 1985, S. 272.

diesen Hanswurst in das Wasser. Sodann zechen, schreien und tanzen sie in dem Wirtshause bis in die späte Nacht hinein. Dies tun Pärchen mit 16,17,18,19 und 20 Jahren. Die Kleineren machen es ihnen in allem nach, außer, daß sie nur zu Fuß gehen und endlich auch nicht in das Wirtshaus. Das Übel ist bei diesen Mißbräuchen größer als man sich einbildet; denn 1. ist eine große Frage, ob alle eine heilige Messe und diese ganz hören, und wenn sie selbe auch hören sind ihre Gedanken schon bei ihren zukünftigen Rauppereien. 2. Geschieht dies an einem gebotenem Feiertag, während dem Gottesdienst, Amt und Predigt. 3. Fängt der Greuel in einem Wald an, von Bürschchen die ohne Furcht Gottes und ohne Aufseher sind. Nur am Namen Wald sollte einem schon grausen. 4. Tanzen und zechen sie im Wirtshause während dem Nachmittagsgottesdienst, als Vesper, Rosenkranz, Kinder- und Christenlehre. Denn weil am Pfingsttag selbst hier keine Christenlehre pflegt gehalten zu werden, so muß sie notwendig am Pfingstmontage gehalten werden. Diese Schändung des Gott geheiligten Tages kann nicht besser vermieden werden, als wenn die Himmelfahrtchristprozession auf den heutigen Tag verschoben wird. So wird wenigstens der verfluchte Wasservogel aus seinem Neste verjagt, wo nicht gar vertilgt werden. Das Beste aber wird sein, wenn man den weltlichen Arm zu Hilf ruft, oder die gänzliche Abstellung bei dem Hochwürdigen Domkapitel zuwegen bringet. Wenn derselbe 1779 nicht ohne mein Wissen wäre gehalten worden, würde ich dem Übel wohl vorgebeuget haben. Pfarrer Allgeyer."[18]

Beschwerden des Klerus über das unchristliche Gebaren und die „Rauppereien" bei den „Wasservogelumzügen" an Pfingsten sind häufig und spiegeln das ausgelassene barocke Festwesen auf dem Land wider. Selbst in der Stadt Augsburg wurde noch im ausgehenden 17. und beginnenden 18. Jahrhundert der „Wasservogelumzug" durchgeführt, wie ein Kupferstich von Jeremias Wolff (1663?-1724) deutlich zeigt. Der Kupferstich ist mit einer Beschreibung versehen: (vgl. Abb. 6)

[18] Ortsakten und Pfarrarchiv Langweid am Lech. Für die Überlassung des Quellenmaterial in Transkription ist die Autorin Herrn Rektor Adolf Lindenmeir sehr zu Dank verpflichtet.

Abb. 6: Kupferstich von Jeremias Wolff (1663?-1724)

„Der Wasservogel. Do thuen die Bauren hier den Wasservogel singen, damit sie etwas Geld um hier zusammen bringen. Komt nach vollbrachtem Gsang er aus den bintze rauß, so geht der gantze flug gerad in das Würthshauß.“[19]

Die „Wasservogelfigur“, begleitet von den Pfingstsingern, ist hier unter einem Kleid aus Binsen versteckt. Interessant ist der Hinweis des Bilduntertitels, daß es sich um einen Umzug der Bauern handelt, die aus diesem Anlaß vom Land in die Stadt gezogen kamen, und daß es sich nicht um Söhne von Bürgern handelt. Johann Christoph von Schmid war der Kupferstich sicher bekannt. Ihm sind eine der ältesten Beschreibungen und Aufzeichnungen eines „Wasservogels“ zu verdanken. 1831 notierte er in seinem „Schwäbischen Wörterbuch“:

„Wasservogel. So nannte man bis in den Anfang diese Jahrhunderts in Augsburg einen Jungen, der von Kopf bis auf die Füße mit Schilfrohr umflochten, zur Pfingstzeit von zwei andern, welche Birkenzweige in der Hand hatten, in der Stadt herumgeführt wurde. Sie sangen folgendes Lied:

Pfingsta, Pfingsta ist komma
Fräen sich Alte und Junga,
Fischla im Wasser
Buba auf der freia Gassa.
Will uns Bauer Pfingsta verbieta,
So wolla mir ihm koa Roß mehr hüta,
koa Roß mehr hüta, koa Kora aschneita,
So wolla mir Buba auf Friberg reita,
auf Friberg auf das hohe Schloß,
Do reita mir Buba das beste Roß.
Hausteter Bruck is brocha
mit lauter Haustetische Roßa
Goht a goldna Schnur ins Haus
Gucket Herr und Fro raus.
Mir wolla sLiedle beschließa,

[19] Kupferstich von Jeremias Wolff (1663?-1724), Augsburg, Originalgröße 28,9 x 18,6 cm, Städt. Kunstsammlungen Augsburg, Graphische Sammlung, Inv. Nr. 6. 11622.

Möchte Herr und Fro verdrießa.
Mir wölli sLiedli bleiba laun,
Mir müssi heut nu weitergaun.
A Schüssel voll Knöpfli ist no nit gnua,
A Schüssel voll Küchla ghört o darzua." [20]

Laut Schmid wurde der Brauch in der Stadt Augsburg noch zu Beginn des 19. Jahrhunderts ausgeübt, danach wurde er wegen Bettelei verboten. Daß der Brauch weiter auf dem Land ausgeübt wurde, dokumentieren nicht nur die Aufzeichnungen von Pfarrer Allgeyer aus Langweid am Lech, sondern auch der Heischevers, der um 1850 in Wehringen, einem Dorf südlich von Augsburg, festgehalten wurde:

„*Wir reiten, wir reiten den Wasservogel*
wir wissen nicht, wo er ist hergeflogen
er ist geflogen über das Ried
drum macht er den Fischen das Wasser so trüb
so trüb, so trüb bis auf den Boden
Die Mädchen meinen wir sollten sie loben
mir loben das schwarzbraune Analein
mit seinem schönen Kränzelein
Pfingsten is komme
das freut die Alten und die Jungen
Woll`n die Bauern s`Pfingstreiten verbieta
tät mer ihne koi Ross mer hüeta
koi Fülle mer treibn
tät mer die besten Ross nach Friedberg reita
nach Friedberg auf das hohe Schloß
da kommen die Bauern und holn die Ross
und die Bauern die Ross wölln haben
so müßn`s ein Säckl voll Taler mittragen
Säckl voll Taler is no net gnua

[20] Johann Christoph von Schmid, Schwäbisches Wörterbuch, Stuttgart, 1831, S. 518f.

Hüat voll Sechsa ghört au dazue
Hüat voll Sechsa is no net gnua
Wann voll Röcklin ghört au dazue
mir reitn das Brückle wohl unten und oben an
und reiten dem Brückle den Boden ein
Das Brückle is brochen
mit lauter Wehringer Rossen
mir wollen das Brückle machen
mit lauter guten Sachen
das Brückle wollen wir zieren
mit lauter Geißln und Schnüren
Mir haben der Frau Bäurin zu danken
Schwaben und Franken
Schwaben und Franken is guet bekannt
mir bietn der Frau Bäurin die rechte Hand."[21]

Analysiert man Heischeverse aus der Mitte des 19. Jahrhunderts, erhält man wichtige Hinweise auf die Brauchträger. Die Roßbuben oder Roßhirten pochen auf ihr angestammtes „Recht", an Pfingsten den Dienstherrn um zusätzliche Naturalien anzugehen. Die Hirten baten um Eier, Schmalz und Geld, mit der Androhung, falls zuwenig in den Beutel eingeht, die Rösser zu entführen und ins damals nahezu *ausländische* Friedberg über den Lech zu treiben. Das reichsstädtische Augsburg war mit der kurbayerischen Stadt Friedberg durch eine wichtige Zollbrücke über den Lech verbunden, auf der man Geld entrichten mußte, um Waren ein- oder auszuführen. Zwischen Friedberg und Augsburg gab es wegen Zollrechten bis ins 19. Jahrhundert ständig Streitereien und gelegentlich auch blutige Auseinandersetzungen.
Das Recht der Hirten, an Pfingsten um Gaben zu heischen, ist in einer Niederschrift aus dem 18. Jahrhundert im fränkischen Burgbernheim genau nachzulesen. Weil der dortige Pfarrer für eine Abschaffung des Roßbu-

[21] Friedrich Panzer, Deutsche Mythologie, Bd. 2, München, 1855, S. 84.

benumrittes an Pfingsten eintrat, ließ sich die Herrschaft vorab Bericht erstatten:

„Ermelte Roßjungen, an der Zahl 5 bis 6, ihres alters bey 12 bis 15 jahren, erwählen unter sich einen schultheißen wie auch burgermeister und kommen mit vielen von wiesenblumen gemachten cränzen den ersten Pfingstfeiertag nach dem vormittagsgottesdienst vor die ausere kirchthüre, als woselbsten, wann die leute aus der kirche gehen, sie gedachte cränze denen ledigen weibspersohnen überreichen und darauf den andern feyertag früh, sobald es beginnet tag zu werden, von diesen, nehmlich welche cränze angenommen, eyer, mehl und schmaltz, als dergleichen sie ein ziemliches zusammen bringen, und davon sich kuchen und anders gebackenes zubereiten lassen. Sobald nun am andern feyertag der nachmittagsgottesdienst vorbey, kommen ermelte roßjungen mit anhangenden saibeln, bändern, dann nesteln auf den hüten und die pferd über und über mit allerhand färbigen bendern bebunden mit bey sich haben musicanten, die zu fuß gehen, vor des beamtens quartier geritten, woselbsten der schultheiß und der burgermeister absteigen und den beambten um die erlaubnis ihres vorseyenden ritts mit diesen worten ansprechen: „wir kommen unser altes recht zu suchen und wollen nicht altes ab und auch nicht neues aufbringen.“ auf welches sich beide wieder zu pferd begeben und mit den übrigen aus dem flecken, nachdeme der fluhrer mit einem korb auf dem rucken zu pferd zu ihnen gekommen, auf die schäferey, den Hilpertshoff genannt, sich begeben und den vom schäfer daselbst diesen jungen schuldigen 1 fl rhein, abholen und sodann, wenn sie zu Hochbach und Gallmersgarten des fluhrers korb mit allerhand gefüllet, sich wieder in den flecken erstlich vor des beambten quartier, woselbst der schultheiß mit dem burgermeister ihren dank abstatten und weilen es abend wird, so gehen sie in das haus, wo sie ihr zusammengebrachtes hingetan und verzehren nicht nur dasselbige, sondern mach sich dabey auch lustig wobey aber große unordnung ehehin vorgegangen, seidemahlen alles ledige gesind sich in solches haus begeben, mitgetanzt und gesprungen. Und solle solches reuten vor mehr als hundert jahren schon gewöhnlich gewesen seyn, allermaßen das burgermeisterambt nebst dem schäfer diesen jungen auch 1 fl rhein, so ehehin 1 fl frk. gewesen, abzugeben hat und die rechnungen auch davon gründlich

zeigen, in welchem betracht die bauerschaft oder vielmehro dero jungen sich solche, wiewoll närrische freude in ansehung, daß es ein altes recht sey, nicht nehmen lassen will, wiewoll der beambte vermittelst eines verbots gedachte roßjungen dahin gezwungen, daß sie das cranz austeilen bey der kirche wie schon vor 3 jahren und den andern feyertag nach dem nachmittagsgottesdienst sich mit einem kurzen umritt und tanz begnügen lassen müssen.[22]"

Beim Burgbernheimer Roßbubenumritt fungierten fünf bis sechs Burschen im Alter von zwölf bis 15 Jahren als Brauchträger. Am ersten Pfingstfeiertag überreichten sie den jungen Mädchen bunte Kränze (Brautwerbung), am Pfingstmontag zogen sie heischend durch das Dorf, wobei auch der Flurer anwesend war (Hinweis auf frühere Grenzumritte). Der Säbel als Standeszeichen der Obrigkeit wurde von den Hirten als Symbol mitgeführt, um so ihrem angestammten Recht Nachdruck zu verleihen, an Pfingsten zusätzlichen Naturallohn einzufordern.

Der Zweck des Rittes war die Einholung des Käses oder des „Käsegeldes" als schuldigen Weidelohn. Das Käsegeld forderten die Burgbernheimer Roßbuben vom Schäfer als Ablösung für die Weidegerechtigkeit und übergaben es dem Gemeindevorsteher. Das Käsegeld galt außerdem als Synonym für Steuerabgaben an die Herrschaft. In den Amtsrechnungen aus Höchstadt a.d. Aisch ist die Einforderung des pfingstlichen „Weisetkäse" bereits 1480 belegt und erscheint noch im 17. Jahrhundert in den hiesigen Rechnungsbüchern.[23]

Selbst im bayerischen Indersdorf findet sich im Ehaltenbuch von 1493: *„An dem heyligen Pfingsttag gibt man Ihnen alln ainen zehnten air zu ainen Santerling und ain käß, pfund schmalz das sulln sy verdienen."*[24]

Für die Region Bayerisch-Schwaben sind zwei Merkmale von Bedeutung. In der Gemeinde Paffenhofen (Lkr. Dillingen) wird auch heute noch das Schwert (als hölzerne Attrappe) mitgeführt, und in Unterbissingen im Kes-

---

[22] Karl Sigismund Kramer, Volksleben im Fürstentum Ansbach und seinen Nachbargebieten (1500 bis 1800), Würzburg, 1981, S. 112f.

[23] Ders., Volksleben im Hochstift Bamberg und im Fürstentum Coburg, Würzburg, 1967, S. 107.

[24] Moser, Santrigl, S. 270.

seltal (Lkr. Dillingen) begleitet der „Käsbua“ den Wasservogel beim Umzug. (vgl. Abb. 7 und 8)
In unserer Zeit haben sich nur noch Relikte dieses interessanten und historisch bis ins 14. Jahrhundert hinein faßbaren Pfingstbrauches erhalten. Die ehemaligen Brauchträger gibt es nicht mehr, und es finden keine Grenzumritte mehr statt.
Der eigentliche Zweck des Brauches ging verloren, einzig als Frühlingsbrauch hat er noch Funktion und wird gewohnheitsmäßig jedes Jahr an Pfingsten durchgeführt. In vielen Gemeinden in Bayerisch-Schwaben wird heute wieder sehr viel Mühe auf die Brauchpflege verwendet. Es wäre wünschenswert, diesen einzigartigen Brauch als kulturelles Erbe unserer Region zu bewahren.

Abb. 7: In der Gemeinde Oberndorf (Lkr. Donau-Ries) wurde 1940 noch das Schwert als hölzerne Attrappe mitgeführt

Abb. 8: Den „Käsbua“ (weiß gekleidet) gibt es heute noch in Unterbissingen (Lkr. Dillingen), hier eine Abbildung aus dem Jahr 1941

Kontinuität und Wandel der Vornamengebung in einem oberbayerischen Dorf (1649-1900)

Das Beispiel Pfaffenhofen am Inn

Anita Konrad

Bereits Wilhelm Heinrich Riehl konstatierte: „Untersuchungen über die Geschichte der Tauf- und Familiennamen geben dem Kulturhistoriker gar merkwürdige Aufschlüsse über die Wandelungen im sozialen, gesellschaftlichen und Familiengeiste des Volkes.“[1]

Neben der Onomastik und anderen sprachgeschichtlich orientierten Fächern entdecken in jüngerer Zeit auch zahlreiche historisch-anthropologisch arbeitenden Disziplinen wie die historische Demographie, die Sozialgeschichte oder die Volkskunde die Aussagekraft der Taufnamen im Hinblick auf gesellschaftliche Veränderungsprozesse.[2]

Die Vergleichbarkeit der zahlreichen Untersuchungen wird allerdings durch ein unterschiedliches Erkenntnisinteresse der jeweiligen Fachgebiete erschwert, da sich daraus auch unterschiedliche Auswertungsmethoden ergeben.[3]

Eine Vornamenstudie kann und will keine umfangreichen mikrohistorischen Untersuchungen ersetzen, sondern soll diesen vielmehr eine zusätzliche Dimension eröffnen. Ziel ist es, Kontinuitäten und Brüche innerhalb der Namengebung auszumachen. Dazu stehen „sowohl eine quantitative Auswertung von Namengut als auch eine qualitative der in der Nachbe-

---

[1] Riehl, Wilhelm Heinrich: Die Naturgeschichte des Volkes als Grundlage einer deutschen Social-Politik, Bd. 3: Die Familie. Stuttgart-Augsburg ²1882, 148.

[2] Vgl. die umfangreiche Bibliographie in Simon, Michael: Vornamen wozu? Taufe, Patenwahl und Namengebung in Westfalen. Münster 1989 (= Beiträge zur Volkskultur in Nordwestdeutschland, 67), 223-261.

[3] Vgl. dazu auch Mitterauer, Michael: Ahnen und Heilige. Namengebung in der europäischen Geschichte. München 1993, 19.

nennung zum Ausdruck kommenden Beziehungen,“[4] zur Verfügung. Auch wenn durch eine serielle Auswertung von Quellen so manche individuellen Züge verwischt werden, lassen sich doch allgemeine Tendenzen und Entwicklungen aufzeigen.

Um tragfähige Ergebnisse zu erbringen, ist es sinnvoll, sich auf ein geographisch eng begrenztes Gebiet mit überschaubaren Bevölkerungszahlen zu beziehen und dafür zeitlich weit auszugreifen. Nach diesen Vorgaben ist unser Untersuchungsraum, die oberbayerische Pfarrei Pfaffenhofen am Inn, gewählt.[5]

Quellen und Vorgehensweise

Insgesamt wurden für den Zeitraum von 1649 bis 1900 8674 Namen von Täuflingen[6] der Pfarrei Pfaffenhofen/Inn sowie 26022 Namen der jeweiligen Eltern und Paten ausgewertet.

Als Quellen boten sich die Taufmatrikel an, die alle benötigten Angaben (Name und Geschlecht des Kindes, der Eltern, Paten; uneheliche oder eheliche Geburt; Geburts- und Tauftag, Geburtsort) enthalten. Bewußt wurden bei der Auswertung keine Schnitte gesetzt, um durch die nahezu lückenlose Untersuchung aller Jahrgänge[7] exakte Entwicklungslinien zu erhalten. Die zeitlichen Grenzen ergaben sich in der einen Richtung aus dem Zeitpunkt, zu dem die ersten erhaltenen Taufbücher der Pfarrei vorliegen, in der anderen aus datenschutzrechtlichen Schwierigkeiten, Jahrgänge unseres Jahrhunderts auszuwerten. Darüber hinaus hätten sowohl der Bevölkerungszuwachs als auch die sich zu Ende unseres Untersuchungszeitraums bereits abzeichnende Vielfalt von Taufnamen den Rahmen der Untersuchung gesprengt.

Das Namenmaterial wurde zur Auswertung in fünf Zeiträume unterteilt. Dabei bin ich mir durchaus der Gefahr bewußt, durch eine derartige Eintei-

---

[4] Ebda., 17.

[5] Die folgenden Ausführungen beziehen sich auf Konrad, Anita: Die Taufnamen der Pfarrei Pfaffenhofen/Inn (1649-1900). Eichstätt 1993 (unveröff. Magisterarbeit).

[6] Vgl. Abb. 1

[7] Lediglich die Jahrgänge 1828-30 konnten nicht berücksichtigt werden, da die entsprechenden Matrikeleinträge stark beschädigt sind.

lung etwaige Traditions- und Kontinuitätsbrüche zu verwischen, da diese sich in der Regel nicht an den Jahrhundertgrenzen orientieren. Andererseits galt es, den Bestand in zahlenmäßig annähernd gleiche Einheiten zu unterteilen, um zumindest innerhalb der Untersuchung die Vergleichbarkeit der Werte zu gewährleisten.
Der erste Zeitraum (1649-1700) umfaßt 51, die beiden folgenden (1701-1750 und 1751-1800) jeweils 50 Jahre. Der vierte Abschnitt erstreckt sich über 58 Jahre (1801-1858). Auf diese Weise konnte die Kolonie Großkarolinenfeld für die gesamte Dauer ihrer Zugehörigkeit zur Pfarrei Pfaffenhofen in einem Zeitraum behandelt werden. Der fünfte Zeitraum (1859-1900) umfaßt 42 Jahre.
Die Daten wurden mit Hilfe eines Datenbank- und Tabellenkalkulationsprogrammes erfaßt und ausgewertet. Dabei wurden das Namenmaterial auf folgende Motive der Vergabe untersucht:

ELT: Das Kind trägt den Namen eines Elternteils

PAT: Das Kind ist nach dem Paten/der Patin benannt.

TAG: Das Kind erhält den Namen des/der Tagesheiligen. Für die Auswertung wurde zusätzlich ein Spielraum von vier Tagen vor und nach dem jeweiligen Heiligenfest untersucht. So wurde bei einem Täufling mit dem Namen Joseph (Gedenktag 19.3.) überprüft, ob der Geburtstermin in den Zeitraum vom 15.3.-23.3. fällt. Existierten für einen Namen mehrere mögliche Patrone (z.B. Johannes), so wurden alle entsprechenden Zeiträume untersucht. Beim Namen Maria erfolgte die Auswertung anhand der Termine der bedeutenden Marienfeste im Kirchenjahr. Für ursprüngliche Namenspezifizierungen, die sich zu eigenständigen Namen entwickelt haben, war der Ausgangsname ausschlaggebend, z.B. Xaver = Franz Xaver. Feminisierungen ursprünglich männlicher Namen (z.B. Josepha) wurden, falls keine eigene Heilige dieses Namens existierte, nach dem Kalenderfest des männlichen Heiligen ausgewertet.

SONST: Das Motiv für die Namenwahl geht nicht unmittelbar aus den Matrikeln hervor. Einfluß können hier sowohl persönliche (z.B. besondere Verehrung bestimmter Heiliger, Weltanschauung im weitesten Sinn) als auch allgemeine Faktoren (z.B. Kanonisation neuer Heiliger, lokale Wallfahrten, Einfluß des Priesters) haben.

Der Vollständigkeit halber wurden alle möglichen Kombinationen der genannten Auswahlkriterien ebenfalls berücksichtigt. Diese nehmen nur einen geringen prozentualen Anteil ein. Möglich ist dabei neben zufälligen Übereinstimmungen v.a. bei besonders häufigen Namen auch, daß die Auswahl bewußt wegen des Zusammentreffens mehrerer Aspekte erfolgte.
Doppelnamen wurden getrennt von den Einzelnamen untersucht, wobei sowohl der erste als auch der zweite Name auf die oben genannten Motive der Namenvergabe hin überprüft wurden.
Innerhalb der Auswertung wurde in männliche und weibliche Namen und dabei wiederum in eheliche und uneheliche Getaufte unterschieden.
Im nächsten Schritt wurden alle Namen eines Zeitraums in ihrer Verteilung auf die einzelnen Monate aufgelistet. Dadurch konnten zusätzlich diejenigen Fälle sichtbar gemacht werden, in denen ein Name im Hinblick auf einen Monatsheiligen gewählt wurde. Die Namen wurden dabei so aufgeführt, wie sie in den Matrikeln erscheinen, weshalb Spezifizierungen eines Namens (z.B. Johann Baptist) eigens genannt sind.

Untersuchungsraum

Die Pfarrei Pfaffenhofen am Inn liegt in der Inntalsohle, am Rande des Rosenheimer Beckens, ungefähr fünf Kilometer nördlich von Rosenheim. Sie umfaßte während des Untersuchungszeitraums fünf Dörfer sowie mehrere Weiler und Einöden. Das Gebiet der heutigen Pfarrei, bis 1602 Stammpfarrei von Rosenheim, befand sich im Besitz der bayerischen Herzöge und gehörte seit dessen Bestehen zum Bistum Freising. Nach wechselnden Besitzverhältnissen wurde die Pfarrei Pfaffenhofen schließlich im Jahr 1500 dem Kloster Frauenchiemsee inkorporiert. Die weltliche Administration lag seit dem späten Mittelalter beim Gericht Rosenheim.

Die Kirchen der Pfarrei sind den Heiligen Laurentius (Pfarrkirche Pfaffenhofen), Petrus (Westerndorf), Quirinus (Fürstätt) und Maria (Marienberg) geweiht.
Die Zahl der Pfarreimitglieder bewegte sich bis zur Mitte des 19. Jahrhunderts zwischen 800 und 880 Personen. Erst dann kam es durch starken Zuzug zu einer Verdoppelung der Einwohnerzahl.[8]
Die soziale Schichtung stellte sich für den größten Teil des Untersuchungszeitraumes[9] folgendermaßen dar: Die 1/2-Bauern bildeten den oberen Mittelstand. Sie waren in der Pfarrei mit 25 Familien, einem Anteil von 17,86%, vertreten. Kennzeichnend für sie war ihre wirtschaftliche Unabhängigkeit, die den Kindern eine Eheschließung ermöglichte. Die zweite, größte Gruppe bestand aus den 1/4-, 1/3-, 2/4-, 1/8-, und 3/8-Bauern, den Gütlern, die einen Anteil von 52,5% ausmachten. „Diese Gruppe unterschied sich vom oberen Mittelstand dadurch, daß sie (...) für ihren Lebensunterhalt neben ihrem Anwesen noch von einem Gewerbe[10] abhing, und sie unterschied sich von der unteren Klasse dadurch, daß sie sich nicht als ungelernte Taglöhner verdingen mußten.[11] Die Kinder dieser Familien traten meist früh in den Dienst größerer Bauern. Eine Heirat blieb für sie aufgrund fehlender finanzieller Mittel meist unmöglich. Dies gilt auch für die unterste soziale Schicht, die Söldner oder Häusler, die einen Anteil von 30% stellte. In diese Kategorie fallen die 1/16-, 1/12- und 5/16-Höfe. Deren Besitzer arbeiteten überwiegend als Taglöhner und betrieben nebenbei ein Kleinhandwerk.

---

[8] Die Schematismen der Erzdiözese München und Freising geben die Einwohnerzahlen für das Jahr 1700 mit 814, 1814 mit 807 und 1900 mit 1621 an.

[9] Der starke Zuzug im Lauf des 19. Jahrhunderts trug zur Auflösung der bisherigen sozialen Schichtung bei. So entstanden neue Anwesen, die sich – bedingt durch neue Beschäftigungsformen ihrer Bewohner - nicht mehr in das System der traditionellen Hoffußmessung einordnen lassen.

[10] Vgl. Allmer, Joseph: Von der Römerzeit zur Gegenwart. Geschichte der Pfarrei Pfaffenhofen. Pfaffenhofen 1937, 102. Die Pfarrchronik erwähnt folgende Berufe: Schmid, Wagner, Wirt, Schiffsknecht, Jäger, Fischer, Schneider, Binder, Weber, Schuster, Zimmerer, Geschirrmacher, Reusenmacher, Maurer, Pechsieder, Pfeifenmacher, Salitersieder, Torfstecher und Ziegelbrenner.

[11] Phayer, Fintan Michael: Religion und das Gewöhnliche Volk in Bayern in der Zeit von 1750 bis 1850. München 1970 (=MBM, 21), 91f.

Im Südwesten der Pfarrei erstreckte sich ein ausgedehntes Torf- und Moorgebiet, der Kolber. Im Jahre 1797 wurde auf diesem Gebiet der Grundstein für eine Ansiedlung gelegt, 1802 ließen sich die ersten der insgesamt 347 Ansiedler aus der Rheinpfalz nieder. In erster Linie ging es um die Besiedelung und Kultivierung bislang brachliegender Gebiete, die unter Montgelas verstärkt vorangetrieben wurde. Als Vorbilder dienten die bereits bestehenden Kolonien im Donaumoos bei Neuburg an der Donau und im Hinterland von Dachau.

Unter den Siedlern, die die Kolonie Großkarolinenfeld[12] begründeteten, befanden sich auch 107 Protestanten.

Mit der neuen Siedlung ging aber nicht nur eine Erschließung ungenutzter Bewirtschaftungsflächen einher, sondern es kam auch zu massiven sozialen Spannungen. Nur einige wenige Kolonistenfamilien verfügten über ausreichende finanzielle Mittel, um sich in der neuen Heimat eine selbständige Existenz aufbauen zu können. Den meisten blieb jedoch keine andere Möglichkeit, als in die Dienste einheimischer Bauern zu treten oder sich als Waldarbeiter oder Torfstecher zu verdingen. Die ca. 50 neugebauten Anwesen zählten ausnahmslos zu den Gütler- oder Söldnerhöfen.

Die Pfarrei erlebte also schlagartig einen starken Zuwachs innerhalb der untersten sozialen Schichten. Dieser macht sich auch in den Matrikeln bemerkbar, da die Kolonisten aufgrund der geltenden Heiratsverbote[13] die Zahl der unehelichen Geburten stark ansteigen ließen. Auch die Veränderung des Namenbestandes ist in unserem Zusammenhang von Interesse.

Großkarolinenfeld wuchs so rasch, daß 1858 dort eine eigene katholische

[12] Namengeberin war die bayerische, protestantische Kurfürstin Friederike Karoline von Baden.

[13] Besonders im ersten Drittel des 19. Jahrhunderts führte die Angst vor Überbevölkerung und der damit verbundenen Massenverelendung durch uneingeschränkte Heiratserlaubnis zu Verordnungen wie der folgenden: „...weltliche Obrigkeiten sollen mit den Heiraths-Erlaubnissen nicht zu friegebig seyn. (...). Keine landesherrliche oder ständische Obrigkeit erteile daher Handwerks-Gesellen, Ehehalten, Leerhäuslern, Schutzverwandten Taglöhnern, Beisitzern oder dergleichen die Erlaubnis zur Schließung einer Ehe, wenn sie nicht ehevor ihren Nahrungsstand gehörig ausgewiesen, und die Stadt-, Markts- oder Dorfgemeinde schriftlich hierzu ihre Bewilligung gegeben hat.“, in: Lipowsky, Felix von: Baierns Kirchen- und Sittenpolizei unter seinen Herzogen und Churfürsten. München 1821, 208.

und evangelische Pfarrei gegründet wurden. Verstärkt wurde der Zuzug fremder, vor allem auch protestantischer Siedler durch den Eisenbahnbau seit der Mitte des 19. Jahrhunderts.
Die Distanz der eingesessenen Bürger zu den Kolonisten blieb lange Zeit erhalten. Verbindungen zwischen beiden Gruppen, zum Beispiel durch Heirat, entstanden erst gegen Ende des 19. Jahrhunderts.

Motive der Namenwahl

Im folgenden soll die Entwicklung der Motive für die Namenwahl innerhalb des gesamten Untersuchungszeitraums betrachtet werden.[14] Gerade Veränderungen im Nachbenennungssystem einer Gesellschaft lassen interessante Rückschlüsse auf gesellschaftliche Veränderungen zu.

Ehelich geborene Täuflinge[15]

Als häufigstes Motiv erwies sich SONST. Sein Anteil unterlag nur geringen Schwankungen und bewegte sich zwischen 34 und 41% bei den männlichen und 35 und 42% bei den weiblichen Täuflingen. Da es sich hierbei um eine Sammelkategorie für die verschiedensten, aus den Matrikeln nicht ablesbaren Motiven für die Namenwahl handelt, muß sich eine Auswertung immer sehr stark im Bereich der Vermutung bewegen. Allerdings zeigte sich bei genauerer Untersuchung, daß sich ein gewisser Teil der Benennungen wohl auf die Annahme von Monatspatronen, z.B. Andreas im November zurückführen läßt und damit im weiteren Sinn eher unter das Motiv TAG fällt.
Insgesamt wird man davon ausgehen müssen, daß sich trotz äußerer Stabilität dieses Motivs die Gewichtung bzw. die Art der implizierten Einzelmotive verschoben haben. Beispielsweise wurde ein Kind nicht mehr nach einem besonders verehrten Heiligen, sondern einer gleichnamigen Person des öffentlichen Lebens benannt.

---

[14] Die Entwicklung bei den Doppel- und Dreifachnamen wurde nicht berücksichtigt, da deren geringes Vorkommen in den ersten drei Zeiträumen keine vergleichende Auswertung zuläßt.
[15] Vgl. Abb. 2 und 3.

Das Motiv TAG hatte innerhalb des ersten Zeitraums bei den männlichen Täuflingen noch einen Anteil von 22%, bei den weiblichen dagegen nur von 12%, wobei dieses Motiv fast im selben Verhältnis abnahm (auf 5 bzw. 6%) wie der Anteil von ELT anstieg. Anzumerken bleibt, daß auch innerhalb der ersten drei Zeiträume die Namen der Tagesheiligen überwiegend dann gewählt wurden, wenn sie bereits im Namenbestand enthalten, d.h. gesellschaftlich akzeptiert waren. Erst in den letzten beiden Zeiträumen waren mit TAG ausgefallenere Name verbunden, was sicher auch mit der steigenden Zahl von Täuflingen zusammenhängt. Gleichzeitig zeigt sich hierin ein deutliches Indiz für die zunehmenden Individualisierungstendenzen innerhalb der dörflichen Gesellschaft.

Die Entwicklung der beiden folgenden, stärker personenbezogenen Motive der Namenwahl verdichten diesen Eindruck.

Der Benennung nach Paten oder Eltern kommt eine gemeinschaftsstabilisierende Funktion zu: Namen, die in der Gemeinschaft bereits bekannt sind, sichern durch ihr Weiterleben in den Nachkommen zugleich auch die Kontinuität des Zusammenlebens.

Besondere Bedeutung hatte die Benennung nach den Paten. Diese übernahmen gegenüber den Täuflingen eine wichtige Verpflichtung. Nach dem Kirchenrecht entstand zwischen Paten und Täuflingen eine geistliche Verwandtschaft, die sogar ein Ehehindernis darstellte.

Der gemeinsame Vorname „erscheint (...) als echter relationaler Term, der über die Paten als Eltern im geistlichen Sinne dieselbe Rolle spielte wie der Familienname zwischen leiblichen Eltern und Kindern, nämlich die eines ‚Klassifikators der Linien'."[16]

Die Wahl des Patennamens lag bei den männlichen Getauften im ersten Zeitraum zwischen 19 und 26%, bei den weiblichen zwischen 18 und 27%. Ein Grund, weshalb diese Anteile nicht höher waren, ergibt sich möglicherweise aus dem regionalen Brauchtum, wonach dieselben Paten in der Regel für alle Kinder einer Familie gewählt wurden. Nach der erstmaligen Vergabe des Patennamens mußten für die übrigen Täuflinge neue Namen

---

[16] Zonabend, Francois: Namen – wozu? Die Vornamen in einem französischen Dorf. In: Benoist, Jean-Marie (Hrsg.): Identität. Ein interdisziplinäres Seminar unter Leitung von Claude Lèvi-Strauss. Stuttgart 1980, 222-242, hier 228.

gewählt werden, da es im Untersuchungsraum nicht üblich war, einen Namen innerhalb einer Familie mehrmals zu vergeben. Um die Patenschaft gebeten wurden meist ein Ehepaar der eigenen gesellschaftlichen Schicht, wobei die Patin die Mädchen und der Pate die Jungen zur Taufe trug. Üblich waren dabei gegenseitige Patenschaften zwischen zwei Familien. Neben der moralischen Eignung waren auch materielle Gesichtspunkte für die Patenwahl ausschlaggebend, da sich Umfang und Wert der Patengeschenke nach dem Vermögensstand der Paten richteten.[17]

In der Regel übernahmen keine näheren Verwandten das Patenamt. Eine Ausnahme bildeten hier die Kinder armer Familien und lediger Mütter. Entweder stand ein Verwandter Pate oder man bat wohlhabende Bäuerinnen und Bauern, häufig auch die jeweiligen Dienstherren. Dabei handelte es sich aber eher um die Übernahme einer karitativen Funktion, die zudem das eigene gesellschaftliche Ansehen steigerte, als um die bewußte Aufnahme einer geistlichen Verwandtschaft. Nicht zu vergessen ist dabei der Grundsatz „Patenschaft baut eine Stufe in den Himmel".

Das Patensystem schuf nicht nur enge Verbindungen zwischen Familien, sondern setzte gleichzeitig auch intakte soziale Gefüge voraus. Mit der zunehmenden Auflösung weitreichender familiärer und allgemeiner dörflicher „Netzwerke" und dem Rückzug in die Kernfamilie, die sich bereits im Lauf des 19. Jahrhunderts nachweisen lassen, ging auch die Benennung nach den Paten zurück. Der französische Soziologe Jean-Marie Benoist spricht in diesem Zusammenhang von einem „Verlust des genealogischen Gedächtnisses".[18]

Dies scheint sich durch den Anstieg des Motivs ELT gerade während der letzten beiden Zeiträume zu bestätigen. Während es in den Zeiträumen I und II lediglich mit 13 bzw. 10% bei den männlichen und mit 11 bzw. 13% bei den weiblichen Täuflingen vertreten war, erhöhte sich sein Anteil bis zum Ende des Untersuchungszeitraums auf 31% bei den männlichen und 26% bei den weiblichen Geborenen.

---

[17] Vgl. Heres, Hedi: Kinder kriagn und Kinder wiagn. Brauchtum um Mutter und Kind in Bayern und seinen Nachbarländern. Dachau 1986, 78ff.

[18] Benoist, Jean-Marie (Hrsg.): Identität. Ein interdisziplinäres Seminar unter Leitung von Claude Lèvi-Strauss. Stuttgart 1980, 248.

Eine nicht zu vernachlässigende Rolle spielte hierbei auch ein gewisser „Stammhalter-Stolz“, wonach in der Tochter oder – in verstärktem Maße – im Sohn neben dem biologischen Erbgut auch der Name der Mutter oder des Vaters weiterleben und so eine äußere Kontinuität sichern sollte.
Der prozentuale Anteil der Mehrfachkombinationen blieb während des gesamten Untersuchungszeitraumes relativ gering (1-3%). Dabei handelte es sich wohl größtenteils um zufällige Übereinstimmungen. Bei der häufigsten Kombination, ELT+PAT, wurde meistens einer der Namen vergeben, die bereits in der Eltern- und Patengeneration sehr beliebt waren und deshalb eine Übereinstimmung wahrscheinlich machten.

Unehelich geborene Täuflinge[19]

Für die unehelichen Täuflinge gelten im wesentlichen die oben genannten Erkenntnisse. Auffallend ist hier allerdings der gleichbleibend hohe Anteil des Motivs PAT, bei den männlichen Täuflingen zwischen 28 und 34%, bei den weiblichen sogar zwischen 31 und 39%. Ein Grund dürfte in der relativ schlechten wirtschaftlichen und sozialen Situation liegen, in die viele uneheliche Kinder hineingeboren wurden. Die Paten mußten in vielen Fällen Ersatzeltern sein. Natürlich entstand auch in diesen Fällen nach dem Kirchenrecht eine geistliche Verwandtschaft zwischen Paten und Patenkind, doch wird diese in jedem Fall eine andere Qualität gehabt haben, da durch die Nachbenennung die Täuflinge nicht in eine Familientradition integriert wurden. Der Gesichtspunkt der materiellen Versorgung stand im Vordergrund. Ausnahmen bildeten Kinder, die durch eine nachträgliche Eheschließung der Eltern legitimiert wurden. Für sie wurde häufig der Name eines Elternteils gewählt.
Ein deutlicher Umschwung läßt sich in den beiden letzten Zeiträumen erkennen. Im Zusammenhang damit steht die Zunahme der unehelichen Geburten von 11% auf über 20%. Nach der Säkularisation hatte die Kirche viel von ihrem Einfluß verloren. Sie konnte den ledigen Eltern eine Heirat nicht nur nicht mehr vorschreiben, sondern war auch selbst an die Einhal-

[19] Vgl. Abb. 4 und 5.

tung der amtlichen Heiratsverbote gebunden.[20] Die veränderte soziale Situation führte allmählich zu einer gewissen Emanzipation der unteren Schichten. Viele Familien lebten ohne kirchliche und staatliche Legitimation.[21]

Wie stark der Regionalbezug derartiger Erkenntnisse ist, zeigt der Vergleich mit anderen Namenuntersuchungen: So ermittelte Wiegelmann für das Motiv PAT in einzelnen Gemeinden des Münsterlandes vor 1900 Anteile von 55-80%[22]. In einzelnen Pfarreien Südtirols lag der Anteil von TAG im 18. Jahrhundert zwischen 33 und mehr als 50%.[23]

Gesamtnamenbestand

Im Zuge veränderter Frömmigkeitsformen – der Entwicklung eines umfangreichen Heiligen- und Reliquienkultes – begannen seit der zweiten Hälfte des 12. Jahrhunderts Heiligennamen die bisherigen deutschen Namen zu verdrängen.[24] Diese Entwicklung war bis zum Beginn des 16. Jahrhunderts weitgehend abgeschlossen.

Neben den Apostel- und Evangelistennamen bildeten die Namen aus dem Umkreis der Heiligen Familie bzw. typisch mittelalterlicher Heiligengruppen wie die 14 Nothelfer oder die hl. Drei Könige, aber auch Einzelheilige wie Michael einen festen Bestand. Allen diesen Heiligen ist gemeinsam, daß sie sowohl aus der Liturgie als auch aus dem umfangreichen Brauch-

---

[20] Vgl. Lipowsky, Kirchen- und Sittenpolizei, 68: „Den Pfarrern (...) wurde daher aufgetragen, Braut und Bräutigam nicht als Eheleute zu vereinen, bis sie nicht von der betreffenden weltlichen Obrigkeit die Heirats-Erlaubniß beigebracht (...) haben. (...) Im Übertretungsfalle wurden vermögenslose, vom Pfarrer eingesegnete Eheleute ihm der Ernährung wegen aufgebürdet (...).“

[21] Vgl. die sehr ausführlichen Belege in Phayer, Religion.

[22] Vgl. Simon, Michael: Der Pate als Namengeber. In: Rheinisch-westfälische Zeitschrift für Volkskunde 36 (1991), 215-227, hier 216f.

[23] Vgl. Assmann, Dieter: Die Taufnamengebung als Spiegel der Heiligenverehrung in Tirol. In: Volkskultur. Mensch und Sachwelt (=FS für Franz C. Lipp zum 65. Geburtstag), 19-36, hier 33.

[24] Vgl. Seibicke, Wilfried: Überblick über Geschichte und Typen der deutschen Personennamen. In: Bosch, Werner u.a. (Hrsg.): Sprachgeschichte. Ein Handbuch zur Geschichte der deutschen Sprache und ihrer Erforschung, Bd. 2,2. Berlin – New York 1985, 2148-2164, hier 2156.

tum im Jahresablauf bekannt waren. Heiligenverehrung gliederte lange Zeit nicht nur in einer vertikalen Ebene den Jahreslauf, sondern in einer zweiten, horizontalen Ebene den Lebenslauf der Menschen. Damit sind zum einen die verschiedenen Feste des Heiligenkalenders und das damit verbundene Brauchtum angesprochen, die das Jahr in Feiertage und Arbeitstage aufteilten sowie darüber hinaus auch rechtliche (Beendigung von Dienstverhältnissen an Lichtmeß, Zinstermine) und landwirtschaftliche Termine (Zeitpunkt für Aussaat, Schlagen von Holz) festsetzten. Die Einbindung des individuellen Lebenslaufs ergab sich aus den Patronaten der Heiligen. So existierten für jeden Lebensabschnitt eigene Schutzpatrone. Dazu kamen die jeweiligen Berufs- und Standespatrone sowie die Heiligen, die in individuellen Anliegen um Fürsprache gebeten wurden.

Es lag nahe, Namen, die im täglichen Leben so präsent waren, auch als Taufnamen zu wählen. Eine Erweiterung des Namenbestandes brachte das Konzil von Trient (1545-63). In Abgrenzung zu den Reformatoren wurde die Heiligenverehrung verstärkt propagiert. Dazu wurden auch zahlreiche Heilige, die die Grundsätze des Konzils zur Erneuerung des Glaubens in ihrem Leben verwirklicht hatten kanonisiert und somit als neue Identifikationsmodelle[25] angeboten. Diese „neuen" Heiligen, die häufig Mitglieder der neuen Orden wie der Jesuiten waren, stammten überwiegend aus dem italienischen und spanischen Raum. Zu ihnen gehörten z.B. Karl Borromäus, Ignatius von Loyola, Theresa von Avila, Philipp Neri, Elisabeth von Portugal oder Aloisius von Gonzaga. Namen nachtridentinischer Heiliger finden sich in den Matrikeln von Pfaffenhofen seit dem ersten Untersuchungszeitraum, wobei sie keine hohen Anteile erwerben konnten. Eine Ausnahme bildete Theresia, deren Beliebtheit seit dem dritten Zeitraum bei ehelichen und unehelichen Mädchen kontinuierlich von 2% auf 18% anstieg.

Ein bestimmtes Namenpotential blieb über alle Zeiträume hinweg fast vollständig erhalten.[26]

Dazu gehörten bei den männlichen Täuflingen Johann, Georg, Jakob,

---

[25] Vgl. Korff, Gottfried: Politischer „Heiligenkult" im 19. Und 20. Jahrhundert. In: Zeitschrift für Volkskunde 71 (2/1975), 202-220.

[26] Vgl. Abb. 6 - 9.

Wolfgang, und Michael.; seit dem 18. Jahrhundert trat Joseph verstärkt auf und löste Johann als häufigster Name ab. Die Gründe für die relativ späte Beliebtheit des Namens Joseph sind wohl darin zu suchen, daß auch die liturgische Verehrung des gleichnamigen Heiligen erst spät einsetzte[27]

Bei den weiblichen Täuflingen waren im Untersuchungszeitraum die Namen Maria, Anna, Elisabeth, Katharina und Ursula am beliebtesten, ab der Mitte des 18. Jahrhunderts kam die nachtridentinische Heilige Theresia hinzu.

Diese Namen finden sich im Kernbestand katholischer Vornamen seit dem späten Mittelalter und waren nicht an regionale oder nationale Grenzen gebunden, wie der Blick auf andere Taufnamenstudien zeigt.[28]

Die häufigsten Namen wurden – relativ unabhängig von den Kalenderfesten – das ganze Jahr hindurch vergeben. Bei anderen Heiligen beschränkte sich die Vergabe ihres Namens nahezu auf die Monate der jeweiligen Kalenderfeste. Dies ist zum Beispiel bei Andreas oder Sebastian der Fall. Ob der Grund dafür in der Verbreitung von sogenannten „Monatszetteln“[29] liegt, ist aus heutiger Sicht nicht mehr nachvollziehbar.

Anhand der Taufnamen war es früher oft möglich, die geographische Herkunft der Namenträger zu bestimmen, es kam zur Herausbildung regelrechter Namenlandschaften. Besonders auffällig war die Vergabe seltener Namen, z.B. von Wallfahrtsheiligen.[30] Auch die Kirchenpatrone dienten häu-

[27] Im 15. Jh. „bekam (Joseph) ein festum simplex; (...) 1621 wurde der 19. März gebotener Feiertag; 1729 kam Joseph in die Allerheiligenlitanei hinter Johannes Baptista; 1870 erklärte ihn Pius IX. zum Patron der ganzen Kirche, 1889 Leo XIII zum Patron und Vorbild aller Stände.“, in: Nied, Edmund: Heiligenverehrung und Namengebung. Freiburg/i.B. 1924, 38.

[28] Assmann, Taufnamengebung, 28; Smets, Josef: Demographie, Vornamen und Menatlität in den Cévennen und dem Nieder-Languedoc, 19. Jahrhundert. In: Historical Social Research/Historische Sozialforschung 23 (1998) 1 / 2 (Sonderheft 20 Jahre, Teil 3), 179-201; Seibicke, Personennamen, 2156.

[29] Dabei handelte es sich um gedruckte Andachtsbildchen, auf denen für jeden Monat die Biographie eines Heiligen in Verbindung mit einer Art Leitspruch wie „Stark ohne Furcht“ vorgestellt wurde. Die Monatszettel sollten zu einem intensiveren Erleben des Kirchenjahres verhelfen. Vgl. dazu Schreiber, Georg: Deutschland und Spanien. O.O. 1936 (= Forschungen zur Volkskunde, 22/24

[30] Vgl. Krieg, Dietmar: Die Vornamen im Raum Schwäbisch Gmünd vom 17. bis zum 19. Jahrhundert. In: Rottenburger Jahrbuch für Kirchengeschichte 8 (1989), 255-279, hier 268f.

fig als Namenvorbilder. Im Fall von Pfaffenhofen war der Anteil des Pfarrpatrons Laurentius mit 3-8% relativ groß. Da es in der Umgebung keine weitere Kirche mit demselben Patrozinium gab und der Name Lorenz allgemein nicht sehr stark verbreitet war, dürfte eine Beziehung der Namenträger zu unserer Pfarrei im Sinne einer „hagiologischen Namengeographie“[31] wahrscheinlich gewesen sein.
Schwieriger ist ein Einfluß umliegender Wallfahrtsorte auszumachen, da es sich dabei überwiegend um Marienwallfahrten handelt und der Name Maria in allen Zeiträumen zu den am häufigsten gewählten Mädchennamen zählte. Die Verlöbnisse der Pfarrei zu den Wetter- und Viehpatronen Vitus (1717) und Leonhard (1713) schlugen sich im Namenbestand nicht nieder.
Ab der Mitte des 18. Jahrhunderts traten movierte weibliche Namen auf, die nach männlichen Namen gebildet wurden, beispielsweise Josepha, Laurentia, Aloisia oder Albertine. Ihre Vergabe ging bis auf die häufige Form Josepha fast ausschließlich auf die Benennung nach männlichen Taufpaten zurück.
Innerhalb der letzten beiden Untersuchungszeiträume erweiterte sich der Namenbestand zu einem sehr breiten Spektrum. Wesentlichen Einfluß hatten dabei auch die Pfälzer Kolonisten, die innerhalb des ersten Zeitraums einen Anteil von bis zu 25% der Geburten eines Jahrgangs ausmachten. Vor allem die Protestanten unter ihnen, deren Kinder bis zur Gründung einer eigenen Pfarrei ebenfalls in Pfaffenhofen getauft wurden, brachten eigenes Namengut in den Bestand ein. Seit der Reformation spielten die Taufnamen eine wichtige Rolle bei der gegenseitigen Abgrenzung der Konfessionen.[32]
Als typisch protestantische Namen, die in den hier untersuchten Matrikeln auftreten galten Fürstennamen wie Ernst, August oder Gustav für männliche und Charlotte und Luise für weibliche Täuflinge bzw. alttestamentliche Namen wie Gabriel oder Barnabas.

---

[31] Vgl. die Untersuchungen von Debus, zit. nach Seibicke, Personennamen, 2156.

[32] Vgl. Ammermüller, Eva: Konfessionelle unterschiede in den Taufnamen? In: Rheinisches Jahrbuch für Volkskunde 21 (1973), 9-113; Francois, Etienne: Die unsichtbare Grenze. Protestanten und Katholiken in Augsburg 1648-1806. Sigmaringen 1991, 167ff.

Die katholischen Kolonisten wählten ihre Taufnamen überwiegend aus demselben Bestand wie die alteingesessenen Pfarrangehörigen. Daneben erscheinen aber auch zwei Heilige, die offensichtlich aus der alten Heimat mitgebracht wurden: die vor allem in Franken, aber auch in der Pfalz verehrten Vieh- und Wetterpatrone Wendelin und Rochus.[33]
Eine weitere Besonderheit, die überwiegend auf die Pfälzer Kolonisten zurückzuführen ist, bildete die verstärkte Vergabe von Doppelnamen. Obwohl ihr Anteil bereits bis zum Beginn des 19. Jahrhunderts kontinuierlich angestiegen war, erreichte er seinen Höhepunkt im Lauf des vierten Zeitraums. So wurden von den insgesamt 132 Doppelnamen dieses Abschnitts allein 118 von Kolonisten vergeben. Dazu kamen neun Dreifachnamen, von denen nur ein einziger auf eine einheimische Familie zurückging. Bei den Kolonisten waren Doppelnamen bereits in der Elterngeneration üblich. Während bei diesen die Doppel- und Dreifachnamen insgesamt von den Namengebern auf die Täuflinge übergingen, ergaben sie sich bei den einheimischen Täuflinge überwiegend aus der Kombination verschiedener Motive. So konnte beispielsweise die Familientradition mit einem anderen Motiv verbunden werden. Ein interessantes Beispiel bieten diesbezüglich die Namen der Töchter einer Pfaffenhofener Familie:

Elisabeth (PAT) – Mathilde (ELT)
Maria (PAT) – Mathilde (ELT)
Mathilde (ELT) – Josephine (PAT=Joseph)
Barbara (PAT) – Mathilde (ELT)

Diese Form der Namenwahl trat häufiger bei den weiblichen Namen auf, was möglicherweise in Verbindung mit dem geringeren Umfang des weiblichen Namenbestandes zu sehen ist. Auf diese Weise waren Variationen durch Mehrfachkombinationen möglich.
Die häufig vertretene These, daß uneheliche Kinder von den Geistlichen oftmals besonders ungewöhnliche Namen erhielten, um sie wegen ihrer

[33] Vgl. die entsprechenden Belege in: Zender, Matthias (Hrsg.): Atlas der deutschen Volkskunde, Karten NF 9-12. Marburg 1959-64.

Herkunft förmlich zu „stigmatisieren“[34], konnte für unser Beispiel nicht bestätigt werden. Der Bestand der ehelichen und der unehelichen Namen stimmt im wesentlichen überein. 40 Namen wurden ausschließlich an uneheliche, 47 ausschließlich an eheliche Kinder vergeben. Dabei handelte es sich ausnahmslos um Einfachnennungen, d.h. Namen, die nur einmal während des gesamten Zeitraums auftraten, also nicht zum Kernbestand gehörten. Sie wurden v.a. im 19. Jahrhundert vergeben.
Beim größten Teil der „Neuzugänge“ des 19. Jahrhunderts handelte es sich um Heiligennamen, die zum Teil bereits in früheren Zeiträumen vergeben worden waren. Sie erreichten allerdings in der Regel keine hohen Anteile. Da die Gründe für ihre Auswahl nicht offensichtlich sind – überwiegendes Motiv ist SONST –, könnte bei einigen der Heiligen eine Annäherung über ihre Patronate hilfreich sein: Auffälligerweise haben viele dieser Namenspatrone einen deutliche Bezug zum Komplex Schwangerschaft und Geburt. So gelten beispielsweise Emerentiana und Raimund als Patrone für Schwangere, Norbert und Notburga als Patrone für eine glückliche Entbindung oder Birgitta als Fürsprecherin von Müttern und Kindern. Die Existenz eines gezielt zusammengestellten Namenkataloges als Hilfe für die Eltern erscheint zumindest plausibel. Der einzige Beleg dafür findet sich bei Joseph Schlicht. Danach versuchte die geistliche Obrigkeit mit einer Liste „von etlichen 60 Knaben- und Mädchennamen“ den Namenbestand zu erweitern. „Dadurch sollte das Monopol des Erzengels Michael und des römischen Gardeobersten Sebastian etwas eingeschränkt, dafür aber (...) andern seligen und heiligen Landsmännern und Landsmänninnen eine Kundschaft eröffnet werden. (...) Zum Schirmherrenwechsel hinzu sollen die bayerischen ländlichen Taufnamen dadurch auch noch veredelt werden.“[35]
Als Indiz für die Verehrung eines bestimmten Heiligen als Motiv der Namenwahl erscheint die Vergabe spezifizierter Namen, z.B. Johann von Gott, Johann Gualba, Karl Borromäus oder Rosa von Lima. Einige dieser Spezifikationen wandelten sich seit Beginn des 19. Jahrhunderts zu eigen-

[34] Vgl. Krieg, Vornamen, 269; sowie Heres, Kinder, 82ff.
[35] Schlicht, Joseph: Kindstauf. In: Ebertshäuser, Heidi C.: Das bairische Leben. München 1980, 52f.

ständigen Namen, z.B. Xaver, Nepomuk oder Magdalena.
Im Laufe des 19. Jahrhunderts zeigen sich mit der Wahl bayerischer Herrschernamen erstmals nachweislich säkulare Einflüsse auf die Namengebung. Neben den Namen des Kurfürstenpaares Karolina und Maximilian Joseph, die besonders von den Bewohnern der von diesen begründeten Kolonie Karolinenfeld gewählt wurden, erschienen später auch die Königsnamen Maximilian und Ludwig (1-3% bei ehelichen und unehelichen Täuflingen). Auch Prinzregent Luitpold trat vermutlich als Namenvorbild auf. Beim Namen Otto (1-2%) bieten sich sowohl die gleichnamigen Wittelsbacher als auch Otto von Bismarck an. Dessen Einfluß erscheint mir allerdings doch für eine oberbayerische Landpfarrei sehr fragwürdig. Wolffsohn/Brechenmacher begründen in ihrer Untersuchung des Taufnamenbestandes einer Münchner Stadtpfarrei den erhöhten Anteil des Namens Otto mit einer „Art Reichsbegeisterung".[36]
Dabei lassen sich keine schichtenspezifischen Unterschiede feststellen.[37]

Zusammenfassung

Generell gilt, daß die Enge eines dörflichen Namenkataloges im Laufe des 19. Jahrhunderts überwunden wurde. Wenngleich ein bestimmter Kern traditioneller Namen erhalten blieb, erweiterte sich der Bestand vor allem im 19. Jahrhundert doch wesentlich: Bei den männlichen Namen von 52 auf 75, bei den weiblichen sogar von 23 auf 52.
Auffallend ist die stark gestiegene Zahl der Einfachnennungen, die sich während des Untersuchungszeitraums von ca. 20% auf bis zu 50% erhöht haben. Darin manifestiert sich eine der zentralen Veränderungen in der Taufnamengebung: Statt ein Kind durch die Wahl eines traditionellen Na-

---

[36] Wolffsohn, Michael/Brechenmacher, Thomas: Vornamen als demoskopischer Indikator? München 1785-1876. In: ZBLG 55 (1992), 560. Kritisch ist zu dieser Untersuchung anzumerken, daß nur einige Jahrgänge ausgewertet wurden und die Häufigkeitskurven m.E. teilweise sehr stark überinterpretiert wurden.
[37] Im Gegensatz dazu lassen sich in der heutigen Gesellschaft derartige Unterschiede deutlich erkennen Vgl. Shin, Kwan Sook: Schichtenspezifische Faktoren der Vornamengebung. Heidelberg 1975 (Diss.). Auch innerhalb des Untersuchungszeitraumes dürfte die Untersuchung städtischer Vornamengebung zu gegensätzlichen Ergebnissen führen: vgl. Wolffsohn, Vornamen.

mens in die Gesellschaft zu integrieren, steht zunehmend eine Heraushebung des Individuums durch einen besonderen Namen im Vordergrund. Damit korrespondiert die Beobachtung vom Aufbrechen traditioneller Nachbenennungssysteme. Diese Tendenz läßt sich mit Blick auf die heutige Namengebung bestätigen.

Von Bedeutung ist auch die Geschwindigkeit, mit der sich Veränderung innerhalb des Namenbestandes vollziehen. Soziologische Studien beschreiben die Entwicklung der heutigen Vornamengebung in vier Stufen:[38]

1. INNOVATION: Phase des langsamen Anstiegs
2. DIFFUSION: Phase des rapiden Anstiegs
3. ADAPTION: Phase der relativ größten Verbreitung
4. RESTRIKTION: Phase des Rückgangs

Während heutige Modenamen in der Regel alle vier Phasen innerhalb weniger Jahre durchlaufen, zeigt sich bei den untersuchten Namen die Langlebigkeit des Bestandes. So beschreibt der gesamte Untersuchungszeitraum bei den meisten Namen nur eine einzige Phase, überwiegend 4, die restlichen greifen bis ins Mittelalter zurück. Je schneller sich ein Namenbestand verändert, desto weniger Bedeutung kommt den mit den Namen verbundenen Werten zu. Regionaltypische Unterschiede verwischen sich dabei zunehmend.

Wentscher sprach bereits 1928 von der Entwicklung „der deutschen Rufnamen als Bewegung (...), die zuletzt in das immer schnellere Tempo der Mode abstürzt (...).“[39] Die heutige Namengebung unterliegt stark veränderten gesellschaftlichen Rahmenbedingungen und ist in ihrer Vielfalt kaum überschaubar. Dennoch gilt wie für die vergangenen Jahrhunderte:

„Über den Namen als Zugang kann viel an Einsicht gewonnen werden, wie die eigene Lebensgeschichte mit der Familiengeschichte zusammenhängt. Die Frage nach Motiven der Namenwahl führt aber letztlich über die Familiengeschichte hinaus. Jede Namensentscheidung hat auch eine gesellschaftliche Dimension. So sehr wir uns von traditionellen Systemen der

---

[38] Vgl. Shin, Vornamengebung, 27. Die Phaseneinteilung folgt Hägerstrand.

[39] Wentscher, Erich: Die Rufnamen des deutschen Volkes. Halle 1928, 3.

Nachbenennung emanzipiert haben mögen – Prozesse der Namengebung unterliegen nach wie vor gewissen sozialen Regelmäßigkeiten. Die Beschäftigung mit ‚Ahnen und Heiligen' könnte so dazu führen, sich darüber Gedanken zu machen, wie Familie und Gesellschaft heute miteinander zusammenhängen."[40]

Abbildungen

	Zeitraum I 1649-1700	Zeitraum II 1701-1750	Zeitraum III 1751-1800	Zeitraum IV 1801-1858	Zeitraum V 1859-1900
Täuflinge Insgesamt	1805	1453	1218	2256	1942
Durchschnittliche Geburtenziffer/Jahr	35,4	29,1	29,1	38,9	46,2
Eheliche Geburten	1598 (88,5 %)	1290 (88,8 %)	1077 (88,4 %)	1676 (74,3 %)	1535 (79 %)
Uneheliche Geburten	207 (11,5 %)	163 (11,2 %)	141 (11,6 %)	580 (25,7 %)	407 (21 %)

Abb. 1: Zahl der Täuflinge / Verhältnis eheliche – uneheliche Geburten

[40] Mitterauer, Michael: Ahnen und Heilige. Namengebung in der europäischen Geschichte. München 1993, 20f.

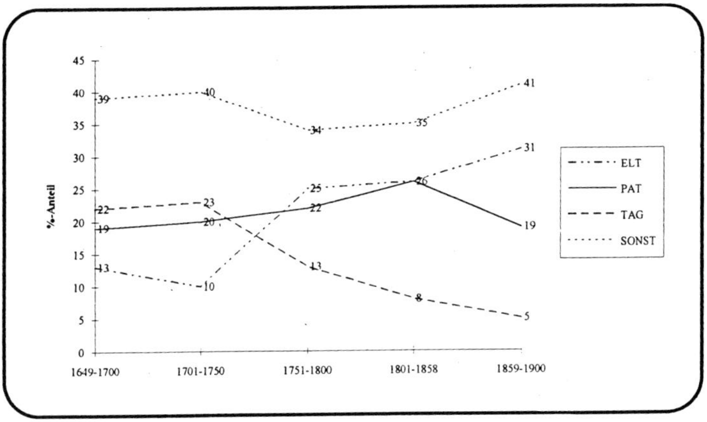

Abb. 2: Motive der Namenwahl bei männlichen ehelichen Täuflingen

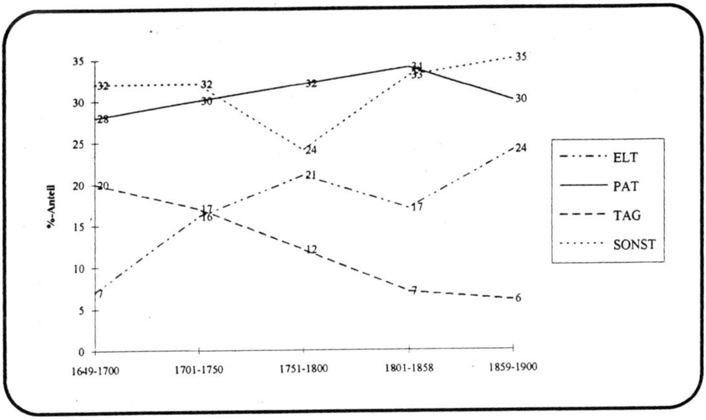

Abb. 3: Motive der Namenwahl bei männlichen unehelichen Täuflingen

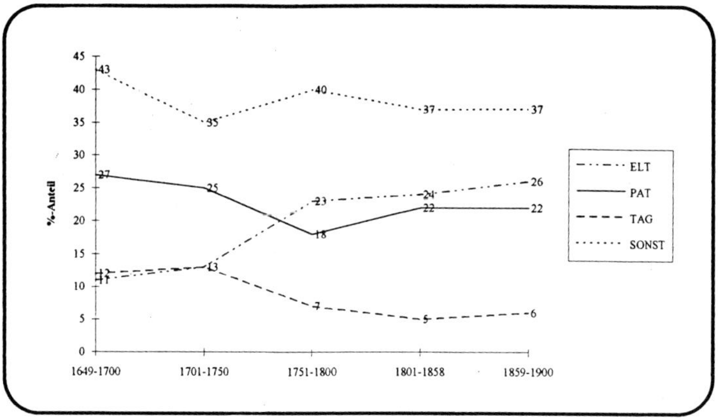

Abb. 4: Motive der Namenwahl bei weiblichen ehelichen Täuflingen

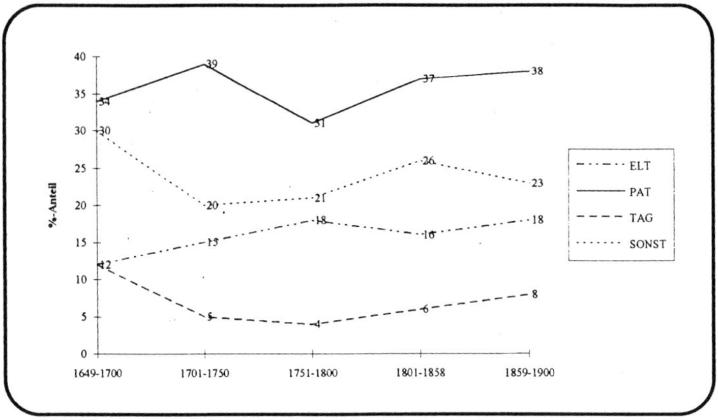

Abb. 5: Motive der Namenwahl bei weiblichen unehelichen Täuflingen

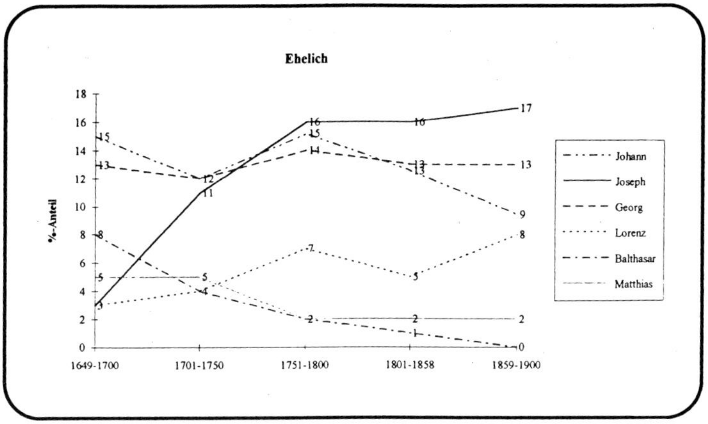

Abb. 6: Entwicklung einzelner Namen bei männlichen ehelichen Täuflingen[41]

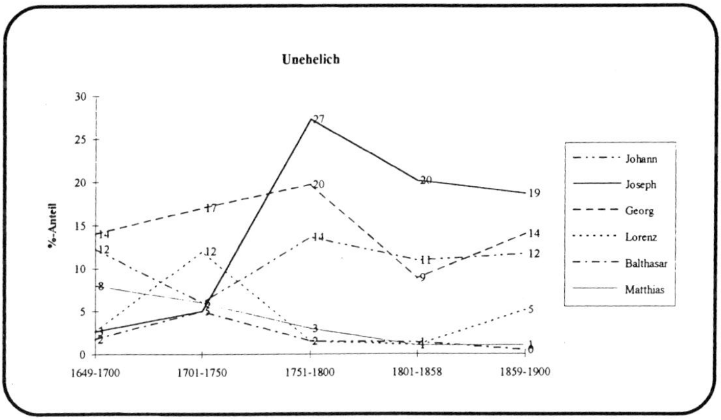

Abb. 7: Entwicklung einzelner Namen bei männlichen unehelichen Täuflingen

[41] Ausgewählt wurden die sechs weiblichen ehelichen und vier männlichen ehelichen Spitzenreiter des ersten Zeitraums, die jeweils auch im Bestand unehelicher Namen enthalten waren. Dazu kamen bei den Männernamen Lorenz als Patron der Pfarrkirche und Joseph als deutlichster Aufsteiger. Aus demselben Grund wurde Theresia bei den Frauennamen aufgenommen.

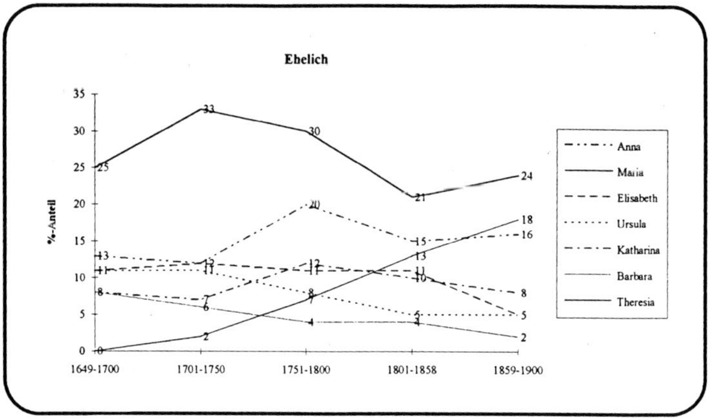

Abb. 8: Entwicklung einzelner Namen bei weiblichen ehelichen Täuflingen

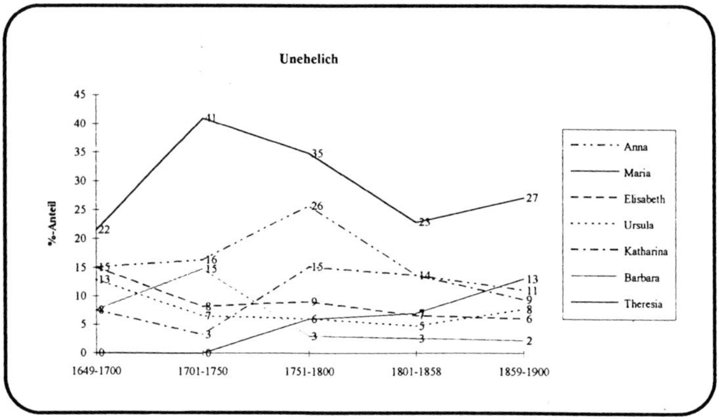

Abb. 9: Entwicklung einzelner Namen bei weiblichen unehelichen Täuflingen

Matthias Dürr: eine Zusmarshauser Rotgerberfamilie im 18. Jahrhundert

Anni Hartmann

Das Dürr'sche Inventar ist Bestandteil der gut 800 Hauratslisten, die im Band 8 „Häuser - Möbel - Trachten" der Heimatbuchreihe des Landkreises Augsburg, herausgegeben von Walter Pötzl, ausgewertet wurden und die zusammen mit anderen Quellen wie Bildern oder erhaltenen Gegenständen Aufschluß über die Sachkultur der Vorfahren unseres Raumes geben.[1] Bei der Vielzahl der Inventare war es nicht möglich, auf die jeweiligen Personen und ihre Lebensgeschichte einzugehen. Im vorliegenden Beitrag soll versucht werden, anhand der Zusammenschau verschiedener Quellen ein Lebensbild der Zusmarshauser Rotgerberfamilie Matthias und Maria Anna Dürr nachzuzeichnen. Daß Geschichte so lebendig vor Augen treten kann, hat Walter Pötzl in seinen Forschungsarbeiten im Landkreis Augsburg wiederholt gezeigt. In seinem Buch „Lebensbilder zu Bildern aus dem Leben" (Augsburg 1991) stellte er vor allem Votivtafeln in Lebenszusammenhänge und legte damit eine originäre Leistung vor. Auch in seinem Werk „Kreuze, Bildstöcke, Feldkapellen" (Augsburg 1996) suchte er zu erhaltenen Dingen den ursprünglichen Ort im Leben zu finden.

Im Folgenden sollen die Lebensumstände der Zusmarshauser Handwerkersfamilie aus der Mitte des 18. Jahrhunderts beleuchtet und in wirtschafts- und sozialgeschichtliche Bezüge gestellt werden. Fährten zur Geschichte der Familie Dürr ließen sich in den Pfarrmatrikeln in Zusmarshausen und Horgau, den Steuerlisten und Pflegamtsprotokollen des Hochstifts und der Herrschaft von Rehlingen, sowie in den Mirakelbüchern der Biberbacher Wallfahrt und andernorts aufspüren.

[1] W. Pötzl und A. Hartmann: Häuser - Möbel - Trachten, Augsburg 1993, 333-356

a) Die Familie Dürr in Zusmarshausen

Matthias Dürr wurde am 7. Februar 1708 als Sohn des Zusmarshauser Rotgerbers Anton Dürr und seiner Frau Anna Maria Winklerin „de Ottobeuren", die am 17. Januar 1690 die Ehe gechlossen hatten, geboren. Seine Taufpaten waren der Hafner Bartholomäus Schüffer und Anna Maria Schmid, beide aus Zusmarshausen. In einer Auflistung der Personalstruktur im Gericht und im Markt Zusmarshausen aus dem Jahr 1703 wird der Pate unter den Zwölfern genannt, wie auch der Vater „Antoni Dürr" selbst.[2] Dieser ist im Gegensatz zum Hafner auch bei der Erhebung von 1721 noch als Amtsträger genannt.
Matthias lernt wie sein älterer Bruder Johann (geboren am 2. Februar 1700) und sein jüngerer Bruder Franz Joseph (geboren am 24. Januar 1712) das Handwerk des Vaters. Jeder von ihnen führt später eine eigene Rotgerberei. Den Betrieb des Vaters übernimmt der jüngste Sohn Joseph. Die Eltern übergeben am 25. Oktbober 1732 „Behausung, Stadel, Garten, Hofreite + 1/4 tel der Ölmühle + in die 3 Felder 9 Jauchert Acker" ihrem damals Zwanzigjährigen „wegen allgemach betagten Alter".[3] Vater Anton stirbt am 30. August 1748 als hochbetagter Witwer im Alter von 80 Jahren. Die Steuerliste von 1755 gibt das Vermögen des Matthias mit 972 Gulden an, das des Johann mit 618 Gulden und unter Joseph Dürr werden 1.044 Gulden notiert.[4] Drei Rotgerberbetriebe aus der Familie Dürr bestanden demnach zur Mitte des 18. Jahrhunderts in Zusmarshausen. Der vermögendste von ihnen war Joseph, dessen Besitz um ein knappes Zehntel höher angesetzt wird als der des Matthias. Fast nur die Hälfte des Wertes erreicht das Anwesen des älteren Bruders Johann im Vergleich zum jüngsten. Mit ihren rund 1.000 Gulden Vermögen konnten sich Matthias und Joseph zu den gut situierten Familien des Markten rechnen. Übertroffen

---

[2] Wolfgang Wüst in Zusmarshausen, herausgegeben von W. Pötzl, Zusmarshausen 1992, 144

[3] StAA Augsburger Pflegämter 1698

[4] Rolf Kießling in Zusmarshausen, 1992, 83 - 85

wurden sie unter den 115 aufgeführten Steuerzahlern nur von zwölf. Reicher als sie waren die Bierbrauer Peter Paul Mayr (1.192 Gulden), Johann Jakob Mayr (2.636 Gulden), Thaddäus Sauer (1.072 Gulden) und Matthias Mayr (1.233 Gulden), der Zäpfler (= Schankwirt) Johann Michael Spreng (1.481 Gulden), der Wirt „zum Mond und goldenen Krone“, Dagobert Eberle (2.404 1/2 Gulden), der Posthalter Franz Xaver Hueber (1.241 Gulden), der Müller Mang Enderle (3.705 Gulden) und der Eisenkramer Marx Buecher (1.927 Gulden). Ohne Berufs- und Standesbezeichnung werden Franz Bauhoff mit 3.697 1/2 Gulden und Johann Caneffzgi mit 1.260 Gulden genannt.

Aus den Pfarrmatrikeln erfahren wir, daß Johann am 25. Januar 1724 im Alter von 24 Jahren seine Braut Maria Franziska Körberin aus Zusmarshausen ehelichte. Seine Trauzeugen waren Johann Adam Deil (poster praefecto) und Joh. Mayr (Mercator). Matthias heiratet am 31. Januar 1730 im Alter von 22 Jahren. Der Jüngste gründet seine Familie im Jahr der Übergabe, 1732. Er ist zwanzig Jahre alt. Seine Frau wird Catharina Waltenberger von Oberwaldstetten. Schon nach zwei Jahren stirbt die junge Frau (15. Juni 1734). Franz Joseph schließt die zweite Ehe mit M. Victoria Graf von Engertshausen.

Um einen Verwandten (wohl Bruder des Vaters und Onkel des Matthias) düfte es sich bei dem Rotgerber Jacob Dürr handeln, der in der Liste von 1703 als einer der zwölf Gerichtsverwandten oder -beisitzer aufgeführt ist. Gleichzeitig wird er zusammen mit dem Oberrichter Hannß Schmidt als einer der beiden Siegelherren bezeichnet. Von ihm unterscheidet der Schreiber einen Jacob Dürr d. Ä. (wohl Vater der beiden und Großvater des Matthias), der „Stüfftspfleger“ zusammen mit dem Sattler Georg Mayr ist. In der Erhebung von 1721 tritt 18 Jahre später ein Philipp Jacob Dürr (wohl identisch mit Jacob Dürr von 1703) in Erscheinung, nicht mehr dagegegen Jacob Dürr d. Ä.. Daß es sich bei dem 1685 genannten Gerichtsbeisitzer und „Bürgerrecht Ein(n)emmer“ Jacob Dürst um eine abweichende Schreibweise des Dürr'schen Familiennamens handelt, darf vermutet werden. Demnach wäre der Großvater über einen Zeitraum von mindestens 18 Jahren (1685 - 1703) mit öffentlichen Ämtern beauftragt gewesen.

In der Steuerliste von 1677 ist der Rotgerber Jakob Dürr mit einem Vermögen von 600 Gulden zu 50 Gulden Steuern veranlagt.[5] Seine Steuerlast zählt damit zu einem mittleren Aufkommen innerhalb des Marktes, ähnlichen Niveaus wie die Schmiede Heinrich Moll und Michael Deihl, die Wagner Hans Bechler und Hans Aubel Seitz, der Kupferschmied Michael Remmele, der Färber Hans Michael, die Weber Michael Müller d. J. und Georg Schneckmeyer, der Hafner Hans Schlosser, der Kistler Hans Bauer oder der Kramer Christian Moll. Die Zusmarshauser Pfarrmatrikel halten die Eheschließung des verwitweten Rotgerbers Jakob Dürr mit Maria Neumair aus Fleinhausen am 15. April 1681 fest.
Der früheste Nachweis eines Dürrs in Zusmarshausen begegnet mit Johann, der 1625 aus Dinkelscherben kommt und Sabrina Wölldishofer aus Zusmarshausen heiratet. Die Verbindungen nach Dinkelscherben bleiben auch unter den nachfolgenden Generationen lebendig. So erwirbt der Zusmarshauser Rotgerber Jakob Dirr 1696 das Zusameck'sche Gnadenhaus Nr. 5 (heute Augsburger Straße 26) in Dinkelscherben, das vor ihm der Rotgerber Hans Georg Sing aus Blenzheim (1680 - 1693) und Jakob Baur aus „Tannhausen" (1693 - 1696) besaßen. Noch im gleichen Jahr geht der Besitz aber von Dirr an Anton Markmiller, Rotgerber aus Höchstatt, über, in dessen Familie er 90 Jahre lang bleibt.[6] Ein weiteres Dürr'sches Familienmitglied verheiratet sich nach Dinkelscherben. Der Rotgerber Johann Michael (wohl ein Sohn des Jakob d. J. und Vetter des Matthias) schließt am 22. April 1732 die Ehe mit Anna Maria Ruepp, der Tochter des Söldners und Maurers Michel Ruepp. Das junge Paar bewohnt das Anwesen Nr. 57 (heute Spitalgasse 14); das zum Bursamt des Domkapitels gehörte. Seine Ehe währt allerdings nur ein Jahr. Am 3. April 1733 stirbt Johann Michael mit 22 Jahren. Als „Civis in Dinkelscherben" wird er in seiner Heimatgemeinde Zusmarshausen zu Grabe getragen.[7]

---

[5] ebenda, 79 - 83 f

[6] W. Pötzl, Geschichte und Volkskunde des Marktes Dinkelscherben, 1987, 153

[7] ebenda, 199 f und Pfarrmatrikel der Pfarrei Zusmarshausen von 1733 IV 3

b) Die Familie Singer in Horgau

Die Rotgerbersgattin Maria Anna Josepha Singer wurde am 27. März 1712 in Horgau geboren. Ihre Eltern waren der Bader und spätere Vogt Samuel Singer und dessen Ehefrau Barbara, die zur Zeit der Geburt erst knapp vier Jahre in Horgau ansässig waren.[8] Am 9. Oktober 1708 kamen sie von Warmetsried und erwarben vom vormaligen Horgauer Bader Hans Fritz das Bad samt Haus, zwei Gärten und Stadel, sowie 1 Jauchert Acker um 1.100 Gulden.[9] Drei Monate später (15. Januar 1709) zahlt Samuel Singer abermals einen Kaufschilling von 500 Gulden.[10] Mehrere Schulden hat er in den ersten Jahren abzuleisten. So erlegt er dem „Böcken“ Hans Scheifele am 19. Mai 1711 „die auf weyenachten 1710 verfallenen 80 fl.“. Am 29. März 1713 tilgt er ein „2. Zihl pro 1711 und 1712 verfallen iedes a 25 fl.“.[11] In dieser Urkunde wird der Bader Singer erstmals als Vogt bezeichnet. Demnach übertrug ihm die Horgauer Herrschaft von Rehlingen im fünften Jahr nach seinem Zuzug (1712/1713) dieses verantwortungsvolle Amt.

Der Horgauer Ortsadel übernimmt von Anfang an das Patenamt für seine Familie. Alle vier in Horgau geborenen Kinder (Vincentius, geb. am 17. Januar 1710, Maria Anna Josepha (die spätere Frau des Zusmarshauser Rotgerbers), Franziska Theresia, geb. am 20. August 1714 und Franziskus Michael, geb. am 28. September 1715) haben die „illustra Domina Eleonora Elisabetha Antonia Baronissa de Rehlingen“ zur Patin.[12] Ein Epitaph in der Horgauer Pfarrkirche erinnert noch heute an sie. Auch der zweite Pate entstammt gehobener Schicht. Es ist bei den ersten beiden Kindern der von den Rehlingern präsentierte Horgauer Pfarrer Bartholomäus Ertle, bei den letzteren der Kaplan Laurentius Baur.

---

[8] Pfarrmatrikel der Pfarrei Horgau
[9] StAA Adel v. Rehlingen 56, 83/84
[10] ebenda, 101
[11] ebenda, 165 und 217
[12] Horgauer Pfarrmatrikel

Mit noch nicht ganz 18 Jahren heiratet die Baders- und Vogtstochter Maria Anna den Zusmarshauser Rotgerberssohn Matthias Dürr.[13] Ein Heiratskontrakt zwischen den beiden ist nicht erhalten. Daß die Braut aber neben einer reichen Ausstattung an Kleidern, Rosenkränzen und Silberschmuck (siehe Inventar) den stattlichen Betrag von 1.700 Gulden „Heurathsguetts" in die Ehe einbringen konnte, läßt darauf schließen, daß der Vater es zu beachtlichem Wohlstand in Horgau brachte.[14] In den Protokollakten tritt Samuel Singer öfters als Geldverleiher auf. So leiht er beispielsweise dem Horgauer Schloßbeständer Martin Berchtenbreiter am 12. September 1721 100 Gulden.[15]

Der weitere Lebenslauf führte die Familie Singer vermutlich weg von Horgau. Jedenfalls sind weder Vater, Mutter noch Kinder in den Horgauer Sterbematrikeln zu finden.

Die Ehe des Matthias und der Maria Anna Dürr

Am 31. Januar 1730 schlossen Matthias Dürr und seine um vier Jahre jüngere Braut Maria Anna Singer aus Horgau die Ehe. In den 22 Jahren ihres Zusammenseins gebar die Rotgerbersgattin 18 Kinder. Nur sechs von ihnen haben das Erwachsenenalter erreicht. Am 19. September 1752 stirbt Maria Anna mit 41 Jahren, nach langwieriger, etwa ein Jahr andauernder Krankheit, wie es im Nachlaßprotokoll heißt.[16]

Die erste Tochter, Maria Klara, kommt noch im Jahr der Eheschließung am 8. August 1730 zur Welt.[17] Ihr Name begegnet wieder in den Pflegamtsakten bei der Verteilung des mütterlichen Erbes und im Zusammenhang mit einer Sittlichkeitsstrafe im Jahr 1756 (s. unten).[18] Auf die Geburt des ersten Kindes folgt ein Jahr später die der zweiten Tochter Maria Victoria (21. Dezember 1731), die wohl bald wieder stirbt. Nach einem weiteren

[13] Zusmarshauser Pfarrmatrikel v. 1730 I 31

[14] StAA Adel von Rehlingen 57 (Register) Amtsprotokoll Horgau, 1721 - 1734

[15] ebenda

[16] StAA Augsburger Pflegämter 1710 161 - 165: Kindsvergleich

[17] Zusmarshauser Pfarrmatrikel: Dort sind ebenfalls die Geburten der nachfolgenden Kinder verzeichnet

[18] vgl. Abschnitt „Das mütterliche Erbe"

Jahr kommt Maria Theresia (22. September 1732) zur Welt. Sie wird nur kanpp drei Jahre alt und stirbt am 28. Mai 1735. Nach den drei Töchtern wird am 5. September 1733 der erste Sohn , Matthias - benannt nach dem Vater - geboren. Aus den Dillinger Universitätsmatrikeln[19] geht hervor, daß er als 15-jähriger im Jahr 1748 an das Jesuitengymnasium nach Augsburg kam, zusammen mit seinem nur drei Jahre jüngeren Vetter Franz Xaver, der im späteren Studium in Dillingen einer der Besten wird. Allerdings stirbt sein Verwandter noch im Studentenalter. Matthias wechselt 1751 an das Kolleg der Jesuiten in Mindelheim. Nach vier Jahren immatrikuliert er sich 1755 an der Universität in Dillingen, wo er dem Orden der Jesuiten oder Franziskaner beitritt. (Die Quellen geben hier unterschiedliche Auskunft.)[20] Seiner Geburt folgt die des Bruders Joh. Leonhard am 7. November 1734. Von ihm lassen sich keine weiteren Spuren ausmachen. Maria Theresia - benannt wie die verstorbene Schwester - kommt am 16. Oktober 1735 zur Welt. Schon nach wenigen Monaten stirbt auch sie, so daß das nachfolgende Töchterchen, das am 24. September 1736 das Licht der Welt erblickte, ebenfalls auf den Namen Maria Theresia getauft wird. Auch sie kommt über das Kleinkindalter nicht hinaus. Am 10. September 1739 endet ihr junges Leben. Es folgen die Geburten von vier Söhnen, von denen die drei ersten auf den Namen Franz bzw. Fanziskus getauft werden. Am 28. August 1737 wird ein Franziskus ins Taufregister eingetragen, am 21. September 1738 ein Franziskus Michael, am 25. September 1739 ein Franz Xaver. In den folgenden Jahren 1740 und 1741 bleibt der Kindersegen aus. Erst im dritten Jahr kommt am 31. Januar 1742 wieder ein Knabe zur Welt. Er erhält den Namen Vincentius. Nach sechs Wochen stirbt er. Eine größere Lebenserwartung ist der fast zwei Jahre später geborenen und nach der Mutter benannten Maria Anna (1. Dezember 1743) beschieden. Beim Tod der Mutter ist sie neun Jahre alt und wird eine der Erbinnen des mütterlichen Gutes. Eine am 23. Januar 1744 geborene Maria bleibt wohl nur kurze Zeit am Leben, ebenso wie der nachfolgende Bruder Augustinus, der am 15. August 1745 das Licht der Welt erblickt und sieben Tage später sein Leben wieder aushaucht. Im übernächsten Jahr wird die Tochter Anastasia

[19] A. Hartmann in Zusmarshausen, 1992, 189 u. 196

[20] vgl. Anmerkung 15 und StAA Augsburger Pflegämter 1712, Eintrag v. 1756 II 26

geboren (14. April 1747), die beim Tod der Mutter fünf Jahre alt ist. und im Nachlaß ebenfalls bedacht wird. Ein weiterer Sohn namens Samuel, nach dem Singer'schen Großvater benannt, wird den Matrikeln zufolge, den Tag seiner Geburt kaum überlebt haben. Anders sein Bruder Franziskus Joseph, der 20 Monate später, am 8. März 1750 zur Welt kommt: Er gehört mit seinen zweieinhalb Jahren ebenfalls zu den überlebenden Kindern, die die Mutter beerben. Das letzte Kind, das Maria Anna Dürr zur Welt bringt, ist ihr Töchterchen Maria Magdalena, das 16 Monate vor dem Tod der Mutter das Licht der Welt erblickt (30. Mai 1751). Sie ist das jüngste der sechs Kinder, die die 41-jährige Hausfrau des Matthias Dirr bei ihrem Tod im frühen Herbst 1752 hinterläßt. Außer den zwei Kleinkindern M. Magdalena und Franziskus Joseph bleiben die beiden fünf- und knapp neunjährigen Mädchen Anastasia und M. Anna, sowie die erwachsenen Kinder Matthias (19 Jahre) und M. Klara (22 Jahre) zurück.[21]

Genaueres über Krankheit und frühen Tod der Mutter erfahren wir aus dem Mirakelbuch von Biberbach[22], zu dessen Heiligem Kreuz sich die „mit einer gefährlichen Mutterkrankheit" angegriffene Rotgerbersgattin am 3. April 1752 hoffnungsvoll wandte. Maria Anna Dürr glaubte, sie sei „gesegneten Leibs" und die Zeit der Geburt wäre gekommen. Trotz langer „jämmerlicher Schmerzen" wollte aber nichts vorangehen. Da fiel „die unverständige Hebamme auf die Gedanken, die gute Frau müsse ein Gewächs bey ihr haben; wovon sie auch würklich etliche Stücklein gewaltthätiger Weis abgerissen, welche einen sichern Doctor zur Inspection überschickt wurden." Auch dieser Mann hielt das Abgerissene für ein Gewächs und ordnete an, „selbiges auf alle Weis von ihr zu bringen". Die schon „elend darniederliegende Maria Anna wurde bey solchen Veranstaltungen immer schwächer" und schließlich mit den Heiligen Sakramenten versehen, da „man ihr Leben schon für verlohren gehalten". In dieser Not gelobte die Sterbenskranke samt ihrem Ehemann Matthias eine Wallfahrt zum Gnadenort nach Biberbach zu machen, und „Opfer und Heil. Meß hier abzulegen". Viele Leuten liefen zu diesem „Trauer-Spiel" zusammen und unter-

---

[21] StAA, Augsburger Pflegämter 1710, 161 - 165; Kindsvergleich

[22] Mirakelbuch der Wallfahrtspfarrei Biberbach v. 1761 (s. W. Pötzl: Wallfahrerinnen und Wallfahrer aus Zusmarshausen, in: Zusmarshausen, 1992, 218 - 220

stützten „aus Mitleiden gegen diese armseelige Weibs-Persohn" die Klagen und „Seufzen" zum Heiligen Kreuz. Endlich fiel einer von den Betern „aus Eingebung Gottes" auf den Gedanken, man solle eine andere Hebamme, und zwar von Burgau, kommen lassen. Diese schlug „die Hand über dem Kopf zusammen" und beteuerte vor allen Anwesenden, „es komme dieses Elend einmahl für allezeit von keinem vermeinten Gewächs her, sondern seye wahrhaftig ein grosses Miracul, daß diese Persohn annoch lebe, indeme dieses, was von ihr gerissen worden, nicht von einem Gewächs sondern von der Mutter selbsten abgerissen" worden sei. Die Hebamme aus Burgau stellte alles fernere Reißen ab und gebrauchte andere Mittel, „welche durch Gnadenvolle Mitwürkung und Hülf des Heil. Creuzes so viel gefruchtet, daß die Krancke in wenig Tagen mit jedermanns Erstaunung zur vollkommenen Gesundheit gelanget" sei. Kaum genesen von dem dreiwöchigen Krankenlager, unternehmen Maria Anna und Matthias Dürr am 29. April die versprochene Wallfahrt nach Biberbach, wo sie mit „viel vergossenen Zähern dem Heil. Creuz ihre Dancksagung, und gemachte Gelübd für so grosse Gutthat abgelegt", und den Vorgang beim Wallfahrtspfarrer angezeigt haben.
Nur wenige Monate überlebte Maria Anna ihre im Mirakelbuch beschriebene „vollkommene" Gesundung. Von dem Eingriff wohl nicht mehr richtig erholt, zieht sich ihr Leiden über fünf Monate hin, ehe sie im September 1752 stirbt.

Das mütterliche Erbe

Nach dem Tod der Mutter kommt es im darauffolgenden Jahr am 16.6.1753 zum Kindsvergleich.[23] Aus den 1.700 Gulden Heiratsgut, „die bisher nicht vermehrt" wurden, sind nach Abzug der Passivschulden von 2.400 Gulden 500 Gulden an Sohn Matthias, der zu dieser Zeit im Jesuitenkolleg in Mindelheim studiert[24], bezahlt worden. Daß der Vater damit nicht einverstanden war („so wider des Vaters Willen geschehen"), wird ins Protokoll ausdrücklich aufgenommen. Jedes der sechs lebenden Kinder

[23] StAA Augsburger Pflegämter 1700, 161 - 165
[24] Zusmarshausen 1992, 189

aus erster Ehe des Matthias Dürr soll 200 Gulden mütterliches Erbe erhalten. Die Auszahlung wird fällig bei Veränderung (des Standes) oder beim Erreichen des 25. Lebensalters. Beim Tod dcs Vaters ist der Betrag sofort auszuzahlen. Ferner stehen den „4 Mägdlen" jeder 1 Kuh (nach freier Wahl) oder 10 Gulden zu. Dem Buben Franz Joseph, damals gerade drei Jahre alt, sind 25 Gulden zu geben, um ein Handwerk zu lernen, wenn er das seines Vaters nicht lernen will. Außerdem soll jeder einen Kasten, eine Ehrenbettstatt mit drei Bettern, einem Pfulgen (= Kopfkeil), „2 Küsset, mit einmal flexen und einmal wirken Überzugen" erhalten. Sieben Halskleider (=Obergewänder) stehen zur Verwahrung an bis die Kinder erwachsen sind. Stirbt ein Kind ledig, bekommen die Geschwister das Geld, der Vater die Möbel und das Bettzeug.
Das Protokoll wurde im Beisein des Vaters Matthias Dürr verfaßt, des Schwiegervaters („Schweher-Vater") Samuel Singer, des Matthäs und Jacob Mayr (Taufpate und Vormund), beide Bierbräuer, des Schreiners Franz Michl (Vormund) und des Holzwarts Thomas Enzler. Ergänzt wird am 11.8.1767 ein Eintrag, der die Namensliste um Vormund Josef Dürr erweitert.
Ferner bekennt Vater Matthias, von seinen Kindern erster Ehe „Bargeld 13 Gulden 52 Kreuzer" (über den Vormund Josef Dürr), aus „Silbernen Schnürketten 25 Gulden 49 Kreuzer", zusammen also 39 Gulden 41 Kreuzer als Darlehen erhalten zu haben. Er verspricht, das Geld mit vierteljährlicher Kündigung zurückzugeben. Von den persönlichen Dingen der Mutter und ihres Hausrats legt der Pflegamtsbeamte ein Inventar an das die Dinge nach ihrem Wert und ihrer Materialbeschaffenheit differenziert. (INVENTAR siehe Anhang). Für die unmündigen Dürr'schen Kinder, einschließlich der bereits 22-jährigen Tochter Maria Klara werden Vormünder bestellt:[25] Franz Michel, Schreiner, „des Gerichts" und Jakob Mayr, Bierbrauer, der auch das Patenamt bei allen Kindern übernommen hatte. Sie üben einen bedeutenden Einfluß auf den Lebensweg ihrer Mündel aus. So wird die 25-jährige Klara, die unehelich ein Kind (Niclas)[26] geboren hat, verpflichtet, den wohl nicht besonders gut situierten Kindsvater Josef Da-

[25] StAA Augsburger Pflegämter 1710, 161 - 165
[26] StAA Augsburger Pflegämter 1712 (Register)

niger aus Winterbach zu heiraten und das Söldhäuschen der dortigen Schwiegermutter für 125 Gulden zu übernehmen. Der Vater Matthias Dürr, der damals bereits wieder verheiratet war und zwei Kinder aus zweiter Ehe hatte, ist mit dieser Verfügung nicht einverstanden und kündigt Appelation an. Die Vormünder lassen sich davon allerdings nicht beeindrucken. Laut Protokoll vom 12. Januar 1756 bleiben sie bei ihrer Verfügung „ob er (Dürr) zwar seinen Consens zu obiger Heirat nicht erteilt, so werde derselbe von Vormundschaft und Pflegamt suppliert.“[27] Die Begründung wird im Protokoll mitgeliefert: Ihres Erachtens bleibt der ledigen Mutter nichts anderes übrig, „weil sie, da das Kind noch lebe, einem Dienst vorzustellen außerstandes und dem Mattes Dürr, in dem dieser selbst mit kleinen Kindern von erster und 2. Ehe zur auferziehung weder aufzubürden noch füglich anzubetrachten sei und er Dürr zwar zu obiger Heirat gar nicht einrathen ... als hat man amtswegen in Betracht, daß sie Clara Dürrin bey denen Umständen, worin sie sich selbst versetzt, keine bessere Heirat zu erwarten habe.“[28] Der Vater muß das schuldige mütterliche Gut von 200 Gulden, zuzüglich weiterer 82 Gulden anweisen. In einer Randbemerkung vom 18. August 1756 hält der Schreiber acht Monate später fest, daß die mit Joseph Daniger aus Winterbach verheiratete Clara Dirrin 282 Gulden empfangen hat „wobey pro Informatione annectiert wird, daß Ihro die ab Ihrer fornicationsstraff ad 15 fl bezohene nachsteur mit 30 kr dato widerumb bonificiert“.[29] Das Bußgeld samt Zinsen für den Tatbestand der Unzucht und der daraus resultierenden unehelichen Schwangerschaft wird demzufolge vor der Aushändigung des Erbes abgezogen.
Das mütterliche Erbe des Zweitältesten, des Franziskanernovizen und Philosophiestudenten Matthias, geht im Studium an der Dillinger Jesuitenuniversität und im dortigen Orden der „Russit. Provinz“[30] auf. Außerdem muß der Vater Gelder aufnehmen, um die anfallenden Kosten für ihn zu bestreiten. Im Pflegamt wird am 26. Februar 1756 festgehalten, daß Matthias Dürr 40 Gulden Kapital aufgenommen hat „aus der Baron Adel-

[27] ebenda
[28] ebenda
[29] ebenda
[30] ebenda

mannschen Kornstiftung + Hl. zu Kreuth[31] insbesonder zu bestreitung des Kostgellts und Reißkösten seines von denen H. H. Patres Franciscani in die Russit. Provinz auf(ge)nohmen H. Sohn Matthias Dürr philosophiae studiosium." Matthias Dürr ist an diesem Tag mit seinem gleichnamigen, 22-jährigen Sohn auf dem Amt erschienen um urkundlich festzustellen, daß das mütterliche und alles weitere Erbe des Sohnes in die „Disposition" des Franziskanerordens zu Dillingen kommen solle: „... waßgestalten Ihme Gott die Gnad verlyhen ... in den Orden S. Franzisci Russit. Provinz auf- und angenommen zu werden, Entschlossen seye, seiner noch übrigen Mütterl. und anherl. Vermögens solcher gestalten zu disponieren, das wan Er mit anhoffenter Gnad Gottes in den Ort seines anzutreten vorhabenten novitiats anlangen mithin die Einkleydung erhalten und das probierjahr überstehen und zur Heil. Profession gelassen, sofort in die Welt und anhero nicht wider zurückkommen werde."[32]

Das Protokoll hält fest, daß das eventuelle Erbe des Novizen im Falle seines Todes an den Vater, die Stiefmutter Margareth Dürr, die vier leiblichen und zwei Stiefgeschwister und der „rechten Schwester Clara Kind (Niclas)" geht.

Der jüngste Sohn, Franziskus Josef erlernt das Handwerk des Vaters und erwirbt Behausung und „zugehörd". Als junger Rotgerber heiratet er am 8. Januar 1774 mit 24 Jahren die aus Oberhausen stammende Franziska Adelmann[33]. Wie damals seine Mutter bringt auch sie ein reiches Heiratsgut mit in die Ehe. Zu den 300 Gulden Bargeld kommt eine wertvolle Ausstattung an Kleidung und Hausrat dazu. Die persönliche Mitgift besteht in einer silbernen Gollerkette mit Maschen, einem in Filigran gefaßten hölzernen Rosenkranz, einem mit silber beschlagenem Gebetbuch und Kleidern, um sich viermal umzuziehen. Für den Haushalt ist die Oberhauserin mit sechs Zinntellern, drei kleinen Zinnschüsseln, einer Bettflasche (aus gleichem Material), sieben mit Zinn beschlagenen Krügen, zwei „Salz Bichslen" und einem Weihwasser-"Kösellen" (beides zinnbeschlagen), drei kupfernen Becken und einem Kännchen, zwei Messingleuchtern und

[31] ebenda
[32] ebenda
[33] StAA Augsburger Pflegämter 1725

der Putzschere gerüstet. An Möbeln kommen von ihr das Ehebett mit grünen Vorhängen und drei Überzügen, ein „Ehehalten" Bett (= Dienstboten-Bett), eine Komode, ein alter zweitüriger Kasten, eine große beschlagene Truhe, zwei große Tafeln und drei kleine „contraveten". Eine Menge Weißwäsche und beachtlicher Leinenvorrat ergänzen ihre Mitgift.

Die zweite Ehe des Matthias Dürr

Anderthalb Jahre nach dem Tod seiner Ehefrau Maria Anna heiratet der jetzt 46-jährige Matthias Dürr zum zweiten mal. Am 26. Februar 1754 nimmt er die alleinstehende, nicht in Zusmarshausen geborene Margaretha „Wincklerin" zur Ehefrau[34]. Es fällt auf, daß ihr Familienname der gleiche ist, wie jener seiner Mutter, die aus Ottobeuren stammte. Trauzeugen sind Anton Deyhl (der in der Steuerliste von 1755 als Schmid ausgewiesen ist) und Michael Spring (Bäcker und Gastwirt „zum Trompeter" [35]), bei dessen Kind schon die verstorbene erste Ehefrau Patin war. Aus der zweiten Ehe gingen weitere zehn Kinder hervor: Afra (30.7.1754), Jacobus (23.7.1755), Johannes (25.1.1757), Antonius (1.2.1758), Joh. Georg (10.2.1759), Franz Salesius (22.1.1760), Josepha (28.3.1761), Maria (14.8.1762), M. Theresia (8.8.1763), Benediktus (3.3.1765)[36]. Bei den ersten fünf Kindern bleiben die Paten die gleichen wie in erster Ehe, beim sechsten und siebten Kind tritt Victoria Roggin (loco matris ... Theresia Roggin) an die Stelle der Gastwirtin Maria Anna Eberlin. Bei den drei letztgeborenen wechselt der männliche Pate: Franz Joseph Enzler folgt auf den Wirt Jacob Mayr. Bei der Geburt des letzten seiner insgesamt 28 Kinder ist Matthias Dürr bereits 57 Jahre alt. Seine zweite Ehe hat bis zu seinem Lebensende Bestand. Am 16. Februar 1778 stirbt Matthias im Alter von 70 Jahren. Daß der damalige amtierende Pfarrer von Zusmarshausen in der Sterbematrikel vermerkt, Matthias Dürr sei circa 80 Jahre geworden, muß den klaren Daten zufolge als eine etwas zu großzügig ausgefallene Schätzung gewertet werden.

---

[34] Pfarrmatrikel Zusmarshausen
[35] Zusmarshausen 1992, 202
[36] Pfarrmatrikel Zusmarshausen

Gesellschaftliche Beziehungen

Mit welchen Menschen stand die Rotgerberfamilie des Matthias Dürr in engerer Beziehung, mit wem pflegte sie Kontakte?
Eine mögliche Antwort auf diese Frage kann die Wahl der Paten geben. Matthias Dürr übernimmt noch im Jahr seiner Eheschließung das Patenamt bei Johann Thomas Hainle (10.12.1730), dem Sohn des Händlers (mercator). Im darauffolgenden Jahr wird er Pate beim Maurer (Murary) Matthias Reiner, als dessen Tochter Maria Barbara am 17.5.1731 getauft wird. Auch den Maurersohn Joh. Georg hebt er aus der Taufe (3.4.1733). Matthias Frau Maria Anna wird als junge Ehefrau Patin beim Bäcker (Pistoris) Joh. Mich. Spreng für dessen am 25.7.1731 geborenen Sohn Franz Jakob. Im darauffolgenden Jahr begleitet sie am 21.2.1732 Franz Jos. Wanner, den Sohn des Adlerwirtes Joh. Jakob (Hospitis ad Aquilam auream) zur Taufe.
Die Dürrsch'schen Kinder aus erster Ehe werden alle von Maria Anna Erberlin, der Wirtin zum Mond und Jacob Mayer, dem Wirt zum Löwen zur Taufe gebracht.

Konflikte und Nöte im Leben des Matthias Dürr

a) Gesellschaftlich-obrigkeitliche Auseinandersetzungen
Matthias Dürr gerät als junger Mann öfters in Konflikt mit dem Gesetz. Am 4. September 1732 wird er mit 2 Gulden abgestraft, weil er „an der Zusam aus einem Madt (Wiese) gegen ungefehr 1/2 Tagwerk groß unangefragt einen ackher gemacht und mit Haaber angesähet“ hat.[37]
Von einer Rauferei in der Fasnacht berichtet das am Freitag nach Aschermittwoch verfaßte Pflegamtsprotokoll vom 20. Februar 1733. Der damals 25-jährige Matthias Dürr saß in der Wirtschaft des Bierbräuers Matthias Mayr, als sich ein Streit mit dem in Zusmarshausen lebenden „Kürchmusikanten“ Maximilian Gebert von „Oberwaalbach“ entwickelte. Dabei hatte der junge Rotgerber seinem Kontrahenten „mit seinem Ring an der Hand“ drei Zähne in der Mitte abgeschlagen, „daß es dem selben am

[37] StAA Augsburger Pflegämter 1698

Waldthorn und Trompetenblasen etwas nachteylig." Mit fünf Gulden wird Matthias dafür abgestraft.
Eine weitere Strafe kommt hinzu, da der Übeltäter sich am anderen Abend spät zu „H. Jacob Mayr prewen Behausung" begeben hat und „da selbst M. Behrmeitinger ledigen stands von Wollbach unschuldiger weis mit einem stock und noch darzu auf den Boden geworfen und blutig geschlagen". Dafür und für andere verübte „Büebereien", zu denen er „selbsten Anlaß gegeben", wird von Amt wegen „pro satisfactione 1 Duyl das ist 7 fl. 30 kr. zu geben" auferlegt.[38]
Im darauffolgenden Jahr, am 23. August 1734, kommt es wegen übler Nachrede „wider Mathias Dürr" zu einem gütlichen Vergleich zwischen ihm und dem Weber Joseph Mayr, „wegen daß Magdalena Bainlin in ged. Joseph Mayr Behausung ... zerschidene Ehrenrührische Reden ausgestoßen haben solle."[39]

b.) Wirtschaftlich - finanzielle Schwierigkeiten:
Matthias Dürr erlernte von seinem Vater das Rotgerberhandwerk. Von ihm erhält er einen eigenen Betrieb, der zuvor im Besitz des Vaters war. Im Grund- und Steuerbuch von 1742 ist das Anwesen mit der Hausnummer 52 (= Webergasse 19) beschrieben.[40] Es „hat Behausung, Stadl und kleinen Garten, stoßt morgenhalb an die Gemeind, Mittag und Abend an den Mühlgarten, dann Mitternacht an das Mühlgäßle". Außerdem gehört „ein halbe Öhl- und Lohmühle an der Rott sambt der Hälfte einer darneben stehenden Dörrhütten" zum Anwesen. An Äckern werden aufgeführt: „im Gallengasser Feld: 1 + 1 3/4 + 1 + 1/2 Jauchert, im Kottgauer Feld: 3/4+ 1+ 1/2 + 1 Jauchert, im Bettenbacher Feld: 1 + 3/4 + 3/4 + 1 Jauchert". An Wiesen („Mäder") sind „1 + 3 1/2" vorhanden. Im Stall stehen 3 Rösser, 4 Kühe und 2 Schweine. Der Zehnt ist an den Pfarrer zu leisten. Solide mit Haus, Stadel. kleinem Garten, Äcker und Wiesen ausgestattet, mehrte die reiche Heirat mit der Horgauer Vogtstochter Maria Anna Singer seinen Besitz um 1.700 Gulden.

---

[38] wie 37
[39] StAA Augsburger Pflegämter 1700
[40] StAA Hochstift Augsburg NA Lit. 1531 (= Grund- u. Steuerbuch v. 1742), 202 - 205

Ein sicheres Auskommen wäre zu erwarten gewesen. Zusmarshausen bot für das Gerberhandwerk gute Absatzmärkte. Leder für Sättel und Saumzeug waren gefragt. Die Posthalterei und der damit verbundene Reiseverkehr sorgten für Nachfrage. Auch Leder für feste Schuhe fand seinen Absatz. Statt Wohlstand bedrängen den Rotgerber aber seit 1740 Geldnöte in zunehmendem Maße. Teile seines Grundbesitzes veräußert er. Am 7. Januar 1740 verkauft er 1/2 Jauchert Acker „aufm Hasl Bettenbacher Feld, burgauisch Lehen, aber gilt- und zehentfrei, von Jakob Dürr + Hans Hainlen v. Vallried herrührend" für 50 Gulden an Franz Josepf Weldishofer.[41]
Ein Jahr später kommt es erneut zu finanziellen Schwierigkeiten. Am 29. April 1741 bekennt Matthias Dürr vor dem Pflegamt, „daß er wegen H. Magister Joseph Monschein S. J. von Zusmerhausen gebührtig an Ein Hochw. Hochlöbl. Collegium zu Dillingen zu gefallen a 200 fl umb Verzünsung zu 5 fl aufrecht und rödlich schuldig worden seyn". Zur Sicherheit läßt er „vor ein wahres unterpfand verschreiben 3 1/2 Tagw. einmäd. Maad im Cronen Rohr" (taxiert auf 500 fl) „stoßt morgen halb an die Zusamb, mittag an Philipp Jacob Dürr, abend an die gemein Vich waydt und mitternacht an Hanß Hainlen zu Vallried". Als Zeugen waren zugegen: Hans Michael Spreng, Bäcker und sein Bruder, der Rotgerber Johann Dürr.[42] Eine Randnotiz vom 7.10.1756 wirft ein Licht auf die weitere Entwicklung der Finanzkrise: Dürr hat „nebenstehentes Vertragspfand successive theilweise verkaufft", hat aber nur 50 fl abgezahlt. Bis er die restlichen 150 fl abzahlt, werden gepfändet: 4 1/2 Jauchert Acker, 2 1/2 Tagw. Maad, die zu einer eingekauften Hube gehören, „so zwar schon dem Wallfahrtsgotteshaus Violau per 200 fl versetzt ist." Im Grund- und Steuerbuch von 1742 werden Matthias Dürrs Schulden aufgelistet: den Jesuiten in Dillingen 200 fl., dem Dagobert Eberle, Oberrichter, 200 fl, seinem „Schweher" Samuel Singer in Horgau, 300 fl.[43] (Ein Nachtrag weist auf das Protokoll vom 26. Februar 1756 hin, das für die Baron Adelmannsche Kornstiftung 40 fl ausstehend notiert, „dem Heiligen zu Kreut" noch 40 fl zusichert.) Faßt man die vorliegenden Protokollnachrichten zusammen, so zeigt sich, daß Mat-

---

[41] StAA Augsburger Pflegämter 1702 (Register)
[42] StAA Augsburger Pflegämter 1703, 13v
[43] StAA Hochstift Augsburg NA Lit. 1531, 202 - 205

thias Dürr nach zwölf Ehejahren trotz seines ansehnlichen zu versteuernden Vermögens von 972 Gulden bereits annähernd genauso hoch verschuldet ist. Die nächsten zehn Jahre setzen Nachrichten über Schuldendienste aus. Dann kommt es zu neuen Verpflichtungen. Am 12. Januar 1752 nimmt er von der „Dirriz'schen Pfleg zu Dillingen ein Kapital von 200 fl" zu 5-prozentiger Verzinsung auf. Als Unterpfand gibt er „3/4 J. Acker im Bettenbacher Feld" und „3/4 Tagw. zweim. Maad im Suppenwang". Die beiden Grundstücke sind zusammen wenigstens 400 fl wert. Zeugen des Schuldvertrags sind die beiden Zusmarshauser Bräubrüder Michael Spreng und Peter Paul Mayr.[44]
Das Ableben der Ehefrau im September 1752 und die daraus resultierenden Erbzuweisungen an die Kinder bringen Dirr in weitere Zahlungsschwierigkeiten. Zeitgleich kommt es zu einem Vergleich mit seinem Schwiegervater Samuel Singer, „gewester Vogt zu Horgau, beisitzer allhier" (20.6.1753).[45] Noch im gleichen Jahr (3.9.1753) erscheint Matthias Dürr vor dem Amt und bekennt, daß er „absonderlich aber zue abzahlung anderer capitalschulden" von der Witwe des Johann Freisig von Rauner zu Mehring 500 fl empfangen hat, jährlich mit 5 fl zu verzinsen.[46] Als Pfand gibt er „seine allhier bishero ingehabte Behausung, Stadl und Gärten, so Herrn Pfarrer zehentbar, zusätzlich eine Jauchert Acker und ein Tagwerk Maad."
Im Februar 1754 verheiratet sich Matthias Dürr wieder. Am 14. Dezember des gleichen Jahres übergibt er eine in seinem Namen von einem Advokaten verfaßte Appelation („indicem superiorem"). Über den Inhalt macht das Protokoll keine näheren Angaben.[47]
Am 10. März des darauffolgenden Jahres verkauft M. Dirr eine Maad an Ant. Bronner, Vogt zu Vallried, andere an Peter Reitmayer zu Wollbach.[48]
Am 6. September 1755 vereinbart er einen Gütertausch mit Leonhard Deil, die Felder betreffend. Die Heirat seiner Tochter Clara wirft neue Finanzie-

---

[44] StAA Augsburger Pflegämter 1708
[45] StAA Augsburger Pflegämter 1710, 196 - 199
[46] StAA Augsburger Pflegämter 1710 (Register)
[47] StAA Augsburger, Pflegämter 1711 (Register)
[48] ebenda

rungsprobleme auf. Per Amtsanordnung vom 12. Januar 1756 wird festgesetzt, daß Matthias Dürr ihr das „schuldige mütterliche Gut“ von 200 Gulden + 82 Gulden anzuweisen habe.[49] Den Empfang des Geldes bestätigt die jung verheiratete Tochter im August.[50]
Im gleichen Jahr, am 26. Februar, nimmt der schon mehrfach verschuldete Vater Kapital auf bei der Baron Adelmannschen Kornstiftung und bei dem „Hl. zu Kreuth“, jeweils 40 Gulden. Damit sollen vorwiegend die Kostgelder und Reisekosten seines studierenden Sohnes Matthias bezahlt werden, der 1755 von Mindelheim nach Dillingen wechselt.[51] Außerdem hat Sohn Matthias noch Anspruch auf sein restliches mütterliches Erbe in Höhe von 100 Gulden. Die Zahlungsverpflichtungen zwingen den Rotgerber, erneut Schulden zu machen. Vierzehn Tage später erhält er von Andreas Kräzler, dem Bauern auf dem Weldishof, 200 Gulden. Die Schuld überläßt dieser Violau.[52] Weitere 175 Gulden bringt der Verkauf von 1 1/2 Tagwerk Wiese an Jörg Rothmayr (19. Mai 1756). Tags darauf wechselt noch ein 3/4 Tagwerk an den neuen Besitzer. Am 23. November erhält Dürr für den Verkauf eines Jaucherts Acker 113 Gulden vom Bäcker Anton Spreng.[53] Die Erlöse reichen aber nicht aus. Acht Wochen später, am 18. Januar 1757, nimmt er wieder bei der „Diriz. Pfleg. zu Dillingen“, die ihm schon 1752 borgte, weitere 200 Gulden auf.[54]
Am gleichen Tag tauscht Matthias Dürr ein 3/4 Tagwerk Maad und ein halbes Jauchert Acker mit Jakob Mayr, dem Paten seiner Kinder.[55] Zwei Jahre später ist die Schuldenlast des zahlungsunfähigen Gerbers so groß, daß sein Haus - vor allem auf Druck des Augsburger Gläubigers - verkauft werden muß. Am 3. März 1759 gibt er „zu vernehmen, waßgefallen Er zu beruhigung seines so sehr andringenden Credioris Herrn Joh. Thomas v. Rauner in Augsburg, welcher ihme an den pr. 500 fl. schuldige Capital

[49] StAA Augsburger Pflegämter 1712 (Register)
[50] ebenda
[51] ebenda
[52] ebenda
[53] ebenda
[54] StAA Augsburger Pflegämter 1713
[55] ebenda

und zu 100 fl. verfallene Interess im Falle Er bis zu Ausgang verwichenen Monats erfolgenden Bezahlung 50 fl. nachzulassen schriftlich versprochen".[56] Johann Thomas Enzler, Holzwart und Gerichtsmann, kauft um 1.450 fl. „seine bishero ruhiglich inngehabte neuerbaute Behausung, Stadl und Wurzgärtlen" und die halbe Ölmühle. Dafür übergibt und verkauft Enzler „an Zahlungsstatt" um 1.000 fl. seine Behausung, den Stadel und Garten, der „morgenhalb" an Martin Schlipfler, Mittag an die Gasse, Abend an F. X. Hämmerle und Mitternacht an Thadd. Saur stößt. Enzler gibt demnach Dürr noch 450 fl. Bargeld, um Rauner zu befriedigen. Beim Haustausch behält er sich vor „sein im oberen Stüble stehendes eisenes Öfele, des gleichen den Roßbarren samt Rafen und Zugehör" mit sich hinüber in die eingetauschte Dürrsche Behausung zu nehmen. Matthias Dürr hingegen nimmt den „in der Zuricht Stuben befindlichen irrdenen Ofen ebenfalls aus, dan den baahren samt Rafen und Zugehör im Oxenstall und Pferdstall aus, nebst seinem Werkstatt Kessel." Ein Zugeständnis macht Enzler noch: Gegen Lohnkosten kann der Rotgerber weiterhin in seiner ehemaligen Mühle „zur Sommerzeit das von disem gebuzte Looh so vil Er daran zu seiner Handtierung nöthig um den vierten Metzen lohn" stampfen.

Die wirtschaftlichen Verhältnisse scheinen sich mit dem Gütertausch konsolidiert zu haben. Die Pflegamtsprotokolle wissen von keinen weiteren Schulden oder Tauschgeschäften mehr. Matthias Dürr konnte demnach die letzten zwanzig Lebensjahre mit einem geordneten Finanzhaushalt leben.

Das ehemalige Anwesen des Matthias Dürr, das er von 1730 bis 1759 bewohnte und bewirtschaftete, blieb 20 Jahre im Besitz des Holzwarts Enzler. Am 21. Mai 1779 erwarb es Gottfried Gaßner, vier Jahre später, am 4. April 1783, der Rotgerber Michael Dirr, ein Neffe wohl des verstorbenen Matthias. In dessen Familie blieb das Haus 45 Jahre lang. Dann wird am 11.6.1828 Alois Lettinger neuer Besitzer des Anwesens, das jetzt als Webergasse 19 registriert ist.[57]

[56] StAA Augsburger Pflegämter 1715
[57] StAA Augsburger Pflegämter NA Lit. 1531 202 - 205

Anhang: INVENTAR

1753 VI 16 Zusmarshausen
Mattheis Dürr (Rotgerber)
StAA Augsburger Pflegämter 1710, S. 166 - 170
7 Würckhene handtzwehlen. 10 deto flechsene. 9 Würckhene Dischtücher. 10 deto flechsene. 4 pfulgen Ziechen. 7 paar Küsset Ziechlen. 8 flechsene Ziechen. 2 Würckhene deto. 16 hemmeter. 24 Goller. 7 Tisch Serviet. 10 Ellen schmahl Tuech. 3 bokhel hauben. 2 Mieder. 3 mit silber beschlagene bett büecher. ein silberner schnir Ketten mit 17 1/2 Looth.
NB: heraus sollen der Anna stasin, und Magdalena goller Kötten gemaht werden. ein hals Kötten mit 5 Looth silber.
75 Pfund Zünn gschirr, welhes der Vatter, und die 4 Mägdlen zu thaillen.
15 grosse böther. 5 pfulgen. 10 Küsseter. 6 grosse böttstatten. 2 deto Kleinere. 20 Pfund Kupfer, so Jn 5 Theil gleich wie das Zünn gehen solle. 4 Grosse Tisch. 4 Kästen. ein Mehl Truchl. 2 mehl Kästen. 16 pfannen. 10 Riffl fächer. 2 beschlagene Kneth Trögl. 3 hechlen. 2 hechl stüehlen. 4 Wäsch Krezen. 2 fuer so denen buben gehörig. 2 Rais Truchen. 4 Dorthen mödl, und blech. 6 Leichter. 12 stezen glässer. 2 bontelien. 3 Saurbronnen flaschen. 1 Pfeffer Mühl. 2 Giesser. 1 Kössel. 1 Weiber Sattel. 2 Mörscher von mössing, und Eysen. 1 Crucifix bildt, so Jn der oberen stuben. 6 mit silber gefaßte Rosen-Kränz. Wovon der Anastasia den mit Ville gran gefasst heylt: Landt Rosenkranz, den einen von berlen muetter.
die Maria Anna
ein mit silber gefasster gogges- und dergleichen heylt: Landt Rosen Kranz.
der Magdalena ein Koralen- und hl. Landt Rosen Kranz mit helffen bein gefasst.
Nicht minder das schwarze Kleidt.
das gelbe Kleidt solle der Maria Anna.
der grüene Rokh, und braune brüstl entgegen der Anastasia zugehören
3 schürz denen 3 Kleinen mägdlen
Jedem der 4 Mägdlen 2 beschlagene Krieg.
Somit noch zu machen
Seindt noch zu machen

8 Hemmeter. 8 Würckhene Leylacher. 1 Würckhene Ziech. 2 barchete böther. NB. den Kleinen Mägdlen Jn die Ehren böttstatt. Jtem diser 4 Kisseter, so gleichfalls Annoh zu Machen.
Sollen der Clara gehören.
1 groß barchetes bött neu. 1 neüer pfulg. 2 neüe Küsseter.
dem Bueben Franz Joseph seindt noch 6 hemmeter zu Machen.

Gerbermeister Günter Cramer beim Krispeln (= Weichmachen des Leders mit dem „Krispelholz“).

Gerbermeister Cramer beim Angerben von Rindsleder.

Rotgerber, Ölmüller, Samenhändler
Ein Soziogramm der alten Dinkelscherbener Familie Markmiller

Fritz Markmiller

Bei seinen weitgreifenden Forschungen in der Region ist Walter Pötzl auch auf die seit 300 Jahren im Markt Dinkelscherben ansässige Familie Markmiller gestoßen.[1] Seine Ergebnisse haben mir, dem „Chef des Hausarchivs", wichtige Ergänzungen gebracht. So nehme ich gern die Gelegenheit wahr, dem freundschaftlich Verbundenen zum runden Geburtstag das zu widmen, was ich selbst über unseren Familienzweig in Dinkelscherben zusammenstellen konnte. Es soll ein „Soziogramm" werden und beispielhaft Menschen, Haus und Hof, Beruf und Arbeit dokumentieren - wie sie konkret „verortet" und datengenau erfaßbar, für die alte Zeit typisch gewesen sind und auch noch in unsere Gegenwart herüberreichen.
Die Aufforderung „Grabe, wo Du stehst" gilt nicht bloß für einheimische Archäologen, sondern auch für den Kulturhistoriker. Walter Pötzl, der als Hochschullehrer wie als Heimatpfleger ein herausragender Vertreter der Zunft ist, hat eine Menge archivalischer Quellen zur „Volkskultur" erschlossen und ausgewertet. Er möge nachfolgenden Beitrag, im niederbayerischen Dingolfing - dem Geburtsort seiner Frau - geschrieben und das schwäbische Dinkelscherben betreffend, mit Wohlwollen und Interesse aufnehmen.

[1] Walter Pötzl: Geschichte und Volkskunde des Marktes Dinkelscherben, Augsburg 1987.

Älteste Stammtafel Mark(t)müller in Höchstädt

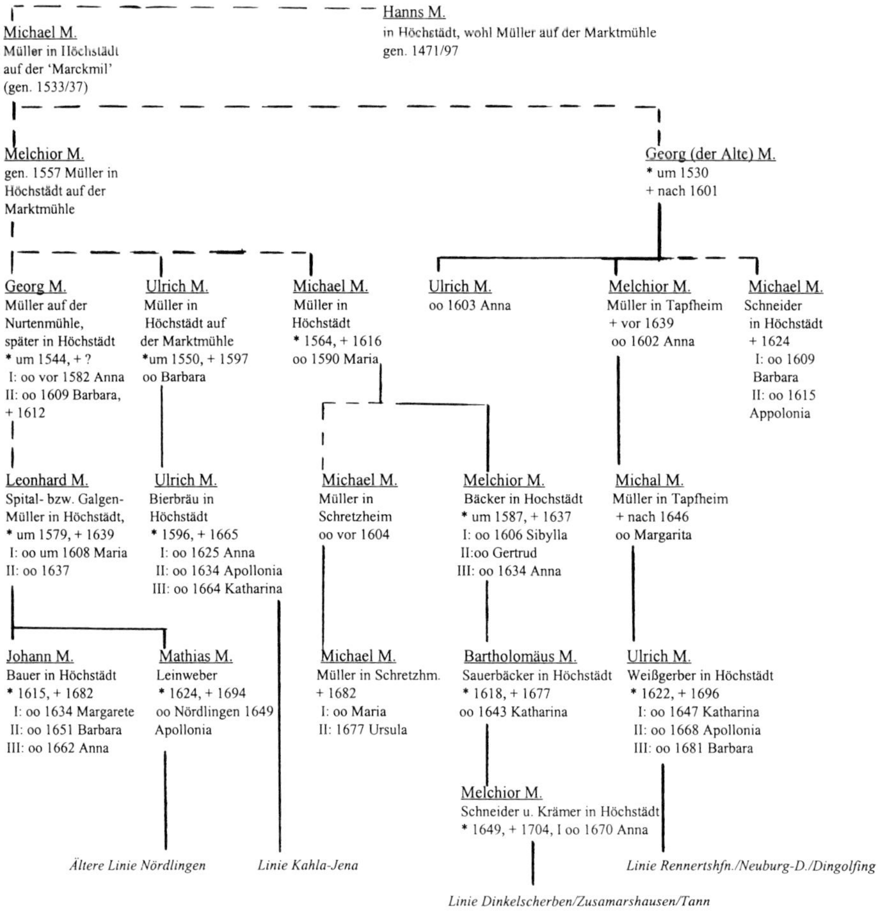

Die Leute

Die Stammfamilie Markmiller nahm ihren Ausgang von der „Marktmühle" in Höchstädt a. d. Donau, einst an der Stelle des heutigen Hauses Lutzinger Straße 1 gelegen.[2] Sie wird erstmals im II. bayerischen Herzogsurbar um 1280 aufgeführt und ist hier als „molendinum ciuitatis superius" - als obere Bürgermühle - „zu Hohsteten" bezeichnet. 1557 heißt sie „öll- oder marcktmüll", 1598 und wieder ab 1697 trug sie auch den Namen „Pfaffenmühle", weil aus ihr Gefälle in die Geistliche Pfründepflege flossen.
Alle Nennungen des Anwesens und seiner Besitzer enthalten bis in die 1. Hälfte des 17. Jahrhunderts noch das „t" im Namen. Mit der Matrikelführung der zur Gegenreformation häufig wechselnden Pfarrer[3] entfiel allmählich dieser Buchstabe. Weitere Schreibweisen mit „ck" oder „ckh", „i" oder „ü" wechselten hin und her, bis sich um die Mitte des 19. Jahrhunderts bei fast allen Linien „das schwäbische i" - man vergleiche Schillers Luise Millerin - durchgesetzt hat. Gleichwohl gibt es noch zahlreiche Verwandte, die ihren Namen mit „ü" schreiben[4].

Stammtafel Markmiller in Dinkelscherben

ANTON PHILIPP MARKMILLER
Rotgerber

(Melchior M., Schneider u. Krämer in Höchstädt, oo Anna Löffler)
* 20.X.1674 Höchstädt, † 29.III.1744 D.
I oo 25.VI.1696 D. **ANNA ARZ**, Sattlerstochter von D., † 14.VIII.1726 D.

---

[2] Fritz Markmiller: Die Herkunft der Markmüller-Familien aus Höchstädt a. d. Donau und Umgebung, in: Die Rehlen-Sippe 52, Nördlingen 1989, S. 76 - 81.
[3] Fritz Markmiller: Katholisch werden oder auswandern! Die Durchführung der Gegenreformation in Stadt und Pfarrei Höchstädt a. d. Donau 1615 - 1656, in: Jahrbuch des Historischen Vereins Dillingen XCIX/1997, S. 151 - 227.
[4] Fritz Markmiller: Aus der alten Heimat in eine neue Welt: Markmiller - Familien im europäischen Ausland und in den USA, in: Die Rehlen-Sippe 60, Nördlingen 1998, S. 147 - 157.

Kinder

Elisabetha * 9.X.1697, † ledig 17.VI.1770; Franziskus * 5.X.1698; Anna Katharina * 21.XI.1699; Anton * 28.V.1701; Anna Maria * 16.IV.1703; Joseph * 12.III.1705; Augustinus * 28.VIII.1706; Maria Barbara * 3.XII. 1707, oo 9.VII.1737 Auhausen Leopold Kazenschwanz, Schneider von Kutzenhausen; Anna Maria * 1.IV.1709; Johanna * 15.II.1711; Joseph * 22.IV.1712.

II oo 18.XI.1726 D. **ANNA MARIA LUZ** aus Steinekirch, † 7.VII.1770 D.

Kinder

Franz Joseph * 11.IV.1728; Anna Maria * 25.VII.1734, oo 1782 N. Wagner aus Ziemetshausen.

JOSEPH MARKMILLER
Rotgerber

* 22.IV.1712 D., † 8.III.1785 D.
oo 17.II.1744 D. **APOLLONIA STER** (Georg Ster oo Anna), * 7.II. 1712, Grünenbaindt, † 27.IX.1789 D.

Kinder

Johann Georg * 5.IV.1745; Maria Viktoria * 23.IV.1746; Maria Magdlena * 25.X.1747, oo 17.VI.1726 Alois Fischer; Maria Anna * 1.VI.1749.

JOHANN GEORG MARKMILLER
Rotgerber

* 5.IV.1745 D., † 25.III.1825 D.
I oo 1.IV.1768 D. **ANNA KATHARINA WEBER**, * um 1748, † 13.I.1788 D.

Kinder

Kreszenz * 10.IX.1772; Rosalia * 9.V.1778; Franz Josef * 9.X.1779, I oo 1818 Zusmarshausen Kreszenz Steigleder, II oo 1827 Zusmarshausen Maria Anna Kraus.

II oo 14.IV.1788 D. **MARIA NADLER** (Johann Georg Nadler oo Walburga, Schloßbestandner D.), † 28.X.1826 D.

Kinder

Johann Georg * 31.IV.1788; Anton * 3.V.1791; Afra * 6.VIII.1794; Johann Georg * 5.VIII.1796; Matthäus * 21.IX.1798, I oo Thekla, II oo 21.XII.1835 Zusmarshausen Maria Reiner; Johann Nepomuk * 19.V.1802; Maria (Anna) Elisabeth * 16.VIII.1804 oo 1824 Welden Matthias Schneider; Xaver * 1.IV. und † 6.IV.1807; Rosina * 22.X.1809.

ANTON MARKMILLER
Rotgerber und Ölmüller

* 3.V.1791 D., † 17.V.1862 D.
I oo 23.IV.1818 D. **FRANZISKA STEICHELE** (Martin oo Franziska Steichele, geb. Gschwilm), * 14.III.1793 D., † 20.III.1829 D.

Kinder

Georg * 23.VIII.1818; Johann * 15.XII.1819, † 19.III.1874 Hublingen; Johann Georg * 7.II.1821; Franz Joseph * 13.III.1822, † 3.IV.1865; Maria Josepha * 16.IX.1823; Maria Theresia * 9.X.1824, oo 29.XI.1855 Hublingen Fidelis Geigenrieder.

II oo 28.VII.1829 D. **JOSEPHA BASCHENEGGER** (Jakob oo Maria Anna Baschenegger, geb. Kottler)

Kinder

Anton * 27.XII.1832; Maria * 7.XII.1834, oo 14.II.1860 Georg Lutz; „abortus“ * 10. ?; Sebastian * 19.I.1838; Marianna * 22.VI.1839, oo 27.XI.1860 N.N. (= Hs.-Nr. 19 D.); Georg * ?; anonymus */† 3.VIII.1844; Karoline * 25.X.1842, oo 9.II.1863 Leonhard Steck von Rechbergreuthen;

Agnes * 14.I.1846, † 17.VIII.1846; Karl Borromäus * 4.XI.1849, † 27.IV.1850; Helene * 12.IX. und † 13.XIII.1852; Thomas * 20.XII.1855; Anton * 11. ?; Matheis * 29. ?; Maria Josepha * ?, † 31.X.1856.

THOMAS MARKMILLER
Gerber und Landwirt

* 20.XII.1825 D., † 2.II.1891 D.
oo 22.V.1860 D. **FRANZISKA REISER** (Dominikus oo Franziska Reiser, Bäcker in Welden)

Kinder

Anton * 11.VIII.1860; Thomas * 20.X.1861, † 10.XI.1883; Josef * 2.II. und † 30.VII.1864; Magdalena * 19.VII.1865, oo N. Vikari; Ignatius * 28.II. und † 2.IX.1867; Sebastian * 17.I.1869; Johann * 14.V.1870; Josepha * 12.V.1872, oo Fridolin Kast, Käsereibesitzer; Georg * 9.V.1874.

ANTON MARKMILLER
Gerbermeister

* 11.VIII.1860 D., † 12.XI.1933 D.
oo 4.II.1890 D. **MARIA RITTEL** (Leonhard oo Viktoria Rittel, geb. Frey), * 27.XI.1867 Diedorf, † 15.XII.1912 D.

Kinder

Maria * 21.I.1891, oo Alois Donderer; Anton * 5.IX.1892.

SEBASTIAN MARKMILLER
Wirt zum „Deutschen Haus"

* 17.I.1869, † 11.IV.1904 D.
oo 15.III.1898 D. **FRANZISKA PFALLER** (Josef oo Anna Pfaller, geb. Bachhuber, * 31.XII.1871 Breitenbrunn.

GEORG MARKMILLER
Metzgermeister und Wirt „Zur Traube"

* 9.V.1874 D., † 27.X.1916 D.

oo 8.X.1907 D. **KAROLINA MAYR** (Josef oo Karolina Mayr, geb. Wagner), * 3.VIII.1884 Rechbergreuthen, † 2.IV.1924 Augsburg II oo Otto Lutz, Metzger, dieser II oo Anna Hafner.

Kinder

Georg * 15.IX.1908, † 1984 Issum; Franz Joseph * 10.X.1913;

FRANZ JOSEPH MARKMILLER
Elektromeister

* 10.X.1913 D., † 5.VIII.1952 D.
oo 14.V.1939 D. **MARGARETE ALTSTETTER,** II oo 8.VII.1955 D. Alois Fischer, Elektromeister D., * 25.IV.1921 Oberrohr.

Kinder

Ingrid * 5.IV.1941; Franz * 23.I.1947.

ANTON MARKMILLER
Landwirt und Ölmüller

* 27.XII.1832 D., † 15.XI.1910 D.
oo 19.V.1863 D. **THERESE MARTIN** (Johann oo Josefa Martin, geb. Kraus, Bäckermeister, Gastwirt und Landwirt D.), † 6.IX.1895 D.

Kinder

Anton * 29.XII.1864, † 6.IV.1865; Joseph * 16.XI.1865, † 19.V.1941 Schwabmünchen; Anton * 25.III.1867, Xaver * 5.VII.1868, † 24.IX.1869; Xaver * 16.XII.1869, † 6.IV.1878; Josepha * 10.XII.1870, † 10.V.1872; Maria * 2.II.1872, oo 1900 Georg Messerer, Seilermeister und Landwirt D.; Johann Nepomuk * 5.V.1874, † 23.III.1875; Josepha * 11.VII.1875, † 7.VI.1876.

JOSEPH MARKMILLER
Ölmüller in D., dann Landwirt in Wörleschwang

* 16.XI.1865 D., † 19.V.1941 Schwabmünchen.

oo 1903 Wörleschwang **ANNA WIEDHOLZ** (Anton oo Therese Wiedholz), * 13.V.1883 Hennhofen, † 9.II.1923 Schwabmünchen.

Kinder

Matthias * 30.V.1903, Begründer der Linie Tann/Ndby.; Anton * ?

ANTON MARKMILLER
Ölmüller und Landwirt

25.III.1867 D., † 23.VII.1942 D.

oo 16.I.1902 D. **ANNA MESSERER** (Josef oo Kreszenz Messerer, geb. Steichele, Seilermeister und Landwirt D.), * 27.VI.1868, † 16.VI.1940 D.

Kinder

Anton */† 1901; Anton * 14.X.1903

ANTON MARKMILLER
Samenhändler

* 14.X.1903 D., † 14.X.1990 D.
oo 26.XI.1945 D. **ANNA MAYER** (Sebastian oo Kreszenz Mayer, geb. Reiter, Fuhrunternehmer und Landwirt Siegertshofen)

Die Linie Dinkelscherben innerhalb der Stammfamilie Markmiller läßt sich am besten in tabellarischer Form betrachten, wie vorstehend zusammengetragen. Die Deszendenz der frühesten Generationen ist zwar archivalisch nicht unmittelbar belegt, jedoch eindeutig aus der Tatsache zu erschließen, daß sie Grundstücke in Besitz hatten und daraus steuerten wie dann ihr Nachkomme Michael (ca. 1564 - 1626).
Nach Handwerkern wie Müller, Bäcker, Schneider in Höchstädt ließ sich 1696 Anton Philipp Markmiller (1674 - 1746) als Rotgerber in Dinkelscherben nieder, Begründer einer Abstammung, die noch weitverzweigt und heute in der 8. Generation nach ihm blüht.
Seine direkten Nachkommen lebten und arbeiteten bis zum Tod des letzten Namensträgers Anton (1903 - 1990) im Markt Dinkelscherben. In vorstehender Tabelle finden sich alle bislang erreichbaren Personenstandsdaten.

Das Connubium der Markmiller griff - wie zu sehen - nicht viel über den nunmehrigen Heimatort hinaus. Sie verheirateten sich mit Frauen aus der näheren Umgebung - Steinekirch, Grünenbaindt, Diedorf, Breitenbrunn, Siegertshofen - oder aus Dinkelscherben selbst. Diese kamen auch aus vergleichbarem Stand als Landwirtstöchter, deren Väter zudem ein Nahrungsmittelgewerbe ausübten.
Die 13 Probanden der Stammtafel seien auch in ihrem familiären Kontext zu bestimmten Lebensaspekten abgefragt.[5] Beginnen wir statistisch mit der Zahl jeweils eingegangener Ehen, so treffen wir nur bei den älteren Generationen - Anton Philipp, Johann Georg und Anton - Zweifach-Hochzeiten an. Die noch zu erörternde hohe Kinderzahl hat natürlich damit zu tun. Rasch aufeinander folgende Schwangerschaften und Geburten haben ganz offensichtlich ihren Tribut von den Müttern gefordert.
Das Alter der Bräutigame beim Eingehen ihrer (Erst-)Ehe läßt sich aus den Personenstandsdaten der Pfarrmatrikeln errechnen. Demnach lag es im 18./19. Jahrhundert bei 4 Probanden zwischen 22 und 29 Jahren, bei weiteren 5 zwischen 30 und 35 Jahren. In den letzten drei Generationen geschah der Eheantritt noch später und zwar erst mit 35, 38 und 42 Jahren. Dies lag zweifellos auch an den damals wirtschaftlich schwierigen Verhältnissen.
Wie die Wahl der männlichen Familienmitglieder nicht weit über Dinkelscherben hinaus griff, so war dies auch bei den Frauen nicht der Fall. Ihre Ehemänner kamen aus dem Markt selbst oder aus der nächsten Umgebung - Auhausen, Ziemetshausen, Hublingen, Welden, Rechbergreuthen.
Die meisten Ehen waren einst reich mit Kindern „gesegnet“. Das sagt man heute so leicht vor sich hin. Welche Mühsal und Plage, welche Sorge und Not meist damit in engster Verbindung standen, davon kann man sich in unserer Zeit kaum eine Vorstellung machen. Die Kinderzahlen im 18./19. Jahrhundert stehen hoch. Anton Philipp zeugte in zwei Ehen 6 und 15, Thomas 8, Anton sen. 9 Kinder. Bei den späteren Probanden erblickten nurmehr je 2 das Licht der Welt. Georg, Sebastian und der letzte Anton Markmiller blieben kinderlos.

[5] Vgl. dazu Walter Pötzl wie Anm. 1, S. 256 ff.

Dünckelscherben.

Ein Marckt Flecken von 66. Feuerstätten, worunter 2. Preystätt und 2. Zapfenwirth, auch Mahl- und Säg-Mühle mit 4. Gäng, hat jährlich 2. Jahr Märckte, als einen am Philippi und Iacobi, und den andern an Mariä Geburth.

Bey dem Ort befindet sich ein großer Feldbau, Wieswachs und Viehzucht, wächst auch viel Kern- und Stein-Obst, desgleichen hat eigene Waldung, woraus die Innwohner den Handel nach Augspurg treiben; wonebens sie vielen Flachs und Baumwollen spinnen, auch Leinwand, Schnurtuch und Romosin würcken, so ebenfals in Augspurg und Bürtenbach verkaufft wird. Die Land Straße von Augspurg nach Ulm ist vor Zeit hierdurch gegangen, so man aber anjezo nicht vieles mehr gebrauchet.

Das Schloß Züsameck, auf einem hohen Berg liegend, und mit dreyfacher Maur umgeben, könnte durch geringe Uncosten zu einem Wehrhafften Berg Schloß gemacht werden, da es das Zusam Thal, die völlige Reischenau, und den Weeg von Augspurg

Lageplan und Beschreibung des Marktes Dinkelscherben
Aus: Walter Pötzl: Geschichte und Volkskunde des Marktes Dinkelscherben, Dinkelscherben 1987, S. 91

Früher hätte es pseudowissenschaftlich geheißen, „das Blut“ habe sich erschöpft, die „biologische Kraft“ sei geschwunden. Heute hat man erkannt, daß sehr viel komplexere und kompliziertere Faktoren bei Betrachtung dieser Phänomene zu beachten sind. Äußere und innere Anstöße wären in Beziehung zu setzen, eine - hier nicht ablieferbare - Gesamtuntersuchung wäre erforderlich, um größtmögliche Annäherung an die Wirklichkeit zu gewährleisten.

Ein wesentliches Element stellt der Blick auf die Lebensdauer von geborenen Kindern heraus. Er zeigt sofort die hohe Sterblichkeit zur alten Zeit. In Dinkelscherben sind allerdings durch die Pfarrmatrikeln vor 1800 nur die Taufen überliefert, während im Säuglingsalter verstorbene Kinder regelmäßig nicht registriert worden sind.

Erst danach kann statistisch gearbeitet werden; es zeigt sich nun folgendes Bild. Johann Georg erlitt bei 12 Kindern aus 2 Ehen nur 1 Verlust. Anton hatte bei insgesamt 21 (!) Kindern schon 7 Todesfälle zu beklagen, Thomas bei 8 immerhin 3 und Anton mit 9 Sprößlingen die im Verhältnis hohe Zahl von 6. Infolge Verminderung der Geburten sowie durch hygienische und sanitäre Verbesserungen war später die Kindersterblichkeit in der Familie nicht mehr relevant.

Die Überlebenden erreichten für gewöhnlich ein auch nach heutigen Verhältnissen recht hohes Alter. Anton Philipp wurde 70, Joseph 73, Johann Georg gar 80, Anton 71 und Thomas 66. Die späteren Probanden - Anton, Joseph und die beiden letzten Anton - wurden 78, 76, 75 und 87 Jahre alt.

Von den häufigen Geburten und anderen Lebensumständen beeinträchtigte Frauen kamen - soweit ersichtlich - jeweils nur auf 30 bis 40 Jahre. Überstanden sie ihre Zeit der Fruchtbarkeit, so gelangten sie aber auch nur auf 60 bis 70 Jahre, demnach auf deutlich weniger als ihre Ehemänner. Wegen der bloß geringen Zahl von Vergleichsmöglichkeiten vermögen wir jedoch daraus keine Verallgemeinerungen zu ziehen.

Bei den Vornamen der Familienmitglieder können wir einige deutlich hervortretende Besonderheiten ausmachen. 6 von 13 Probanden erhielten den Namen Anton, wohl sicher nach dem hl. Antonius von Padua, der bis heute als Schutzpatron in verschiedenen Anliegen angerufen wird. Den Namen des hl. Georg trugen 2, des hl. Joseph ebenfalls 2. Wenn man nun deren

Kinder mitberücksichtigt, verdichtet sich das Bild: 11 Anton, 7 Georg, 8 Joseph, dazu 5 Mädchen als Josepha. Anna - meist in Verbindung mit Maria - wurde an 6 Mädchen vergeben. Dies bedingte sicher ganz allgemein die Beliebtheit der hl.. Mutter, aber auch, daß die hl. Anna in Dinkelscherben als Kirchenpatronin fungiert und hier das Anna-Fest zu den größten Feierlichkeiten des Jahres gehört hat.[6]

Maria Markmiller (* 1872) und Ehemann Georg Messerer, 1900

[6] Walter Pötzl wie Anm. 1, S. 356 ff.

Die sonst am Ort häufigst vorkommenden Vornamen treten auch in unserem Familienverband, allerdings nur vereinzelt auf, z. B. Elisabeth, Afra, Magdalena, Rosina.
Zuletzt noch ein uns heute vielleicht „anekdotisch" erscheinender Hinweis auf exemplarisches Fehlverhalten im Eheleben.[7] Es handelt sich dabei um Anton Philipp, den Dinkelscherbener Stammvater mit zwei Ehen und zahlreichen Nachkommen. Nach 11 Jahren mit seiner ersten Frau und 8 Geburten verließ er seine Familie wegen einer offenbar äußerst attraktiven Jüngeren, die zudem noch „unehrlichen" Standes war. Im November 1708 heißt es nämlich, daß er mit der hiesigen Scharfrichterstochter Eva Wacker „schon über Jahr noch länger ohngebührliche gemainschaft gepflogen „habe und im vergangenen Sommer mit ihr sogar fortgezogen sei, „mithin sein großschwangeres weib vndt kleine Kinder sizen lassen vndt mit gedachter Eva alß seinem Eheweib etliche wochen im Landt herumb vagiert" habe. Damals hätte er Kriegsdienste nehmen wollen, aber keine gefunden. Darauf habe er sich „sein missethat zu gemieth gefiehrt und sich auff alle wais zu bessern versprochen".
Das Augsburger Domkapitel als Herrschaft beauftragte seinen Obervogt zu beobachten, ob sich Markmiller an sein Versprechen auch halte. Ferner sollte er in Erfahrung bringen, wie es um dessen Vermögen stehe und wieviel Kinder er habe. Vier überlebende waren vorhanden und im Januar 1709 erwartete die Frau ein fünftes. Das Vermögen betrug nicht mehr als 300 Gulden.
Auch mußte berichtet werden, daß es mit ihm nicht besser geworden sei. Markmiller habe sich schon wieder acht Tage von seiner Frau „verdächtig absentiert" und man müsse befürchten, daß er mit ihr „in die länge nit hausen werdte." Da sich kein Bauer fand, bei dem er die zudiktierte Strafe hätte abarbeiten können, beschloß das Domkapitel, „daß er wegen seines mit des aldaigen Scharpfrichters Tochter etlich wochen beschehenen Ehebrechen und herumbvagieren im Landt" fünf Tage nacheinander oder nach Gutdünken des Obervogtes verschiedene Male „vor dem Rath oder wirtshauß alzeit anderthalbs stundt offensichtlich mit dem spanischen Mantel

[7] HStAM, Hochstift Augsburg NA 5620 (=1715) zu V 8, 15 - zitiert nach Walter Pötzl, wie Anm. 1, S. 409 - 410.

abgestraft“ werden solle. Eva Wacker sollte zur gleichen Zeit mit ihm „mit einer ruethen in der handt fürgestellt werden“.
Im Anschluß an die verbüßte Schandstrafe war Anton Philipp wohl aus dem Markt verwiesen worden; im Dezember 1709 richtete er nämlich die Bitte an das Domkapitel um Wiederaufnahme. Er habe seine Strafe angenommen; seine Frau und die inzwischen fünf Kinder hätten ihm „guethwillig“ vergeben. Erstere habe „ehelich mit ihme zu leben sich anerbothen“.
Doch wurden im Januar 1710 weitere Straftaten von ihm bekannt, darunter ungebührliches Benehmen gegenüber Pfarrer und Obervogt. Ferner habe er sein ehebrecherisches Leben fortgesetzt und sei weiterhin der Wacker, die sich auswärts aufhielt, nachgezogen. Auch wegen „ihrer entzwischen erfolgter schwängerung vnd verschwändtung des mit sich genommenen geltes“ sollte gegen diese vorgegangen werden. Das Gericht beschloß außerdem, Markmiller aus dem Markt zu schaffen; doch in Rücksicht auf die unschuldige Ehefrau und die Kinder sah man von der Vollstreckung ab. Man strafte ihn dafür mit Gefängnis bei Wasser und Brot, auch „in eisen bandten“. Der Scharfrichter wurde angewiesen, ihn nicht mehr in sein Haus zu lassen.
Anton Philipp war 1710 schon 36 Jahre alt und mit seiner ersten Frau hatte er danach noch zwei Kinder. Wie er sich bis zu deren Tod 1726 und nach seiner bereits drei Monate später angetretenen neuen Heirat verhielt, steht nicht mehr in den Akten.

Der Haus- und Grundbesitz

Die Ansässigmachung des ersten Dinkelscherbener Markmiller geschah 1696 nach Erwerb eines Anwesens in der heutigen Augsburger Straße 26, das um 1680 bis 1693 dem Rotgerber Hans Georg Seng und dann bis 1696 dessen Berufskollegen aus Thannhausen, Jakob Baur, gehörte. Ihm folgte am 9. Mai der Rotgerber Jakob Dirr aus Zusmarshausen und noch im selben Jahr Anton Philipp Markmiller. Er hatte am 25. Juni 1696 die Sattlerstochter Anna Arz geehelicht. Auch der Sohn Joseph (1705 - 1785) bewohnte und bewirtschaftete noch dieses Anwesen. Dessen Witwe verkaufte es am 1. Juli 1786 um 450 Gulden an die Sattlerstochter Theresia Steiner, die kurz danach Joseph Heichele aus Kutzenhausen heiratete.

Lage der Markmiller - Anwesen in Dinkelscherben

Katasterplan 19.Jahrhundert nach W. Pötzl

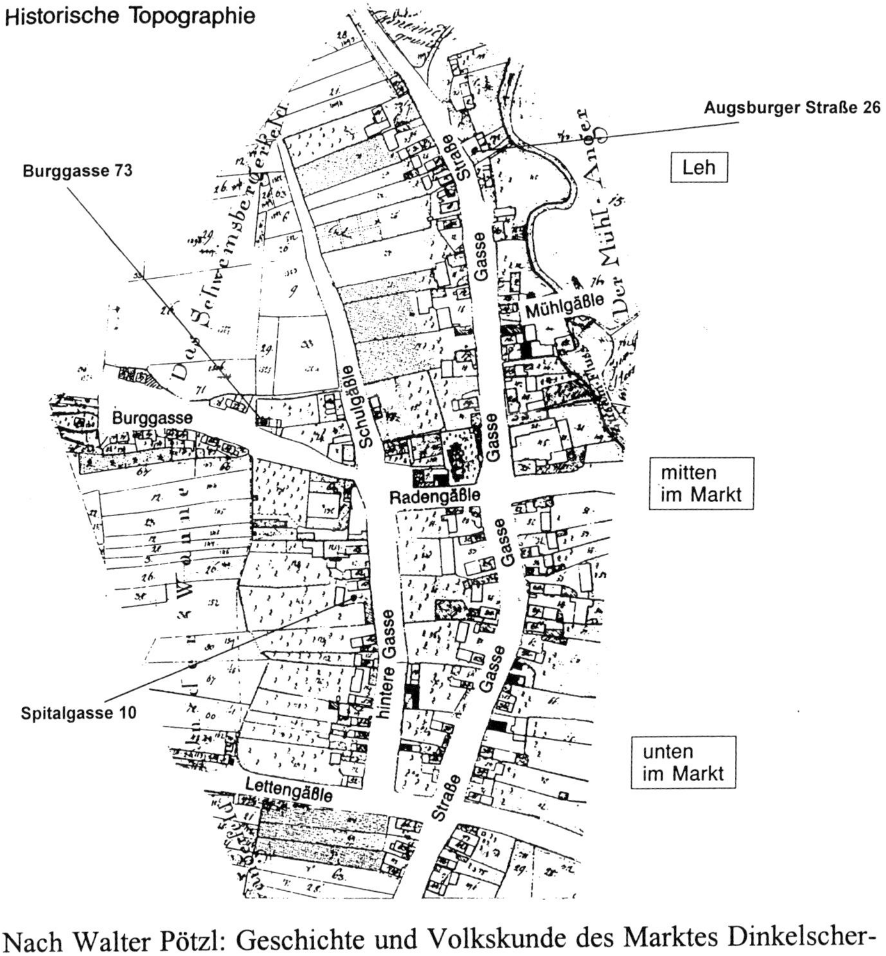

Nach Walter Pötzl: Geschichte und Volkskunde des Marktes Dinkelscherben, Dinkelscherben 1987, S. 95 mit Ergänzungen des Verfassers

Vom Stichjahr 1730 ist eine Grund- und Güterbeschreibung von Dinkelscherben erhalten, in welcher auch das Markmiller-Anwesen näher dargestellt ist. Es hat sich um ein kleines Objekt, eine „Sölde",[8] gehandelt, laut Beschreibung um einen erdgeschossigen Einfirstbau.[9]

„Söldt ohne Gemaindtsnutzen

Nro 5 Dinckhelscherben

Antonj Marckmiller, zuevor Georg Seng Rothgärber.

Jos. Heichele
1. July 1786

Besizt eine der Pfleg Zusamegg mit jährlich 1 Hennen oder 10 kr dafür kleindienstbahre Gnaden Söldt, ohne Gemaindtsnuzen und Gerechtigkeith: bestehendt in einer eingädigen in Zigel gepawt und mit Ziegel bedeckhten Behausung, gar kleinen Wuerz- und Grasgärtlein, stost gegen Aufgang [an] H. Michl Landtherrn, Nidergang und Mitternacht die Gemaindt, Mittag an die Zusam. Aus der Söldt ist ausser Anfangs gemeltem Kleindienst jährlich weithers zue verraichen einem jeweyligen Mesmer und Schuellmaister allhier Mesmerlohn 1 Vierling Roggen, und 1 Vierling Haaber, dem Baader in die Ehehafte 1 Mezen Roggen und ihme ein Tag Holz machen, in Verenderungsfählen der Pfleg Zusamegg 3 kr 3 hlr, Ab- und so vill zue Ausfahrt, auch ist der Innhaber der Gnaden Söldt schuldtig, so oft ein Fuxklopfen oder Hochjagen auskombt, darauß zue gehen.
Hat dabey 1 Gemaindts Krautstrangen, sob aber nur ein Bestandt Guett ist.
Angeschlagen 1692 180 fl, 1701 150 fl, 1730 150 fl

Rothgärberhandtwerckh.

---

[8] Vgl. dazu Walter Pötzl wie Anm. 1, S. 269 ff.

[9] HStAM, Hochstift Augsburg NA Lit. 110, fol. 565, 566. - Das Anwesen ist beschrieben bei Walter Pötzl wie Anm. 1, S. 153 - 154. Antons Nachkommen Joseph und Johann Georg hatten ferner einen „Kornpropstei"-Acker inne „jenseits der Zusam auf die blatten" (wie vor, fol. 560). 1736/38 belief sich Antons Steuervermögen auf 110 Gulden; zur Bestreitung der militärischen „March-, Cantonierungs- und Wünterquartiers Cösten" wurden ihm demzufolge durch das Pflegamt D. 1736 eine ganze Steuer per 48 kr. 3 hl. und 1738 eine halbe Steuer per 24 kr. 1 ½ hl. aufgebürdet (HStAM, Hochstift Augsburg Domkapitel NA Lit. 108, fol. 5).

Angeschlagen 1692 10 fl, 1701 10 fl, 1730 15 fl

Summa Marckmillers Vermögen	165 fl
1/3tl defalciert	55 fl
Steht noch zuversteuern	110 fl.“

Bemerkenswert ist hier, daß das Wohnstallhaus nicht mehr in Holz, sondern schon aus Ziegelsteinen erbaut war und auch über eine Ziegeldeckung verfügt hat. Die Auflistung von verschiedensten Abgaben mag gegenüber modernen Steuerverhältnissen als kurios erscheinen. Wir haben es aber hier mit dem Ergebnis einer langen „fiskalischen“ Entwicklung zu tun, die - aus allen möglichen Quellen, Gerechtsamen und herrschaftlichen Anforderungen gespeist - recht unübersichtlich wurde, aber erst im Lauf des vorigen Jahrhunderts zu Vereinheitlichung und damit Vereinfachung gefunden hat. Dazu gehörten Naturalien und Geldleistungen ebenso wie die kostenfreie Mitwirkung als Treiber bei herrschaftlichen Jagden.

Im gleichen Kataster ist auch jenes Anwesen vertreten, das heute die Hausnummer Spitalgasse 10 trägt. Als eigene Sölde besaß es damals der Zimmermeister Leonhard Fertel, vor ihm war seit mindestens 1644 die Schreinerfamilie Scherer Eigentümer. Fertel starb am 29. Dezember 1738; seine Witwe Afra heiratete am 13. Juli 1739 den Zimmermann Andreas Weber aus Zusmarshausen. Nach dessen Tod erbte dessen zweite Frau Marianne und übergab den Beisitz am 1. April 1768 ihrer Tochter Anna Katharina, die ihn dann mit Heirat am 18. April 1768 Johann Georg Markmiller in die Ehe mitbrachte. Die Haus- und Grundbeschreibung für Fertel galt als unverändert auch für ihn.[10]

„Besizt eine grundtaigen Söldt, bestehendt in einer eingädigen, gemaurt, über die Helfte mit einem doppelten und übrigens mit einem einfachen Ziegel Dach bedeckhter Behausung, mitterer Hofraithung, darinnen ein Schöpfbronnen, absonderliches Bachhaus, auch absonderlichen mit Strohe bedeckhten schlechten Städelen, dan Garten eines starckhen Tagwerckh

[10] HStAm, Hochstift Augsburg NA Lit. 110, fol. 597 - 605. - Das Anwesen ist beschrieben bei Walter Pötzl, wie Anm. 1, S. 202 - 203; irrtümlich ist hier die Angabe Spitalgasse 8 (= heute der Pfarrhof), es muß 10 heißen!. - Laut einer Getreiderechnung des Pflegamts von 1804 hatte Georg Markmiller aus dem „halben Lehen zu Aspach“ 4 „Kirchenlaibe“ zu geben (HStAM, Hochstift Augsburg Domkapitel NA Lit. 122).

gross. alles an- und beyeinander gelegen, stost gegen Aufgang H. Joseph Leithenmayr, Nidergang Caspar Sattmann Sayler, Mittag das Gässlen und Mitternacht des Matheis Kasten Hoffmaad. Aus der Söldt ist zue verraichen dem Mesmer jährlich vor Mesmerlohn 1 Vierling Roggen und so vill Haaber, dem Baader in die Ehehäfte 1 Mezen Roggen und ist schuldig, ihme Bader jährlich ein Tag Holz zue machen, nichtweniger so oft ein Fuxklopfen oder Hochjagen auskombt, darauß zue gehen."
Als Anteil an der Allmende, dem „Gemainen Nutzen", rechneten 1 ½ Tagwerk „Vichwayedt Thaill" und 2 „Gemaindts Krautstrangen". Angeschlagen war das Anwesen 1692 mit 350, 1701 mit 280 und 1730 mit 450 Gulden. Die starken Veränderungen sind im einzelnen nicht zu erklären, dürften jedoch Grundveränderungen, vielleicht einen Brand und dann den Wiederaufbau anzeigen. Das Haus hatte zu einem Teil die seinerzeit modernere und bessere Doppeldeckung des Daches. Es gab im Hofraum einen Schöpfbrunnen und ein freistehendes Backhaus. Die strohgedeckten Städel wurden allerdings als „schlecht", im Sinn von einfach, schlicht, geringwertig beschrieben.
Fertel und Markmiller hatten ferner das sogenannte Aspacher Lehen des Bursamtes inne, 5 ¾ Jauchert Acker, dann noch ½ Jauchert im Elmischwanger Feld. Dazu gehörten außerdem in allen drei Feldern der Ortsflur 3 Tagwerk einmahdige Wiesen. Auch davon waren entsprechende Abgaben zu leisten. Dieses Burs-Lehen enthielt kein Haus und war folgendermaßen zur Steuer veranlagt: 1692 mit 268 1/2, 1701 wie vor und 1730 mit 450 Gulden.
Im Renovierten Grundsteuerkataster über Dinkelscherben ist schließlich am Beginn unseres Jahrhunderts ein Anwesen unter der damaligen Hausnummer 73 - heute Burggasse 4 - vorgetragen, das Anton Markmiller am 2. November 1901 von Johann Wiedemann & Konsorten gekauft hat.[11] Es bestand aus Wohnaus mit Stall, Stadel und Hofraum sowie einem Garten. Die Erwerbskosten dafür beliefen sich auf 5.700 Mark; 1.000 Mark wurden für Mobilien bezahlt. 1903 geschahen hier Abbruch und Neubau der Öko-

[11] Urkunde des Notariats Zusmarshausen, Nr. 587.

nomieteile. Die Grundstücke übernahm kurz vor seiner Heirat Sohn Anton am 9. Januar 1902.[12]

Markmiller-Haus, Spitalgasse 10 in Dinkelscherben um 1910

[12] Urkunde des Notariats Zusmarshausen, Nr. 22. - Das Anwesen ist beschrieben bei Walter Pötzl, wie Anm. 1, S. 210.

Spitalgasse 10, früher Hausnummer 60, überließ der Vater ebenfalls seinem Sohn und zwar am 20. April 1903 im Anschlag von 20.000 Mark für Immobilien und 4.000 Mark für Mobilien. Der Bestand ist wie folgt im Grundbuch vermerkt:
„Renovierter Grundsteuerkataster über Dinkelscherben, Haus Nr. 60

Pl. Nr.

123 a Die Sölde: Wohnhaus, Stall, Stadel, Wagenremise und Hofraum 0,073 ha
123 b Garten 0,166 ha
Übernommen um 1.000 M die Immobilien und 4.000 M die Mobilien einschl. der nachausgewiesenen Grundstücke und der inzw. veräußerten Pl. Nr., 509 und 510 von Anton Markmüller, Urk. d. Not. Zusmarshsn. 20.4.1903 Nr. 321

Gemeinderecht: zu einem ganzen Anteil an den noch unverteilten Gemeindebesitzungen

Weiterer Besitz:
307 1/2 Loh- und Schleifmühle 0,015 ha
Übernommen um 5.600 M die Immobilien einschl. d. Grundst. Pl. Nr. 196, 307 1/3 und 309 1/2 von Anton Markmüller, Urk. d. Not. Zusmarshsn. 9.1.1902 Nr. 22
146 Wannenäckerle Acker 0,157 ha Übernommen mit der Sölde
196 an der Straße gegen Elmischwang Acker 0,083 ha Übernommen mit Pl. Nr. 307 1/2. (Davon Grundabtretung für Straße 6,1 Dezimal 21.4.1956 an den Markt Dinkelscherben, Urk. d. Not. Nr. 552. Preis pro Dezimal 120,00)
198 in der großen Breite Acker 0,5 ha Gekauft um 1.190 M 70 Pf. vom Darlehenskassenverein Dinkelscherben, Urk. d. Not. 20.7.1907 Nr. 804

238 Bußacker 0,143 ha (übernommen mit der Sölde)
265 Gemeideacker 0,542 ha (übernommen mit der Sölde)
307 1/3 Kreuzwiese 0,414 ha (übernommen mit Pl. Nr. 307 1/2)
309 1/2 der Anger Wiese 0,48 ha (übernommen mit Pl. Nr. 307 1/2)
421 Holderflecken Acker 0,419 ha übernommen mit der Sölde. (Davon 0,017 ha verkauft an Ferrum GmbH 1.2.1961. Preis pro Dezimal 300,00 und 2.500,00 DM als Ausgleich für die nun verminderte Bewirtschaftungsmöglichkeit, Urk. d. Not. 200
498 1/2 Rohrbergacker 0,279 ha Gekauft um 210 M von Leo Kastner, Urk. d. Not. 20.4.1903 Nr. 322
587 Plattenacker 0,423 ha (übernommen mit der Sölde)
639 am Grabweg Acker 0,205 ha (übernommen mit der Sölde)
734 innerer Viehweidteil 0,181 ha (übernommen mit der Sölde)
838 äußerer Viehweidteil 0,532 ha (übernommen mit der Sölde)
893 Hirtenmahdteil 0,130 ha (übernommen mit der Sölde)
894 Hirtenmahdteil 0,170 ha (übernommen mit der Sölde)
895 Hirtenmahdteil 0,084 ha (übernommen mit der Sölde)
911 1/2 der Fischwinkelacker und Gassenmahd Wiese 0,403 ha Gekauft um 880 M 90 Pf. vom Darlehenskassenverein Dinkelscherben, Urk. d. Not. 1.10.1907 Nr. 968 1032 langer Strangen Acker 0,017 ha (übernommen mit der Sölde)
1033 langer Strangen Acker 0,017 ha (übernommen mit der Sölde)
1098 Äulesteil Acker 0,010 ha (übernommen mit der Sölde)
1126 Äulesteil Acker 0,014 ha (übernommen mit der Sölde)
1183 beim Scharfrichter Wiese 0,259 ha (übernommen mit der Sölde)
1228 das Teile Acker 0,037 ha (übernommen mit der Sölde)

1258 das Teile Acker 0,061 ha (übernommen mit der Sölde)
1365 Gänsgassenacker 0,341 ha (übernommen mit der Sölde)
1457 Schweinsbergacker 0,487 ha (übernommen mit der Sölde)

Gemeinderecht zu einem ganzen Anteil an dem noch unverteilten Gemeindebesitzungen. Gekauft von Johann Wiedemann und Konsorten Urk. d. Not. 2.XI.1901 Nr. 587. Wegen Identität der Besitzer von Hs. Nr. 73 hierher transferiert (Anton M. hatte den Nutzen von den Wiedemannschen Kindern mit dem Anwesen Nr. 73 erkauft). Die Transferierung wurde genehmigt mit Entschließung des Staatsministeriums des Innern 19.5.1906 Nr. 11094
Sa. 6,642 ha.
Abgang Pl. Nr. 1098 und 1126 0,024 ha
Zugang 1031 langer Strangen 0,020 ha Acker
Im Anschlage von 12 M von Lutz Thekla Nr. 28 gegen 1098 u. 1126 eingetauscht, Urk. d. Not. 24.9.1913

Abgang Pl. Nr. 421 0,419 ha
Zugang 421 0,419 ha Holderfleckenacker
Kleine Flurbereinigung zwischen Maischberger Joh., Joseph Leichtle, Altstetter Ludwig und Anton Markmiller, Urk. d. Not. 23.3.1922

486 1/2 Fahrt (zum Rohrbergacker) 0,005 ha Kauf um 10 m von Gleich Georg u. Kreszenz, Urk .d. Not. 15.5.1923

Abgang Pl. Nr. 198 0,5 ha
Zugang 198 0,497 ha in der großen Breite Straßenabtretung von 0,003 ha um 25 M an die Distriktsgemeinde 174, Urk. d. Not. 4.7.1917 Nr. 256

Abgang Pl. Nr. 639 0,205 ha
Zugang 639 0,149 ha Am Grasweg Grundabtretung um 1.280 M an das Eisenbahnärar, Urk. 8.8.1921.“

Dem Gutsübernehmer von 1903 wurden berechnet insgesamt 5,705 Hektar um 14.000 Mark, wovon 4.000 Mark auf das Inventar trafen. 6.000 Mark waren als Elterngut an den Bruder Josef Markmiller in Wörleschwang auszuzahlen. Der übergebende Vater behielt sich folgenden Austrag an Nutz- und Nießbrauch sowie an sehr ansehenlichen Naturalien vor.[13] Letztere vermitteln uns einen Blick auf die offenbar guten landwirtschaftlichen Erträgnisse des Anwesens.

Zunächst ging es um die Bestätigung des Wohnrechts in zwei Zimmern wie um die Nutzung von Keller und Dachboden. dann sind die Naturalreichnisse aufgelistet, die als „jährliche Pfründe" bezeichnet wurden und den eigenen Haushalt der „Einliegerwohnung" des Vaters betrafen: 2. Ztr. Korn, 2 Ztr. Roggen, 3 Ztr. gute Kartoffel, 30 Pfd. Schweinefleisch mit 2 Paar Blut- und Leberwürsten, wenn zweimal geschlachtet wird auf zweimal je zu Hälfte, 50 Krautköpfe, während des Sommers viermal je ½ Pfd. Butter, 4 Pfd. Rapsöl oder dafür Petroleum für den gleichen Preis und 3 Ster gespaltenes Brennholz, mit 100 Wellen unentgeltlich zur Wohnung geführt und in trockenem Zustand auf den Boden gebracht, dann täglich 1/2 Liter guter Milch und 1 Ei, weiters 6 Pfd. Rindschmalz jährlich und 1/3 von dem beim Anwesen wachsenden Obst, schließlich die Nutzung des Bienenstandes im Hof mit 6 Bienenstöcken sowie zweier Beete im Wurzgarten.

Die Öl-, Loh- und Schleifmühle

Die oben genannte Lieferung von Rapsöl stellte eine betriebsspezifische Leistung dar. Sie kam aus eigener Produktion und damit hatte es seine besondere Bewandtnis.

Erstmals wird im Grundsteuerkataster wie auch im Dinkelscherbener Grund-, Sal- und Lagerbuch von 1835[14] als Bestandteil des damaligen Anwesens Nr. 61, Eigentümer Anton Markmiller, eine „Lohmühle" aufgeführt (Pl.-Nr. 307 1/2). Dieser hat sie bei der am 9. Mai 1860 erfolgten Übergabe an seinen Sohn Thomas mit anderen Grundstücken zurückbehalten. Sie wurde zunächst bei einer Besitz-Nr. 1/15 im Urkataster geführt und im 2. Quartal 1860/61 zum Anwesen Nr. 60 des anderen Sohnes Anton transferiert.

[13] Urkunde des Notariats Zusmarshaussen Nr. 321.

[14] StAA, Rentamt Zusmarshausen Nr. 685, S. 353 und Nr. 88, S. 235; StAA, Landgericht Zusmarshausen Nr. 156, S. 1062 1/2.

Anton Markmiller sen. hatte zwei Grundstücke - Pl.-Nr. 307 1/2 und 707 1/3 - am 9. April 1831 von Anton Joas, Schloßbauerngutsbesitzer in Dinkelscherben, erworben. Anschließend gab es noch einen Streit wegen des Kaufpreises der „Kreuzwiese“, wo von der Mühle noch nicht die Rede ist. Sofort aber war mit ihrem Bau begonnen worden. Einzelheiten sind in dem noch zu behandelnden, eigenhändig angelegten Geschäftsbuch von Anton Markmiller nachzulesen.

Markmiller'sche Ölmühle in Dinkelscherben, Öl auf Leinwand, um 1930

„Die Öhl- und Lohmühle wurde erbaut im Jahre 1831, den 24ten April wurde das Gebäude aufgerichtet. Der Wasserbau wurde das 2te Mall gemacht im Jahr 1842. Die Raps-Walzen wurden gemacht im Jahr 1855. Der Wasserbau wurde das 3te Mall gemacht im Jahre 1857, nach der Wiesenentwässerung um 6 Fuß erwäutert. Der Wasserbau wurde gemacht das 4te Mall im Jahre 1874, angefangen den 17ten September und fertig gemacht am 9ten Oktober. Das neue Feuerwerk und die liegende Reuße anno 1866 im November. Das Wasserrad sammt Wellbaum, der lange Wellbaum, der Öhlstampfblock samt Stampfwerk, das Lohstampfwerk wurde neu gemacht und das 1te Mall in Betrieb gesetzt den 2ten Oktober 1880 von Joseph Kraus. Im Frühjahr 1884 wurde das Lohmühl-Gebäude, die vordere Seite auf Rost gemauert und frische Schwellen hineingemacht und auch der Lohstampfblock neu gemacht und das Sieb hingerichtet."
1893 erfolgte eine vollständiger Neubau von Loh- und Schleifmühle, der dann mit dem Haus am 20. April 1903 an den Sohn Anton überging. Die Ölmühle, mit Wasserkraft betrieben, ist lange Zeit recht gut gegangen. Man hat Rapsöl geschlagen, das zum Kochen wie überhaupt zur Ernährung der Bevölkerung vielfache Verwendung fand, dann auch Leinöl zu Beleuchtungszwecken vor Aufkommen des Petroleums.
Anton Markmiller jun. ließ den Schleifgang einbauen zur Bearbeitung von Äxten, Häckseleisen und Mundstücken. Wie sein Sohn berichtet hat, führte jedoch der Umgang damit beim Vater 1919 zur vollständigen Erblindung (Grüner Star).
Der Vater hatte aber auch schon den Futtermittelhandel begonnen, nach dem 1. Weltkrieg kam es zur Aufnahme von Sämereien. Der letzte Anton Markmiller baute den Samenhandel aus und lieferte Produkte dieses Sortiments, ferner Öle und Fette, Farben, landwirtschaftliche Chemikalien sowie Feld- und Gartengeräte. Als Spezialität bot er Samenzusammenstellungen für Grünlandflächen nach einem besonderen Fragebogen an.
Vater Markmiller ließ schließlich noch eine Schrotmühle mit Malgang einrichten, wo auch Mais gemalen wurde. Die altüberkommene Gerberei betrieb er noch bis vor dem 1. Weltkrieg, wozu in der Ölmühle eine Lohmaschine aufgestellt war. Mit dem Wandel der Nachfrage und der Erfor-

dernisse in der modernen Landwirtschaft ist jetzt hier traditionelles Handwerk und betriebsbezogener Handel zu Ende gegangen.

Das Geschäftsbuch

Von hohem nachrichtlichem Wert für die altartigen Verhältnisse darf ein von Anton Markmiller sen. 1827 begonnenes und von seinem Sohn bis 1886 fortgeschriebenes Geschäftsbuch gelten. Es mißt 21 x 35 cm gebunden und enthält 283 Seiten mit alphabetischen Rennern. Wir haben daraus bereits die Baudaten der Mühle entnommen. Aus der Vielzahl von Eintragungen seien einige charakteristische mitgeteilt. Anzuführen sind etwa Preise für Arbeiten und Produkte des Betriebs.

1842
„1 bairischen Vierling Leihn geben kost 1 fl. 12 kr.
3 ½ bairischen Metzen Gersten geben kost 5 fl. 57 kr.
1 bairischen Metzen Sommerroggen geben kost 2 fl.“

1858
„Einen Rapps zum Sehen geben kost 12 kr.
Einen Sommer Rapps zum Sehen gegen kost 9 kr.
½ Schaf Gerste geben kost 7 fl. 15 kr.
1 ½ Metzen Sommerroggen geben kost 5 fl. 57 kr.“

1881
„1 Mall Öhlschlagen kost 1,05 Mark
1 Pfd. Leinöhl gebn kost 40 Pfennig.“

Die Seite 0/1 im Geschäftsbuch zeigt als typisches Beispiel die Textgestaltung und den Inhalt der Eintragungen.

„Kraus in Sifenwang Im Jahr 1855	fl	xr
Erstlich 3 Leinzelten geben kosten	1	12
1 Mall Öhl geschlagen kost		18
Summa	1	30

1855 den 12ten Oktober		
4 Leinzelten geben kosten	7	30
1 Mall Öhl geschlagen kost		18
1856 1 Kühhaut Weiß gearbeitet kost	1	30
den 10ten August		
1 Mall Öhl geschlagen kost		18
den 20ten Oktober		
1 Mall Öhl geschlagen kost		18
den 10ten Dez.		
1 Mall Öhl geschlagen kost		22
1 Roshaut gearbeitet kost	1	36
1 Schweinhaut Weis gearbeitet k.		45
2 Häutle Schuhleder gearbeitet k.	1	
1 Mall Öhl geschlagen kost		9
1857 1 Mal Öhl geschlagen kost		22
1 Mall Öhl geschlagen kost		18
1858 1 Mall Öhl geschlagen kost		18
1 Mall Öhl geschlagen kost		9
1 Mall Öhl geschlagen kost		18
1 Roshaut gearbeitet kost	1	48
1 Kalbfehl gearbeitet kost		42
1 Hunzhaut Weis gearbeitet kost		12
½ Bairisch. Metz. Leihnmehl gebn k.		35
1859 1 Kalbfehl gearbeitet kost		42
1 Mall Öhl geschlagen kost		18
1 Mall Öhl geschlagen kost		18
1860 1 Mall Öhl geschlagen kost		18.“

Auf Seite P/1 sind Leder - und Gerberprodukte aufgelistet. Bei den meisten Kunden hat es sich um Schuster und Sattler aus der näheren Umgebung gehandelt.

„Ignatz Kraus Schuhmacher v. Breidenbron	fl	xr
den 16ten Jan. 1842		
Ernstlich 1 halbe Rothe Rindhaut geb. kost	3	30
den 8ten Febr.		
Geblieben Rest Solleder		27
den 3ten Merz		
1 Weißtruckes Leder geben kost	2	12
den 2ten Aprill		
1 Weißtruckes Kalbfehl ge. 1 B. Vor. Thl. k.	1	
den 22 Aprill		
1 Vordertheil u. 1 Hindtheil geb. kost	1	30
1 Fischmalz geben kost		12
den 10ten Juli		
1 Kalbfehl geben zu Stiefehl kost	2	52
den 19ten Nov.		
2 halbe Schild Rindled. geben kost	3	20
den 1ten Dez.		
1 Schwarzes Hunzhäutle geben kost		15
1843 den 19t. Hornung		
1 Kalbfehl 1 Schaff 1 Brandsolleder kosten	5	14
den 29t. März		
1 halbe Solhaut geben kost		10
den 29t. August		
1 Kalbfehl zu Stiefehl geben kost	2	36
den 27tn Oktober		
1 halben Schild Rindleder geben kost	1	36
1844 den 4t. Merz		
Am Leder Rest geblieben		5
1 Brandsolleder 3 Hunzh. geb. kost	2	30
den 5ten May		
2 Kalbfehl geben kosten	6	48

den 3ten Juni

1 Kalbfehl u. 1 Br. S. L. geb. kost	3	12
1 Steg Solleder geben kost	3	12“

Auf der letzten Seite stehen Geburts- und Sterbedaten von Kindern der Ehepaare Anton und Therese Markmiller, Anton und Franziska Markmiller sowie von Josepha Baschenegger. Lose Zettel mit Rechnungen sind eingelegt. Die Löhne einiger Mägde finden sich verzeichnet, so z. B. 1870 für eine Felizitas Kraus von Gabelbach „42 Gulden, 1 Gulden ‘Haftgeld’, an jedem Markt 1 Gulden, an Jakobi 1 Gulden, 2 Hemden, 1 W. [= weißer oder wollener?] Schurz, 1 Leible, 1 Vierling Wachs.“
Wie häufig bei solchen privaten Aufzeichnungen beinhaltet auch das Geschäftsbuch Rezepte für Hausmittel, die ohne Inanspruchnahme von Arzt oder Apotheker Hilfe bringen sollten.[15]
„Ungarisches Bitterwasser, 1 Flasche reiniget den Magen. ¼ Pfd. Leinöhl und Gelbes vom Ey hilft für Blutvergiftung. In Roßmist eingegraben über Nacht oder in Ermanglung desselben in die Erde über Nacht hilft für Blutvergiftung. Für 12 kr. Mußgernußblüh, 2 Loth Pumerranzen Schaal ansetzen, ½ Liter weisen Wein 24 Stunden stehen lassen, dann einnehmen morgens nüchtern, mittags 2 Uhr, abends vorm Schlafengehen hilft für schwaches Geblüth und Nervenschwäche. Für 3 kr. Senneblätter, 12 kr. Manna, 1 ½ Schoppen Wasser hab einsieden lassen, dann um 3 kr. Zimetrindle fein schneiden und daranthun, dann auch so einnehmen wie obiges, darauf hinein 1 kr. Gläßle Affathaler Wein, hilft für Nervenschwäche und Gliedersucht.“

[15] Abgesehen davon, daß Krankheitsbilder bzw. Symptome nicht exakt zu definieren sind, enthalten diese Rezepte - beim seinerzeitigen Fehlen von Antibiotika - populäre Mixturen, die z. T. durchaus Wirkung gezeigt haben können. Ätherisches Öl aus der Muskatblüte (Macis) wird heute noch in der zum Fußsohleneinreiben dienenden „Schlafsalbe“ verwendet; das Auftreten rauschartiger Zustände bei Überdosierung belegt die ‘angenehme’ Wirkung auf das ‘Nervenkostüm’. Pomeranzenschalen sind ein Stärkungsmittel und regen den Appetit an. Zimt ist ein Magenmittel. Die Inhaltsstoffe der Sennesblätter stellen auch heute das gebräuchlichste pflanzliche Abführmittel dar. Manna wirkt ebenfalls abführend und ist dazu nach wie vor in Verwendung.

Mit einem - von Walter Pötzl formulierten[16] und hier nur leicht abgewandelten - Wunsch will ich schließen und damit auch seine Intentionen bei der Heimatpflege zusammenfassend wiedergeben: Mögen die Bürger Dinkelscherbens durch vorliegende Arbeit mehr von ihrer Geschichte begreifen und mögen die Wissenschaftler die Ergebnisse umfangreicher Archivarbeit ebenso in ihre Forschungen einbeziehen wie hier das Soziogramm einer Familie, das Geschichte und Volkskunde zusammenbringt.

[16] Walter Pötzl wie Anm. 1, S. 8.

Häuserbuch der Klosterhofmark Thierhaupten
Ein erster Bericht

Thomas Finkenstaedt

In einer Besprechung des vom Jubilar herausgegebenen Bandes 'Kirchengeschichte und Volksfrömmigkeit' [Augsburg 1994] schrieb ich: „Es genügt nicht, das Faktische der eigentlichen Säkularisation für jedes einzelne Kloster sauber aufzuschreiben... Es fehlt an der genauen und vergleichenden Beschreibung der Weiterentwicklung der Klöster bis in unsere Tage. ... Erst eine Häusergeschichte auf der Grundlage des Steuerkatasters zeigt, wie z.B. in Rottenbuch oder Steingaden bis heute keine Ruhe einzieht" [Finkenstaedt 1995, S.126]. Die freundliche Aufforderung, einen Beitrag zur Festschrift für den unermüdlichen Heimatpfleger und Volkskundler Pötzl zu schreiben, war der Anlaß, mich näher mit der Klosterhofmark Thierhaupten zu beschäftigen, zumal ich zu diesem Kloster auch persönliche Beziehungen habe. Nach dem Abschluß der Arbeiten an den Häuserbüchern der Klosterhofmark Rottenbuch liegt Vergleichsmaterial vor, auf das ich mich im folgenden mehrfach beziehen kann [Gerold 1992, Finkenstaedt 1996 und 1998].
Nach einer kurzen Vorstellung des Ortes (1) und der Quellen (2) wird zunächst das Ziel des Projekts (3) und das gewählte Vorgehen erläutert, und es werden praktische Erfahrungen mitgeteilt (4). Der Stand der Arbeiten wird an einem Beispiel (5) vorgeführt. Nach Hinweisen auf einige 'Nebenprodukte' der Arbeit am Häuserbuch (6) werden abschließend einige vorläufige Beobachtungen und Bemerkungen zur Entwicklung Thierhauptens und des Klosterguts gebracht (7).

1. Klosterhofmark und Markt Thierhaupten

Das Hofanlagebuch von 1775 nennt 140 Anwesen in der fast geschlossenen Klosterhofmark Thierhaupten:

Hofgröße	1/1	1/3	1/4	1/8	1/16	1/32	?
Anzahl	4	1	15	13	50	51	6

Dazu kam der Hof in Winden. Außerhalb des heutigen Marktes besaß das Kloster 220 Höfe [Hufnagel/Hiereth, S. 16]. Für das Jahr 1503 sind 95 Anwesen belegt, 1628 zählt man 144 Hausbesitzer [Salbücher KL 26, KL 1]. Der Kataster von 1835 zählt 150 Anwesen, dazu 11 in der Kolonie Ötz und 7 in Weiden; das Amtl. Ortsverzeichnis von 1964 gibt 304 Wohngebäude in Thierhaupten an, 15 in Ötz und 5 in Weiden.
Der ‘Statistische Zusammentrag’ im Kataster von 1809 und von 1910 gibt Hinweise auf die Struktur des Ortes. Die große Bautätigkeit setzt wie überall nach 1950 ein; über die Bautätigkeit im 18. Jahrhundert ist wenig bekannt; sie ist offensichtlich gering.

		Parzellen
	Gebäude	179
	Kultiviertes Land	4365
	unkultiviertes Land	93
	Kirchen	2
	Wege	79
	Wasser	12
Σ		4730 = 7984 Tgw 69 Dez.

		Tgw	Dez
	Häuser	34	04
	Gärten	68	89
	Äcker	2507	56
	Wiesen	1456	69
	Waldungen	3413	67
	Ödungen	187	26
	Kirchen	0	86
	Wege	120	43
	Flüsse, Bächer	195	29
Σ		7984 Tgw	69 Dez.

Statistischer Zusammentrag
Quelle: Umschreibkataster 1910 ff.

2. Die Quellen

Die Quellen für eine Häusergeschichte von Thierhaupten sind insgesamt gut bis sehr gut, vielleicht nicht ganz so gut wie im stets vorbildlichen Kloster Rottenbuch. Die *Matrikeln* der Pfarrei für die Zeit von 1663 bis 1834 liegen lückenlos im Archiv des Bistums Augsburg. Auch für die Jahre 1585 - 1606 liegt ein Matrikelband vor. Die *Briefprotokolle* liegen von 1663 bis 1802 vor. Sie enthalten mit großer Vollständigkeit (die Lücken kann ich bisher nicht erklären) die Grundstücks- und Vermögenstransaktionen der Hofmarksuntertanen, darüber hinaus in den frühen Bänden auch Protokolle über Strafsachen, jedoch nicht im gleichen Umfang wie die Rottenbucher Protokolle [Finkenstaedt 1996]. Im Bayer. Hauptstaatsarchiv befindet sich das *Hofanlagebuch*, das dem Historischen Atlas [Hufnagel/Hiereth 1966] zugrundeliegt; leider gibt es nur ein *Steuerbuch* (für 1775), während für Rottenbuch auch das Steuerbuch von 1501 vorliegt, in dem die Hausnamen von 1782 nachgetragen sind. Die große Zahl der *Salbücher* (1503 - 1777 ff.) konnte bisher nur in Stichproben überprüft werden.
Eine hervorragende Darstellung der Klostergeschichte hat schon 1908-12 Nikolaus Debler aus den Akten erarbeitet. Die neue Zeit behandelt umsichtig F. Häussler [1989]. Eine Darstellung der politischen Geschichte und der Wirtschafts- und Sozialgeschichte der Hofmark und des Marktes fehlt. Sie setzt u.a. ein Häuserbuch voraus.

3. Ziele und Wege

3.1. Das ideale Häuserbuch

Das ideale Häuserbuch [Pledl 1997] teilt das Schicksal anderer Ideale: es ist in der Realität kaum anzutreffen. Ohne sehr viel Geld im 6-stelligen Bereich und ohne eine Institution im Hintergrund sollte ein einzelner das Ideal auch nicht anstreben, wenn er Enttäuschungen vermeiden will. Nach der Fertigstellung von zwei Häuserbüchern bin ich eher der Meinung, daß es darauf ankommt, ein Häuserbuchprojekt so zu begrenzen, daß ein (vorläufiger) Abschluß in absehbarer Zeit (5 Jahre?) möglich ist, daß aber auch Erweiterungen in zeitlicher und systematischer Hinsicht von Anfang an mitbedacht werden. Für Nachwuchshistoriker ist das Anfertigen eines Häuserbuchs zu zeitraubend und trägt kaum zur Reputation bei. Wenn ich mich im Lesesaal der Archive umschaue: es sind meist alte Männer und Laien, die am Werk sind. Man sollte lieber die Grenzen der Systematik (nicht des Niveaus!) akzeptieren als die Laien von einer solchen Arbeit abzuschrecken; Laienhistoriker sind meiner Meinung nach ein höchst bedeutsames Element für das Geschichtsbewußtsein (oder sein Fehlen) in einer Gemeinde - falls man der Meinung ist, daß die Geschichtswissenschaft es überhaupt mit so einem Bewußtsein zu tun hat.

3.2. Häuserbuch und/oder Familienbuch

Für den Familienforscher ist das Familienbuch, also die Zusammenführung von Ehe-, Geburts-, und Sterbematrikel i.a. ausreichend - wenn diese Matrikeln die nötigen Informationen enthalten. In Thierhaupten, und vermutlich auch anderswo, tun sie das nicht. Andererseits reichen auch die Kataster und Briefprotokolle nicht für die Herstellung einer Besitzerfolge und die Zuordnung zu einzelnen Anwesen, nicht zuletzt wegen der Häufigkeit einzelner Schreibnamen. Für Wildsteig wurde deshalb zunächst ein fast vollständiges Einwohner- und Familienbuch angelegt, das - ungedruckt - in der Pfarrei einzusehen ist (Datenschutz!), und danach erst mit dem Häuserbuch begonnen. Für Rottenbuch wurden Familien- und Häuserbuch parallel aufgebaut, und für Thierhaupten erfordert die Quellenlage dies ebenfalls. Das zweckmäßige Vorgehen im einzelnen kann man leicht durch Stichproben in den verschiedenen Quellengattungen festlegen. (Freilich wäre es am schönsten, wenn man gleich mit dem dritten Häuserbuch anfangen könnte, ohne die Kinderschuhe austreten zu müssen.)

3.3. Computer oder Handarbeit

Die Entwicklung der Computertechnik hat nicht zu entsprechend gestiegenem Nutzen des Computers in den Geisteswissenschaften geführt. Für die Arbeit an einem Häuserbuch ist der Computer fast unentbehrlich, aber wehe dem, der meint, daß eine perfekte 'Maske', in die man die Daten nur einsetzen muß, die Antwort auf die Probleme sei. Ein Hauptproblem sind ja gerade die Unterschiede zwischen den Orten: welche Art von Steuer wird erhoben, welche Terminologie bei den Eigentumsverhältnissen muß zugrundegelegt werden: in Thierhaupten gibt es z.B. die Gruppe der 'Inwohner' (= 1/32-Anwesen) und der 'Gmainer' (= 1/16-Anwesen) mit ihren jeweiligen Krautbeeten und Pointen. In der Hofmark Rottenbuch mit der konsequenten Leibeigenschaft seit 1628 gibt es solche Gruppierungen nicht, wohl aber die zahlreichen Gruppen von 'Rechtlern' für Weide, Stier oder 'Fohlpferd'. Die perfekte 'Maske', also die Anordnung für jedes Haus, steht am Ende der Arbeit, nicht am Anfang. Für das Projekt Thierhaupten wurde deshalb aus den Katastern eine Grobstruktur abgeleitet; diese wurde als Formblatt ausgedruckt, so daß beim Durcharbeiten der Kataster keine Daten übersehen bzw. Lücken in den Daten registriert werden konnten. Wenn für jedes Haus mit seiner alten Hausnummer ein solches Formblatt vorliegt, ist die Zeit für handschriftliches Ausfüllen geringer als für das Aufsuchen der jeweiligen Stelle in der Maske mit dem Computer. Es ist auch zu bedenken, daß nur wenige Bearbeiter Daten perfekt genug eingeben können. Das Übertragen aus den Folianten in einen Computer würde bei mir übrigens schon an mangelnder Sehschärfe scheitern. Wichtiger sind die folgenden Beobachtungen: Beim Abschreiben mit der Hand kann man mitdenken und am Rand Beobachtungen notieren. Wie sagte doch meine Sekretärin einst nach dem Eingeben eines langen Manuskriptes: „Jetzt möchte ich auch einmal lesen, was ich geschrieben habe!“. Beim Abschreiben von Hand bleiben auch die Urdateien mit ihrer Reihenfolge erhalten. Dies kann für Kontrollen und spätere Auswertungen sehr wichtig sein (z.B. Popularität von Vornamen in der Geburtsmatrikel). Das Aufsuchen der richtigen Stelle für eine neue Dateneingabe kann auch mit dem schnellsten Computer sehr lange dauern. Ich habe es für die Einsortierung der Geburten in das entstehende Familienbuch ausprobiert: bis man die Familie findet, zu der das Kind gehört, hat man schon drei Kinder mit Geburtsdatum, Eltern und Paten abgeschrieben. Daheim kann man dann in Ruhe den Computer anstellen... Denn das sollte man nicht vergessen: wer nicht am Ort der Archive wohnt oder arbeitet oder studiert, wer nicht bezahlt wird für die Arbeit, der muß mit der Zeit im Archiv sparsam umgehen. Mein wöchentlicher Archivtag von 6 bis 7 Stunden (bisher etwa 50) bedeutet auch immer eine Reisezeit von 6 bis 7 Stunden. Als Fazit ergab sich für mich: Datenerfassung handschriftlich (nicht zuletzt wegen der altertümlichen Schreibungen); alle Computerdateien später einzeln sichern und i.a. als Papierfassung aufbewahren. Man wähle ein einfaches Textprogramm, das für den späteren Druck geeignet ist, wenige Tabulatoren, die sich für möglichst alle Dateien eignen, und bis zur Drucklegung auf keinen Fall eine schöne Proportionalschrift, wenn man späteres Chaos vermeiden will.

4. Bisherige Arbeitsschritte

4.1. Häuserliste

Häuserlisten vor der Umstellung auf die heutigen Straßennamen dürften in jeder Gemeinde vorliegen. Dazu gibt es jeweils die aktuelle Liste der Besitzer. In Thierhaupten lag eine Liste mit der Angabe der alten und neuen Hausnummern mit den Plannummern (Flurstücksnummern) des Katasters von 1835 vor. Es wurde nach der alten Liste sortiert, aber die neue Anschrift eingefügt. Es ist zweckmäßig, diese Sortierung bis zu einer Drucklegung beizubehalten. Die Liste wurde durch die Angabe der Hofgröße (aus dem Historischen Atlas bzw. dem Kataster von 1809) und des Hausnamens (aus dem Kataster) ergänzt. Die gewählte Anordnung läßt sofort Lücken (abgegangene Häuser) und Neubauten (Hausnummern mit 1/2, 1/3 usw.) erkennen.
Für die Anordnung im Druck läßt sich dies Schema leicht umwandeln: im konservativen Wildsteig wurde die Anordnung nach Hausnamen gewählt, weil diese noch lebendig sind; die übrigen Häuser erscheinen nur in Konkordanzlisten (chronologisch, nach alter Hausnummer); für Böbing erfolgte die Anordnung nach den alten Hausnummern mit zwischengeordneten neuen Häusern; in Rottenbuch schließlich wurde die heutige Anschrift zugrundegelegt, wodurch freilich alte Einheiten (Rottschaften, Ortsgemeinden) zerrissen wurden, aber diese spielen in Rottenbuch keine große Rolle mehr.

4.2. Häuserbuch - erste Fassung

Die Daten der Kataster und Umschreibehefte, die der Fassion und des Historischen Atlas wurden in die Häuserliste eingegeben. Auf diese Weise entstand eine Besitzerliste von vor 1800 bis i.a. 1950, z.T. bis heute, denn etwa zwei Drittel der letzten Einträge im Kataster passen zur heutigen Besitzerfamilie (vgl. unten 5.)

4.3. Familienbuch - erste Fassung

Die erste Fassung des Häuserbuchs wurde alphabetisch umsortiert, wobei für jede Besitzerfamilie Anschrift und Hausname hinzugefügt wurden. Die so entstandene erste Fassung des Familienbuchs ist die Grundlage der weiteren Arbeit.

4.4. Ehematrikel

Die Auswertung der Ehematrikel (1585 - 1606 und 1663 - 1802 erbrachte eine handschriftliche chronologische Datei, die leider sehr 'dünn' ist. Da man sich in Thierhaupten ja kannte, wurden in der Matrikel Angaben über die Herkunft und die Eltern oder gar das Geburtsdatum nur bei der Einheirat Auswärtiger gemacht, wenn überhaupt. Hier liegt die Hauptursache für die Schwierigkeiten bei der weiteren Arbeit: bei häufigen Namen ist eine Zuordnung zu bestimmten Familien oder gar Häusern nicht möglich.
Von Interesse, in den ersten Jahrzehnten der Matrikeln unentbehrlich, ist das Vermerken der *Zeugen*, da nicht selten der Name des Vaters erwähnt wird (z.T. als *pater sponsae* etc. explizit gemacht). Die Zeugen sind aber u.U. auch als sozialer Indikator brauchbar: wer wird als Zeuge gewählt. Für die Frühzeit kann man auch neue Familiennamen gewinnen, die vermutlich später manche Verknüpfungen mit der Matrikel von 1586 und den Salbüchern erlauben. Die handschriftliche Datei wurde in den Computer eingegeben und zwar bei den einzelnen Familiennamen zunächst strikt chronologisch. Das Familienbuch wurde also rückwärts bis 1660 verlängert.

4.5. Die Briefprotokolle

Der Zusammenhang der Einträge wird erst durch die Briefprotokolle ersichtlich, in denen Heiratsverträge, zweite Ehen und Hofübergaben erwähnt sind. Die Briefprotokolle enthalten in der Regel die Namen der Eltern und bei Auswärtigen die Herkunft, sowie Angaben über Beruf und Hofgröße. Vor einer zweiten Ehe oder bei der Übergabe muß das Vater- bzw. Muttergut geregelt werden, so daß bereits für viele Anwesen eine Liste der Kinder (ohne Geburtsdatum) entsteht. Die unterschiedlichen Schreibungen von Familien- und Ortsnamen in der Matrikel und den Briefprotokollen irritieren oft, können aber ebenso oft zur 'richtigen' Schreibung führen. Auf diese Weise können vielleicht die Hälfte der Einträge vernetzt werden. Das Ergebnis wird dann die zweite - noch unvollständige - Fassung des Familienbuchs sein.

4.6. Schreibung

Im Häuserbuch wird weder philologische Buchstabentreue angestrebt, noch eine voreilige Normalisierung der Schreibung versucht. Philologisch interessante Schreibungen werden durch < > kenntlich gemacht. Insbesondere bei Namen muß man sich vor einer zu frühen Festlegung auf eine Form hüten. In unseren Tagen unterscheidet sich ein <Mayr> durch sein <y> von einem <Meier> oder <Maier>; bis zur Einführung des Standesamts (1875) wird nach dem Ohr geschrieben und es gelten die 'Regeln' der alten Schreibtraditionen. An einem Beispiel aus Thierhaupten sei die Vielfalt der Schreibungen vorgeführt: Prigglmayr (1721), Priklmayr (1757), Pricklmair (1781), Prigglmair (1783), Briegelmaier (1783), Prücklmayer (1798), Brücklmeyer (18. Jh.), Prüklmaier (18. Jh.), Briglmeyer (1813), Briglmeier (1851), Briegelmair (1853), Brügelmeyer (1854), Brüglmeyer (1854), Prügelmaier (1857), Prüglmeyer (1870), Priglmeier (1876). Brief des Rentamts vom 22.8.1898: „Es ist anzuzeigen, ob der nunmehrige Besitzer ... Priegelmeier oder Brüglmeier heißt ...". Antwort des Bürgermeisters vom 2.9.1898: 'Brüglmeir'.

Erst für die Druckfassung ordnet man die Belege nach einer 'Normalform' bzw. der heute gültigen Schreibform. Der Computer hilft bei der Normalisierung nicht.

4.7. Hausnamen und Siedlungsstruktur

Ein vielleicht unüberwindbares Hindernis bei der Zuordnung von Familien zu Häusern ergibt sich in Thierhaupten aus dem Fehlen von Hausnamen: „Die Verwendung von Hausnamen wurde 1759 befohlen; sie sind nur zum Teil althergebracht; oft wird der Vorname verwendet..."[Hufnagel/Hiereth, S. 17]. In der Hofmark Rottenbuch dagegen sind die Hausnamen althergebracht; überdies erleichtert die auch in den Akten meist angegebene Zuordnung zu den Rottschaften oder den späteren Ortsgemeinden mit meist nur wenigen Anwesen eine Zuordnung. Die geschlossene Siedlung Thierhaupten ist - wie üblich - in Viertel untergliedert (Bachviertel, Unteres Viertel), doch ist bisher keine Abgrenzung der Viertel aufgetaucht. Es gibt schon seit früher Zeit 'Straßennamen': die Bauerngasse (heute Herzog-Tassilo-Straße), die Bachgasse, die Franzigasse, die heute noch als Franzengasse existiert. Die genauere Zuordnung der Anwesen geschieht in den Briefprotokollen in der Regel durch die Angabe der Nachbarn: „...verkauft seine Gemainsbehausung im Untern Viertl zwischen Karl Fischer und Andreas Lechman, vorn auf den Gmainweeg und hinten auf der Susanne Peurin Hopfenpoint..." [BrPr. 22.07.1664]. „Verkauft Anna Küglin ihr Gmainhaus im Ersten Viertel zwischen des Müllers Garten und dem Mühlgässl auf die Gmain stoßend..."[BrPr 4.7.1667]. Irritierend ist, daß es in Thierhaupten durchaus Hausnamen gab, die aber nur selten in den Akten verwendet werden, und dann mit dem Zusatz 'sogenannt'. Leonhard Hiltl kauft die „sogenannte Schwarzische Gemain Behausung" [BrPr 21.07.1755]; sie war vorher Besitz des Klosters: „Gmain Behausung ansonsten Schwarzhof genannt" [BrPr]; auf dem „sogenannten Schulhaus" [BrPr 22.05.1786] u.s.w. Einzelne der späteren Hausnamen, z.B. der 'Brosi' mögen dabei sehr alt sein, taucht doch in der Matrikel schon 1585 der Schreibname (!) <Hanns Brosie> auf. Die Katasterkarte von 1813 enthält bereits die neuen Hausnummern, die von Süden nach Norden verteilt wurden; die Klostergebäude wurden am Schluß angefügt.

5. Ein Beispiel

Das folgende Beispiel zeigt die Zusammenführung der Informationen aus Kataster, Ehematrikel und Briefprotokoll für die Familie des Lehrers Johann Georg Kruis.

5.1. Im Häuserbuch

(bzw. Kataster) taucht der Name Kruis bei den Hausnummern 035, 039 und 065 auf. Für diese Anwesen läßt sich die Besitzerfolge (hier nicht abgedruckt) jeweils bis 1970 verfolgen.

035

Augsburgerstraße 6 **Kramer**

Alte Hausnr. 35 - Pl.Nr. 37.

Hausname

1775 Kramer; 1810 Kramer; 1835 Kramer.

Hofgröße und Steuer

1775 1/16 Hof;

1810 1/12 Hof. Ein gemauertes Haus, derlei Stadel und Stall nebst einer Laubhütte. Ein Hausgärtl, zwei Krautbeet. Anspruch auf unverteilte Gemeindegründe. Reale Kramergerechtigkeit, deshalb 1/12 Hof. 2 Jcht Felder, 3 Jcht Wiesen. Bisherige Staatsauflagen 6.52.2 fl; Schätzwert 695 fl; Steuerwert 1030 fl.

1835 24 Tgw 18 Dez. 2.56.2 fl Rustikalsteuer.

1863 18 Tgw 25 Dez. 2 fl 7 5/10 x Grundsteuer.

1903 43 Tgw 32 Dez.

1952 41 Tgw 68 Dez.

Besitzerfolge

.... **Kruis Johann Georg**

1788 **Käßbohrer Xaver**

16.10.1788 Von Johann Georg Kruis, Magister, übernommen um 1000 fl.

Ü 1827 **Käsbohrer Franz Xaver**

14.08.1827	von der Mutter Magdalena Käsbohrer um 2500 fl übernommen.
K 1844	**Koch Karl**
03.06.1844	von Xaver Käsbohrer übernommen; Ehe mit Anna N.N.
04.02.1864	Karl Koch Alleineigentümer.

....

039
Augsburgerstraße 1 **Landarzt**

Alte Hausnr. 39 - Pl.Nr. 62 1/2.

Hausname

1810	Das Schullehrergütl; 1835 Landarzt. Die Hausnamen von den Berufen der Besitzer vor und nach 1817.

Hofgröße und Steuer

1810 1/32 Hof. Ein zweistöckiges gemauertes Haus, auf welchem die Servitud liegt, das obere Zimmer zum Schulzimmer zu verwenden. Zwei Krautbeet. Anspruch auf unverteilte Gemeindegründe. Besitzt auch unter Nr. 65 ein Haus mit Gütern. Bisherige Staatsauflagen 1.55.5 fl; Schätzwert 300 fl; Steuerwert 360 fl.

1835	1 Tgw 34 Dez. 8 x 6 h Rustikalsteuer.
1863	3 Tgw 79 Dez. 44 9/10 Grundsteuer.
1908	17 Tgw 97 Dez.
1940	16 Tgw 66 Dez.

Besitzerfolge

....	**Kruis**
Ü 1794	**Kruis Ulrich**
26.03.1794	von der Mutter Johanna Kruis um 550 fl übernommen.
K 1817	**Hudler Michl**
26.11.1817	von Ulrich Kruis, Schullehrer zu Thierhaupten, um 700 fl erkauft (o.ä.). Michael Hudler ist Landarzt.

.....

Klosterberg 2

Alte Hausnr. 65 - Pl.Nr. 31.

Hausname

1810 Beim Koch; 1835 Kochgütl.

Hofgröße und Steuer

1775 1/16 Hof.

1810 1/16 Hof. Ein gemauertes Haus mit Stadel und Stall nebst Laubhütte. Ein Gartl, zwei Krautbeet. 3 3/4 Tgw Wiesen. Anspruch auf unverteilte Gemeindegründe. Die zum Gute gehörige Huckgerechtigkeit; auch Eisenhandel. Bisherige Staatsauflagen 3.51.7 fl; Schätzwert 543 fl; Steuerwert 875 fl. Gewerbesteuer: von der Huck jährlich 1.8.1 fl; vom Eisenhandel 3 fl.

1835 19 Tgw 68 Dez. 2.32.6 fl Rustikalsteuer.

1863 22 Tgw 71 Dez. 3 fl 27 1/10 x Grundsteuer.

1907 52 Tgw 8 Dez.

1946 47 Tgw 87 Dez.

Besitzerfolge

	....	**Kastl**
HW	....	**Briegelmaier Michael**
		verheiratet mit Maria Anna Kastl*.
H	1808	**Kruis Ulrich**
05.03.1808		Auf Absterben des Michael Brückelmaier durch Heirat dessen Stieftochter Maria Anna um einen Anschlag von 1300 fl übernommen.
Ü	1853	**Kruis Johann Georg**
07.11.1853		
01.09.1864		Auf Ableben des Johann Georg Kruis ist die Witwe Cäcilia Kruis* Alleinbesitzerin.
K	1871	**Meixner Josef**
23.12.1871		Der Privatier Josef Meixner kauft das Anwesen um 12.000 fl.

5.2. Die derzeitige Fassung des Familienbuchs

ist bereits sehr viel ausführlicher und verlängert die Besitzerfolge zurück bis 1744, als der *ludimagister* Johann Georg Kruis Katharina Seiz aus Thierhaupten heiratete, vermutlich dic Tochter des Mesners, was aber erst durch die Geburtsmatrikel bewiesen werden kann. Das Anwesen, in dem Kruis lebt, ist vermutlich das Schulhaus (039). Beim Kauf der Gmainbehausung im Jahre 1753 wird die Kramergerechtigkeit erwähnt. Die sogenannte Sartorische Gmain Behausung (s.u. 1753; Sartorius war im 17. Jahrhundert Klosterrichter) dürfte also mit dem Kramer (Hs.Nr. 035) identisch sein. Dazu paßt die Hofgröße 1/16 (= ‘Gmainer’) und die Nennung 'Kramer' im Hofanlagebuch. Die Einzelheiten der Erbfolge ergeben sich aus den Einträgen in den Briefprotokollen unter Ulrich Kruis und Franz Xaver Käsbohrer. Die Tochter Katharina ist die zweite Frau von Anton Dauber, der 1780 in die Familie Eyba beim Schreiner (Hs.Nr. 054) eingeheiratet hat, die dort vermutlich schon seit dem 17. Jahrhundert wohnt. Die zweite Ehe von Johann Georg Kruis verbindet ihn mit der Familie des Obermüllers Pest (Hs.Nr. 063), die für das ganze 18. Jahrhundert belegt ist. (Aus Platzgründen wird nur die Verknüpfung mit Käsbohrer abgedruckt.)
Die Zusammenführung der beiden Dateien zeigt, daß als nächster Arbeitsschritt die Geburtenmatrikel ausgewertet werden muß; danach kann wohl eine zweite Fassung des Häuserbuchs für zwei Drittel der Anwesen erstellt werden.

(a) **Hs.Nr. 035**

H	1744	**Kruis Johann Georg**	
	*		Gersthoven
	†	1788	
		Dominus... Ludi Magister (1753: Magister und Gmainer allhier; 1788: Magister und Kramer).	
1. Ehe:		07.07.1744	
		Seiz	Katharina
	†	1753	
Kinder:			Anna Maria
		oo 1791 Michl, Burgerl. Sattler in Petmes	

	Ursula
	oo Renerin(?), Jägerin zu Schorn
01.05.1753	Johann Georg Kruis schließt einen Vertragsbrief über 200 fl: Die Kleidung der Mutter geht an die Töchter, „exclusive der mit guldenen Portten Verhandten(?) Hauben, so ihme der Vatter gegen Verreichten 3 fl expressive reserviert". Ausfertigung der Töchter: „Himmel Pöttstatt mit grien halbwüllenen fürhäng, Kästen, Tisch, jeder 3 zinenne däller."
2. Ehe:	22.05.1753
	Pest M. Johanna Elisabeth
Eltern:	Pest Hans, Obermüller
	Pest Maria
	Mitgift 800 fl.
Z	Joh. Georg Pest.
Kinder:	**Magdalena**
	Moritz, Professor in Petershausen
	Maria Anna
	Katharina
	oo 1797 Anton Dauber
	Benedikt
	(Hans) **Ulrich**
06.1753	Abt Maurus verkauft die Sartorische Gmain Behausung, 2 Point, 2 Krautbeet, Gmain Thaill, Kramergerechtigkeit, welche er am 9. Juni durch Erbstiftung an sich gebracht, an Johann Georg Kruis.
21.10.1766	Anton Diepold, Gmainer allhier, und Maria verkaufen an den Magister Georg Kruis ihre Gmainbehausung im Obern Dorf zwischen Josef Herb, Gmainer, und Andreas Bader, Weber, um 750 fl. Ohne Pfründe.
05.11.1767	Georg Kruis Magister Allhier und Johanna verkaufen an Sebastian Härgler(?) Seiler allhier, die Gemainbehausung auf dem Berg entlegen um 568 fl.

1772	Georg Pest, Obermiller,... (= Dorfführer) verkaufen an Georg Kruis eine Point um 45 fl.
17.10.1788	Vertragsbrief über 1544 fl 4 h. Nach dem Tod des Johann Georg Kruis schließt die Witwe Johanna einen Vertrag mit den Kindern aus beiden Ehen. Die Töchter erster Ehe je 30 fl; Witwe 825 fl; das vorhandene Ober- oder Magisterhaus mit Kram Gerechtigkeit, Warenlager, 3 Stück Vieh, etliche Hennen an Magdalena; Anschlag zu 1000 fl. Das untere- oder Schulhaus an die Witwe, später an Hans Ulrich; Anschlag zu 500 fl. Fertigung der Schwester: Bettstatt mit Umhängen und ein Wiegen. Moritz, als welcher während seiner Studienjahre mehrer gekostet hat ... - Austrag: 2 Pfd Kaffee, 1 Pfd Zucker ... Magdalena Kruis heiratet Xaver Käsbohrer.

(b) **Hs.Nr. 039**

Ü 1794	**Kruis Udalricus**	
*	05.08.1773	
26.03.1794	Johanna Kruis* übergibt ihrem Sohn Ulrich das bisher besessene Schulhaus zum vollständigen Besitz. Die beiden Schwestern haben schon je 200 fl. Übergabssumme 500 fl. Auch der Sohn erhält 200 fl tacite in Händen. 200 fl der ledigen Schwester Katharina, 100 fl der Mutter.	
Eltern:	Kruis	Johann Georg, ludimagister
	Pest	Johanna
1. Ehe:	08.04.1799 (12.03.1799)	
	Eschenloherin Walburga	
*	20.11.1774	
Eltern:	Eschenlohr	Joseph, ludimagister in Westendorf
	N.N.	Josepha
	Mitgift 450 fl. - Aussteuer: Kommothkasten !	
2. Ehe:	1808	
	s.u. Hs.Nr. 065	

(c)		**Hs.Nr. 065**
Klosterberg 2		**Koch**

Alte Hausnr. 65 - Pl.Nr. 31.

H	1808	**Kruis Ulrich**
05.03.1808		Auf Absterben des Michael Brückelmaier durch Heirat dessen Stieftochter Maria Anna um einen Anschlag von 1300 fl übernommen.
	1835	Kruis Ulrich
Ü	1853	**Kruis Johann Georg**
07.11.1853		
01.09.1864		Auf Ableben des Johann Georg Kruis ist die Witwe Cäcilia Kruis* Alleinbesitzerin.

(d)			**Hs.Nr. 035**
H	1788	**Käsbohrer Franz Xaver**	**Kramer**
	*	19.12.1752 Wertingen	
Eltern:		Käsbohrer Joseph, Bauer zu Nuschenau, Gde. Hirschbach, Wertingen	
		N.N. Maria	
Beruf:		Kramer	
1. Ehe:		21.10.1788	
		Kruisin Magdalena	
17.10.1788		Übergabe um 1544 fl 4 h. Heiratsgut 600 fl. (22.10. quittiert.)	
11.05.1796		Der Kramer leiht bei seinem Bruder, Bauer zu Neuschnan(?) 600 fl.	

6. Nebenprodukte

Die Briefprotokolle enthalten reiche Informationen zur lokalen Wirtschafts- und Sozialgeschichte. Ob solche Informationen in einem Häuserbuch Platz finden sollen, hängt m.E. davon ab, ob auch eine Darstellung der Geschichte des jeweiligen Ortes neben dem Häuserbuch geplant oder in Vorbereitung ist. Es lohnt sich auf jeden Fall, die entsprechenden Belege zur späteren Verwendung zu notieren. Manche Mosaiksteinchen können auch für andere Forschungen von Interesse sein. Es gab in Thierhaupten z.B. 1808 einen Weihnachtszopf als Teil der Abgaben an das Kloster [Fassion 1808, Hs.Nr. 96]; bei den großen Bauern taucht dieser Weihnachtszopf schon 1628 im Salbuch auf [KL 1,f.8 ff.]. Beim Ölmüller gab man Trinkgeld, das der Müller mit seinem jüngeren Bruder teilen mußte [BrPr 04.05.1787], und über unflätige Schmähreden zweier junger Frauen läßt sich auf die Existenz von Schmusern schließen [BrPr 25.03.1669]. Bei der Beschreibung der Lage eines Ackers heißt es „bei der Hlg. Sail im Underveldt" [BrPr 01.05.1686], ein willkommener weiterer Beleg für dies Flurdenkmal [vgl. Pötzl 1996, 160]. Im folgenden wird auf einige Themen hingewiesen, die u.U. eine systematische Auswertung verdienen.

6.1. Sprachliches

(a) Seltene oder bei Schmeller nicht nachgewiesene Wortbedeutungen: 'Schönes' für Weizen oder Kern; 'Eirenschmalz' für 'Hochzeitstag': Sibilla Klampferer hat 100 fl Mitgift, davon werden 50 fl zum <Ayrenschmalz> bar erlegt [BrPr 27.01.1691]. Für das Wort vgl. man Schmeller, I,55; als Eigenname ist Eirenschmalz in Rottenbuch belegt. (b) Die Namengebung läßt sich an Hand der Geburtsmatrikel gut verfolgen. Die bisherigen Belege zeigen einerseits eine konservative Namengebung, wenn 'germanische' Namen wie Friedrich, Konrad, Richard, Walter häufig belegt sind, die in Rottenbuch fast alle mit der Gegenreformation verschwanden. Natürlich sind auch die Klostereinflüsse und die der Diözese deutlich mit Benedikt, Walburga, Afra, Nonnosus und Simpert; der häufige Leonhard erklärt sich wohl aus dem Einfluß von Inchenhofen. Die schriftlichen Quellen sind dem mündlichen Sprachgebrauch näher als in Rottenbuch; für einige Schreiber sind Kurzformen wie Michl oder Bärtl die Normalform. Bemerkenswert ist vielleicht auch das frühe Auftreten von zwei Taufnamen. Der Einfluß der Paten auf die Namengebung ist in Thierhaupten relativ gering, da jede Familie nur einen Taufpaten hat.

6.2. Pfründe

Die Vereinbarungen über die Pfründe spiegeln wie die Übergabssummen zunächst die weit größere Spannweite von Arm und Reich in Thierhaupten

gegenüber der Hofmark Rottenbuch. Die Wirte und Metzger leben auch im Alter sehr gut: Der Unterbräu Benedikt Baur erhält „wochentlich 40 Maß gutes Bier, nachpier hingegen die notturft, 1 Eimer Prantwein,... wochentlich 5 Maß gute Milch..." [BrPr 11.09.1749]; der Unterbräu Andreas Baucr dingt sich 10 Pfd Fleisch wöchentlich aus [BrPr 16.08.1780]. Die Wittib Anna des Metzgers Hans Fischer erhält als Pfründe „25 Pfd Rindfleisch und 25 Pfd Schweines und 2 Dutzend Würst" [BrPr 25.06.1774].
Bemerkenswert ist, daß die Übergeber sich nicht selten ein Krautbeet oder eine Point und eine Kuh zum Wintern reservieren, oder 2 Hennen im Austragsstüberl halten [BrPr 06.03.1783]; d.h. sie ziehen es vor, in kleinerem Umfang weiterzuarbeiten und für sich selbst zu sorgen. Gelegentlich kauft ein altes Bauernehepaar sogar vom Übergabsgeld ein eigenes kleines Inwohnerhäusl. In zahlreichen Protokollen wird festgehalten, daß für die Übergeber Flachs und Lein angebaut wird (den Samen müssen die Übergeber stellen), was auf Spinnen im Alter hinweist. Dem eigenen Flachsanbau entspricht es dann auch, daß wenig von jährlichen Hemden oder Kleidung in den Protokollen die Rede ist, die im Oberland eine große Rolle spielen. Die gegenüber der Hofmark Rottenbuch sehr seltene Erwähnung jährlicher Strümpfe und vor allem Schuhe (die bei den Rottenbucher Dienern zum jährlichen Deputat gehören) dürfte aber mit dem milderen Klima im Unterland zusammenhängen. Häufig, im Oberland nie belegt, ist der ausdrücklich formulierte Anspruch auf ein heißes Bad: „so oft er es nötig haben wird" [BrPr 24.09.1784].

6.3. Ausfertigung (Fertigung)

(a) Die sächliche Mitgift der Braut war offensichtlich in ihrer Zusammensetzung so fixiert, daß die Briefprotokolle, besonders in der Frühzeit, nur davon sprechen, daß sie 'standesgemäß' war. Bei ein paar besonders guten Partien fällt die Aussteuer deutlich aus dem normalen Rahmen, z.B. bei der Hochzeit der Tochter des Obermüller Pest: „1 ganz Cordoun(?), 8 Tischtücher, 14 Handtücher, 2 Duzend Hemmeter, Pethstatt mit Umhängen, 2 Duzend irdene Schüsseln, 9 zinnerne Teller und 3 deto Schüsseln, 1 Duzend hölzerne Teller. 1 Kuh, 1 Kalben, 1 Kasten, 1 Wiegen(?), 2 Truhen,

2 Pündl(?), 1 Nudlbrett, 50 Ellen Tuch, 150 Reisch Hanf und Flachs, 2 Porzelaunen und 2 Steinene Krüeg" [BrPr 20.03.1780].
Am anderen Ende des sozialen Spektrums aber kann es heißen „... da beide nichts haben" [BrPr 02.11.1666]. Die Kuh ist vom 1/16 Hof aufwärts normaler Bestandteil der Fertigung, bei größeren Anwesen kommt auch eine Kalbin <Kalm> dazu. Söhne reicher Bauern erhalten neben ihrem Heiratsgut manchmal ein 'angeschirrtes Pferd'. Was über das Bett und seine Überzüge gesagt wird, entspricht weitgehend den bei [Pötzl/Hartmann, S. 133-193] gesammelten Belegen für den südlichen Landkreis Augsburg. Wieder gibt es beträchtliche Unterschiede hinsichtlich Zahl und Art der Überzüge (z.B. BrPr 01.06.1774: ein fläxerner, ein hänfener, ein getruckter Überzug). Aus dem fast völligen Fehlen von Hinweisen auf den Kauf von Bettfedern für die Aussteuer darf man wohl auf Gänsehaltung schließen. In der Hofmark Rottenbuch wird dagegen immer wieder auf den nötigen Kauf von Bettfedern hingewiesen.
(b) Einen breiten Raum nimmt in den Eheverträgen die Schreiner- oder Holzfertigung ein. Ihr Wert schwankt im späten 18. Jahrhundert zwischen 4 und 30 fl [BrPr 24.05.1787 und 22.02.1791]. Die Thierhaupter Belege ergänzen das Material bei Pötzl/Hartmann. Neben der 'Pöttstat' findet sich zunächst die Truhe, später Kasten (und Truhe), und schließlich dazu Tisch und Stühle. Dazu kommen Schüsselrahm und Kandelrahm zur Aufbewahrung des Geschirrs. Einmal wird bei einer wohlhabenden Familie ein „birnbaumener" Tisch erwähnt [BrPr 16.03.1801], und am Ende des 18. Jahrhunderts bringt eine Lehrerstochter eine „Kommoth" mit in die Ehe (s.o. 5.2(b)). In aller Regel handelte es sich um ein Himmelbett; es geht dies ebenso aus der gelegentlichen Erwähnung einer „halbgehimmelten" Bettstatt [BrPr 09.09.1685] hervor wie aus der Spezifizierung der Bettvorhänge. Schließlich ist erwähnenswert, daß die Möbel - wie im Oberland - bemalt sind, was sich aus der besonderen Hervorhebung unbemalter Möbel ergibt, die im Oberland ein ausgesprochenes Zeugnis der Armut sind.

7. Bemerkungen zur Entwicklung von Thierhaupten

7.1. Die Entwicklung Thierhauptens vor und nach der Säkularisation

zeigt größere Kontinuität als die von Rottenbuch oder Steingaden. Die Einwohner der Hofmark waren weniger vom Kloster abhängig als die in Leibgeding lebenden Rottenbucher Untertanen. Kauf und Verkauf von einzelnen Teilen des Grundbesitzes, besonders der Zinsäcker, war in Thierhaupten selbstverständlich und spiegelt den Aufstieg von Familien oder ihre Verarmung. Das Kloster stimmte (immer?) 'gnädig' zu. Im 19. Jahrhundert verstärkte sich der Grundstückshandel, und Nathan Baldauf aus Binswangen und einige Bierbrauer der Umgebung sowie Privatiers aus Augsburg hatten immer das Bargeld für Gütererwerb, Tausch und Zertrümmerung von Anwesen. Das Kloster Thierhaupten hatte keine große Dienerschaft mit Familien zu versorgen, sondern arbeitete mit Taglöhnern und auf Gewinn bedacht.

Die Klosterhofmark Thierhaupten war mit ihren 2800 Hektar wesentlich kleiner als Rottenbuch mit fast 10.000 Hektar und umfaßte - abgesehen von der Einöde Winden - nur einen Ort; die Hofmark Rottenbuch war dagegen eine Streusiedlung mit 50 'Ortsgemeinden', wie sie heute heißen. Nahe beim Kloster lagen in Thierhaupten die Felder und Weiden der ungefähr 500 Tgw. großen Klosterökonomie; in Rottenbuch lagen die 4 Schwaigen in größerer Entfernung; die Schwaige Schild (heute Wildsteig) umfaßte allein schon über 700 Tgw und war in der fast straßenlosen Hofmark kaum zu erreichen. Die Klosterökonomie in Thierhaupten konnte nach der Säkularisation ihren Betrieb im Grunde unverändert fortsetzen; nur die Abtei war, wie der Kataster von 1810 vermerkt, viel zu groß, „besonders da Besitzer zur Wohnung kein dergleichen großes Gebäude bedarf, welches sich übrigens nicht rentiert". Das Kloster konnte in einer Hand weiterbestehen; nichts wurde abgerissen, keine Felder wurden verkauft.

Wie auch an anderen Klosterorten treten 1803 Brauer und Wirte als Käufer auf [Häußler, S. 145 ff.]. Die Gründe für den häufigen Besitzerwechsel bis 1869 und für die Kontinuität unter der Familie Gruner von 1869 bis 1941 wird man in den Personen finden. Die ersten Käufer bewirtschafteten das

Klostergut nicht selbst; ähnlich, eher noch ausgeprägter, war das in Rottenbuch, wo ausgesprochene Spekulanten auf schnellen Gewinn hofften, die Fabrikanten Mayr aus der Schweiz ebenso wie der Bräuhausknecht Wörmann, der sich schließlich „in etwas mißlichen Umständen befand" und die Rottenbucher Brauerei verkaufen mußte [Finkenstaedt 1998]. In der zweiten Hälfte des 19. Jahrhunderts geht Thierhaupten ebenso wie Rottenbuch und Steingaden in die Hände von Auswärtigen über. Heinrich Gruner, ein wohlhabender Kaufmannssohn aus Bremen erwirbt 1869 Thierhaupten, nicht zuletzt wegen der Jagd. Johann von Heeren, ehemaliger Gesandter der Hansestadt Hamburg in Paris, erwirbt 1888 Rottenbuch von seinem Jagdfreund Alfred Graf von Dürckheim, der seinerseits Steingaden kauft. Beide bewirtschaften ihre Besitzungen nicht selbst, und das wird auch bald sichtbar. Steingaden wird schließlich der Spielleidenschaft geopfert, im ehemaligen Kloster Holzen war ein Rennstall zu viel für das alte Klostergut mit seinen riesigen Wäldern.
Heinrich Gruner hatte dagegen in Jena Landwirtschaft studiert und bewirtschaftete Thierhaupten selbst; Häußler [S. 152] hebt seine 'akribische Buchhaltung' hervor. Dazu kam die Modernisierung der Maschinen, besonders durch seinen Sohn Theodor, der ebenfalls eine landwirtschaftlichen Ausbildung erhielt und später im öffentlichen Leben engagiert war (Gemeinde- und Kreisrat); er fühlte sich stets als Landwirt. Es gab in Thierhaupten zwar einen Kutscher, doch keinen 'Herrenkutscher' oder 'Schloßdiener' wie in Rottenbuch. Der Kataster zeigt in Rottenbuch wie in Thierhaupten zahlreiche Grundstücksbewegungen. In Rottenbuch waren die Zukäufe eher wahllos, in Thierhaupten dienten sie der systematischen Arrondierung durch die Beseitigung der kleinen Ackerstücke aus der Zeit des Klosters; die Gesamtfläche blieb dabei nahezu unverändert. In Rottenbuch hatte keiner der Nachkommen des Johann von Heeren eine landwirtschaftliche Ausbildung, und die Auflösung des Klosterbesitzes beginnt schon in den dreißiger Jahren.

Der Sohn meines Schwiegervaters Theodor Gruner, Everhard (geb.1912), hatte seine landwirtschaftliche Ausbildung noch nicht abgeschlossen als sein Vater 1935 starb. Am 9. Juni 1941 übernahm er nach dem Tod seiner Mutter (12.01.1940) das Gut. Er heiratete am 5.6.1941 die am 13.05.1941 geschiedene Olga von Schaezler, geb. Pacic (geb. 1900). Wenige Tage nach der Hochzeit wurde er zum Militärdienst eingezogen und starb am 24.11.1941 an der Front.
Natürlich war mir aus der Familientradition bekannt, daß der Generationenwechsel zu Everhard Gruner und von ihm zu seiner Stieftochter Anita von Schaezler von Schwierigkeiten begleitet war. Eine merkwürdige teilweise Tilgung des Katastereintrags von 1940 weckte mein Interesse an den Thierhaupter Akten. Als Betroffener konnte ich die Nachlaßakten einsehen, die aber eher Rätsel aufgaben als sie zu lösen. Jedenfalls reichen die amtlichen Akten nicht aus zur Erklärung der Entwicklung. Sie geben aber Einblick in die Rechtsauffassung des Dritten Reichs und die aktive Beteiligung der Partei. Theodor Gruner war 1934 von den Nationalsozialisten in Schutzhaft genommen worden. Sein Sohn Everhard wollte mit seinem Testament die „langjährige Pionierarbeit meines Großvaters und Vaters" sichern - und setzt als Testamentsvollstrecker eben diese Partei ein, und der als Nazi bekannte Forstmeister Peter Berger unterschreibt als Zeuge. Die Rechtsanwälte schreiben von dem Erblasser Everhard Gruner als „dem Glied in der Folge der Geschlechter", der das Vermögen weiterreicht „zum Wohle von Familie, Sippe und Volk", und sie fordern zugleich die Übergabe an die Stieftochter, die er adoptieren wollte, die aber nicht den Namen Gruner tragen, also jedenfalls nicht zur 'Sippe' gehören sollte...
Während der Niederschrift dieses Beitrags erhielten wir von Herrn Fritz Hölzl, früher Bürgermeister der Gemeinde Thierhaupten, weitere Akten und Briefe, die 1983 bei der Übernahme des Klosterguts durch die Gemeinde auf dem Fußboden verstreut lagen und für die sich die Verkäufer des Guts nicht interessierten, und Akten, die im Wald deponiert worden waren und wohl verschwinden sollten. Schon eine flüchtige Durchsicht zeigt, daß manches nun besser verständlich wird, aber eben nicht alles, nicht zuletzt die Rolle der Partei, die den Vater ins Gefängnis gebracht

hatte. Es ist zu früh, aus diesen 'Wald- und Fußbodenakten' zu veröffentlichen; sie werden geordnet im Archiv des 'Freundeskreis Kloster Thierhaupten' aufbewahrt werden.
Wichtig ist es, die mündlichen Traditionen in der Familie und im Dorf aufzuschreiben. Soweit ich sehe, können sie - bei aller Vorsicht gegenüber der mündlichen Überlieferung - einige wichtige Punkte klären, vor allem aber die emotionale und psychologische Situation der Akteure wenigstens teilweise verständlich machen. Unsere eigenen Aufschreibungen werden mit meinem übrigen Nachlaß in das Staats-/Universitätsarchiv Augsburg kommen.
Der rasche Niedergang des Klosterguts nach dem Krieg und schließlich der Verkauf an die Gemeinde läßt sich ebenfalls nicht hinreichend aus den Akten rekonstruieren. Auch hier sollten möglichst bald die Beteiligten ihre Erinnerungen zu Papier bringen, das Anekdotische ebenso wie das Faktische, nicht zuletzt, um den Mut und die Leistung von Gemeinde und Staat festzuhalten, die dem Klostergut ein zweites, anderes Leben gebracht haben.

7.4. Das ist ja wie in einem billigen Roman

hat mehr als einer ausgerufen, der Einzelheiten aus der Klostergeschichte nach 1940 erfuhr. Mit der Geschichte ist es wie mit der Literatur: die billigen Romane sind häufiger als die großen Romane; aber sie sind doch oft sehr interessant, wenn man sie richtig liest - wenn auch nicht so schön.
Als einmal jemand den Niedergang des Klosters bejammerte, sagte ich dazu: Ich kann da nicht jammern. Ohne den Niedergang hätte ich ja meine Frau nicht kennengelernt.

8. Quellen

Archivalien

Bayerisches Hauptstaatsarchiv München [HStA]
Klosterliteralien Thierhaupten: Salbücher 1503, 1628, 1781; Steuerbuch 1775 (= KL 133); *Hofanlagebuch* 456.

Staatsarchiv Augsburg
Grundsteuerkataster.
Klosterliteralien: Briefprotokolle
Akten über den Nachlaß der Gruner Maria, Gutsbesitzerswitwe. V-VI 21/40.
Nachlaß Gruner Everhard. VI /35/1942.

Archiv des Bistums Augsburg (ABA)
Matrikeln

Freundeskreis Kloster Thierhaupten
Wald- und Fußbodenakten

9. Literatur

Debler, Johannes. *Geschichte des Klosters Thierhaupten*. Donauwörth 1908-1912 (Neudruck 1980).

Finkenstaedt, Thomas. Ein schönes Landkreisbuch und zwei Probleme. In: *Schönere Heimat*, 84 (1995), 125-127.

Finkenstaedt, Thomas. *Häuserbuch Wildsteig*. Wildsteig: Gemeinde 1996.

Finkenstaedt, Thomas. Das Leben in der Wildsteig vor 300 Jahren: Was die Gerichtsakten berichten. In: *Lech-Isar-Land* (Heimatverband Lech-Isar-Land) 1996, S.63-86.

Finkenstaedt, Thomas. Vornamen in Wildsteig/Obb 1637-1980. In: *Blätter für oberdeutsche Namenforschung* (BONF), 30/31 (1993/94), 45-73.

Finkenstaedt, Thomas / Gerold Karl / Schneiderhan Emil. *Häuserbuch Rottenbuch.* Rottenbuch: Gemeinde 1998.

Gerold, Karl. *500 Jahre Haus- und Hofgeschichte Böbing.* Böbing: Gemeinde. 1992.

Häußler, Franz. *Closter Thierhaupten.* Geschichte in Bildern. Thierhaupten: Freundeskreis Kloster Thierhaupten 1989.

Hufnagel, Max Josef / Hiereth, Sebastian. *Das Landgericht Rain. Historischer Atlas von Bayern.* Teil Schwaben, Heft 2. München: Kommission für Bayerische Landesgeschichte. 1966.

Pledl, Wolfgang. Häuserbücher - Klassiker der Heimatpflege. In: *Schönere Heimat*, 86 (1997), 48f.

Pötzl, Walter. *Kreuze, Bildstöcke und Feldkapellen.* Augsburg 1996 (= Beiträge zur Heimatkunde des Landkreises Augsburg, Bd. 14)

Pötzl, Walter / Hartmann Anni. *Häuser - Möbel - Trachten.* Augsburg 1993 (= Der Landkreis Augsburg, Bd. 8)

Viehversteigerung in Thierhaupten (April 1966).
Die Kühe wurden fast alle nach Württemberg verkauft. Als die letzte Kuh aus dem Stall getrieben wurde, hob ein Thierhaupter seine Nummer: „Eine soll in Thierhaupten bleiben.“ (Aufnahme: Finkenstaedt)

Soliman auf einem doppelseitig bedruckten Kalenderblatt für 1525

Hartmut Heller

Die nachstehende Miszelle enthält nicht große Wissenschaft, – keine aufsehenerregende Beobachtung, keine neuartige Argumentation, kein eigentliches Ergebnis. Sie versteht sich schlicht als freundschaftlicher Geburtstagsgruß für Prof. Dr. Walter Pötzl, meinen Fachkollegen an der Universität Eichstätt, der Volkskunde ebenfalls stark von der historischen Seite her betreibt und dafür gewiß schon viele Stunden seines Lebens in Archiven saß. Mit diesem Bezug sei ihm ein kleiner Quellenfund aus seinem eigenen schwäbischen Umfeld gewidmet, nämlich aus der Studienbibliothek Dillingen.

1. Fundgeschichte und Möglichkeiten der Auswertung

1962 wurde Frau Bibl.-Oberinspektorin Renate Wenck, Mitarbeiterin der Studienbibliothek Dillingen, auf einen Buchdeckel aufmerksam. Dieser, beinhaltend einen Konvolut des 16. Jahrhunderts, war offenbar schon in historischer Zeit verstärkt worden durch einen Stapel bedruckten Makulaturpapiers. Sorgfältiges Lösen erbrachte (mindestens) 19 Einzelseiten, bei denen es sich um auf Kantenlänge 31 x 21 cm zerschnittene Teile von Kalenderblättern handelt. Als Ausgangsmaterial erschließen sich zwei Varianten eines Kalenders für das Jahr 1525, Einblattdrucke im Großfolio-Format, der eine 84 x 31 cm (fortan Kleine Ausgabe WK 1), der andere 62 x 42 cm (Große Ausgabe WK 2); benutzt wurde also Papier im Bogenmaß 84 x 62 cm. Von diesem Fund wurden noch im selben Jahr 1962 Dubletten abgegeben an die Bayerische Staatsbibliothek München (Handschriftenabt.), an die Staatliche Graphische Sammlung in München, an die Universitätsbibliothek Würzburg sowie an den Antiquitätenhandel. Die

Restmenge lagert weiterhin – ohne Signatur – in der Studienbibliothek Dillingen[1].
Mit *Wilhelm Heinrich Riehl* siedelt *Manfred Hanisch*[2] die Aussagekraft von Kalendern ganz hoch an: „Kalender sind hervorragende Quellen zur Mentalitätsgeschichte. In ihnen kommen Alltagskultur, Erfahrungswelt und Wissenshorizont des gemeinen Mannes zum Ausdruck." Als Methode empfiehlt *Hanisch* dabei den Vergleich, - das Vergleichen verschiedener Kalender aus einer Zeit oder das Vergleichen von Kalendern über lange Zeiträume hinweg[3]. Ein einzelner Kalender leiste wenig. Und doch lassen sich auch aus einem solchen Invididualstück, wie es uns hier vorliegt, größere Zusammenhänge erhellen, wenn man es gewissermaßen „didaktisch inszeniert".
Auszugehen ist zunächst davon, daß Kalender Gebrauchs- und Massenware sind, die sich erst im 19./20. Jahrhundert durch künstlerische Freiheit und Geschmacksunterschiede im Publikum stärker ausdifferenzierte. Insofern müssen wir uns keineswegs nur mit purer Deskription begnügen, sondern können unser Blatt mit Fug bereits als Beispiel nehmen, verkörpernd einen „typischen Kalender der Frühneuzeit". Weiterer Interpretationsgewinn ergibt sich, wenn man versucht, das Dillinger Fragmentbündel handlungsorientiert zu lesen. Denn jeder Kalender steht in einem interessanten Motiv- und Beziehungsgeflecht: Da ist der Drucker, der sein Produkt verkaufen will. Die Bedürfnisse, Erwartungen und Verhaltensweisen der Kalenderbenutzer bilden sein Gegenüber. Aber auch Einfluß der Obrigkeit und Gefallsucht gegenüber der Obrigkeit spielen eine Rolle. Fernerhin geht es um Kosten für Papier und die Weiterverwertung zu Jahresende erledigter Kalender. Und es stellt sich die Frage, ob bzw. wie sich auf solchen

---

[1] Verf. bekam 1987 von dem Bestand Kenntnis durch frdl. Hinweis von Herrn Dr. Erich Rabitsch, seinerzeit Institutsrektor an der Akademie für Lehrerfortbildung Dillingen. Herrn Rüdiger May, Leiter der Studienbibliothek Dillingen, habe ich herzlich zu danken, daß er mir dazu großzügig Ablichtungen, Dias und zugehörigen Schriftwechsel zur Verfügung stellte und Reproduktionsgenehmigung erteilte.
[2] *Manfred Hanisch:* Politik in und mit Kalendern (1500 - 1800). Eine Studie zur Endterschen Kalendersammlung in Nürnberg. - In: Jb. f. fränk. Landesforschung 49. 1989. S. 59 - 76, hier S. 59 u. 61.
[3] *Hanisch* (wie Anm. 2). S. 63.

Seiten die reine Zeitzählung und Geschichtsereignisse in dieser Zeit, also Chronologie und Chronik, miteinander vermischen. – All dieses 'Mehr' steckt zum Teil unausgesprochen 'zwischen den Zeilen'.

2. Ad Annum salvatoris nostri Jesu Christi M.D.XXV.

Durch Haupt- und Zwischenüberschrift läßt sich unser Objekt rasch zuordnen: Es handelt sich um einen im Hochstift Würzburg (lat.-griech. Herbipolis) entstandenen Kalender auf das Jahr 1525. Gedruckt wurde er, wie *Josef Benzing* ermittelte[4], von Johann Lobmeyer, der in der Stadt Würzburg selbst seine Werkstatt hatte. Bis zur Entdeckung der Dillinger Bruchstücke war dieser Kalender gänzlich unbekannt geblieben. An seinem fast spurlosen Verschwinden mag mehrerlei schuld sein, – geringe Auflagenhöhe, schlechter Absatz sowie das übliche Schicksal von Gebrauchsgegenständen, die man, wenn sie ihren Zweck getan, achtlos wegwirft. Jeder Autor muß diese Vanitasfurcht haben: Auch Buchdruck 'schwarz auf weiß' überdauert nicht für die Ewigkeit...

Aufs Ganze haben wir einen ziemlich konventionellen Einblattkalender vor uns[5]. Allerdings ist er sprachlich von A bis Z in Latein gehalten, so daß man von Vorneherein nur einen beschränkten Adressatenkreis erwarten durfte. In einer Kopfzone unterhalb der Wappenreihe („Almanach in quo ...") findet der Leser zunächst die Termine beweglicher Feste wie z. B. Quadragesima (= Beginn der vorösterlichen Fastenzeit), Ostern („Pasca"), eine Viertageperiode bis Himmelfahrt („Rogationes" bzw. „Ascensio"), Pfingsten („Penthecostes") und die mit dem 3. Dezember einsetzende, im Würzburgischen damals also nur dreiwöchige Adventszeit („adventus domini")[6]. Es folgt eine kurze Tabelle mit Zeichenerklärungen.

Darunter gliedert sich das eigentliche Kalendarium in drei senkrechte Kolonnen, die je vier Monate darstellen. In ihrem zerschnittenen Zustand zei-

---

4 *Josef Benzing:* Suleiman der Prächtige im Bild, zugleich ein Beitrag zum Würzburger Buchdrucker Balthasar Müller (1525 - 1546 ?). – In: Börsenblatt f. d. Deutschen Buchhandel, Frankfurter Ausgabe 25. Jg. Nr. 39 v. 16.5.1969. S. 1053 - 1055.

5 *Klaus Matthäus:* Zur Geschichte des Nürnberger Kalenderwesens. – In: Archiv f. Geschichte d. Buchwesens Bd. 9, Lfg. 3 - 5. 1968, Sp. 965 - 1395, hier Sp. 982.

6 *H. Grotefend:* – Taschenbuch der Zeitrechnung. – 10. Aufl. Hannover 1960.

gen jedoch unsere Fragmente WK 1 nur die Anfänge des Januar, Mai und September; WK 2 reicht etwas tiefer hinab bis zur ersten Februar-, Juni- und Oktoberwoche. Die einzelnen Tage werden mit arabischen Ziffern durchgezählt und sodann, in Fortsetzung der Zeile, mit weiteren Hinweisen versehen. Der Urheber machte hier ein Informationsangebot, von dem er hoffte, daß es dem Käufer der Zeit wichtig war.

Die Sonntage farbig hervorzuheben, hier mit rotem A, sind wir gewohnt bis heute. Kleinbuchstaben b - g bezeichnen die übrigen Wochentage. Mithin galt der Sonntag als Wochenanfang, – eine eigentlich unbiblische Tradition, die sich hielt bis 1976; erst seitdem beginnt die Woche nach internationaler Vereinbarung mit dem Montag[7].

Die nächste Rubrik spricht den Kalenderbenutzer in seinem Christentum an. Benannt werden besondere liturgische Termine (z. B. Epiphanias, Sonntag Jubilate), die Endpunkte von Oktaven, also der achttägigen Nachfeier höherer Kirchenfeste (z. B. Johannis 3. Januar, S. Innozenz 4. Januar) oder der jeweilige Tagesheilige. Jedoch fällt auf, daß keineswegs jeder Tag dergestalt mit einem Namen belegt war. Erklärtermaßen berücksichtigte unser Kalendermacher nur diejenigen Heiligen, die in die offizielle Meßordnung der Diözese Würzburg aufgenommen waren („ordo divinorum secundum Chorum Herbipolen.“). Er gab sich somit territorialamtlich. A priori bestand daher kaum eine Chance, dieses Druckwerk auch jenseits des Fürstbistums Würzburg absetzen zu können, es war deutlich ein Produkt für den Binnenmarkt. Die zusätzliche Abkürzung „l'(ectio)“ bzw. „9. lectio“ sagte an, an welcher Stelle des Gottesdienstes die Lesung der betreffenden Perikope zu erfolgen hatte, ob an dritter oder neunter Position. Diese Kenntnis brauchte insbesondere der die Messe zelebrierende Priester. Zusammen mit der Abfassung in Latein wird dadurch einigermaßen wahrscheinlich, daß unser Blatt nicht zuletzt als Spezialkalender für den Bedarf des Würzburger Klerus gedacht war.

Der weiter anschließende Datensatz muß dazu kein Widerspruch sein; denn er gehört – trotz seiner abergläubischen Tendenz! – nach *Matthäus*[8] unverzichtbar zur Urtradition gedruckter Kalender (während Tages- und

---

[7] *Brockhaus-Enzyklopädie* in 24 Bänden. - Bd. 24 Mannheim 1994. S. 300.

[8] *Matthäus* (wie Anm. 5), Sp. 982 - 996.

Monatszählung erst spät im 15. Jahrhundert dazutraten). Diese dritte Spalte bringt Astrologie. Aus Ephemeridentafeln, wie sie für den 19jährigen Mondzyklus erstmals Regiomontanus 1474 vorgelegt hatte, wurden Tag für Tag die - jährlich ja wechselnde - Stellung der Planeten und der Laufstand des Mondes im Tierkreis errechnet. So meint z. B. „Aries 29" das Feld 29 im Haus des Widders, „Virgo 1" das Feld 1 im Haus der Jungfrau. Mit Signaturen in Schwarz- bzw. Rotdruck wurden außerdem Neumond und Vollmond, erstes und letztes Mondviertel angezeigt, und zwar mit genauer Stunde (so etwa für 9. Januar Vollmond um 3.48 Uhr „ante meridiem"). – Über die hinter unserem Kalenderblatt stehende astronomische Sorgfalt und eventuell spezifische Berechnungen unmittelbar für die geographische Lage Würzburgs kann hier nichts ausgesagt werden. Daß es solche gab und auch von der Obrigkeit zur Beachtung eingefordert wurden, ist verbrieft[9]. All diese Himmelskunde diente der sog. „Praktik" oder „Prognostik". „Iatromathematische" Lehren, die sich seit der Antike weiterentwickelt hatten, leiteten daraus Terminempfehlungen ab, mit denen der Kalender den Menschen in ihrem Alltagshandeln durchs Jahr half. Insbesondere die Gesundheit sah man abhängig von den Gestirnen („Astrologia Medica"). Mit bestimmten, in der Legende vorher erklärten Signaturen kündigt unser Würzburger Blatt deshalb Tage an, die günstig („Minutionem bonam") oder nur mittelmäßig („Mediocrum vene incisionem") zum Aderlassen seien, ratsam für das Einnehmen von Arznei („Fermaciam sumendam") oder gut, um sich beim Bader schröpfen zu lassen („Balneum bonum"). Mancherorts war den Barbieren, Badern und Ärzten die Ausübung ihrer Tätigkeit an anderen Tagen sogar verboten. Wegen ihrer Bedeutung für die Aderlaßmedizin hießen Kalender anfangs überhaupt nur „Laßzettel"[10]. Die genannten Bildzeichen waren im Kalenderdruck der Zeit offenbar weitgehend vereinheitlicht, auf gute Badetage machte stets als Gerätschaftshinweis eine Art Schröpfkopf[11] aufmerksam.

---

[9] *Walter M. Brod:* Mainfränkische Kalender aus vier Jahrhunderten. Volkach 1952, hier S. 26 (Würzburger Medizinalverordnung von 1549); vgl. auch *Matthäus* (wie Anm. 5), Sp. 994; *Hanisch* (wie Anm. 2), S. 66/67.

[10] Zu all diesen medizinischen Bezügen vgl. *Matthäus* (wie Anm. 5), Sp. 984 - 997.

[11] Vgl. *Matthäus* (wie Anm.5), Sp. 996.

Ein weiteres kleeblattförmiges Symbol steht in unserem Kalender für Termine, die sich 1525 zur Aussaat und zum Pflanzen eigneten („Plantandi tempus et seminandi"). Zwar bauten andere, zumal spätere Drucke das System solcher „Erwählungen" noch umfänglicher aus (z. B. Daten zum Purgieren, Haarescheren, Nägelschneiden, Abstillen der Säuglinge, Fischen, Jagen, Bauholzfällen). Doch läßt auch schon in unserem Fall die Analyse von Spalte 3 die bisherige Käuferzuschreibung noch etwas erweitern: Dieser Würzburger Einblattkalender auf das Jahr 1525 war nicht nur nützlich für Geistliche, sondern ebenso für Ärzte, Apotheker, Bader, Felderbesitzer und jedermann, den die Barriere des Lateinischen nicht schreckte.

Wie häufig bei Wandkalendern, ist auch unser Exemplar eingerahmt mit einer Zierleiste. Sie versammelt - natürlich wiederum nicht vollständig erhalten - in Holzschnitten mit Wappen und Namen die Mitglieder des damaligen Würzburger Domkapitels[12]. Vertreten sind die besten Häuser des fränkischen Adels, - die Gutenberg, Rieneck, Bibra, Stiebar, Thüngen, Hutten, Thann, Schwarzenberg u. a., gleich zweimal die Fuchs, Grumbach, Truchseß von Pommersfelden. Zentral in der Oberleiste erscheint prächtig ausgeführt, mit fränkischem Rechen und Rennfähnlein, das Wappen des amtierenden Fürstbischofs Konrad II. v. Thüngen (1519 - 1540). Beidseits davon stehen im Fragment WK 1 noch zwei weitere (Vierer-)Wappenfelder. Das größere Fragment WK 2 tauscht sie aus gegen lateinischen Text, der vom ersten Würzburger Bischof S. Burkard (751 - 791) als 'Nachfolger' des Märtyrers S. Kilian erzählt. Mit ähnlichen Kurzbiographien in Rundkartuschen, die sich wie eine Perlenschnur zwischen die Wappenleiste und das eigentliche Kalendarium schieben, setzt sich diese Bischofsliste dann fort bis zur Nummer 59, dem jetzigen Pontifex.

Es wäre zu einfach, all dieses Beiwerk nur als Schmuck zu begreifen. Wie es *Manfred Hanisch* ausführt[13], nahm hier der politische Repräsentationswille des Fürsten Einfluß auf die Kalendergestaltung. Die lange Reihe der

---

[12] *Alfred Wendehorst:* Das Bistum Würzburg. Die Bischofsreihe von 1455 - 1616. Germania Sacra N.F. 13. Teil 3. Berlin/New York 1978; *Johann Siebmacher:* Wappen-Buch. – Nürnberg 1701 - 1705 (Reprint München 1975).

[13] *Hanisch* (wie Anm. 2), S. 64 - 76.

Vorgänger, die ausdrücklich je ihr Bischofsamt vom Papst und vom Kaiser bezogen hatten, gab ihm wohlausgewogene Tradition und baute seine Autorität auf. Insofern fungierte ein solcher Einblattkalender über seine banaleren Zwecke hinaus zugleich als Hoheitszeichen und Dokument würzburgischer Territorialität. Den Untertan aber stimmte der tägliche Blick auf seinen Kalender dadurch ein auf Zugehörigkeit, auf staatliches Identitätsbewußtsein.

Fassen wir knapp zusammen! – Großformat und nur einseitiger Bedruck lassen unser Blatt typologisch als „Wandkalender" erkennen, wie man ihn irgendwo in der Wohn- oder Schlafstube anzuheften pflegte[14]. Im praktischen Alltag hatte er vielfache 'Richtlinienkompetenz'. Nicht anzusprechen ist er als „Schreibkalender"[15]; Platz für eigenhändige Notizen fehlte. WK 2 mit seinen Bischofsviten war aber bis zu einem gewissen Grad bereits „Historienkalender" und somit Wegbereiter für künftige Anreicherungen mit Kalendergeschichten. Der heraldische Rahmen definiert beide Varianten ferner als „Wappenkalender"[16] mit Herrschaftssymbolik, der in geographischer Sicht mehr oder weniger allein auf eine Verwendung im Territorium des Würzburger Fürstbischofs abgestellt war. Jedoch eignete er sich auch dort nicht in voller sozialer Breite zum „Bauernkalender"[17]; beschriftet in Latein, was unter den Kalendern des 15./16. Jahrhunderts eher schon die Ausnahme war[18], richtete er sich an eine Minderheit.

Nicht eingehen müssen wir hier auf die im Jahr 1525 bereits tiefgreifende Kirchenspaltung. Erst 1582 wird es durch die Kalenderreform Papst Gregors XIII., die von den katholischen Ständen sogleich angenommen, von

---

[14] Zur Handhabung vgl. *Michael Henker (Hg.):* Bauern in Bayern. Von der Römerzeit bis in die Gegenwart. - Veröffentl. z. Bayer. Geschichte u. Kultur, hg. v. Haus der Bayerischen Geschichte, Nr. 23. 1992. S. 197.

[15] Allgemein *Matthäus* (wie Anm. 5), Sp. 998 - 1000 u. 1165 - 1198. – Ein ungefähr zeitgleiches Beispiel publiziert *Brigitte Kleinlauth:* Der Schreibkalender des Jakob Röder 1598 - 1618. – Veröffentl. z. Volkskunde u. Kulturgeschichte Bd. 28. Würzburg 1988.

[16] Zu weiteren Würzburger Wappenkalendern vgl. *Brod* (wie Anm. 9), S. 16 u. 69; *Benzing* (wie Anm. 4). S. 1055, Nr. 21 - 24.

[17] Vgl. *Hellmut Rosenfeld:* Kalender, Einblattkalender, Bauernkalender und Bauernpraktik. - In: Bayer. Jb. f. Volkskunde 1962. S. 7 - 34; auch *Henker* (wie Anm. 14).

[18] Vgl. *Matthäus* (wie Anm. 5), Sp. 998.

der protestantischen Konfession aber zunächst abgelehnt wurde, für 17 Jahre zu unterschiedlicher Tageszählung kommen[19], die man beim Umgang mit Kalendern dieser Spanne mitbedenken muß.
Im Bogenschlag zu heutigen (Taschen-)Kalendern frappieren „longue durée" und Relikterhalt. Nur ein Teil der Drucklettern für „astrologisch vorherbestimmte" Gunstzeiten fiel im 18. Jahrhundert dem Kampf der Aufklärung gegen den Aberglauben dauerhaft zum Opfer[20]. Bis heute kennt jeder den Tierkreis seines Geburtstags, scheinen deren Symbole in Kalendern, Zeitungshoroskopen und Amuletten auf. Und obwohl kaum noch jemand ernsthaft sein Tun von Vollmond, Neumond und Mondvierteln abhängig macht, sind derlei Kreissymbole feste Kalenderzutat geblieben. Ganz vergessen sind 'alte Bauernregeln', bei welchem Mondstand man z. B. den Christbaum fällen muß, damit er länger frisch hält, 'im Volksmund' freilich nicht...

3. Makulatur oder zweite Marktbeschickung

Papier ist zunächst nichts als Material. Man kann es aber auch als ökonomischen Kulturprozeß entfalten.
Wir müssen dafür nicht ganz tief ausholen bei textilen Rohstoffen, Technik und Sorten der Papierherstellung. Ebensowenig vermögen wir zu sagen, aus welcher Papiermühle der Würzburger Drucker Johann Lobmeyer wohl seine Bogen bezog, ob – was wahrscheinlich ist – der Fürstbischof Auftraggeber für diesen Einblattkalender war, mit welchen Astronomen bzw. Holzschnittkünstlern Lobmeyer dabei zusammenarbeitete, inwieweit er sein Erzeugnis auf Jahrmärkten feilbot oder sonstwie vertrieb. Sicher aber ist, daß nicht die ganze Auflage verkauft werden konnte; es blieb von dieser ja nur im Jahr 1525 aktuellen Ware eine gewisse Restmenge übrig.
Mit Abfallpapier kann man vieles tun, - man kann es wegwerfen, verbrennen oder im Sinn von Nachnutzungen etwas darin einwickeln, als Makula-

[19] Zum „Kalenderstreit" vgl. *Grotefend* (wie Anm. 6), S. 25.
[20] Vgl. *Hartmut Heller:* Die Aufklärung des 18. Jahrhunderts im Konflikt mit Volksfrömmigkeit und Aberglaube. – In: *Max Liedtke* (Hg): Religiöse Erziehung und Religionsunterricht. – Schriftenreihe z. Bayerr. Schulmuseum Ichenhausen Bd. 13. Bad Heilbrunn 1994, S. 195 - 205, hier S. 198. Auch *Matthäus* (wie Anm. 5), Sp 997.

tur unter Tapeten kleben, zu Papiermaché anrühren und verformen, für Hygienezwecke im Abort bereithalten, freie Rückseiten als Notizzettel verwenden... In unserem Fall haben wir bereits von zwei Spätstufen gehört: Ein Buchbinder des 16. Jahrhunderts, sei es noch in Würzburg oder erst in Dillingen oder dazwischen einem dritten Ort, nahm diese nutzlos gewordenen Kalenderexemplare als Füllmittel für (einen?) Buchdeckel. Und dort wurden sie nach langen vierhundert Jahren schließlich 1962 wiederentdeckt, genauer: neu in Wert gesetzt als Archival und nun bibliophile Kostbarkeit!

Die Pointe des Stücks aber ist, daß die erledigten Kalenderblätter zuvor, und zwar schon im nächsten Jahr 1526, ein zweites Mal bedruckt wurden, nämlich auf ihrer bis dahin leeren Rückseite!

Allerdings geschah das vermutlich nicht mehr durch den Buchdrucker Johann Lobmeyer selbst, sondern durch seinen 1526 aufgezogenen Werkstattnachfolger Balthasar Müller, den *Wendehorst*[21] von 1526 bis 1541 als fürstbischöflich-würzburgischen „Hofbuchdrucker" nachweist. *Josef Benzing* deutet diese Sekundärproduktion als Probeandruck auf „Korrekturbögen"[22]. Dagegen spricht die gefundene Anzahl ebenso wie das Unbekanntsein eines gleichartig selbständigen Flugblatts, das tatsächlich auf den Markt ging. Denkbar wäre daher auch, daß Müller den übernommenen Ladenhüter, teures Papier, auf sparsame Weise doch noch rentierlich machen wollte und hoffte, für neuen Bildinhalt auf alten Kalenderrückseiten und womöglich mit Billigpreisen für solch minderwertige Ware schon noch Käufer zu finden. Offenbar ging auch das schief. Verramschen an den Buchbinder war danach der letzte Ausweg.

4. Zeitblick 1526: Der „Türckisch Keyser" Soliman

Ein Kalender organisiert Zeit, er schildert normalerweise kaum als Geschichtskalender die Ereignisse in seiner Zeit. Als Kalender auf das Jahr 1525 wurde die Vorderseite unseres Blattes gleichwohl gedruckt in einem

---

[21] Vgl. *Wendehorst* (wie Anm. 12); zuvor *Karl Schottenloher:* Fränkische Druckereien der Reformationszeit. – In: Zentralblatt f. Bibliothekswesen 28. 1911. S. 64 - 72; ergänzend *Benzing* (wie Anm. 4), S. 1054.

[22] *Benzing* (wie Anm. 4), S. 1054.

höchst aufgeregten Dezennium. Blättern wir, um jenseits nachträglicher Geschichtsgelehrsamkeit ein halbwegs authentisches Gefühl dafür zu kriegen, welche Hauptnachrichten das „Volk“ damals besonders bewegten, ein wenig in der „Chronica“ des süddeutschen Zeitgenossen *Sebastian Franck*[23], und zwar bewußt in der frühen Edition von 1536!
1520 grassiert in Süddeutschland die Pest; über dem Wiener Stephansdom ist seltsam ein Regenbogen „unnd ein feuriger balck“ zu sehen. 1521 heiratet in Linz Erzherzog Ferdinand v. Österreich die ungarische Königstochter Anna; Hans Thomas v. Absberg ermordet bei einem Überfall den Grafen von Oettingen. 1522 findet wegen der Türkengefahr in Nürnberg ein Reichstag statt. 1523 verwüstet der Schwäbische Bund Burgen der Raubritter, ein Schuß tötet Franz v. Sickingen; um Neapel toben am St.Gallus-Tag schwere Unwetter. 1525 nimmt in der Schlacht von Pavia Kaiser Karl V. den französischen König gefangen; ausführlich behandelt werden der „Auffrhur der Knappen und Pauren zu Saltzburg“ und überhaupt der Gang des Bauernkriegs in ganz Europa. 1526 sind eine Ungezieferplage in Apulien und Feuersbrünste in Villach, Basel und Wien zu beklagen. 1527 erscheint „ein grausamer Comet im Westerreich, ... ein zeychen des Jüngsten tags/ un eins grossen Blutvergiessens...“ – Im engeren Radius des Würzburger Hochstifts[24] beherrschte vor allem die soziale, politische und religiöse Mixtur des Bauernkriegs das Jahr 1525, als im Mai 15.000 Aufständische Würzburg erstürmten und der Fürstbischof danach hartes Strafgericht hielt, der Bildhauer Tilman Riemenschneider unter den Gemarterten. Und über all die Jahre zeigte sich Bischof Konrad II. als unerbittlicher Verteidiger des alten Glaubens, als Vorkämpfer gegen Luthers Reformation, obwohl viele Untertanen dieser zuliefen und bereits 1523 eine starke Adelsfraktion um den Grafen von Henneberg die Säkularisation des Hochstifts in ein weltliches Fürstentum plante.
Nichts von alledem schlug sich im Erscheinungsbild unseres Kalenders nieder: Die Kette der früheren Bischöfe in WK 2 suggierte noch immer

[23] Sebastian Franck: Chronica Zeitbuch und Geschichtsbibell von anbegeyn bis in das gegenwertig M.D.XXXVI iar verlengt. – Ulm 1536 (Stadtbibliothek Nümberg Solg 988.2°), hier S. 216 ff.
[24] Nach *Wendehorst* (wie Anm. 12).

unbestrittene Legitimität. Die Wappen der Domherren umstellen die Monatstafel als eine Machteinheit, die sich in Wahrheit längst aufgelöst hatte. Die beiden Fuchs, evangelisch gesonnen, werden bald – 1526 bzw. 1528 – aus dem Domkapitel austreten, Dompropst Friedrich v. Brandenburg (Wappen links oben) hoffte seit 1523, in einem säkularisierten Hochstift dessen weltlicher Regent zu werden[25].

Was aber war nun auf der nachträglich bedruckten Kalenderrückseite zu sehen? – Balthasar Müller entschied sich für ein großes Porträt des „Türckisch Keyser" Soliman, dazu die Jahrzahl „M.D.XXVI"! Eindeutig machte er damit klar, welchen Geschehnissen der Zeit das größte Interesse galt. Sebastian Francks „Chronica" bestätigt ihn, widmete doch auch er, was wir bisher nur nicht sagten, die meisten und längsten Einträge dem Vormarsch der Osmanen in Europa. Er berichtet 1521 von der Eroberung Belgrads („Griechisch Weissenburg"), 1522 von der Niederlage der Johanniter auf der Insel Rhodos, 1526 vom Tod des ungarischen Königs Ludwig in der „leyder" verlorenen Türkenschlacht bei Mohács und großer Grausamkeit der Sieger im zerstörten Budapest sowie vor Fünfkirchen, und dann natürlich 1529 ausführlich von der ersten Belagerung Wiens[26]. *Carl Göllner* zeigte in einer ganzen Buchtrilogie, in welch riesiger Flut allgemein gerade Turcica die Publizistik des 16. Jahrhunderts ausmachten[27]; das Jahrzehnt um 1520/30 war darin ein besonderer Kulminationspunkt[28]. Unser Würzburger Buchdrucker Balthasar Müller selber brachte im Lauf der Jahre nicht nur dieses eine Bildnis des Soliman auf den Markt, sondern z. B. auch (o. J.) „Etliche Artickel so/ gegen dem Tür-/cken zu beden-/cken not sein", 1529 ein Flugblatt über die Belagerung Wiens und 1532 einen Aufruf, wider die Türken Messen und Prozessionen abzuhalten[29]. Und sogar seine Behandlung der Türkenthematik auf einem alten Kalenderblatt war nichts wirklich Ungewöhnliches. Denn innerhalb der

---

[25] Vgl. *Wendehorst* (wie Anm. 12).

[26] *Franck* (wie Anm. 23), S. 216 - 229 ff.

[27] *Carl Göllner:* Turcica. Die Türkenfrage in der öffentlichen Meinung Europas im 16. Jahrhundert. – Tl. 3 Bukarest/Baden-Baden 1978.

[28] Vgl. *Göllner* (wie Anm. 27), S. 19.

[29] Vgl. *Benzing* (wie Anm. 4), S. 1054 Nr. 3; *Wendehorst* (wie Anm. 12); ferner *Göllner* (wie Anm. 27), Teil 1/2, S. 178, 228, 245.

Branche formten sich seit dem 15./16. Jahrhundert und fortgeführt bis ins 18. Jahrhundert sog. „Türkenkalender“ regelrecht zur eigenen Gattung aus[30]. Bereits die zweite Arbeit des Buchdruckerfinders Gutenberg[31] war ein Türkenkalender aufs Jahr 1455 gewesen („Eyn manung widder die durken“, fertig vor Weihnachten 1454)! Zudem wissen wir aus politischen Quellen, daß sich gerade Würzburgs Fürstbischof Konrad II. v. Thüngen, der Dienstherr Müllers, lebhaft in der Türkenabwehr engagierte, - persönlich die sog. Türkenreichstage 1522 in Nürnberg bzw. 1526 in Esslingen besuchte, Türkensteuern bejahte, Hilfstruppen entsandte[32].

Müller lieferte auf seinem Blatt von 1526 ein unstreitig ‘schönes’ Angesicht des Sultans, den er „Solymon“ nennt. Der unkolorierte Holzschnitt zeigt im rechtsblickenden Profil scharf geschnittene, nicht unedle Züge, dem wahren Alter des damals 32jährigen angemessene Jugendlichkeit, klare Augen, eine etwas längliche Nase, keckes Schnurrbärtchen, einen schlanken Hals; auf den nur mehr angedeuteten Schultern liegt ein kostbares Brokatgewand. Im Grund macht nur der mächtig hochgebundene Turban auf dem Kopf den türkischen Unterschied. Respektvoll tituliert die Überschrift den Mann als „Kaiser“; sie anerkennt ihn damit als Amtskollegen des eigenen Reichsoberhaupts, des Habsburgerkaisers Karl V. - Diese positive Darstellung korrespondiert nicht schlecht mit Sebastian Franck, der den muslimischen Herrscher ebenfalls zunächst recht freundlich würdigte. Sultan Süleyman II. (später gerühmt „der Prächtige“) war 26jährig 1520 auf den Thron gekommen. Franck begrüßt ihn da als Neuanfang gegenüber dem grausamen Vorgänger Selim I. Im Zusammenhang mit dem Fall von Rhodos 1522 lobt er seinen ritterlichen Edelsinn, den Johannitergroßmeister samt seinen Mannen ehrenvoll abziehen zu lassen. Erst in der Folgezeit, als Süleyman/Soliman persönlich an der Spitze großer Heere

[30] Vgl. nur für Nürnberg *Matthäus* (wie Anm. 5), Sp. 1344 - 1367: Adelbulner (1743 ff.), Altstädt (1686), Holderbusch (1684 - 1823), Kirch (1684 - 1784, Abb. Sp. 1260), Wagner (1664 - 1699). Ferner *Hanisch* (wie Anm. 2), S. 62 - 64; *Ferdinand Geldner:* Bemerkungen zum Text des „Türkenschreis“ von Balthasar Mandelriß, des „Türkenkalenders“ (1454) und der „Ermanung wider die Türken“ von Niclas Wohlgemut. – In: Gutenberg – Jahrbuch 58. 1983. S. 166 - 171.

[31] *Brockhaus* (wie Anm. 7), Bd. 9. 1989, S. 299/300; *Göllner* (wie Anm. 27), S. 37.

[32] Vgl. *Wendehorst* (wie Anm. 12).

immer wieder tief nach Europa vorstieß, Wien in Gefahr brachte, Sieg um Sieg gegen die Christen errang, bedrohlich näher kam, bis er endlich 1566 auf ungarischem Boden vor Sziget selbst fiel, wandelte sich die Ausdrucksweise hin zum mörderischen, wortbrüchigen, barbarischen „Tyrannen". Mohács 1526 war gleichsam der Wendepunkt[33].

Unser Soliman-Antlitz aus Müllers Werkstatt 1526 als 'echtes' lebensnahes Konterfei zu begreifen, wäre in jedem Fall naiv. Hauptsächlich ging es wohl darum, der ängstlichen Neugier der Massen irgendein greifbar-anschauliches Bild dieses Täters anzubieten. Es gibt aus diesen Jahren unzählige Soliman-Porträts[34]. Mit dem wahren Aussehen jenes Osmanenherr-

---

[33] Zu diesem Stimmungsumschwung in Deutschland auf breiterer Quellenbasis *Göllner* (wie Anm. 27), S. 83, 95 - 99, 185, 253/54.

[34] Vgl. *Max Geisberg:* Der deutsche Einblattholzschnitt in der ersten Hälfte des 16. Jahrhunderts. – München 1924 - 1930. – *Heino Maedebach:* Meisterwerke europäischer Graphik 15. - 18. Jahrhundert aus dem Besitz des Kupferstichkabinetts Coburg. – Katalog d. Kunstsammlungen Coburg Nr. 5. 1975/76. Nr. 160 (M. Lorch). – *Karlheinz Schreyl:* Die Welt des Hans Sachs. 400 Holzschnitte des 16. Jahrhunderts. Ausstellungskataloge d. Stadtgeschichtl. Museen Nürnberg Nr. 10. 1976. S. 12/13 m. Abb. (N. Stör), S. 29 m. Abb. (S. Beham). – *Carl Göllner* (wie Anm. 27), S. 81 (de Bry/J. J. Boissard) u. S. 377 - 387 (J. Amman 1577, B. Georgijevic um 1550). – *Robert Waissenberger u.Giinter Düriegl (Hg.):* Die Türken vor Wien. Europa und die Entscheidung an der Donau 1683. - 82. Sonderausstellung d. Hist. Mus. d. Stadt Wien. 2. Aufl Wien 1983, S. 18 (Tizian-Umkreis 1530/40). – *Museum f. Kunsthandwerk d. Stadt Frankfurt (Hg.)* – Türkische Kunst und Kultur aus osmanischer Zeit. 2 Bde. 2. Erw. Aufl. Recklinghausen 1985, S. 191/92 Hohenzollern-Slg. Schloß Reinhartshausen). – *Staatliche Museen Preußischer Kulturbesitz / Museum f. Islamische Kunst (Hg.):* Schätze aus dem Topkapi-Serail. Das Zeitalter Süleymans des Prächtigen. – Berlin 1988. S. 35 (M. Pagani um 1550), S. 67/68 (M. Lorch 1563 u. 1574), S. 68/69 (mit „Tiara" Tizian-Umkreis 1532). – *Gereon Sievernich u. Hendrik Budde (Hg.):* Europa und der Orient 800 - 1900. – Ausstellungskatalog Berlin. – Gütersloh/München 1989, S. 242 (M. Lorch), S. 159/739 (H. Eworth 1549), S. 642/43 (mit „Tiara" Tizian-Umkreis 1532), S. 700 (H. Hopfer um 1530), S. 718/19 (Veronese-Schule, Ende 16. Jh., Alte Pinakothek München). – *Hans Georg Majer:* Europäische und osmanische Sultansporträts. – *In: Staatliche Kunstsammlung Dresden (Hg.):* Im Lichte des Halbmonds. – Ausstellungskatalog Dresden/Bonn 1995. S. 37-42; dort auch S. 41/101 (Rovillius 1553, Veronese-Schule Ende 16. Jh., Alte Pinakothek München), S. 65/74 (Tizian-Umkreis 1530/40, Wien), S. 75 (Medaille), S. 77 (S. Beham/H. Guldenmund 1530). – *Abdülkadir Dedeoglu:* Album der Osmanen. – Istanbul 1982.

Viele der nach unserem Kalenderblatt von 1526 geschaffenen Sultansbilder in Europa stammen ab von einer Miniaturenserie (11 Holzschnitte), die Admiral Hayreddin Barbarosschers, den orientalische Quellen als rundgesichtig mit großem Augenabstand und einer Nase wie ein Falkenschnabel beschreiben[35], deckten sich wohl die wenigsten. Im Grunde genügten schon ein paar „typisch türkische“ Attribute wie Turban, Krummschwert, hängender Schnauzbart, um einen schier beliebigen Männerkopf zu „Sultan Soliman“ zu erklären[36]. Trotzdem sind viele Solimanbilder untereinander recht ähnlich, - ein Grundtyp darin die hartkonturierte ‘kühne’ Seitenansicht nach rechts oder links. Großenteils wird diese Übereinstimmung davon herrühren, daß ältere Vorlagen immer wieder kopiert, abgekupfert, leicht abgewandelt oder ganz unverändert nachgedruckt wurden[37].

Der Urheber des Soliman-Holzschnitts auf unserem Kalenderblatt ist unbekannt. *Benzing*[38] verweist einleitend auf ein d’accord rechtsseitiges Soliman-Brustbild Erhard Schöns, das zeitgleich in Nürnberg verlegt wurde, aber u. a. mit anderem Turban und fleischigem Gesicht stark abweicht. Derselbe Befund erheblicher Unterschiede gilt auch für weitere Nürnber-

---

sa bei seinem Aufenthalt in Marseille 1544 einem französischen Offizier schenkte, welcher sie an die Sammlung des Paolo Giovio in Como weiterverkaufte. Kopien entstanden für die Medici in Florenz (Uffizien), Erzherzog Ferdinand v. Tirol (Schloß Ambras, jetzt Wien) und die Hohenzollern (jetzt Schloß Reinhartshausen b. Eltville). – 14 Kopien aus der 1579 von der Werkstatt Veronese in Venedig nach Istanbul gelieferten Sultanserie gelangten über Heidelberg 1636 nach München (Alte Pinakothek, z. Zt. Residenztheater „Türkengang“). – Ziemlich authentisch dürften auch die Altersbilder Sultan Suleymans sein, die Melchior Lorch 1559, 1563 und 1574 in Kupfer stach. Nach *Göllner* (wie Anm. 27), S. 385, Fußnote 32, nahm jede Gesandtschaft üblicherweise einen Maler bzw. Zeichner mit, der von hohen Gesprächspartnern Abbildungen herstellen sollte. Nach *Staatl. Kunstsammlung Dresden* (Anm. 34), S. 75, brachte Lorch aber keine eigenen Skizzen des Sultans mit nach Hause, wohl aber Vorlagen orientalischer Hofmaler. – Weshalb die Sultane vergleichsweise oft europäische Künstler als Porträtmaler anforderten, wird doppelt erklärt, a) mit einer betonten Öffnung zu westlicher Kunst und b) mit dem Koran, der Menschen darzustellen, verbietet.

[35] Vgl. *Dedeoglu* (wie Anm. 24), S. 51.

[36] Vgl. *Göllner* (wie Anm. 27), S. 386.

[37] Vgl. *Göllner* (wie Anm. 27), S. 381 - 387; vgl. auch die „Vervielfältigung“ der Giovio-Sammlung (Anm. 34) und Stör-Nachfolge (Anm. 40).

[38] *Benzing* (wie Anm. 4), S. 1953. Schön-Holzschnitt bei Geisberg (wie Anm. 34), Nr. 1289.

ger Parallelarbeiten Sebald Behams[39] und Niklas Störs[40], dessen Rundplakette mit linksgerichtetem, betont hagerem Kopf x-fach nachgestochen wurde. In einer Expertise, die er 1962 der Studienbibliothek Dillingen zuleitete, sucht Oberbibliotheksrat *Dr. Gichtel,* München, der möglichen Vorläuferkette mit stilchronologischen Mitteln auf die Spur zu kommen[41]. Größte Nähe bestehe zu einem Holzschnitt in der Handschrift Cod. Chigiano G.II, 39 der Vatikanischen Bibliothek, einer Geschichte Sienas von Sigismondo Tizio. Dieser wiederum gehe zurück auf ein Gemälde Gentile Bellinis, das sich in der Fondazione Cini in Venedig befinde[42]. Wie aber konnte unser Würzburger Meister dieses kennen? Kann der dort Dargestellte überhaupt Soliman sein[43], da Gentile Bellini zwar 1479/80 den Hof von Konstantinopel mit eigenen Augen erlebt hatte, aber schon lange vor Solimans Regierungsantritt (1520) verstorben war (1507)? Vielleicht lief

---

[39] Sebald Behams Soliman-Holzschnitt ca. 1530, vgl, *Max Geisberg:* The German single-leaf woodcut 1500 - 1550. – New York 1974. Bd. 1, Nr. G. 30. – Schön, Beham und andere widersprechen *Majer* (wie Anm. 34), S. 38/39, der alle Jugendbilder Solimans unter dem Typ kleiner Turban, scharfe Hakennase, langer schlanker Hals subsumieren will. Nachdrukke des Schön'schen Holzschnitts u. a. als Titel zu a) „Newe Zeitung" 1566 und b) „Erschreckenden Newen Zeitung" 1594, vgl. *Göllner* (wie Anm. 27), S. 386.

[40] Niklas Störs Soliman-Holzschnitt zu Flugblatt „Conterfaction Theseus der itz Turkischen Keyssers" 1526, vgl. *Geisberg* (wie Anm. 34), Nr. 21. – Mehrfach stereotyp wiederholt: a) Nickel Schmidt „Turckhen belegerung der statt Wien". – Leipzig 1529 (Titelblatt), vgl. *Staatl. Kunstslg. Dresden* (wie Anm. 34), S. 69/73. b) Johann Brentz „Türcken Büchlein". – Wittenberg 1537 (Titelblatt), vgl. *Schreyl* (wie Anm.34), S. 13; *SievernichlBudde* (wie Anm. 34), S. 707. c) Bernhardin Türck „Getrewe und wolmeinende kurze erjnnerung/ von der Türcken ordnung..." – Burgel in Bayern 1542, vgl. *Franz Babinger:* Zwei baierische Türkenbüchlein (1542) und ihr Verfasser. – Bayer. Akad. d. Wissenschaften, Phil.-hist. Klasse Jg. 1959, H. 4. d) Flugschrift „Ursprung des Behemischen Landes, und Königreychs" (o. J.), vgl. Sch*reyl* (wie Anm. 34), S. 12/13; *A. v. Keller u. E. Goetze (Hg.):* Hans-Sachs-Werke. – Bibl. d. Litt. Ver. In Stuttgart 1870 - 1908. Bd. 24. S. 8.

[41] Unveröffentlicht; freundlicherweise zugänglich gemacht durch Bibl. Leiter Rüdiger May, Dillingen.

[42] Zu Gentile Bellini vgl. *Göllner* (wie Anm. 27), S. 385; *Museum f. Kunsthandwerk Frankfurt* (wie Anm. 34), S. 191/92; *Sievernich/Budde* (wie Anm.34), S. 626 - 630, *Staatl. Kunstsammlung Dresden* (wie Anm. 34), S. 37/38 u. 44/52. – Laut *Winkler* (wie Anm. 45), S. 79 Nr. 906, besitzt die Sammlung Samuel S. Kreß in New York dieses „Bellini"-Gemälde.

[43] Gegen *Winkler* (wie Anm. 45) u. *Gichtel* (wie Anm. 41).

der Weg über Albrecht Dürer (1471 - 1528), der – seit seinen Venedig-Aufenthalten 1494/95 bzw. 1505/07 mit Bellini befreundet[44] – 1526 zweifellos nach einer fremden Vorlage eine zu Müller besonders im Turban fast identische Silberstiftzeichnung „SVLEYMAN IMPERATOR“ fertigte[45]. Unterschiede bestehen allerdings in der Blickwendung, im Nasen- und Kinnstrich, im flüchtiger ausgeführten Schulterkleid sowie im kleineren Format. Noch dichter verbindet sich daher meines Erachtens 'unser' Soliman nach Turbanwicklung, Kopfhaltung und sonstigen Details mit einer lateinisch beschrifteten Medaille auf „SVLEYMAN CAESAR“, die erstmals bei der Dresden-Bonner „Halbmond“-Ausstellung 1995 zu sehen war, sich zeitörtlich freilich überhaupt nicht zuordnen läßt[46]. Eine Radierung des Augsburgers Hieronymus Hopfer[47], die wegen einer daruntergesetzten Inschriftentafel zur Belagerung Wiens nicht vor 1529 entstanden sein kann, hat dieselbe Bildstruktur. Eine dort außerdem vorhandene echte arabische Textzeile, bei Dürer 1526 nur unzulänglich simuliert, auf der Medaille und bei Müller 1526 fehlend, läßt zumindest für Dürer, Hopfer und den Medailleur weiterhin nach der noch älteren gemeinsamen Soliman-Vorlage fragen (osmanischer Herkunft?, Pseudo-Bellini?). Dem Würzburger Stück (und noch mehr der Schön/Beham-Gruppe, vgl. Turbanform mit Krönchen, Ohrringe) verblüffend ähnlich sind indessen z.B. auch das spiegelverkehrte Ölbild einer ganz anderen Person, nämlich des Soliman-Vorgängers Sultan Selim I.[48]. Verwechslung? Bildwillkür? Anderes Quellenbewußtsein? – Wir enden in abenteuerlichen kunstwissenschaftlichen Spekulationen. Das Rätsel nicht völlig schlüssig lösen zu können, heißt aber doch zugleich Einblick zu nehmen, wie weit gespannt und eng vernetzt der abendländisch-morgenländische Kunstbetrieb des 16. Jahrhun-

---

[44] Vgl. *Peter Strieder u. Arno Schönberger (Hg.):* Albrecht Dürer 1471 - 1528. – Ausstellungskatalog Germanisches Nationalmuseum Nürnberg. - 3. Aufl. München 1971, S. 103, 107 u. 399.

[45] Vgl. *Friedrich Winkler:* Die Zeichnungen Albrecht Dürers. – Berlin 1939, hier S. 79 *Nr. 906; Sievernich/Budde* (wie Anm. 34), S. 700/701.

[46] Vgl. *Staatl. Kunstsammlung Dresden* (wie Anm. 34), S. 75.

[47] Zu Hopfer unkritisch *Winkler* (wie Anm. 45), sehr exakt *Sievernich/Budde* (wie Anm. 34), S. 700/701.

[48] Vgl. *Dedeoglu* (wie Anm. 34), S. 48.

derts war, aus wievielen Ecken sich Buchdrucker Müller in Würzburg sein Muster holen konnte und in welch heftiger Konkurrenz er andererseits mit seinem Produkt stand.

5. Bilder zur Illustration - Bilder als historische Quellen

Traunstein, Passau, Burghausen, Regensburg, Nürnberg verstärkten um 1530 deutlich ihre Wehrmauern[49]; die bis heute eindrucksvollen Bastionen unterhalb der Nürnberger Kaiserburg entwarf Antonio Fazuni, ein Malteser[50]. Reichlich gibt es in Süddeutschland Dreifaltigkeitskirchen[51]. Und in Stopfenheim (Mfr.) droht(e) man unartigen Kindern mit dem Schreckgespenst „Soliman“[52].
Auf Anhieb sehen wir für jede dieser Gegenwartsrealitäten weder die Ursache, geschweige denn den inneren Zusammenhang, der diese scheinbar weit auseinanderliegenden drei Sachverhalte verbindet. Erst bei regressiver Interpretation kreuzen sich die Motivstränge in der Gestalt des uns ja nun wohlvertrauten türkischen Sultans Soliman: Man hatte Angst vor ihm, fürchtete seinen Durchbruch von Wien bis vor die Stadttore Süddeutschlands und weihte neue bzw. umpatronierte Kirchen der Hl. Dreifaltigkeit, weil es wie ein Fingerzeig Gottes schien, daß ER am 10. September 1532 in der legendären ‘Schlacht’ am Sonntagsberg, beim Dreifaltigkeitskirchlein oberhalb von Waidhofen a. d. Ybbs (Niederösterreich), türkische Vorhuten wundersam in die Flucht geschlagen hatte[53]. Heutiges wie oben ist

---

[49] Vgl. *Erich Keyser u. Heinz Stoob (Hg.):* Bayerisches Städtebuch. 2 Bde. - Stuttgart 1974.
[50] *Vgl. Hanns Hubert Hofmann:* Die Nürnberger Stadtmauer. – Nümberg 1967, hier S. 62 - 73, *Franz Willax:* Das Verteidigungswesen Nürnbergs im 17. und 18. Jahrhundert. - In: Mitt. d. Ver. f. Geschichte d. Stadt Nürnberg 66. 1979. S. 192 - 247; *Heinz-Joachim Neublauer:* Der Bau der großen Bastei hinter der Veste 1538 - 1545. – in: Mitt. d. Ver. f. Geschichte d. Stadt Nürnberg 69. 1982. S. 196 ff.
[51] Erlangen, Bayreuth, Schlüsselau (Ofr.), Gößweinstein (Ofr.); vgl. dazu *Bernhard Schemmel:* Die Wallfahrt nach Gößweinstein. - In: Geschichte am Obermain 17. 1989/90. S. 105 - 125, hier S. 115 - 118, auch Dreifaltigkeitssäule am Wiener Graben (1692).
[52] Mündl. Information.
[53] So heroisch noch immer *Leopold Schmidt:* Brunnen-, Rauchfang- und andere Türken. In: Ders., Werke der alten Volkskunst. - Rosenheim 1978, S. 90; auch *Sievernich/Budde* (wie Anm. 34), S. 699. – *Friedrich Richter:* Die Akindschi vor Waidhofen a. d. Ybbs. – In:

Folge, ist Relikt. Gern wird man solche kulturhistorischen Ausführungen, um sie sinnlicher erlebbar zu machen, mit Bildern anreichern[54] illustrativ etwa mit einem Porträt dieses türkischen Todfeinds Soliman.
Andererseits gehören Bilder aber selbst zur substantiellen Hinterlassenschaft einer jeweils vergangenen Zeit. Jedoch sie nicht nur zeichenhaft-schmückend einzusetzen, sondern sie – jenseits von Ästhetik und Kunstwert – als eigenständige Zeugnisse zu benützen, als Forschungsgegenstand und Forschungsmittel, sind wir weniger geübt[55]. Auch Bilder sprechen nicht unmittelbar aus sich selbst[56]. Sie enthalten, mit *Claus Grimm*[57], eine bestimmte historische Brechung ihrer Botschaften, hatten spezifische Bedeutung und Lesart in ihrer Zeit, im damaligen Weltbild. Oft muß man sich erheblich mühen, wirklich genau - kritisch und mit Vorkenntnissen - in den Spiegel der gezeigten Fakten zu schauen („Kultur“) und diese mit den dahinterstehenden geistigen Befindlichkeiten der Epoche („Zeitgeist“) sowie auch nachheriger Wahrnehmung („Rezeption“) zu verknüpfen! *Manfred Treml*[58] nannte jüngst eine „systematisch betriebene Historische Bildkunde ... mehr als überfällig“. Lange galt: „Historiker erzählen Geschichte“. Ein neuer Trend, sozusagen unser Medienzeitalter beim Wort nehmend, geht dahin: „Bilder erzählen Geschichte“[59]. - Ein Kalenderblatt kann dann durchaus etliche Seiten füllen....

Waidhofner Heimatblätter 9. Jg. 1983. S. 1- 12, macht viele Abstriche an der tapferen Tat der Waidhofener „Sensenschmiede“.

[54] Zur nämlichen Bildpraxis schon im 16. Jahrhundert vgl. *Göllner* (wie Anm. 27), S. 377 - 387.

[55] Vgl. *Heike Talkenberger:* Von der Illustration zur Interpretation. Das Bild als historische Quelle. Methodische Überlegungen zur Historischen Bildkunde. - In: Zeitschr. f. historische Forschung 21. 1994. S. 289 - 303.

[56] Vgl. *Wolfgang Brückner:* Bild- und Sachzeugnisse mentalen Wandels. - *In: Haus der Bayerischen Geschichte (Hg.):* Das Medium Bild in historischen Ausstellungen. Beiträge zur Sektion 6 des 41. Deutschen Historikertages in München 1996. - Materialien zur Bayerischen Geschichte und Kultur 5. Augsburg 1998. S. 58 - 65.

[57] *Claus Grimm:* Bilder als Spiegel ihrer Zeit. - Ebd. (wie Anm. 56), S. 66 - 72.

[58] *Manfred Treml:* Vorwort. - Ebd. (wie Anm. 56), S. 6.

[59] *Vgl. Helmut Altrichter (Hg.):* Bilder erzählen Geschichte. - Freiburg 1995. - *Konrad Krimm u. Herwig John (Hg.):* Bild und Geschichte. Studien zur politischen Ikonographie. Festschrift f. Hansmartin Schwarzmaier zum fünfundsechzigsten Geburtstag. Sigmaringen

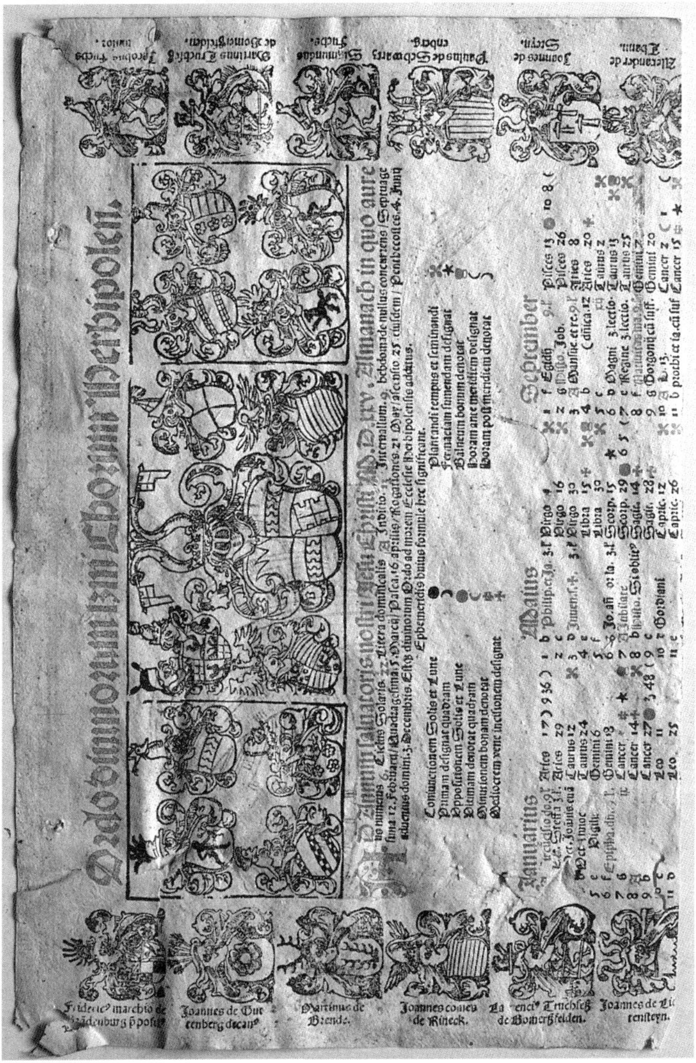

Abb. 1: Würzburger Kalender auf das Jahr 1525 (Kleine Ausgabe)

1997, hier bes. S. XVIII („Das Bild, das für jede Einzeldisziplin schon lange als historische Quelle gedient hat, wird in seiner Komplexität neu entdeckt“).

Abb. 2: Kalenderrückseite: „Solymon der Türckisch Keyser. M.D.XXVI.“

Erhard Schön (ca. 1526)

Niklas Stör (1526)

Medaille (?)

Turckhen belegerung der statt Wien.

M D XXIX.

Nickel Schmidt (1529)

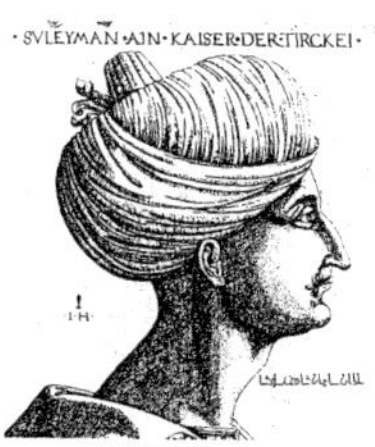

Hieronymus Hopfer (ca. 1530)

Sebald Beham (ca. 1530)

Türcken Büchlein.
Wie sich Prediger vnd Leien halten sollen/so der Türck das Deudsche Land vberfallen würde.
Christliche vnd notdürfftige vnterrichtung durch Johann. Brentz.

Johann Brentz (1537)

Betrewe vnd wolmeinende kurtze erjnnerung/von der Türcken ordnung inn jren Kriegen vnnd Veldschlachten/An meinen gnädigsten Herrn Churfürste/Marggraffen Joachim von Brandenburg rc: des heyligen Reychs obristen Veldhauptmann rc.
Durch Bernhardin Türcken zum Burgel im Bayrn. Im monat Aprili.
M. D. XLII.

Bernhard Türck (1542)

Bayonne, Museum Bonnat 184 × 133

Albrecht Dürer (1526)

Abb. 3: Beispiele für die Vielfalt der „Soliman"-Darstellungen vor 1540 (Quelle: Anmerkungen 38 - 47)

Als Sebastian Hollweck sich erhängte
Selbstmord und Oberpfälzer Volkskultur 1790

Walter Hartinger

Der Alltag der „kleinen Leute“ in der Vergangenheit kann sich auf der Grundlage archivalischer Quellen auf zwei Wegen erschließen: durch die Auswertung serieller Unterlagen wie Rechnungen, Protokollbände, Verlassenschaftsinventare, Testamente etc. oder durch Akten-Corpora zu einzelnen, exemplarischen Vorgängen. Beide Wege ist der Jubilar mit Gewinn wiederholt gegangen; seinen Studien zum fränkisch-schwäbischen Raum[1] seien hier Beobachtungen aus der benachbarten westlichen Oberpfalz zur Seite gestellt.
Ursache für ein Akten-Konvolut von 69[2] Blättern war ein bedauernswertes Ereignis 1790 in Gunzelsdorf, ca. 10 km südlich von Amberg. Dort erhängte sich am 29. März, in der Nacht des Palmsonntag auf den Montag in der Karwoche der Bauer Sebastian Hollweck, Besitzer eines respektablen „ganzen“ Hofes[3]. Beerdigt konnte er erst am Karsamstag werden, „sine pulsu et sonitu“ - ohne Glockengeläut und feierlichen Gesang also. Die Tage bis dorthin waren gefüllt mit hektischer Betriebsamkeit einer Reihe von Behörden: des Hofkastenamts in Amberg, des Landrichteramts allda, der Oberpfälzer Regierung (ebenfalls in Amberg), des Pfarrers in Hausen (zuständiger Pfarrort für Gunzelsdorf), des Ruraldekans in Allersburg (er residierte allerdings im Regensburger Ordinariat und und schaltete auch

---

[1] Z.B. Walter Pötzl und Anni Hartmann, Geschirr und Gerät in alter Zeit, Augsburg 1995; Walter Pötzl, Das Halsgericht Zusameck-Dinkelscherben in der Zeit von 1483-1534, in: Jahresbericht des Heimatvereins für den Landkreis Augsburg 1982, 1-83; Walter Pötzl, Die reale Welt der Votanten. Beispiele aus Dinkelscherben, in: Bayerisches Jahrbuch für Volkskunde 1985, 96-109.
[2] Staatsarchiv Amberg, Landrichteramt Amberg, Nr. 35.
[3] Friedrich Lütge, Die bayerische Grundherrschaft. Untersuchungen über die Agrarverfassung Altbayerns im 16.-18. Jahrhundert, Stuttgart 1949.

dieses noch ein), des Kommandanten der militärischen Abteilung in Amberg und des fürstbischöflich-regensburgischen Pflegamts in Hohenburg. Nicht minder aktiv waren die Kinder des erhängten Hollweck und dessen Verwandtschaft sowie die Pfarrangehörigen von Hausen, wenngleich wir über ihre Tätigkeit nur im Spiegel der amtlichen Akten etwas erfahren. Der Amberger Amtsbote Georg Pöringer verdiente nicht schlecht an Botengeldern und Wartegebühren, hatte aber noch bis in den Herbst hinein in dieser Sache zu tun; denn auch dann noch fanden die Behörden Anlaß, sich mit dem Fall zu beschäftigen.

Wenn wir uns nun mit dieser Materie beschäftigen, so interessiert uns aus volkskundlicher Sicht Zweierlei: zum einen der Vorgang als solcher - der Selbstmord, dessen Hintergründe und Folgen sowie die Reaktionen der Mitmenschen und Behörden; zum anderen der Einblick in die Alltagskultur der ländlichen Bevölkerung an der Wende vom 18. zum 19. Jahrhundert, einer der großen Schwellenzeiten der europäischen Geschichte[4], den uns die Quellen soz. nebenbei, ohne primäre Tradierungsabsicht bieten[5].

Zunächst also zu Sebastian Hollweck und seinem traurigen Ableben. Wie alt er wurde, erfahren wir nur indirekt durch die „gerichtlichen Erfahrungen“ eines Nachbarn, des Johann Leonhard Donhauser, „49 Jahre alt, verehelicht, mit 6 Kindern versehen, zu Gunzelstorf gebohren, woselbst er einen zu hiesigen Spittall gehörigen Hof, so 1100 fl in Werth, besize“[6]; er war mit Sebastian Hollweck in die Schule gegangen und kannte ihn von Jugend an. Vor das Landgericht in Amberg wurden Leonhard Donhauser und weitere sechs Personen aus Gunzelsdorf und Umgebung zitiert „wegen Einhollung Leumuths-Erfahrungen in betreff des erhenkten Sebastian Holweck“. Dies war wichtig für das offizielle Verhalten von staatlichen und kirchlichen Behörden.

---

[4] Walter Hartinger, Epochen der deutschen Volkskultur, in: Ethnologia Europaea 15 (1985) 53-92.

[5] Hierin wird der große Wert der archivalischen Quellen gesehen; vgl. Karl-S. Kramer, Archivalische Quellenforschung, in: Zeitschrift für Volkskunde 55 (1959) 91-98.

[6] Die Zitate werden im folgenden nicht jeweils nachgewiesen; sie befinden sich alle im angegebenen Akten-Konvolut, vgl. Anm. 3.

Die katholische Kirche lehnte nämlich nicht nur den Selbstmord als Eingriff in Gottes Handeln mit dem Menschen entschieden ab, sondern verweigerte dem Selbstmörder auch das kirchliche Begräbnis. Freilich wollte man schon seit den Tagen der Synode von Orleans 533 und der Formulierung der Prinzipien des Kirchenrechtes anfangs des 13. Jahrhunderts von diesen Sanktionen absehen, wenn unzweifelhaft feststand, daß die betreffende Person zum Zeitpunkt der Tat nicht im Vollbesitz ihrer Zurechnungsfähigkeit gewesen war[7]. Die staatliche Obrigkeit übernahm diese Regularien und war darum 1790 auch in Gunzelsdorf gefordert.
Die Aussagen der vernommenen Zeugen erbrachten für den Lebenswandel von Sebastian Hollweck ein kaum überbietbares positives Ergebnis: „er lebte mit den Seinigen christlich, er ware kein Trinker noch Spiller, gienge gerne in die Kürchen, bethete auch fleißig und beichtete auch öfters“; „er könne mit guten Gewissen und in kraft seines Eyds nichts anders sagen, als daß der erhenkte Hollweck ein guter und frommer Christ gewesen, von welchen man niemandt etwas Übles gehört, ... indeme er sonsten in seinen Handlungen gerecht, gegen seinen Kindern ein guter Vater und gegen seinen Nächsten ein beträglicher Nebenmensch gewesen ist“. Auch die bei Sebastian Hollweck beschäftigte Magd stimmte in diese Lobeshymnen der Nachbarn ein: „nicht nur an Feuertagen, sondern auch öftermahlen in der Wochen an Werktagen gienge er 3/4 Stund weit nach Hausen in den Gottesdienst und hielte seine Kinder zum Gebeth und Gottesfurcht an, wie er dann auch erst vor 2 Tagen am Palmsonntag seine ältere 3 Kinder schon um 3 Uhr morgens aufgewecket und dieselbe nebst ihr Deponentin zur Ablegung ihrer Osternbeicht nacher Hausen mit den Beysaz geschicket hat, daß er auch zu Ostern seine Beicht ablegen wolle“.
Bezüglich des christlichen Lebenswandels von Sebastian Hollweck konnte also kein Zweifel bestehen. Umso unverständlicher blieb seine Verzweif-

[7] Lexikon für Theologie und Kirche, Bd. 9, 2. Aufl., Freiburg/Breisgau 1964, Sp. 627f.; vgl. grundsätzlich zu dem ganzen Umfeld der Wertung des Todes und des Toten: Philipp Aries, Geschichte des Todes, München 1980; Gerhard Jaritz, Leben, um zu sterben, in: Harry Kühnel, Hg., Alltag im Spätmittelalter, 2. Aufl. Graz 1985, S. 121-156; Josef Schweiger, Der Selbstmord als Fehllösung konflikthaften Verhaltens, phil. Diss. Innsbruck 1963; Emile Durkheim, Der Selbstmord, Neuwied 1973.

lungstat. Doch kursierten im Dorf Gerüchte, welche auch die vernehmenden Beamten zu Gehör bekamen. Anlaß für die Kurzschlußhandlung solle ein Streit gewesen sein, den Hollweck mit seinem Nachbarn Thomas Graml hatte: „Nur seitdem er sich mit seinem Dorfs Nachbahrn Thomas Graml, der nach seines Bruders Georg Hollweck Todt von Ursensollen herabgekommen, wegen einen unvertheilten Holz sich in Strittigkeit verfallen, habe man an ihme eine immerwehrende Tiefsinnigkeit und Verwirrung angemerket, und wann er immer auch ihme zugeredet, so habe er es ganz gleichmüthig angehöret und nichts daraus geantwortet, so daß Deponent an den dermalligen Unglück gar keine andere Ursach als eben diese vorzustellen wußte". Dieses Gerücht wird auch vom Sohn des Toten, Michael Hollweck, „21 Jahr alt, ledigen Standts", kräftig geschürt. Er erzählt dem Landrichter von einer Rauferei zwischen seinem Vater und dem Nachbarn Graml wegen 6 Stamm Holz, die jener (widerrechtlich) abgeschlagen habe: „Seye es zwischen ihnen zur Tädtlichkeit gekommen, wodurch sein Vater von selben zu Boden geworfen und andurch sowohl an der rechten Achsel als an dem Knie beschädiget worden. Von dieser Zeit an seye ihme der Schmerzen auf das Herz gefallen, daß er sich immer beklagt und traurig gewesen, wie er dann auch in der Nacht zwischen den Sontag und Montag wieder sehr krank gewesen".
Der Amberger Landrichter geht auch dieser Sache nach und verhört den Nachbarn Thomas Graml, welcher den Streit wegen des „sogenanten langen Holz und Oedgarten" offen zugibt, aber zu erzählen weiß, daß er noch am Palmsonntag Nachmittag mit dem Hollweck im Forsthaus Salleröd zusammengetroffen sei, wo sie „miteinander in allen guten, und zwar aus einem Krug getrunken", kurzum, er könne nicht glauben, „daß der Holweck wegen dieser Differenz sich habe erhenken mögen, da ja wohl mehrer Streittigkeiten durch die Obrigkeit ausgemacht worden seynd, und habe derselbe weder auch gegen ihne noch die Seinige sich in geringsten verlauten lassen, daß er sich diesertwegen ein Übl anthuen wolte".
Wir sind geneigt, dem Thomas Graml recht zu geben; doch löst dies unsere Frage nach dem Selbstmordmotiv keineswegs. Den entscheidenden Hinweis, so denke ich, bringt die Magd, „Margaretha Schmalzlin, in 21. Jahr ihres Alters, ledigen Stands". Sie befindet sich im Dienst des Hollweck seit

Lichtmeß dieses Jahres. Eingestellt wurde sie, weil dessen Frau im verwichenen Sommer gestorben war. „Wehrend dieser Zeit habe sie an ihrem Bauern immer vermerket, daß selber immerhin traurig und schwermüthig herumgegangen, doch habe er niemahlen nur ein bedenkliches Worth von sich hören lassen, vielmehr im Gegenspiell ware sein öfters Reden, mage Gott mit uns, was er immer will, was er will". In der fraglichen Nacht sei ihr Bauer zudem von rasenden Herz- und Kopfschmerzen geplagt gewesen, weswegen sie ihm auch „einen Prei aus Rockenmell" kochte und über den Magen schlug. Das letzte, was sie vor seinem Tod noch hörte, waren die Worte: „Aber der Mihlpauer /: das ist der Bruder seines Nachbahrn zu Ursensollen :/ plagt mich doch immerhin, ich möchte doch nur wissen, was derselbe mit mir habe."
Nun wird das Persönlichkeitsprofil des Sebastian Hollweck schon etwas greifbarer: ein Mann in den Fünfzig, mit mindestens 5 lebenden Kindern (wie noch zu zeigen sein wird), dessen ältester Sohn bereits 21 Jahre alt ist, dem die Frau stirbt, der für die Hausarbeiten nun eine Magd einstellen muß, über den Verlust seiner Frau nicht recht hinwegkommt, zudem Streit hat in der Nachbarschaft (unmittelbar und in etlicher Entfernung) und in einem Anfall von Kopf- und Brustschmerzen einen „haltbahren Kreuzer-Strick" von der Haustenne nimmt und sich damit an dem Marterl, das vor dem Hof steht, erhängt. An einer Kurzschlußhandlung, d.h. einer Aktion ohne volle Eigenverantwortung im kirchenrechtlichen Sinn, konnte also nach dieser „eingeholten Erfahrung" für den Landrichter kein Zweifel mehr bestehen. Zudem glaubt man „an dessen außeren Gesichtszügen, Harren und Liniamenten so vielles bemerken zu können, daß selber im Leben von einer schwermüthigen und melancholischen Temparement gewesen seyn müsse". Trotzdem bleibt der Körper des Toten zunächst einmal an Ort und Stelle, halb kniend, halb hängend an dem Kreuzer-Strick an der Martersäule vor dem Hof.
So hatte ihn der Amtsknecht Nikolaus Horn gefunden: „an erstbesagte Martersaule, ruckwerts derselben mit dem gegen seinen Hof gehenkten Angesicht, auf dem Kopf ein Schnupftüchel von blau und weiß gestreiften Farbe eingebunden, mit abgeschnittenen Schuhen, blau wollenen Strümpfen, schwarz leinenen, an einen Hosentrager angehefte Beinkleider". Solan-

ge aber nicht klar war, ob sich Sebastian Hollweck vorsätzlich das Leben genommen hatte oder in einem Anfall geistiger Übernachtung, blieb dem Landrichter nichts anderes übrig, als „von amtswegen die Veranstaltung dahin zu machen, daß bis zu Ausgang der Sache die Bewachung des entselten Körpers von denen Unterthannen in dortiger nächster Gegend continuieret“ werde. So blieb es, bis einige Leumunds-Zeugen in Amberg verhört worden waren; dies ließ sich erst am Dienstag Vormittag, dem 30. März, ermöglichen.

Hinterher trug der Landrichter, nach Rücksprache mit der Regierung, keinerlei „Bedenken, den Körper des ... sich selbst erhenkten Sebastian Holweck ... der Geistlichkeit zu überstellen, sofort denselben gleichwollen christ-katholischen Gebrauch nach begraben zu lassen“, doch weil die Sache auch die kirchliche Obrigkeit tangierte, wollte er zunächst eine Rückäußerung des zuständigen Ruraldekans aus Allersburg (residierend aber im ca. 60 km entfernten Regensburg) einholen. Inzwischen war es Dienstag Nachmittag 4 Uhr; jetzt erst konnte der Amtsbote Richtung Regensburg abgefertigt werden. Zwar bat der Landrichter um möglichste Beschleunigung, „damit der unter freyen Himmel hangende Körper nicht der Faulung und Gestanck ausgesezet, sonderbahr auch die weitere den Hollweckischen Pupillen[8] zu Last fallende Unkösten beschrenket werden mögen“, doch der Amtsbote konnte erst am Donnerstag, dem 1. April, zurück sein. Für uns bleibt es ohnehin erstaunlich, daß er die 120 km so schnell bewältigt hat.

Wie nicht anders zu erwarten, fand auch der Ruraldekan Franz Josef Reinfeld „von Dechants wegen nicht das mündeste Bedenken, daß dem Abgeleibten die krist-katholische Sepultur vergönnt werden solte“. Er werde auch den Pfarrer von Hausen entsprechend instruieren. Nun endlich konnte Sebastian Hollweck von dem Marterl abgenommen werden, wo er ganze vier Tage vor den Augen der Familie, der Nachbarn und Schaulustigen gehangen hatte. Diesen Liebesdienst verrichteten vermutlich die Angehörigen selbst; denn jetzt war klar, daß man nicht den Scharfrichter aus Amberg bemühen mußte, der ansonsten zuständig geworden wäre. Jetzt auch konnten die Wächter nach Hause gehen, welche bislang von der Familie

[8] Pupillen = Waisen; die Mutter der Kinder war ja bereits im Vorjahr gestorben.

des Hollweck zumindest hatten verköstigt werden müssen. Einem ordentlichen Begräbnis schien nichts mehr im Weg zu stehen; mittlerweilen war es Gründonnerstag, in Aussicht konnte man also erst den Karsamstag nehmen. Die Regierung der Oberpfalz, das Landrichter- und Hofkastenamt (letzteres als grundherrschaftliche Behörde), das Ordinariat in Regensburg, der Gebietsdekan und auch der zuständige Pfarrer in Hausen waren einverstanden mit einem christlichen Begräbnis im Friedhof zu Hausen. Es herrschte schönstes Einvernehmen der beteiligten geistlichen und weltlichen Obrigkeiten. Alle Nachbarn und Bekannten hatten zudem Sebastian Hollweck eine vorbildliche christliche Lebensführung bescheinigt. Wo sollten sich noch Schwierigkeiten auftun?
Trotzdem scheint der Landrichter von Amberg dem Frieden von Anfang an nicht recht getraut zu haben. In dem Schreiben an den Pfarrer in Hausen, in welchem er ihm die diversen obrigkeitlichen Unbedenklichkeitsbescheide mitteilt und um möglichste Beschleunigung der Beerdigung bittet, geht er auf eventuelle Schwierigkeiten ein; „wobey auf nicht verhoffenden Fahl und daferne einige Pfarrkinder gleich aus einem aberglaubischen Irrthum hierwider einige Bewegung machen solten, Euer Wohlehrwürden ihnen solchen von selbsten zu benehmen und was für Strafen, dann schwere Verantwortung und Unkösten sie sich über den Hals ziehen würden, von pfarrlichen Amts wegen vorzustellen, nicht entstehen wollen". Trotzdem geschieht das Unerwartete. Als der Sohn des Erhängten, Michael Hollweck, am Karsamstag Vormittag mit seinem Ochsengespann und dem Sarg des Vaters vor der Pfarrkirche erscheint, findet er den Eingang zum Friedhof mit Steinen zugeschlichtet. Zwar hat der Mesner ein Grab ausgehoben, doch eine erregte Menschenmenge verhindert den Zutritt. Es bleibt dem Sohn nichts anderes übrig, als nach Amberg zum Landrichter zu laufen (ca. 10 km). Dort aber waren bereits um 9 Uhr zwei Abgesandte der Pfarrgemeinde erschienen, einer aus Heinzhof und der andere aus Gunzelsdorf selbst, welche erklärten, daß die „der Pfarr Hausen incorporierten Unterthanen" entschlossen seien, „dem verstorbenen Sebastian Hollweck aus Gunzelsdorf das christliche Erdreich und Ruhstatt in dem Freidhof versagen zu wollen".

Dies bringt den Landrichter in Rage. Er setzt sogleich den Amtsboten in Bewegung mit einem Schreiben an den Pfarrer in Hausen, in welchem er ihn belobigt wegen seiner amtskonformen Loyalität und um unverzügliche Durchführung der Beerdigung ersucht, freilich „ad removendas ulteriones divestationes sine pulsu et cantu“[9]; gleichzeitig bekommen die Pfarrkinder von Hausen einen geharnischten Brief, in welchem ihnen angedroht wird, daß bei weiterem Widerstand eine Kompagnie mit 100 Mann samt Oberoffizier anrücken und die Rädelsführer gefesselt ins Zuchthaus nach Amberg überführen würden, alles auf Kosten der Pfarrgemeinde. Die sofort verständigte Regierung erläßt an den Kommandanten der Kaserne in Amberg tatsächlich den Befehl, sich mit einem Trupp von 50-60 Mann bereitzuhalten. Den weiteren Hergang erfahren wir aus den Aussagen des Amtsboten, des Sohnes Michael Hollweck und aus den Verhörprotokollen der anschließenden Prozesse.
Demnach eilte der Amtsbote nach Hausen und las der aufgebrachten Menge das Schreiben des Landhauptmanns vor, was ihm die Dorfführer auch schriftlich bestätigten. Doch die widerborstigen Pfarrkinder ließen sich zunächst von den angedrohten Strafen nicht beeindrucken; man schrie dem Amtknecht zu, „als ob die Sache beim Amt mit Geld abgeschmieret worden wäre“, „alles seye nur ein Geschäft und leere Betrohung des Amts“; er wurde beim Arm ergriffen und zum offenen Grab gezerrt, um dort zur Hilfe bei der Beerdigung bereitzustehen; im Tumult wurde ihm der Botenrock an zwei Stellen zerrissen; man schrie, „das Luder, den Hollweck meinend, gehöre nicht in Freidhof“; ein anderer forderte den Amtsboten direkt auf: „weillen er das Luder hollen lassen, so solle er es widerum hinwegführen“. Die ganze Zeit über stand der Leichenkondukt vor der mit Steinen verrammelten Friedhofstür. Jemand nahm einen großen Stein und warf ihn nach Stephan Gumpel aus Altammerthal (ca. 11 km entfernt), offenbar einen Teilnehmer der Trauergemeinde auf Seiten der Hollweck's, „welcher, wann er ihne getroffen, lebensgefehrlich verlezet hätte“. Um zwei Uhr Nachmittag hatten sich die Gemüter noch nicht beruhigt, als sich der

[9] „Zur Vermeidung weiterer Ausschreitungen ohne Glockengeläut und Gesang“.

Amtsbote entschloß, das Feld zu räumen und nach Amberg zurückzukehren.
Erst Stunden darauf, gegen den Abend, öffnete man „nach langem Streit" dem Michael Hollweck, seinem Schwager Sebastian Kölbl aus Hirschwald, seinem anderen Schwager Leonhard Dantl aus Keitenthal und „einem fremden, ihme unbekannten Bettlmann" die Friedhofstür und hat „sie gleichsam gezwungen, daß sie die Todten Truchen mit dem Körper in den Freidhof zu den Orth, wo der Mesner das Grab gemacht hatte, hineingetragen und in das selbsten hineingelassen haben, worauf sie ihne weiters bemüßiget, mit seinen Ochsen und Wagen, worauf er seinen Vater von Gunzelsdorf nach Hausen geführet, wiederum zuruckzukehren, welches er auch gethan". Von einer ordentlichen Beerdigung konnte also keine Rede sein; als vierter Mann zum Tragen des Sarges mußte ein unbekannter Bettler verwendet werden. Auch auf erheblichen obrigkeitlichen Druck hin wollte die Pfarrgemeinde nicht mehr zugestehen als die bloße Beisetzung des Selbstmörders in der geweihten Friedhofserde.
Selbstverständlich ließen die Amberger Ämter eine solche Brüskierung der Obrigkeit nicht auf sich beruhen, sondern bestellten sämtliche Pfarrangehörige aus Hausen und Thonhausen vor das Landgericht, lasen ihnen gehörig die Leviten und verdonnerten die Rädelsführer einige Tage bei Wasser und Brot ins Amtsgefängnis, wobei sie teilweise eine Zeit lang in den Stock oder Block geschlossen wurden. Genauso selbstverständlich hatten sich diese herausreden wollen mit dem Handeln der Allgemeinheit: „habe halt auch getan, was andere gethan haben"; „er wäre nicht nach Hausen gangen, wenn sich nicht die sammentliche Pfarr Kinder zusammen gethan und versamlet hätten um zu überlegen, ob sie den Erhenkten in den Friedhof lassen kunten oder nicht".
In der Retrospektive werfen die geschilderten Vorgänge erhebliche Fragen auf: Aus welchen Gründen konnten sich die meisten Mitglieder einer Pfarrgemeinde dagegen auflehnen, daß einer ihrer Mitchristen, der zeitlebens offenbar ein rechtschaffener Mann gewesen war und sich in einem Anfall von Depression, Schmerz und Verzweiflung das Leben genommen hatte, wie alle anderen im Friedhof bestattet wurde? Wieso kann man sich so vehement gegen den erklärten und unzweifelhaften Willen der vorge-

setzten geistlichen und weltlichen Obrigkeiten auflehnen? Wie paßt dies zu Selbstverständnis und Machtanspruch der absolutistischen Bürokratie? Wie funktionierte hierbei die vormoderne Kommunikation?

Die entscheidende Rolle in diesem Normkonflikt spielte die christliche, respektive katholische Rechtfertigungslehre. Im Unterschied zu manchen anderen Religionen lehnt die christliche Kirche den Selbstmord entschieden ab; mit Verweis auf das biblische Tötungsverbot stellt auch die Selbsttötung einen Eingriff in Gottes Schöpfungsallmacht als des Herrn über Leben und Tod dar. Vor allem bleibt dem Selbstmörder - wie auch dem unvermutet Sterbenden - keine Zeit, um sich durch Erweckung von Reue und Leid noch Gottes verzeihende Gnade zu erwerben. Der Selbstmörder, der ja automatisch im Zustand einer Todsünde stirbt, trennt sich gewissermaßen freiwillig von der möglichen Vereinigung mit Gott und hatte darum, streng betrachtet, auch keinen Anspruch auf Begräbnis im Friedhof, wo die anderen Verstorbenen dieser Vereinigung entgegenharrten[10].

All die Jahrhunderte des Mittelalters und der Frühen Neuzeit hindurch waren darum, durchaus von der Kirche gebilligt und von ihr gefordert, Selbstmörder, Gebannte und vergleichbare Personen außerhalb des Friedhofs beerdigt oder gar in der freien Flur oder unter dem Galgen verscharrt worden[11]. Nicht weit von Hausen entfernt etwa war Georg Bauer von Poppendorf gestorben, „welcher sich in Trockau in gebranntem Wein zu Tode getrunken“; er wurde wie ein Selbstmörder behandelt und man ließ „solchen Körper, wie es vorhin auch schon geschehen war, hinter die Mauern des Freit- oder Kirchhofs vergraben“[12]. Sogar hingerichteten Schwerverbrechern wurde vielfach die letzte Ruhe innerhalb des Friedhofes nicht

[10] LThK (wie Anm. 7); Hans Herold, Der Grundsatz der schicklichen Beerdigung, in: Festschrift Nikolaus Grass, hg. von Kurt Ebert, Innsbruck 1986, 255-268.

[11] Teilweise hat man sogar bereits Bestattete wieder ausgegraben und aus dem Friedhof entfernt; vgl. I. Schairer, Das religiöse Volksleben am Ausgang des Mittelalters nach Augsburger Quellen, Leipzig 1914, S. 23; Harry Kühnel, „... da erstach sich mit willn selber ...“ Zum Selbstmord im Spätmittelalter und in der frühen Neuzeit, in: Sprache und Recht. Beiträge zur Kulturgeschichte des Mittelalters. FS für Ruth Schmidt-Wiegand, hg. von Karl Hauck u.a., Berlin 1986, 474-489.

[12] Staatsarchiv Amberg, Amt Hollenberg, R 55a.

vergönnt, obwohl diese doch durchaus noch die Chance hatten, mit Gott und den Mitchristen ihren Frieden zu machen[13]. Wurde ein Selbstmörder in geweihter Friedhofserde begraben, so beschwor das landläufige Gerede teilweise schlimme Konsequenzen: im nächsten Jahr oder drei Jahre lang könne der Hagel die Flur verwüsten; es bestehe die Gefahr, daß die anderen Toten des Friedhofs den Selbstmörder aus seinem Grab herauszerrten[14].

Die Hausener lebten in einer Welt, in der man sich Gedanken machte über den rechten Ort der Bestattung und in der man gewohnt war, durch äußere Zeichen dahinterstehende Sachverhalte zum Ausdruck zu bringen. Simon Kopp, der Wirt von Thonhausen, brachte es vor Gericht auf den Punkt: „Wann der Hollwek den Freidhof verdiennet hätte, so hätte man ihme wie andere Christen begraben sollen." Dies aber war offensichtlich nicht gegeben; man hatte seine Lektion gelernt, vom Pfarrer oft genug auf der Kanzel wiederholt oder in Schule und Christenlehre vorgetragen: ein Selbstmörder ist verdammt. Und Verdammte haben im Friedhof nichts verloren. Gelernt hatte man freilich seine Lektion nur halb; denn die christliche Morallehre wußte seit vielen Jahrhunderten zu differenzieren zwischen der freiwilligen, geplanten, vielleicht auch nur billigend hingenommenen, Selbsttötung - wie beim Duell - und dem Selbstmord, der aus einem irregeleiteten Verstand oder einem unfreien Willen hervorging. In diesen Fällen war man sehr viel toleranter; eine Regensburger Diözesanverordnung von 1788 forderte ausdrücklich eine großzügige Handhabung des Begräbnisses für einen Selbstmörder. Man solle so lange einen toten Körper für gut ansehen, bis das Gegenteil erwiesen sei. Nur in Ausnahmefällen, wo ein willentlicher Selbstmord vorliege, der auch nicht durch vorausgehende melancholische Zustände entschuldigt werden könne, solle man eine Beerdigung in

---

[13] Beispiele bei Leonhart Widmann, Chronik von Regensburg 1511-1543 (= Die Chroniken der baierischen Städte, Bd. 25) Göttingen 1967, S. 20-23; Jürgen Dieselhorst, Die Bestrafung der Selbstmörder im Territorium der Reichsstadt Nürnberg, in: Mitteilungen des Vereins für Geschichte der Stadt Nürnberg 44 (1953) 58-230.

[14] Handwörterbuch des deutschen Aberglaubens, Bd 7, Berlin 1936, Sp. 1627-1633; Leopold Kretzenbacher, Zur *Desperatio* im Mittelhochdeutschen, in: Verbum et signum 2 (1975) 299-310; Paul Geiger, Die Behandlung der Selbstmörder im deutschen Brauch, in: Schweizerisches Archiv für Volkskunde 26 (1925) 145-170.

der Stille, ohne Glockengeläute und Gesang, vielleicht sogar in der Nachtzeit oder in einem Winkel des Friedhofes vornehmen[15].

Die Hausener dagegen blieben bei einer sehr vergröbernden und pauschalen Haltung dem Selbstmörder gegenüber. So wie es im Umkreis auch noch später beobachtet werden konnte: „Wenn sich jemand erhängt, kommt in der Oberpfalz der Teufel in Gestalt eines schwarzen Geißbockes und tötet den Selbstmörder noch völlig mit den Hörnern"[16]. Namentlich ist die Vorstellung weit verbreitet, daß der Teufel die so gewonnene Seele in einem gewaltigen Sturmwind hinwegführt. ',„Wer wird sich denn heute wieder erhängt haben?" hört man die Leute bei Sulzbach i. d. Opf. fragen, wenn ein besonders starker Wind weht"'[17].

Es ist für uns müßig darüber zu spekulieren, ob das festgestellte Pauschalurteil internalisiert wurde, weil die Vermittlung durch Schule, Geistlichkeit, Behörden etc. nicht differenziert genug erfolgt war, oder ob die ländliche Bevölkerung nicht bereit oder fähig war, sich auf differenzierendes Urteilen einzulassen. Jedenfalls gingen im konkreten Fall 1790 die Vorstellungen der Akteure weit auseinander, und die Dörfler waren bereit, sich in der Konfrontation mit den Vertretern von Staat und Kirche sehr weit vorzuwagen. Der üblichen fachwissenschaftlichen Vorstellung von dem Machtungleichgewicht zwischen autokratem Staat und rechtloser, verwalteter Bevölkerung zur Zeit des Absolutismus entspricht das nicht[18]. Vielleicht ist es angebracht, diese Vorstellung zu korrigieren. Für das Bayern der Frühen Neuzeit erweisen die Quellen ein umseitiges Bemühen von Be-

[15] Joseph Lipf, Oberhirtliche Verordnungen und allgemeine Erlasse für das Bisthum Regensburg vom Jahre 1250-1852, Regensburg 1853, 164; Auch einem im Duell Getöteten wollte man das Begräbnis im Friedhof nicht versagen, wenngleich ohne kirchliches Gepränge (ebd. S. 466). Die staatlichen bayerischen Verordnungen wollten dies entsprechend geregelt wissen; Georg Döllinger, Sammlung aller baierischen Verordnungen in Religions- und Kirchensachen nach alphabetischer Ordnung, München 1822, 8.

[16] Anton Geitner, Selbstmörder, in: Deutsche Gaue 9 (1908) 73; vgl. auch Franz Xaver Schönwerth, Aus der Oberpfalz. Sitten und Sagen, 3 Bände München 1857-1859, hier Bd. 3, S. 246.

[17] Ebd.

[18] So vorgetragen in: Albert Ilien und Utz Jeggle, Leben auf dem Dorf. Zur Sozialgeschichte des Dorfes und Sozialpsychologie seiner Bewohner, Opladen 1978.

hörden, Dorfgemeinden und einzelnen um einen aus der Tradition abgeleiteten Rechtszustand, dem man sich nicht ohne Not, ohne schlechtes Gewissen oder auch ungestraft entziehen konnte. Man hat sich keineswegs gescheut, gegen obrigkeitliche Entscheidungen und die Handlungen von Amtsträgern zu opponieren, zu intervenieren oder auch zu prozessieren[19]. So auch im vorliegenden Fall, wo die Dorfgemeinde es versteht, eine mehrheitliche Meinung zu bilden und zwei bevollmächtigte Verhandlungspartner ins Landgericht zu entsenden.

Dies war kein isolierter Fall. Vielmehr sind gerade die Jahrzehnte vor und um 1800 erfüllt mit einer Unzahl von partiellen Konflikten zwischen kirchlichen und staatlichen Obrigkeiten und der von ihr verwalteten Klientel. Es ist die Zeit der Aufklärung mit ihren Verboten von Feiertagen, Wallfahrten, Prozessionen, kirchlichen Schauspielen und vielerlei Andachten. Dabei zeigte sich die bayerische Bevölkerung durchaus fähig, alle Arten des Widerstandes gegen unerwünschte Neuerungen durchzufechten bis hin zur Schwelle zu manifester Gewalt[20]. Nicht selten behielt sie dabei das letzte Wort, erwies sich also als fähig, so etwas wie einen eigenen Lebensstil, eine eigene Volkskultur - die Begriffe sind nicht entscheidend - auszubilden.

---

[19] Winfried Helm, Obrigkeit und Volk. Herrschaft im frühneuzeitlichen Alltag Niederbayerns, untersucht anhand archivalischer Quellen, Passau 1993; Renate Blickle, Agrarische Konflikte und Eigentumsordnung in Altbayern 1400-1800, in: Winfried Schulze, Hg., Aufstände, Revolten, Prozesse. Beiträge zur bäuerlichen Widerstandsbewegung im frühneuzeitlichen Europa, Stuttgart 1983, 166-187; Peter Blickle, Deutsche Untertanen. Ein Widerspruch, München 1981; so auch jüngst: Dieter Albrecht, Maximilian I. von Bayern 1573-1651, München 1998, 28f.

[20] Anita Brittinger, Die bayerische Verwaltung und das volksfromme Brauchtum im Zeitalter der Aufklärung, phil. Diss. München 1938; Walter Hartinger, „...nichts anders als eine zertrunkene Bierandacht..." Das Verbot der geistlichen Schauspiele im Bistum Passau, in: Volkskultur - Geschichte - Region. FS für Wolfgang Brückner, hg. von Dieter Harmening und Erich Wimmer, Würzburg 1990, S. 395-419; Walter Hartinger, Kirchliche und staatliche Wallfahrtsverbote in Altbayern, in: Staat - Kultur - Politik. FS zum 65. Geburtstag von Dieter Albrecht, hg. von Winfried Becker und Werner Chrobak, Kallmünz 1992, S. 119-136; Walter Pötzl, Volksfrömmigkeit, in: Handbuch der bayerischen Kirchengeschichte, hg. von Walter Brandmüller, Bd. 3, St. Ottilien 1991, S. 809-844.

Voraussetzung hierfür war die Befähigung zu gegenseitiger Kommunikation, zur Mehrheitsfindung und zu solidarischem Handeln. Und in dieser Beziehung können wir auch an unserem Beispiel einige wichtige Beobachtungen machen. So erweist sich die eminente Bedeutung der Wirtshäuser als Drehscheiben der Information und der Wirte als Meinungsbilder und Wortführer. Zwei von ihnen werden anschließend eingesperrt, bei einem wird ausdrücklich festgehalten, daß er „seine Zechgäst zu Prosequierung dieses Auflaufs animiret hat". Dann gibt es auch in den kleinen Nestern die „Dorfführer", hier erwähnt für Sauheim und Hausen, ansonsten nicht selten auch als „Vierer" bezeichnet. Sie sind die formellen, vielfach auch die mehr oder weniger informellen Leiter von gemeinsamen Aktionen in den Dörfern, wie sie namentlich unter der obwaltenden Dreifelderwirtschaft und der gemeinschaftlichen Nutzung der unverteilten Gemeindeflur, der Allmende, unabdingbar waren[21]. Wenn sie ihre „Gemeinsgenossen" zusammenrufen, dann tun sie das in der Regel ebenfalls im Wirtshaus. Die ländliche Bevölkerung hatte in jener Zeit in Bayern also durchaus den Willen und die Möglichkeit zu gemeinschaftlicher Aktion und wurde keineswegs zentral von den vorgesetzten Behörden in allen ihren Lebensvollzügen gesteuert.

In die Handlungen einbezogen sind jeweils keineswegs nur die in einem Dorf wohnenden Menschen. Wir sehen vielmehr, daß die Heiratsverbindungen streuen im Umfeld von zehn und mehr Kilometern; man geht am Sonntag gelegentlich auch 7-10 km in ein Wirtshaus und trifft dort wieder Menschen aus einem weiteren Umkreis. Dienstverträge werden eingegangen über beachtliche Strecken hinweg, und ein herausragendes Ereignis - wie der Selbstmord des Sebastian Hollweck - lockt Menschen von allen Seiten her an (man denke etwa an den „unbekannten Bettler"). Es herrscht alles andere als Kirchturmhorizont; wir müssen mit Austausch von Gütern, Menschen und Meinungen über größere Distanzen hinweg rechnen.

Das geschilderte Ereignis kann uns also durchaus Anlaß bieten für weitergehende Überlegungen zu Struktur und Form übergreifender kultureller Phänomene, zur Art der Normbildung und des Austrags von Konflikten

---

[21] Walter Hartinger, „... *wie von alters herkommen* ..." Dorf-, Hofmarks-, Ehehaft- und andere Ordnungen in Ostbayern, 2 Bde Passau 1998.

etwa, d.h. zu allgemeinen, zeitüberdauernden Vorgängen des sozialen Lebens und der Etablierung und Wirkung von Gruppen. Abschließend aber möchte ich noch hinweisen auf die Aussagevielfalt unserer Quelle und aufmerksam machen auf Informationen, die in ihnen gleichsam nebenbei versteckt sind und - systemtisch an ähnlichen und anderen Beispielen erhoben - wichtige Bausteine sein könnten für die Rekonstruktion von Lebensstil und Volkskultur im größeren Zusammenhang.

Da ist etwa die formale **Bildung** unserer Akteure. Wir erfahren, daß Sebastian Hollweck und Johann Leonhard Donhauser miteinander die Schule besucht haben. Donhauser kann das Protokoll vor dem Landgericht unterschreiben; dies tun auch einige andere. Dagegen vermerkt der Schreiber gelegentlich von einem Zeugen, so auch von Sebastian Hollwecks Sohn Michael und dessen Magd: „des Schreibens unkundig". Wir können demnach bereits vor 1800 in nennenswertem Ausmaß zumindest mit Lesefähigkeit von einem Teil der einfachen ländlichen Bevölkerung in unserem Raum rechnen[22].

Interessant sind auch die Hinweise auf die **Familienkonstellationen**, welche bei den Zeugenverhören zum Personenstand notiert wurden. So nennen die 45-55jährigen Männer meist 5-7 lebende Kinder; dies scheint der Norm entsprochen zu haben. Auch bei Sebastian Hollweck kommen wir auf 5 Kinder; drei, mit dem 21jährigen Michael, wohnen noch zu Hause, während sich zwei Mädchen verheiratet haben nach Hirschwald (ca. 5 km entfernt) und Keitenthal (ca. 8 km entfernt). Da gibt es aber auch den Leonhard Bauer, „46 Jahre alt, verheurathet, **ohne** Kinder". Und der unmittelbare Nachbar des Sebastian Hollweck, eben jener Thomas Graml, mit dem er im Streit liegt, gibt an: „23 Jahr alt, verehelichten Stands, ohne eigene aber mit 5 **Stief**kindern versehen, zu Ursensollen gebohren, zu Gunzelsdorf aber, woselbst er die Holweckische Wittib geheurathet, besize er deren ingehabten und auf die Gand gekommenen Hof, welchen er per 2700 fl Kauf angethan hat".

Die Brüder Georg und Sebastian Hollweck hatten also ursprünglich zwei große Höfe nebeneinander besessen; nach dem Tod des Georg brachte der

[22] Vgl. das teilweise irreführend betitelte Werk von Rudolf Schenda, Volk ohne Buch. Studien zur Sozialgeschichte der populären Lesestoffe 1770-1910, München 1977.

junge Thomas Graml aus dem ca. 9 km entfernten Ursensollen Hof und Witwe an sich; diese war mit ihren 5 lebenden Kindern, von denen die ältesten bereits verheiratet oder zumindest aus dem Haus gewesen sein dürften, sicherlich jenseits des Gebäralters. Warum sie nach dem Tod ihres Mannes den Hof nicht an eines der Kinder übergab, sondern einen jungen Mann heiratete, wissen wir nicht. Wohl aber wissen wir, daß nach der ökonomischen Logik dieser Zeit die beiden wichtigen Positionen des weiblichen und männlichen Haushaltsvorstandes nicht über längere Zeit hinweg unbesetzt bleiben konnten.

Darum sind so ungewöhnliche „Zusammenstände" von Alt und Jung im Ehestand keineswegs eine Seltenheit[23]. Sebastian Hollweck wollte offenbar das Problem auf andere Art lösen als seine Schwägerin; er nahm sich nach dem Tode seiner Frau eine Magd ins Haus, welche die weiblichen Funktionen des Haushaltes übernehmen konnte - verständlich, da er in Gestalt des 21jährigen Michael einen heiratsfähigen potentiellen Erben neben sich hatte, dem er offenbar bald den Hof übergeben wollte, auch wenn er selbst erst Anfang der Fünfzig war. Hätte er dies nicht im Sinn gehabt, dann hätte er wieder heiraten müssen, was einen wohl umgekehrten „Zusammenstand" wie im Nachbarshaus ergeben hätte.

Auffallend ist es auch, daß wir - mit Ausnahme der unmittelbar ins Geschehen involvierten Magd - im gesamten Aktenkonvolut nur mit **Männern** zu tun haben; sie werden als Zeugen geladen, sie treten als Unterhändler auf, sie werden zum Schluß mit Strafen belegt. Und dabei waren nach Aussage des Amtsboten durchaus auch die Frauen beim Verrammeln der Friedhofstür beteiligt. Wir erhalten offenbar Einblick in eine männlich dominierte Welt, zumindest wenn es um die Öffentlichkeitsseite des dörflichen und bürokratischen Lebens ging.

Ein Licht fällt auch auf die **sozial-ökonomische Situation** unserer Dörfer. Denn genau wird bei jedem vermerkt, in wessen Grundherrschaft er gehört; in unserem Fall sind es die Hofmarken Zant und Haimhof, das Spital

[23] Michael Mitterauer und Reinhard Sieder, Vom Patriarchat zur Partnerschaft. Zum Strukturwandel der Familie, 2. Aufl. München 1980; Michael Mitterauer, Zur Familienstruktur in ländlichen Gebieten Österreichs im 17. Jahrhundert, in: Beiträge zur Bevölkerungs- und Sozialgeschichte Österreichs 1973, S. 167-222.

in Amberg und das Landgericht selbst. Die verschiedenen Höfe in einem Dorf oder Weiler können also ganz verschiedenen Grundherren gehören, was sicherlich Konsequenzen hatte für die Solidarisierungsvorgänge bei irgendwelchen Konflikten. Notiert ist so gut wie immer auch der Wert des betreffenden Hofes. Die Beträge schwanken zwischen 2700 fl und 450 fl. Damit ist eine Art Einheitswert ausgedrückt, der zugrundegelegt wurde beim Besitzerwechsel, wo Gebühren fällig wurden an den Grundherren, in der Regel 5 % dieser Summe. Dies weist uns hin auf die damals übliche Bindung der Höfe an ihre Grundstücke, welche nur im Ganzen vererbt, verkauft oder vertauscht werden konnten; darum blieben die genannten 'Einheitswerte' meist auch über lange Zeiten hinweg stabil und sind gleichzeitig Ausdruck für die innerdörfliche Hierarchie, die von Bedeutung war für das Heiratsverhalten, die gesellige Kommunikation, für die Bestellung von Ämtern und vieles andere.

Freilich gab es auch andere Grundstücke, nicht fest zum Hof gehörig, in den Quellen oft als „walzende“ Grundstücke bezeichnet. In unserem Falle ist es der Wald, wegen dessen Nutzung sich Sebastian Hollweck und Thomas Graml in den Haaren liegen. Er stammte vermutlich von einem abgegangenen Hof, dem in den Quellen genannten „Oedgarten“, und war bislang von den Hollweck-Brüdern gemeinsam genutzt worden, eine Regelung, die nicht mehr funktionierte, als der junge Graml aus Ursensollen einheiratete. Solche „walzenden“ Stücke konnten von den Eigentümern unabhängig vom gesamten Hof verändert werden, sie unterlagen nicht der sog. Hoffußbindung.

Unsere Akten geben uns nicht nur Einblick in den Austrag von offiziellen und kollektiven **Konflikten**, sondern auch in den privater Natur. Der Streit zwischen Thomas Graml und Sebastian Hollweck wegen des Waldes sollte auf Vermittlung einiger Nachbarn gütlich bereinigt werden; dies ist nicht gelungen. Die beiden Kontrahenten gerieten schon auch einmal massiv aneinander, wobei der ältere Hollweck erwartungsgemäß den kürzeren zog. Manifeste Gewalt zwischen erwachsenen Männern gehört soz. selbstverständlich zum Alltagsverhalten der Zeit hinzu. Man kann sich auch versöhnen; bezeichnenderweise geschieht auch dies wieder im Wirtshaus und wird in eine symbolische Form gebracht durch das gemeinsame Trinken aus **einem** Krug. Letztlich kann man auf die Obrigkeit als Schlichtungsinstanz nicht verzichten; sie soll auch im vorliegenden Fall das letzte Wort haben.

Die Struktur dieser **Obrigkeit** mit ihrer vielfachen Schichtung und unterschiedlichen, teilweise strittigen Zuständigkeit war andererseits für den Untertan nicht nur ein Segen, sondern gelegentlich auch ein großes Problem; so auch in unserem Fall. Einer der Akteure war der Wirt Johann Federl aus Hausen. Über diesen Ort beanspruchte das Landrichteramt Amberg im Namen des bayerischen Kurfürsten die Landeshoheit und damit auch die Strafgerichtsbarkeit. Das nämliche tat das Pflegamt Hohenburg im Namen des Fürstbischofs von Regensburg. Der Streit schwelte unentschieden seit über hundert Jahren. Der Amberger Landrichter wagte es darum auch nicht, den Wirt einfach in Hausen verhaften und vorführen zu lassen, sondern wartete, bis dieser einmal zufällig (vier Wochen nach den Vorfällen) den Viehmarkt in Amberg besuchte, und ließ ihn dann „durch den Amtknecht öffentlich wechnehmen“ und vors Gericht bringen. Er glaubte dem Beschuldigten zwar dessen „generaliter Widersprechung“ nicht, sondern hielt ihn durch eine Reihe von eidlichen Aussagen einer „gebührenten Bestraffung“ für würdig, beließ es aber dann doch bei einem „bloßen Verweis und Betrohung“. Dem Wirt kostete dies neben der Schande der Verhaftung auf dem öffentlichen Markt und dem ausgestandenen Schrecken lediglich 35 Kreuzer Gebühren für den Amtknecht und den Gerichtsschreiber. Eine geringe Summe also!

Aber ihretwegen nahmen das Pflegamt Hohenburg und das Landrichteramt Amberg noch monatelang Anlaß, sich mit umfangreichen Schriftsätzen zu überziehen, welche gespickt waren mit juristischen Ausführungen, mit „Protestation“, „Gegenprotestation“, „Reprotestation“ und „nochmallig wiederhollter Reprotestation“ gegen die ausgeübte oder beanspruchte „Amtsanmaßung“ der jeweils anderen Seite. Für einen Untertan, der sich auf diesem unsicheren Rechtsboden bewegen mußte, konnten da oft fatale Situationen mit Entscheidungsaporien entstehen, in denen er auf alle Fälle falsch handelte, ganz gleich für welche Seite er votierte. Im vorliegenden Fall sah der Wirt sein Geld nicht wieder, profitierte aber auch vom Jurisdiktionsstreit der Territorialherren, weil man ihn ohne Gefängnisstrafe durchschlüpfen ließ im Unterschied zu den anderen „Rädelsführern“, die unstreitig in die Kompetenz des Amberger Landrichters gehörten. Man kann vielfach beobachten, daß die Untertanen es verstanden, solche Situationen zum eigenen Vorteil auszunützen und sich so ein Stück Bewegungsfreiheit zu wahren, die von Bedeutung war zur Bildung eines partiell unabhängigen Lebensstiles.

Unsere Texte werfen einige Schlaglichter auf die **Sachkultur** der Zeit. Wir hören von einem „Schnupftüchel von blau und weiß gestreifter Farb“, das sich der Sebastian Hollweck während der Nacht (offenbar statt einer Nachthaube) um den Kopf gebunden hat. Er trägt „blau wollene Strümpfe, schwarz leinene, an einen Hosentrager angehefte Beinkleider“, unter dem Hemd hatte er noch „sein getragen Scapulier auf dem Leib“; er gehörte also einer Gebets-Bruderschaft an und erinnerte sich an diese Tatsache durch den umgehängten Stoffstreifen. Bezeichnend für die Knappheitsökonomie der Zeit sind die „abgeschnittenen Schuhe“ an seinen Füßen; die alten Stiefel werden also noch weiterverwendet, wenn der Schaft zerschlissen war und dienten als eine Art von Halbschuhen.

Am aussagekräftigsten und plastischsten fand ich die Schilderung der Magd über die Nacht, in welcher der Selbstmord geschah. Hier wird ein Stück bäuerlicher Alltagswirklichkeit sichtbar, wie man es sich anschaulicher nicht wünschen kann. Wir können einen nahezu voyeristischen Blick tun in eine bäuerliche Wohnstube, auf die dort verrichteten Arbeiten, auf die anrührenden Versuche, „Kopfschmerzen und Herzwehe“ in Eigentherapie zu behandeln, auf die Art der innerfamiliären Kommunikation und die gegenseitige Anteilnahme, auf die nur teilweise hierarchischen Beziehungen zwischen Dienstherrn und Magd, auf die Knappheitsökonomie der Zeit bei dem Kampf gegen Dunkelheit und Kälte, auf die Beziehungen zu den Nachbarn, bei denen man sich Hilfe holt, wenn man selber nicht mehr weiterweiß. Darum soll eine längere Passage der Aussage der Magd zum Schluß zu Wort kommen, zusätzlich - weil bezeichnend - der Anfang und der Schluß des amtlichen Protokolls: *„Sie heiße Margaretha Schmalzlin, im 21. Jahr ihres Alters, ledigen Stands, zu Mendorfersbuch* [ca. 7 km entfernt] *gebohren, ihre Mutter habe sie lediger Weis gehabt, sie habe nichts* *in Vermögen, sondern ernähre sich mit Dienen*“, und der Schluß: „*des Schreibens unkundig*“.

[Vorausgeht die Schilderung des christlichen Lebens von Sebastian Hollweck.] „...*wie er dann auch erst vor 2 Tagen, das ist am Palmsonntag, seine ältere 3 Kinder, schon um 3 Uhr morgens aufgewecket und dieselben nebst ihr Deponentin zur Ablegung ihrer Osternbeicht nacher Hausen mit dem Beysaz geschicket, daß er auch zu Ostern seine Beicht ablegen wolle.*

Bey ihrer Zuruckkunft von Hausen fande sie ihren Bauern zwar ruhig, aber doch nicht recht wohlauf und traurig. Er aße sowohl mittags als nachts mit ihnen und gegen 9 Uhr nachts gienge alles schlafen. Deponentin aber, weillen sie in der Nacht bachen mußte, bliebe gleich in der warmen Stuben und legte sich auf die Bank. Nach einer Stunde kame ihr Bauer in Hosen und Hemeth in die Stuben und klagte sich, es thue ihme sein Herz und Kopfe wehe. Sie kochte ihme also einen Preu von Rockenmell. Und da auch seine 2 Söhn aufgestanden, legten sie solchen über den Magen. Hierauf mußten sie ihme sein Beth von dem Boden, wo er sonst geschlafen, herabtragen, worauf er sich geleget und bis gegen 1 Uhr Mittagnacht geruhet.

Um diese Stund weckte er sie Deponentin auf und schafte ihr einzuheizen. Er aber legte seine Strümpfe an und sezte sich auf der Bank neben den Tisch nieder. Seinen 2 Söhnen schafte er, sie solten das auf der Bank gelegene Beth in die Höll bey den Ofen machen und sich auch niederlegen, weillen sie frieren wurde.

In diesem Zustand bliebe die Sache bis gegen halb 3 Uhr morgens, wo er Bauer ihr einen Spann nach dem anderen in den Leichter hineingesteckt, damit sie beym Abknieten des Teichs sehen könte. Nebst diesen aber gienge er mit einen brennenden Spann wider seine sonstige Gewohnheit zur Stuben hinaus, kame aber bald wieder und löschte den Spann ab, nahm seine abgeschnittene Schuh und legte den Spann nebst nach 2 anderen unangebrenten auf den Tisch, er aber wieder fort- und zur Stuben hinausgegangen, welches gleich darauf beschehen ist. Sagte er noch: „Aber der Mihlbauer /: das ist der Bruder seines Nachbahrn zu Ursensollen :/ klagt mich doch imerhin; ich möchte doch nur wissen, was derselbe mit mir habe.“ Unter diesen Reden verließe er sie und das Zimmer.

Weillen er aber nicht zuruckkame, weckte sie die in der Ofenhöll schlafende Söhne auf, sie solten nach ihren Vatern umsehen, da sie selbs wußten, daß er krank ware. Der große Sohn gienge also hinaus und kame gleich wiederum lamentirend zuruck, sein Vater henke daraus an der Martersaulen und ist todt. Sie wußten alle nicht, was sie vor Schrecken thuen mußten, sondern über eine Weille habe sie dieses Ellend ihren Nachbahrn erzehlet und in diesem bestehe der ganze Hergang der Sache.
Dieses müsse sie nur beysezen, daß ihr Bauer in der Nacht wegen seinen rasenden Kopfschmerzen und Herzwehe stark geweinet habe. Dieses nemliche Übel hatte er auch schon um heurige Fasnacht, wobey sie ihne auch gewaltthättig geweinet, wie er dann auch damahlen mit allen heyligen Sacramenten versehen worden ist..."

Sommerkeller und Volkskultur
Beispiele aus dem ehemaligen Bezirksamt Uffenheim

Alexandra Kohlberger

Vom reinen Bierlagerkeller zum Sommerkeller

„Unter dem Begriff der 'Sommerkeller' versteht man die aus gewöhnlichen Lagerkellern entstandenen, gewerblich bewirtschafteten Keller. Sie besitzen als wesentlichen Unterschied zu den normalen Lagerkellern das Schankrecht, was die Kellerbesitzer zu einer gewerblichen Nutzung befähigt. Die Sommerkeller werden, wie es der Name bereits andeutet, während der heißen Sommermonate gastronomisch und zum größten Teil unabhängig von einer zugehörigen Gastwirtschaft bzw. eines Gasthofes bewirtschaftet."[1] Die Entwicklung vom reinen Lagerkeller zum Sommerkeller verlief sehr schnell, so daß oft schon bei der Anlage des Kellers der Ausschank mit eingerichtet wurde. Auch im Untersuchungsgebiet fiel die Eröffnung der ersten Sommerkeller mit der Bauzeit der Felsenkeller zusammen, also ab 1820. Auf den Kellerräumen wurden Häuschen errichtet, in denen die nicht benötigten Fässer, das Braugeschirr, sowie die Geräte und Gläser für den Ausschank gelagert wurden. Vor den Kellern stellte man einfache Sitzgelegenheiten aus roh zusammengezimmerten Bänken und Tischen auf, wo die mitgebrachte Brotzeit verzehrt und das kellerfrische Bier getrunken werden konnte. „Bemerkenswert ist demgegenüber, daß sich nur solche Bierkeller zu Sommerkellern entwickelten, die relativ nahe an den Ortschaften lagen. Dies ist für die vormotorisierte Zeit leicht erklärbar. Eine Entfernung von einer guten halben Stunde Wegzeit für

[1] Walther, K.: Die Sommerkeller im Bamberger Raum, Eine sozialgeographische Untersuchung, unveröffentlichte Magisterarbeit, Nürnberg 1974, S. 1 u. S. 15f. zitiert bei Wennmacher, D.: Entwicklung und Verteilung von Lager- und Sommerkellern im Landkreis Erlangen-Höchstadt, einschließlich der Stadt Erlangen, sowie sozialgeographische Aspekte, unveröffentlichte Zulassungsarbeit, Nürnberg 1996, S. 3

Fußgänger, d. h. eine Distanz zur dazugehörigen Siedlung von ca. 3 - 4 km, stellt dabei das beobachtete Maximum dar."[2]
Im 'Jahrbuch des Historischen Vereins Mittelfranken' wird über den Verlust der Bierkeller geklagt und in diesem Zusammenhang ihre charakteristische Lage beschrieben: „Wird man schon im Blick auf das alte fränkische Wirtshaus einen Verlust gewahr, [...] so gilt das in erhöhtem Maße von den alten Bierkellern, die in der Nähe von kleinen Städten, Märkten und Dörfern, an Waldrändern, unter alten Bäumen oder in der Nähe von Schluchten und Hohlwegen angelegt worden sind. Man findet sie in Situationen, welche die Zufahrt zu einem Lagerstollen erleichtern oder selbst die Zufahrt bilden. Nichts war für die vergangenen Zeiten natürlicher, als im Zusammenhang mit solchen Bierkellern einen Bierausschank anzulegen, im Freien unter Bäumen oder in Hallen, um nötigenfalls gegen Kälte und Regen geschützt zu sein. Nicht selten wird man auch eine Kegelbahn vorfinden oder anzutreffen wünschen, um bei harmlos heiterer Unterhaltung die Zeit hinzubringen, fern von Geräusch und der Unruhe des Alltags. Der Besuch des Bierkellers war eine der schönsten Formen der sogenannten 'Freizeitgestaltung', er hatte den unvergleichlichen Vorzug, daß dabei keinerlei Sensation oder Aufregung optischer oder akustischer Natur vermißt wurde."[3].
Neben dem Faktor der Erreichbarkeit, mußte auch genügend Publikum für einen Sommerkeller vorhanden sein. Die meisten reinen Lagerkeller liegen daher im ländlichen Raum, während bei größeren Siedlungen mehr Sommerkeller zu verzeichnen sind.

Die Nutzungsintensität der Sommerkeller

Innerhalb der Gruppe der Sommerkeller kann weiter nach der Nutzungsintensität unterschieden werden. Das Spektrum reicht von Sommerkellern, die das ganze Jahr hindurch und zu allen Wochentagen bewirtschaftet wer-

---

[2] Heinritz, G.; Popp, H.: Sommerkeller in Franken - Die Retraktion eines Kulturlandschaftselements, in: Jahrbuch für fränkische Landesforschung 34/35, Neustadt a.d. Aisch 1975, S. 121 - 144, hier S. 130
[3] Schwemmer, G.: Alte fränkische Wirtshäuser und Bierkeller, in: Jahrbuch des historischen Vereins für Mittelfranken, 78. Jg., Nürnberg 1959, S. 125 - 129, hier S. 128

den, bis zu solchen, die nur an Sommerwochenenden für den Ausschank geöffnet werden. Schließlich gibt es auch Lagerkeller, bei denen nur zu einem bestimmten Anlaß, z.B. bei einem Kellerfest, ein Ausschank erfolgt.[4] Die letztgenannten Keller bilden eine Zwischenstufe zwischen den reinen Lagerkellern und den Sommerkellern. Ein solcher ist beispielsweise der Keller der Gutmann-Brauerei in Titting, auf dem jedes Jahr im August ein großes Kellerfest stattfindet. Eine ganzjährige Bewirtschaftung von Sommerkellern gab es im Bezirksamt Uffenheim nicht. Die Sommerkeller in dem, überwiegend von sehr kleinen Dörfern beherrschten Untersuchungsgebiet, bestanden meist aus ganz einfachen Anlagen, da sich der Einzugsbereich der Keller überwiegend auf das Dorf selbst beschränkte. Der Keller wurde zusätzlich zu einer Gastwirtschaft oder einer Brauerei betrieben. Bei schönem Sommerwetter blieb einfach die Gastwirtschaft geschlossen und der Ausschank fand auf dem Keller statt.

Der Ausschank auf dem Keller und seine rechtliche Grundlage

1799 wurde in Altbayern mit den Montgelas'schen Reformen durch Kurfürst Max Joseph der 'Bierzwang' abgeschafft: „Die künstliche Gleichartigkeit der Brauereien hatte ein Ende. Den Brauern wurde die innere Einrichtung der Brauerei freigestellt und sie durften eine zweite Sudpfanne aufstellen."[5]. Die Gastwirte waren nun nicht mehr an eine bestimmte Brauerei gebunden, sondern konnten Bierlieferverträge mit der Brauerei ihrer Wahl abschließen. Die Städte und Märkte mußten nun auch fremde Biere zum Ausschank zulassen.[6] Dadurch kam es zu einem starken Konkurrenzkampf unter den Brauereien, die daraufhin mit verschiedenen Vergünstigungen für ihre Bierlieferverträge warben. Den Brauern wurde, zur Entschädigung für den Wegfall der fest geregelten Absatzstellen, der 'Minutoverschleiß' zugestanden. Sie durften nun selbst Bier an das Publikum ausschenken und traten so in Konkurrenz zu den Gastwirtschaften. Im Unterschied zu diesen durften sie zwar zunächst keine Speisen ausgeben,

---

[4] vgl. Heinritz; Popp, 1975, S. 124

[5] Jehle, A.: Das Bier in Bayern, Kurzfaßte geschichtliche Darstellung des Entwicklungsganges des bayerischen Brauwesens, München 1948, S. 154

[6] vgl. Jehle, 1948, S. 154

waren aber dazu berechtigt, das Bier zum billigeren 'Ganterpreis'[7] auszuschenken.
Mit der zunehmenden Etablierung der Sommerkeller wurden die Einschränkungen bei der Bewirtschaftung bald aufgehoben, so daß es auf den Kellern, den Möglichkeiten des Bewirtschaftenden entsprechend, warme und kalte Speisen gab.[8]
Auch in Mittelfranken gab es bei der Einführung des Minutoverschleißes einige Probleme. So traten zunächst Meinungsverschiedenheiten auf, ob die Brauer das Bier nur in einer eigenen Gastwirtschaft, oder auch auf ihren Felsenkellern ausschenken durften. In § 21 des Gewerbegesetzes vom 28. August 1825 wurde der Kellerausschank schließlich bestätigt.[9] Der Ausschank auf dem Keller wurde aber zunächst auf die Monate Juni bis September beschränkt, also auf die Zeit außerhalb der Brausaison. Daß gegen diese Vorschrift immer wieder verstoßen wurde, zeigt das nachfolgende Schreiben der Kammer des Innern an die bayerischen Polizeibehörden: „An sämmtliche Districtspolizeibehörden (Das Öffnen der Sommerkeller vor dem 1. Juni betreffend). Im Namen Seiner Majestät des Königs: Nachdem die kgl. Regierung in Erfahrung gebracht hat, daß in mehreren Orten des Regierungsbezirkes die Sommer-Keller schon vor dem Monat Juni eröffnet werden, so sieht sich dieselbe veranlaßt, die sämmtlichen Districts-Polizeibehörden auf die deßfalls bestehende Vorschriften, und insbesondere auf die allerhöchste Verordnung vom 4. Januar 1812 und die höchste Ministerial-Entschließung vom 20. Juli 1827 [...] wornach das Ausschenken des Lagerbiers in den Sommerkellern lediglich auf die Monate Juni, Juli, August und September beschränkt ist, aufmerksam zu machen, und dieselben zu deren strengen Handhabung resp. zur unnachsichtlichen Ein-

---

[7] Die Fässer, die auf dem Sommerkeller zum Ausschank kamen, lagerten in diesem auf 'Ganter', d.h auf knöchel- bis kniehohen Stein- oder Holzsockeln. So konnte Luft um die Fässer zirkulieren und sie waren vor der Feuchtigkeit des Kellerbodens geschützt. Für den Ausschank wurden die Fässer direkt von den Gantern geholt. Da eine Zwischenstation entfiel und der Aufwand beim Ausschank geringer war, lag der sogenannte 'Ganterpreis' niedriger, als der Preis beim Ausschank in der Gaststätte.
[8] vgl. Jehle, 1948, S. 152/153
[9] vgl. Walther, 1974, S. 16

schreitung gegen etwaige Kontravenientcn hierdurch allen Ernstes anzuweisen. Ansbach den 11. Juni 1841. [...]"[10]
Durch eine Verordnung im Jahre 1862 fiel schließlich die Beschränkung des Ausschanks auf die Sommermonate weg. Und im Jahr 1868 wurde der Ausschank auf den Kellern nochmals per Gesetz bestätigt: „Wirthschafts-Gewerbe: 1.) Der Ausschank des eigenen Erzeugnisses bleibt den Bräuern in einem hierfür bezeichneten Locale und auf ihren Lagerkellern, desgleichen nach Maßgabe des örtlichen Herkommens und der ortspolizeilichen Vorschriften den schenkberechtigten Communbräuern und Weinbauern gestattet."[11]. Aber trotz dieser nochmaligen Bestätigung gab es immer wieder Meinungsverschiedenheiten, was unter einem Lagerkeller zu verstehen sei und welches Bier ausgeschenkt werden dürfe. So druckten auch die Brauereizeitschriften häufig die Gesetze ab und beantworteten die zu diesem Thema eingehenden Anfragen recht ausführlich.[12]
Mit der Zeit nahm der Ausschank auf den Kellern immer größere Maßstäbe an. Die Keller wurden wie Gastwirtschaften betrieben. Es wurden Ausschankhallen gebaut, so daß die Öffnungszeiten auf das ganze Jahr ausgedehnt werden konnten. Im Zuge dessen kamen Zweifel auf, ob der Ausschank auf den Kellern weiterhin konzessionsfrei bleiben könne, oder ob man das Gesetz ändern müsse. Das Oberlandesgericht München fällte dazu am 18.9.1888 eine Entscheidung, die in der Allgemeinen Brauer- und Hopfenzeitung veröffentlicht wurde: „Das Münchener Oberlandesgericht hat nun [...] festgestellt, daß ungeachtet des in § 33 der Reichsgewerbeordnung allgemein aufgestellten Erfordernisses der Concessionspflichtigkeit für jede Schankwirthschaft, die Brauereien in Bayern nach wie vor ihr selbstgebrautes Bier auf ihren Lagerkellern concessionsfrei ausschänken dürfen, indem für solche Keller die alte bayerische Schankfreiheit nach wie vor fortbestehe und gesetzlich in Kraft verblieben sei. Als ein Lagerkeller kä-

---

[10] Königlich Bayerisches Intelligenzblatt für Mittelfranken, Ansbach 1841, S. 380

[11] Gesetz-Blatt für das Königreich Bayern, Nr. 21, 6.2.1868, S. 314

[12] Das bayerische Gewerbegesetz den Ausschank auf den Lagerkellern betreffend, wurde auch im Reichsgesetz vom 12. Juni 1872 §1 Abs. 2 und 3 und nach der weiteren Novelle vom 23. Juli 1879 bestätigt, vgl. Allgemeine Brauer- u. Hopfenzeitung, hrsg. v. Carl, J., 32. Jg., Nr. 52, Nürnberg 4.5.1892, S. 837

me aber jeder zur Einlagerung von Bier dienende Kellerraum, der die Eigenschaft habe, das in ihm aufbewahrte Bier - einerlei ob Sommer- oder Winterbier - zur erforderlichen Reife zu bringen, nach heutigen gewerberechtlichen Begriffen in Betracht. Es sei ferner nicht mehr erforderlich [...] daß sich auf dem Keller eine Bräustätte befinde. Auch auf solchen Kellern, auf denen das Jahr über gar kein Bier gebraut wird, kann also der Eigenthümer ohne Erlaubnis der Verwaltungsbehörde sein Bier frei ausschänken, und zwar das ganze Jahr über, nicht nur zur Sommerzeit (vgl. Verordnung vom 21. April 1862). Mit dem Inkrafttreten der Gewerbeordnung (§ 72) für das Deutsche Reich habe zudem der gesetzliche Unterschied zwischen Sommer- und Winterbier im Reich zu bestehen aufgehört und könne bei dessen Wegfall nicht mehr als Lagerkeller ein lediglich zur Ablagerung von sogenanntem Lager- oder Sommerbier dienender Raum bezeichnet werden. Darnach ist also der sogenannte Keller-Bierausschank heute jedem bayerischen Brauer unverwehrt und in jeder beliebigen Quantität und Qualität jeder Zeit und das ganze Jahr über frei von jeder Concession gestattet. Nur muß das, was an Bier ausgeschänkt wird, eigenes Gebräu, der Keller Eigenthum der Brauerei und der Ausschank aus jenem Keller bezogen sein."[13].
Der Ausschank auf dem Keller breitete sich immer mehr aus und der Besuch eines Kellers erfreute sich wachsender Beliebtheit. Daher wurden die Öffnungszeiten geregelter gehandhabt und der Beginn der Kellersaison durch Zeitungsanzeigen bekanntgegeben: „Einladung. Der zwischen Obernzenn und Sonntheim sehr romantisch gelegene Felsenkeller des Unterzeichneten wird bei günstiger Witterung nächsten Sonntag den 17. Juni c., Nachmittags 2 Uhr geöffnet. Unter Versicherung ausgezeichneten Lagerbiers und guter kalter Speisen ladet zu recht zahlreichem Besuche ergebenst ein, Urfersheim, den 12. Juni 1860. Michael Kallert, Gastwirth."[14].
Als Zeichen für einen geöffneten Keller wurden Fahnen gehißt oder Buschen ausgehängt. „Zu einem echten [...] Sommerkeller gehört auch die Bierfahne, die gehißt wird, sobald die Kellersaison eröffnet ist. Die Fahne befindet sich in der Regel an der Stelle, wo von der nächstgrößeren Straße

---

[13] Allgemeine Brauer- u. Hopfenzeitung, 28. Jg., Nr. 133, 4.11.1888, S. 2028
[14] Windsheim - Uffenheimer Anzeige Blatt, 12. Jg., Nr. 24, 13.6.1860, S. 144

der Feldweg abgeht, der zum Sommerkeller führt. Sie zcigt den Besuchern jedoch nicht nur die Lage des Kellers, sondern auch die Biermarke/-sorte an, die angeboten wird.“[15] In der Bavaria wird ein Fichtenbaum als Zeichen für den Ausschank erwähnt: „Für die Schenktage kennzeichnete der Bräuer Haus und Keller mit einem Fichtenbaum.“[16].

Der Bau von Kellerhäusern

Nicht nur auf den Kellern, die von Anfang an als Sommerkeller geplant wurden, sondern auch auf den reinen Lagerkellern wurden oft Kellerhäuser errichtet. In ihnen wurden die Reparaturen an den Lagerfässern durchgeführt und die Geräte, die im Keller benötigt wurden, aufbewahrt. Bei einem Ausschank auf dem Keller eignete sich dieses Gebäude auch zur Aufbewahrung der Bierkrüge, als Ausschankstelle und als Unterstand bei schlechtem Wetter. Es handelte sich meist um einfache Häuser in Fachwerkbauweise oder um kleine Massivbauten. Ein großer architektonischer Anspruch bestand nicht, vielmehr handelte es sich um reine Zweckbauten. „Solche Kellerhäuser gibt es in allen Dimensionen, vom unscheinbaren Fachwerk-‘Häuschen’ bis zum stattlichen zweieinhalbstöckigen Sandsteinhaus mit Nebengebäuden. Am häufigsten sind die Bierkellergebäude zweistöckig an nordexponierten Hängen gebaut, wobei in die obere Etage ein mit dem Fuhrwerk zugänglicher Weg führt. In dieser Etage befand sich die Aufbewahrungsstätte für Fässer und Gerätschaften (Faßhalle). Die untere Etage des Kellerhauses war der Zugang zum eigentlichen Felsenkeller, meist mit Vorkeller als Temperaturpufferzone.“[17] An der Nordseite der Kellerhäuser lagen die Lüftungsöffnungen der Keller. Zum Schutz dieser Öffnungen waren manche Kellerhäuser auch noch mit einem Vordach versehen: „[...] ein solches Vordach läuft gewöhnlich um das ganze Kellergebäude und versieht einen doppelten Dienst, es schützt erstlich die unter ihm befindlichen Oeffnungen gegen die Sonnenstrahlen, hält also die Wärme ab, und zweitens dient es zum bequemen Aufenthalte der zahlrei-

---

[15] Wennmacher, 1996, S. 50

[16] Bavaria, Landes- und Volkskunde des Königreich Bayerns: Bd. 3, Mittelfranken, München 1865, S. 1058

[17] Heinritz; Popp, 1975, S. 123

chen Kellergäste. Ein solches Vordach wird zudem noch ringsum mit einer Baumpflanzung umgeben, was natürlich wieder viel zur Abhaltung der warmen Luft von dem Kellerraume beiträgt, besonders wenn die Bäume im Wachsthume bereits zu einer ansehnlichen Höhe herangewachsen sind."[18].

Die Kellerhäuser im Untersuchungsgebiet waren entsprechend der Größe der Brauereien relativ klein gehalten. Bei den Kellern in Marktbergel stand das Kellerhaus etwas abseits, da diese in einen Hang gegraben wurden und die topographische Lage keinen Bau direkt auf den Kellern zuließ. Auch in Burgbernheim steht heute noch das Kellerhaus etwas entfernt von den im Felshang angelegten Kellern. Die meisten Kellerhäuser des Untersuchungsgebietes wurden, wie das in Equarhofen, in Fachwerkbauweise errichtet. Es gab aber einige in Massivbauweise, beispielsweise das Kellerhaus des Brauers Geuder in Uffenheim. Als ab der Mitte des 19. Jahrhunderts das Geschäft auf den Kellern zu florieren begann, wurden Kellerhäuser in immer größeren Dimensionen, bis hin zu regelrechten Ausschankhallen gebaut. Dies führte zu Schwierigkeiten mit den örtlichen Gastwirten, die durch die Konkurrenz der Sommerkeller wirtschaftliche Einbußen befürchteten. Dem versuchte man entgegenzuwirken, indem man die Größe der Kellerhäuser beschränkte. So geschehen in Burgbernheim, wo die Keller in Konkurrenz zur Gastwirtschaft am Wildbad traten: „'Burgbernheim 24. April 1866: Es erscheinen heute. 1.) Herr Joh. Mich. Emmert Besitzer der Bierbrauerei und Gastwirtschaft zur Sonne, 2.) Herr Joh. Schmidt, Bierbrauer, 3.) Herr Joh. Gg. Schmidt Bierbrauer und bringen vor: Bekanntlich sind die sämtlichen hiesigen Bierbräuer und Wirthe berechtigt auf ihren Felsenkellern die Sommerwirtschaft auszuüben. Zur Wahrung dieses unseres Rechtes und Ermöglichung des Wirtschaftsbetriebes sind wir nun gesonnen in gleicher Weise wie unser Gewerbsgenosse Doeller rechts der Waldschlucht auf einem passenden Platze im Gemeindewald ein gemeinschaftliches, zur Aufbewahrung des Wirtschaftsge-

---

[18] Dempp, K.W.: Die erste Dampfbierbrauerei in München, Mit einer gedrängten Zusammenstellung des Wichtigsten über stehende Dampfmaschinen und einer Zugabe, die bautechnische Beschreibung der bayerischen Sommer- oder Lagerbierkellergebäude enthaltend, München 1843, S. 120

schirrs, der Viktualien dienendes einfaches Gebäude von 30' Länge und 8' Breite zu errichten und bitten daher den wohllöblichen Magistrat, uns die gemeinschaftliche Erlaubnis hiezu zu ertheilen.' Der Magistrat fällt am 3.5.1866 folgenden Beschluß: 'Es wird wie Doeller den Brauern Emmert und Schmidt gestattet ein einfaches Haus zu bauen, aber nur zur Aufbewahrung von Wirtschaftsgeschirr. Bedingung aber - zur Verhütung der Beeinträchtigung der Badwirtschaft - daß die Baulichkeiten nicht in Schenklokale umgewandelt oder eingerichtet werden.'"[19].
Aber nicht nur immer größere Kellerhäuser, sondern auch Kegelbahnen und Schießanlagen wurden auf den Kellern errichtet.

Der Bau von Kegelbahnen und Schießanlagen

Da fast jeder Brauer einen Ausschank auf seinem Keller einrichtete, wurde auch die Konkurrenz unter den Kellern immer größer und die Ansprüche des Kellerpublikums stiegen. Aus diesem Grund und um die Attraktivität der Keller zu erhöhen, wurden häufig Kegelbahnen und Schießanlagen errichtet.
Aber auch eine Kegelbahn durfte nicht einfach gebaut werden, sondern war von einer Genehmigung und der Zustimmung der Nachbarn abhängig. So erhielt der Bierbrauer und Wirt Johann Georg Bayerlein 1847 zwar eine Genehmigung zur Errichtung eines Felsenkellers vor der Stadt, zeigte sich aber kurz darauf selbst an, da er zusätzlich eine Trinkhalle und Kegelbahn ohne Genehmigung errichtet hatte. „Bei seinem Kellerhaus, an der Landstraße zwischen Ansbach und Würzburg befinde sich ein Acker des Meyer von Schwebheim. Den Acker habe er gepachtet und darauf eine Kegelbahn und eine Trinklaube errichtet, um mehr Bier verschenken zu können. Die Kegelbahn sei 6 - 7 Fuß von der Landstraße entfernt. Allerdings liege die Straße gegenüber dem Acker 6 Fuß höher. Er sei darauf aufmerksam gemacht worden, daß solche Bauten einer polizeilichen Genehmigung bedürften und wolle seine Unwissenheit durch die heutige Anzeige verbes-

[19] Stadtarchiv Burgbernheim, III. Akten, Nr. 3163: Die Kellerwirtschaft im Gemeindewald, 1866

sern. Er bitte gleichzeitig um eine Genehmigung für den Fortbestand seiner Anlage.
Am 28.6.1847 ergeht eine Anfrage an das Landgericht, ob für die Wirtschaftsanlage eine Genehmigung erteilt worden sei und unter welchen Bedingungen. Von Districtsseite aus wird gegen die Anlage protestiert, da sie von einer Staatsstraße aus einen zu üblen Anblick biete, da sie aus einer langen, mit bereits abgedörrtem Laubreiß bedeckten Laube bestehe in welcher feststehende Tische und Bänke angebracht sind. Die Kegelbahn liege zu nahe an der Straße, verlaufe parallel zur Straße und liege an einem Berghang mit 4 - 5 % Neigung, daher sei sie nicht ohne Nachteil für die Sicherheit der Fuhrwerke, die die Straße befahren würden. Kugeln könnten auf die Straße springen und die Pferde könnten durch den Lärm der Kugeln auf den Brettern scheu werden. Die Kegelbahn solle umgelegt werden, wenn die Anlage in solcher Nähe zu der Straße überhaupt geduldet werde.
Am 30.6.1847 erhält Bayerlein die Nachricht vom königlichen Landgericht Windsheim, daß er binnen drei Tagen die Laube und die Kegelbahn wieder zu entfernen habe.
Durch die königliche Bauinspektion wird ihm aber am 7.7.1847, in Anbetracht seines Biervorrates, der Betrieb der Anlage für die Dauer diesen Sommers gestattet."[20]
Trotz dieses Beschlusses blieb die Kegelbahn aber bestehen, denn 1849 fand auf dem Felsenkeller ein Preiskegeln statt: „Preiskegeln. Am Sonntag dem 10. Juni findet bei günstiger Witterung auf meinem Felsenkeller ein Preiskegeln statt, wobei die berühmte Windsheimer Stadtmusik spielt.- Bei ungünstiger Witterung ist solches 8 Tage später.- Zu recht zahlreichem Besuch ladet ergebenst ein, Schwebheim, den 8.6.1849 Georg Bayerlein, Gastgeber zum goldenen Roß."[21].

Veranstaltungen auf den Sommerkellern

Als weitere Attraktivitätssteigerung der Keller wurden Konzerte, Preiskegeln, Schießwettbewerbe und Kellerfeste veranstaltet. Auf den Weißen-

[20] vgl. STAN (Staatsarchiv Nürnberg), Baupläne Oberamt Windsheim 1846/47
[21] Windsheimer Wochenblatt für Stadt und Land, 1. Jg., Nr. 2, 6.6.1849, S. 10

burger Kellern fanden sogar Theateraufführungen statt. „Auf dem Keller, der zur Brauerei 'Zum rothen Roß' gehörte, wurde aber nicht nur Bier ausgeschenkt, es wurden daselbst auch Kunstgenüsse geboten. So steht bei Schmuck: '1824, den 7. Juni an einem Pfingstmontag hatte wiederum die Ebert'sche Gesellschaft bei dem Jordanischen Sommerkeller 'Das Lager der Hussitten', ein Schauspiel in 5 Akten von Kotzebue aufgeführt.'"[22].

Die Sommerkeller in Burgbernheim luden immer wieder zu geselligem Beisammensein bei 'Harmoniemusik' ein: „Felsenkeller-Parthie. Sonntag den 26sten d. Mts. findet Harmoniemusik auf dem Felsenkeller des Hrn. Bierbrauer Döller in Burgbernheim statt, wozu hiemit höflichst eingeladen wird."[23].

Besonders beliebt waren Schieß- oder Kegelwettbewerbe auf den Kellern. „Zur Verherrlichung des hohen Geburts- und Namensfestes unseres allergnädigsten Königs findet kommenden Dienstag den 25. August d. Js., von Vormittags 10 Uhr ab, auf dem sehr romantisch gelegenen Seckendorff-Aberdar'schen Sommerkeller in Obernzenn ein Hirsch- und Scheibenschießen aus freier Hand statt, und beehrt man sich Freunde dieses, sowie des geselligen Vergnügens hiezu ergebenst einzuladen."[24] Im Untersuchungsgebiet gab es aber nur wenige Keller mit Schießplätzen. Einer davon war der Rückert'sche Felsenkeller in Marktbergel. Hier ist die Existenz einer Schießstätte durch einen Akt im Staatsarchiv Nürnberg belegt, da der Schießplatz durch den Bau einer Straße verlegt werden mußte: „Dem Vernehmen nach wurden auf dem Rückertschen Keller an der Bergler Steige bisher Sternschießen veranstaltet; durch die Verlegung der Strasse wurde nun die Situation derart geändert, daß jetzt über die Straße geschossen werden müßte. Abgesehen davon, daß das Schießen auf einem Keller in den Wald hinein ohne ganz besondere Vorsichtsmaßregeln an und für sich seine Bedenken hat, erscheint dasselbe unter den neuen Verhältnissen überhaupt unstatthaft und wird hiemit nach Art. 78 Abs. II des

---

[22] Weißenburger Heimatblätter, 6. Jg., Nr. 29, 19.7.1939, S. 116. Der Stadtarchivar Julius Schmuck veröffentlichte in den Weißenburger Heimatblättern von 1935 - 1953 eine Reihe über „Weißenburgs Bierbrauereien, Gasthöfe und Schenken".

[23] Windsheim - Uffenheimer Anzeige Blatt, 20. Jg., Nr. 60, 25.7.1868, S. 255

[24] Windsheim - Uffenheimer Anzeige Blatt, 20. Jg., Nr. 68, 22.8.1868, S. 289

Polizeistrafgesetzbuches ausdrücklich verboten. Sollte der Wunsch nach weiterer Vornahme solcher Schießen an der gegebenen Stelle bestehen, so müßte vorher eine entsprechende Schießstätte mit den nötigen Vorkehrungen zur Verhütung von Unglücksfällen unter Einholung der bezirksamtlichen Genehmigung hergestellt werden. Dies ist dem Posthalter Rückert und den Beteiligten gegen Unterschrift und Nachweis hieher zu eröffnen. Uffenheim 8.7.1901." Der Schützenverein wählt nun einen neuen Schießplatz aus und meldet dies. Er liegt 26 m von der Straße entfernt.[25].

Eine Kegelbahn gab es dagegen bei fast jedem Keller, so daß sehr viele Kegelwettbewerbe abgehalten wurden. Zu diesen wurde mit Zeitungsanzeigen eingeladen: „Einladung. Bei Gelegenheit des am 20sten d. Mts. dahier stattfindenden Kirchweihfestes wird bei dem Unterzeichneten ein Kegelschieben abgehalten, wobei die ausgesetzten Preise die Summe von 61 fl. betragen und hievon der erste Preis auf 12 fl. festgesetzt ist. Hiezu werden Liebhaber dieses Spiels, sowie alle Freunde des geselligen Vergnügens ergebenst eingeladen. Ipsheim, den 14. Mai 1855. Adam Boß, Bierbrauer und Gastwirth."[26].

Für solche Wettbewerbe wurden genaue Ordnungen aufgestellt, diese mußten zusammen mit dem Gesuch um eine Genehmigung für die Veranstaltung beim Stadtmagistrat eingereicht werden. Eine solche Kegelordnung aus dem Jahr 1838, für die Veranstaltung eines Preiskegelns auf dem Sommerkeller des Wirtes Zippelius in Oberickelsheim liegt im Staatsarchiv Nürnberg vor:

„Die Abhaltung von Preiss-Kegelschieben und sonstiger Belustigungen an öffentlichen Plätzen u. die dessfallßige Polizeiaufsicht, 1838:

Plan eines Preiskegelschiebens: Preise:

I. geschmückter Hammel mit Fahne von schwarzseidenem Tuch

II. 2 Kronenthaler mit dergleichen Fahne

---

[25] STAN, Akten zur Inneren Verwaltung, BA Uffenheim, 212/18VII, Abgabe 1956, Nr. 2027: Errichtung von Schießanlagen, Schießplatz in Markt Bergel betreffend, 1901

[26] Windsheim - Uffenheimer Anzeige Blatt, 7. Jg., Nr. 20, 16.5.1855, S. 82

III. 2 Preußenthaler mit dergleichen Fahne

IIII. 1 Kronenthaler mit Fahne aus buntem seidenen Tuch

[...] Die nach Abzug dieser Preise und der Kosten für die Kegelbahn, den Sekretair und Kegelaufsetzer bleibenden Legegelder werden zu Nebengewinnen reguliert. Die Hauptpreise und Kosten summieren sich auf 36 fl. und es sind daher noch 34 fl. auf Nebengewinnste zu vertheilen, wenn alle Loose abgesetzt werden. Das Legegeld ist per Los auf 6 kr. und die Zahl der Loose auf 700 bestimmt.
Nur am Montag, Mittwoch und Samstag von 12 Uhr Mittags an bis Abends 7 Uhr darf auf dieses Preisschieben nach der [...] besonders dafür entworfenen Kegelordnung gekegelt werden, und nimmt das Spiel seinen Anfang am 8ten d. Mts.
Oberickelsheim 5.9.1838
J. Leonhard Zippelius, Gastwirth."[27].

An ein sonntägliches Kegeln nach einer ähnlichen Ordnung, beim Wirt Keim in Equarhofen, kann sich Rudolf S. aus Uffenheim erinnern: „Jeder durfte dreimal schieben. Der erste Kegel mußte dabeisein.[28] Es wurde immer in die Vollen geschoben [nach jedem Schub wurden alle Kegel wieder aufgestellt]. Die Zahl [der getroffenen Kegel] mußte an eine Stelle gesetzt werden, aus den drei Schüben ergab sich eine dreistellige Zahl, der Kegler durfte sich die Stelle aussuchen. Wenn der vordere Kegel nicht dabei war, galt es als null. Beim Abräumen oder beim Bande schieben mußte man ein Bier zahlen."[29].
Daß eine Genehmigung für ein Preiskegeln nicht immer einfach zu erhalten war, kann man aus dem aufwendigen Schreiben des Brauers Wagner aus Gnodstadt an den Stadtmagistrat Uffenheim ablesen: „26.9.1840, Ke-

---

[27] STAN, Akten zur Inneren Verwaltung, BA Uffenheim, 212/18I, Nr. 407: Die Abhaltung von Preiss-Kegelschieben und sonstiger Belustigungen an öffentlichen Plätzen und die dessfallßige Polizeiaufsicht, 1838
[28] Die Kegel wurden im Quadrat, mit einer Spitze nach vorne aufgestellt. Der vorderste Kegel mußte getroffen werden, sonst galt der Schub nicht.
[29] Interview Rudolf S., geb. 1930, Uffenheim

geln bei Brauer u. Gastwirth Friedrich Wagner Gnodstadt: Vertrauend auf die erhabene Wohlwollenheit und Billigkeit eines königlichen Landgerichtes wagt es der allerunterthänigste gehorsamst Unterzeichnete bey der treffenden Behörde seinen unterthänigsten Wunsch um Abhaltung eines 8 tägigen Freykegelns unterthänigst vorzutragen, und allergeziemenst, die Bitte zu adhabiren um gnädigster Verleihung der Genehmigung von Seite der Districts Polizey Behörde. Schließlich glaube ich nicht mißlich zu erscheinen wenn ich einige Motive kürzlich berühre. Da im Laufe dieses Jahres das Brauen vor dem Monat Oktober streng untersagt wurde, ich diese meine Wirthschaft erst antrat, so konnte ich die Consumtion unmöglich berechnen und mußte um es nicht fehlen zu lassen einen guten Biervorrat herschaffen. Hiezu gesellte sich bekanntlich der Umstand, daß die ersten Sommer-Monate so kühl waren, daß nicht die zu erwartende Menge Bier allenthalben abging, auch der ebenso billige Most verdrängte das Bier, und überdieß ist mein Bierkeller den ich hier antraf, [...] dermaßen ungeeignet, daß das beste Bier zeitlich Schaden nimmt. Diese in concretem Falle concurrirende Umstände sind es, die mich veranlassen zu Erhaltung meines Rufes als Brauer, und um mich gegen einen allenfallsigen großen Schaden zu schützen auf einen Weg zu sinnen auf welchen durch Besuche aus der Umgegend mein Bierabsatz gesteigert wird. Auch meine Vorfahren wurde dieses Schutzmittel gegönnt da die Kellerlage den Bräuer beym besten Wissen und Gewissen in Verlegenheit bringt. In Erwartung eines geneigten Rückblickes gewürdigt zu werden verharrt, Eines königlichen Landgerichtes unterthänigster Friedrich Wagner.“ [...] „An den Bierbrauer und Wirth Wagner zu Gnodstadt. Dem [Wagner] wird bewilligt, an der heurigen Kirchweih zu Gnodstadt ein Kegelschieben nach dem vorgelegten Plan, wonach der höchste Preis 8 fl. 2 kr. beträgt und für jede Kugel 2 kr. zu bezahlen sind, zu halten die Dauer des Kegelschiebens wird auf 8 Tage festgesetzt. [...] Geldsetzungen oder sonst hohe Wetten dürfen bei Strafe [...] bei dem Kegelschieben nicht statt finden.
Uffenheim 29.9.1840.“[30].

[30] STAN, Akten zur Inneren Verwaltung, BA Uffenheim, 212/18I, Nr. 407: Die Abhaltung von Preiss-Kegelschieben und sonstiger Belustigungen an öffentlichen Plätzen und die dessfallßige Polizeiaufsicht, 1838

Preiskegelveranstaltungen zogen auch Publikum aus den umliegenden Dörfern an, ansonsten setzte sich das Kellerpublikum hauptsächlich aus der männlichen Bevölkerung des eigenen Dorfes zusammen.

Die Zusammensetzung des Kellerpublikums

In Städten wie Bamberg oder Nürnberg entwickelte sich eine regelrechte 'Kellerkultur'. Das Bürgertum entdeckte in seiner Freizeit die Natur und schwärmte von der Freiheit auf den Sommerkellern. Es verfügte über die nötige Freizeit, um Ausflüge auf die Sommerkeller zu unternehmen.[31] Im Gebiet des ehemaligen Bezirksamtes Uffenheim luden aber nur wenige Keller zu solchen Landpartien ein. Es fehlte das entsprechende Publikum. Einer der wenigen Keller die mit Zeitungsanzeigen für Kellerpartien warben, war der Keller des Bierbrauers Kallert in Urfersheim: „Keller-Parthie. In dem in einer Waldschlucht zwischen Sonntheim und Obernzenn gelegenen Felsenkeller des Herrn Bierbrauer Kallert von Urfersheim findet nächsten Sonntag den 12ten d. Mts. Nachmittags eine gesellige Parthie statt. Ladet schon Romantik zunächst hiezu ein, so dürfte überdieß die sichere Aussicht auf einen labenden Trunk von unbeschreiblicher Güte noch besonders zur Theilnahme auffordern. Dieses als freundliche Einladung von einem Liebhaber solcher Exkursionen."[32].
Da die meisten Keller in einem ländlich geprägten Umfeld lagen, setzte sich das dortige Kellerpublikum aus der jeweiligen männlichen Dorfbevölkerung und allenfalls noch gelegentlichen Besuchern aus den Nachbarorten zusammen. Frauen und Kinder kamen nicht auf die Sommerkeller. Ausnahmen bildeten nur die Kegelbuben und die in den Gastwirtschaften und Brauereien beschäftigten Mägde. Diese nahmen gelegentlich auch am Kegelvergnügen teil, allerdings nicht an Wettbewerben.[33] Eine Ausnahme bildeten die Keller in Burgbernheim und Uffenheim. Hier kamen auch Frauen auf die Keller. Der Grund hierfür war, daß in Burgbernheim die Kurgäste des nahen Wildbades zu den Gästen zählten und nach Uffenheim, das für das Umland eine zentralörtliche Funktion erfüllte, auch Leute von außer-

[31] vgl. Walther, 1974, S. 20
[32] Beilage zum Windsheim - Uffenheimer Anzeige Blatt, 15. Jg., Nr. 28, 8.6.1863, o. S.
[33] Interview Anni B., geb. 1940, Lohrhof

halb kamen, die Erledigungen mit einem Kellerbesuch verbanden. Gesellschaftliche Verbände und Vereine, die die Keller für ihre Versammlungen nutzten, fehlten im Untersuchungsgebiet weitgehend. Die Gründung von Vereinen setzte auf dem Lande, von wenigen Ausnahmen abgesehen, erst ab dem zweiten Weltkrieg ein - zu dieser Zeit waren die meisten Keller aber schon geschlossen. Ausnahmen bildeten hier wiederum die Sommerkeller in den Städten, so traf sich beispielsweise der Frauenverein auf dem Geuder'schen Keller in Uffenheim, allerdings erst zum Ende des 19. Jahrhunderts: „Am Donnerstag den 4. Juni lf. Js., Nachmittags 3 Uhr, findet in der G. Geuder'schen Kellerei dahier behufs Bekanntgabe des Jahresberichtes und Rechnungsabhör für das Jahr 1890 Generalversammlung statt, wozu sämmtliche Mitglieder des Vereins hiemit freundlichst eingeladen werden. Uffenheim, den 25. Mai 1891. Die Vorstandschaft."[34]. Insgesamt gesehen waren solche Treffen der Vereine auf den Kellern aber eher eine Seltenheit.

Der Untergangsprozeß der Sommerkeller

Der Untergang der Sommerkeller wurde durch verschiedene Ursachen bedingt. Einige dieser Gründe sollen nun hier - ohne Anspruch auf Vollständigkeit - angeführt werden.

Vor allem die Erfindung einer Eiskühlmaschine durch Carl von Linde eine Rolle, aber auch der Erste und der Zweite Weltkrieg, der Wandel in der Gesellschaft und ganz persönliche Gründe hatten ihren Einfluß auf die Sommerkellerschließungen. Das 'Kellersterben' zog sich über einen relativ langen Zeitraum hin, was ausschließt, daß nur einer oder wenige Gründe Ursache dafür waren. „Bereits vor dem 1. Weltkrieg, in nicht wenigen Fällen schon während der letzten Jahrzehnte des 19. Jahrhunderts, werden Sommerkeller aufgegeben. Für die folgende Zeit läßt sich bis in die Gegenwart eine ständige Abnahme ihrer Zahl beobachten. Bemerkenswert erscheint dabei, daß bei Ausbruch der beiden Weltkriege und in den jeweils unmittelbar darauf folgenden Jahren weitaus mehr Sommerkeller geschlos-

[34] Amtsblatt für die kgl. Bezirksämter Ansbach und Uffenheim..., 43. Jg., Nr. 43, 30.5.1891, S. 249

sen werden als in den von Krieg nicht belasteten Jahrzehnten."[35] Auch im Untersuchungsgebiet konnte ein Einfluß der Kriege auf die Gastwirtschaften und Brauereien und somit auch auf die Sommerkeller festgestellt werden.

Durch die vielen verschiedenen Ursachen, die letztendlich zum 'Kellersterben' führten, zog sich dieser Prozess zwar sehr lange hin, wirkte dafür aber um so nachhaltiger. So ist im Gebiet des Bezirksamtes Uffenheim von ehemals etwa 30 Sommerkellern heute nur noch der Langskeller in Burgbernheim bewirtschaftet. Es gibt an den Wochenende Kaffee und Kuchen und kalte Speisen. Das Bier wird von der Landwehrbrauerei in Reichelshofen angeliefert.

Außerhalb dieses Gebietes ist aber durchaus eine Renaissance der Sommerkeller zu verzeichnen. Beispielsweise werden die Sommerkeller der Brauerei Scheubel in Schlüsselfeld und der Brauerei Gutmann in Titting heute noch betrieben. Der Keller in Schlüsselfeld wird heute noch von der Familie des Brauers bewirtschaftet. Der Sommerkeller in Titting ist nur einmal jährlich im August zu einem Kellerfest geöffnet.

Während aber früher das gesamte Bier einer Brauerei in den Felsenkellern eingelagert wurde, lagert heute dort nur noch der Teil, der direkt zum Verzapfen auf dem Keller bestimmt ist. Die Keller haben also ihre ursprüngliche Form als Gär- und Lagerraum längst verloren.

„Eine kleine Gruppe von Kellerbesitzern sieht dagegen im Sommerkellerbetrieb ein lukratives Geschäft. Sie erfüllen alle Auflagen der Behörden, bauen winterfeste Hallen und demonstrieren mit dem Stehenlassen der funktionslosen alten Kellerhäuser die Tradition der Bewirtschaftung. Auch werden die alten Kellerhäuser mit großem Aufwand renoviert. Die Absicht ist unverkennbar. Der Gast befindet sich an einem Platz, den seine Vorfahren schon aufgesucht haben. Der Felsenkellereingang mit freigelegter und gut sichtbarer Jahreszahl und das tadellos instandgesetzte Fachwerk des Kellerhauses vermögen eine Vorstellung von der Vergangenheit zu entwickeln."[36] So erleben die Sommerkeller in der immer noch andauernden Nostalgiebegeisterung eine gewisse Renaissance. Kellerführer und Wan-

---

[35] Heinritz; Popp, 1975, S. 136

[36] Walther, 1974, S. 59

derführer für Biertrinker werden herausgegeben und tragen so zur überregionalen Bekanntheit der Keller und kleinen Brauereien bei.
Bei den Sommerkellern des Untersuchungsgebietes steht aber eine Wiedereröffnung nicht zu erwarten. Die Gründe dafür sind sehr vielfältig: Das Einzugsgebiet ist immer noch zu klein; das Interesse der Dorfbevölkerung ist gering; sie liegen nicht in einer Fremdenverkehrsregion; die dazugehörigen Brauereien existieren nicht mehr; falls die Kelleranlagen nicht schon abgerissen oder verfallen sind, müßten hohe Investitionen getätigt werden, die in keinem Verhältnis zu dem zu erwartenden Gewinn stehen - ein Pächter ist daher schwer zu finden. Angesichts dieser Punkte und der Tatsache, daß in den Archiven noch viele Archivalien zu den Sommerkellern liegen und es auch noch Personen gibt, die sich noch an den Betrieb und das Leben auf solchen Kellern erinnern können, erschien es mir interessant, die Lager- und Sommerkeller des Bezirksamtes Uffenheim wenigstens in ihrer historischen Dimension etwas zu beleuchten.

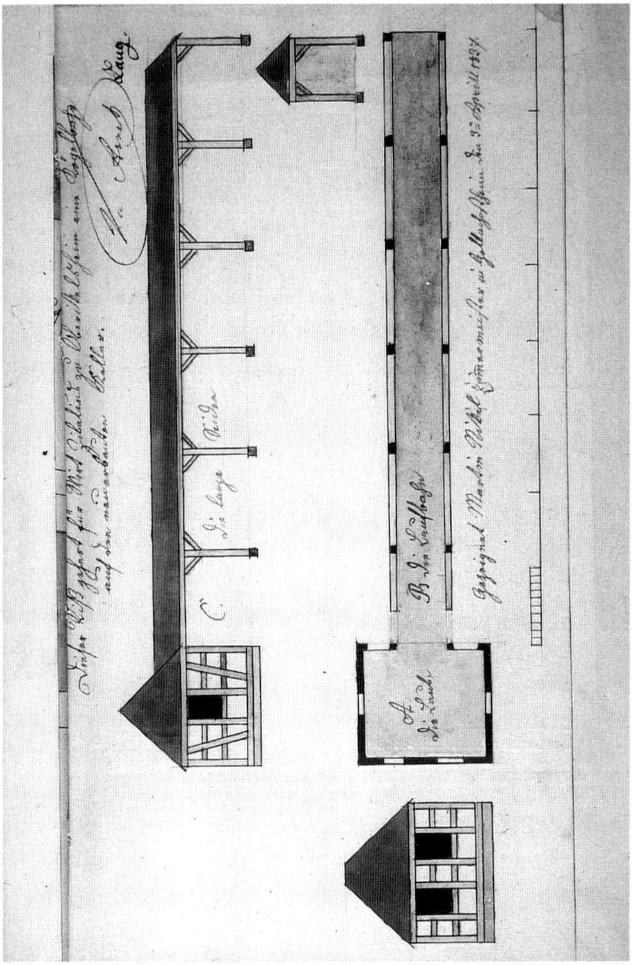

Kegelbahn- und Gesellschaftshausbau des Wirtes Leonhard Zippelius, Oberickelsheim: Im Mai 1837 erhielt der Wirt Leonhard Zippelius aus Oberickelsheim die Genehmigung zur „Errichtung einer Kegelbahn und eines Gesellschaftshauses auf dem neuerbauten Keller“. (STAN, Baupläne Oberamt Uffenheim, 1837). Schon 1838 fand auf dieser Kegelbahn eine Preiskegelveranstaltung statt.

Baden-Württemberg und Bayern im Spiegel ihrer historischen Atlasunternehmen

Pankraz Fried

Habent sua fata libelli - dieses lateinische Sprichwort gilt allgemein für Bücher, ich meine aber in besonderem Maße für historische Atlaswerke. Die Geschicke und Wechselfälle, denen derartige Unternehmen unterworfen sind, sind bisweilen bedrückend, haben aber die Atlas - Bearbeiter Deutschlands irgendwie zu einer Art Schicksalsgemeinschaft zusammengeschweißt - anders ist das Entstehen und die kontinuierliche Tätigkeit des 'Arbeitskreises für historische Kartographie' nicht zu erklären. Heinz Stoob, sein Begründer und langjähriger Leiter, würde dies sicher ebenso sehen.[1]

Was für eine Kraft ist es, welche die Betreiber und Bearbeiter von historischen Atlanten nie ermüden und alle Schwierigkeiten überwinden läßt, vor allem die finanziellen, die sich bisweilen wie unüberwindbare Mauern auftürmen? An erster Stelle, weil oft zuletzt genannt, ist wohl die Faszination zu nennen, die von einer historischen Karte und einem historischen Atlaswerk ausgeht. Hans Patze, der Altmeister der deutschen Landesgeschichte, hat dies einmal sehr treffend bei einer Vorstellung der deutschen Atlasunternehmungen formuliert: „Eine Karte ist eben nicht nur eine graphisch gestaltete historische Wirklichkeit, sondern zu einem Teil auch ein der Wahrheit verpflichtetes Kunstwerk“. Diese Aussage Patzes gilt in noch größerem Maße für ein historisches Atlaswerk, das ein meisterhaft komponierter Zusammenklang von Einzelkarten sein muß, abgestimmt auf den besonderen Klang der jeweiligen Länder und Regionen. Nur das harmonische Zusammenwirken von Bearbeiter, Redaktor, Graphiker und Kartographen läßt derartige kunstvolle Karten entstehen.

---

[1] Überarbeitete Fassung eines Kurzvortrags gehalten anläßlich der Präsentation des Historischen Atlas von Baden-Württemberg im Hauptstaatsarchiv Stuttgart 1990.

Ein weiteres Motiv, sich der historischen Kartographie zu widmen, resultiert aus einem speziellen Wissenschaftsprinzip: es ist die methodische Gestaltung des Raum- und Ganzheitsprinzips im Rahmen der Wissenschaft von der geschichtlichen Landeskunde (Landesgeschichte). Herbert Schlenger hat dies seinerzeit in fast klassisch anmutenden Sätzen ausgedrückt, die ich im folgenden zitieren möchte:
„Die Karte ermöglicht sie Zusammenschau von Gegenständen. Damit fördert sie einen 'Zusammenschluß von Einheiten' zu einer neuen Einheit, d.h. (sie fördert) die Ganzheitsbildung. Ganzheit ist allemal überschaubar. Die Karte bietet die geschichtlich - landeskundlichen Sachverhalte so, daß die überschaubar, d.h. geordnet sind. Es ist die erkenntnistheoretische Aufgabe der Karte, die Gegenstände so darzustellen, daß das Prinzip ihrer Ordnung im Raum erfaßbar wird. Schlechthin ungeordnete Sachverhalte oder solche, die in ihrem Wesen nach nicht zu ordnen sind, sind kartographisch inkommensurabel. Die Geschichtliche Landeskunde aber ist eine ausgesprochene Beziehungswissenschaft mit der erkenntnistheoretischen Aufgabe, Tatbestände mehrere Wissenschaften unter einem höheren Gesichtspunkt zueinander in Beziehung zu setzen. So erfährt die Karte hier einmal vom Raumprinzip, zum anderen aber vom Ganzheitsprinzip her ihre logische Begründung. Die Karte ist Erkenntnis- und Darstellungsmittel.... Die Karte zwingt zur Vollständigkeit. Sie macht Lücken in unvollständigen Statistiken offenbar wie kaum ein anderes Hilfsmittel. Darin liegt ihre erzieherische Bedeutung. Wohl kaum eine andere Methode ist so eng mit dem Aufschwung der geschichtlichen Landeskunde verknüpft wie die kartographische. Sie hat viel zu ihrer methodologischen Festigung beigetragen, was seinen sinnfälligen Ausdruck in den historischen Atlanten findet."
Diesen grundlegenden Feststellungen Herbert Schlengers vom Jahre 1951[2] ist hier nichts mehr hinzuzufügen außer der Feststellung, daß sie in einem erstaunlich hohen Maße in dem zum Abschluß gekommenen Historischen

[2] P. Fried, Probleme und Methoden der Landesgeschichte (Wege der Forschung 192) Darmstadt 1978.

Atlas von Baden-Württemberg Anwendung gefunden haben.[3] Der führende deutsche Landeshistoriker Hans Patze hat 1980 die „bis ins Detail reichende landeskundliche Sachkenntnis von Meinrad Schaab und des allzu früh verstorbenen Hans Jähnichen“ gelobt und dabei bemerkt, „daß es sich um einen Forschungsatlas“ handelt, also um ein Grundlagenwerk der geschichtlichen Landeskunde von Baden-Württemberg. Man mag von pädagogischer und volksbildnerischer Seite einwerfen, daß ein derartig hochkarätiges wissenschaftliches Atlaswerk nur noch schwer in der schulischen Praxis einsetzbar und von einem breiteren interessierten Publikum kaum mehr rezipiert ist. Doch bin ich der entschiedenen Meinung, daß die Inhalte der meisten Karten von einer gebildeten Lehrerschaft verstanden und für den Unterricht didaktisch verwendet bzw. umgesetzt werden können.

Der Historische Atlas von Bayern, der seit 1950 nach Altbayern, Franken und Schwaben gegliedert in Landkreis - Einzelbänden erscheint, ist wesentlich mehr als der baden-württembergische ein wissenschaftlicher Spezialatlas, vor allem für die Verfassungs- und Verwaltungsgeschichte nach dem Stande von 1800. Unter Karl Bosl hat er sich dann immer mehr zu einer historisch-statistischen Topographie Bayerns entwickelt, bei der die historische Karte nur noch Beilage ist. Der Historische Atlas von Bayern nähert sich damit inhaltlich den württembergischen Oberamts- bzw. Kreisbeschreibungen, die auf eine alte Tradition zurückblicken können.[4]

Max Spindler, sein maßgeblicher Begründer hat allerdings daraus schon früh die Konsequenz gezogen und 1969 einen ‘Bayerischen Geschichtsatlas’ nach dem Muster des ‘Geschichtlichen Handatlasses der Rheinprovinz’ im Bayerischen Schulbuchverlag erscheinen lassen, den Hans Patze als die „unzweifelhaft ... wissenschaftlich, kartographisch und pädagogisch beste Lösung eines regionalen Atlas, den wir in Deutschland besitzen,“ bezeichnet hat.[5]

---

[3] Herausgegeben in der Kommission für geschichtliche Landeskunde in Baden-Württemberg, 1972-1988

[4] Siehe 150 Jahre amtliche Landesbeschreibung in Baden-Württemberg (Zeitschrift für württembergische Landesgeschichte Jg. XXXIII, 1974.

[5] H. Patze, Jb. d. Hist. Forschung 1980 S. 37.

Chefredaktorin war die am wissenschaftliche Atlas Bayerns bestens geschulte Frau Gertrud Diepolder. Falls sich je der Wunsch nach einem derartigem Handatlas für Baden-Württemberg noch ergeben sollte, so ist hierzu aus bayerischer Sicht zu sagen, daß der abgeschlossene Historische Atlas von Baden-Württemberg bereits die unersetzliche Grundlage und Voraussetzung für einen derartigen 'Handatlas' bildet.
Die Liebe zur 'schönen' Karte, ihre erkenntniswissenschaftliche und didaktische Funktion im Rahmen der Geschichtlichen Landeskunde haben wir bis jetzt als die treibenden Motive zur Erstellung von historischen Regionalatlanten kennengelernt. Ein entscheidendes Motiv ist dabei unerwähnt geblieben: die staats- und regionalpolitische Zielsetzung eines derartigen Unternehmens. Wir können dies wiederum am baden-württembergischen und bayerischen Beispiel verdeutlichen.
Der spezialwissenschaftliche orientierte, und in den elfenbeinernen Türmen der Bayerischen Akademie der Wissenschaften 1950 begonnene wissenschaftliche Spezialatlas zur Geschichte der Gerichts- und Verwaltungsorganisation Bayerns verdankt seinen Ursprung einem Gelehrtenstreit, der allerdings an den Nerv der Länderstaatlichkeit ging: Sind die Territorien, die seit dem Hochmittelalter entstanden sind, im Grunde nur ein Konglomerat von Fürstenallod und Adelsgrundherrschaft, also 'privatrechtlicher Natur'? Oder wurden Landesfürstentümer aus den 'königsrechtlichen', bis in die Karolingerzeit zurückreichenden Grafschaften aufgebaut, die einen 'öffentlich-rechtlichen, staatlichen' Charakter der Territorialfürstentümer begründeten? Diesen, um die Jahrhundertwende sehr hitzig zwischen den konservativen Historikern (Georg v. Below) und den Vertretern der sog. 'kulturhistorischen' Schule von Karl Lamprecht ausgefochtenen Streit wollte der staatskonservative bayerische Ordinarius Max Spindler nach 1945 mit der Methode des Historischen Atlasses zu einer Entscheidung bringen. Wenn, wie im österreichischen Nachbarland nachgewiesen werden kann, - so argumentierte Spindler -, daß die territorialen Landesgerichte mit den hochmittelalterlichen Grafschaften zusammenhängen, so ist die

'Staatlichkeit' der Länder, insbesondere Bayerns, um das es ihm ging, ein für alle Mal bewiesen.[6]
Stellen wir fest: Ein ganz handfestes staatspolitisches Motiv war für die Begründung des Historischen Atlas von Bayern nach dem 2. Weltkrieg ausschlaggebend, und die damalige Blütezeit der Länder war für den Beginn derartiger Arbeiten günstig. Im südwestdeutschen Raum stand der Entstehung eines historischen Atlas - Unternehmens gleichfalls eine staatspolitische Zielsetzung Pate: die Auswirkungen der Vereinigung der beiden Länder Baden und Württemberg 1952. 1954 wurden die historischen Kommissionen der Teilländer vereinigt. Schon 1955 lang dann ein Gesamtprogramm für einen Historischen Atlas vor. Meinrad Schaab schrieb dazu 1982:[7] „Der erste Anstoß zu diesem Werk entstand aus dem Gedanken, an der Integration des neuen Bundeslandes mitzuarbeiten; entsprechend günstig war die Situation für die etatmäßige Ausstattung des Atlas". Der Atlas sollte also, vor allem in den Augen der Politiker, bei der Konsolidierung des neugebildeten Bundeslandes, - wie später (1977) die Staufer - Ausstellung - eine wichtige Rolle spielen. Ein einheitlicher Atlasband für beide Teilländer mit fest aufgedrucktem neuem Staatswappen muß den Eindruck nicht nur neuer, sondern auch alter Einheit erwecken. In der Tat ist diese in der Geschichte auch gegeben, wenn man über den schwäbischen Reichskreis bis zum staufischen Herzogtum zurückgeht und die alemannische Frühzeit in die Betrachtung miteinbezieht.
Sowohl von staatspolitischen und regionalen, als auch vom wissenschaftlichen Standpunkt aus ist es also sehr zu begrüßen, daß die ursprüngliche alemannische Einheit und Zugehörigkeit von Nachbarländern in mehreren Karten zum Ausdruck gebracht wurde, insbesonders in der ausgezeichneten Karte zum alemannischen Stammesherzogtum. Ich glaube, daß damit Baden-Württemberg als größtes Nachfolgeland auf alemannischem Stam-

---

[6] M. Spindler, Der Hist. Atlas von Bayern, in: Berichte zur dt. Landeskunde 11. Bd. (1951) S. 433, vgl. hierzu W. Störmer, Landeskunde - Historische Geographie - Historischer Atlas (Bayer. Heimatkunde, hgg. v. H. Roth u. H. W. Schlaich) München 1974, S. 117 und 269. Siehe auch Spindler, Handbuch der bayerischen Geschichte Bd. 1, 2. überarb. Auflage 1981.
[7] Arbeitskreis für Hist. Kartogaphie Nr. 20.

mesboden seine Aufgabe in der gesamtalemannischen Geschichtsforschung würdig wahrgenommen hat. Keines der übrigen alemannischen Nachfolgeländer wird Baden-Württemberg diesen Rang streitig machen, vornehmlich, wenn das Mäzenatentum angesprochen ist, um einmal finanzielle Bitten vornehm zu umschreiben. Unter dem Patronat des alemannophilen bayerischen Staatsministers a.D. Anton Jaumann haben wir z.B. von Zürich und Augsburg aus, also von alemannischen Randländern aus, die Herstellung einer Faksimile - Ausgabe von Pactus und Lex Alemannorum initiiert; ob sich allerdings der bayerische Staat noch von seinem bisher ungeäußerten Willen abbringen läßt, alleiniger Mäzen dieses Projekts zu sein, um damit für seine bayerischen Schwaben etwas zu tun, ist noch ungeklärt: wahrscheinlich wird es ohne die Hilfe des großen Alemannen - Schwaben - Staates Baden-Württemberg nicht gehen.[8]
Abschließend sei gestattet, den Blick noch auf das bayerisch - schwäbische Atlas - Unternehmen zu richten, einmal, weil hier die regionalpolitische Funktion sehr deutlich zum Ausdruck kommt und zum anderen ihm eine Brückenfunktion zwischen Bayern und Baden-Württemberg eignet.
Als einziger Regierungsbezirk Bayerns hat sich das seit König Ludwig I. von Bayern offiziell als 'Schwaben' bezeichnete Ländchen 1955 einen eigenen historischen Handatlas geleistet, der von der gleichfalls in Bayern einmaligen 'Schwäbischen Forschungsgemeinschaft', vor bald 50 Jahren begründet, herausgegeben wurde.[9]
Auftraggeber des 'Historischen Atlas von Bayerisch - Schwaben' war der Bezirk Schwaben- nicht zu verwechseln mit dem gleichnamigen Regierungsbezirk - also der Selbstverwaltungskörper auf Regierungsbezirksebene, der sich in Schwaben neben seinen sozialen Aufgaben auch der Förderung der kulturellen Belange des Schwabentums verschrieben hat. Ohne diese Unterstützung und ohne die aufopferungsvolle Arbeitsleistung des

[8] Die 'Lex' wurde dann ausschließlich aus 'Drittmitteln' der Industrie- und Handelskammer für Augsburg und Schwaben, von schwäbischen Wirtschaftsunternehmen und aus dem Verkauf finanziert und erschien in der Reihe 5b der Schwäbischen Forschungsgemeinschaf, die gleichfalls hierfür beigetragen hat. 1998 konnte die 3. Auflage erscheinen.
[9] Ein früher Vorläufer ist der von Winkler 1935 herausgegebene Pfälzer Geschichtsatlas. Die Pfalz gehört jedoch seit 1945 nicht mehr zu Bayern.

überzeugten Schwaben Wolfgang Zorn, der unter Mithilfe des gleichfalls schwabenbegeisterten Eduard Nübling den Atlas fast im Alleingang ohne eine haupt- und nebenamtliche Kraft bearbeitete, hätte dieser einmalige Wurf wohl nie erscheinen können. Und der bayerische Regierungspräsident schrieb damals, 1955, noch seine Hoffnung ins Geleitwort, der neue Atlas möge dazu beitragen, „daß durch die Kenntnis der Geschichte in weitesten Kreisen und insbesondere bei der Jugend die Liebe zum schönen schwäbischen Heimatland neu gestärkt und erhalten wird“! Neben der wissenschaftlichen Zielsetzung, die gerade wegen der ‘Heimatnähe’ gesucht wurde, war unausgesprochen der schwäbische Regionalismus die eigentlichen Triebfeder beim Zustandekommen dieses Hand - Atlas, der heute längst vergriffen ist. Die Neuauflage, die seit 1980 auf Initiative des Bezirkstagspräsidenten Dr. Simnacher von mir in die Wege geleitet wurde, gestaltet sich schwieriger, als ursprünglich vorauszusehen war. Drei von den insgesamt 10 geplanten Lieferungen liegen vor, die vierte ist eben erschienen.

Ich gebe dankbar zu, daß uns in vielem der damals schon weit fortgeschrittene Historische Atlas von Baden-Württemberg Vorbild und Anregung war. Und nicht selten hätten wir uns gewünscht, der Kartenschnitt wäre gegen Osten einige Zentimeter weiter gezogen worden, damit Bayerisch - Schwaben noch ganz erfaßt worden wäre. Doch werden sich, wenn unser Unternehmen abgeschlossen sein wird, dieses und der Historische Atlas von Baden-Württemberg in idealer Weise ergänzen: ihre Großgliederung ist nahezu identisch!

Damit werden auch die alten historischen Beziehungen des heutigen bayerischen Schwaben zu Baden-Württemberg im schwäbischen Reichskreis, in den Städtebünden und Einungen des Spätmittelalters und vor allem im alemannisch/schwäbischen Herzogtum in einmaliger Weise wieder vergegenwärtigt! Im Gegensatz zu Bayerisch - Franken hat Bayerisch - Schwaben im gesamtschwäbisch/alemannischen Raume, insbesonders zum Land Baden-Württemberg, eine verwandtschaftliche Nachbarschaft, die tief in der Geschichte wurzelt und ständig einlädt, die landsmannschaftlichen Beziehungen zu vertiefen.

Regionalatlanten dienen heut nicht allein dazu, die Region als Selbstzweck zu erforschen und darzustellen. Sie sind Teil der großen Aufgabe, da 'Europa der Regionen' sichtbar zu machen, das dem europäischen Haus allein die überschaubaren Räume der heimatlichen Geborgenheit geben kann. In diesem Sinne ist der vollendete Historische Atlas von Baden-Württemberg auch ein Beitrag für ein künftiges vereinigtes Europa, das wir alle wünschen.

Schwäbische Rechtssagen und die Rechtsgeschichte

Reinhard Heydenreuter

Volkssagenforschung und rechtsgeschichtliche Forschung, die noch zu Beginn des 19. Jahrhunderts als eng verwandte Teilbereiche der Germanistik verstanden wurden, haben sich heute so weit auseinander entwickelt, daß man in der rechtshistorischen wissenschaftlichen Literatur vergeblich neuere Beiträge zur Rechtssagenforschung sucht. Gleiches gilt für die volkskundliche Forschung, die sich ja seit Jahrzehnten mit der rechtlichen Volkskunde weit in rechtshistorisches Gebiet hineinbegeben hat. Rechtssagenforschung scheint weder für die Volkskunde[1] noch für die Rechtsgeschichte[2] ein vordringliches Desiderat zu sein.

Dies ist um so erstaunlicher, als vergleichsweise viele der überlieferten und in den einschlägigen Sammlungen gedruckten Sagen ganz offensichtlich Rechtssagen sind, die nach einer Erklärung durch den Rechtshistoriker verlangen, so etwa die zahlreichen Schatzsagen oder Grenzsteinsagen. Oft sind Sagen (besonders städtische Sagen) auch nichts anderes als Überlieferungen von historischen Vorgängen im Strafrechtsbereich, die in nicht

---

[1] Helge Gerndt, Volkserzählforschung, in: Edgar Harvolk (Hg.), Weg der Volkskunde in Bayern. Ein Handbuch, München/Würzburg 1987, S. 403-420. Herbert Schempf, Rechtliche Volkskunde (2. Rechtliches in der Volksdichtung), in: Rolf W. Brednich, Grundriß der Volkskunde, Berlin 1988, S. 294-299

[2] In den gängigen Handbüchern der Rechtsgeschichte werden Rechtssagen nur ausnahmsweise erwähnt, wie etwa in Louis Carlen, Rechtsgeschichte der Schweiz, Bern 1968, S. 89. In der Schweiz wird dem Themenkreis „Sprache und Recht" seit der Veröffentlichung von H. Fehr, Das Recht in den Sagen der Schweiz, Frauenfeld 1955 besondere Aufmerksamkeit gewidmet. In Deutschland fehlt eine vergleichbare Untersuchung. Einen Einzelaspekt behandelt die juristische Dissertation von Renate Zelger: Teufelsverträge. Märchen, Sage, Schwank, Legende im Spiegel der Rechtsgeschichte (Europäische Hochschulschriften, Rechtshistorische Reihe 149), Frankfurt a.M. 1996

wenigen Fällen auch archivalisch nachweisbar sind[3]. Freilich zeigt sich gerade bei denjenigen Volkssagen, die auf ein archivalisch oder chronikalisch nachweisbares Ereignis zurückgeführt werden können, daß die Sage vielfach nur einen verzerrte und historisch wertlose Überlieferung bietet und der quellenkritischen Überprüfung bedarf.

Die ersten Sagensammlungen entstanden in der ersten Hälfte des 19. Jahrhunderts nicht zuletzt in der Absicht, germanisches Rechtdenken zu erschließen und zu rekonstruieren. Auch hinter Jakob Grimms Rechts- und Sagensammlungen stand das Bemühen des Germanisten, in den alten Texten den durch das römische Recht verschütteten Geist des deutschen Rechts zu finden. Noch in der zweiten Hälfte des 19. Jahrhunderts versuchte der berühmte Münchner Rechtshistoriker und Islandforscher Konrad Maurer (1832-1902) die Sage (vor allem die nordischen Sagas) als Rechtsquelle zu nutzen. Mangels anderer Quellen bilden für Maurer die nordischen Sagen eine der Grundlagen seiner germanischen Rechtsgeschichte. Bezeichnenderweise erhielt er unter König Maximilian II den Auftrag, in dem Sammelwerk „Bavaria. Landes- und Volkskunde des Königreichs Bayern" die bayerischen Volkssagen darzustellen[4]. In die 40er und 50er Jahre des vorigen Jahrhunderts fallen auch viele private Sagensammlungen, so etwa die für das schwäbische Gebiet wichtige Sagensammlung des Karl Freiherrn von Leoprechting[5] oder das von A. Schöppner herausgegebene dreibändige Sagenbuch der Bayerischen Lande.[6]

Fast alle der uns vorliegenden älteren Sagensammlungen vermeiden es, auf die Frage einzugehen, woher die von ihnen überlieferten Sagen stammen. Eine quellenkritische Auseinandersetzung mit dem Stoff unterblieb fast durchgehend, obwohl es in vielen Fällen möglich gewesen wäre, die Herkunft und den Urheber einer Sage festzustellen. Da die ältere Sagenforschung, wie erwähnt, vor allem den deutschen oder germanischen Volks-

---

[3] Bernhard Schemmel, Der „Werwolf" von Ansbach (1685). Ereignisse und Meinungen, in: Jahrbuch für fränkische Landesforschung 33 (1973), S. 167-200

[4] Bd. 1, München 1860, S. 292-339

[5] Karl Frh. von Leoprechting, Aus dem Lechrain. Zur deutschen Sitten- und Sagenkunde, München 1855

[6] A. Schöppner, Sagenbuch der Bayerischen Lande, 3. Bde., München 1852/1853

geist in den Sagen aufspüren wollte, hätte im übrigen die Dingfestmachung eines Autors oder das Aufsuchen archivalischer Belege den Zweck der Sagensammlung vielfach vereitelt. Die moderne Forschung ist in diesem Punkt nicht sehr viel weiter gekommen, hat sich aber immerhin bei Rechtslegenden zur Frage der Herkunft geäußert. Sie sollen vor allem einem erzieherischen Zweck, nämlich der Vermittlung sozialer Leitbilder dienen: „Legenden wurden von Klerikern geschaffen, die sie in den Dienst der kirchlichen Propaganda stellten"[7]. Die Legende wurde „als Memorat erzählt, als Fabulat nachgestaltet, nach besondere Gesetzen der Tradition verändert und wieder weiter vermittelt."[8]

Wenn wir diesen Forschungsansatz aufgreifen, der als Urheber von Rechtslegenden erzieherisch wirkende Kleriker wahrscheinlich macht, stellt sich die naheliegende Frage, ob als Urheber von Rechtssagen nicht auch „erzieherisch" wirkende Juristen, Beamte und Obrigkeiten in Frage kommen könnten. Tatsächlich erzählen uns ja die meisten Rechtssagen von der Bestrafung von Übeltätern und unterstützen und legitimieren auf diese Weise die landesherrliche und obrigkeitliche Strafrechtspflege. Erstaunlicherweise werden in den Rechtssagen (vor allem beim Typ „Abschreckungssagen") besonders häufig solche menschliche Verfehlungen angeprangert, die von der landesherrlichen und obrigkeitlichen Strafrechtspflege erst seit dem 16. Jahrhundert kriminalisiert wurden, etwa das Fluchen und Gotteslästern, oder abergläubische Praktiken wie etwa das Schatzsuchen. Daher gibt uns der Vergleich der Rechtssagen mit der Gesetzgebungspraxis dieser Zeit wichtige Anhaltspunkte zumindestens für die Entstehungszeit solcher Sagen.

Für den Rechthistoriker bietet sich folgende Gliederung des überlieferten Sagenstoffes an:[9]

1. **Ursprungssagen**, die von der Entstehung eines Rechts, einer Berechtigung oder Freiheit oder von sagenhaften Gesetzgebern berichten

---

[7] Schempf (wie Anm. 1), S. 297

[8] Leopold Kretzenbacher, Rechtslegenden abendländischer Volküberlieferung, Graz 1970, S. 8

[9] Schempf (wie Anm. 1), S. 296

2. **Strafverfahren bzw. Hinrichtungssagen** (gescheiterte Hinrichtungen; Heiligensagen)

3. **Rechtsdenkmalssagen**, die von rechtsbedeutsamen Orten oder Denkmälern erzählen

4. **Abschreckungssagen** (= Rechtsschutzsagen = Frevelsagen = Warnungssagen = Bestrafung der Straftäter außerhalb der menschlichen Justiz; Raubrittersagen; Legenden)

Im folgenden soll nun an Hand von Beispielen aus Bayerisch-Schwaben der Versuch gemacht werden, mit den Erkenntnissen und Methoden der rechtsgeschichtlichen Forschung (rechtliche Volkskunde, Rechtsarchäologie) die Rechtssagen zu hinterfragen und zu analysieren.

Rechtsdenkmalssage: Galgenplätze, Steinkreuze, Grenzsteine

Zu den Objekten der Rechtssage gehören vor allem diejenigen Gegenstände und Orte der Strafgerichtsbarkeit, die einen „infamierenden" Charakter haben, etwa Hochgerichte (Köpfstätten und Galgenplätze) und Hinrichtungswerkzeuge, die vom Henker benutzt werden. Die Tabuisierung von Hinrichtungsplätzen war Teil des von der jeweiligen Obrigkeit bewußt geförderten „Theaters des Schreckens". Die Steigerung der Abschreckungswirkung von Hinrichtungsorten sollte auch vermeiden helfen, daß dieser Bereich zu abergläubischen Praktiken (Galgenstricke!) benützt wurde. Rechtsdenkmalssagen, in denen infamierte und gemiedene Hinrichtungsorte eine Rolle spielen, sind daher immer auch Rechtsschutzsagen.
Als verwunschene Orte, an denen es spukt, werden in der Rechtssage vor allem Galgenplätze geschildert. Ein Galgenplatz ist zugleich ein Friedhof, da auf ihm die Delinquenten verscharrt werden, sobald sie vom Galgen fallen. Da die Erhängten nicht in geweihter Erde begraben sind, müssen die Seelen der Hingerichteten nach dem allgemeinen Glauben umgehen, was die Galgenplätze (im Unterschied zu den meistens näher an der Stadt gelegenen Köpfstätten) zu besonders verwunschenen Plätzen machte. Das zeigen die beiden Sagen, die uns Schöppner über den Galgen von Blonhofen

(heute Gemeinde Kaltental) bei Kaufbeuren überliefert. In seinem Gedicht „der betrogene Geiger" erzählt er die Geschichte eines Geigers, der um Mitternacht nach Hause geht und ein Wirtshaus (auf dem Galgenplatz) vorfindet. Er muß dort aufspielen und wird glänzend bezahlt, doch am Morgen war der Spuk vorbei: „Der Morgenglocke Ave klang/Husch! war das Völkchen fort/Und husch! mein armes Geigerlein/Dort unterm Galgen saß/Und zählte seine Goldstücklein-/Glasscherben waren das"[10]. Ein ähnliches Gedicht über den „Spielmann von Blonnhoven" hat Ludwig Wihl verfaßt.[11] Der Galgenplatz von Blonhofen ist auch der Schauplatz einer von Schöppner überlieferten Schatzsage mit dem Titel „Der Hüllenweber": „Unter dem Galgen von Blonhofen liegt ein Schatz. Eines Tages taten sich vier Männer aus dem Ort zusammen, die wollten ihn heben und als sie tief genug gegraben hatten, kamen sie auf den Schatz. Auf dem Schatz aber saß ein feuriger Hund, der sagte: 'Eins, zwei, drei, vier; und einer gehört mir; und einer muß des Teufels sein, und solls der Hüllenweber sein' Der Hüllenweber erschrak und sagte: 'Gott will nit!' Und in dem Augenblick ist der Schatz verschwunden." Bemerkenswert an dieser Erzählung ist, daß sich der Teufel unter den Schatzsuchern einen Weber als Opfer aussucht. Dies verweist auf die geminderte Stellung der Weber (und Müller) auf dem Lande. Weber und Müller waren es in der Regel, die für den Unterhalt des Galgens verantwortlich waren. Weber und Müller haben in den meisten deutschen Territorien bis ins 17. Jahrhundert ihre diesbezüglichen Pflichten abgelöst.

Hingewiesen sei in diesem Zusammenhang auch auf Sagen, die sich mit Steinkreuzen befassen, die vielfach für den Historiker sehr konkret faßbar sind, um die aber die Sage oft große Geheimnisse webt. Der Brauch, Steinkreuze aufzustellen, beruht auf der bis ins 16. Jahrhundert üblichen Praxis, die Folgen von Straftaten, vor allem von Totschlägen, durch Sühneverträge aus der Welt zu schaffen. In diesen in den Archiven nicht selten noch erhaltenen Sühneverträgen werden - oft unter Mithilfe der Obrigkeit - von den beteiligten Familien Vereinbarungen über die Höhe der Buß- und Entschädigungszahlungen, über vom Täter zu verrichtende Wallfahrten

---

[10] Schöppner (wie Anm. 6), Bd. 1, Nr. 44

[11] Schöppner (wie Anm. 6), Bd. 2, Nr. 883

und auch über die zu errichtenden Steinkreuze getroffen. Gerade diese Steinkreuze, die in der Regel am Ort der Tat errichtet wurden, sind nun oft Gegenstand von Rechtssagen und zwar vor allem deswegen, weil ihre genauere Bestimmung (mangels Forschung oder mangels überlieferter Quellen) nicht mehr bekannt war. Die strafrechtliche Bedeutung dieser Steinkreuze geriet bald in Vergessenheit, nachdem deren Aufstellung seit dem 16. Jahrhundert mit der Durchsetzung des obrigkeitlichen Strafmonopols (vor allem bei Totschlag) untersagt wurde bzw. nicht mehr üblich war. Die Volkssage hat mit diesen Steinkreuzen nicht nur Verbrechen verbunden, sondern viele andere Ereignisse. Da die Steinkreuzsitte bis ins 16. Jahrhundert allgemein geläufig war, läßt sich der Schluß ziehen, daß die uns überlieferten Steinkreuzsagen nicht vor dem 16. Jahrhundert entstanden sind.

Zu den Rechtsdenkmalssagen gehören auch diejenigen, die sich mit Marksteinfrevler beschäftigen. Das Verrücken von Marksteinen galt schon in den alten Volksrechten als besonders schweres Delikt. Die Sage läßt Marksteinfrevler in der Regel am Ort ihres Verbrechens als Geister umgehen. Leoprechting erzählt uns unter der Überschrift „Der Grenzmarch-Verrucker“ die Geschichte vom Bäcker von Muntraching[12], der des Nachts einem Bekannten erschienen war. Er „flehte und beschwur ihn, er möge ihn doch erlösen helfen aus seiner großen Pein. Er habe zu Lebzeiten die Marchpfähler weit verrückt und seine Nachbarn tief damit geschädigt; dafür müsse er nun schrecklich brennen und so lang nit die Seinigen das unrecht Gut zurückgestellt, sei für ihn keine Linderung zu hoffen...“

Marksteingeister halten sich in der Regel am Ort ihres Verbrechens auf: „Auf einem Acker ging noch vor 70 Jahren ein blau Flämmchen. Es war, mein ich, in Buxheim. Es muß ein Marksteinfälscher gewesen sein...Nach Betläuten ging kein Fuhrwerk mehr dort vom Platze und wenn 1000 Teufel selbigst gezogen hätten...“[13]

[12] Leoprechting (wie Anm. 5), S. 66 ff.

[13] Leander Petzold, Schwäbische Sagen, Augsburg 1998, S. 66

„Verfassungsrechtliche" Bedeutung haben in der Regel die vielen Burgensagen, die oft eine Erklärung für die Zerstörung einer Burg liefern wollen. Vielfach werden die ehemaligen Schloßbewohner als Straßenräuber charakterisiert, die zur Strafe für ihr Tun nach ihrem Tode keine Ruhe haben. Solche Sagen, die in der Regel kaum einen historischen Bezug haben und tendenziell antifeudal sind, verraten ihre Herkunft aus dem städtischen Bereich durch die vielfach gleichlautenden Vorwürfe der Behinderung des städtischen Handels. So etwa in den bei Schöppner aufgezeichneten „Sagen vom Schlosse Lechsgemünd"[14]: „Denn die Ritter waren gottlose Räuber, die von ihrem Felsenneste auf schnellen Rossen die Wanderer überfielen und beraubten, die Donau aber mit langen Ketten sperrten und alsdann die Schätze der Ulmer oder Regensburger Kaufherrn zu ihrem Eigen machten...Aber das Volk weiß auch noch, wie Gottes Strafe über die Ritter kam und ihre stolze Burg durch Feuer in einen Schutthaufen verwandelt wurde. Auch haben die Toten keine Ruhe. Noch versammeln sie sich um Mitternacht zum rauschenden Gelage und lärmen und toben, bis der Hahn den Tag verkündet". Dieser Burgsage liegt nicht die Erinnerung an die 1248 erfolgte Zerstörung der Burg Lechsgemünd zugrunde, sondern die besonders in den Reichsstädten gepflegte ritterfeindliche Haltung, die sich vor allem gegen adelige Fehdegegner richtete. Dieser bis heute wirksame Mythos vom Raubritter täuscht darüber hinweg, daß bis zum ewigen Landfrieden von 1495 die Fehde ein legales Rechtsmittel war. Zum großen Verdruß der Bürger konnte sich eine von einem Reichsfürsten, Reichsgrafen oder Reichsritter gegen eine Reichsstadt betriebene (rechtmäßige!) Fehde auch und vor allem gegen die einzelnen Bürger der Stadt richtete, was zu einer massiven Einschränkung des Handels führen konnte.

Eine ähnliche Raubrittersage wird auch von der Burgruine Rabenschaichen an der Straße zwischen den Reichsstädten Kempten und Memmingen erzählt[15]: „...Hier hauste in alten Zeiten ein gar ungebärdiger Ritter, der Schrecken der ganzen Gegend. Zogen die Ulmer Kaufleute mit ihren Wa-

---

[14] Schöppner (wie Anm. 6), Bd. 3, Nr. 1168

[15] Schöppner (wie Anm. 6), Bd. 2, Nr. 497

ren aus Welschland des Wegs fürbaß, da lauerte Kono mit seinen wilden Gesellen im Gehölze, plünderte die Reisigen oder ließ sich das Weiterziehen mit blankem Golde bezahlen... Plötzlich stirbt er um die Mitternachtsstunde, von einem blutigen Raub heimgekehrt. Seine Gesellen tragen den Leichnam in das oberste Gemach...Indes sie im Erdgeschoße über der Teilung der angehäuften Schätze hadern und lärmen, erschallt plötzlich um die Zinne der Burg ein kreischendes Gekrächze einer Schar Raben, welche bald durch die geöffneten Fenster in das Totengemach hineinfliegen und mit wütendem Geschrei das Antlitz des Verstorbenen zerfleischen. Die Totenwächter vermochten sie erst zu verscheuchen, als von dem vollstotzenden Gesichte nur mehr die nackten Knochen aus dem Leichentuche hervorgrinsten. Die Zechenden im Hofe ergriff kalter Graus; sie ahnten Gottes Strafgerichte, verteilten die geraubten Güter unter die Armen oder vergabten sie an Kirchen und überlieferten das Raubnest den Flammen...das noch heute in seinen Trümmern die Erinnerung an diese Sage aufbewahrt in seinem Namen „Rabenschaichen“. Diese Sage ist insofern rechtshistorisch interessant, als der „Rabenstein“ eine der gängigen Bezeichnungen für das Hochgericht war. Bis zur Abschaffung der öffentlichen Galgenstrafe war es für die Menschen im übrigen ein nicht ungewohnter Anblick, wenn der mit dem Galgen hingerichtete oder auf das Rat geflochtene Verbrecher von den Raben „aufgefressen“ wurde, bis er dann auf dem Richtplatz unter dem Galgen bzw. unter dem Rad verscharrt wurde. Die Sage simuliert also im Falle von „Rabenschaichen“ eine Hinrichtung, wie sie ein Räuber zu erwarten hat.

Das Gerichtsverfahren: Meineidige und falsche Richter

Viele Rechtssagen widmen sich den Meineidigen, die in der Regel umgehen müssen, bis der Schaden, den sie im Leben angerichtet haben, wieder gutgemacht ist. Schöppner berichtet von einem Meineidigen, der im Achtal bei Pfronten umging und in das Bärenmoos verbannt werden mußte, damit er keinen Schaden anrichten konnte.[16] Eine Allgäuer Sage verbannt unredliche Richter in abgelegene Täler (Eisenbreche im Ostrachtal bei Hin-

[16] Schöppner (wie Anm. 6), Bd. 1, Nr. 38

delang):[17] „Unfern Hindelang im Allgäu, ist eine wilde Gebirgsschlucht, die Isenbrechen genannt. Dahin sind die verstorbenen Landammänner gebannt, welche im Leben ungerechtes Gericht gehalten. An Sonn- und Feiertag sieht man sie wohl auf den nahegelegenen Alpen auf- und abgehen in ihren rotsamtnen Wamsen und großen Perücken. Die schlimmsten aber aus ihnen sind zu ewiger Nacht verurteilt und hausen, in scheußliche Kröten verwandelt, zwischen den Felsklüften, durch welche die Ostrach fließt. Männer, welche zur Triftzeit in die Schlucht hinabgelassen werden, um das angestauchte Holz weiter zu schaffen, haben sie oft bemerkt und ihre glotzenden Augen gesehen, die so groß sind wie Salzbüchseln. Sie können aber Niemanden mehr ein Leid tun."
Nicht selten sterben ungerechte Beamte in der Sage eines schrecklichen Todes, wie etwa der böse Richter von Rottenbuch, dem ein ungerecht verurteilter Untertan die Pest ins Haus bringt.[18] („Das Pestmännlein")

Gotteslästerung

Für den Rechtshistoriker sind Sagen, die dem Fluchen und Gotteslästern gelten, deswegen von besonderem Interesse, weil die seit dem 16. Jahrhundert von den weltlichen Obrigkeiten erlassenen und mit hohen Strafdrohungen versehenen Mandate und Gesetze gegen Fluchen und Gotteslästerung in der Öffentlichkeit offensichtlich schwer durchsetzbar waren, obwohl in den „Gesetzesbegründungen" nicht mit dem Hinweis gespart wurde, das Gott die Gotteslästerung unmittelbar straft, etwa durch Unwetter, Seuchen, Hungersnöte und Kriegsverwüstung. Insofern lesen sich Sagen über die Bestrafung von Gotteslästerer wie zusätzliche Gesetzesbegründungen. Nach Wegfall der Gotteslästerungsstrafen im 19. Jahrhundert ersetzt quasi die Sage mit ihren Berichten über das unmittelbare Eingreifen Gottes die weggefallene obrigkeitliche Strafnorm. So etwa bei den von Leoprechting überlieferten Nachrichten über „Lästerer": „So war in Wallershausen auch ein Bauernknecht, Mathies mit Namen, der war auch so ein arger Lästerer; hatte nebenbei auch alle Tag seinen Suff. Es war nun gerade am Jackelstag, wo die Bauernburschen im Unterlande zwei Feiertag

[17] Schöppner (wie Anm. 6), Bd. 1 Nr. 41
[18] Schöppner (wie Anm. 6), Bd. 2, Nr. 886

hintereinander halten und der Mathies war wieder ausgelassener denn je. Wie man nun den englischen Gruß läutete, und der Wirt im Wirtshaus vorbetete, trieb derselbc unter dem Gebet allerhand Spöttereien. Als ihm nun der Wirt zornig zurief, du versoffener Lump kannst du nit auch beten, stund er auf und schrie so arg er konnte: und der Teufel ist Herr geworden und hat den Engel über die Stiegen hinunter geworfen - doch konnte er das letzte Wort nimmer ganz aussagen, denn er hatte sich so in seine Zunge gebissen, daß er mit dem Kopf auf den Tisch hinfiel und arg zu bluten anhub. Als man ihn vom Tisch aufriegelte sah man, daß die Zunge die Hälfte aus dem Maul heraushing und großmächtig aufgeschwollen war. Fünf Tage und fünf Nächte lag er so da, die Zunge brachte kein Mensch mehr hinein und der Körper wurde ganz schwarz, daß allen im Wirtshaus ganz grausig war. In der fünften Nacht starb er jämmerlich allen Lästerern zur Verwarnung."

Schatzsagen

Von rechtlicher Bedeutung sind auch die Schatzsagen, die nicht nur im schwäbischen Bereich sehr häufig sind. Das abergläubische Schatzsuchen ist seit dem 16. Jahrhundert zu einem in Landesordnungen oder Mandaten normierten Straftatbestand geworden, der von den jeweiligen Obrigkeiten mit unterschiedlicher Intensität verfolgt wurde und im Zusammenhang mit dem allgemeinen Kampf der Obrigkeiten gegen Aberglauben, Ketzerei, Hexerei und Zauberei stand. Auch das ohne abergläubische Praktiken durchgeführte Schatzgraben war rechtlich bedeutsam, da dabei meist das landesherrliche Schatzregal umgangen wurde. Die in den Sagen erwähnten Hinweise, wo und wie sich Schätze finden lassen, sind vielfach als Sage verpackte Verbotsnormen bzw. abergläubische Anschauungen. Auf den Aberglauben, daß sich am Ende eines Regenbogens ein Schatz befindet (etwa keltische Goldschätze mit „Regenbogenschüsselchen"!) verweist etwa die Sage vom Schatz auf Hohenschwangau[19]: „In den Tiefen der alten Burg Hohenschwangau liegt ein Schatz verborgen, welcher zuweilen aufwärts steigt: dann zeigt sich auf dem Platze der Regenbogen..."

---

[19] Schöppner (wie Anm. 6), Bd. 2, Nr. 481

Merkwürdig oft beschäftigen sich Sagen mit Delikten, die die Nutzung der Wälder zum Gegenstand haben. Da es sich dabei um vergleichsweise geringfügige Delikte handelt, vor allem um Holzdiebstahl, um unbefugte Streunutzung oder um Waldnutzung an Sonn- und Feiertagen, muß man sich fragen, ob hinter diesen Sagen nicht ein ganz konkretes obrigkeitliches Interesse steckt. Da ja die freie Nutzung der Wälder ebenso wie das freie Jagdrecht vom 15. bis ins 19. Jahrhundert zu den großen Untertanenforderungen gehören, war die Verbreitung von Abschreckungssagen im Zusammenhang mit der Waldnutzung sehr im Sinne der jeweiligen Obrigkeit, wobei natürlich kaum nachweisbar sein wird, wie weit solche Sagen bewußt plaziert wurden.
Die bekannteste der Waldfrevelsagen, die in ganz Deutschland verbreitet war, ist die Sage vom Mann im Mond. In Binswangen in Schwaben wird die Geschichte vom Reisigsammler erzählt, der die Gewohnheit hatte, an Sonn- und Feiertagen Besenreis zu sammeln und zur Strafe dafür von Gottvater in den Mond versetzt wurde.[20] An anderen schwäbischen Orten heißt der Mann im Mond das „Besenmännle“ und in der Umgebung von Ulm hat man auch den Spruch:

Das Mändle im Mon,
Was hat es denn don?
Hat Büschele trage,
Jetzt muß es verzage[21]

Einen Holzdiebstahl behandelt die Sage vom Schindelnklieber in den Meltern[22], einem an der Geltnach zwischen Kaufbeuren und Schongau gelegenen Wald. „Da hört man in stillen, finstern Nächten in entfernter Waldeinsamkeit ein Geräusche, wie wenn jemand aus Scheitholz Dachschindeln klöbe: es ist der ‘Schindelnklieber in den Meltern’, wie er ringsum in der Gegend genannt wird“ Dieser soll ein reicher aber geiziger Bau-

[20] Petzold (wie Anm. 13), S. 98
[21] Petzold (wie Anm. 13), S. 99
[22] Schöppner (wie Anm. 6), Bd. 2, Nr. 498

er gewesen sein, der in der Nacht mit seinen Knechten in den Wald zu gehen pflegte, um Holz zu stehlen, das er dann an die armen Nachbarn verkaufte.

Wildfrevel

Wenn sich die Sage mit Wilderei beschäftigt, dann geht es meistens nicht um das sonst geläufige Bild des freiheitsliebenden Wilderers, der als Kämpfer gegen das fürstliche Jagdregal und eine umbarmherzige Obrigkeit die Sympathie und Unterstützung der Untertanen genießt. Der Wilderer der Sage ist meist ein Mensch, der mit dem Teufel im Bunde steht oder zumindestens übermenschliche Fähigkeiten besitzt. Er gilt als Wild-Anbanner, eine Fähigkeit, die man auch manchen Jägern nachsagte. So berichtet Leoprechting über das traurige Ende eines „Wild-Anbanners“:[23] „Vor geraumer Zeit starb in Weil eine gewisser Andrä Welzmüller, der ein großer Wildbretschütz gewesen war. Zu seinen Lebzeiten hatte er alles Gewild anbannen gekonnt, daß er es nur zu greifen gedurft. In seines Lebens Ende kam nun die Offenbarung. Drei Tag und drei Nächte lag er da, konnte die Seel vom Leib nit scheiden, der Mund nichts sprechen noch genießen, der Körper gstarr; aber mit den Händen, da gings auf und nieder, allweil zum Kopf wundersam deutend...“ Schließlich stellte sich heraus, daß unter der Kopfhaut des Wildschützen eine Hostie verborgen war. Erst als diese vom Bader und vom Pfarrer entfernt worden war, konnte der Frevler sterben.

Altes Recht: Abergläubische Überlieferungen und Brauchdeutung durch Sage

Manche Bräuche werden zu Sagen, sobald sie von der Obrigkeit verboten worden sind. Daher finden wir in vielen landesherrlichen (gedruckten) Polizeimandaten des 16. und 17. Jahrhunderts, in denen Verhaltensweisen untersagt werden, die als heidnisch, abergläubisch, unsittlich, allzu freiheitlich oder verschwenderisch gelten, Tatbestände wieder, die im 19. Jahrhundert in Sagensammlungen auftauchen. Gerade in regionalen Sagensammlungen werden dann diese im 16. und 17. Jahrhundert oder später

---

[23] Leoprechting (wie Anm. 5), S. 62

verbotene „Mißbräuche“ oder Verhaltensweisen als regionale Besonderheit verklärt. In der Reichsstadt Kempten hat sich bis zum Ende der Reichsstadt ein Brauch erhalten, der in anderen Territorien verboten war, nämlich der Pfingstausflug der Schuljugend (Schulkinderfest)[24]. Die Kemptener Lokalsage versucht den Ursprung des sogenannten Königsfestes[25] auf Karl den Großen zurückzuführen. Dabei handelt es sich um folgendes: „In älteren Zeiten wurden die drei ersten Schulkinder mit Kronen, Zepter und Blumensträußen geschmückt und hießen Könige und Königinnen und hatte noch die drei ersten Kinder vom vorigen Jahr, die auch so geschmückt waren und noch drei andere, welche Gesangführer hießen, zur Begleitung. Dieses war mit großem Kostenaufwand verbunden; daher die Schulmeister allezeit große Schwierigkeiten hatten, solche Eltern zu finden, die geneigt waren, mit ihren Kindern diesen Aufwand zu machen, weswegen dann selten diejenigen, welche durch Fleiß und Geschicklichkeit das Prämium verdienten, dasselbe erhielten. In neueren Zeiten ist das abgeschafft und vereinfacht geworden; doch ist noch immer die Sache nicht ganz im Reinen, denn diese Eltern wollen es auf diese, jene auf jene Art gehalten wissen. Am Pfingstdonnerstag begeben sich viele Eltern mit ihren Kindern in ein vor der Stadt gelegenes Wirtshaus, wo alsdann die Schulmeister mit einem Reihen auf einem grünen Platze den Kindern eine öffentliche Freude machen...“

In diesem Brauch läßt sich unschwer der oben erwähnte und im 16. Jahrhundert wohl noch in ganz Deutschland verbreitete und später meist verbotene Pfingst- oder Frühlingsbrauch des Kinderfrühlingsfests erkennen.[26]

---

[24] Herzog Maximilian von Bayern verbietet 1610 das Münchner Schulkinderfest im Freien, das „Gregori“ bzw. „Grien“, das am 12. März zu Ehren des Papstes Gregor gefeiert wurde und droht den Schulmeistern hohe Strafen an, „darzumahlen Knaben und Mägdlein beysammen mit Essen, Trünckhen, Tanzen ihnen eben nit wenige Occasion und Anlass allerhandt Leichtfertigkeit zu lernen und zu treiben, gegeben“ (R. Heydenreuter, Der landesherrliche Hofrat unter Herzog und Kurfüst Maximilian I. von Bayern (1598-1651, München 1981, S. 251, Anm. 92). Auch in protestantischen Territorien hat sich dieser wohl auf heidnische Zeiten zurückgehende Frühlingsbrauch gehalten.

[25] Schöppner (wie Anm. 6), Bd. 2, Nr. 874

[26] Vgl. Handwörterbuch des deutschen Aberglaubens, Bd. 3, Berlin 1987 (ND), Sp. 1128 f. (Gregorius: „An diesem Tage Gregors des Gr., des Schutzpatrons der mittelalterlichen

Rechtssprichwörter als Sagenhintergrund

Viele Sagen behandeln Lebenssachverhalte, die einer rechtlichen Interpretation zugänglich sind, ohne im strengen Sinn Rechtssagen zu sein. Rechtssagen im striktesten Sinne des Wortes liegen dann vor, wenn sich die Sage ausdrücklich eines Rechtssatzes annimmt, etwa wenn sie ein Rechtssprichwort nacherzählt oder beispielhaft vorführt. Auch hier wie bei anderen Rechtssagen haben wir es nicht unbedingt mit altem deutschem Rechtsgut zu tun, wie das bei vielen Rechtssprichwörter[27] gerne angenommen wird. Viele der deutschrechtlich klingenden Rechtssprichwörter entstammen dem römisch-kanonischen Recht. Die Studenten des römischen Rechts (d.h. alle Jurastudenten bis ins 19. Jahrhundert) gliederten ihren Rechtsstoff in Rechtsregeln („regulae juris", brocarda). Darüber hinaus mußten sie die Anfänge hunderter von Digesten (Pandekten-)Stellen auswendig können (daher der Ausdruck: etwas aus dem ff. können = etwas aus den Pandekten kennen). Das Auswendiglernen von Rechtsregeln war also gemeineuropäische Praxis und schon aus diesem Grund verbietet sich die Annahme, daß in den Rechtssprichwörtern vorwiegend deutsches Recht verborgen ist. Mit den Sagen, Märchen und Legenden haben Rechtssprichwörter gemeinsam, daß es sich bei ihnen ebenfalls um Erfahrungssätze mit lehrhafter Tendenz handelt.[28] Typisch ist etwa Leoprechtings Erzählung aus dem Lechrain „Maß und Gewicht kommt vors Gericht", wo ein Metzger und ein Wirt, die mit gefälschten Gewichten gearbeitet hatten, herumspuken müssen.[29]

Schule, fanden einst in ganz Süd- und Mitteldeutschland Schulfeste statt, bei denen der Lehrer mit den Kindern Sammelgänge von Haus zu Haus vornahm, deren Erträgnisse unter Spiel und Tanz verzehrt wurde. Die Kinder verkleideten sich..."

[27] Vgl. Hildegard Kaib, Rechtssprichwörter und sprichwörtliche Redensarten mit rechtlichem Inhalt (Schriftenreihe des Mittelalterlichen Kriminalmuseums Rothenburg ob der der Tauber VIII), Rothenburg 1992 (mit Literatur); Ferdinand Elsener, Regula iuris, Brocardum, Rechtssprichwort, in: Studien und Mitteilungen zur Geschichte des Benediktinerordnes 73 (1962), S. 177-218.

[28] Schempf (wie Anm. 1), S. 299

[29] Leoprechting (wie Anm. 5), S. 73

Wir haben an einigen ausgewählten Rechtssagen aus dem bayerisch-schwäbischen Raum zu zeigen versucht, daß viele der Sagenmotive aus der Rechts- insbesondere der Strafrechtsgeschichte bekannt sind. Dies ermöglicht nicht nur eine - freilich grobe - zeitliche Einordnung vieler Rechtssagen, sondern läßt auch eine vorsichtige Aussage über deren Entstehung zu. Im wesentlichen bieten sich zwei Entstehungsgründe für Rechtssagen an, nämlich 1)„obrigkeitliche" und 2)„altrechtliche".

Ein obrigkeitliches Motiv steckt ganz offensichtlich hinter allen Rechtssagen, bei denen der Rechtsbrecher durch das Eingreifen überirdischer Mächte bestraft wird oder bei denen er als Geist für sein verbrecherisches Tun büßt. Diese „Abschreckungssagen" (Rechtsschutzsagen) agieren mit Strafbegründungen, die sich in den Strafrechtsnormen des 15. und 16. Jahrhunderts identisch wiederfinden. Dort wird etwa die Bestrafung der Untertanen wegen Fluchens, Gotteslästerns oder Unsittlichkeit (Ehebruch, Leichtfertigkeit) damit begründet, daß sich Gott wegen der Sünden der Untertanen an allen Menschen rächt, nämlich durch Naturkatastrophen, Hungersnöte, Seuchen und Türkeneinfälle. Die in den Rechtssagen geschilderten Fälle, in denen Grenzmarkfrevler, Meineidige und andere Verbrecher herumspuken müssen oder Gotteslästerer vom Blitz getroffen werden, wiederholen also im wesentlichen nur die Begründungen, die sich in den zahlreichen neu formulierten Strafbestimmungen des 15. und 16. Jahrhunderts finden, etwa in dem kaiserlichen Mandat gegen die Gotteslästerer, das 1495 auf dem Reichstag von Worms erlassen worden ist. In diesem Zusammenhang gehören auch die vielen Raubrittersagen, die sich tendenziell gegen fehdeführende Ritter wenden, also gegen Reichsangehörige, die sich nicht an den ebenfalls 1495 verkündeten Ewigen Landfrieden halten. Wenn man nun nach der Provenienz dieser Rechtssagen fragen will, so muß man nun nicht unbedingt auf eine gezielte obrigkeitliche „Propaganda" schließen; wie das für Geistliche im Bezug auf Rechtslegenden angenommen wurde. Vielmehr können wir hier eine Sagenentstehung auf Grund einer Rezeption von Rechtsbegründungen durch Untertanen annehmen: Da die Strafbestimmungen von Polizeimandaten (mit den Hinweisen auf den strafenden Gott) öffentlich (in der Regel von der Kanzel aus) verlesen worden sind, wurden sie auch im Volk rezipiert und weitergegeben. Daher sind solche Rechtssagen zwar durchaus obrigkeitlicher Herkunft, aber nicht direkt, sondern indirekt vermittelt. Die obrigkeitliche Strafbegründung (etwa die vom rächenden Gott) wird im Volk rezipiert, gefiltert und möglicherweise auch verändert. Bei den gegen den Adel gerichteten Raubrittersagen können wir wohl immer von einer reichsstädtischen Provenienz ausgehen: Es waren vor allem die Reichsstädte, die unter einem fehdeführenden Ritter zu leiden hatten.

Bei einem zweiten Typ von Rechtssagen können wir von einer „altrechtlichen" Überlieferung ausgehen. Auch diesen Sagen liegt ein obrigkeitliches Eingreifen zugrunde, nämlich das (meistens im 16. und 17. Jahrhundert erfolgte) Verbot eines im Volke verankerten Brauches oder Mitwirkungsrechtes. Zu denken ist hier etwa an alte Gerichtsbeteiligungen (Geschworenengerichte), Gottesurteile (Bahrproben) oder abergläubische Bräuche (Pfingstbräuche), die den Polizeimandaten und ihren Verboten seit dem 16. Jahrhundert zum Opfer gefallen sind. Wie auch Rügebräuche der Neuzeit (Haberfeldtreiben) möglicherweise auf alte gerichtliche Laien-Mitwirkungsrechte hinweisen, so können uns auch Rechtssagen durchaus alte Rechtsgewohnheiten überliefern.

Angesichts dieses Befunds läßt sich auch die Entstehungszeit vieler Rechtssagen zeitlich einordnen. Viele verdanken ihr Entstehen offensichtlich dem massiven Eingreifen der Landesherrschaft und der Obrigkeiten in die Privatsphäre der Untertanen durch Verrechtlichung bzw. „Verstrafrechtlichung" aller Lebensbereiche, die wir seit dem Ende des 15. Jahrhunderts beobachten können. Diese Verrechtlichung (und Bürokratisierung) steigert sich im 16. Jahrhundert zu einer Disziplinierung der Untertanen. Seinen konkreten Ausdruck findet dieser Vorgang in der „Gesetzesflut" der Polizeimandate und in der Zunahme der Strafverfolgungen (Inquisitionsprozeß statt Akkusationsprozeß, zunehmende Verfolgung von Ketzerei und Aberglaubensdelikten, von Sittlichkeitsdelikten und von Bagatellstraftaten). Weitere Symptome dieses Vorgangs sind die Abschaffung der Laienbeteiligung in der Rechtspflege sowie die Zunahme der Juristen und das Anwachsen der Schriftlichkeit im Rechtsverfahren. Sinnfällig wird dies durch gedruckte Anweisungen und Gesetzbücher. Die ständige Drohung nicht nur mit den weltlichen Sanktionen, die an Schärfe erheblich zunehmen (Todesstrafe bei Ehebruch!), sondern auch der Hinweis auf den Zorn Gottes hat seit dem 16. Jahrhundert den Rechtstatsachen einen hohen Stellenwert im Denken der Untertanen verliehen. Die Bedrohung durch das neue Recht und die Erinnerung an alte Rechte dürften im entscheidenden Maße auch „sagenbildend" gewesen sein.

Diese offensichtlich enge Verknüpfung der Rechtssagen mit den historischen Rechtstatsachen führt uns zu der entscheidenden Frage. Kommen diese Sagen noch aus des Volkes Mitte oder sind sie obrigkeitliche Propagandaprodukte? Und wenn sie aus des Volkes Mitte kommen: Haben wir nur verderbte Überlieferungen von anderweitig besser dokumentierten Fakten der Rechtsgeschichte vor uns? Und weiter wäre (gemeinsam von Rechtsgeschichte und Volkskunde) zu fragen: wie wurden im Volk Rechtstatsachen rezipiert, wie und auf welche Weise haben potentielle Sagenüberlieferer Rechtstatsachen erfahren, wie wurden Normen publiziert, wie erfuhr man von spektakulären Verbrechen und Gerichtsverfahren? In diesem Zusammenhang wäre beispielsweise eine vergleichende Überprüfung der uns überlieferten Rechtssagen und der Einblattdrucke des 16. und 17. Jahrhunderts von Bedeutung, da viele der uns als Lokalsagen überlieferten spektakulären Verbrechen und Gerichtsverfahren als Einblattdrucke überregionals Verbreitung fanden.

Ob man daher in den Rechtssagen das „Gerechtigkeitsgefühl" und das Rechtsdenken des Volkes findet oder gar germanische Rechtssitten, wie man im 19. Jahrhundert meinte, müßte für die verschiedenen Rechtssagen sehr differenziert beanwortet werden.

Abschließend läßt sich feststellen, daß es lohnend und auch notwendig wäre, die uns überlieferten Rechtssagen an Hand der Erkenntnisse der historischen und rechthistorischen Forschung zu überprüfen. Einige der Rechtssagen würden dabei möglicherweise ihren literarischen Zauber verlieren und nur noch als schlechte Nacherzählungen aus Prozeßakten, Flugschriften oder Gesetzen gelten können. Doch es wäre ein erster Schritt zu einer quellenkritischen Bewertung und Datierung der uns überlieferten Rechtssagen getan.

Eine Sparkasse für das bayerische Landgericht Göggingen

Richard Merz

Vorbemerkung

In Bayern führte, wie im sonstigen Mitteleuropa, die durch einen ungewöhnlich regenreichen Sommer verursachte Mißernte von 1816 zu einer Hungersnot. Vom Spätsommer 1816 bis zum Herbst 1817 verteuerten sich die Getreidepreise um das Fünffache. Da 70 % der Ernährung aus Getreideprodukten bestand, konnte der Großteil der Bevölkerung den Bedarf an Grundnahrungsmitteln nicht mehr decken. Es kam in Bayern zu gegen Getreidehändler gerichteten Krawallen, bei denen Militär eingreifen mußte. Daraufhin versuchte die Regierung mit gesetzlichen Maßnahmen, die Auswirkungen der Hungersnot zu lindern.[1] Mit der Verordnung vom 17. November 1816 wurde die Zuständigkeit für das Armenwesen an die Gemeinden übertragen. Im Artikel 57 wurde die Armenpflege angewiesen, Einrichtungen für die Daseinsvorsorge zu fördern bzw. neue zu gründen. Sie hatten Versicherungsanstalten für Brand- und Hagelschäden zu fördern, „nach Umständen für die Bildung von Spar-Kassen für Zeiten des Alters und der Noth und für die Ausmittlung von Leihkassen zu sorgen, besonders aber dahin zu trachten, daß für Handwerksgesellen und Dienstboten ein Sicherungsverband auf alle Fälle der Krankheit, mittels kleiner Beiträge von ihrem Lohne unter Mitwirkung der Meister- und Dienstherren, zu Stand komme".[2] Es ist hier das erste Mal, daß in einer bayerischen

[1] Heydenreuter, Reinhard, Krüger, Ingo, Ruhmschöttel, Hermann, Armenfürsorge und Daseinsvorsorge. Dokumente zur Geschichte der Sozialgesetzgebung und des Sparkassenwesens in Bayern, München 1992 (Ausstellungskataloge der Staatlichen Archive Bayerns Nr. 31), S. 50 f.

[2] Schachner, Robert, Das bayerische Sparkassenwesen, Erlangen 1900 (Wirtschafts- und Verwaltungsstudien mit besonderer Berücksichtigung Bayerns Bd. 6), S. 5.

Rechtsnorm die Sparkassenidee aufgegriffen wurde. Durch das Gemeindeedikt vom 17. Mai 1818 hatten die Gemeinden auch Aufgaben zu übernehmen, die bisher vom Staat besorgt wurden. Dazu gehörte neben dem Schul- und Polizeiwesen auch die Fürsorge, den in Not geratenen Bürgern ein Mindestmaß an Unterstützung zukommen zu lassen.[3] Diese beiden Verordnungen bildeten die geschichtliche Grundlage für die erste Sparkassengründung in Bayern.

Am 11. Dezember 1820 unterbreitete der Würzburger Magistratsrat Johannes Scharrer dem Magistrat der Stadt einen Plan für die Gründung einer Sparkasse. Basierend auf seinen Vorstellungen öffnete die Nürnberger Sparkasse als erste bayerische Sparkasse am 1. November 1821 ihren Schalter. Die von ihm gewünschte Einbindung der Sparkasse in den Kommunalbereich war wegweisend.[4]

Die zweite bayerische Sparkasse, die 'Ersparniss-Kasse mit Verzinsung' in Augsburg, begann ihren Geschäftsbetrieb am 2. Februar 1822. Anders als in Nürnberg wurde in Augsburg die Sparkasse nicht durch den Magistrat, sondern von einem Verein ins Leben gerufen. Initiator dieses Vorhabens war der königliche Finanzrat und Bankier Johann Lorenz Freiherr von Schaezler.[5]

Freiherr von Schaezler's Vision einer Sparkasse für den Landgerichtsbezirk

Am 11. Dezember 1825 trat das königliche Landgericht an den königlichen Finanzrat Freiherrn von Schaezler, Bankier in Augsburg, mit der Bitte heran, „ob es wohl nicht möglich wäre, daß die diesseitig wenigst nächst an-

---

[3] Spiethoff, Bodo, Ungewollt zur Größe. Die Geschichte der bayerischen Sparkassen, München 1958, S. 10; Dietrich, Rosemarie, Die Integration Augsburgs in den bayerischen Staat (1806 - 1821), Sigmaringen 1993 (Abhandlungen der Geschichte der Stadt Augsburg Bd. 34), S. 150 ff.

[4] Carl Ferdinand, Die Städtische Sparkasse in Nürnberg, ihre Entstehung und Entwicklung, Nürnberg 1906, S. 11 - 15; Mertens, Rainer, Johannes Scharrer. Profil eines Reformers in Nürnberg zwischen Aufklärung und Romantik, Nürnberg 1996 (Nürnberger Werkstücke zur Stadt- und Landesgeschichte Bd. 57), S. 110 - 132.

[5] Merz, Richard, Stadtsparkasse Augsburg 1822 - 1997. Ein Beitrag zur Wirtschafts- und Sozialgeschichte der Stadt Augsburg, Stuttgart 1997, S. 27, 30 f.

grenzenden Ortschaften in jenseitiger Lokal-Anstalt unmittelbar gleichfalls theilnehmen könnten, zumal mehrere Individuen ohnhin schon im jenseitigen Dienstverband stehen, folglich von dieser wohlthätigen Einrichtung geniessen dürfen".[6] In seinem Antwortbrief vom 31. Dezember 1825 teilte von Schaezler unwiderruflich mit, daß an der Augsburger Ersparniss-Kasse nur „in loco Augsburg selbst wohnende Induvidien daran theilnehmen" können, weil ansonsten hinsichtlich der zu erwartenden Größe des Institutes die „genaue Übersicht" verloren ginge.[7] In den Statuten der Augsburger Ersparniss-Kasse vom 1. Mai 1828 wurde der Einlegerkreis ausschließlich auf Personen, die in der Stadt ansässig oder dort in einem Berufsverhältnis stehen, beschränkt.[8] Grundsätzlich regte v. Schaezler die Gründung von Sparkassen auch auf dem flachen Lande an, um so möglichst vielen Sparwilligen die Möglichkeit der Geldanlage zu verschaffen.[9] Deshalb ermutigte er das Landgericht Göggingen zur Errichtung einer eigenen Ersparniss-Kasse und machte gleich einen detaillierten Vorschlag: „Wenn der Ortspfarrer anfänglich alle 8 Tage und späterhin alle 14 Tage sich mit dem Schullehrer und dem Ortsvorstand zusammensetzt, so ist die Vereinigung dieser 3 Personen hinlänglich, um die Spar-Kassen-Gulden anzunehmen und den Einlegern Quittungsbüchlein darüber auszufertigen: der Geistliche schreibt eigenhändig die Einlage in das Quittungsbüchlein, so hierbey, so wie auch bei der Zurücknahme des Geldes, das allein gültige Document ausmacht. Der Schullehrer schreibt die Geld-Einlagen in das Cassenbuch und der Orts-Vorstand in das sogenannte Protocoll-Buch, aus welchem sodann der Schullehrer jedem einzelnen Einleger einen Conto auf dem Hauptbuch eröffnet. Das ganze Geschäft kann so vereinfacht werden, daß jede einzelne Einzahlung oder Rückzahlung sowohl im Cassa- als Protocoll-Buch nur eine einzelne Zeile einnimmt. Vor Aufhebung der Sitzung

[6] Staatsarchiv Augsburg (StAA), Bezirksamt (BA) Augsburg, Akt 673, Nr. 1. Dieses Schreiben wurde persönlich von den Gemeindevorstehern von Göggingen, Pfersee und Oberhausen von Schaezler überbracht.

[7] StAA, BA Augsburg, Akt 673, Nr. 2.

[8] Stadtarchiv Augsburg (StAA), Bestand 1, Akt 1111, Nr. ad 84, 2.

[9] Freiherr von Schaezler beabsichtigte deshalb die Errichtung von Sparkassen auf seinen Gütern Scherneck und Sulzemoos.

werden die Posten sowohl im Protocoll- als auch im Cassabuch zusammen summiert und das eingegangene Geld zusammengezählt, wo so dann sämtliche 3 Summen genau übereinstimmen müssen und außerdem nachzusehen ist, wo der Fehler steckt. Auf diese Weise wurde in meiner Spar-Kassa in 2 bis 3 Stunden öfters 100 ein- und ausgehende Posten in musterhafter Ordnung dokumentiert. Das eingegangene Geld kann in einem Kistchen mit 2 Schlössern, wozu der Pfarrer und der Ortsvorstand jeder einen Schlüssel hat, verwahrt werden, bis daß wenigstens 100 fl. beisammen sind, welche dann bey der Special Schuldentilgungs-Cassa allhier verzinslich anzulegen sind, in dem die Quittung darüber an Geldes statt in die Cassa gethan wird.“[10] Die Ausgaben für die Quittungsbücher, Schreibmaterialien, Heizung, Porto u. a. sollte aus dem Zinsüberschuß bestritten werden. Nachdem nach Einschätzung von Schaezler die Einrichtung gemeinnütziger Institutionen oft nur daran scheitert, daß niemand die ersten Kosten trägt, versprach er die Gründung einer Ersparniss-Kasse für das Landgericht Göggingen „durch einen freiwilligen Beitrag meiner Seits die Anschaffung von Quittungsbüchlein, die ich dann besonders lithographieren lassen werde, sowie des Cassa-, des Haupt- und des Protocollbuches zu erleichtern“.[11] Im gleichen Sinne vermachte Freiherr von Schaezler, der am 6. Januar 1823 eröffneten Sparkasse in seiner Vaterstadt Ansbach, zur Erleichterung der Gründung ein großzügiges Geldgeschenk.[12]

Die Gründung der Ersparniss-Kasse für das bayerische Landgericht Göggingen

Ein Vorschlag des Landgerichts Göggingen vom 31. Januar 1826 über die Einrichtung und Organisation einer „Ersparniss-Kasse-Anstalt für die geringer bemittelte Volksklasse im königlichen Landgericht Göggingen nach dem anlokenden Beyspiele der Nachbarschaft Augsburg“ enthüllt die Intention: „Eine ähnlich organisierte Anstalt solle nunmehr auch auf das

---

[10] StAA, BA Augsburg, Akt 673, Nr. 2.

[11] Ebd.

[12] Bayerisches Hauptstaatsarchiv München (Bay HStA), MInn, Akt 52670, fol. 168; Reinhart, Michael, Zeitler, Peter, Zwischen Tradition und Fortschritt. 175 Jahre Sparkasse Ansbach, Stuttgart 1998, S. 29.

glatte Land gleichfruchtbringend übertragen werden, und die verhältnissgemässe Ausführung begünstiget sich wirklich um so eher, als von Seite obgemeldeter Großhandlungshäuser insbesondere der königliche Herr Finanzrath Freiherr von Schaczler in Augsburg, dessen allgemeiner Wohlthätigkeitssinn notorisch keine Gränzen kennt, auch zur Rechnung der ersten Kosten solch ländlich neuen Institutes sich edelmüthigst herbeygelassen hatte. Nach dem Zwecke der besagten Anstalt solle schon in der zarten Jugend die Lust zur Sparsamkeit als die Quelle vieler anderer Tugenden lebhaft angeregt und sorgsam bewahret, so wie den Erwachsenen und zwar besonders aus der arbeitenden, dienenden Inwohner-Klasse zunächst eröffnet werden, um ihrem verschwenderischen oder wenigstens leichtsinnigen Verbrauch künftig entzogen werden, mithin wohl entbehrlichen auch noch so geringeren Gelderwerbnisse von Zeit zu Zeit mit der vollesten Sicherheit und gleichzeitig mit dem stets mehr heran wachsenden Gewinn der Zinsen von Zinsen anzulegen, wodurch für die Folge ein bestimmtes Vermögen nun Behufe solider Versorgung oder gleichwohl ein Noth-Pfennig für das reifere und gewöhnlich hülflose Alter erübriget werden möge."[13] Auf der Versammlung der Gemeindevorsteher am 4. Februar 1826 fand dieses Vorhaben die grundsätzliche Zustimmung.[14] Eine zügige Bearbeitung wurde angemahnt. Aufgrund der Nähe des Landgerichtsbezirkes zur Stadt, die Gelegenheit bildet nur Verschwendung und zum „leichtsinnigen Leben", ist ein Institut, das zum Sparen anleitet, unbedingt wünschenswert. Ein ausführlicher Bericht über die beabsichtigte Eröffnung der Sparanstalt nebst Satzungsvorschlägen erfolgte am 7. Februar 1826 an die königliche Regierung des Oberdonaukreises.[15] Darin wird nochmals explizit auf den „Armenstand" in den Gemeinden hingewiesen[16] sowie auf die gesunkene „Moralität" der jungen Leute - Gründe für die schnelle Ge-

---

[13] StAA, BA Augsburg, Akt 673, Nr. 2.
[14] Ebd. Nr. 4.
[15] Ebd. Nr. 5.
[16] Im Dorf Oberhausen betrugen die Aufwendungen für die Armen jährlich 1.600 fl.. Im Jahre 1822 beschrieb das Landgericht Göggingen Oberhausen: „Eine ohnehin von Armen wimmelnde Gemeinde [...], zumal die Gemeinde schon die bisherigen Armen größtenteils auf Straßen, Wegen und Stegen zur Belästigung der benachbarten Regierungsstadt empfindlichst aussetzte." (Schuber, Marianne, Oberhausener Chronik, Augsburg, 1990, S. 76).

nehmigung der Sparanstalt.

Göggingen und das königliche Landgericht

Die damalige wirtschaftliche Lage Göggingens gibt ein im Dezember 1822 abgefaßtes Schreiben der Gemeindeverwaltung treffend wieder: „Die Gemeinde Göggingen tritt wohl als eine der verarmtesten im Königreiche Bayern aus den vielen Leidesjahren eines verhängnisvollen Zeitalters heraus. Die Gewerbsleute, größtenteils Uhrmacher und Uhrhändler, sind durch die absolute Stockung dieses Industrie- und Handelszweiges ruiniert, die ehemaligen Fabrikarbeiter, die täglich reichen Verdienst in dem benachbarten Augsburg gefunden hatten -, brodlos, die Bauern durch übermäßige Grundabgaben und das anerkannte lokal auf falsche Grundsätze übertrieben berechnete Steuerprovisorium bis zur Helfte des ehemaligen Wohlstandes erschöpft, - die Gemeinde ist mit Armen überfüllt [...].“[17]
Durch die Generalverordnung der Churpfalzbayerischen Landesdirektion in Schwaben vom 1. März 1804 wurden bisherige geistliche und städtische Niederschriften aufgehoben und als untere Gerichts- und Verwaltungsbehörde Landgerichte errichtet. Göggingen war somit zu Beginn des 19. Jahrhunderts als Verwaltungsmittelpunkt und Sitz einer Justizbehörde zu überörtlicher Bedeutung gekommen.[18]

---

[17] Stoll, Siegfried, Die Landgemeinde im Einflußbereich der benachbarten Industriestadt, in: Deininger, Heinz Friedrich (Hrsg.), Göggingen. Beiträge zur Geschichte der Stadt, Augsburg 1969, S. 179.

[18] Jahn, Joachim, Augsburg Land, München 1984 (Historischer Atlas von Bayern Teil Schwaben Heft 11), S. 589 f. u. S. 594 - 601.

Das Landgericht umfaßte damals 36 Gemeinden und 19 kleinere Einzelsiedlungen[19]:

Gemeinden:
Achsheim
Anhausen
Aystetten
Batzenhofen
Bergheim
Deuringen
Diedorf
Döpshofen
Edenbergen
Gablingen
Gersthofen
Gessertshausen
Göggingen
Hainhofen
Hammel
Haunstetten
Hirblingen
Inningen
Kriegshaber
Langweid
Leitershofen
Lützelburg
Margertshausen
Neusäß
Oberhausen
Ottmarshausen
Pfersee
Reinhartshausen
Rettenbergen
Schlipsheim
Stadtbergen
Steppach
Stettenhofen
Täfertingen
Waldberg
Westheim

Einzelsiedlungen:
Bannacker
Burgwalden
Dietkirch
Eggelhof
Engelshof
Gailenbach
Holzhausen
Kobel
Luisenruh
Muttershofen
Oberschönenfeld
Petershof
Schallerhaus
Scheppach
Schmutterhaus
Weiherhof
Wellenburg

[19] Bildstein, Gebhard, Die Entstehung der schwäbischen Landkreise, in: Schwäbische Blätter für Volksbildung und Heimatpflege 4 (1950), S. 117 ff.

Bereits am 10. März 1826 erfolgte die Mitteilung der Genehmigung von der Einrichtung der „Ersparniss-Kasse“ für den Landgerichtsbezirk durch die königliche Regierung des Oberdonaukreises.[20] Freiherrn von Schaezler wird dabei ausdrücklich die Anmerkung für seine Unterstützung der Errichtung des Institutes ausgesprochen. Nachfolgende Auflagen waren zu beachten:

- Die Verzinsung hat erst ab 1 fl. zu erfolgen.

- Auch die Zentralverwaltung hat durch eine „doppelte Kassapersonen“ zu erfolgen.

- Die Übersendung der Geldbeträge von einer Kasse zur anderen hat durch „haftungsfähige“ Personen zu erfolgen, die bei eigen verschuldetem Verlust aus ihrem Privatvermögen den Schaden ausgleichen können.

Die publizierte „Bekanntmachung über die im königlichen bayerischen Landgerichte Göggingen errichtete Ersparniss-Kasse 1826“ vom 21. März 1826 stellte die Geschäftsgrundlage für das Institut dar.[21] Demnach ist die Ersparniss-Kasse für das Landgericht Göggingen in separate „Lokal-Erspamiss-Kassen“ für jeden Pfarrsprengel aufgeteilt, verbunden mit einer Haupt-/Zentralkasse in Göggingen. Die Anlage der Gelder geschieht ausschließlich bei der königlichen Staatsschuldentilgungskasse in Augsburg. Die jeweiligen Gemeindeverwaltungen haften solidarisch für die Einlagen.

[20] StAA, BA Augsburg, Akt 673, Nr. 5; BayHStA, MInn, Akt 53670, fol. 202.

[21] StAA, BA Augsburg, Akt 673, Nr. 10. Gesonderte Statuten für die Ersparniss-Kasse sind nicht auffindbar. Die Bekanntmachung ist abgedruckt bei: Merz (wie Anm. 5), S. 429 f.

Die Einlegergruppen werden wie folgt definiert:

- gering bemittelte Einwohner
- Beisassen
- Pfründner
- Dienstboten
- Handwerksgesellen
- Lehrlinge
- Jugend
- Waisen

Das Einlagenminimum betrug 30 kr., die Verzinsung 4 % p.a. Die Rückzahlung erfolgte in der Regel nach vierteljähriger Kündigung. Die „Älteren, Vormünder, Dienstherren und Meisterschaften" wurden aufgerufen, mögliche Interessenten der Ersparniss-Kasse zuzuführen. Nach der nunmehr erteilten Genehmigung werden mit Circularen die Gemeindevorsteher[22] und Pfarrer[23] des Landgerichtes davon unterrichtet und sogleich der Termin für die erste Sitzung mitgeteilt - Ostermontag, der 3. April 1826.[24] Des weiteren erfolgte eine Einladung zu einer Sitzung am 21. März zum Landgericht nach Göggingen, um die nötigen Details zu besprechen. Mit Nachdruck wurde auf das notwendige Erscheinen und die Unterstützung dieser Anstalt hingewiesen: „Die Beförderung dieser Anstalt, woran Dienstbothen, Handwerker, minderwohlhabende Familien und selbst Kinder theil nehmen können, ist mit Sicherheit- und Religions Polizey so enge verwebet, daß die Herrn Pfarrer im voraus thätigst mitzuwirken sich beeifern werden."[25] Während die Gemeindevorsteher sämtlicher Landgerichtsgemeinden erschienen[26], blieben die Pfarrer von Achsheim, Aystetten, Batzenhofen, Dietkirch, Haunstetten, Hainhofen, Inningen, Ottmarshausen, Reinhartshausen und Steppach der Sitzung fern.[27]
Der erste Sitzungstag der Ersparniss-Kasse brachte nicht den erhofften Ansturm auf die Anstalt. Das Pfarramt von Döpshofen meldete bereits am 8. April dem Landgericht: „Es ist dem unterfertigen Pfarramte schwer, ei-

[22] StAA, BA Augsburg, Akt 673, Nr. 7.
[23] Ebd.
[24] Ebd. Nr. 3.
[25] Ebd. Nr. 7.
[26] Ebd. Nr. 9.
[27] Ebd. Nr. 8.

nem königlichen Landgericht [...] eine Fehlanzeige eingeben zu müssen, obgleich man sich das Zeugniß geben darf, die Sache sowohl öffentlich als privatim auf deutlichste und wärmste empfohlen zu haben."[28] Das Landgericht gab sich mit diesem Mißerfolg nicht zufrieden und antwortete am 23. April 1826: „Da fast von allen Gemeinden Beyträge hierher geliefert werden und selbe ohnehin auch in kleinen Beiträgen angenommen werden, so hätte man eine Fehlanzeige nicht erwarten sollen, zumal wenn die Gemeindeverwaltung mit dem Beispiel vorangeht. Es muß daher nochmal die Gemeinde versammelt und dieselbe über den wohlthätigen Zweck neuerdings belehrt werden, damit wenigstens einiges geleistet wird. Jedenfalls werden auch vorräthige Waisengelder angenommen. Man verläßt sich auf die pfarrliche Mitwirkung und zweifelt nicht mit nächster Sitzung eines besseren Erfolgs vertraut zu werden."[29] Lediglich die „Lokal-Ersparniss-Kassen" der Gemeinden Gablingen, Inningen, Kriegshaber, Bergheim, Haunstetten, Gessertshausen, Anhausen, Stadtbergen und Göggingen konnten Einlagen verzeichnen.[30]

Auffallend ist, daß die Einwohner der Augsburger Vororte Pfersee und Oberhausen sich dieser Einrichtung nicht bedienten. In einem neuerlichen Circular vom 12. April 1826 an die Gemeindevorsteher und örtlichen Pfarrer, das nochmals zum vehementen Einsatz für das neue Institut aufrief, war der königliche Landrichter Reiber der Meinung, die mangelnde Frequenz der Kasse kann „lediglich dem Mangel an Thätigkeit der übrigen Vorsteher zugeschrieben werden."[31] Auch der erneute Aufruf brachte nicht die gewünschte Einlagenmehrung. Eine gehörige Portion Frustration ist der Fehlanzeige der Gemeinde Batzenhofen, Rettenbergen und Edenbergen zu entnehmen: „In Hinsicht der zu errichteten Ersparniskasse im hiesigen Landgerichte wird Gehorsam angezeigt, daß die Verkündigung und Erklärung von Seite des Herrn Pfarrers sowohl auf der Kanzel als auch in der Christenlehre an alle seine Pfarrgenossen aufs nachdrücklichste und empfehlendste erging; auch nicht minder geschah von denen Gemeindeverwal-

[28] Ebd. Nr. ad 7.
[29] Ebd. Rückseite.
[30] Ebd. Nr. 12.
[31] Ebd.

tungen, wo dann Sonntag den 2. u. Sonntag den 16. d. M. die Sitzung im Schulhause statt hatten; aber ungeachtet aller Empfehlungen und Mühe zu diesem Zwecke, Niemanden Sinn dafür zeigte, und die Sitzung beidemalen ohne Verrichtung ihrer so sehr gewünschten Amtsgeschäfte auseinander gehen mußte."[32] Die Gemeinde Westheim teilte am 27. April 1826 dem Landgericht mit, daß „wegen allzuharten geldbedürftigen Zeiten" eine Fehlanzeige zu machen ist.[33]

Das Rumpfgeschäftsjahr 1826

Das erste Geschäftsjahr zeigte am Ende nachfolgenden Rechnungsabschluß:[34] **Einnahmen aus den Gemeinden** (ohne Zinskapitalisierung)

	fl.	kr.
Anhausen	108	30
Kriegshaber	189	48
Haunstetten	42	-
Gablingen	102	-
Stadtbergen	6	-
Gessertshausen	218	-
Bergheim	81	30
Diedorf	15	-
Inningen	22	-
Oberhausen	163	-
Pfersee	26	24
Döpfshofen	40	-
Schlipsheim	30	-
Margertshausen	50	-
Göggingen	373	55
Gesamtsumme	1.468	7

[32] Ebd. Nr. ad 7.
[33] Ebd. Eine ausdrückliche Fehlanzeige wurde auch von der Gemeinde Diedorf eingereicht.
[34] StAA, BA Augsburg, Akt 673, 1.4.1827.

Ausgaben

Staatsobligationen bei der königlichen Staatsschuldentilgungskasse:

		fl.
10. April	Obligation Nr. 2003	700
6. Mai	Obligation Nr. 2013	350
6. Juli	Obligation Nr. 2041	275
31. August	Obligation Nr. 2064	80[35]
27. Dezember	Obligation Nr. 2091	60
Gesamtsumme		**1.465**

Rechtfertigung

Einnahmen	1.468 fl.	7 kr.
Ausgaben	1.465 fl.	- kr.
Einnahmeüberschuß	3 fl.	7 kr.
Zinseinnahmen Obligationen à 5%p.a.	44 fl.	28 kr.
Zinsaufwendungen Spareinlagen à 4%p.a.	37 fl.	31 kr.
Zinsüberschuß	6 fl.	57 kr.
Aufwendungen Schreibmaterialien		57 kr.
Überschuß	6 fl.	- kr.

[35] Grundsätzlich betrug der Mindestanlagebetrag bei der königlichen Staatschuldentilgungskasse 100 fl.

Zum Überschuß von 6 fl. im Gründungsjahr stellte Actuar J.D. King[36] lapidar fest: „Die Bilanz würde sich vorteilhafter heraus werfen, wenn die kleinen Beträge unter 50 fl. der königlichen Staats-Schulden-Tilgungs-Cassa Augsburg sogleich überliefert werden dürften, da aber oft zwey oder drey Monate verfließen bis die Geldbeträge der Einleger zur ansehlichen 50 fl. Acceptations-Summe steigen, so erscheint bey dem ersten Beginn der Anstalt dieses Utile als genügend."
Zieht man nach dem ersten Rumpfgeschäftsjahr ein Resümee, so ist festzustellen, von den 36 Landgerichtsgemeinden und 19 Einzelsiedlungen benutzen nur 15 Gemeinden die Ersparniss-Kasse des Landgerichts. Den größten Einlagenbestand wies Göggingen mit 373 fl. 55 kr. auf, das zugleich Sitz der Zentralkasse war.
Über die soziale Herkunft der Sparer gibt das „Hauptbuch der Districts-Ersparniss-Kassa des königlichen Landgerichts Göggingen, anfangend 1826, geführt von J. D. King als Cassierer und Buchhalter der Central Ersparniss Kassa Verwaltung" Auskunft.[37] Spezifizierte Standesbezeichnungen sind allerdings nur für den Landgerichtsort Göggingen überliefert, nicht für die separat geführten Lokalsparkassen.

[36] Handelsmann in Göggingen.
[37] StAA, BA Augsburg, Akt 673, Hauptbuch.

Sparguthaben Lokalsparkasse Göggingen 31.12.1826[38] (incl. Zinsen)

Soziale Gruppe	fl.	kr.
Tochter des Ochsenwirts	2	46
Sohn des Ochsenwirts	2	46
Köchin des Landrichters	37	2
Dienstknecht	51	26
Sohn des Vorstehers	3	5
Sohn des Vorstehers	3	5
Tochter des Vorstehers	3	5
Tochter des Vorstehers	3	5
Sohn des Sattlermeisters	3	5
Tochter des Sattlermeisters	3	5
Sohn des Handelsmannes	43	24
Tochter des Handelsmannes	35	43
verwitwete Mutter des Handelsmannes	51	26
Waisenkinder	64	45
Dienstmagd	25	32
Pflegesohn des Tierarztes	25	30
Unbemittelte Person	21	55
Unbemittelte Person	6	56
Gesamt	**387**	**41**

[38] Ebd. S. 10 - 32.

Folgernd der spezifizierten Einleger-/Einlagenübersicht des Rumpfgeschäftsjahres 1826 sind 18 Einleger für die Lokalsparkasse Göggingen zu verzeichnen. Sämtliche Sparer gehören zum definierten Kundenkreis der Distriktssparkasse. Bezeichnend ist eine Einlegergruppe von acht Personen (44,5 %), die gänzlich der Verwaltungsspitze zuzurechnen ist - die Köchin des Landrichters, die Söhne und Töchter des Orts-Vorstehers Höfle, Sohn, Tochter und verwitwete Mutter des Handelsmann King als Actuar der Sparkasse. Betrachtet man die jeweilige Einlagenhöhe, ist die Einlage der Waisenkinder, die gewöhnlich mehrere Personen impliziert, die höchste. Auch sie wurde auf Initiative der Gemeindeverwaltung getätigt. In sozialer Hinsicht zählen die Dienstboten zu den Unterschichten. Ihr Lohn wies immer eine naturale Komponente auf, da Unterbringung und Verpflegung meistens dem Dienstgeber oblagen. Dienstbotenlöhne zwischen 12 - 60 fl. waren zu dieser Zeit an der Tagesordnung. Die große Spannweite ist bedingt durch die Tatsache, daß die Dienstboten keineswegs eine homogene Gruppe darstellten, sondern vielmehr eine vielstufige Hierarchie anzutreffen ist.[39] Die Kindereinlagen in einer Bandbreite von 2 - 43 fl. gehören Kindern wohlhabender Leute - Wirt, Sattlermeister, Handelsmann, Vorsteher, Tierarzt. Hohe Summen für Kinderersparnisse zu halten, ist schlechthin absurd. In Wirklichkeit dürfen diese Kindereinlagen wohl aufgrund der bestehenden Satzungsvorschriften als „Strohkindereinlagen" betrachtet werden. Sie stellen oft eine Vermögensanlage der Eltern dar.[40]

Wirtschaftliche Entwicklung der Distriktssparkasse bis 1830

Mit einem Circular vom 11. September 1827[41] wies das Landgericht Göggingen die Gemeinden nochmals an, verstärkt für die Ersparniss-Kasse zur Gewinnung neuer Einlagen einzutreten. Den Grund, warum die Anstalt des Landesgerichts nicht in dem Maße florierte wie das Nachbarinstitut in Augsburg, gaben der Gemeindepfleger und Pfarrer von Leitershofen in ih-

---

[39] Wyssocki, Josef, Untersuchungen zur Wirtschafts- und Sozialgeschichte der deutschen Sparkassen im 19. Jahrhundert, Stuttgart 1980, S. 55 f.
[40] Merz (wie Anm. 5), S. 74.
[41] StAA, BA Augsburg, Akt 673, 11.9.1827.

rer Fehlanzeige glaubhaft zu verstehen: „Der Grund hiervon liegt in der bekannten Armuth der hiesigen Bewohner, wovon die meisten kaum soviel erwerben, daß sie ihre dringensten Bedürfnisse befriedigen können.“[42]
Pfarrer Schiesl und Vorsteher Wiedenmann aus Täfertingen berichteten in gleicher Angelegenheit am 14. September 1827 an das Landgericht in Göggingen : „Unterzeichnetes Pfarramt berichtet hochachtungsvollst, daß die hiesige Gemeindeverwaltung schon dreimal alle Dienstbothen und ledigen Leute im Hause des Ortsvorstehers versammelte und sich sehr bemühte ihnen die Sicherheit und schönen Vorteile vorzustellen, wenn sie etwas zur Ersparnisskasse hergeben würden. Aber alles Zureden war vergebens. Es gab Niemand was her. Dies bezeugt das Pfarramt und die Gemeindeverwaltung.“[43]
Zum Ende des Geschäftsjahres konnte keine neue Gemeinde Einleger für die Idee einer Ersparmiss-Kasse gewinnen. Neue Einlagen von insgesamt 528 fl. 38 kr. flossen aus den Gemeinden Gablingen, Göggingen, Inningen, Oberhausen, Pfersee und Schlipsheim.[44]
Gleich zu Beginn des Jahres 1828 erfolgte ein erneuter Aufruf des Landrichters Reiber an die Pfarrämter, Gemeindeverwaltungen und Schullehrer zur Förderung des Instituts. „Es sind die Gemeinden zu versammeln, es sind auch Insonderheit die weiblichen und männlichen Dienstbothen, alle Handwerksgesellen und Lehrjungen vorzurufen und wenigst zu monatlichen Einlagen zu veranlassen. Vorzüglich sind auch die Vormünder anzuweisen, ihre entbehrlichen Waisenbaarschaften oder Zinsgelder fleißig einzuliefern.“[45] Die Pfarrer wurden sogar mit Ankündigung, zukünftig bei pfarramtlichen Versetzungsgesuchen in den landgerichtlichen Zeugnissen über den Erfolg hinsichtlich der Förderung der Ersparniss-Kasse zu berichten, unter Druck gesetzt.[46]

---

[42] Ebd.
[43] Ebd. 14.9.1827. Weitere Fehlanzeigen liegen aus den Gemeinden Reinhartshausen und Waldberg vor.
[44] StAA, BA Augsburg, Akt 673, 31.12.1827.
[45] Ebd. 15.1.1828.
[46] Ebd.

Einlagenentwicklung der Ersparniss-Kasse für das Landgericht Göggingen[47]

Jahr	Zinsen		Gesamteinlagen[48]	
	fl.	kr.	fl.	kr.
1826	37	31	1.505	38
1827	68	21	2.072	37
1828	93	57	3.214	11
1829	106	11	3.036	31
1830	-	-	1.372	15[49]

[47] Zusammengestellt aus den Jahrabschlußrechnungen der Zentralkasse Göggingen von 1826 - 1830 (STAA, BA Augsburg, Akt 673).
[48] Incl. vergüteter Zinsen.
[49] Der niedrige Gesamtkapitalbestand per 31.12.1830 beruht auf den hohen Rückzahlungen im Laufe des Geschäftsjahres.

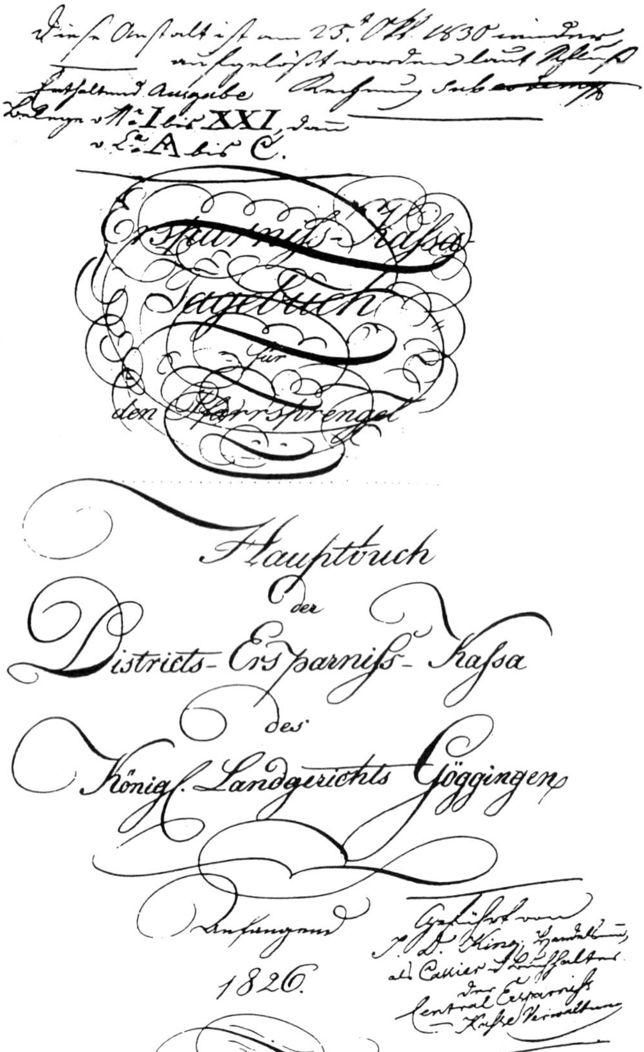

Titelblatt des Hauptbuches der Distriktssparkasse Göggingen aus dem Jahre 1826 (STAA, BA Augsburg, Akt 673)

Ein- und Auszahlungen Lokalsparkasse Göggingen 1827 - 1829[50]

Sozialgruppe:	1827		1828		1829		1827		1828		1829	
	Einlagen						Auszahlungen					
Altkunden	fl.	kr.	fl.	kr.	fl.	kr.	fl.	kr.	fl.	kr.	fl.	kr.
Tochter des Ochsenwirtes	-	-	-	-	-	-	-	-	-	-	-	-
Sohn des Ochsenwirts	-	-	-	-	-	-	-	-	-	-	-	-
Köchin des Landrichters	12	-	50	-	-	-	-	-	-	-	-	-
Dienstknecht	-	-	25	-	25	-	-	-	-	-	-	-
Sohn des Vorstehers	-	-	-	-	-	-	-	-	-	-	-	-
Sohn des Vorstehers	-	-	-	-	-	-	-	-	-	-	-	-
Sohn des Sattlermeisters	-	-	-	-	-	-	-	-	-	-	-	-
Tochter des Sattlermeisters	-	-	-	-	-	-	-	-	3	-	-	-

[50] Zusammengestellt StAA, BA Augsburg, Akt 673, Hauptbuch.

Sozialgruppe:	1827	1828	1829	1827	1828	1829
	Einlagen			Auszahlungen		
Sohn des Handelsmannes	60 20	12 3	-	- -	- -	- -
Tochter des Handelsmannes	6 20	12 3	- -	- -	- -	- -
verwitw. Mutter des Handelsmannes	200 -	- -	- -	- -	- -	264 55
Dienstmagd	- -	- -	- -	- -	- -	- -
Pflegesohn des Tierarztes	- -	- -	- -	- -	- -	- -
Unbemittelte Person	- -	- -	- -	- -	- -	- -
Unbemittelte Person	2 -	- -	- -	- -	- -	- -
Neukunden						
Witwe (1827)	30 -	- -	- -	- -	- -	- -
Dienstmagd (1827)	25 -	- -	- -	- -	27 2	-
Hirtensohn/Waise (1827)	26 -	- -	- -	- -	- -	- -
Dienstmagd (1828)	- -	50 -	75 -	- -	- -	- -
Dienstknecht (1828)	- -	10 -	15 -	- -	- -	- -

Sozialgruppe:	1827		1828		1829		1827		1828		1829	
	Einlagen						Auszahlungen					
Dienstmagd (1828)	-	-	25	-	-	-	-	-	-	-	-	-
Dienstmagd (1828)	-	-	35	-	-	-	-	-	35	-	-	-
Dienstmagd (1828)	-	-	96	-	2	-	-	-	-	-	100	-
Dienstknecht (1828)	-	-	1	-	-	-	-	-	-	-	-	-
Dienstknecht (1828)	-	-	1	-	-	-	-	-	-	-	-	-
Waise (1829)	-	-	-	-	25	-	-	-	-	-	-	-
Gesamt	**307**	**40**	**317**	**6**	**122**	-	-	-	**65**	**2**	**364**	**55**

Ein- und Auszahlungen Gemeinden 1827 - 1829[51]

Gemeinden	1827		1828		1829		1827		1828		1829	
	Einzahlungen						Auszahlungen					
	fl	kr.	fl.	kr.	fl	kr.	fl.	kr.	fl.	kr.	fl.	kr.
Anhausen	-	-	20	-	16	-	-	-	-	-	73	31
Kriegshaber	-	-	50	-	25	-	-	-	-	-	27	35
Haunstetten	-	-	-	-	-	-	-	-	-	-	-	-
Gablingen	-	37	66	3	-	-	-	-	-	-	91	38
Stadtbergen	-	-	-	-	17	-	-	-	-	-	-	-
Gessertshausen	-	-	362	-	38	-	-	-	-	-	299	12
Bergheim	-	-	41	54	-	-	-	-	-	-	-	-
Inningen	12	-	-	-	-	-	-	-	-	-	-	-
Margertshausen	-	-	-	-	-	30	-	-	-	-	-	-
Döpshofen	-	-	-	-	-	-	-	-	-	-	-	-
Schlipsheim	20	-	25	-	-	-	-	-	-	-	-	-
Leitershofen	-	-	-	-	100	-	-	-	-	-	-	-
Gesamt	**211**	**2**	**622**	**24**	**372**	**-**	**-**	**-**	**-**	**-**	**604**	**19**

[51] Zusammengestellt ebd.

Die massiven und permanenten Aufforderungen zur Belebung der Distriktsparkasse trugen im Geschäftsjahr 1828 mit einem Einlagenzuwachs von 1.078 fl., darunter eine Großeinlage von 362 fl. der Lokalsparkasse Gessertshausen, ein wenig Früchte.[52] Bereits im Jahre 1829 gingen die Neueinlagen auf 494 fl. korrespondierend mit erhöhten Auszahlungen von 967 fl. 14 kr. zurück.[53] Anzumerken ist, daß außer Leitershofen keine neue Lokalsparkasse bis 1829 plaziert werden konnte. Als aktive Lokalsparkassen sind neben Göggingen nur Gablingen und Oberhausen mit einem funktionierenden Geschäftsverkehr zu erkennen. Die Tätigkeit der Sparkassen in Haunstetten, Diedorf, Margertshausen und Döpshofen ruhten völlig.

Die Lokalsparkasse Göggingen am Sitz des Landgerichtes konnte im Jahre 1827 drei Neukunden mit einem Einlagevolumen von 81 fl. gewinnen. Auch Sohn und Tochter des Actuars King legten neu ein, insbesondere seine Mutter eine Großeinlage von 200 fl., die höchste Einlage der Anstalt. Auszahlungen sind im Jahre 1827 weder bei den Lokalsparkassen noch bei der Ortssparkasse Göggingen zu verzeichnen. Im Geschäftsjahr 1829, dem erfolgreichsten, bedienten sich sieben Neukunden der Gögginger Sparkasse - alle aus dem Dienstbotenbereich - einer angestellt bei Vorsteher Höfle. Die Einlagen der Dienstboten erfolgten größtenteils zum Zeitpunkt des Arbeitsplatzwechsels, nämlich im Frühjahr. Die Auszahlungen dieser Gruppe wurden ausnahmslos aufgrund des Ortswechsels vorgenommen. Auffallend sind die geringen Einmaleinlagen der Kinder, hier die Kinder des Wirts, Sattlermeisters und Vorstehers. Sie deuten auf 'Anschub-Einlagen' hin. Die honorigen Personen des Orts und der Anstalt wollten mit gutem Beispiel vorangehen. Auch die Gründer der Augsburger Ersparniss-Kasse und „heimliche" Mitbegründer der Gögginger Distriktssparkasse, Freiherr Lorenz von Schaezler, ging in Augsburg mit gutem Beispiel voran, indem er dem satzungsgemäßen Einlegerkreis zum Trotz eine Einlage bei der Anstalt tätigte.[54]

[52] Ebd. 31.12.1828.
[53] Ebd. 31.12.1829.
[54] StAA, Bestand 2, Akt 993, Quittungsbuch Nr. 2300.

Liquidierung der Distriktsparkasse im Jahre 1830

Neben der Nicht-Etablierung der Ersparniss-Kasse des Landgerichts Göggingen am Markt aufgrund mangelnder Akzeptanz in der Bevölkerung und wegen teilweise mangelnder Sparfähigkeit bedingt durch Armut, war die Zinsreduktion für die bei der königlichen Staatsschuldentilgungskasse angelegten Sparkassenkapitalien von 5 % auf 4 % ab 1. Mai 1829[55] mit ausschlaggebend für die Liquidierung des Institutes zum Jahresende 1830.
Am 20. April 1830 erfolgte von Seiten der Staatsschuldentilgungskasse die Aufkündigung sämtlicher von der Ersparniss-Kasse dort angelegter Kapitalien.[56] Die von der Sparkasse Göggingen zu diesem Zeitpunkt dort ausgelegten Kapitalien beliefen sich auf 1.385 fl. . Aufkündigung 1 Monat, 60 fl. Aufkündigung 3 Monate und 1.330 fl. Aufkündigung 6 Monate.[57] Im Monat Mai floß daher bereits ein Betrag von 1.385 fl. zurück. Deswegen wurden die Gemeindevorsteher aufgefordert, am 22. Mai beim Landgericht mit dem „Gemeinde Sparkasse-Buchl" zu erscheinen und gegen Quittung und Rückgabe des Sparkassenbuches die Einlagen in Empfang zu nehmen.[58] Die Gemeindevorsteher erhielten den Auftrag, die Einleger ausdrücklich daraufhin zu weisen, daß sie ihre Spargelder weiterhin anderswo in Sicherheit anlegen und nicht auf „leichtsinnige Weise verschwenden oder vernachlässigen sollten".[59]

Schlußbemerkung

Trotz der anfänglichen Euphorie besonders seitens der Gemeindeverwaltungen - 24 bestätigten dies ausdrücklich schriftlich an das Landgericht im Jahre 1827 -, für die Errichtung einer gemeinnützigen Sparanstalt für den Landgerichtsbezirk Göggingen war der Distriktsparkasse Göggingen nur eine kurzfristige Lebensdauer von knapp fünf Jahren beschieden. Exem-

---

[55] StAA, BA Augsburg, Akt 673, Nr. 529 u. 795; BayHStA, MInn, Akt 52670, fol. 216; Wysocki, Josef, Pix, Manfred, Keine eigenen Wege!, Neustadt a. d. Aisch 1995, S. 179.
[56] StAA, BA Augsburg, Akt 673, Nr. ad 1430.
[57] Ebd. Anhang.
[58] Ebd. 8.5.1830.
[59] Ebd. Rückzahlung der Einlagen erfolgte sukzessive je nach Zeitpunkt der Aufkündigungsfrist.

plarisch der Brief der Gemeindeverwaltung Gablingen vom 1. Oktober 1827, die beispielhaft als eine der wenigen Gemeinden das Institut der Lokalsparkasse pflegte: „Da die Errichtung einer Ersparniss-Kasse im königlich bayerischen Landgericht Göggingen als eine vielseitig erwünschte Gelegenheit und wahre Wohltat ins Leben getreten ist, so hält es die gehorsamst unterfertigte Verwaltung für ihre angenehme Pflicht, hiermit dem königlichen Landgerichte für diese wohltätige Anstalt den aufrichtigen Dank abzustatten, mit der Erklärung möglichst zu solcher gemeinnützigen Anstalt diesorts beyzutragen."[60]

Hauptursächlich für die mißlungene Sparkassengründung war sicherlich die nicht gegebene Sparfähigkeit der definierten Zielgruppen. Es muß daher kritisch angemerkt werden, daß die Gründungsintention sicherlich positiv gemeint war, aber die vorausgesetzte Sparfähigkeit eher dem Wunschdenken der Gründer entsprach als der reellen Wirklichkeit der Bevölkerung.[61]

Durch die Initiative des Landrichters Freiherr von Leoprechting im Jahre 1859 konnte im Jahre 1860 zum zweitenmal eine „Distrikts-Anstalt" für den Landgerichtsbezirk Göggingen eröffnet werden.[62] Diese Sparkassengründung erfuhr 1863 das gleiche Mißgeschick wie ihre Vorgängersparkasse - sie wurde u. a. „wegen mangelndem Erfolg" der Ersparniss-Kasse Augsburg eingegliedert.[63]

---

[60] StAA, BA Augsburg; Akt 673, Nr. 13/7.

[61] Gladen, Albin, Sparkassen als Element der Modernisierung im Prozeß der Entstehung und Ausprägung der industriellen Welt, in: Zeitschrift für bayerische Sparkassengeschichte 6 (1992), S. 24.

[62] StAA, Bestand 11, Akt 1436, Nr. 9; STAA, BA Augsburg, Akt 674, Nr. 11 und Nr. ad. 12.

[63] StAA, Bestand 2, Akt 999, Nr. 1; STAA, BA Augsburg, Akt 674, Nr. ad. 101.

„Darum habe ich mich auch nie mit Weltverbesserung abgegeben"

Der Augsburger Bistumsklerus und die Revolution von 1848

Stefan Miedaner

Während auf der Ereignisebene die Revolution von 1848/49 in Augsburg und Bayerisch-Schwaben schon seit längerer Zeit relativ gut erforscht ist, gibt es vor allem in jüngster Zeit neue Forschungsansätze im Bereich der Kultur-wie auch der Mentalitätsgeschichte zu vermelden.[1]
Dieser Beitrag untersucht deshalb weniger die politische Rolle des Klerus bei den Unruhen von 1848/49, sondern das, was sie mentalitätsgeschichtlich bewirkt haben. Erstmals soll das „gesellschaftspolitische Engagement" des Augsburger Bistumsklerus unter Auswertung einer bisher in diesem Zusammenhang noch nicht gewürdigten Quelle, nämlich der Protokollbände des Augsburger Generalvikariats, behandelt werden.
Wenn hier von gesellschaftspolitischem Engagement die Rede ist, so ist dies nicht primär im heutigen Sinne gemeint. Man könnte eher von einer gewissen Politisierung des Klerus sprechen, der sich nun erstmals in größerer Zahl angesprochen fühlte, an der tagespolitischen Diskussion teilzunehmen. Hierbei spielte die in der der ultramontanen Periode des Ministers Carl von Abel eingetretene Polarisierung sicherlich auch eine gewisse Rolle, als beispielsweise einzelne Augsburger Geistliche Abel gegenüber den Vorwürfen von liberaler Seite, die Protestanten auszugrenzen, in

---

[1] Immer noch grundlegend: Dietmar Nickel, Die Revolution 1848/49 in Augsburg und Bayerisch Schwaben (Schwäbische Geschichtsquellen und Forschungen, Bd. 8), Augsburg 1965; Kurt Bachmann, Die Volksbewegung 1848/49 im Allgäu und ihre Vorläufer, Diss. Erlangen 1954; H. Keßler, Politische Bewegungen in Nördlingen und im bayerischen Ries während der deutschen Revolution 1848/49, Diss. München 1939.

Schutz nahmen.[2] Um 1848 kam es allerdings zu ciner differenzierteren Haltung des Klerus, die diesen nicht mehr als eine homogene Gruppierung in Erscheinung treten ließ. Insofern sind jetzt einzelne Äußerungen und Diskussionsbeiträge von Augsburger Diözesangeistlichen gemeint, die nicht ohne Folgen blieben und gewisse disziplinarische Maßnahmen einleiteten.

In einer jüngeren umfangreichen Untersuchung wurde die bayerische Religionspolitik um 1848 als Revolutionsvorbeugungspolitik definiert und hinsichtlich der Rolle der bayerischen Bischöfe von einem Bündnis von Thron und Altar „concordia sacerdotii et imperii" gesprochen.[3] In diesem Rahmen hat auch gerade das Verhalten des Augsburger Bischofs Peter von Richarz in der Forschung deutlichere Konturen angenommen.

So wurde die Geistlichkeit von den Bischöfen angewiesen, von den Kanzeln herab Regierungsaufrufe zur Aufrechterhaltung der Ruhe im Lande zu verlesen. Jahre später sollte diese patriotische Haltung vieler Pfarrer von der Regierung gewürdigt werden. Eine sogenannte „weiße Liste", ein Untersuchungsbericht der Regierung von Schwaben vom 10. September 1852 zeichnete diejenigen Personen aus, die sich in den Jahren 1848/49 für den allerhöchsten Thron und die Regierung hervorgetan hatten.[4] Wichtige Kriterien waren dabei das Eintreten für Ruhe und Ordnung, der Kampf für die Aufrechterhaltung der religiösen Prinzipien, der staatlichen Ordnung und des monarchischen Prinzips sowie die Anhänglichkeit an König und Dynastie. Hier wurden mit einer ausdrücklichen Belobigung von Seiten der Regierung erwähnt: Wilhelm Zwirg, Pfarrer und Distrikts-Schulinspektor von Leitershofen; Johann Baptist Maier, Pfarrer und Distriktsschulinspektor von Durach, dessem Einfluß es vorzüglich zuzuschreiben war, daß sich das nahe Kempten gelegene Durach *nicht an den politischen Verirrungen der letzten Jahre beteiligte;* Kaplan Georg Freytag von Krumbach; Stadtpfarrer Josef Georg Dreer von Lindau; Pfarrer Gregor Lenner von Ober-

---

[2] Vgl. Ein Wort an den Herrn Reichsrath Fürsten von Wrede als Echo im bayerischen Walde von Joseph Schwindl, katholischem Pfarrer zu Kaisheim, Augsburg 1846.

[3] Manfred Hanisch, Für Fürst und Vaterland. Legitimitätsstiftung in Bayern zwischen Revolution 1848 und deutscher Einheit, München 1991, bes. S. 250-304.

[4] Abdruck der *Weißen Liste* bei D. Nickel, a.a.O., S. 222-229.

thingau; Joseph Lutz, Pfarrer und Distriktsschulinspektor von Stephansrettenberg; Franz Xaver Blank, Pfarrer und Kammerer von Wertach; Joseph Kirschner, Pfarrer und Distriktsschulinspektor von Zusmarshausen.
In der sog. schwarzen Liste, d.h. dem Verzeichnis derjenigen Personen, die sich in den Jahren 1848/49 gegen den allerhöchsten Thron und die Regierung hervorgetan hatten, wird nur ein einziger Priester, der Benefiziat Johann Nepomuk Braunmüller von Bernbeuren als *erster Urheber der wühlerischen Umtriebe in Bernbeur*en aufgeführt.[5] Insgesamt wird man aber sagen müssen, daß sich der seit Jahren im Ordinariat verhandelte Fall Braunmüller (auch *Braunmülleriana* genannt) hier nicht einordnen läßt.[6] Braunmüller hatte als Frühmeßbenefiziat von Bernbeuren heftigste, wie sich bald zeigen sollte, völlig haltlose Vorwürfe bis hin zu Drohungen gegen seinen vorgesetzten Pfarrer von Behlingen, Johann Nepomuk Lerchenmüller vorgebracht und dabei einen Teil der Pfarrgemeinde auf seine Seite gezogen. Im Revolutionsjahr 1848 eskalierte schließlich die Disziplinaruntersuchung darin, daß Braunmüller unter Polizeigewahrsam in das Priesterkorrektionshaus nach Dillingen verbracht werden mußte.
Im übrigen handelte es sich auch bei dem Priester Johann Nepomuk Lerchenmüller um eine außergewöhnliche Persönlichkeit.[7] Er war 1830/31 mit missionarischen Eifer als Herausgeber der in Kempten erscheinenden konstitutionellen Kirchenzeitung hervorgetreten und hatte mehrere Schriften gegen den Zölibat publiziert, wobei seine eigene Lebensführung aber absolut integer war. Gegner Lerchenmüllers wie der hochorthodoxe Graf Fugger von Glött konnten ihm deshalb ihre Anerkennung nicht versagen. Bischof Richarz selbst setzte sich später in einem Schreiben an den Kronprinzen Maximilian für Lerchenmüller ein, den er auf die Pfarrei Waltenhofen präsentieren wollte.[8] Interessant ist die Bemerkung von Richarz, inzwischen seien 15 Jahre über die theoretischen Verirrungen Lerchenmül-

[5] Abdruck der *Schwarzen Liste* bei Nickel, a.a.O., S. 230-255, hier S. 234.
[6] Archiv des Bistums Augsburg (ABA) zahlreiche Einträge in den Generalvikariatsprotokollen der Jahre 1847 bis 1849.
[7] Vgl. Walter Steinböck, Alois Lerchenmüller, 1801-1864, ein gemäßigter klerikaler Aufklärer Bistum Augsburg, in: JBVAB 11, 1977, S. 157-178 bzw. 12, 1978, S. 252-277.
[8] Schreiben vom 24.7.1845; ABA BO 61.

lers hinweggegangen, also mehr als das Dreifache der Zeit, *binnen welcher Abel aus einem Verworfenen ein Hochbegnadigster wurde*, womit er auf den bekannten Gesinnungswechsel des ehemals liberalen Ministers anspielte.

Aufschlußreich an dem Fall Lerchenmüller/Braunmüller ist schließlich die oben erwähnte Bewertung durch die Regierung von Schwaben. Allein durch die Tatsache, daß durch eine rein innerkirchliche Auseinandersetzung eben auch die kirchliche Autorität in einer Gemeinde beschädigt wurde, sah man ein Politikum, eben die gleichzeitige Beschädigung der staatlichen Autorität.

Gerade einem Bischof wie Peter von Richarz (1836-1855), der das Domkapitel unter seine Autorität gezwungen hatte und in dessen Amtszeit es zu einer bisher wohl kaum dagewesenen Konfrontation von Bischof und Domkapitel kommen sollte, mußte die Aufrechterhaltung der staatlichen wie kirchlichen Autorität ein unbedingtes Anliegen sein.[9] Der Augsburger Regierungspräsident Carl von Welden, ansonsten im Vorgehen gegen liberale Presseäußerungen mit dem Bischof völlig einig,[10] sprach in einem Bericht an das Kultusministerium vom Terrorismus, den der Bischof seinem Klerus gegenüber ausübe und betonte, daß es von einem Domkapitular großen Mut erfordere, *auch einem so absolut herrschenden Bischofe gegenüber... seiner Überzeugung getreu zu bleiben.*[11] Eine gewisse Konzilianz zeigte Richarz in einem Generale vom 18. April 1848, als er es allen Priestern der Diözese freistellte, an den Sitzungen des allgemeinen geistlichen Rates als Zuhörer teilzunehmen, was aber insgesamt nicht allzu hoch zu veranschlagen sein dürfte.[12]

---

[9] Thomas Grollas neue Augsburger Domkapitel. Von der Wiedererrichtung (1817/21) bis zum Ende des Zweiten Weltkriegs (1945), Münchener Theologische Studien Band 34, St. Ottilien 1996, S. 215 f.

[10] Am 21.7.1850 schrieb Welden an Richarz: *Die Bekämpfung der schlechten Presse, welche alles Heilige und Erhabene in den Koth zieht und die Achtung vor der weltlichen wie geistlichen Obrigkeit untergräbt, ist ohne Zweifel eine der wichtigsten Aufgaben eines jeden, der es mit Kirche und Staat redlich meint*; ABA BO 5076.

[11] Zitiert bei Groll, a.a.O., S. 218.

[12] ABA Generalien des Bischofs Richarz.

Im Revolutionsjahr 1849 berichtete Richarz über seine Visitationsreisen: *Im ganzen ging mein Bestreben während meiner diesjährigen Reise durch den westlichen Theil meiner Diözese dahin, nicht blos den Klerus, sondern auch die mich begrüßenden Beamten und Gemeindeverwaltungen in ungesuchter Weise aufmerksam zu machen auf den Terrorismus, der sich hinter der Freiheit, auf die Tyrannei, die sich hinter der Gleichheit, und auf die großartige Dieberei, die sich hinter der Brüderlichkeit in Baden und der Pfalz geltend macht.*[13]
Hier wird deutlich, wie der Bischof seine ganze Autorität in die Waagschale warf, um gegen die Märzforderungen Stellung zu beziehen und den damaligen Wahlkampf zu beeinflußen.
In seinem Hirtenbrief zur Fastenzeit vom 25. Februar 1848 hatte Richarz darauf hingewiesen, daß mit dem Zauberwort der Zeit *„Freiheit“ ... Mißbrauch zur Verwirrung reizbarer Köpfe und zur Befriedigung selbstsüchtiger Begierden getrieben worden* sei.[14] Wenn Richarz hier die Freiheitsforderungen fast ausschließlich negativ interpretierte, so sollte die Diskussion um diesen zentralen Begriff noch längere Zeit anhalten.
Im Herbst 1848 kam es dann bekanntlich zu einer Versammlung aller deutschen Bischöfe in Würzburg, bei der als Hauptanliegen die Freiheit der Kirche von staatlicher Bevormundung formuliert wurde. Die kirchlichen Forderungen wurden auch in Augsburg in einem bischöflichen Rundschreiben publiziert.
Diese kirchliche Freiheitsparolen des Jahres 1848 wurden von den Pius-Vereinen für religiöse Freiheit aufgegriffen, von denen in Augsburg der Sitz des Zentral-Piusvereins ansässig war, der vor allem durch zahlreiche Adressen an den bayerischen Landtag in Erscheinung trat.[15]

---

[13] Zitiert bei Hanisch, a.a.O., S. 187.
[14] BA Generalien des Bischofs Richarz.
[15] Gernot Kirzl, Staat und Kirche im Bayerischen Landtag zur Zeit Max II. (1848-1864), Miscellanea Bavarica Monacensia, Heft 50, München 1974, S. 113; Ernst Heinen, Katholizismus und Gesellschaft. Das katholische Verweinswesen zwischen Revolution und Reaktion (1848/49-1853/54), Idstein 1993, beschäftigt sich in erster Linie mit den Piusvereinen als katholische Antwort auf die revolutionären Ereignisse von 1848. Im Zuge der Restauration, vor allem nach Erlaß der bayerischen Vereinsordnung vom 26.2.1850 verloren sie rasch an Einfluß.

Das Engagement junger Kapläne im Allgäu für den Pius-Verein führte offensichtlich rasch zu Polarisierungen. Der Kaplan von Wertach, Kaspar Rehm, der dort einen eigenen Pius-Verein gründen wollte, trat als besonders eifriger Agitator auf. Angeblich wollte er den Lesern der Kemptener Zeitung die Ausübung geistlicher Handlungen verweigern.[16] Das Ordinariat beauftragte den Kapitelskammerer, ihn den *väterlichsten Vorhalt wegen seines frequenten Wirthshausbesuches zu machen* und ihn zur Befolgung der kirchlichen Vorschriften zu ermahnen.[17]

Kaplan Peter Schmelz von Sulzberg predigte *wer nicht für mich ist, ist wider mich* und bezog eindeutige Stellung gegen die Lügner und Schreier der Volksvereine.[18] Er erhielt nach einem Wirtshausbesuch in Sulzberg nach Mitternacht auf öffentlicher Gasse Schläge, was zu einer Untersuchung durch das Ordinariat führte.[19]

1849 wurde von den Pius-Vereinen eine Broschüre an den bayerischen Landtag mit zahlreichen Unterschriften geschickt, in denen die Grundzüge der Würzburger Bischofsdenkschrift nachhaltig vertreten wurden.Wenn hierzu kritisch angemerkt wurde, daß bei der vorbehaltlosen Unterordnung des katholischen Laienvereins unter den Willen des Episkopats sich der beanspruchte katholische Volkswille geradezu wieder aufhob, so wird hier allerdings ein Demokratieverständnis von heute auf die damalige Zeit übertragen, was sicherlich nicht zulässig ist.[20]

Der politisch engagierte Katholizismus, wie er in München im Kreis um Joseph von Görres praktiziert wurde, brauchte sehr lange, bis er auch zum beherrschenden Element innerhalb des Klerus wurde. So war insbesondere der ländliche Pfarrklerus in den 1830er Jahren noch maßgeblich von den Gedanken Sailers beinflußt, zu einer Zeit, als hier bereits an den theologischen Ausbildungszentren ein Umschwung einsetzte.[21]

---

[16] Bachmann, Volksbewegung, a.a.O., S. 126.

[17] ABA Generalvikariatsprotokoll (künftig GVPr) 122, Sitzung vom 22. Juli 1848.

[18] Bachmann, Volksbewegung, a.a.O., S. 126.

[19] ABA GVPr 122, Sitzung vom 6. Mai 1848.

[20] Kirzl, a.a.O., S. 114.

[21] Vgl. Ludwig Holzfurtner, Gesellschaft, Kirche und Politik 1830-1838, in: W. Brandmüller (Hrsg.), Handbuch der Bayerischen Kirchengeschichte, Bd. 3, Von der Säkularisation bis zur Gegenwart, St. Ottilien 1991, S. 147.

Herausragend in der damaligen katholischen Publizistik waren die von Joseph Görres, später dann von seinem Sohn Guido Görres redigierten, historisch-politischen Blätter für das katholische Deutschland, die beispielsweise über die jeweiligen Kapitelsbibliotheken auch vom Klerus der Augsburger Landpfarreien rezipiert wurden. Dort wurden 1848 eingehend die Gründung des von Joseph Görres gegründeten Münchener *Vereins für konstitutionelle Monarchie und religiöse Freiheit*, sein Programm und seine Statuten erörtert. Der Autor fragte, warum die neuen sogenannten Errungenschaften von so unheilvollen Folgen begleitet seien, daß viele insgeheim das Unmögliche, nämlich die Rückkehr der gestürzten Ordnung, trotz all ihrer Mängel, wünschten.[22] Er zweifelt die politische Reife und Mündigkeit der Bürger an. Anarchie und Zügellosigkeit seien die Folge. Die Preßfreiheit erlaube es jedem, die Grundlagen aller gesellschaftlichen Ordnung, Religion, Sitte und Gesetz anzufeinden, zu verhöhnen und zu unterwühlen. Die öffentliche Meinung sehe hier tatenlos zu. Es regiere die Angst vor dem Proletariat, das durch den Wirtschaftsliberalismus entstanden sei.
Die von den Historisch-Politisch Blättern so heftig attackierte Pressefreiheit wurde in der von Karl Haas redigierten Augsburger Zeitschrift für katholisches Leben und Wissen „Neue Sion" übrigens weitaus differenzierter und gemäßigter beurteilt: *Meine letzte Bitte an den niederen Klerus besteht darin, daß er die Presse nicht zu hoch und nicht zu nieder anschlage. Nicht zu hoch, um sich in sie zu verlieren, nicht zu nieder, um ihre Bedeutung für diese Zeit nicht zu verkennen. Nicht umsonst ließ es Gott zu, daß sie frei ward. So nur kann sie als freie in den Dienst der katholischen Kirche treten; anders ist sie dieser nicht würdig. In Zukunft wäre es eine strafbare Indolenz, wollte der Klerus nicht mit Eifer ein Wort in der freien Presse mitsprechen, und eine noch strafbarere Indolenz, die für ihn kämpfende Presse durch Theilnahmslosigkeit zu schwächen. Wünsche, Beschwerden, Vorschläge werden und müssen laut werden...*[23]

[22] Historisch-politische Blätter für das katholische Deutschland, 2. Band, Jahrgang 1848, S. 228.
[23] Neue Sion Nr. 70 vom 10.06.1848.

Von Interesse ist hier, daß die Pressefreiheit als eine Chance für den Klerus begriffen und im Gegensatz zu den weitaus einflußreicheren historisch politischen Blättern insgesamt positiv bewertet wird. Der Klerus wird geradezu zur Mitsprache aufgefordert. Es läßt sich schwer beurteilen, wie diese Ansichten vom Augsburger Bistumsklerus rezipiert wurden. Sicherlich fanden Diskussionen statt. Pfarrer Pius Egger[24] von Scheppach, zugleich Dekan des Landkapitels Jettingen griff diese Anregung auf, als er sowohl in der Augsburger Postzeitung als auch im Neuen Sion[25], von sich aus die Abhaltung einer Diözesansynode anregte und in diesem Zusammenhang zu einer Petition an den Bischof aufrief: *Aber auch wir, der Seelsorgeklerus, haben mancherlei Wünsche, Bitten, so auch gegründete Beschwerden; wo könnten sie eindringlicher vorgebracht und gesicherter erfüllt und erledigt werden, als auf Diöcesansynoden ? Auch uns gilt noch, theure Mitbrüder manches kostbare Gut zu erringen. Wir erinnern nur, ohne näher darauf einzugehen, an größere Freiheit der Rede in jeglicher Beziehung, an eine für Alle gleich freundliche und liebevollere Behandlung von Seite der Oberen, an die so nothwendige Angabe des Klägers bei Anklagen, Verwerfung, resp. Nichtachtung anonymer Denunciationen, an geneigte Ertheilung der Dimmissorien, an bereitwillige Ausstellung und nicht mehr willkürliche Verweigerung vorschriftsmäßiger Zeugnisse, bessere Versorgung für privirte Geistliche, Behandlung aller Rechtssachen als Rechtssachen, geregeltes und gleichmäßiges Strafverfahren und dgl...*
Egger spielte hier höchstwahrscheinlich auf den Fall des Priesters Kaspar Wolf an, der in eingeweihten Kreisen großes Aufsehen erregt haben dürfte.[26]

---

[24] Geb. am 29. April 1800 in Warmisried, Priesterweihe 17. Mai 1826, Dekan des Landkapitels Jettingen und Distriktsschulinspektor im Landgericht Burgau; ob eine Verwandtschaft zu der Familie des einflußreichen, ultramontan gesinnten Domkapitular Dr. Karl Egger (1772-1849) besteht, aus dessen Familie mehrere Priester hervorgingen ist unklar, vgl. Groll, Augsburger Domkapitel, a.a.O., bes. S. 484-501.

[25] Augsburger Postzeitung vom 4. August 1848 bzw. Sion, 1. Juni Hälfte 1848.

[26] Zur Verhandlung im Beschwerdeausschuß vgl. G. Kirzl, Bayerischer Landtag, a.a.O., S. 20 f.

1848 hatte sich Wolf an den Beschwerdeausschuß des Bayerischen Landtages gewandt. Er war 1843 von seiner Vikarsstelle in Zusmarshausen suspendiert worden und hatte versucht, sich 1844 in Augsburg niederzulassen, wobei ihm der Magistrat die Bedingung stellte, er solle ein Zeugnis beibringen, daß seinem Aufenthalt kein kanonisches Hindernis entgegenstünde. Eben dieses Zeugnis war ihm vom Ordinariat verweigert worden, worauf er aus Augsburg verwiesen wurde. Der Magistrat sah in seinem ungebührlichen Auftreten gegen das bischöfliche Ordinariat Anlaß genug, ihm den Aufenthalt zu verweigern. Beschwerden an die Regierung von Schwaben in Neuburg und an das Ministerium des Innern sowie ein Gesuch an den König blieben ohne Erfolg. Die Ursache für Wolfs Suspendierung bestand offensichtlich darin, daß er einer Versetzung nicht nachgekommen war, also sich ungehorsam gegenüber seinem Bischof zeigte. Er hatte jedoch keine Akteneinsicht erhalten und war über die gegen ihn gerichteten Vorwürde im Unklaren, wobei schließlich noch völlig ungerechtfertigte Denunziationen seine Lage verschlechterten. Er erhielt schließlich am 17. April 1848 im Beschwerdeausschuß Recht. Das Innenministerium hob die Entschließungen der Kreisregierung und des Augsburger Magistrats auf, so daß seinem Aufenthalt in Augsburg nichts mehr entgegenstand.

Eggers Aufruf ist so als eine Forderung nach mehr Mitsprache gegenüber seinem autoritären Bischof zu verstehen. Die Anspielung auf den spektakulären Fall des Priesters Caspar Wolf entbehrte nicht der Brisanz und wurde von Richarz zweifellos auch so verstanden.

Der Hinweis Eggers auf bereits 100 vorliegende Unterschriften, darunter von Männern anerkannten Rufes und ausgezeichneter Talente, ließ den Bischof vorsichtige Erkundigungen nach der Akzeptanz einer solchen Forderung nach der Abhaltung einer Diözesansynode einziehen. Auf eine wohl vertrauliche Anfrage bei dem Dekan Hitzler von Kaufbeuren, meinte dieser, *daß eine solche Synode nicht notwendig sei und eine solche Petition wahrscheinlich nicht gut aufgenommen werden würde. In anderen Kapiteln fände diese Einladung wenig Anklang.*[27]

[27] ABA Dekanatsarchiv Kaufbeuren D 232.

Solchermaßen beruhigt, reagierte Richarz darauf mit einer Zensurmaßnahme.[28] Wic nicht anders zu erwarten, fand die in der Zeitschrift „Sion" angeregte Mitsprache des Klerus bei Diözesanangelegenheiten beim Bischof wenig Anklang, zumal sie sofort als Kritik an seinem autoritären Regierungsstil empfunden werden mußte. Dies geht auch aus einem Schreiben von Richarz an dem ihm befreundeten Kölner Erzbischof v. Geissel über diesen Vorfall hervor: *Bey meinem Klerus hat sich die polemische Tendenz nur in einem der Postzeitung im August v.J. inserirten Einladung zu einer Petition um Diözesansynoden bemerklich gemacht... Straflos kommen mir übrigens die Theilnehmer an dem in der Postzeitung veröffentlichten Aufrufe nicht durch; nur werde ich die Hauptrüge auf die Synode selbst verschieben. Es war gerade mein allerschlechtestes Kapitel, von dem er ausging und mein allerschlechtester Dekan, der sich zum Colporteur hergab.*[29]

Übrigens hatte der so geschmähte Dekan Egger im Revolutionsjahr 1848 schon einmal Stellung bezogen. Ungewöhnlich für einen Geistlichen hatte er in einer Eingabe der Gemeinden Jettingen Scheppach, Ried, Freihalden, Oberwaldbach an die Kammer der Abgeordneten in München *das übergroße Einkommen der meisten Landpfarreien von jährlich 1500 bis über 3000 fl* beanstandet, das *viele von dem Clerus zu einem anstössigen Wohlleben und Luxus* verleite, *wodurch Vertrauen und Glauben des Volkes verschwinde und die hl. Religion selbst entwürdiget werde...*[30] Sowohl durch seine Kritik an der Kirchenleitung als auch durch seine Reformbestrebungen kann man Egger vorsichtig als kirchlichen Reform-Liberalen bezeichnen, der folgerichtig auch sofort mit seiner Kirchenleitung in Konflikt geriet.

---

[28] *Da der Dekan Pius Egger in Scheppach sich einfallen ließ, in einem Artikel der Postzeitung dato Scheppach 2.August 1848 zu Erklärungen an das Dekanat Jettingen in einer Sache einzuladen, der abgesehen von allen anderen zu dem Amte eines Dekans vom Capitel Jettingen in gar keiner Beziehung steht, so wurde demselben unterm 7.August aus Auftrag Sr. bischöfl. Gnaden dieser Mißbrauch seiner amtlichen Stellung alles Ernstes verwiesen und gegen ihn die Erwärtigung ausgesprochen, derselbe werde in demselben Blatte den gerügten Ausdruck ungesäumt berichtigen;* ABA GVPr 122, Sitzung vom 5.8.1848.

[29] Schreiben Richarz an Geissel, Augsburg 16.3.1849; ABA BO 125.

[30] ABA GVPr 122, Sitzung vom 15.4.1848.

Überhaupt tat der Bischof sich schwer, mit den Veränderungen der neuen Zeit zurechtzukommen. In einem Gutachten vom 21. Dezember 1849 an den König Ludwig I. über die Tauglichkeit der Benediktiner von St. Stephan in Augsburg für die in Aussicht genommene Neugründung von St. Bonifaz in München schrieb er: *Uebrigens muß ich Ew. Majestät bekennen, daß ich in den letzten 2-3 Jahren weit weniger mit dem Betragen der Benediktiner von St. Stephan zufrieden war als früher. Besuche der mir so verhaßten Wirthshäuser, spätes Heimgehn am Abende, unbesonnenes oft leidenschaftliches Räsonnement über die Fragen des Tags, lebhafter Verkehr mit den Journalisten aller Farben, Unziemlichkeiten in der Kleidung bildeten den Gegenstand häufiger Klagen aus dem Munde gutgesinnter Personen und meiner Erinnerungen theils durch den Prälaten theils unmittelbar an die jüngeren Ordensglieder.*[31]
Ein solches jüngeres Ordensmitglied war der spätere Zeitungs- und Buchverleger Max Huttler (1823-1887), der 1845 in den Orden eingetreten war und dort zunächst als Studienlehrer und Klassenleiter an der Lateinschule des Klosters wirkte[32]. Seinen journalistischen Neigungen konnte er als nebenamtlicher Redakteur der in Augsburg erscheinenden Zeitschrift „Siloah" nachgehen, die sich laut Untertitel dem *religiösen Fortschritt inner der Kirche* verschrieben hatte. Eben diesen religiösen Fortschritt konnte Huttler offensichtlich nicht erkennen, so daß er 1852 definitiv aus dem Orden austrat, um sich später in München und Augsburg als Verleger im religiösen Kunstbuchdruck einen Namen zu machen. Offensichtlich war eben um 1848, nicht zuletzt aufgrund der ablehnenden Haltung der Kirchenleitung, eine Doppelbegabung von Priestertum und katholischer Publizistik noch nicht realisierbar.
Festzuhalten ist in dem gerade erst begründeten Benediktinerstift von St. Stephan ein gewisser Generationskonflikt, wenn davon die Rede ist, daß

---

[31] ABA Konzept in BO 5076.
[32] Paul Hoser, Max Huttler als Zeitungs- und Buchverleger (1823-1887), in: H. Gier, J. Janota (Hrsg.), Augsburger Buchdruck und Verlagswesen, Wiesbaden 1997, S. 1019-1032; Annemarie Meiner, Max Huttler, ein Wegbereiter für das schöne Buch, in: H. Rost (Hrsg.), Sankt Wiborda, 7. Jgg., Augsburg 1940, S. 88-95.

vor allem die jüngeren Konventualen von einer Politisierung erfasst wurden, die vor allem dem Bischof suspekt sein mußte.
Ein weiteres Mal sah sich der Bischof veranlasst, in die Angelegenheiten des Dillinger Priesterseminars einzugreifen, das gleichfalls von den unruhigen Zeitströmungen ergriffen wurde. Der Alumnus Georg Hafermair hatte auf das Gerücht hin, daß die Priesterweihe offensichtlich aufgrund der Märzunruhen vom Frühjahr auf den Sommer (August) des Jahres 1848 verlegt werden sollte, seinen Unmut in einem Brief an einem befreundeten Alumnus des Georgianums in München geäußert: *Kann es einen größeren Unsinn geben, als 2 Jahre in dieses Sauloch (Seminar) hereinsitzen zu müssen, ohne Vacanz, ohne Freiheit, kann es eine größere Thorheit geben als noch einen Sommer da zuzugeben, wo man sich auf keine vernünftige Weise unterhalten kann*?[33] Der Inhalt dieses vertraulichen Briefes war dem Bischof durch Dritte hinterbracht worden, worauf dieser bei dem Ende Juni in Dillingen stattfindenden Synodalexamen offensichtlich ein Exempel statuieren wollte. Der Bischof erklärte dem Weihekandidaten, der noch dazu als Bester seines Kurses die Prüfung absolviert hatte, daß er ihn vor Ablauf eines Jahres nicht ordinieren könne. Er habe die Wahl, jetzt auszutreten oder noch ein Jahr im Seminar zu bleiben. Darauf bemühten sich der Regens und die Theologieprofessoren, den Bischof zu einem milderen Urteil zu bewegen und den verzweifelten Kandidaten, der sofort austreten wollte, gleichfalls umzustimmen. Schließlich kam man dahin, daß Hafermair mit den übrigen geweiht werden sollte, nach der Primiz aber noch einmal zur Strafe ins Seminar zurückkehren mußte. Die Formulierung des Chronisten *und so endete dieser odiose Vorfall, der... allen welche davon hörten, die weise Lehre gab, daß man selbst in den vertrautesten Schreiben vorsichtig seyn müsse* läßt darauf schließen, daß man mit dieser Art bischöflicher Briefzensur nicht einverstanden war.[34]
Sicher fand 1848 auch im Dillinger Priesterseminar eine gewisse Politisierung der Alumnen statt. 1848 trat dort Nikolaus Jocham, ein Bruder des bekannten Magnus Jocham ein, der ihm attestierte, er habe dort während

---

[33] ABA GVPr 122, Sitzung vom 3.6.1848.
[34] ABA Tagebuch des Priesterseminars Dillingen 1848, PS 2638.

des ganzen Jahres weit mehr *Politica als Theologica* getrieben.[35] Er hatte schon zuvor im Freisinger Klerikalseminar die Gründung eines patriotischen Vereins als Sammelbecken der Konservativen angeregt. Offensichtlich kamen die politischen Aktivitäten von Nikolaus Jocham bei der Dillinger Seminarleitung nicht sehr gut an.

Ein weiterer Vorfall bei dem schon oben erwähnten Synodalexamen, der sehr wahrscheinlich früher völlig unbemerkt geblieben wäre, führte 1848 in Dillingen vorübergehend zu einer gewissen Polarisierung. Der Alumnus Ludwig Schneider aus Dillingen, der mangels Fleißes bei der Prüfung versagte, wurde von dem Bischof sofort aus dem Seminar entlassen, was in der Stadt große Sensation erregte. Einige Liberale erwogen sogar, dem Bischof Abends eine Katzenmusik, damals eine beliebte Art des Protests, darzubringen. In der folgenden Zeit fiel Schneider freilich in der Stadt durch seinen unsoliden Lebenswandel auf, was ihm schließlich die Sympathien seiner liberalen Gönner verscherzte.[36]

Aufgrund ihrer Nachbarschaft zum Königreich Württemberg wurde die Stadt Weißenhorn im Jahr 1848 bzw. 1849 zum Schauplatz größerer Unruhen. An das bischöfliche Ordinariat in Augsburg kam die Klage, daß die Weißenhorner Geistlichen ohne Ausnahme immer wie die Schneider in langen Hosen, kurzen Kitteln und Kappen in der Stadt und außerhalb der Stadt umhergingen und öffentlich Tabak rauchten. Der Stadtpfarrer Bisle und sein Kaplan besuchten frequent das Wirthshaus. Bisle sei Vorstand des dortigen Liederkranzes, er singe selbst Lieder profanen und verliebten Inhalts. Sogar in der Karwoche seien solche Lieder gesungen worden, wie bei der großen Volksversammlung am Ostermontage (24. April 1848).[37] Indirekt wurden der Stadtpfarrer und der Kaplan damit verdächtigt, den Liberalen nahezustehen.

Die zunehmenden laikalen Tendenzen wurden übrigens auch von der zeitgenössichen katholischen Publizistik wahrgenommen und mit dem Vers

---

[35] Magnus Sattler (Hrsg.), Memoiren eines Obskuranten. Eine Selbstbiographie von Dr. Magnus Jocham, Kempten, 1896, S. 648; zu Magnus Jocham siehe unten Seite.

[36] ABA PS 2638.

[37] ABA GVPr 122, Sitzung vom 13.5.1848.

kritisiert: *Der Pfarramtskandidat, dessen ganzes Credo lautet: wer nicht liebt Wein, Weiber und Gesang, bleibt ein Narr sein Leben lang.*[38]
Die Beschwerde aus Weißenhorn führte schließlich zu zwei Versetzungen, wobei die Bitte der Stadtgemeinde Weißenhorn um Belassung des Stadtkaplans Johann Kircher und des Benefiziumvikars Johann Kohler abgelehnt wurde.
1849 kam es in Weißenhorn zu einer weiteren Volksversammlung, wobei angeblich die bayerischen Fahnen abgerissen und mit Füßen getreten wurden. Dem Wunsch der Gemeinde, in diesem Jahr Firmungsort zu werden, konnte Bischof Richarz nicht entsprechen, da sich dieser darüber unangenehm berührt zeigte, *wie frech man in Weißenhorn die Farben meines Königs habe insultiren dürfen.* Als er in dem 50 km entfernten Ottobeuren den Firmungstag wegen Terminschwierigkeiten verlegen mußte, waren die Bürger dort beunruhigt, da sie glaubten, es hätte sie gleichfalls der Unmut des Bischofs getroffen. Als der Firmungstermin vom Bischof später wahrgenommen wurde, klärte sie dieser nicht über den wahren Sachverhalt auf, sondern beließ sie in diesem Glauben.[39]
Am 1. Dezember 1849 bat das Ordinariat den Dekan des Landkapitels Weißenhorn über eine kritische Äußerung des Kuraten Georg Heimer von Kadeltshofen um nähere Aufschlüsse. Dieser habe einer Übersicht der Christenlehre die Bemerkung hinzugefügt, dieses alles Vertrauens zum Klerus entbehrende Ziffernsystem wolle der Verfasser gewiß mit der Mehrheit des Klerus ausgemerzt wissen.[40] Bereits in einem früheren Schreiben wurde darauf hingewiesen, daß Heimer sich mehr als ziemlich in Bestrebungen nach Freiheit gefalle, mit vielen unzufrieden sei und glaube, den Frieden, den er nicht im Inneren zu haben scheine, in den Errungenschaften der Neuzeit erhaschen zu wollen. Der Dekan antwortete, Heimer besitze vorzügliche Talente, sei aber etwas eitel und weltlich in seiner Haltung, der Freiheitsschwindel des Jahres 1848 habe auf ihn seine Wirkung nicht verfehlt. Im Ordinariat nahm man schließlich zur Kenntnis, daß bei Heimer eine Umstimmung in der Gesinnungs- und Handlungsweise

---

[38] Hist. Pol. Blätter, Bd 2, 1848, S. 238.
[39] Hanisch, Für Fürst und Vaterland, a.a.O., S. 189.
[40] ABA Dekanatsarchiv Weißenhorn, Qualifikationen.

eingetreten sei, hielt es aber dennoch für notwendig, *denselben der speciellsten Aufsicht und Ueberwachung des Dechants und Kammerers zu unterstellen.*[41]
Auch andere Geistliche traten durch bestimmte Äußerungen hervor. So gestand Pfarrer Andreas Wolf von Munzingen, daß er in Wallerstein Gesellschaften besucht habe, er habe sich zu Mißverständnissen in Diskussionen über Baumfrevel hinreißen lassen.[42] Pfarrer Johann Drexel von Saxenried wurde ermahnt, Wirtshausbesuche und Exkursionen zu Liederfesten außerhalb der Pfarrei dürften die pfarrliche Residenzpflicht nicht einschränken.[43] Pfarrer Franz Xaver Weissenhorn von Ebenried wurde gerügt, weil er am 13. August 1848 seine Gemeinde außerhalb der Kirche versammelt und eine gegen die Ablösungsgesetze gerichtete Schrift verlesen habe.[44]
Bei diesen heute sehr harmlos erscheinenden Vorfällen wird ansatzweise das sichtbar, was zu Beginn als „gesellschaftspolitisches Engagement" bezeichnet wurde und was dem damaligen Priester-Bild entegegenstand und deshalb von konservativer Seite als „eitel" und „weltlich" kritisiert wurde. Gleichzeitig wird das Bestreben des Augsburger Ordinariats sichtbar, liberale Geistliche einer Kontrolle zu unterstellen.
Interessanter Weise konnte aber auch ein mangelndes gesellschaftspolitisches Engagement zu einer Disziplinaruntersuchung führen. Dies wird an dem Fall des Stadtpfarrers Andreas Albert Fuchs von Kaufbeuren deutlich. In einer Mitteilung der Regierung von Schwaben und Neuburg sowie in einer Beschwerde einiger Pfarrangehöriger kam eine große Unzufriedenheit mit der Amtsführung des Kaufbeurer Stadtpfarrers zum Ausdruck. Er vernachlässige seine Amtsgeschäfte insbesondere in der Krankenpflege und bei der Erteilung des Religionsunterrichts in der Kloster-Mädchenschule als Folge eines Fußübels. Ein Hauptvorwurf bestand darin, daß er nur sehr selten an den Sitzungen des Armenpflegschaftsrates - nämlich 1846/47 bei 20 Sitzungen nur sieben Mal- teilgenommen habe, ein Um-

[41] ABA GVPr 123, Sitzung vom 1.12.1849.
[42] ABA GVPr 122 § 543.
[43] ABA GVPr 122 § 547.
[44] ABA GVPr 122, Sitzung vom 16.12.1848.

stand, welcher die Armen sehr benachteiligen müsse. Die böse und herrschsüchtige Haushälterin sei die Ursache der meisten Zerwürfnisse des Pfarrers mit seinen Kaplänen gewesen. *Es sei erwiesen, daß Pfarrer Fuchs das Vertrauen und die Achtung fast seiner ganzen Gemeinde verloren habe und selbes nicht leicht wieder gewinnen könne.* Fuchs habe sich vom Kloster 1500 Gulden geliehen, die er nur zum geringsten Teil zurückgezahlt habe, wobei er seine Stellung als Beichtvater der Klosterfrauen mißbraucht habe.[45]

Die massiven Vowürfe führten zu dem Beschluß des Ordinariats, wonach der Stadtpfarrer sich binnen 4 Monaten um ein neues Benefizium zu bewerben habe. Die Haushälterin sei zu entlassen. Die Kosten der Untersuchung sei vom Pfarrer zu tragen. Am 2. Januar 1849 konnte der zuständige Dekan an das Ordinariat berichten, daß sich die Gesundheitsumstände des Stadtpfarrers nicht unbedeutend gebessert hätten. Er komme jetzt seinen Verpflichtungen weitaus mehr nach als früher. Fuchs verstarb im November 1850, nachdem das gegen ihn laufende Disziplinarverfahren offensichtlich ausgesetzt worden war. Interessant sind die Dienstbeurteilungen von Fuchs und seines unmittelbaren Nachfolgers, des selbst aus Kaufbeuren stammenden und somit wohl über einen gewissen Heimvorteil verfügenden Stadtpfarrers Cosmas Damian Dapfer. So heißt es in den Dienstbeurteilungen 1847/49 von Fuchs: *Vortrag. Schwache und leise Stimme. Soll nicht recht verstanden werden. Besondere Bemerkungen: Hält sich an alle kirchl. Verordnungen. Erscheint in keiner Gesellschaft. Wird oft durch Podagra (Fußgicht) an Amtsgeschäften verhindert.* Ganz anders die Beurteilung seines Nachfolgers Dapfer: *Vortrag:gut. Stimme: stark. Ausdruck: deutlich. Bemerkungen: Sehr thätig in allen seelsorgerlichen Geschäften. Erscheint auch in Gesellschaft von Gebildeten.*[46] An diesem Beispiel einer größeren Kommune wird deutlich, daß der Anspruch, den man gerade in den Jahren 1848/49 an einen Stadtpfarrer stellte, doch erheblich gewachsen war. Man erwartete sich jetzt eine engagierte Teilnahme an den sozialen Problemen der Zeit (Armenpflegschaftsrat) sowie einen lebendigen Dialog mit dem Bildungsbürgertum.

---

[45] ABA GVPr 122, Sitzung vom 13.5.1848.
[46] ABA Dekanatsarchiv Kaufbeuren D 112.

Zu einer ziemlichen Zuspitzung kam es 1848 in Oberstdorf in den Auseinandersetzungen um den dortigen Pfarrer Stützle. Dieser Fall ist bereits in der Literatur bekannt, jedoch wurde ein nicht unwichtiger Umstand übersehen, der sich erst durch die Auswertung der Generalvikariatsprotokolle erschließt.[47]

Pfarrer Stützle von Oberstdorf beschwerte sich in Augsburg über seinen Kaplan Michael Lutzenberger, dieser habe die Fastenbetrachtungen des Pfarrers den Leuten gegenüber als nutzlos bezeichnet. Lutzenberger sei aus Augsburg zurückgekehrt und habe Gerüchte im Umlauf gebracht, der Generalvikar habe ihm gesagt, in Augsburg gingen die Geistlichen, selbst die Domherren ins Wirtshaus. Der Generalvikar habe Stützle in Bezug auf die Vorgänge in Oberstdorf Leidenschaftlichkeit vorgeworfen.[48]

Mitte April kam es zu einer Demonstration in Oberstdorf. Mitglieder der Gemeindeverwaltung kamen in das Pfarrhaus und hatten erklärt, die Stimmung des Volkes sei gegen Stützle und wenn Kaplan Lutzenberger durch ihn fortkomme, stehe es nicht gut um seine Sicherheit. Stützle fühlte sich darauf tatsächlich nicht mehr sicher und ging nach Augsburg. Der Bischof forderte ihn jedoch zur Rückkehr auf. Diese Rückkehr geschah unter spektakulären Umständen, wobei er von dem Gemeindevorsteher Riezler und dem prakt. Arzt Dr. Groß aufgehalten wurde. Ein angebliches Attentat auf ihn führte später zu einer Untersuchung der Angelegenheit durch das Landgericht Sonthofen.

Auch hier trat das bei ähnlichen Konflikten geläufige Muster in Erscheinung, daß offensichtlich haltlose Gerüchte in die Welt gesetzt wurden. So sollte Stützle in einer Fastenpredigt geäußert haben, *daß die Fürsten und Regenten es seien, welche das Volk in jetziger Zeit so unruhig machen, in dem sie Millionen auf scandalöse Weise zur Unnotdurft verschwenden.*

Das Augsburger Ordinariat erachtete die meisten Vorwürfe der Gemeinde gegen Stützle als haltlos, konnte aber seine Augen nicht davor verschließen, daß Stützle am Ostermontag in seiner Predigt in höchst ungeeigneter Weise seine Differenzen mit Kaplan Lutzenberger in einer Kanzelrede

[47] Zu Stützle vgl. D. Nickel, Die Revolution 1848/49, S. 38; K. Bachmann, Die Volksbewegung 1848/49 im Allgäu und ihre Vorläufer, Diss. Erlangen 1954, S. 32.
[48] ABA GVPr 122, Sitzung vom 15.4.1848.

vorgebracht hatte.[49] Stützle wechselte deshalb im Februar 1849 in die im Dekanat Krumbach gelegene Pfarrei Balzhausen.
Fälle, bei denen es zu einer Konfrontation zwischen Pfarrer und Kaplan kam, sind zu allen Zeiten belegt und waren nicht einmal so selten.
In Oberstdorf hatten die politischen Unruhen des Jahres 1848 allerdings eine politische Polarisierung zwischen Pfarrer und Kaplan hervorgerufen, die so neu war. Beide Seiten versuchten dabei offensichtlich, ihre Anhänger für sich zu mobilisieren, wobei man von falschen Anschuldigungen und Behauptungen nicht zurückschreckte.
Verhältnismäßig starke liberale Kräfte waren in Krumbach und Hürben wirksam, was u.a. auf die ehemalige Zugehörigkeit zu Vorderösterreich und damit die Tradition des aufgeklärten Josephinismus zurückgeführt wurde. Zwei Vertreter der Judengemeinde von Hürben gehörten gleichfalls zu den Mitbegründern des Märzvereins.
Der geradezu außerordentliche Erfolg der Liberalen in Krumbach war auf einen Skandal zurückzuführen, in dem der dortige Pfarrer Georg Nusser, zugleich Dekan des Dekanats Mindelheim maßgeblich verwickelt war.[50]
Im Spätsommer 1847 war die junge aus Krumbach stammende Kathi H., in Augsburg gestorben, mit der Nusser eine ausführliche Korrespondenz unterhalten hatte. Die etwa 30 hinterlassenen Briefe waren durchaus geeignet, den Pfarrer zu desavouieren. Der Pfarrer bot damit für die Liberalen um den einflußreichen kgl. Posthalter Martin Gaßner eine denkbar günstige Angriffsfläche, zumal dieser sich aktiv an dem im Frühjahr 1848 von dem Kaufmann Joseph Einsle gegründeten monarchistischen Verein beteiligte und damit wie andere katholische Pfarrer zu einem Exponent der monarchistischen, konservativen Kräfte wurde.
Nusser beging den Fehler, nach Bekanntwerden des Skandals, Krumbach nicht umgehend für immer zu verlassen, sondern versuchte ungeschickt seinen Ruf zu verteidigen. Die Folge war im März/April des Jahres 1848 eine außerordentlich angespannte Atmosphäre, in der es zu tätlichen An-

---

[49] ABA GVPr 123, Sitzung vom 27.1.1849.
[50] Vgl. Siegfried Münchenbach, Die bürgerliche Revolution in Krumbach 1848/49, in: G. Kreuzer, A. Schmid, W. Wüst (Hrsg.), Krumbach. Vorderösterreichischer Markt. Bayerisch-Schwäbische Stadt, Krumbach 1993, S. 148-152.

griffen auf den Pfarrer und wechselseitigen Rufmordkampagnien kam. Schließlich konnte die öffentliche Ordnung nur noch durch einen Einmarsch des königlichen Infanterieregiments wiederhergestellt werden. Nusser konnte sich in Krumbach nicht mehr halten, die konservativ-monarchistische Richtung mußte sich damit vollständig geschlagen geben.
Der Fall des Pfarrers Nusser von Krumbach belegt ähnlich wie der Fall des Pfarrers Fuchs von Kaufbeuren, daß schon seit längerem bekannte persönliche Schwächen und Unzulänglichkeiten geistlicher Autoritätspersonen im Revolutionsjahr 1848 politisch instrumentalisiert wurden und zu einer Demontage dieser Personen führten.
Etwas ausgeblendet wird in diesem Beitrag eine aktive politische Betätigung einzelner Geistlicher. So befanden sich unter den Wahlmännern, die am 28. April 1848 für den aus der Stadt Augsburg, dem Landgerichtsbezirk Göggingen und einem Teil des Landgerichtssprengels Schwabmünchen gebildeten Wahlkreis den auch in ländlichen Gebieten bekannten Augsburger Advokaten Adolf Paur in das Paulskirchen Parlament entsandten, die Gemeindevorsteher von Alt Neusäß und Steppach, der Pfarrer Carl Schmidt von Hainhofen, ein Bauer aus Schlipsheim, ein Müller aus Westheim und der Täfertinger Gastwirt.[51]
Allerdings gab es auch Geistliche, die sich nach reiflicher Überlegung von keiner politischen Seite vereinnahmen ließen und bewußt politische Abstinenz übten. So äußerte sich der aus Rieder bei Immenstadt stammende, spätere Professor der Moraltheologie in Freising, Magnus Jocham (1808-1893)[52], eine der sympatischsten Gestalten des Katholizismus im Bayern des 19. Jahrhunderts, von Sailer stark beeinflußt, dessen frühe Entwicklung über Rationalismus, Erweckungsbewegung hin zu einer katholischen Syntheses, ihn vor den üblichen Rigorismus bewahrte, in seinen Erinnerungen

---

[51] Gerhard Hetzer, Unsere Gemeinden im Königreich Bayern, in: M. Nozar, W. Pötzl (Hrsg.), Neusäß. Die Geschichte von acht Dörfern auf dem langen Weg zu einer Stadt, Neusäß 1988, S. 428.

[52] Zu Jocham vgl. Hildebrand Dussler, in: Lebensbilder aus dem Bayerischen Schwaben, Bd. 9, Augsburg 1966, S. 330-351; zu Jochams Stellung innerhalb der verschiedenen Gruppierungen vgl. Otto Weiß, Die Redemptoristen in Bayern (1790-1909). Ein Beitrag zur Geschichte des Ultramontanismus, St. Ottilien 1983, bes. S. 95-98, S. 524-527.

zum Revolutionsjahr 1848: *Ich kam bis nach Altdorf. Hier erfuhr ich, daß das Comitee des patriotischen Vereins mich den Wählern dieser Gegend als Candidaten für das Parlament in Frankfurt empfohlen hatte. Nun wollte ich nicht mehr weiter hinauf ins Allgäu. Auch in der Gegend von Kaufbeuren, Oberdorf, Obergünzburg etc. wollte ich nicht als Candidat auftreten für eine Thätigkeit oder vielmehr für das Spielen einer Rolle, wozu mir alle Befähigung ganz und gar abging. Ich war in der Politik total Fremdling, hatte selten auch nur eine Zeitung gelesen und mich um die öffentlichen Angelegenheiten gar nie bekümmert. Als ich von den radikalen Bestrebungen meiner Landsleute im obern Allgäu gehört, hatte ich ein paar fulminante Artikel als Ansprachen an die Allgäuer veröffentlicht, die den Patrioten sehr wohl gefielen, bei den Allgäuern aber große Erbitterung hervorriefen. Ich meine hier nur die Radicalen unter meinen Landsleuten; denn die Conservativen, die überall unterliegen mußten, erklärten durchaus, ich hätte ihnen aus der Seele gesprochen... Ich dachte nur immer: Wenn zu diesem Parlamente nicht Leute zusammenkommen, welche die Sache besser verstehen als ich, so ist's das Gescheidteste, es bleibe Alles beim Alten, obwohl ich überzeugt war, daß am Alten vieles recht herzlich schlecht war und verbessert werden müsse ohne Gnade und Pardon. Wie diese Besserung beim Einzelnen ihren Anfang habe, das wußte ich wohl; aber wie im Allgemeinen dieser Anfang zum Besseren gemacht werden, und welchen Verlauf dieses Besserungswerk gewinnen müsse, das lag über dem Horizont meines Wissens. Darum habe ich mich auch nie mit Weltverbesserung abgegeben.*[53]

Jocham hatte die Unruhen des Jahres 1848 bei einem längeren Ferienaufenthalt in seiner Heimat erlebt. Aufschlußreich ist, daß er die politische Agitation des Eisenhändlers und Landtagsabgeordneten Schlund von Immenstadt als hohle Phrasendrescherei eines beschränkten Menschen entlarvte. Er betont die Kirchenfeindlichkeit der „politischen Umsturzmänner“ oder „Linksmänner“, die anstatt in die Kirche zu gehen in den Turnhallen ihre Turnübungen abhielten. In den Märzvereinen hätten sich viele Taugenichtse zusammengefunden. Als eine sozusagen im Gegensatz zu

[53] Magnus Sattler (Hrsg.), Memoiren eines Obskuranten. Eine Selbstbiographie von Dr. Magnus Jocham, Kempten, 1896, S. 634.

Immenstadt heile Welt der Ordnung und Königstreue schildert er Hindelang, in dem unter dem einflußreichen und allseits geachteten Dekan Wankmiller patriotische Versammlungen abgehalten wurden. Hindelang sei wegen der konservativen Haltung seiner Gemeindemitglieder von den „Märzvereinlern" mit Hohn und Spott überschüttet worden.

Jocham wunderte sich über die nach dem Abflauen der Unruhen eingetretenen politischen Veränderungen: *All die Revolutionsmänner aber wurden in der Folge Liberale und Fortschrittler und kamen zu Ämtern und Ehren, als die Regierung selbst fortschrittlich und liberal geworden. Die Praktikanten und praktischen Ärzte, die während des Sturmjahres zum Niederstürzen der Throne aufgefordert und über die Regentenfamilien gelästert und geschimpft und alles Bestehende als verderblich und lächerlich verschrieen hatten, wurden jetzt Regierungs-und Schulräthe und Gerichtsärzte und Medinzinalräthe. Die Geistlichen aber, die diesem revolutionären Wesen aus allen Kräften entgegengearbeitet und zur Wiederherstellung der Ruhe und Ordnung mitgewirkt hatten, galten bald darauf als Störefriede und Reichsfeinde....*[54]

Die Botschaft bzw. die Argumentation Jochams ist nicht ohne Interesse, da sie für die wahrscheinlich größte Gruppe von Theologen seiner Zeit gelten dürfte. Es fällt auf, daß Jocham aus der Distanz des Alters seiner damaligen publizistischen Tätigkeit fremd gegenübersteht. Überhaupt hat sich das politische Engagement der Augsburger Bistumsgeistlichkeit im Sturmjahr 1848 für Ruhe und Ordnung und zugunsten des Königshauses aus seiner Sicht nicht ausbezahlt, da langfristig die Liberalen gesiegt hätten.[55] Hieraus resultiert bei ihm eine allgemeine Politikverdrossenheit, um diesen modernen Begriff hier zu verwenden.

Jocham plädiert im Grunde genommen für eine strikte Aufgabenteilung zwischen Politik und Kirche, wobei er sich nicht für die auf das Diesseits ausgerichtete, etwas verächtlich bezeichnete *„Weltverbesserung"* zuständig hält, die mit seinem Verständnis von der Aufgabe eines Priesters kollidierte.

---

[54] Jocham, Memoiren, a.a.O., S. 640-647 (Zitat).

[55] Jochams Bemerkung über die gesellschaftliche Etablierung der einstigen Umstürzler von 1848 zeigt eine Parallele zu dem sog. Marsch durch die Institutionen der 1968er Generation.

Diese retrospektive Bewertung der Rolle des Augsburger Bistumsklerus im Jahr 1848 durch einen Zeitgenossen soll diesen Beitrag abschließen. Die Ereignisse der Jahre 1848/49 brachten einerseits eine Öffnung des Klerus gegenüber der tagespolitischen Diskussion mit sich, was durchaus schon als ein liberales Zugeständnis zu werten ist, andererseits ein Beharren auf den alten tradierten Positionen. Wer zu diffenzieren versteht, wird durchaus innerhalb des Klerus liberale und konservative Positionen entdecken können, die damals vielleicht erstmals so sichtbar deutlich wurden. Es ist also durchaus sinnvoll, die in der dezidiert katholischen wie liberalen Publizistik auftretenden stereotypen Feindbilder etwas zu hinterfragen.

Sehr dezent, aber dennoch registrierbar ist eine innerkirchliche Kritik des Klerus an dem äußerst autoritär auftretenden Bischof Peter von Richarz, eine Kritik, die jedoch naturgemäß schnell verstummen sollte. Dem Bischof seinerseits mißfielen die Bestrebungen nach mehr Meinungsfreiheit sowie das veränderte Verhalten mancher Diözesanpriester in der Öffentlichkeit.

Bereits in den früheren Jahrhunderten war das Verhältnis von Pfarrer und Gemeinde sehr komplex und mitunter sehr spannungsgeladen, wobei die Pfarrgemeinde ihren Seelsorger vor allem in der sehr empfindlichen Ökonomie treffen konnte, falls dieser nicht den Erwartungen hinsichtlich der Liturgie, der Volksbräuche, des priesterlichen Trostes für Kranke und Sterbende etc. entsprach.[56] Man könnte sagen, daß sich jetzt die Spannungen zwischen dem Pfarrer und seiner Gemeinde nicht mehr indirekt wie beispielsweise über die früher so häufigen Zehentstreitigkeiten äußerten, sondern sehr viel direkter und häufig auch aggressiver.

Wenn Jocham beispielsweise das patriotische Verhalten der Gemeinde Hindelang mit dem herausragenden und segensreichen Wirken des dort fast 50 Jahre amtierenden Pfarrers Wankmiller, zugleich Dekan des besonders unruhigen Landkapitels Kempten, in Verbindung bringt, so wird hier deutlich, daß die Hindelanger keinen Anlaß zur Unzufriedenheit gehabt

---

[56] Vgl. den sehr instruktiven Beitrag von Rainer Beck, Der Pfarrer und das Dorf. Konformismus und Eigensinn im katholischen Bayern des 17./18.Jahrhunderts, in: Richard van Dülmen (Hrsg.), Armut, Liebe, Ehre. Studien zur historischen Kulturforschung, Frankfurt 1988, S. 107-143.

hatten.[57] Dem im Jahr 1848 siebzigjährigen Wankmiller war offensichtlich eine politische Betätigung fremd. Erst als er von seiner Pfarrgemeinde um Rat gefragt wurde, wie man sich verhalten solle, äußerte er seine Meinung. Nahezu legendär wurde die von ihm am 15. Juli 1849 in Hindelang ausgerichtete Volksversammlung, bei der mehrere bekannte Redner das Wort ergriffen sowie eine persönliche Begegnung des Prinzen Luitpold mit Wankmiller in Hindelang, bei dem dieser ihm die Allgäuer Verhältnisse schildern konnte.

Die bereits zitierte Formel vom „*Bündnis von Thron und Altar*" ist insofern zutreffend, als das nach der Säkularisation begründete staatliche Leitbild des Priesters als Tugendlehrer um 1848 zum Tragen kam. Niemand anders als Johann Michael Sailer hatte davor gewarnt, Priester als *bloße Tugendfabrikanten, als Manufakturisten der öffentlichen Sittlichkeit* oder *als hölzerne Maschinen... als Puppen einer auswendig gelernten Aufklärung* zu mißbrauchen, *die kalt heruntersagen, was sie kalt auswendig gelernt haben.*[58] So betrachtet, ist es nicht verwunderlich, daß in mehreren Pfarreien die Vertreter von Kirche und Staat weitgehend miteinander identifiziert werden konnten. Der Konflikt zwischen einigen Pfarrern und ihren Gemeinden muß so als ein Scheitern dieses staatlich verordneten und von kirchlicher Seite vielfach unreflektiert übernommenen Leitbildes betrachtet werden, dem nur eine stärkere Rückbesinnung auf den genuinen Seelsorgsbereich Abhilfe schaffen konnte. In dem konkreten Fall von Hindelang konnte Dekan Wankmiller deshalb positiv für Ruhe und Ordnung

[57] Franz Joseph Wankmiller stammte selbst aus Hindelang, wo er am 18. Juli 1778 geboren wurde. Von 1802 bis zu seinem Tod 1850 war er Pfarrer in seinem Heimatort. Zuvor war bereits ein Onkel von ihm 45 Jahre lang Pfarrer in Hindelang gewesen; vgl. M(agnus) J(ocham), Franz J. Wankmiller, bisch. geistl. Rath, Dekan des Landkapitels Kempten und Pfarrer in Hindelang, Kempten 1861; zur Auswertung dieser hochinteressanten in der Tradition von J. M. Sailer stehenden Freundesbiographie, vgl. Stefan Miedaner, „Die Gesinnungen haben sich geändert, aber die Leidenschaften schlafen nur..." Zur Mentalitätsgeschichte des Augsburger Bistumsklerus in der ersten Hälfte des 19. Jahrhunderts, erscheint in der Festschrift zum 70. Geburtstag von Prof. Dr. Ludwig Hammermayer, 1999.

[58] Zitiert aus Sailers Werken bei Manfred Weitlauff, Priesterbild und Priesterbildung bei Johann Michael Sailer, in: Münchener Theologische Zeitschrift 46, 1995, S. 69-97, hier S. 84 und S. 92.

wirken, weil seine allseits anerkannte, überragende Seelsorgstätigkeit und ein zutiefst humanes Bestreben den aufgeklärten Tugendlehrer in den Hintergrund drängten.
So bleibt also festzuhalten, daß es also nicht überall zu einer Krise der kirchlichen Autorität, verkörpert durch den jeweiligen Ortspfarrer kam, sondern daß dies hier die Akzeptanz des Pfarrers eine nicht unerhebliche Rolle gespielt haben dürfte. Persönliche Schwächen und mangelnde Qualifikation meist älterer geistlicher Amtsträger konnten 1848/49 tatsächlich zum Politikum mit weit reichenden Auswirkungen werden, während jüngere Kapläne öfters zu einer Polarisierung in der ihnen anvertrauten Gemeinde beitrugen, die noch zusätzlich durch Spannungen zu ihrem vorgesetzten Pfarrer überlagert wurde.
Wie gezeigt werden konnte, ist das *„Bündnis von Thron und Altar“* hinsichtlich der Rolle des niederen Bistumsklerus differenzierter zu betrachten. Wenn darauf hingewiesen wurde, daß der Begriff Öffentlichkeit im Laufe des 19. Jahrhunderts neben der Bedeutung von „Publizität“, „Bekanntheit“ die neue soziale Bedeutung im Sinne von „Publikum“ erhält, dann wird jetzt tatsächlich auch ein neues Verhältnis von Klerus und Publikum sichtbar[59]. Sogar in die Abgeschiedenheit des Dillinger Priesterseminars war es vorübergehend zu einer Öffnung gekommen, für die die Zeit allerdings noch nicht reif war.[60]
Erst mit der allmählichen Herausbildung eines sozialen und politischen Katholizismus im Lauf des 19. Jahrhunderts sollte das neue Verständnis von Öffentlichkeit, etwa in Form einer Vereinstätigkeit zu einem wichtigen Qualifikationsmerkmal bei der Beurteilung des Klerus werden.

---

[59] Vgl. Lucian Hölscher, Öffentlichkeit, in: O. Brunner, W. Conze, R. Koselleck (Hrsg.), Geschichtliche Grundbegriffe, Bd. 4, Stuttgart 1978, S. 413-467, hier S. 464.
[60] Vgl. Rudolf Zinnhobler, Das alte und das neue Priesterseminar-Beobachtungen zu einem Lebensstil, in: M. Weittlauff, K. Hausberger (Hrsg.). Papstum und Kirchenreform. Festschrift für G. Schwaiger, St.Ottilien 1990, S. 673-698.

Der Augsburger Diözesanklerus unter dem totalitären nationalsozialistischen Regime im Spiegel der Regierungspräsidentenberichte

Helmut Witetschek

Der Augsburger Schematismus für das Jahr 1937 weist insgesamt 1.680 Geistliche in der Diözese aus. Davon waren 1.199 Diözesanpriester aktiv im Dienst, 1.123 in der Seelsorge tätig[1]. Insgesamt standen von 1933-1945 1 916 Geistliche einer politischen Herrschaft gegenüber, die ab 30. Januar bis Juli 1933 totalitäre Strukturen entwickelte, die sie bis zur Röhm-Affäre am 30. Juni 1934 endgültig festigte[2]. Um die Haltung des Klerus aus der Sicht des totalitären NS-Regimes beleuchten zu können, sollen zunächst die wichtigsten Kennzeichen einer totalitären Herrschaft festgehalten und die Haltung des Klerus im Urteil der staatlichen Berichterstaater dargestellt werden.

Merkmale einer totalitären Herrschaft

Zu den Merkmalen einer totalitären Herrschaft[3] gehören wesentlich die Gleichschaltung und Uniformierung des öffentlichen und privaten Lebens,

---

[1] Schematismus der Geistlichkeit des Bistums Augsburg für das Jahr 1937; H. Stoll, Das Bistum Augsburg in Zahlen, in: Jahrbuch des Vereins für Augsburger Bistumsgeschichte 1 (1967), S. 103-137; U.v.Hehl, Priester unter Hitlers Terror. Eine biographische und statistische Erhebung (Veröffentlichungen der Kommission für Zeitgeschichte, Reihe A: Quellen, Bd. 37), Mainz 1984, S. LXXIII-XC und S. 2-215. Zur Bistum
sleistung vgl. P. Rummel, Die Augsburger Bischöfe, Weihbischöfe und Generalvikare vom 17. Jahrhundert bis zum II. Vatikanischen Konzil (1598-1963) in: Jahrbuch des Vereins für Augsburger Bistumsgeschichte 24 (1990), S. 66 ff.

[2] K. Gotto, K. Repgen (Hrsg.), Die Katholiken und das Dritte Reich, Mainz [2]1983.

[3] H. Buchheim, Totalitäre Herrschaft. Wesen und Merkmale, München 1964. B. Sutor, Der NS-Totalitarismus als Herausforderung für politische Bildung, in: K. Oesterle, S. Schiele (Hrsg.), Historikerstreit und Politische Bildung, Stuttgart 1989, S. 95-118; Zum Stand der

so daß sich der Mensch erbarmungslos in Anspruch genommen weiß. Aus den Bürgern will das totalitäre Regime andere Menschen mit neuen Eigenschaften machen als sie von Natur aus sind. Deshalb soll der an sich unverfügbare, personale Mensch verfügbar gemacht werden. Unter scharfer Kontrolle werden Beifall, Entrüstung, Begeisterung und Einsatzbereitschaft künstlich produziert. Die Künstlichkeit wird zum herausragenden Zug der totalitären Aktivität. Die Gesellschaft soll einen geplanten, mechanischen Funktionszusammenhang darstellen. Als weiteres Kennzeichen des totalitären Anspruchs erweist sich die Schulung, die sich als eine Dressur auf bestimmte, berechenbare Denk- und Verhaltensweisen darstellt. Diese Schulung wird zu einem sozialethischen Werkzeug. Der geschulte Mensch soll dann auf den praktischen Ablauf totalitärer Machtausübung geistig und moralisch gleichsam synchronisiert sein. Dieser totalitäre Anspruch, über Menschen und die gesamte Gesellschaft zu verfügen, beruht auf der Behauptung, den Sinn der Weltgeschichte zu kennen und in der Lage zu sein, ihren Lauf zu vollenden. Wie der Marxismus-Leninismus vorher, so hat auch die NS-Ideologie behauptet, daß ihre Maßnahmen aus einer geschichtlichen Notwendigkeit erfolgen, da die vorgegebene geschichtliche Aufgabe erfüllt werden müsse. Während autoritäre Regime die Freiheit einengen, schafft sie das totalitäre Regime ab. Immer dann, wenn ein Regime für sich allein den Anspruch erhebt, das Volk sittlich zu einem bestimmten Menschenbild erziehen zu müssen und die Gewissen der Menschen zu unterwerfen versucht, erfolgt der Übergang vom autoritären zum totalitären Machtanspruch. Daß alle totalitären Systeme die gleichen Herrschaftsstrukturen aufweisen, hängt von der Tätigkeit der jeweiligen Politischen Polizeien ab. Ihre uneingeschränkten Machtbefugnisse wirken sich auch unkontrollierbar auf die Herrschaftsstrukturen aus. Der Chef einer Politischen Polizei wird nicht nur die bestehende Ordnung si-

---

Diskussion vgl. K. Graf Ballestrem, Aporien der Totalitarismus-Theorie, in: E. Jesse (Hrsg.), Totalitarismus im 20. Jahrhundert. Eine Bilanz der internationalen Forschung (Schriftenreihe der Bundeszentrale für politische Bildung, Bd. 336), Bonn 1996, S. 237-251; H. Maier, „Totalitarismus" und „Politische Religionen", ebenda S. 118-134; Zur Geschichte des Begriffs, seine Ausprägung im Nationalsozialismus und Stalinismus vgl. E. Jesse (Hrsg.) a.a.O. S. 9-39 und passim mit weiterführenden Literaturangaben.

chern, sondern eine solche Ordnung herbeiführen, die die größtmögliche Sicherheit bietet, nämlich die Polizeiherrschaft. Totalitäre Herrschaftssysteme können also nur dann Bestand haben, wenn es dieser Polizeiherrschaft gelingt, den Verfügungsanspruch über die Menschen durchzusetzen. Die gewohnten Institutionen wie Partei, Gerichte oder Begriffe wie Freiheit, Friede, Demokratie werden zwar auch in totalitären Regimen beibehalten, aber sie bekommen einen völlig neuen Sinn. Da eine offene Opposition nicht möglich ist, macht das totalitäre Regime eine politische Verhaltensweise lebensnotwendig, die sich nach Hans Buchheim als „strukturell bedingten Opportunismus“ bezeichnen läßt, das heißt die politischen Verhaltensweisen werden doppeldeutig. Da das totalitäre Regime alles menschliche Fühlen und Handeln für sich ausnützt und als Erfolg der eigenen Erziehung und Gesinnung propagiert, wird das natürliche Sozialverhalten des Menschen mißbraucht. Der Einzelne kann sich diesem Verfügungsanspruch kaum entziehen. Durch zunehmenden Terror der Polizei und anderer Parteiformationen, durch Überwachung und Denunziation verunsichert, werden die Menschen immer wieder an das Regime gebunden. Da sich der Einzelne nicht aus der Gesellschaft lösen kann, erfährt er so die Abschaffung der Freiheit.

Wie die Freiheit, so wird auch das Recht abgeschafft. Da der totalitäre Machthaber die Würde des Menschen mit seinen unveräußerlichen Rechten nicht anerkennt, wird das praktizierte Recht ein Instrument in den Händen der Machthaber, ein Mittel zum Zweck. Dabei wird die propagierte sogenannte geschichtliche Notwendigkeit zur Richtschnur für das Recht und die Geschichte die einzige Kontrollinstanz für das Handeln des Führers. Die sittliche Erziehung wird zum Werkzeug des totalitären Regimes. Die persönliche, rechtliche und moralische Verantwortung soll im totalitären Denken aufgehoben werden. Moralische Appelle werden zum politischen oder „freiwilligen“ Zwang.

Die totalitäre Herrschaft nimmt dem Staat die Hoheitsrechte und überträgt sie der Partei, also der Bewegung. Sie wird zum eigentlichen Souverän. Sie übernimmt die politische Exekutive und wird zur Gestalterin der neuen Gesellschaft. Der Staat wird zum Werkzeug der Bewegung. Er hat für die technische Durchführung der Beschlüsse zu sorgen. Die Rechtsprechung

wird zum Instrument, die Menschen in diesem System zu halten oder diejenigen auszuschalten, die sich nicht einfügen oder einsetzen lassen wollen.
Obwohl dieser totalitäre Machtanspruch, über alles zu verfügen, letztlich nicht voll erreichbar ist, sind die Funktionäre eifrig bemüht, diesem Ziel näher zu kommen, indem sie eigene Machtpolitik betreiben. Überwachung, Denunziationen, die Statuierung von Exempeln verunsichern die Menschen. Als Ventil erweist sich die Leichtgläubigkeit, mit der Gerüchte aufgenommen werden. So erweisen sich Denunziationen und Gerüchte als weitere wesentliche Merkmale totalitärer Herrschaft[4].
Unter diesen Bedingungen kamen unsere Quellen zustande, nämlich die Berichte der Regierungen von Schwaben, Oberbayern, Ober- und Mittelfranken von 1933 bis 1945 und die der Polizeidirektion Augsburg von 1934 bis 1938, die Gebietsteile des Bistums Augsburg erfaßten.
Die Präsidenten der bayerischen Regierungsbezirke hatten dem bayerischen Innenministerium schon im 19. Jahrhundert eingehende Berichte über die allgemeine politische Stimmung und über die soziale und wirtschaftliche Lage in ihren Bezirken vorzulegen. Jetzt aber, unter dem NS-Regime und besonders nach der Röhm-Affäre vom 30. Juni 1934 wurde die Berichterstattung erweitert und verschärft. Mit Anordnung vom 7. Juli 1934 machte Reichsinnenminister Wilhelm Frick die Behördenleiter auf allen Ebenen der Verwaltung für ein „erschöpfendes und wahrheitsgemäßes Bild der politischen Gesamtlage“ in den Berichten persönlich verantwortlich[5]. Auf der Grundlage dieser Quellen stellt sich nun die vom Thema gegebene Frage, wie sich der Augsburger Diözesanklerus aus der Sicht des

---

[4] M. Curtis, Totalitarismus - Eine monolithische Einheit? ebenda S. 277-304; U. Backes, Totalitarismus - Ein Phänomen des 20. Jahrhunderts? ebenda S. 307-319.
[5] H. Witetschek, Die bayerischen Regierungspräsidentenberichte 1933-1943 als Geschichtsquelle, in: Historisches Jahrbuch 87 (1967) S. 355-372; D. Albrecht, Vorwort zu H. Witetschek, Die kirchliche Lage in Bayern nach den Regierungspräsidentenberichten 1933-1943, I: Regierungsbezirk Oberbayern (Veröffentlichungen der Kommission für Zeitgeschichte bei der Katholischen Akademie in Bayern, Reihe A: Quellen, Bd. 3) Mainz 1966, S. VII-XIII.

NS-Regimes gegenüber dem totalitären Anspruch auf Gleichschaltung und Uniformierung verhalten hat[6].

Die Geistlichen im Bistum Augsburg im Urteil der staatlichen Berichterstatter (März 1933 - Juni 1934)

Die Monate Mai und Juni 1933 waren durch das Recht der stärkeren NS-Organisationen gekennzeichnet. Die Aktion der Inschutzhaftnahme von Mandantsträgern der Bayerischen Volkspartei, die auch ihr nahestehende, angesehene Bürger und Geistliche erfaßte, führte zu Unmut und Widerspruch, der sich auch nicht legte, als die meisten am 5. Juli 1933 wieder entlassen wurden. Im Mai-Bericht 1933 beklagte die Regierung von Schwaben, daß einzelne Geistliche, insbesondere im Bezirk Donauwörth, nicht immer die angemessene Zurückhaltung in politischen Angelegenheiten wahrten[7]. Im allgemeinen aber stelle sich die Geistlichkeit der nationalen Regierung gegenüber freundlich ein. Aber schon im Juni wurden in Schutzhaft genommen: Pater Martin Braun, der Guardian des Kapuzinerklosters Türkheim, weil er durch sein Verhalten und seine gegen die Regierung gerichtete Predigt Unruhe erregte. Benefiziat Georg Winkelbeiner von Schwörsheim, wegen Verächtlichmachung des Reichskanzlers, des bayerischen Ministerpräsidenten Siebert und der nationalsozialistischen Bewegung, Benediktinerpater Anno Scholzen von St. Ottilien, weil er in einem Schulzimmer die Büste des Reichskanzlers in verächtlichmachender Weise auf die Seite stellte, Pfarrer Joseph Krämer von Fünfstetten wegen

---

[6] H. Witetschek, Die kirchliche Lage in Bayern nach den Regierungspräsidentenberichten 1933-1943, I: Regierungsbezirk Oberbayern, II: Regierungsbezirk Ober- und Mittelfranken, III: Regierungsbezirk Schwaben, VII: Ergänzungsband: Regierungsbezirke Oberbayern, Ober- und Mittelfranken, Schwaben 1943-1945 (Veröffentlichungen der Kommission für Zeitgeschichte Reihe A: Quellen Band 3, 8, 14, 32), Mainz 1966, 1967, 1971, 1981. Dazu W. Ziegler, IV: Regierungsbezirk Niederbayern und Oberpfalz 1933-1945, Mainz 1973. H. Prantl, V: Regierungsbezirk Pfalz 1933-1940, Mainz 1978. K. Wittstadt, VI: Regierungsbezirk Unterfranken 1933-1944, Mainz 1981.

[7] Vgl. H. Witetschek, Regierungsbezirk Schwaben S. 3 mit Anm. 1.

verächtlicher Äußerungen gegen die NSDAP und Pfarrer Max Mayr von Unterwindach wegen Verbreitung bösartiger Gerüchte[8].
Die Nein-Stimmen bei der Volksabstimmung vom 12. November 1933, mit der sich Hitler den Austritt aus dem Völkerbund bestätigen ließ, führten in Altdorf und Biessenhofen zum Verbot der katholischen Burschenvereine und zu einer Aufschrift mit roter Ölfarbe an der Eisenbahnunterführung: „Hier wohnen 35 Landesverräter, Reich und Co.". Pfarrer Johann Reich war auch Dekan des Kapitels Oberdorf. Das Bezirksamt Neu-Ulm ermittelte gegen Pfarrer Joseph Geisenfelder von Kadeltshofen, weil er erneut seine feindselige Einstellung gegenüber dem Nationalsozialismus bekundete.
In Langenreichen sprengte die SA eine Versammlung des katholischen Burschenvereins aus Ärger über die relativ vielen Nein-Stimmen. Die national eingestellte Bevölkerung machte Pfarrer Georg Konrad dafür verantwortlich. Das Bezirksamt Wertingen war der Meinung, daß sich der Pfarrer nicht wird halten können. Bereits im Januar-Bericht konnte die Regierung seine Resignation melden.
In Memmingen spitzten sich die Gegensätze zwischen Stadtpfarrer Franz Joseph Schmid, der den Deutschen Gruß verweigerte, und der NS-Bewegung immer mehr zu. Beschwerden gegen katholische Geistliche gab es im Dezember 1933 im Bezirksamt Neuburg a.d. Donau gegen Pfarrer Joseph Balle in Oberbaar, weil er die Verhütung erbkranken Nachwuchses als Verstoß gegen das 5. Gebot bezeichnete und gegen Pfarrer Adalbert Kaltmeyr in Rennertshofen, weil er, gestützt auf die pastorale Weisung des Ordinariats verlangte, daß Fahnenabordnungen der Hitlerjugend in der Kirche die Kopfbedeckung abzunehmen hatten[9].
Im Januar 1934 verwarnte das Bezirksamt Krumbach Pfarrer Matthias Miller von Unterbleichen, weil er im Neujahrsgottesdienst auf einen Schreibfehler auf dem Plakat der Hitlerjugend hinwies und auf einige Äußerungen des Reichsjugendführers Baldur von Schirach einging. Im Bezirksamt Dillingen a.d.Donau lehnte Pfarrer Jakob Eckl von Schabringen den Deutschen Gruß von Schulkindern ab.

---

[8] Ebd. S. 5.
[9] Ebd. S. 10-13.

Der Generalleiter der Christkönigsgesellschaft Dr. Max Joseph Metzger in Meitingen wurde als Verfasser einer Flugschrift „Die Kirche und das neue Deutschland“ ermittelt. Nach der Schutzhaft vom 24. bis 26. Januar 1934 wurde Strafanzeige wegen Übertretung pressegesetzlicher Vorschriften erstattet[10].
Der erste Jahrestag der Machtergreifung wurde in den protestantischen und teilweise auch in katholischen Kirchen wie in Kempten durch Abendgottesdienste festlich begangen. Aber am 17. Februar 1934 berichtete die Regierung von Schwaben, daß einige Pfarrer des Bezirks Krumbach in Predigten und im Religionsunterricht Bemerkungen gegen die nationale Erhebung gemacht hatten. Sie wurden vom Bezirksvorstand Ludwig Nachreiner ernstlich ermahnt. Am 16. Februar 1934 wurde Pfarrer Andreas Renk vor einer SA-Kundgebung in Schutzhaft genommen. Der Stadtpfarrer von St. Ulrich in Augsburg, Msgr. Franz Xaver Hartmann, verlangte im Gegensatz zu den Anordnungen des Ordinariats, von den Schülern zunächst den katholischen Gruß. Im Religionsunterricht erwiderte er wohl den Deutschen Gruß, aber so, daß ihn die Schüler als Zeichen zum Niedersetzen auffassen mußten. Kaplan Georg Pfister von St. Moritz in Augsburg, der sich für den Zusammenschluß der katholischen Jungmännervereine mit der Hitlerjugend einsetzte, konnte sich nicht durchsetzen und trat als Bezirkspräses zurück. Gegen Pfarrer Sebastin Scheitle von Weißensee (BA Füssen) wurde Strafanzeige erstattet, weil die Kirchenverwaltung den Mesner entlassen wollte, der gegen den Willen des Pfarrers die Hakenkreuzfahne auf dem Kirchturm gehißt hatte[11].

---

[10] Ebd. S. 14 f. Metzger war Mitbegründer der Missionsgesellschaft vom Weißen Kreuz 1919, die sich seit 1927 Christkönigsgesellschaft vom Weißen Kreuz nennt, des Friedensbundes Deutscher Katholiken 1917 und der Una Sancta 1930. Er arbeitete für eine umfassende Völkerverständigung. Weil er im Kriegsjahr 1942 einen Plan für die Gestaltung Deutschlands nach dem Kriegsende entwickelte, Erzbischof Eidem von Upsala um Vermittlung bei den Alliierten bat, um erträgliche Friedensbedingungen für Deutschland zu erreichen, wurde er von einer „Vetrauensperson“, die zugleich Gestapoagentin war, denunziert, am 29. Juni 1943 verhaftet, am 14. Oktober 1943 zum Tode verurteilt und am 17. April 1945 hingerichtet. Vgl. B.M. Kempner, Priester vor Hitlers Tribunalen, München 1966, S. 273 ff.

[11] H. Witetschek, Regierungsbezirk Schwaben S. 16-19.

Die Spannungen zwischen der Hitlerjugend und den katholischen Jugendverbänden brachen immer wieder auf. Das Uniformverbot wurde von Angehörigen der katholischen Jungmännervereine öfters übertreten. Kaplan Alois Vogg wurde anläßlich eines Ausflugs mit Jugendlichen in die Nähe von Neuburg a.d. Kammel verwarnt. Am 14. April 1934 wollte die Hitlerjugend 40 Jungführer bei einem Diözesantag der katholischen Jungmänner zwingen, ihre Uniformen abzulegen. Der Überwachungsbeamte konnte den Zusammenstoß verhindern. Die Traueransprache des Expositus Ernst Ritter in Meitingen wurde Gegenstand einer Beschwerde, weil er bei der Beerdigung des Altbürgermeisters Koch von dem „augenblicklich an der Macht befindlichen System" sprach.
Eine beanstandete Zusammenkunft katholischer Jungmänner erklärte Stadtpfarrvikar Karl Nold von St. Josef in Augsburg als nächtliche Betstunde. Beanstandet wurden im Juni 1934 Vikar Matthias Bigge von St. Wolfgang in Augsburg, weil er in seiner Pfingstpredigt zur Verteidigung des katholischen Glaubens auch gegen falsche Propheten und Neuheidentum aufforderte, und Kapuzinerpater Hugo Gruber vom Kloster St. Sebastian in Augsburg, weil er ausführte, daß der Nationalsozialismus die Religion gefährde, daß Hitler nur für die Protestanten etwas übrig habe, die Katholiken aber unterdrücke. Pfarrer Joseph Geisenfelder von Kadelshofen (BA Neu-Ulm) erklärte von der Kanzel, daß der 1. Mai kein gebotener Feiertag sei und man deshalb knechtliche Arbeiten verrichten könne. Verwarnt wurden die Ortspfarrer von Buchloe (BA Kaufbeuren), Joseph Schön, und von Winzer (BA Krumbach) Joseph Gloning, weil sie sich gegen das Uniform- und Abzeichenverbot für katholische Jugendorganisationen äußerten. Am 23. Juni 1934 wurde der Domprediger und Verbandspräses der Süddeutschen Katholischen Arbeiter- und Arbeiterinnenvereine, Dr. Adam Birner, in Augsburg verhaftet, weil er versuchte, einen HJ-Führer vom Nationalsozialismus abzubringen, sich gegen die NS-Führung abfällig äußerte und das Buch „Mythus des 20. Jahrhunderts" von Alfred Rosenberg als Schmutz bezeichnete[12].

---

[12] Ebd. S. 21-25. Birner war dreieinhalb Wochen in Haft. Nach der Einstellung des Verfahrens vor dem Sondergericht München, das unter die Amnestie fiel, bewog ihn Weihbischof Eberle nach Günzburg zu gehen. Dort bekannte er sich immer schärfer gegen die NS-

Bei jeder einzelnen Station des Kirchenkampfes finden wir naturgemäß die Geistlichen im Zentrum. Die erste Station bildete:

Der Kampf um die katholischen Vereine

Bereits im Juni 1933 begann verstärkt die Auseinandersetzung um den Fortbestand der kirchlichen Organisationen, der zwar im Art. 31 des Reichskonkordats garantiert, aber fortgesetzt verletzt und schließlich unter Zwang Ende 1937 aufgegeben wurde.
Die Spannungen zwischen katholischer Jugend und Hitlerjugend verschärften sich besonders im Stadtgebiet Augsburg zu Beginn des Jahres 1934. Provozierende Werbeplakate oder Übertretungen des Versammlungs- und Uniformverbots führten zu handfesten Schlägereien und zu Geldstrafen. Geistliche versuchten die Verbote und Beschränkungen zu umgehen. In Oberwiesenbach (BA Krumbach), klagte Pfarrer Georg Steppler in seiner Predigt am 2. September 1934, daß von den 6 000 Jungen im Hochlandlager bei Murnau keine 100 am Sonntag in eine Kirche gekommen seien[13]. Pfarrer Sebastian Neidhart in Heimenkirch (BA Lindau) wurde am 22. November 1934 ernstlich verwarnt, weil er in einer Versammlung des Jungmädchenvereins St. Cäcilie auch vor anwesenden Eltern sagte: „Versammlungen mögen sie verbieten, Vereine mögen sie auflösen, unsere Kirchen mögen sie in die Luft sprengen, doch wir halten fest und treu zu Christus". Darüber hinaus warnte er in versteckter Form vor dem Eintritt in den BDM[14]. Stadtkaplan Franz Lang warb in Neu-Ulm am 28. Oktober

Diktatur. Seit Kriegsbeginn hörte er ausländische Rundfunksendungen. Eine anonyme Anzeige führte am 4. April 1941 zu seiner Verhaftung. Am 13. April 1941 fand er im Augsburger Gefängnis den Tod. An diesem Todestag schrieb Weihbischof Eberle an Stadtprediger Oskar Wiech, daß schwere Depressionen zu dieser Verzweiflungstat führten. Das Bischöfliche Ordinariat Augsburg teilte Frau Benedicta Maria Kempner am 30. Dezember 1963 mit, daß sich Dr. Birner unter schweren seelischen Belastungen mit einer Glasscherbe die Schlagader geöffnet habe. Im Journal der Selbsttötungsfälle der Polizeidirektion Augsburg hieß es: Durchtrennung der Halsschlagader. Vgl. B.M. Kempner (Anm. 10) S. 27 f.; J. Fuchs, K. Hofmann, H. Thieme, Christus! - nicht Hitler. Zeugnis und Widerstand von Katholiken in der Diözese Augsburg zur Zeit des Nationalsozialismus, St. Ottilien 1984, S. 60 f.

[13] H. Witetschek, Regierungsbezirk Schwaben S. 37.

[14] Ebd. S. 43 f.

1934 in seiner Predigt für die katholischen Jugendvereine und führte aus, daß es „noch eine andere Jugend zur Schande Gottes" gäbe. Die Bayerische Politische Polizei befaßte sich mit Pater Joachim von St. Sebastian in Augsburg, der in seiner Predigt in Willishausen am 11. November 1934 die Jugendbewegung, die Rassenfrage, das Sterilisierungsgesetz, die Feuerbestattung und die Nationalkirche behandelte. Die Überwachung wurde immer lückenloser[15]. Als der Kaplan Alois Vogg von St. Ulrich-Augsburg am 14. April 1935 mit 47 Angehörigen des katholischen Jungmännerverbandes mit dem Bus nach Rom reiste, wurden die Teilnehmer auf der Rückreise am Grenzübergang durchsucht und namentlich festgestellt. Denn das Geheime Staatspolizeiamt Berlin wußte, daß einige Augsburger in Rom uniformähnliche Kleidungsstücke getragen hatten. Sie wurden ihnen abgenommen[16]. Trotz Verbote einzelner Gruppen, wie Quickborn in Augsburg am 8. Juli 1935[17] oder Betätigungsverbote, stellte die Regierung von Schwaben am 7. August 1935 fest, daß die rege Jugendtätigkeit zu Austritten aus der Hitlerjugend führte. Dort wo die Jugendarbeit erlahmt war, versuchten Kapläne sie wieder zu erneuern, wie Kaplan Markus Kobell in Krumbach, Kaplan Bruno Harder in Augsburg St. Ulrich, und warben für die Wochenschrift „Junge Front"[18].

Der Versammlungsfeldzug der NS-Organisationen gegen „Judentum und die volks- und staatsschädigende Wühlarbeit des politischen Katholizismus und anderer Staatsfeinde" wirkte sich auch auf die katholischen Jugendvereine aus. An der Michaelsfeier im Dom am 11. Oktober 1935 zwischen 20-22 Uhr nahmen 800 Jugendliche und ebenso viele Erwachsene teil. Der Generalsekretär des katholischen Jungmännerverbandes, Jakob Clemens, Düsseldorf, äußerte in seiner Predigt, daß Deutschland auf dem Weg der Entgottung und Entchristlichung sei. Höchste Aufgabe der katholischen Jugend sei es, sich und dem Volke einen festen und starken Glauben zu bewahren und die Einheit zwischen Papst, Bischöfen, Priestern und Gläubigen unerschütterlich aufrecht zu erhalten. Nach der Predigt sprach die

[15] Ebd. S. 45.
[16] Ebd. S. 59.
[17] Ebd. S. 71.
[18] Ebd. S. 75 f.

Jugend das feierliche Treuegelöbnis. Nach der Prozession im Dom mit 46 Bannern der katholischen Jugend nahmen auch Weihbischof Franz Xaver Eberle und die Präsides der katholischen Jugendvereine teil[19]. Die Schikanen wurden schärfer. Bei einer polizeilichen Überwachung einer Führersitzung in der Stadtpfarrkirche Peter und Paul in Augsburg-Oberhausen, die unter Leitung von Kaplan Karl Schneider stand, wurde der 20-jährige Josef Inhofer in Schutzhaft genommen, alle Teilnehmer namentlich festgestellt und der Verein aufgelöst[20].

Die Ausgabe August/September 1936 der Monatsschrift der katholischen Jungmänner „Christopherus" wurde wegen des Artikels „Wir pflegen das übliche Jugendleben weiter" polizeilich beschlagnahmt und 1 700 Exemplare bei den Präsides ermittelt[21].

Bei der Augsburger Fronleichnamsprozession 1937 schien die Beteiligung der männlichen Vereine schwächer geworden zu sein. Der vereinzelte Versuch, Fahnen der katholischen Jugendverbände zu entrollen, wurde in zwei Fällen von der Polizei verhindert[22].

Zu Zwischenfällen führte der Bekenntnistag der katholischen Jugend in Augsburg am 6. Juni 1937. Während des abendlichen Gottesdienstes im Dom zog die Hitlerjugend außen vorbei und sang das Lied: „Die Schwarze Front, haute sie entzwei!" Als nach einer Unterbrechung der Predigt der Geistliche sagte, daß sie nichts zu fürchten hätten, brachen die Besucher in Händeklatschen und Bravorufe aus. Nach dem Gottesdienst wurden dem Weihbischof und insbesondere dem Bischof Ovationen dargebracht. Die Polizei räumte die Straße und nahm vier Personen fest. Aus diesem Anlaß wurde im Amtsblatt S. 151 darauf hingewiesen, daß Kundgebungen aller Art in der Kirche wie Beifallklatschen, Bravorufe usw. strengstens untersagt sind.

Dekan Eduard Schmid, Weißenhorn, ließ die zum Teil „staatsfeindliche" Predigt, die der Männerseelsorger Pater Rupert Mayer am 11. April 1937 in der Kirche in Weißenhorn gehalten hatte, durch Pfarrer Johann Burk-

---

19 Ebd. S. 82 f.

20 Ebd. S. 85 f.; J. Fuchs, K. Hofmann, H. Thieme (Anm. 12) S. 32.

21 H. Witetschek, Regierungsbezirk Schwaben S. 110, 112.

22 Ebd. S. 133.

hart[23] von Oberhausen vervielfältigen und an die Pfarreien des Dekanates verteilen. Auf Weisung der Staatspolizeileitstelle München wurde gegen zehn Pfarrer Strafanzeige erstattet. Die Schreibmaschine und der Vervielfältigungsapparat von Pfarrer Burkhart wurden sichergestellt.
Die Auflösung der katholischen Jugendvereine am 31. Januar 1938 belastete die Stimmung weiter. Durch Einkehrtage, Bibel- und Ministrantenstunden versuchten die Geistlichen die Jugendlichen zu betreuen. Im Juli 1939 stellte der Diözesanjugendseelsorger Alfons Satzger in einem Vortrag fest: „Deutschland gleicht Sodom und Gomorrha und der Straße nach Jericho, wo die katholische Jugend erschlagen und des katholischen Glaubens beraubt liegt"[24]. Wegen dieser und anderer Äußerungen hatte er ein Verfahren vor dem Sondergericht München, das am 13. April 1940 unter Amnestie fiel.
Auch alle weiteren Stationen des Kirchenkampfes verletzten kirchliche Rechte, die die Geistlichen zu verteidigen versuchten. Dazu gehörten die Auseinandersetzungen gegen Rosenbergs Neuheidentum, die sich Ende des Jahres 1934 ankündigten und seit Mitte Februar 1935 verschärft einsetzten. Als Hitler im Januar 1934 Alfred Rosenberg zum offiziellen Beauftragten für die Reinheit der nationalsozialistischen Ideologie ernannte, setzte die Kirche sein Hauptwerk, den „Mythus des 20. Jahrhunderts" auf den Index der verbotenen Bücher. Seit Mitte Februar 1935 verschärfte sich der

---

[23] Ebd. S. 135; Burkhart, geboren 1904, hatte zunächst zwei Verfahren vor dem Amtsgericht, drei vor dem Landgericht und ein Verfahren vor dem Sondergericht. Gründe waren die Verbreitung der Predigt von Pater Rupert Mayer, wiederholte Kritik an der NS-Berichterstattung und an den Reden Goebbels. Diese Verfahren endeten durch Einstellung bzw. fielen unter die Amnestie. Weitere Beanstandungen, Vorladungen, Verhöre, Verwarnungen und der Entzug der Unterrichtserlaubnis folgten. Eine Festpredigt in Ettenbeuren am 17. August 1941 führte durch Betreiben eines persönlichen Gegners am 2. Februar 1942 zu seiner Verhaftung. Die Gestapoleitstelle München brachte ihn am 18. April 1942 in das KZ-Dachau. Obwohl er vom Sondergericht zu einem Jahr Gefängnis verurteilt wurde, verblieb er im KZ bis zur Befreiung am 29. April 1945. Dort mußte er Malaria-Versuche über sich ergehen lassen. Vgl. J. Fuchs, K. Hofmann, H. Thieme (Anm. 12) S. 58; E. Weiler, Die Geistlichen in Dachau, Lahr 1982, S. 101 ff., Kirchenzeitung für die Diözese Augsburg vom 30. Januar 1983, S. 14.

[24] H. Witetschek, Regierungsbzeirk Schwaben S. 156, 186; J. Fuchs, K. Hofmann, H. Thieme (Anm. 23) S. 34 f.

Kampf um die Bekenntnisschule, seit April 1935 setzte die propagandistische Berichterstattung über die Devisen- und Sittlichkeitsprozesse ein, die nach einem vorübergehenden Abflauen ab April 1937 als Reaktion auf die päpstliche Enzyklika „Mit brennender Sorge" erneut hochgespielt wurde. Ab März 1936 wehrten sich die Bischöfe und die Geistlichen vergebens, den Abbau der klösterlichen Lehrkräfte aufzuhalten. Am 31. Januar 1938 wurden alle katholischen Vereine verboten, mit Beginn des Schuljahres 1938 gab es nur noch die Deutsche Gemeinschaftsschule, auch wurden die klösterlichen höheren Schulen und Internate abgebaut und die theologischen Fakultäten bzw. die staatlichen Phil.-Theol. Hochschulen geschlossen, außer Würzburg und Wien und die kirchliche Hochschule Eichstätt.
In den Kriegsjahren wurden die Kirchenzeitungen seit dem 25. April 1941 von jeder Papierzuteilung ausgeschlossen. Ebenfalls seit April 1941 setzte die Aufhebung einer Reihe von Klöstern ein, im Sommer 1941 folgten Aktionen gegen die Schulkreuzentfernung und die Euthanasiemaßnahmen des NS-Regimes. Ab November 1941 wurden die Kirchenglocken eingezogen.
Die Haltung des Klerus und der Bevölkerung zu all diesen Stationen wurde von den staatlichen Berichterstattern sorgfältig registriert.

Der Klerus im Urteil der Berichterstatter (Juli 1934 - April 1945)

Nach dem Lagebericht der Regierung von Schwaben vom 8. August 1934 dauerte der Kampf um die Jugenderziehung weiterhin an. Die älteren Geistlichen hatten sich dem Anschein nach mit der Umwälzung abgefunden. Ein Teil der jüngeren Geistlichen stand insgeheim immer noch in Opposition zum nationalsozialistischen Staat.
In der Woche vor dem 19. August 1934 kamen verschiedene Klebezettel mit dem Aufruf: „Katholiken! Hitler greift nach einer Krone!" in Umlauf. Am 19. August 1934 fand die Volksabstimmung statt, mit der sich Hitler nach dem Tode Hindenburgs die Zusammenlegung der Ämter des Reichskanzlers und des Reichspräsidenten bestätigen ließ. Die Kreisleitung der NSDAP Augsburg wandte sich an das Bischöfliche Ordinariat. Die geforderte Stellungnahme von der Bistumsleitung lautete: „Wir erklären, daß

uns von solchem Vorgehen nichts bekannt war und daß wir ihm völlig fernstehen. Selbstverständlich wird erwartet, daß jedermann seine vaterländische Pflicht erfüllt. Der Generalvikar, gez. J. V. Josef Funk."
Diese Erklärung hielten die staatlichen Berichterstatter für zweideutig, „denn was die Gegner des Nationalsozialismus in den katholischen Kreisen unter Erfüllung der vaterländischen Pflicht verstehen, ist leicht zu fassen"[25].
Der „politische Katholizismus", der in den Berichten unter „Staatsfeindliche Bestrebungen" geführt wurde, machte sich nach dem Juli-Bericht 1935 stärker bemerkbar. Die ablehnende Haltung gegen wesentliche Ziele der nationalsozialistischen Staatsführung kam von Monat zu Monat offener zum Ausdruck. Die Mehrzahl der Geistlichen gab ihre wahre Gesinnung nicht oder nur schwer zu erkennen und übte bei ihren Äußerungen größte Vorsicht. Die Geistlichen nützten alle Gelegenheiten zu öffentlichen Auftritten wie Firmungen oder Bittgängen, um ihren Einfluß auf die Bevölkerung zu verstärken. Diese Einschätzung kommt im Bericht vom 7. September 1935 erneut zum Ausdruck: „Die Mehrzahl der katholischen Geistlichen gibt ihre wahre Gesinnung nicht offen zu erkennen, arbeitet dafür aber um so intensiver in versteckter Form. Die Tatsache, daß die Predigten jetzt überwacht werden, ist nicht unbekannt geblieben und läßt die Prediger doppelt vorsichtig sein"[26]. Eine gewisse Zurückhaltung der Geistlichen stellte auch die Regierung von Oberbayern für das Jahr 1934 bis Oktober 1935 fest, um dann die Vorgänge der Einzelkämpfer zu melden[27]. Diese Haltung änderte sich offensichtlich nach der Rede Goebbels in Essen, in der er Maßnahmen gegen die katholische Presse und die kahtolischen Vereine ankündigte, um die Kirche aus dem gesellschaftlichen Leben zu verdrängen. Diese Rede erschien unter dem Titel: „Letzte Warnung an die Staatsfeinde" am 5. August 1935 in allen Zeitungen. In dem Zweimonatsbericht für August-September 1935 wußte die Polizeidirektion Augsburg, daß von ganz wenigen Priestern abgesehen, die gesamte

[25] H. Witetschek, Regierungsbezirk Schwaben S. 29, 31.
[26] Ebd. 74 f.
[27] H. Witetschek, Regierungsbezirk Oberbayern (Anm. 6) S. 11 ff.

Geistlichkeit dem Nationalsozialismus ablehnend gegenüberstand[28]. Sie bemühte sich, ihren Machteinfluß beim katholischen Kirchenvolk zu sichern und zu erweitern. Vorsichtig versuchten sie, die glänzenden Leistungen der nationalen Regierung zu schmälern. Über die Devisen- und Sittlichkeitsvergehen war die Meinung geteilt. Die unter dem Einfluß der „politisierenden Geistlichkeit" stehenden Angehörigen der katholischen Vereine hielten die Presseartikel für unrichtig oder stark übertrieben. Die Geistlichen betrieben auch auf diesem Gebiet eine zwar vorsichtige, aber um so intensivere Propagandatätigkeit. Dagegen forderte man in nationalsozialistischen Kreisen das Verbot dieser Vereine. Die Regierung von Schwaben registrierte im Januar-Bericht 1936, daß die Geistlichen die Beflaggungsvorschriften befolgten und sich in den Predigten zurückhielten. Dennoch könnte nicht auf eine innere Aussöhnung geschlossen werden, wie immer wieder Einzelfälle zeigten[29]. Zu diesen Einzelfällen gehörten zum Beispiel: Benefiziat Sixtus Häfele in Oberpeiching (BA Neuburg a.d. Donau). Gegen ihn wurde Anzeige wegen staatsfeindlichen Verhaltens erstattet. Er unterließ am 13. Januar 1936, dem Saarabstimmungsgedenktag, bewußt die Beflaggung der Kirche und des Pfarrhofes. Er erhielt acht Wochen Gefängnis. Der ältere Pfarrer Franz Xaver Egger von Kemnat (BA Günzburg), dem die Bayerische Politische Polizei wegen staatsabträglicher Äußerungen die Resignation nahegelegt hatte, verzichtete im März 1936 auf sein Amt[30].

Pfarrer Ludwig Klier von Waldkirch (BA Günzburg), der mit fünf anderen Bewohnern in Schutzhaft genommen wurde, weil sie verdächtigt waren, bei der Wahl am 29. März 1936 mit Nein gestimmt zu haben. Mit dieser Wahl ließ sich Hitler die Besetzung der entmilitarisierten Zone des Rheinlandes vom 7. März 1936 bestätigen, die einen Bruch des Locarno-Vertrages darstellte. Die Schutzhaft wurde am 31. März 1936 wieder aufgehoben, oder der als Feind der Bewegung bekannte Pfarrer Georg Grillmeier von Burgheim, der mit der Sammlung von Unterschriften gegen die

[28] H. Witetschek, Regierungsbezirk Schwaben S. 77.
[29] Ebd. S. 96.
[30] Ebd. S. 100.

Entfernung der klösterlichen Lehrkräfte aus den Volksschulen begonnen hatte.
Unter dem Titel „Kampf gegen das Neuheidentum" stellte die Regierung im November-Bericht 1936 mehr oder minder versteckte Angriffe gegen das NS-Regime fest[31].
Die Auseinandersetzung zwischen Staat und Kirche, so die Regierung von Schwaben am 7. April 1937, belastete die Stimmung der Bevölkerung weiter. In Parteikreisen führte die Verlesung der päpstlichen Enzyklika „Mit brennender Sorge" am 21. März 1937 zu Erbitterung und in kirchenfreundlichen Kreisen zu Billigung und Befriedigung. Die Ausführungen des Papstes über den Bruch des Konkordats durch die Deutsche Reichsregierung, über die Bevorzugung von Beamten, die aus der Kirche austraten, über den gegen die Erziehungsberechtigten ausgeübten Zwang zur Abstimmung für die Gemeinschaftsschule, über die Verherrlichung des Heidentums und heldischer Gottheiten, über die Irreführung des Volkes durch die Rassenlehre usw. machten auf viele Zuhörer sichtlich Eindruck. Die Wirkung wurde dadurch erhöht, daß jeweils nach der Verlesung das Glaubensbekenntnis gebetet und das Taufgelübde erneuert wurde[32]. Nach Meinung der Regierung von Oberbayern vom 10. April 1937 konnten die Kirchenbesucher den Ausführungen wegen ihrer Länge nicht folgen. Sie wußte aber nur von einem einzigen Fall zu berichten, nämlich von Pfarrer Karl Bögner aus Aindling, der Parteigenosse war, der verschiedene, ihm selbst nicht passende Stellen ausließ und im übrigen so schnell und unbetont vortrug, daß wenig zu verstehen gewesen sein solle[33]. Im Mai-Bericht 1937 stellte die Regierung von Oberbayern fest, daß der Kampf des nationalsozialistischen Staates gegen die politisierende katholische Kirche mit ihren Fäulniserscheinungen, also den Sittlichkeitsvergehen, von einem Teil der katholischen Bevölkerung als Kampf gegen die Kirche aufgefaßt werde. Dies war das Ergebnis der Einwirkung der Geistlichen, die sich auf verschiedenen Wegen, besonders aber in den Predigten, vollzog. Wenn sie

---

[31] Ebd. S. 115.
[32] Ebd. S. 127 f.; Regierungsbezirk Oberbayern (Anm. 6) S. 211 f.; Regierungsbezirk Ober- und Mittelfranken S. 166 f.
[33] H. Witetschek, Regierungsbezirk Oberbayern S. 221.

sich im allgemeinen auch zurückhielten, so könnten es sich doch verschiedene Geistliche nicht versagen, „immer wieder getarnte Angriffe gegen die heutige Staatsführung zu richten und die Gläubigen zu immer stärkerem Zusammenschluß gegen die angebliche Glaubensverfolgung, die sich in den Prozessen gegen die Ordensgeistlichen zeige, aufzufordern“[34]. Am 9. September 1937 kam die Regierung von Oberbayern zu dem Schluß: „Die NSDAP als einzige politische Willensträgerin beherrscht den äußeren Ausdruck des politischen Lebens. Der einzige sichtbare Gegenspieler ist der politisierende Klerus“[35]. Sie ergänzte am 9. Dezember 1937: „Die Widerstandsnester, die sich da und dort um die früheren örtlichen Machthaber und um die Pfarrhöfe gebildet hatten, werden immer kleiner“[36].

Dies sah auch die Regierung von Schwaben in ihrem Oktober-Bericht 1937 so, in dem sie auf die fortdauernden Spannungen auf kirchenpolitischem Gebiet hinwies[37]. Gegen Ende des Jahres 1937 meldete die Regierung von Schwaben, daß einige Pfarrer immer wieder Kritik am politischen Zeitgeschehen übten.

Pfarrer Johann Burkhart von Oberhausen (BA Neu-Ulm) übte am 26. Dezember 1937 in der Pfarrkirche Kritik an einem Artikel im „Neu-Ulmer-Anzeiger-Weißenhorner Nationalzeitung“. Dabei soll er sich geäußert haben: „Heute feiern wir das Fest des Märtyrers Stephanus, dieser sei verfolgt worden und heute mache man es ähnlich“. Für den Artikelschreiber ließ Pfarrer Burkhart noch zwei Vaterunser beten, auf daß dieser zur Einsicht komme[38].

Pfarrer Ignaz Brenner von Untermeitingen wurde am 18. Februar 1938 von der Gestapo Augsburg in Schutzhaft genommen, weil er die Kinder in einem sogenannten Strafunterricht Sätze von der schwindenden Ehrfurcht vor Gott und den Geistlichen schreiben ließ[39].

---

[34] Ebd. S. 241 f.

[35] Ebd. S. 261.

[36] Ebd. S. 283.

[37] H. Witetschek, Regierungsbezirk Schwaben S. 145 ff.

[38] Vgl. oben Anm. 23.

[39] H. Witetschek, Regierungsbezirk Schwaben 159.

Dem Pfarrer Josef Zimmermann in Anhofen (BA Günzburg), der wegen seiner staatsabträglichen Gesinnung bekannt war, wurden am 1. Mai 1938 18 Fensterscheiben eingeworfen.
Die Strafanzeige gegen Pfarrer Max Endras in Köngetried (BA Mindelheim) wegen Kanzelmißbrauchs wurde der Gestapo Augsburg vorgelegt[40].
Weil Pfarrer Karl Lang in Lamerdingen (BA Kaufbeuren) am 22. Juli 1938 unter dem Hinweis auf eien bevorstehenden Krieg zum Sakramentenempfang aufforderte und dadurch große Erregung in der Gemeinde entstand, wurde er auf Veranlassung der Gestapo Augsburg am 29. August 1938 in Schutzhaft genommen. Ebenso kam der ernannte Domkapitular Andreas Rampp aus Warmisried (BA Mindelheim) in Schutzhaft, der der Regierung von Schwaben „als Hetzer bekannt“ war[41].
Als am 14. November 1938 fünf Bauern aus Lamerdingen bei der Stapostelle Augsburg die Freilassung ihres Pfarrers Karl Lang erwirken wollten, wurden sie „wegen ihrer frechen und demonstrativen Haltung“ in Polizeihaft genommen und am 17. November wieder entlassen[42].
Das Münchener Regierungspräsidium meldete am 10. Dezember 1938, daß die Geistlichen nach den Judenpogromen vom 9. November 1938 nun öfter auf alttestamentliche Texte zurückgriffen. Im Dezember-Bericht 1938 berichtete die Regierung von Oberbayern, daß „die tägliche Erörterung der Judenfrage durch den Rundfunk vor Beginn der Nachrichten sich als ausgezeichnetes Belehrungsmittel erweise. Nur die von der Kirche beeinflußten Kreise gehen in der Judenfrage noch nicht mit“[43]. Dies zeigte sich zum Beispiel in Raisting. Dort führte die „mangelhafte nationalsozialistische Gesinnung“ des Pfarrers Karl Fritz von Brühl dazu, daß in der Neujahrsnacht 1939 am Pfarrhaus und an sieben Gartensäulen mit Teer die Aufschrift „auch ein Judenfreund“, sowie Hakenkreuze angebracht wurden[44].

---

[40] Ebd. S. 165.
[41] Ebd. S. 168, 171, 175.
[42] Ebd. S. 173.
[43] H. Witetschek, Regierungsbezirk Oberbayern S. 300 f.; ders., Der Sturm auf den Münchener Bischofshof im Zuge der Judenpogrome im November 1938, in: Münchener Katholische Kirchenzeitung 61. Jg., 1968 vom 10. November, S. 24.
[44] Ebd. S. 303.

Im Januar 1939 folgte eine Reihe von Strafanzeigen wegen Vergehens gegen das Heimtückegesetz, so wieder gegen Pfarrer Johann Burkhart in Oberhausen[45], gegen Pfarrer Johann Keil in Ruderatshofen, Kaplan Josef Huber in Kempten, Pfarrer Josef März in Bonstetten, Pfarrer Sebastian Kümmerle in Buching und Pfarrer Max Mayr in Schiltberg[46]. Nach außen hin schien der 50. Geburtstag Hitlers am 20. April 1939 die Gegensätze zu überdecken. Das ganze Volk bis ins letzte Dorf hinaus, so die Regierung von Schwaben am 8. Mai. feierte dieses Fest „mit reichstem Flaggen-, Grün- und Lichterschmuck, mit Truppenparaden, Fackelzügen und Ansprachen, mit Kirchengebeten und Glockengeläute ...“. Dennoch folgten von Monat zu Monat Meldungen über Polizeihaft, Strafanzeigen, Verwarnungen und Unterrichtsverbote oder Auflagen von Sicherungsgeld wie bei Anton Ahle in Diedorf und anderen[47].
Am 25. März 1940 wurde Pfarrer Max Mayr in Schiltberg festgenommen. Er war schon vom 28. Juni bis 10. Juli 1933 in Schutzhaft. Am 12. Juli 1940 wurde er wegen staatsabträglicher Äußerungen in das KZ Dachau gebracht[48]. Da an den abgeschafften Feiertagen auch die polnischen Landarbeiter nicht arbeiten mußten, so sah der Landrat von Illertissen bei den Pfarrern die Hauptschuld „für diese Gesinnungslosigkeit“[49].
Wegen Verbreitung „beunruhigender Gerüchte“ wurde Pfarrvikar Bernhard Heinzmann am 6. Januar 1941 verhaftet und am 19. März 1941 in das

---

45 Vgl. oben Anm. 23.
46 H. Witetschek, Regierungsbezirk Schwaben S. 177.
47 Ebd. S. 181 - 191.
48 H. Witetschek, Regierungsbezirk Oberbayern S. 250, 268, 302, 317, 323; Pfarrer Mayr, geboren 1891, war zahlreichen Verhören, Beanstandungen und Überwachungen ausgesetzt. Bis März 1940 erfolgten etwa 50 Anzeigen. Aus dem KZ Dachau wurde er durch Vermittlung von Bischof Wienken beim Reichssicherheitshauptamt in Berlin am 9. April 1945 entlassen. Vgl. U. v. Hehl (Anm. 1) Sp. 141; J. Fuchs, K. Hofmann, H. Thieme (Anm. 12) S. 55; H. Witetschek, Dem christlichen Humanum verpflichtet. Oppositionelle Kräfte im Bistum Augsburg gegen die totalitäre Kulturpolitik des NS-Regimes, in: Vom christlichen Glauben geprägt. Katholischer Kulturkongreß Augsburg, hrsg. von Max Ziegelbauer, Donauwörth 1992, S. 96.
49 H. Witetschek, Regierungsbezirk Schwaben S. 199.

KZ Dachau gebracht[50]. Im Mai-Bericht 1942 wußten mehrere Landräte von Befürchtungen zu berichten, daß nach dem deutschen Endsieg die Religion abgeschafft werden solle[51]. Seit April 1943 stellte die Regierung eine zunehmende Kriegsmüdigkeit und einen noch größeren Zulauf zur Kirche fest[52].

Im Februar und März 1944 stand die Bevölkerung stark unter dem Eindruck der Großangriffe vom 25./26. Februar auf die Stadt Augsburg und am 16. und 18. März auf Augsburg und zahlreiche Orte im Regierungsbezirk Schwaben. Der Anschlag auf Hitler am 20. Juli 1944 und die ungünstige Lage an den Fronten ließ die „volks- und staatsfeindlichen Bestrebungen stärker hervortreten"[53]. In 20 Fällen wurde allein im Juli 1944 gegen Geistliche und Laien wegen heimtückischen und staatsabträglichen Verhaltens eingeschritten. Im Oktober 1944 kam es zu mehreren Fällen von Fahnenflucht, einmal unter Beihilfe eines Kaplans in Oberstdorf[54].

Die schweren Luftangriffe auf Augsburg am 27. Februar 1945, dem Angriffe auf Kempten, Immenstadt, Sonthofen, Nördlingen und Öttingen vorausgegangen waren, und die täglichen Tieffliegerangriffe, drückten auf die Stimmung der Bevölkerung. Dazu kamen bis zum letzten Bericht der Regierung von Schwaben vom 9. April 1945, Meldungen von Verhaftungen und Anzeigen wegen Zersetzung der Wehrkraft und Vergehens gegen das Heimtückegesetz[55]. Die Regierung von Oberbayern zitierte in ihrem letzten Bericht vom 7. April 1945 den Landrat von Rosenheim: „Die ländliche

[50] Ebd. S. 208; Heinzmann, geboren 1903, war Bespitzelungen und Beleidigungen an seinen Wirkungsorten Starnberg, Benediktbeuern und Illerbeuren ausgesetzt. Im KZ erkrankte er an einer eitrigen Nierenentzündung. Obwohl er sich wieder erholte, blieb sein Name auf der Krankenliste. So kam er in den Invalidentransport und wurde vergast. Der Totenschein trägt das Datum vom 20. September 1942. Vgl. J. Fuchs, K. Hofmann, H. Thieme (Anm. 12) S. 74; O.M. Knab, Der Martyrer von Böhmenkirch: Pfarrer Bernhard Heinzmann + 1942, Böhmenkirch 1975; E. Weiler (Anm. 23) S. 439; H. Witetschek (Anm. 48) S. 97 f.

[51] H. Witetschek, Regierungsbezirk Schwaben S. 238.

[52] Ebd. S. 244.

[53] H. Witetschek, Ergänzungsband S. 54.

[54] Ebd. S. 59.

[55] Ebd. S. 63 f.

Bevölkerung klammere sich an den althergebrachten Glauben und suche darin Trost in schwerer Zeit"[56].

Würdigung

Die Berichtserstatter der Regierungspräsidentenberichte haben nicht alle Fälle erfaßt. Insgesamt waren im Bistum Augsburg von 1933 bis 1945 807 Geistliche, 782 Diözesanpriester und 25 Ordensleute von 3328 NS-Maßnahmen betroffen. Das waren 62,3% des Seelsorgeklerus. Der Anteil der gemaßregelten Geistlichen in Bayern lag also erheblich über dem Reichsdurchschnitt von 35,9%. Von diesen Maßnahmen gegen Diözesangeistliche entfielen: auf berufliche Diskriminierung 226 Fälle, Schulverbote 104, Ausweisungen 20, Verwarnungen 874, Verfahren 259, Terrorakte 263, Geldstrafen 154, Freiheitsstrafen 93, KZ-Einweisungen 5, ein sonstiger Todesfall und 14 sonstige Fälle[57].

Die Anzeigen gingen häufig auf Denunziationen und persönliche Feindschaften von NS-Funktionären zurück. Opfer von Denunzianten wurden in gleicher Weise auch Laien, die dem NS-Regime als Gegner noch ungeschützter gegenüberstanden[58]. Mit jedem Verfahren war Angst und Verunsicherung verbunden.

Ziel des totalitären NS-Regimes war es, die Kirche gleichzuschalten. Dieser geistigen Uniformierung widerstanden die Geistlichen bis auf einzelne Ausnahmen, wie die hohen Zahlen der betroffenen Priester belegen.

Die Frage der jüngeren Generationen, ob genug gegen das NS-Regime getan wurde, entzieht sich dem Historiker, da er nicht ausleuchten kann, in welchem Gewissenskonflikt sich der einzelne befand und mit welchen Ängsten er zu ringen hatte. Aber der Kirchenkampf forderte seine Opfer.

Die 22 703 belegbaren Gewaltmaßnahmen des NS-Regimes gegen 8021 katholische Priester in Deutschland beleuchten die damalige Situation.

---

[56] Ebd. S. 24 f.

[57] U. v. Hehl (Anm. 1) S. XLII, Tabelle 2 S. LXXV, Tabelle 5 S. LXXIX. Bei den KZ-Einweisungen war ein Fall wegen eines strafrechtlichen Delikts abzuziehen. (Freundliche Mitteilung von Pfarrer Johannes Burkhart vom 14. März 1983).

[58] B. Höpfl, Katholische Laien im nationalsozialistischen Bayern. Verweigerung und Widerstand zwischen 1933 und 1945, Paderborn 1998.

Nach der Volkszählung von 1933 gehörten von den 65,2 Millionen Deutschen nur 21,2 Millionen, ein knappes Drittel, der katholischen Kirche an. Im KZ waren 34 evangelische und 418 katholische Geistliche. Von diesen 418 katholischen Geistlichen kamen in 110 im KZ zu Tode. Weitere 59 deutsche Priester starben in Untersuchungshaft, wurden hingerichtet oder in den letzten Kriegstagen ermordet. Von diesen 59 entfallen 25 auf Ordensleute[59].

Widerstand im engeren Sinne als versuchte Abschaffung des bestehenden Regimes gehörte in den politischen Bereich und nicht zur damaligen katholischen Staatsauffassung[60] und zum damaligen Kirchenverständnis. Deshalb ist das Widerstehen gegen die Anpassungsbestrebungen des NS-Regimes besser als Zeugnis zu bezeichnen. Zeugen für Christus und die christlichen Grundsätze im Sinne von Apostelgeschichte 1,8 und damit in einer oppositionellen Haltung zum NS-Regime waren die Priester des Bistums Augsburg, wie die Regierungspräsidentenberichte belegen.

---

[59] Ebd. S. XLIV, Tabelle 11, S. LXXXVI; H. Witetschek, Das Überleben der Kirche unter dem NS-Regime. Die Kirche im Spannungsfeld zwischen staatsbürgerlichen Pflichten und Glaubenszeugnis, in: Stimmen der Zeit 203 (1985) S. 829 - 843, bes. 839 f.

[60] H. Witetschek, Das Staatsverständnis des bayerischen Episkopats an der Wende von der Monarchie zur Republik im Lichte der Hirtenbriefe von 1918 bis 1920, in: Land und Reich, Stamm und Nation. Festgabe für Max Spindler zum 90. Geburtstag, hrsg. von Andreas Kraus, München 1984, S. 375 - 388; ders., Kirche und Politik im Spiegel der Hirtenbriefe der bayerischen Bischöfe in der Weimarer Zeit (1920 - 1933), in: Festgabe. Heinz Hürten zum 60. Geburtstag, hrsg. von Harald Dickerhof, Frankfurt a. M. 1988, S. 467 - 495. H. Hürten, Katholische Kirche und Widerstand, in: Widerstand gegen den Nationalsozialismus, hrsg. von P. Steinbach u. J. Tuchel, Berlin 1994, S. 182 - 192; H. Hürten, Zeugnis und Widerstand der Kirche im NS-Staat. Überlegungen zu Begriff und Sache, in: Stimmen der Zeit 201 (1983) S. 363-373. W. Pötzl, Wallfahrten gegen das Hakenkreuz, in: Festgabe Heinz Hürten zum 60. Geburtstag, ebd. S. 443-465; W. Ziegler, Haben die deutschen Bischöfe im Dritten Reich versagt? Kritische Überlegungen zu einem vielbehandelten Thema, ebd. S. 497-524.

Religionswissenschaft und NS-Volkskunde
Friedrich Pfisters Würzburger Lehrtätigkeit von 1924-51

Wolfgang Brückner

Der Anfang September 1998 in Frankfurt am Main veranstaltete „42. Deutsche Historikertag" des „Verbandes der Historiker Deutschlands" hat sich erstmals in seiner Geschichte zumindest forderungsweise mit einer Selbstprüfung der Universitätshistorie während der Zeit des Nationalsozialismus befaßt. Der Frankfurter Mediävist Johannes Fried (Jg. 1942) sprach in seiner Eröffnungsrede am 8.9.1998 und in einem Interview, das am folgenden Tag in der Lokalbeilage der FAZ abgedruckt wurde, vom „zweiten Generationswechsel nach 1945", der diese Diskussion erst möglich mache. „Die Historiker haben das 3. Reich herbeigeschrieben" und sind danach in sogenannter Elitenkontinuität die Lehrer der jetzt abtretenden nächsten Generation gewesen, ohne genauere Auskünfte über ihr einstiges Verhalten zu hinterlassen.

Für Frankfurt läßt sich aufgrund der Universitätsgeschichte von Notker Hammerstein aus dem Jahr 1989 feststellen, daß von den damaligen drei Ordinarien der Geschichte keiner der NSDAP angehörte, jedoch zwei „regimetreu" waren, der dritte aber ein späterer Emigrant, nämlich Ernst H. Kantorowicz, der seinerzeitige Mediävist. Außerhalb Frankfurts waren die Historiker in der Regel deutschnationale Reichs-Pathetiker und Weimar-Verächter, wie Percy Ernst Schramm in Göttingen und Hermann Heimpel, damals in Straßburg, allen voran aber Johannes Haller in Tübingen, so Johannes Fried, der nur einen wahrhaft unbescholtenen Ordinarius zu nennen weiß: „Franz Schnabel, damals Professor an der Technischen Hochschule Karlsruhe. Er hat klipp und klar 1932 formuliert: Wer mit Notverordnungen regiert, führt in die Diktatur hinein. Er wurde 1935 zwangsemeritiert".

Was Fried in diesem Zusammenhang nicht gesagt hat, gehört jedoch genauso zu dem Syndrom der Universitätswissenschaften, das soeben in einer Habilitationsschrift (Thomas Hertfelder) am Fall Schnabels aufgerollt worden ist, nämlich seine „akademische Ausgrenzung“ aus „verbreitetem antikatholischem Ressentiment, das selbst den gewiß unklerikalen Historiker Schnabel nicht verschonte“. Er durfte nach 1945 keineswegs gleich wieder Professor werden, als sich in Baden, diesmal an der Universität Heidelberg, dafür eine Gelegenheit bot. Die Listenplazierung in der Philosophischen Fakultät scheiterte am Einspruch des Philosophen Karl Jaspers, der sich bekanntlich später von Basel aus gerne kritisch gegen die neue Adenauer-Republik ausgelassen hat und für eine liberale Lobby gar als idealer Nachfolger von Theodor Heuss gehandelt wurde. Er konstatierte in der deutschen Kulturkampftradition des 19. Jahrhunderts, die auch von den Nazis weitergeführt worden war: Ein Katholik wie Schnabel könne nicht hinreichend offen sein für „freie Forschung“.

Ich war Primaner, als Jaspers' Buch „Von der Wahrheit“ (1947) uns Schülern warm ans Herz gelegt wurde. Den damals zur demokratischen Erziehung eingeführten, freiwilligen Philosophie-Zusatzunterricht in Gelnhausen erteilte die Studienrätin Dr. E. Salditt, die bei Jaspers promoviert und das Register jenes Buches erstellt hatte. Sie wußte uns für ein geisteswissenschaftliches Studium zu begeistern. Ein anderer „großer“ Heidelberger meiner Studienzeit, der Historiker Werner Conze (1910-1986), der die für unser Fach wichtige Wendung seiner Universitätsdisziplin zur Sozialhistorie eingeleitet hat und damit die Vätergeneration vieler späterer Neomarxisten in den Geisteswissenschaften repräsentiert, wird heute als studentischer SA-Mann „entlarvt“. Dies geschieht wegen seiner entsprechenden akademischen Frühkarriere offensichtlich mit größerem Recht als bei dem jüngeren, zu internationaler Berühmtheit gelangten Konstanzer Literaturwissenschaftler Hans Robert Jauss (1921-1997), der nie seine SS-Kriegsjugend-Vergangenheit verborgen hatte, aber freilich erst heute direkt danach befragt werden würde. Noch aber lebt und gibt Auskunft Hans Schwerte (recte Schneider), der Erlanger und Aachener Neugermanist, ebenfalls ein bekannter Promotor akademischer Linksliberalität, über den in den letzten Jahren drei Monographien erschienen sind als einem Extremfall von kriminell verdecktem Doppelleben vor und nach 1945. Kommentatoren aus der Germanistik, dem „Fach, das sich aufgegeben hat“

(Thomas Steinfeld) meinen, die Geschichtsschreibung in der eigenen Disziplin sei die letzte Stufe einer abständigen Fortentwicklung: nur noch der Abgesang.

Wenn dem wirklich so wäre und dies dann nicht bloß von der Germanistik gilt, dann müßte es für ihre Tochter, die deutsche Volkskunde wohl ebenfalls zutreffen. Gewiß, auch hier hat man bisweilen den Eindruck, das Fach habe sich aufgegeben. Gemeint sind damit die Kontinuität eines Kernbestandes an Inhalten als den Übungsfeldern sich wandelnder Fragestellungen und Erkenntnisziele. Doch die seit langem schon allseits betriebene, zum Teil intensive Beschäftigung mit Geschichte und Vorgeschichte des Nationalsozialismus im Fach gereicht der Volkskunde insgesamt nicht nur zur Ehre, sondern sie hat auch wesentlich zu mehr als bloßen Distanzierungen vom Gestern beigetragen. Allerdings gab und gibt es darunter auch Tendenzen der selbst wiederum ideologischen Instrumentalisierung solcher Bewältigungsarbeit, nämlich den moralisierenden Adelungsversuch der eigenen heutigen Politisierung von Wissenschaft in gezielter Praxisabsicht. Das wurde vor dreißig Jahren in der Volkskunde für besonders fortschrittlich gehalten, und es wirken noch manche der seitdem ergangenen Verdikte in heutigen Handbüchern nach. Für die jüngere Generation im Fach bringt dies gewisse Unsicherheiten über die Beurteilung der eigenen geistigen Großväter mit sich. Meine Generation, die chronologisch in der Mitte steht, also wir unmittelbaren Schüler, sollten ein wenig mehr mitteilen, als wir vielleicht selbst bisher gewußt haben.

Aus solcher Perspektive breite ich nun ein Fallbeispiel aus, nach dessen Vorstellung gefragt werden muß, ob damit etwas gewonnen ist für weiterreichende Beurteilungen der eigenen Fachgeschichte oder der Institution Universität.

1. Richtige Antworten auf falsche Fragen?

Als im Jahre 1980 Volkskundler über die Würzburger Universität und das Dritte Reich diskutierten, entstand der Eindruck, daß es dort Möglichkeiten der „Nischen“ für das Fach in jener Zeit gegeben habe[1]. Dabei erhob sich zugleich die Frage, ob denn keinerlei inhaltliche Diskussionen am Ort zu registrieren seien. Sie war an Erich Wimmer gestellt, der auf jenem Münchner Symposion über „Die Errichtung der volkskundlichen Abteilung am Seminar für deutsche Philologie (1936) und die Volkskunde an der Hochschule für Lehrerbildung in Würzburg“ referiert hatte[2]. Wimmer argumentierte mit den Themen der damaligen Lehrveranstaltungen von Josef Dünninger und denen der Examensarbeiten, die er seinen Volksschulaspiranten stellte. „Eine Gefährdung war vielleicht durch einen Parteibeitritt abzubauen“[3]. Auf die Frage, „ob es inhaltlich Streit gab“, sprich, „daß sie an der Sache diskutiert haben“, beantwortete der Referent für sein lokales Beispiel: „Aus der Perspektive Würzburg läßt sich wenig dazu sagen“[4]. Deshalb kommt Josef Dünninger in dem umfangreichen Sammelband zu „Gestalten und Tendenzen der deutschen und österreichischen Volkskunde in der ersten Hälfte des 20. Jahrhunderts“ unter dem Haupttitel „Völkische Wissenschaft“ überhaupt nicht vor[5]. Wenn heute, ein Jahrzehnt danach, Germanisten in Würzburg die Geschichte ihres Seminars während der NS-Zeit aufzuarbeiten suchen, dann wird deren damaliger Privatdozent Josef

---

[1] Gerndt, Helge (Hg.): Volkskunde und Nationalsozialismus. Referate und Diskussionen einer Tagung (= Münchner Beiträge zur Volkskunde 7). München 1987, S. 128, in der Diskussion III bemerkte Bollmus, der kanadische Erforscher der Wissenschaftsgeschichte im Nationalsozialismus: „Nach den Ausführungen von Herrn Wimmer könnte man die These wagen, daß es im Dritten Reich Nischen gab, irgendeine Möglichkeit, stille Volkskunde zu betreiben. Das würde ich jetzt nicht bestreiten wollen, nur meinen, daß potentiell eine dauernde Gefährdung da war“.

[2] Wimmer, Erich: Die Errichtung der volkskundlichen Abteilung am Seminar für deutsche Philologie (1936) und die Volkskunde an der Hochschule für Lehrerbildung in Würzburg. In: ebd. S. 119-126.

[3] Ebd., S. 128, wobei der Referent zweifelsohne an den Parteieintritt Dünningers 1937 dachte.

[4] Ebd., S. 128.

[5] Jacobeit, Wolfgang / Lixfeld, Hannjost / Bockhorn, Olaf, (Hgg): Völkische Wissenschaft. Wien, Köln, Weimar 1994.

Dünninger ohne Umschweife als nicht bloß potentieller Parteigänger ausgemacht[6]. Nie aber ist bis jetzt die Rede vom eigentlichen volkskundlichen Fachvertreter an der Universität bis 1936, dem Gründungsjahr einer eigenen Abteilung innerhalb des Seminars für deutsche Philologie.
In- und außerhalb Würzburgs weiß man heute meist nur noch, daß Dünninger der erste volkskundliche Lehrstuhlinhaber war und daß sein Name vor allem mit religiöser Volkskunde in Zusammenhang gesehen werden muß, hatte er sich doch 1933 mit einer Arbeit über die Vierzehnnothelfer habilitiert[7]. Sie ist bezeichnenderweise nie im Druck erschienen, obgleich Georg Schreiber in Münster seine berühmte Reihe der kulturgeschichtlichen Heiligenmonographien dafür bereithielt. Doch gegen solche Hoffnungen standen Datum und Zeitgeist. Georg Schreiber verlor nicht nur seine politischen Ämter im Reichstag, sondern auch den theologischen Lehrstuhl in Münster[8]. Dagegen stand aber auch die Privatdozentenexistenz des Josef Dünninger, nämlich ohne Alimentierung zu sein. Ordinarius, wenn auch nicht für Volkskunde, aber als ordentlicher Professor zuständig für deren Institutionen am Ort und in der Fakultät sowie im einzigen europaweiten „Verband deutscher Vereine für Volkskunde", d. h. ihr Repräsen-

---

[6] Kriegelsteiner, Stefan: Würzburger Germanistik im Dritten Reich. Magisterarbeit im Fach Neuere Deutsche Literaturwissenschaft, Würzburg 1996, S. 16-18 u. 47-56. – Danach die öffentlichen Auslassungen des soeben berufenen jüngsten Würzburger Literaturprofessors Wolfgang Riedel auf dem Jubiläumskolloquium zum 125jährigen Bestehen des Würzburger Seminars für deutsche Philologie am 10. Juli 1998, obgleich schon Günter Hess, der Zweitgutachter, am 15.4.1996 starke methodische Bedenken gegen die Argumentation dieser Einschätzung erhoben hatte.

[7] Dünninger, Josef: Untersuchungen zur volkstümlichen Heiligenverehrung in Süddeutschland, mit besonderer Berücksichtigung des bayerischen Nordgaus. I: Die vierzehn Nothelfer. II: Der Viehheiligenkult (ungedruckte Habilitationsschrift). Würzburg 1933; zit. nach: Volkskultur und Geschichte. Festgabe für Josef Dünninger zum 65. Geburtstag, hg. v. Dieter Harmening, Gerhard Lutz, Bernhard Schemmel, Erich Wimmer. Berlin 1970, S. 635 (Schriftenverzeichnis).

[8] Morsey, Rudolf: Georg Schreiber. Der Wissenschaftler, Kulturpolitiker und Wissenschaftsorganisator. In: Westf. Z. 131/132 (1981/82), S. 121-159. – Zu Schreiber und die Volkskunde s. „Fünfzig Jahre nach der Unterdrückung des Jahrbuchs". In: Jb.f.Vk. NF 12 (1989), S. 7-10 (Lit.). – Er wurde 1935 zwangsversetzt nach Braunsberg in Ostpreußen und dort 1936 zwangsemeritiert. – Freckmann, Klaus: Aufklärung und Verklärung. Positionen im Werk Georg Schreibers. In: Gerndt (wie Anm. 1), S. 283-295 u. Diskussion S. 297 ff.

tant war Friedrich Pfister, der Altphilologe und Religionswissenschaftler. Er ist zusammen mit dem Münchner Denkmalpfleger Josef Maria Ritz der Ausrichter des „Ersten Deutschen Volkskundetages“ 1930 in Würzburg gewesen.

Wir haben 1989 seine Lebenserinnerungen publiziert[9], doch wenn von Volkskunde und NS-Zeit in Würzburg die Rede ist, kommt nur der damals die Lehre vertretende Privatdozent Josef Dünninger in den Blick, der jedoch sein Geld zunächst als Privatlehrer an einem Mädcheninstitut verdienen mußte und der ab 1936 an der neuen Hochschule für Lehrerbildung unterrichten durfte sowie durch umfangreiche Vortragstätigkeit seine junge Familie durchbrachte. Er wurde 1942 mit 37 Jahren zum Militär eingezogen und später bisweilen für den Semesterunterricht freigestellt, so daß er ab September 1944 auf Dauer wieder in Würzburg war[10]. Zunächst Sanitätsgefreiter und Pferdepfleger, gehörte er ab 1.5.1943 in Frankreich der kulturellen Truppenbetreuung an und wurde durch seinen vorgesetzten Hauptmann, den späteren Dortmunder Sozialhistoriker und Volkskundler Wilhelm Brepohl, als literarischer Redner über schöngeistige Dinge in der Etappe herumgereicht. „Gefreiter Dünninger meldet sich zum Vortrag“, war noch nach dem Krieg seine stehende Redensart.

Heutige Chronisten jener Zeit machen es sich bisweilen schrecklich einfach damit, indem sie allein die Personalakten der Universität studieren und die Mitgliedschaften damaliger Pflichtorganisationen für noch nicht fest Angestellte summieren, oder im Wehrpaß den Stempel „Propagandakompanie“ lesen, um dadurch unbescholtene Leute als Nazis denunzieren zu können. Sie vergessen darüber, welcher Geist an den Schreibtischen damals längst Etablierter ungestört verfochten werden konnte und – weil nicht spruchkammer-bekannt – in Vergessenheit geriet. Danach zu urteilen, steht nicht ein tadelloser Ehrenmann Pfister einem sogenannten Mit-

---

[9] Pfister, Friedrich: Erinnerungen aus meinem Leben bis 1945. Mit einem Verzeichnis der volkskundlichen und religionswissenschaftlichen Schriften (= Veröff. z. Volkskunde u. Kulturgeschichte 40). Würzburg 1989, im folgenden zumeist direkt bei den Zitaten belegt mit „Pf.“ und Seitenzahl. – Weitere Daten bei Alzheimer, Heidrun: Volkskunde in Bayern. Ein biobibliographisches Lexikon der Vorläufer, Förderer und einstigen Fachvertreter (= Veröff. z. Volkskunde u. Kulturgeschichte 50). Würzburg 1991, S. 203-206.

[10] Archiv des Rektors und Senats der Universität Würzburg (= ARS).

läufer Dünninger gegenüber, sondern über das seinerzeitige soziale Mißverhältnis von Ordinarius und Privatdozent wie von Offizier und Gemeiner hinaus sind hier durch drei Jahrzehnte hindurch zwei Wissenschaftsauffassungen unvereinbarer Art zwar nicht medienwirksam aufeinandergestoßen, aber für uns durchaus sichtbar zu machen. Ich spitze zu, indem ich formuliere: Für Würzburg gilt es, einen latenten Konflikt aufzudecken, der symptomatisch für alle drei Epochen vor 1933, während der NS-Zeit und nach 1945 die dezidierte Gegnerschaft einer ideologisch geprägten Religionsgeschichte und einer dagegen auf Dauer widerstandsfähigen „religiösen Volkskunde“ markiert. Die so gerne eingeengt traktierte Frage: Wer war ein wirklicher Nazi oder wer ist ein potentieller gewesen und geblieben oder wer gehörte zu den geistigen Vorreitern des Regimes in den Wissenschaften, führt allein zu keiner historisch angemessenen Aufarbeitung der tatsächlichen Ereignisse, Verhaltensweisen und Denkgebäude der Betroffenen. Dafür müssen die größeren Zusammenhänge der jeweiligen Lebensläufe und ihres geistigen Umfeldes aufgerollt werden trotz aller Schwierigkeiten, die zeitgeschichtliche Forschung mit dem Benutzen und Auswerten von personenbezogenen Quellen besitzt.

2. Frömmigkeitsforschung als fortdauerndes Skandalon

„Religiöse Volkskunde“ war ab 1933 umstritten oder ein Schutzbegriff, der als „kirchliche Volkskunde“ auch nach 1945 noch zu neuerlichem Schimpf werden sollte[11], während sich Begriffe wie „Volksfrömmigkeit“ bei Religionsfeinden wie Kirchenmännern gleichermaßen festfraßen für die überholten Vorstellungen von „Aberglauben“, obgleich jenes Konstrukt gerade darin kräftig weiterlebt[12]. Schon immer fand „Frömmigkeits-

[11] Schreiber, Georg: Kirchliche Volkskunde. In: Deutsche Volkskunde (= Deutsche Forschung. Aus der Arbeit der Notgemeinschaft der deutschen Wissenschaften 2). Berlin 1928, S. 1-9. – Ziegler, Matthes: Kirchliche oder religiöse Volkskunde? In: Nationalsozialistische Monatshefte 6 (1935), S. 674-685. – Peuckert, Will-Erich u. Lauffer, Otto: Volkskunde. Quellen und Forschungen seit 1930 (= Wissenschaftliche Forschung. Berichte. Geisteswissenschaftliche R. 14). Bern 1951, S. 47-50.

[12] Vgl. Brückner, Wolfgang: Probleme der Frömmigkeitsforschung. Religiöse Volkskunde im öffentlichen Bewußtsein am Beispielfeld Lexikon. In: Dippold, Günter u.a.: Verbindendes. Studien zu Ehren von Reinhard Worschech (= Veröff. z. Volkskunde u. Kulturge-

forschung im Schnittpunkt der Disziplinen" statt, so daß genau hier stets „über methodische Vorteile und ideologische Vor-Urteile in den Kulturwissenschaften" gesprochen werden muß[13]. Ich habe seinerzeit 14 verschiedene Wissenschaftsbereiche ausgemacht, in denen die kulturwissenschaftliche Erforschung religiöser Phänomene und das heißt ihrer geistigen Grundlagen und sozialen Auswirkungen eine wichtige Rolle spielt: Die germanistische Altertumskunde und germanische Religionsgeschichte, die klassischen Altertumswissenschaften, die Ethnologie, die Staats- und Volkswissenschaften, die Kunstgeschichte, die Liturgiewissenschaft, die Literaturgeschichte, die biblische Theologie mit ihrer Frage nach dem Sitz im Leben, die Pastoraltheologie, die Kirchengeschichtsforschung aller Konfessionen, die Religionssoziologie, die Religionspsychologie, die Religionsgeographie und in den letzten Jahrzehnten vor allem die Geschichtswissenschaft mit den Schwerpunkten Spätmittelalter (samt Blick auf die Reformation), Frühe Neuzeit (voran das Konfessionalisierungsparadigma) und das 19./20. Jahrhundert (durch die Problematik von Religion und Moderne).

Innerhalb der Volkskunde gibt es nach allgemeiner Auffassung der Wissenschaftshistoriker unseres Faches zwei Wurzeln der sogenannten „religiösen Volkskunde" vor 1933: Zum einen die literarischen und praktischen Wirkungen der evangelischen Dorfkirchenbewegung und zum anderen die völkerkundlich-religionswissenschaftlich angeregte Wallfahrtsethnographie im katholischen Süddeutschland. Während des Dritten Reiches offiziell in die theologischen Fakultäten verbannt und endgültig auf „kirchliche Volkskunde" beschränkt, hat sie sich nach 1945 erst spät wieder durch moderne Forschungen z.B. im „Bayerischen Jahrbuch für Volkskunde" etabliert und seit 1978 im „Jahrbuch für Volkskunde" der Görres-Gesellschaft ein überregionales Publikationsforum gefunden. Darüber sind bei uns die einstigen Probleme und heutigen Erkenntnisse der allgemeinen Religionswissenschaft in den Hintergrund getreten. Aber auch hier können

---

schichte 65). Würzburg 1998, S. 21-40. – Ders.: Brauchforschung tut not. In: Jb.f.Vk. NF 21 (1998), S. 107-138, hier S. 121-128 „Religion und Moderne".

[13] Unter diesem Titel s. Brückner, Wolfgang, in: Volksfrömmigkeit (= Ethnologia Bavarica 13) Würzburg u. München 1986, S. 5-37.

wissenschaftsgeschichtliche Reflexionen Erkenntnishilfen bieten. Selbstverständlich stellt die Religionsgeschichte ebenfalls ein Produkt der Entdeckungen durch die Moderne dar, und darum ist ihre Erforschung mit allen Implikationen unseres Denkens aus der Aufklärungstradition behaftet, wie wir das seit Jahrzehnten an der Geschichte unseres eigenen Faches bemerkt haben.

Auch hier also kommt ein Dekonstruktionsprozeß in Gang. Hans-Gerhard Kippenberg hat dafür 1997 eine Übersichtsstudie vorgelegt[14]. Von der Mitte des 19. Jahrhunderts an ging es bei der Beschreibung von Formen und Funktionen religiösen Lebens zugleich um historische Sinnbildungen im Zeitalter der Modernisierung, wobei Darwins Evolutionsmodell aus seinem Buch die „Entstehung der Arten" von 1859 grundlegend wurde für aufwärtssteigend gedachte Entwicklungslinien vom Aberglauben zum Christentum oder von der Religion zur Wissenschaft. Die Beobachtung langfristiger religiöser Erscheinungen diente vor hundert Jahren einem doppelten Prozeß der Erkenntnis von Kultur und Identitätsfindung, das heißt zugleich der Deutung der eigenen Gesellschaft zu Zeiten tiefen sozialen Wandels.

Kippenbergs zentrale Kapitel lauten: „Religionsgeschichte als Ausdifferenzierung von Sinnsystemen und von Lebensformen"[15]. Wilhelm Diltheys Formen von „Erleben", „Ausdruck", „Verstehen" als Weltanschauungen oder Kultursysteme hat Rudolf Otto (dessen Buch „Das Heilige" auch zu meiner Studienzeit noch Offenbarungscharakter besaß), „fest in der Religionswissenschaft etabliert. Religionsphänomenologen griffen den Ansatz auf und postulierten ebenfalls eine Art vorsprachlicher religiöser Erfahrung, die unabhängig von der modernen Zivilisation ihr Existensrecht behalte"[16]. Von nun an ging es um elementare Strukturen. „An die Stelle der Survivals trat seitdem auf der ganzen Linie eine Auffassung von Religionsgeschichte, die das Vergangene als gegenwärtige Optionen ansah. Ein irgendwie gearteter persönlicher Glaube an Metaphysisches aller Art war

---

[14] Kippenberg, Hans-Gerhard: Die Entdeckung der Religionsgeschichte. Religionswissenschaft und Moderne. München 1997.

[15] Ebd., S. 188-193.

[16] Ebd., S. 192.

nicht notwendig. Die Religionswissenschaft identifizierte in vergangenen religionshistorischen Tatbeständen Optionen, die auch heute noch gewählt werden konnten, sowie Erlebnisse, die man auch heute noch haben konnte. In der Zeit der Modernisierungsschübe war dieses religionshistorische Wissen durchaus gefragt. Die Art und Weise, in der von nun an Religionsgeschichte geschrieben wurde, war von dieser systematischen Wendung zur Gegenwart nachhaltig bestimmt. Vorbei war das Suchen nach Survivals. Die Quellen der Religionsgeschichte eröffneten Einblicke in das psychische und soziale Leben der Menschen, unabhängig von den Anforderungen der modernen Zivilisation"[17].

Was aber tat sich zur gleichen Zeit in der zur Universitätsdisziplin heranwachsenden Volkskunde im deutschsprachigen Raum? Einerseits war dies die Zeit des genannten Beginns öffentlicher Kongreßtätigkeit (1930) und einer beachtlichen Theoriediskussion[18], doch andererseits die Zementierung des Survival-Paradigmas durch das positivistische Großunternehmen „Handwörterbuch des deutschen Aberglaubens" zwischen 1928 und 1942. An ihm war Friedrich Pfister maßgeblich beteiligt, desgleichen an der Herausgabe einer Handbuchreihe, in der er 1936 den Band „Deutsches Volkstum in Glauben und Aberglauben" verfaßte[19]. Methodologisch war hier seit einem Jahrzehnt, seit Pfisters Tätigkeit in Würzburg ab 1924/25, eine unheilige Allianz von klassischer und germanischer Altertumswissenschaft entstanden. Er brachte diese Akzentuierung aus Heidelberg mit, wo sie in jenen Jahren im Werk des Eugen Fehrle kulminierte, einem engen Studienfreund und Gesinnungsgenossen Friedrich Pfisters, ebenfalls Altphilologen mit volkskundlichen Ambitionen[20].

---

[17] Ebd., S. 193.

[18] Vgl. Lutz, Gerhard (Hg.): Volkskunde. Ein Handbuch zur Geschichte ihrer Probleme (mit einem Geleitwort von Josef Dünninger). Berlin 1958.

[19] Pfister, Friedrich: Deutsches Volkstum in Glauben und Aberglauben (= Deutsche Volkstum 4). Berlin u. Leipzig 1936.

[20] Assion, Peter: Fehrle, Eugen. In: Badische Biographien NF I. Stuttgart 1982, S. 112-114. – Ders.: „Was Mythos unseres Volkes ist". Zum Werden und Wirken des NS-Volkskundlers Eugen Fehrle. In: Z. f. Vk. 81 (1985), S. 220-244. – Harvolk, Edgar: Eichenzweig und Hakenkreuz. Die Deutsche Akademie in München (1924-1962) und ihre volkskundliche Sek-

„Völkische Wissenschaft" hat man die gesamte Volkskunde in der ersten Hälfte des 20. Jahrhunderts getauft[21], doch so eindeutig lassen sich die einzelnen Fachvertreter nicht über einen Kamm scheren. Fehrle ist einer der engagiertesten Nationalsozialisten im Fach gewesen, Pfister war ein kirchenfeindlicher Wissenschaftsideologe und ein gemäßigt völkischer Riehl-Anhänger; der bauernromantische Katholik Dünninger hingegen benutzte den Volksjargon seiner Riehl-begeisterten Vorbildautoren aus der religiösen Volkskunde protestantischer Herkunft. Genau dort aber schieden sich die Geister, wenn auch spät, so doch deutlich in der kirchlichen Praxis, nämlich als sogenannte Deutsche Christen oder als politische Dissidenten in der Bekennenden Kirche. „Gottgläubig" nannten sich dann – auch auf der Steuerkarte – die sozusagen bekennenden Nazis, die für eine, wenn auch noch unorganisierte germanische Arierreligion eintraten[22], was eigentlich „deutschgläubig" heißen sollte, aber als offizieller Eintrag zunächst noch nicht für opportun galt.
Einer „deutschen Glaubensgeschichte" war Friedrich Pfister als religionswissenschaftlicher Volkskundler zeitlebens auf der Spur und sollte davon selbst noch 1953 in der Ostberliner Festschrift für Adolf Spamer schreiben dürfen[23]. Er trat seit seinen Heidelberger Studientagen im Jahrzehnt vor dem Ersten Weltkrieg damit in öffentlichen Auseinandersetzungen als liberaler Disputant einer elitären Professorenschaft auf, die z.B. in der Philosophischen Fakultät der Universität Würzburg stets auf Distanz zum angeblich klerikalen Mief der Bischofstadt gegangen war. Dies wiederum

---

tion (= Münchner Beiträge zur Volkskunde 11). München 1990, S. 57f. und passim. – Alzheimer (wie Anm. 9), S 72-74.

[21] Völkische Wissenschaft (wie Anm. 5). – Vgl. dazu die systematische Tabelle bei Brückner, Wolfgang: Volkskunde als Sozialgeschichte regionaler Kultur. In: Lipp, Wolfgang (Hg.): Industriegesellschaft und Regionalkultur. Untersuchungen für Europa (= Schriftenreihe d. Hochschule f. Politik 6). München 1984, S. 41-88, hier S. 76f.

[22] Brückner, Wolfgang: Volkskunde als gläubige Wissenschaft. Zum protestantischen Aspekt der ideologischen Wurzeln deutscher Volkskunde-Konzepte. In: FS Günter Wiegelmann (= Beiträge zur Volkskultur in Nordwestdeutschland 60). Münster/W. 1988, I, S. 18-42.

[23] Pfister, Friedrich: Prolegomena zu einer deutschen Glaubensgeschichte. In: Beiträge zur sprachlichen Volksüberlieferung (= Dt. Akad. d. Wiss. zu Berlin, Veröff. d. Komm. f. Volkskunde 2). Berlin 1953, S. 181-199.

führte dazu, daß bald nach Hitlers Machtergreifung, als Widerstand in Würzburg allein noch bei der Diözesanverwaltung zu spüren blieb und der Gauleiter Hellmuth Kirche und Bischof öffentlich zu schmähen suchte, fast die gesamte Philosophische Fakultät, das heißt also praktisch alle ihre Lebenszeitbeamten in die Partei eintraten. Nach eigenem Bekunden Pfisters vollzogen diesen freiwilligen Schritt nur er und seine unmittelbaren Kollegen Josef Martin, der Latinist, sowie Hans Krahe, der a.o. Professor für vergleichende Sprachwissenschaften, nicht (Pf., S. 174). Martin, engagierter Katholik, wurde nach 1945 zum hochverdienten Wiederaufbau-Rektor der Universität. Niemand hat Pfister je für einen Parteieintritt zu werben versucht, bezeugt er selbst. Er war längst ein stadtbekannter Gegner des Weimarer politischen und kulturellen „Systems" aus Zentrum und Sozialdemokratie, oder – wie er das sah – aus katholischer Kirche und unaufgeklärten Untertanen (Pf., S. 172f.).

3. Religionswissenschaft als Kulturkampfinstrument

Friedrich Pfister (1883-1967), von 1924 bis 1951 o. Prof. der klassischen Philologie in Würzburg, zuvor ab 1918 Extraordinarius in Tübingen, davor Privatdozent in Heidelberg und Marburg ab 1912/14, hat selbst seine besonderen Interessen an „Religionswissenschaft" und „Volksglaubensforschung" als „deutscher Glaubensgeschichte" aus seiner konfessionell gespaltenen religiösen Sozialisation erklärt, und er war stolz darauf, das positivistische Wissenschaftsverständnis seiner Studienzeit im Kreis der kulturhistorisch orientierten Heidelberger Altertumswissenschaftler um 1900 während seines langen Lebens trotz der geistigen und moralischen Erschütterungen des 20. Jahrhunderts niemals erkenntniskritisch revidiert zu haben. Geradlinig erreichte er mit 29 Jahren die Habilitation und sechs Jahre später noch in Wilhelminischer Zeit die Lebenszeitverbeamtung als deutscher Universitätsprofessor und dies als klassischer Philologe, sprich Gräzist, der die zukünftigen Lehrer des humanistischen Gymnasiums in besonderer, ja in deren eigentlicher Weise zu prägen berufen war.

Nur von daher lassen sich Selbstverständnis und Selbstbewußtsein dieser letzten „Elite"-Generation des 19. Jahrhunderts und ihrer unerschütterbaren Mentalität begreifen, was dazu führen konnte, erzkonservatives Verhalten mit für modern erachteter Bildungspopularisierung durch eifrige Teilnahme am älteren Vereinswesen zu verbinden, Liberalität durchaus im engen Umkreis von Lehrstuhl und Familie zu praktizieren, ansonsten aber das persönliche Theorem von Geisteswissenschaft zum alles entschuldigenden subjektiven Maßstab der eigenen Weltanschauung zu machen. Der postulierte Kritizismus bestand vor allem aus Theorie, in der Praxis aus Instrumentalisierungen. Der Begriff von „Lehrkanzel", sprich Kathedra, verführte dazu. Helmut Heiber hat das in seiner umfangreichen Dokumentation „Universität unterm Hakenkreuz" vor wenigen Jahren unter dem Titel „Der Professor im Dritten Reich. Bilder aus der akademischen Provinz" facettenreich dokumentiert[24]. Für die Weimarer Zeit formuliert Heiber: „Die deutsche Universität war eine bürgerliche Institution und hat sich immer und also auch gegenüber der wachsenden nationalsozialistischen Bedrohung nicht anders Verhalten als das übrige Bürgertum auch"[25]. Der ordentliche öffentliche Professor war von seiner gesellschaftlichen Position her ein Papst und durfte sich als solcher gebärden, weshalb der tatsächliche Papst in Rom die Feindfigur schlechthin für sehr viele deutsche Professoren darstellte, voran für Friedrich Pfister, besonders seitdem er im katholischen Würzburg lehrte. Unter Freiheit der Wissenschaft verstand er, sich diese öffentliche Oppositionshaltung als eine Art Politunterhalter leisten zu dürfen, zumal er witzig und kommunikativ war, eine stadtbekannte Persönlichkeit des gesellschaftlichen Lebens im nordbayerischen Ausflugs- und Durchgangsland, der sich selbst als „kulturellen Einzelgänger" bezeichnete (Pf., S. 142-152).

Friedrich Pfisters Vater stammte vom Untermain aus einer Lehrersfamilie. Seine beiden Onkel lebten dort weiter in Trennfurt und Mechenhard ebenfalls als Schulmeister. Nur sein Vater hatte Jura studiert und war Landgerichtsrat in Kaiserslautern und Baden-Baden gewesen, verheiratet mit einer Pfälzer Protestantin, die ihre drei Kinder evangelisch erzog (Pf., S. 2 ff.). Die bayerische Landeskirche „links des Rheins" war mehrheitlich reformierten Bekenntnisses, doch von solchen Unterschieden berichtet Pfister

[24] Heiber, Helmut: Universität unterm Hakenkreuz. II Teile in 3 Bdn. München u.a. 1991-94, hier I.

[25] Ebd., I, S. 27.

an keiner Stelle. Der Vater ging nicht mit zur Konfirmation in die Kirche, er wurde auch katholisch beerdigt. „So wuchsen wir duldsam als Protestanten auf“ und lernten in Baden-Baden neben der russischen, griechischen und anglikanischen Kirche schon „früh, daß gar verschiedene Konfessionen innerhalb des Christentums bestanden“ (Pf., S. 5f.). Die beiden in den Schulferien besuchten Onkel aber „gehörten der älteren Generation der fränkischen Lehrerschaft an, die bereitwillig und aus Überzeugung unter der Herrschaft des Klerus und der geistlichen Schulaufsicht standen und deshalb von den jüngeren Lehrern oder wenigstens einem Teil von ihnen bekämpft wurde, von den Liberalen. Der Lehrer war damals zugleich Diener des Pfarrers, er spielte die Orgel und seine Familie läutete die Glocken der Kirche. Letzteres habe ich in Trennfurt auch gelegentlich besorgt“ (Pf., S. 4).

Er schreibt über sich als zwanzigjährigem Münchener Studenten unter der Überschrift „Weltanschauliches“ u.a.: „Von Schopenhauer und dem verwandten Buddhismus war ich nach einer kirchlichen Jugenderziehung als dem Anfang einer neuen Weltanschauung ausgegangen, und davon ist mir die Abneigung gegen Schelling und Hegel geblieben, abgesehen davon, daß beide als allzu romantisch zu mir durchaus nicht paßten. Dann war ich zu Häckel gekommen und zu Nietzsche, und ich verwarf den Pessimismus, die Verneinung des Willens zum Leben, das Schielen nach dem Jenseits, die Metaphysik, und ich bejahte das Leben und das Diesseits und meine antichristliche Gesinnung ward gestärkt. Aber dann mußte ich auch jede Religion – wenigstens für mich selbst – verwerfen. Doch die Geschichte zeigt mir, daß es keine Epoche und kein Volk jemals ohne Religion gegeben habe, daß die Religion unendlich mannigfaltige Formen annahm, und auf dem Lande in Bayern sah ich überall den religiösen Glauben lebendig“ (Pf., S. 60f.). Am Ende seines Lebens hat er als Neunundsiebzigjähriger in einem Brief an den evangelischen Dekan von Würzburg anläßlich der Überweisung des Kirchgeldes für die zwar getaufte und konfirmierte, aber nicht praktizierende Familie sein bleibendes Bekenntnis wie folgt zusammengefaßt: „So bin ich gewissermaßen in einer Doppelkonfessionalität aufgewachsen, die allerdings mehr meine Einsicht erweiterte und mein Leben bereicherte als meine Glaubensfähigkeit stützte und die mich weder zur katholischen noch zur evangelischen Kirche als solche in ein engeres Verhältnis bringen konnte. Es ist mir auch in hohem Maße eine Toleranz eigen, vielleicht so stark, daß sie von der Kirche, zumindest von der katholischen Kirche, als Liberalismus und Indifferentismus verurteilt würde". Dies bezieht sich auf eine vorangegangene Bemerkung, er gelte dort „als der Erzketzer"[26].

Über „theologische Freundschaften" schreibt er in seinen Lebenserinnerungen: „Ich habe ziemlich viele Theologen im Laufe der Zeit kennengelernt, katholische wie protestantische, Pfarrer wie Dozenten. Im allgemeinen habe ich gefunden, daß die katholischen Geistlichen im Verkehr die angenehmeren waren, obwohl ich doch ihnen gegenüber der Ketzer war. Den Protestanten haftet etwas Unsicheres, Unfreies an, das wohl mit dem Ursprung des Protestantismus zusammenhängt" (Pf., S. 76). Das Selbstbewußtsein der Machtrepräsentation von Kirche und die Geschlossenheit des Katholizismus prägten seiner Meinung nach die Persönlichkeiten: „Aber trotz dieser gemeinsamen Prägung sind die katholischen Theologen durchaus nicht uniform, sondern gar verschiedenartig. Wie original waren etwa Merkle, Hahn, der Kurat Frank, Winthius, Arbesmann und andere Jüngere, die ich als Schüler hatte".

Das meinte die eine Seite des persönlichen Verkehrs. In der Sache hingegen gab er sich stets unbelehrbar, weil er anders als in seiner ausformulierten Theorie an der Meinung festhielt, es gäbe mit katholischen Theologen keine wissenschaftlichen Gesprächsmöglichkeiten. Dem Würzburger Lehrstuhlinhaber für Apologetik und vergleichende Religionswissenschaft in der Theologischen Fakultät Georg Wunderle bescheinigte er 1937, er gehöre als Katholik zu denjenigen, mit denen „eine Auseinandersetzung gerade in grundsätzlichen Fragen zwecklos [ist], da sie ja doch nie zur Verständigung, kaum zu Verständnis führen würde"[27]. Danach können und dürfen Theologen nur Kirchengeschichte, nicht aber Glaubensgeschichte treiben. Und also sind, so formulierte er 1945, nationalsozialistische Wissenschaft und katholische Wissenschaftsvoraussetzungen von gleicher Struktur: „So stand der Nationalsozialismus vor der schwierigen Aufgabe, dieses fremd-

[26] Nachlaß Pfister.
[27] Archiv für Religionswissenschaft 34 (1937), S. 106.

artige Element, die internationale Wissenschaft, deren Grundsatz eben in der Kritik und in der kritischen nichtgläubigen Betrachtung besteht, sich einzugliedern, sich dienstbar zu machen, sie gleichzuschalten" (Pf., S. 167). „Ganz besonders bekämpfte der Nationalsozialismus die Annahme einer voraussetzungslosen Wissenschaft; im Prinzip war hier seine Stellung genau die der katholischen Kirche, die auch nichts von einer voraussetzungslosen Wissenschaft wissen will ... So hat also die katholische Wissenschaft substantielle Voraussetzungen, d.h. Lehrsätze, die nicht widerlegt werden können, vielmehr durch Wissenschaft zu erweisen sind, wie etwa die Existenz Gottes, die Gewißheit der Offenbarung ... Demgegenüber hat die internationale Wissenschaft keine substanziellen Voraussetzungen, sondern jeder Lehrsatz der Wissenschaft kann dort wiederum kritisch betrachtet werden, und jede These unterliegt der Kritik und kann jederzeit durch besseres ersetzt werden. Die einzige Voraussetzung der Wissenschaft ist vielmehr eine methodologische: Allein die menschliche Vernunft, aber sie auch ganz gewiß, kann durch ihr Denken mit bestimmter Methode zur Erkenntnis gelangen. Allein der menschlichen Vernunft steht die Kritik, die Entscheidung zu über das, was wahr ist ... Sowohl die katholische Kirche wie der Nationalsozialismus setzen substanzielle Voraussetzungen fest, nicht nur methodologische" (Pf., S. 170f.).
Pfister befand sich damit innerhalb der Universität Würzburg stets auf der Seite der kulturprotestantisch denkenden Mehrheit seiner Professorenschaft. Rudolf Virchow, Erfinder des Begriffs „Kulturkampf" in Berlin zur Bismarckzeit, war zuvor Professor in Würzburg gewesen. Felix Dahn, der Jurist, hatte hier gelehrt, ehe er zum germano-preußischen Barden in Königsberg und Breslau wurde. Der Germanist Matthias Lexer hatte hier seinem Kärntner Katholizismus mit offizieller Konversion abgeschworen[28].

[28] Brückner, Wolfgang: Deutsche Philologie und Volkskunde an der Universität Würzburg bis 1925. Ein Beitrag zur wissenschaftlichen Institutionen-Geschichte. In: Lehmann, Albrecht u. Kuntz, Andreas (Hgg.): Sichtweisen der Volkskunde. Zur Geschichte und Forschungspraxis seiner Disziplin (= Lebensformen 3). Berlin 1988, S. 33-61, hier S. 44-50 zu den drei genannten. Mehr zu Dahn bei Brückner, Wolfgang: Der Germanen-Mythos bei Felix Dahn. Ein Beitrag zur Sueven-Diskussion in Portugal und Spanien. In: Koller, Erwin u. Laitenberger, Hugo (Hgg.): Suevos-Schwaben (= Tübinger Beiträge zur Linguistik 426). Tübingen 1998, S. 167-182.

Wilhelm Conrad Röntgen, der Physiknobelpreisträger, fand die Philologen allesamt lachhaft[29], und Margret Boveri, die Tochter des berühmten Würzburger Zoologen, beschreibt trefflich die geringe Schar der Geisteswissenschaftler als Underdogs aus der Sicht der übrigen Hochschullehrer[30]. Voran aber waren stets die beiden einzigen Katholiken Zielscheibe von Spott oder Mißachtung, weil ihre Aufnahme in die Fakultät das Konkordat von 1924 erzwang, damit wenigstens ein Philosoph und ein Historiker sich zur katholischen Konfession bekannte. Bei den Medizinern z.B. gab es nach allgemeiner Meinung lange Zeit grundsätzlich keine Katholiken auf Ordinariaten. Unter den Theologen aber erwarben sich nur jene ein wenig Achtung, die Ärger mit Rom bekamen, und nur solche erhielten genügend Stimmen bei Wahlen zum Rektor, wenn ihre Fakultät an der Reihe war. Kein Wunder also, wenn 1933 trotz der Intellektuellen-Schelte der Nazis deren völkischer Antiklerikalismus eine gewisse Zugkraft zu entfalten vermochte. In Würzburg ritten NS-Dozentenbund und nationalsozialistische Studentenschaft dieses Propaganda-Pferd mit der ständigen Behauptung, z.B. 1935, die Universität sei „wohl noch eine der schwärzesten und reaktionärsten im ganzen Reiche“[31], obwohl damit allenfalls die Bevölkerung der Stadt gemeint sein konnte, die 1933 ganz untypisch für Deutschland mit großer Mehrheit gegen die Braunen votiert hatte.

Friedrich Pfisters Lebensproblem war und blieb das Verhältnis von „Religion und Wissenschaft“. 1926 hielt er darüber einen Vortrag zum Stiftungsfest seiner Heidelberger Verbindung Cimbria (Pf., S. 67), 1931/32 in Würzburg ein Kolleg an der Universität und berichtete dazu parallel in den „Forschungen und Fortschritten“[32]. 1936 verfaßte er für das „Wörterbuch der Antike“ den Artikel „Wissenschaft“ mit der Behauptung, „in den etwa 1000 Jahren der christlichen W.“ habe es keine profane Forschung gege-

---

[29] Frühwald, Wolfgang: Universitäten am Übergang ins 21. Jahrhundert. In: Blick. Sonderheft 100 Jahre Röntgenstrahlen. Würzburg 1995, S. 34-38, hier S. 34.

[30] Boveri, Margret: Verzweigungen. Eine Autobiographie, Hg. mit einem Nachwort versehen von Uwe Johnson. München 1977, S. 113f. u. passim.

[31] Heiber II, 2 S. 177.

[32] Pfister, Friedrich: Volksglaube und Monotheismus. In: Forschungen und Fortschritte 7 (1931) Nr. 7, S. 97-98.

ben[33]. 1945 schrieb er darüber: „Gerade im katholischen Würzburg schien es mir nötig, derartige religionswissenschaftliche Vorlesungen zu halten. Sie waren auch von Theologen besucht, und nur gelegentlich ist einmal 'gescharrt' worden" (Pf., S. 157). Wenige Wochen nach Kriegsende, formulierte er gleichfalls mit angestrengtem Pathos die Banalität: „Die Wissenschaft strebt einzig und allein nach Erkenntnis, nach Wahrheit ... Gewiß kann der Forscher einmal unbewußt Irrwege einschlagen, die zu falschen Ergebnissen führen, aber dies festzustellen und das wirklich Wahre zu finden, ist wiederum nur Sache der Wissenschaft ... Sie hat darauf zu achten, daß die Grenzen von Wissen und Glauben, von Wissenschaft und Religion nicht verwischt werden, vielmehr diese Grenzen selbst zu bestimmen, sie hat zu zeigen, was Sache des Glaubens und Sache der Wissenschaft ist und hat die Ansprüche der Religion zurückzuweisen, wonach die Glaubenslehre wissenschaftlich erweisbar wäre" (Pf., S. 172). Dieses reichlich unreflektiert auftretende Wahrheits-Reden besitzt in Würzburg allerdings einen konkreten Aufhänger, nämlich das Motto „Veritati" des später indizierten und heute hochgeschätzten Theologen Hermann Schell für das Kollegiengebäude am Sanderring, die „Neue Universität", welche dieser 1896 als Rektor einweihen durfte und wo sich fortan die Geisteswissenschaften versammelten. Gegen die Inforitätsbehauptung des Kulturprotestantismus und der weltanschaulichen Liberalen seiner Zeit hatte Schell den Katholizismus als „Prinzip des Fortschritts" im Vernunftgebrauch bezeichnet. Nur Freiheit bringe Wahrheit, darum „Veritati" als inneren Zielpunkt jeglichen Forschens. Pfister bezog sich 1933 direkt auf diese Inschrift (s.u. zu Anm. 94).

1943 legte Pfister seine Anschauung in den „Straßburger Monatsheften" noch ungehemmter unter dem Titel „Wissenschaft und Leben" dar, worüber er auch schon öffentliche Vorträge in Würzburg gehalten hatte[34]. Er

---

[33] Lamer, Hans: Wörterbuch der Antike mit besonderer Berücksichtigung ihres Fortwirkens (= Kröner TB 96). Stuttgart ^{2}1936, S. 872f.

[34] Pf., S. 177: „Mehrere Male habe ich über das Thema 'Wissenschaft und Leben' gesprochen, so vor den Studenten im Studentenheim und bei einem Gesellschaftsabend nach dem Nachtessen vor Offizieren und geladenen Gästen im Russischen Hof (1933/34), ferner in der Verwaltungsakademie und in der Kameradschaft Albrecht der Bär", was wohl eine SA-Abteilung war.

wollte sich 1945 darüber wundern, daß dieser Aufsatz, der auch als eigene Gaben-Schrift der Fördergesellschaft der damaligen „Reichsuniversität" erschien, in die NS-Bibliographie Aufnahme fand und den Parteigenossen zur Lektüre empfohlen wurde (Pf., S. 170). Dort schreibt er: „Es gehört aber weiterhin dazu eine Freiheit des Geistes von den Fesseln der Religion. Denn die Entstehung der Wissenschaft ist der Schritt vom Mythos zum Logos, von den Lehren der Religion zu den Forschungsergebnissen des eigenen Denkens. Eine solche Freiheit besaßen wohl die Griechen, bei denen es kein Dogma, kein verpflichtendes Religionsbuch, keinen überwachenden Priesterstand, keine organisierte Kirchen gab, nicht aber die Germanen, nachdem einmal das Christentum, noch bevor sie eine eigene Wissenschaft geschaffen hatten, zu ihnen gekommen war. Sie konnten weder ihre eigene Religion sich frei weitergestalten und zu einer deutschen Religion sich entwickeln lassen, noch hat sich ihr wissenschaftlicher Geist frei entfalten können, da er, in die Fesseln der römisch-orientalischen Lehre gelegt, sich in diesem engen Raum zu bewegen gezwungen war"[35].
Pfister hörte nach 1945 nicht auf, so oder ähnlich öffentlich weiterzureden, denn er wollte nun die Kriegsheimkehrer aufklären. Sein allererstes Kolleg nach Wiedereröffnung der Universität im Wintersemester 1945/46 ging daher wieder über „Religion und Wissenschaft". Das ließ den Dekan der Theologischen Fakultät bei dem der Philosophen intervenieren. Dieser schickte am 28. Februar 1946 ein Schreiben an Pfister, in dem es unter anderem heißt: „Studierende, welche Ihre Vorlesung für Hörer aller Fakultäten über 'Religion und Wissenschaft' hören, beklagten sich, daß Sie in dieser Vorlesung gegen das Christentum und die Philosophia perennis, wie sie Prof. Meyer vertrete, 'Propaganda machten' und 'den Geist Rosenbergs' verbreiteten [vgl. 1942[36]]. Man habe u.a. Anstoß daran genommen, daß 'alles mythologisch erklärt' werde und hat als Beispiel auf eine von Ihnen gezogene Parallele zwischen dem Mythos von Herakles und dem 'Mythos'

[35] Pfister, Friedrich: Wissenschaft und Leben. In: Straßburger Monatshefte. Z. f. das deutsche Volkstum am Oberrhein 7 (1943), S. 218-226, hier S. 219.

[36] In der Tat führte er hier seine Polemik aus dem Jahre 1942 fort, vgl. Pfister, Friedrich: Der Glaube an eine Philosophia perennis. In: Z. f. Kirchengeschichte 41 (1942), S. 83-107.

von Christus verwiesen [vgl. 1937[37]]. Ihr Verhalten sei vor allem angesichts der vielen Studenten, welche aus der Hitler-Jugend kämen, gefährlich, da in diesen auf solche Weise der Geist Rosenbergs gefestigt und weitergezüchtet werde. Aber auch für Sie selbst bestünde dadurch, daß Sie die Anschauungen des 'dritten Reiches' propagierten, eine Gefahr. Sie seien infolge dieser Haltung weit mehr politisch 'belastet' als andere Kollegen, etwa Prof. Hämel [der Romanist]. Ein Berufen auf die akademische Lehrfreiheit sei insofern nicht angebracht, als – wenn auch nach eigener Wahl – Ihre Hörer über die Vorlesung einen Prüfungsaufsatz zu schreiben hätten". Er möge sich doch „auf die Götter Griechenlands beschränken" [38].
Am 10. März 1946 antwortete Pfister mit einer Darstellung seiner Studien zu dem speziellen Thema „seit 1927/28" für „ein größeres wissenschaftliches Werk" mit dem Titel „Religion und Wissenschaft". Er habe darüber in Würzburg außer im Wintersemester 1931/32 auch im Winter 1943/44 gelesen und sei dafür bisweilen als „engagierter Protestant" oder als „Atheist" bezeichnet worden. Pfister berief sich auf „Theorie und Praxis der philologisch-historischen Methode" und bezeichnete dagegen Rosenberg als „Scharlatan". Der Dekan der Theologischen Fakultät entgegnete mit zwei Gründen für die Notwendigkeit einer ehrlichen Diskussion: 1. Die Zeiten der „Schlachtrufe des militanten kulturkämpferischen Liberalismus" gegen das Christentum seien doch wohl vorbei, weil durch die NS-Zeit ad absurdum geführt und 2. der religionswissenschaftliche Diskurs sei längst über die „philologisch-historische Methode" mit ihrer Religionsblindheit hinaus. Pfister antwortete in der Vorlesung mit einem 18-seitigen Manuskript, in das alle Beifallskundgebungen des Auditoriums eingetragen sind[39].
Das geplante Buch aber kam erst fünf Jahre nach seinem Tode 1972 bei Francke in Bern als Band 104 der „Slg. Dalp" heraus, vom Lektorat um die Polemiken des vorangegangenen halben Jahrhunderts gekürzt mit dem Argument: „Der Organismus des Ganzen ... ließ ein behutsames und nicht um

[37] Pfister, Friedrich: Herakles und Christus. In: Archiv für Religionswissenschaft 34 (1937), S. 42-60.
[38] ARS der Universität Würzburg, Personalakt.
[39] Nachlaß Pfister.

jeden Preis bis zur jüngsten Tagesaktualität herantastendes Vorgehen geraten erscheinen". So endet das Buch „Religion und Wissenschaft. Ihr Verhältnis von den Anfängen bis zur Gegenwart" mit der Entrüstung über die je zwei Konkordatslehrstühle an den Universitäten Würzburg und München, deren Weiterführung der Autor noch 1946 mit Sondervoten bekämpfte, denn dies war der Stachel aus dem Jahre 1924, just der Zeitpunkt, zu dem das Ministerium desselben bayerischen Freistaats, der damals das Konkordat abgeschlossen hatte, Friedrich Pfister nach Würzburg berief. Schon 1926 lehnte er sich dagegen auf (Pf., S. 156).

4. Glaubens- und Aberglaubensforschung zur Zeit der Weimarer Republik

Entsprechend seiner akademischen Schulherkunft, von der oben die Rede war, und aufgrund seiner speziellen Studien zum Reliquienkult im Altertum, stand der Altphilologe Friedrich Pfister den im 19. Jahrhundert quasi germanistisch geprägten volkskundlichen Fragestellungen nach historischen Kontinuitäten in heutigen Brauchformen und Glaubensüberlieferungen nahe, so daß er als a.o. Professor des Griechischen in Tübingen ein Buch über „Schwäbische Volkskunde, Feste und Sagen" in Augsburg bei Filser 1924 veröffentlichen konnte, dem Jahr seiner Übersiedlung nach Würzburg (Pf., S. 139). Es erschien bezeichnenderweise in den „Veröffentlichungen des Urgeschichtlichen Forschungsinstituts in Tübingen. Volkstümliche Reihe."

In Würzburg mußte er nun als Ordinarius ein vierstündiges Kolleg halten, so wie das noch nach dem Zweiten Weltkrieg an deutschen Universitäten üblich war. Gelegentliche einstündige Gratisveranstaltungen für Hörer aller Fakultäten förderten daneben die Reputation innerhalb und außerhalb der Universität und konnten bei bestimmten Themen zu Publikumsrennern werden. Ich habe das seinerzeit an der damals ebenfalls kleinen, aber traditionsreichen Universität Marburg bei den neukantianischen Philosophen und evangelischen Theologen erlebt. Der ein geselliges Haus in großer stadtbekannter Wohnung führende Professor Pfister stürzte sich neben der Ausarbeitung der großen Vorlesungen, deren Themen er von da an durch dreißig Jahre beibehalten sollte, auf zwei in Würzburg brachliegende Felder damaliger Interessen von gesellschaftlicher Relevanz: Volk und Religion. Im Wintcr 1924/25 las er einstündig „Einführung in die Religionswissenschaft“, 1925/26 „Religion und Kultur“, 1926/27 „Einführung in die Volkskunde“, 1928/29 „Die Religion im Lichte der Volks- und Völkerkunde“, 1931/32 „Religion und Wissenschaft“ (Pf., S. 157). Davor lag 1930 die Ausrichtung des „Ersten Deutschen Volkskundetages“ für den „Verband deutscher Vereine für Volkskunde“, der nicht nur vollständig von John Meier aus Freiburg gemanaged wurde, sondern der auch die Tagungen insgesamt allein dominierte, so daß Pfisters Abwesenheit 1930 wegen der Beerdigung seiner Mutter in Heidelberg nicht sonderlich ins Gewicht viel (Pf., S. 148). Meier konnte darum 1933 lakonisch feststellen, im „Verband“ sei das nun für Vereine geforderte „Führerprinzip“ schon längst verwirklicht[40].

Pfister war im vorangegangenen Jahrzehnt eine tragende Figur eben jener deutschen Verbandsvolkskunde geworden. Innerhalb dieser damals einzigen akademischen Volkskundeorganisation in Deutschland stieg er zum offiziellen Fachvertreter für das weite und zentrale Forschungsfeld der Glaubensvorstellungen und der religiösen Überlieferungen auf. Institutionell konnte er sich dabei auf die Wiederbelebung des Würzburger „Vereins für bayrische Volkskunde und Mundartforschung“ stützen. Als dessen Vorsitzender vertrat er das Fach auf den Verbandstagungen in Stuttgart 1925, in Kiel 1926, später auf den damit verbundenen wissenschaftlichen Kongressen, deren erster 1930 in Würzburg stattfand (Pf., S. 147). Im Würzburger Verein setzte Pfister die „Blätter zur bayrischen Volkskunde“ mit den beiden Heften 10, 1925 und 11, 1927, fort. Bald nach der Übersiedlung von Tübingen arrangierte er am 1.1.1925 die Neugründung des seit dem Tode seines Gründers Oscar Brenner 1920 verwaisten und durch die Inflation zugrundegegangenen Vereins von 1894.

In der zur „55. Versammlung Deutscher Philologen und Schulmänner in Erlangen“ erschienenen ersten Publikation rezensierte Pfister einerseits Wilhelm Fraengers neues Berliner „Jahrbuch für historische Volkskunde“ 1 (1925) und bemängelte die zu allgemeine Thematik der einzelnen

---

[40] Schwierigkeiten im Umgang mit der Gegenwart und der Geschichte der Volkskundetage. In: Tübinger Korrespondenzblatt 17, August 1977, S. 1-6, hier S. 3. Autor: „Die Redaktion“ (= Utz Jeggle u.a.).

Grundsatzaufsätze. Er empfahl gegenüber Michael Haberlandts Beitrag über das Verhältnis von Volkskunde und Kunstwissenschaft das neueste Buch des Karl (v.) Spieß: „Bauernkunst, ihre Art und ihr Sinn. Grundlinien einer Geschichte der unpersönlichen Kunst" (1925), das wir heute mit guten Gründen in die Vorgeschichte nationalsozialistischer Geistesverirrungen völkischen Denkens einordnen. Dazu paßt, was Pfister wenige Seiten später zum Autor der „Badischen Volkskunde" von 1924 sagt: „Eugen Fehrle ist heute einer der Führer auf dem Gebiete der Volkskunde, und so enthält sein neues Buch auch zahlreiche prinzipielle Ausführungen, zu denen man Stellung nehmen muß, so z.B. eine Auseinandersetzung mit Naumann" [41], der bekanntermaßen später auch den Rosenbergianern ein Dorn im Auge war, obgleich er ein glühender Nationalsozialist gewesen ist, der als Bonner Rektor die Bücherverbrennung leitete und 1933 den Eröffnungsvortrag auf dem „Zweiten deutschen Volkskundetag" in Weimar hielt über „Volkskunde und Nationalsozialismus"[42]. 1927 zeigte Pfister nicht bloß Fehrles „Zauber und Segen" (1926) an, sondern auch den Beginn der „Oberdeutschen Zeitschrift für Volkskunde", deren „temperamentvolles Leitwort" ihre gemeinsame Gedankenwelt spiegele: „Sie wird im Geiste dessen geleitet, der vor einem Vierteljahrhundert ihren Herausgeber sowohl wie den Herausgeber unserer Blätter zur bayrischen Volkskunde in die Probleme der Volkskunde zuerst eingeführt hat, unseres gemeinsamen Lehrers Albrecht Dieterich"[43].

Eugen Fehrle ist 1931 in die NSDAP eingetreten und 1933 ein wirklicher „Führer" geworden als NS-Ministerialrat und Hochschulreferent im badischen Kultusministerium, der Heideggers berüchtigtes Freiburger Rektorat überwachte, bis er schließlich zum Präsidenten der „Deutschen Akademie" in München aufstieg[44]. Diese taucht übrigens schon 1926/27 bei Pfister mit einer „Würzburger Ortsgruppe" auf, die später eine Art „Dachorganisation

[41] Pfister, Friedrich: Neuerscheinungen auf dem Gebiet der Volkskunde. In: Blätter zur bayrischen Volkskunde 10 (1925), S. 72-77, hier S. 77.

[42] Zu Hans Naumann s. Assion/Schmook in: Jacobeit u. a. (wie Anm. 5), S. 39-49.

[43] Pfister, Friedrich: Neuerscheinungen. In: Blätter zur bayrischen Volkskunde 11 (1927), S. 57-70, hier S. 70.

[44] Zu Fehrle s. Anm. 20.

für die anderen wurde" (also innerhalb der „NS-Kraft durch Freude") und deren Mitgliedschaft später in den Spruchkammerverfahren als Belastung gelten sollte. Pfister gehörte dem Vorstand an (Pf., S. 151), zumal er auch noch in den Vorständen der Volkshochschule, „Der Gesellschaft für Literatur und Bühnenkunst", der „Geographischen Gesellschaft" und des „Vereins der Freunde des Humanistischen Gymnasiums" saß. Seine Behauptung vom Mai/Juni 1945: „Mit dem Umschwung von 1933 zog ich mich ins Privatleben zurück, löste meine Vereine auf und wandte mich nunmehr fast ganz der Wissenschaft zu" (Pf., S. 152), stimmt in mehrfacher Hinsicht nicht, denn 1.) wurden die Vereine von staatswegen aufgelöst oder zwangsweise „gleichgeschaltet"; 2.) blieb Pfister gerade in „der" Wissenschaft politisch höchst aktiv, indem er 1937-40 Dekan, also „Führer" der ein Semester zuvor selbständig (von den Naturwissenschaften) gewordenen Philosophischen Fakultät wurde (Pf., S. 174), während er in den Lebenserinnerungen ausführlich nur vom Dekanat 1930/31 spricht (Pf., S. 158f.). 1936-38 übernahm er die Schriftleitung des „Archivs für Religionswissenschaft" mit dem Ziel der programmatischen Neudefinition ihrer Aufgaben, wovon unten noch zu handeln sein wird. Vor allem aber bediente er weiter die Presse mit seinen Meinungen, soweit sie zum Zeitgeist paßten.

Zunächst wieder zurück in das Jahr 1925 und zu den „Blättern für bayrische Volkskunde" Heft 10. Dafür schrieb Pfister den Hauptaufsatz unter dem Titel: „Volkskunde, Religion und Religionswissenschaft"[45]. Hier nennt er Wilhelm Windelband seinen Lehrer, von dem schon aus dem Jahre 1894 die Forderung nach einer Art Wissenssoziologie stammt, das heißt die Erkenntnisvorgänge in den Wissenschaften zu untersuchen. So konnte er die Religion als Forschungsgegenstand der ideographisch arbeitenden Historik zuweisen im Gegensatz zu den nomothetischen Naturwissenschaften, und also konnte er die Religionsgeschichte als Ausdifferenzieren von Sinnsystemen begreifen[46]. Pfister hat davon immer nur die katholische Theologie im Gewande ihrer römischen Dogmatik betroffen gesehen, auch

---

[45] Pfister, Friedrich: Volkskunde, Religion und Religionswissenschaft. In: Blätter zur bayrischen Volkskunde 10 (1925), S. 43-67.

[46] Kippenberg (wie Anm. 14), S. 187f.

wenn er – wie wir heute – von Religion als einem historischen „Kulturphänomen“ sprach[47]. Die Unterscheidungen von Lenz Kriss-Rettenbeck gegen den soeben zitierten Karl von Spieß, was historischen Wissenschaften zu leisten theoretisch unmöglich ist und was im Gegensatz dazu Philosophie und Theologie zu spekulieren erlaubt sei, was also deren angemessenes Denkterrain ausmacht, würde Pfister kaum akzeptiert haben[48].
Er beteiligte sich an den Vorüberlegungen der dann ab 1928 erscheinenden volkskundlichen Enzyklopädie „Handwörterbuch des deutschen Aberglaubens“ und hat fast 40 Artikel dazu beigesteuert, manche parallel für das evangelische Lexikon „Religion in Geschichte und Gegenwart“, im HDA allein 30 Artikel bis 1930 (Pf., S. 155). Er und sein Freund Eugen Fehrle wandten sich 1926 vergeblich gegen den Begriff des Aberglaubens, weil sie eine Negativ-Konnotation befürchteten. Sie plädierten für „Volksglauben“[49]. Den Schweizer Hauptherausgebern dünkte „Volksglaube“ ein zu enger Begriff, um auch allen gelehrten „Aberglauben“ der oberschichtlichen Magie einbeziehen zu können. Darin waren sie sich im Grunde einig mit den Heidelberger Altertums- und Religionswissenschaftlern, daß Aberglaube und Religion gemeinsam der Wissenschaft diametral gegenüberstehen. Pfister hat darum in Zukunft das Gegensatzpaar „Glaube und Wissenschaft“ genannt und seine religionswissenschaftlichen Erkenntnisabsichten in genere wie in der Volkskunde „Glaubensgeschichte“ betitelt. Otto Weinreich, der Mitherausgeber des „Archivs für Religionswissenschaft“ stellte in seiner Rezension der ersten Bände des HDA 1931 als „leitenden Gesichtspunkt des Gesamtwerkes“ heraus, „die Probleme historisch aufzufassen, das Material für die deutschen Erscheinungen an ihrem geschichtlichen Platz in der Entwicklung des menschlichen Denkens einzuordnen, die Vorstufen in der antiken, orientalischen, nordischen Altwelt zu berücksichtigen, kurzum die Volkskunde als Zweig der Geschichts- und Geisteswissenschaft weitblickend zu betreiben“ [50]. Wir wissen heute allerdings, daß

---

[47] Pfister (wie Anm. 45), S. 45.
[48] Kriss-Rettenbeck, Lenz: Lebensbaum und Ährenkleid. Probleme der volkskundlichen Ikonographie. In: Bayerisches Jahrbuch für Volkskunde 1956, S. 42-56, hier S. 42.
[49] Pfister, in: Archiv für Religionswissenschaft 34 (1937), S. 100f. in not. 1.
[50] Archiv für Religionswissenschaft 29 (1931), S. 255-258.

dies im weiteren Verlauf der Materialbearbeitung dem HDA nicht gelungen ist. Über die positivistische Sammelwut, möglichst viele, zum Großteil heterogene Belege zusammenzutragen, „blieb die Geschichte populärer Vorstellungen von den Dingen und Ereignissen der Welt auf der Strekke“[51].

Eugen Fehrle ließ es sich nicht nehmen, noch 1936 in seiner „Oberdeutschen Zeitschrift für Volkskunde“ (S. 180) den Buchtitel seines Freundes Pfister „Deutsches Volkstum in Glauben und Aberglauben“ (1936) aus der Reihe „Deutsches Volkstum“ des „Verbandes deutscher Vereine für Volkskunde“ zu kritisieren, wozu Pfister im folgenden Jahre anmerkte, er habe ihm „aber doch bescheinigt, daß ich ‘richtig den Begriff Aberglaube als zu sehr standortsgebunden’ zurückweise“. Es sei nicht ganz seine Schuld gewesen, „da die Titel für die ganze Sammlung bereits festgestellt waren, als ich die Arbeit übernahm, und ich mich nicht noch einmal auf eine Auseinandersetzung wie 1926 einlassen wollte“[52]. Am selben Platz meint Pfister: „Der Religionswissenschaftler vermeidet ja nach Möglichkeit das Wort ‘Aberglaube’, und ich stimme G. Schreiber (II 105) völlig zu, daß im Titel ‘Handwörterbuch des deutschen Aberglaubens’ besser ‘Volksglaube’ statt ‘Aberglaube’ stünde, freilich zum Teil aus anderen Gründen als er“. Das war in jenem Jahr 1937 gegen das „Jahrbuch für Volkskunde“ der Görres-Gesellschaft, nämlich den zweiten Band geschrieben. Das neue Periodicum erreichte übrigens nur noch einen dritten Band, dann hatte das Amt Rosenberg sein Ziel der Ausschaltung jeglicher „religiöser Volkskunde“ dieser Art und Tradition erreicht[53]. Doch im berüchtigten Index „Deutsche Volkskunde im Schrifttum. Ein Leitfaden für die Schulungs- und Erziehungsarbeit der NSDAP“ von 1938 fand auch Pfisters genanntes Buch keine Gnade trotz der erkennbaren Gegnerschaft zu Georg Schreiber. „Die erfreulich klare Absage Pfisters an die konfessionelle Betrachtungsweise wird in ihrem Wert durch das Verhaftetbleiben in der Welt des Liberalismus wieder

---

[51] Daxelmüller, Christoph: Vorwort. In: Handwörterbuch des deutschen Aberglaubens. Reprint Berlin 1986, S. V-XL, hier S. XXI.
[52] Archiv für Religionswisssenschaft 34 (1937), S. 101.
[53] Fünfzig Jahre nach Unterdrückung des Jahrbuchs (wie o. Anm. 8).

aufgehoben"[54]. Das ging hier gegen den von John Meier geleiteten „Verband der deutschen Vereine für Volkskunde", dessen Lavieren zwischen den verfeindeten nationalsozialistischen Volkskunde-Interessenten gut aufgearbeitet ist[55].

Er suchte die Theorie des „Orendismus" aus der Völkerkunde in die Volkskunde zu übertragen. 1927 publizierte er dazu ein zweites Mal in den „Blättern zur bayrischen Volkskunde" einen Grundsatzaufsatz über Volksglaubensforschung unter dem Titel „Der Glaube an das 'außerordentlich Wirkungsvolle' (Orendismus)"[56] und ließ im Anschluß daran seinen Schüler Rudolf Arbesmann über „Fasten im antiken Zauber" schreiben, was sich wiederum an einen Beitrag Eugen Fehrles von 1915 über „Kultisches Fasten im deutschen Volksglauben" anschloß[57]. Orendismus steht bei Pfister entwicklungsgeschichtlich für die früheste Stufe von Gottesvorstellungen unpersönlicher Art, historisch gefolgt von der Vielgötterei des Animismus, schließlich vom Pantheismus mit einem unpersönlichen Gott und in vierter Stufe dann einem persönlichen Gott des Monotheismus.

Den Begriff hat er 1919/20 für seine nur als Vorlesung in toto vorhandengewesene „Religionsgeschichte der Griechen" geprägt, als er dafür die Mana-Vorstellungen der Südseevölker rezipierte, wie sie dann 1922 Friedrich-Rudolf Lehmann zu einem theoretischen System verdichtete[58]. Doch aus Mana ließ sich für die griechisch-römische Welt sprachlich kein unmißverständliches Substantiv bilden, so daß Pfister dafür das irokesische Orenda verwendete. Er hat „Orendismus" erstmals in den „Schwäbischen Volksbräuchen" 1924 verwendet und später in seinen religionswissenschaftlichen Handbuchartikeln für die RE, das HDA, das RGG, den Lamer 1936 (^{2}1950), und den Spamer 1934 sowie in der Handbuchreihe des Verbandes 1936 verbreitet, so daß sich „Orendismus" bis zur letzten Auflage

---

54 Deutsche Volkskunde im Schrifttum. Leitfaden für die Schulungs- und Erziehungsarbeit der NSDAP, hg. v. der Arbeitsgemeinschaft für deutsche Volkskunde. Berlin 1938, S. 47.

55 Österle, Anka: John Meier und das SS-Ahnenerbe. In: Gerndt (wie Anm. 1), S. 83-94.

56 Heft 11 (1927), S. 24-48. - Zuvor „Schwäbische Volksbräuche": Augsburg 1924, S. 98 u. 110, Anm. 54.

57 Ebd., S. 48-50. – Fehrle in: Bayerische Hefte für Volkskunde 2 (1915), S. 171 ff.

58 Lehmann, Friedrich-Rudolf: Mana. Der Begriff des „außerordentlich Wirkungsvollen" bei Südseevölkern (= Ethnographie und Ethnologie 2). Leipzig 1922.

von Beitls „Wörterbuch dcr Volkskunde“ von 1974 mit Verweis auf Pfister 1927 findet, desgleichen im LThK 1962, nicht aber mehr in dessen jüngster Auflage von 1997, wo es nur noch „Mana“ mit Verweis auf „Macht“ gibt und keinen Bezug mehr auf Pfister.

Durch den in Würzburg wieder aktivierten „Verein für bayrische Volkskunde und Mundartforschung“ kam Pfister näher mit den in der Weimarer Republik in den Parlamenten heftig diskutierten Problemen des Volksschulunterrichts und der dazugehörigen, nun zu akademisierenden Lehrerbildung in näheren Kontakt[59]. Seine dezidierten Stellungnahmen sind bis heute nicht in die Geschichte der Volkskunde, nicht einmal die der Lehrerbildung in Bayern eingegangen. Das hängt einerseits mit gewissen späteren Mythenbildungen vor Ort zusammen und andererseits mit Pfisters Außenseiterstellung als Emeritus nach 1951.

Der Würzburger „Verein für bayrische Volkskunde und Mundartforschung“ rekrutierte sich in seinen wissenschaftlich aktiven Mitgliedern aus Gymnasial- und Volksschullehrern. Die einen besaßen direkte einstige Verbindungen zur Universität, die anderen wurden über den Verein mit den wissenschaftlichen Zielen vertraut gemacht, vor allem aber waren sie interessiert, dieses zum Teil selbst erarbeitete Wissen in den eigenen Heimatkundeunterricht einbringen zu können oder gar in die verschiedenen Reformpädagogiken seit der Jahrhundertwende, die dann in den zwanziger Jahren die Kulturministerien der Staaten des Deutschen Reiches beschäftigten. Der „Verband deutscher Vereine für Volkskunde“ legte dafür durch John Meier 1926/28 und Fritz Böhm 1928 entsprechende Publikationen vor[60]. Aus solchen Aktivitäten sollte 1934/36 der Zugriff von graduierten Volkskundlern auf neue Planstellen der zunächst von den Nationalsoziali-

---

[59] Zum Gesamtkomplex vgl. Roth, Elisabeth: Volkskunde und Schule. In: Harvolk, Edgar (Hg.): Wege der Volkskunde in Bayern (= Veröff. z. Volkskunde u. Kulturgeschichte 25). München u. Würzburg 1987, S. 515-547, hier bes. S. 519-537.

[60] Die Leitsätze des Verbandes Deutscher Vereine für Volkskunde vgl. in: Hessische Blätter für Volkskunde 24 (1925), S. 187-194. – Meier, John: Deutsche Volkskunde. Insbesondere zum Gebrauch des Volksschullehrers. Berlin 1926. – Ders.: Lehrproben zur deutschen Volkskunde. Berlin/Leipzig 1928. – Boehm, Fritz: Volkskunde und Schule. In: Deutsche Forschung. Aus der Arbeit der Notgemeinschaft der deutschen Wissenschaften, H. 6. Berlin 1928, S. 74-85.

sten stark geförderten akademischen Lehrerbildung erfolgen. In den Handbüchern von Spamer 1934 schrieb damals Herbert Freudenthal das Kapitel „Volkskunde und Volkserziehung“, im Peßler 1934/35 Leo Weismantel über „Volkskunde und Erziehung“[61].

Letzterer, einst Lehrer, dann Schriftsteller und Kulturpolitiker, hatte 1928 als bayerischer Landtagsabgeordneter der „Christlich-sozialen Volkspartei“ (zuvor „Arbeiter und Bauernpartei Deutschlands“) vergeblich versucht, in Würzburg eine Volkskunde-Professur mit Seminar einrichten zu lassen, die ihm und seiner geplanten „Schule der Volkheit“ in Marktbreit bei Kitzingen (1928-36) mit Aufträgen des Völkerbundes und des Reichsinnenministeriums als „Forschungsinstitut für Volkskunde und Erziehungswissenschaft“ dienen sollten[62]. Der Antrag lautete auf „Errichtung einer Lehr- und Forschungsprofessur für Volksforschung – Gegenwartsvolkskunde – und Erwachsenenbildung“. Die Philosophische Fakultät lehnte aufgrund eines Gutachtens von Friedrich Pfister empört ab, zumal die Würzburger Zeitungen die Sache als schon perfekt gemeldet hatten und der später als „Judenbürgermeister“ betitelte OB Löffler als „warmer Befürworter“ auftrat. Pfister, der Vorsitzende des Volkskundevereins und der Volkshochschule argumentierte: „Die Volkskunde und die Pädagogik, und zwar jede in einer unnatürlichen Beschränkung, nämlich erstere in der Beschränkung auf die Gegenwartsvolkskunde, letztere in Beschränkung auf die Erwachsenenbildung“, seien hier gefordert, wofür es keine geeigneten Personen gäbe. Volkskunde könne nicht bloß auf die Praxis abgestellt werden und Pädagogik nicht nur auf Erwachsenenbildung. Beides aber gäbe es schon an der Universität, wenn auch die Volkskunde bislang „nur durch einen unbezahlten Lehrauftrag und ohne Seminar“. Im Senat fügte er noch hinzu: „Die Erfahrungen der Volkshochschulen zeigen, daß das wirkliche Volk dabei bis jetzt gänzlich gefehlt hat. Es waren im wesentlichen Ange-

---

[61] Freudenthal, Herbert: Volkskunde und Volkserziehung. In: Spamer, Adolf (Hg.): Die deutsche Volkskunde. Leipzig 1934 I, S. 559-578. – Weismantel, Leo: Volkskunde und Erziehung. In: Peßler, Wilhelm (Hg.): Handbuch der deutschen Volkskunde. Potsdam 1938, I., S. 191-207 (die entsprechende Lieferung war schon 1934/35 erschienen).

[62] Brückner, Wolfgang: Der Reichskunstwart und die Volkskunde 1923-1933. Ausstellungshoffnungen, Volkskunstkommission, Lehrstuhlpläne. In: Bayerisches Jahrbuch für Volkskunde 1993, S. 93-118, hier S. 102-113.

hörige des gehobenen Mittelstandes, die diese Vorträge besuchten". Hier solle also der Dilettantismus gefördert werden. Wegen der Öffentlichkeit sei eine direkte Ablehnung jedoch nicht möglich. Man müsse vielmehr einen einstweiligen Ansatz für eine Universitätsübernahme des Vereinsarchivs unter Leitung des bisherigen volkskundlichen Lehrbeauftragten Pfister und die Errichtung eines Seminars mit Assistent fordern. Vor allem aber warnte er vor einem „gefährlichen Präzedenzfall", etwa durch einen privaten Geldgeber eine Professur errichten zu lassen, denn „so könnte morgen z.B. von einem Naturheilverein oder Gewerkschaften eine Professur mit gebundener Richtung der Universität aufgezwungen werden"[63]. Diese Passage spielte gewiß auf die Frankfurter „Akademie der Arbeit" (1921-33 und ab 1946) an, die als Hochschule eigener Art in Zusammenarbeit mit der Universität Frankfurt akademische Ausbildungsgänge für Arbeitnehmer entwickelte. Dem Linkskatholiken Weismantel, der 1950 Stalin-Preisträger der DDR werden sollte, nahmen die völkisch angekränkelten Kulturprotestanten der Fakultät seine geschwollene Volkheitsdiktion nicht ab. Pfisters Verein hielt es da eher mit anderen Dissidenten, wie z.B. dem Lehrer Jakob Beyhl (1862-1927). Pfister ließ den liberalen katholischen Kirchenhistoriker Merkle einen Nachruf schreiben, weil dieser sich schützend vor den Autor einer polemischen Antwort des Jahres 1903 auf die reformationsgeschichtlichen Vorträge des Adolf von Berlichingen gestellt hatte und zwar als Sachverständiger vor Gericht. Der Protestant Beyhl schied schließlich 1909 freiwillig aus dem Schuldienst, wurde Schriftleiter der „Freien Bayerischen Schulzeitung" (später „Freie Deutsche Schule"), wo er „mit aller Kraft und oft mit Leidenschaft für die Selbständigkeit der Schule und des Lehrerstandes für die Emanzipation beider aus der Aufsicht der Kirche und der Geistlichkeit" eintrat[64]. Seit der Gründung des volkskundlichen Vereins 1894 gehörte er diesem an und war eine wichtige Unterstützung des Vereinsgründers Oscar Brenner, ebenfalls Protestant und Ehrendoktor der theologischen Fakultät in Erlangen[65].

[63] Ebd., S. 113.
[64] Merkle, Sebastian in: Blätter zur bayrischen Volkskunde 11 (1927), S. 71f. – Alzheimer (wie Anm. 9), S. 30f.
[65] Alzheimer (wie Anm. 9), S. 37-39.

Sozusagen den konfessionellen Ausgleich suchte Pfister durch die Ehrenpromotion des katholischen Kuraten Christian Frank im Jahre 1926. Sie stand im Zusammenhang von dessen 60. Geburtstag, der für 1927 anstand und für den eine Festschrift in Vorbereitung war. In dieser schrieb Pfister über „Volkskunde und Volksschule“[66]. Hier bezog er sich eingangs sogleich auf die neuen bayerischen Lehrverordnungen für die Volksschulen vom 15.12.1926 und für die Volks-Fortbildungsschulen vom 7.2.1921, die das Unterrichtsfach „Heimatlebenskunde“ betrafen, zusammengesetzt aus Naturkunde und Kulturkunde der Heimat. Als Fazit zitierte er die Forderung des Kölner Germanisten Adam Wrede zur „Errichtung von Instituten der Volkskunde an deutschen Hochschulen“ aus dem Jahre 1926, wo dieser insbesondere auf Bayern, speziell auf Würzburg verwies. Dort sei „die Errichtung eines Forschungsinstituts für Volkskunde an der Universität ohne allzu große Schwierigkeit möglich“, weil es schon Archiv und Bibliothek im Besitz des Vereins für bayrische Volkskunde gibt. Pfister schloß daraus: „Es fehlt hier also nur noch eine jährliche, nicht eben große Zuwendung für die dauernde Erhaltung“, die auf diese Weise „in allen volkskundlich interessierten Kreisen von der Universität bis zur Volksschule befruchtend wirken könnte: im Sinne des Ehrendoktors der Würzburger Philosophischen Fakultät Christian Frank“[67].
Christian Frank (1867-1943) war ab 1894 Anstaltsgeistlicher in den Pflegeheimen Kaufbeuren und Irsee. Er gründete dort 1899 den „Verein Heimat“ mit dem er ein Archiv und eine landeskundliche Bibliothek aufbaute sowie die Zeitschrift „Deutsche Gaue“ herausgab, die in kleinen Heften eine ungeheure Breitenwirkung in Deutschland entfaltete und überall heimat- und volkskundliche Forschungen anregte. Sie sollten ohne falsche Romantik und nostalgischem Gefühlsüberschwang betrieben werden, vielmehr mit ernsthaftem Bemühen um Archäologie und Kulturgeschichte sowie mit einer bevölkerungskundlichen Betrachtungsweise im Sinne Wilhelm Heinrich Riehls, bei dem Frank in München soziologische Vorlesun-

[66] Pfister, Friedrich: Volkskunde und Volksschule. In: Manz, Karl v. / Mitterwieser, Alois / Zeiß, Hans (Hgg.): Heimatarbeit und Heimatforschung. Festgabe für Christian Frank zum 60. Geburtstag. München 1927, S. 137-148.
[67] Ebd., S. 148.

gen gehört hatte[68]. Genau dies stand im Mittelpunkt der Begründung für die Verleihung des Ehrendoktors[69], und sie paßt in die damalige Wiederentdeckung und Neubewertung Riehls für die Volkskunde zumal in Bayern[70]. Pfister hat ab 1934 dem Kuratorium für die Verleihung des Wilhelm-Heinrich-Riehl-Preises angehört[71]. Josef Dünningers Hinwendung zur Volkskunde war schon als Schüler durch die „Deutschen Gaue“ geweckt worden. Seine emphatische Begeisterung für Riehl hat offenbar bei Pfister den Ausschlag dafür gegeben, seine Habilitation zu unterstützen. An der Festschrift für Christian Frank beteiligte sich Pfisters Freund Eugen Fehrle mit dem Beitrag „Zur Stellung der Volkskunde in der Gegenwart“[72]. Dort ist von dem baldigen NS-Ministerialrat nur indirekt etwas zu erahnen. Die Volkskunde sei „dem triebkraftlosen Historismus und der mit diesem zusammengehenden Verstandeskultur feind und betont neben dem Wissen die Gefühlswerte. Von den Bildungserlebnissen aus sucht sie zurückzuführen zu Urerlebnissen, wie sie alle Völker in weitgehender Übereinstimmung aufweisen und wie sie jeder einzelne Mensch empfinden kann“. Die „Volkskunde wurde manchmal vertreten von Leuten, die, ohne Verständnis für die Gegenwart, nur händeringend wimmerten um das Schwinden der guten alten Bräuche und die mit gerührter Freude alles anhimmelten, was beim lieben Landvolk so schön nach Väterart erhalten sei ... Unser Blick ist aber auf die Zukunft gerichtet. Müde Zeitalter, die nicht mehr die Kraft in sich fühlen, etwas Neues zu schaffen, sehen sich hilfesuchend um bei der Vergangenheit“. Moderne Volkskundler hingegen haben zum Ziel „eine Kultur, die in unserem Volke verwurzelt ist und die Heimat zum Mittelpunkt hat“.

---

[68] Alzheimer (wie Anm. 9), S. 80-82. – Deißner (wie u. Anm. 79), S. 129, 162, 285-286, 289.

[69] Pfister in: Blätter für bayrische Volkskunde 11 (1927), S. 58.

[70] Altenbockum, Jasper von: W. H. Riehl 1823-97. Sozialwissenschaft zwischen Kulturgeschichte und Ethnographie (= Münchnerische hist. Forsch. 6). Köln u.a. 1994 (= Diss. München). - Zinnecker, Andrea: Romantik, Rock und Kamisol. Volkskunde auf dem Weg ins Dritte Reich. Die Riehl-Rezeption (= Internationale Hochschulschriften 192). Münster/W. 1996 (= Diss. Augsburg 1995). – Dazu auch Deißner (wie u. Anm. 79), S. 75-85.

[71] Pfister in: Würzburger General-Anzeiger 52 (1934) Nr. 189 v. 20.8.1934, S. 3.

[72] Heimatarbeit und Heimatforschung (wie Anm. 66), S. 74-76.

Auch das war vor allem für die Lehrer gesprochen, die im Würzburger Verein den Hauptanteil der Mitglieder stellten[73]. Pfister hatte im Wintersemester 1926/27 gerade einen Kursus „von 24 Vorträgen für die Würzburger Lehrerschaft und ein Publikum an der Universität 'Einführung in die Volkskunde' gehalten", wie die „Vereinsnachrichten" stolz berichten[74]. An Kurat Frank schätzte er das nach seiner Sicht für einen katholischen Geistlichen seltene Gesamtinteresse an kulturhistorischen Fragestellungen: „soziologische Forschung", „eminent nationale Wissenschaft"[75]. und er demonstrierte damit wissenschaftspolitisch den Führungsanspruch der Würzburger Universität auf diesem Felde in Bayern gegenüber München und Erlangen. Genau so sah man es auch im „Verband deutscher Vereine für Volkskunde", dessen Vorsitzender 1929 formulierte, er halte es für wünschenswert, „1930 einmal nach Bayern zu gehen, daß sich gegen manches noch spröde verhält", so daß dann der erste wissenschaftliche Volkskundekongreß im Zusammenhang der bisherigen bloßen Abgeordnetenversammlungen dort veranstaltet werden sollte[76].

Über „Lehrer und Volkskunde" berichtete Friedrich Pfister 1928 im „Schulanzeiger für Unterfranken und Aschaffenburg" und verwies dort sowohl auf seinen Verein wie auf die oben schon genannten, damals neuen Publikationen von Meier, von Boehm, sowie auf Kuntzes: „Volkskunde und Schule"[77]. Im Jahr darauf besprach er am gleichen Ort das schon 1925 erschienene Buch zum Thema von Karl Müller[78]. Es war im Anschluß an die Neuordnung des preußischen Schulwesens von 1924 entstanden und formulierte als Unterrichtsziel „die Schöpfung eines innerlich zusammenhängenden Bildes unserer heutigen Kultur", wogegen sich Pfister als zu

---

[73] Schulanzeiger für Unterfranken und Aschaffenburg 57 (1930) Nr. 15, S. 206.

[74] Blätter zur bayrischen Volkskunde 11 (1927), S. 74.

[75] Pfister, Friedrich: Das Heimatwerk in Kaufbeuren. Zum 60. Geburtstag Christian Franks. In: Hess. Bll. f. Volkskunde 25 (1926), S. 233-235.

[76] Mitteilungen des Verbandes deutscher Vereine für Volkskunde 40, Juni 1930, S. 25.

[77] Pfister, Friedrich: Lehrer und Volkskunde. In: Schulanzeiger für Unterfranken und Aschaffenburg 55 (1928) Nr. 9, S. 122-124. – Vgl. o. Anm. 60 und Kuntze, Friedrich: Die Volkskunde und ihre Pflege in der Schule. Bonn 1928.

[78] Müller, Karl: Volkskunde und Schule. Langensalza 1925. – Dazu Pfister in: Schulanzeiger für Unterfranken und Aschaffenburg 56 (1929) Nr. 6, S. 74.

hochgesteckt verwahrte. Aber „in der Auffassung der Kulturkunde als Konzentrationsfach des Unterrichts" sei er mit ihm einig.

Religiöse Volkskunde und deutsche Glaubensgeschichte im Dritten Reich

Die Institutionalisierung der akademischen Volkskunde zur Zeit der Weimarer Republik hat in dem Jahrfünft vor der Machübernahme Hitlers in Deutschland große nationale und internationale Fortschritte gemacht. Das gilt für die Universitäten mit ersten Habilitationen wie für zentrale Einrichtungen[79], z.B. das offizielle republikanische Amt des „Reichskunstwarts" und seine Verbindungen mit der vom Völkerbund initiierten deutschen „Volkskunstkommission"[80], vor allem aber für die Etablierung als förderungswürdige Wissenschaft durch Großprojekte der „Notgemeinschaft der deutschen Wissenschaft" wie die Zentrale Arbeitsstelle eines „Atlas der deutschen Volkskunde" in Berlin[81] und für das Engagement großer Verlage wie De Gruyter in Berlin[82] und Stubenrauch in Leipzig[83], die beide

[79] Brückner, Wolfgang (Hg.): Volkskunde als akademische Disziplin. Studien zur Institutionenausbildung (= Österr. Akad. d. Wiss. Phil.-Hist. Klasse 414). Wien 1983, hier meine Bibliographie S. 29-32; für Bayern dort Erich Wimmer, S. 107-116. – Harvolk, Edgar: Zeittafeln zu Institutionengeschichte. In: Ders. (Hg.): Wege der Volkskunde in Bayern (= Veröf. z. Volkskunde u. Kulturgeschichte 25). München u. Würzburg 1987, S. 47-67. – Assion, Peter: Von der Weimarer Republik ins „Dritte Reich". Befunde zur Volkskunde der 1920er und 1930er Jahre. In: Jacobeit u.a. (wie Anm. 5), S. 33-85, jedoch nur bezogen auf Naumann, Schwietering und Spamer. – Deißner, Vera: Die Volkskunde und ihre Methoden. Perspektiven auf die Geschichte einer „tastend-schreitenden Wissenschaft" bis 1945 (= Studien zur Volkskultur in Rheinland-Pfalz 21). Mainz 1997, S. 174-232: „Die zweite Phase der Paradigmatisierung der Volkskunde 1919 bis 1934".

[80] Brückner, Reichskunstwart (wie Anm. 62).

[81] Beitl, Klaus: Altas der deutschen Volkskunde. Kleine Geschichten eines großen Forschungsunternehmens. (= Veröff. z. Volkskunde und Kulturgeschichte 41). Würzburg 1990. – Gansohr-Meinel, Heide: „Fragen an das Volk". Der Atlas der deutschen Volkskunde 1928-1943. Ein Beitrag zur Geschichte einer Institution (= Quellen und Forschungen zur Europäischen Ethnologie 13). Würzburg 1992. – Deißner (wie Anm. 79), S. 213-226. – Simon, Michael: „Volksmedizin" im frühen 20. Jahrhundert. Zum Quellenwert des Atlas der deutschen Volkskunde. Habil. Münster/W. 1997 (ungedruckt).

[82] Schade, Heidemarie: De Gruyter und die Volkskunde bis 1945. Ein Verlagsarchiv als wissenschaftsgeschichtliche Quelle. In: Brückner 1983 (wie Anm. 79) S. 145-160.

volkskundliche Editionsprogramme und Handbuchreihen eröffneten. Das dadurch gestärkte Selbstbewußtsein demonstrierte einerseits der schon mehrfach angesprochenen „Erste Deutsche Volkskundetag" in Würzburg 1930 und der im selben Jahr durch den Verlag Johannes Päßler in Dresden herausgegebene erste „Deutsche-Volkskunde-Kalender" 1930, bestehend aus 70 Bilderseiten, zusammengestellt von Fritz Boehm, dem Herausgeber der „Zeitschrift für Volkskunde in Berlin"[84]. Meines Wissens ist nie ein weiterer Kalender erschienen, wie es auch 1932 zu keinem zweiten Volkskundetag kam, sondern erst im Oktober 1933 in Weimar und offenbar zum Zeit-Ausgleich schon im August 1934 in Heidelberg gefolgt vom „Dritten Deutschen Volkskundetag". Die den Nationalsozialismus endgültig heraufführende Weltwirtschaftskrise hatte viele der bisherigen Initiativen gestoppt, so daß nun ein Publikationsstau entstanden war, der sich 1934 in einer Vielzahl von Veröffentlichungen entlud, die wie frisch bestellt erschienen, in Wirklichkeit aber oft Ladenhüter waren, die aber bestens zum Zeitgeist paßten oder jedenfalls so gelesen werden konnten, oft auch opportunistisch dafür zurechtfrisiert wurden, um sich besser zu verkaufen, jedenfalls im „völkischen Aufbruch" mitschwammen[85].

In Würzburg erlosch der „Verein für bayrische Volkskunde" praktisch schon vor der Selbstauflösung im Zusammenhang der NS-Gleichschaltungspolitik. Er taucht nämlich in den Mitgliederverzeichnissen der „Mitteilungen" des „Verbandes deutscher Vereine für Volkskunde" ab 1931 nicht mehr auf, hingegen neu die wohl während des Würzburger „Ersten Deutschen Volkskundetages" 1930 geworbenen Mitglieder „Frankenbund" und „Universitätsbibliothek". Der „Frankenbund" hatte 1931 sein „Werkblatt" ausgebaut zu einem repräsentativen Periodikum „Der

[83] Brückner: Seit längerem in Vorbereitung, zunächst im Zusammenhang der Annektion Österreichs 1938 und der Verlegung des Verlags nach Wien. – Stubenrauch war auch Stifter des Riehl-Preises 1934, s.o. Anm. 71.

[84] Buchanzeige von Friedrich Pfister in: Schulanzeige für Unterfranken und Aschaffenburg 56 (1929) Nr. 20, S. 262 und fast gleichlautend im Würzburger General-Anzeiger 47 (1929), Nr. 286, S. 7.

[85] Vgl. „Literatur im Dritten Reich", nach Jahren aufgelistete Bibliographie in: Volkskunde an der Münchner Universität 1933-1945 (= Münchner Beiträge zur Volkskunde 6). München 1986, S. 88-92.

Frankenbund. Zeitschrift für Heimat- und Volkskunde". Diesc sollte allerdings nur bis 1936 bestehenbleiben, weil ab 1937 das Reichspressegesetz vom 30.4.36 die Herausgabe von Schriften im Eigenverlag verbot[86]. Darum wohl fehlt auch der „Frankenbund" wieder ab 1937 beim „Verband der Deutschen Vereine für Volkskunde", doch dafür taucht dort ab 1938 neu die 1936/37 eröffnete Würzburger „Hochschule für Lehrerbildung" auf, nie jedoch das Deutsche Seminar der Universität, während die germanistischen Seminare der meisten deutschsprachigen Universitäten inzwischen Mitglieder waren. Darin spiegeln sich deutlich die lokalen Etablierungsnöte des Faches Volkskunde wider.

Seit dem Volkskundetag schickte sich der altgermanistische Ordinarius Franz Rolf Schröder an, die außeruniversitäre Gründung seines Vorgängers Oscar Brenner, also Archiv und Bibliothek des „Vereins für bayrische Volkskunde", allmählich in das Deutsche Seminar als zweite Unterabteilung zu integrieren. Die erste Abteilung bildete das Extraordinariat für Neuere deutsche Literaturgeschichte; für eine weitere Abteilung bedurfte es ebenfalls einer Planstelle. Dies war jedoch damals inneruniversitär so schwer zu bewerkstelligen wie es heutzutage wieder geworden ist, geisteswissenschaftliche Spezialgebiete angemessen auszustatten. Es ließ sich nur mit viel Geduld bewerkstelligen und mit komplizierten Personalkonstruktionen. Dafür stand ab 1930 einer von Schröders Schülern bereit: Josef Dünninger, soeben suma cum laude in den Fächern Germanistik, Kunstgeschichte und Philosophie promoviert und auf dem Würzburger Volkskundetag für das neu zu schaffende Fachgebiet besonders erwärmt.

Franz Rolf Schröder (1893-1979) war kurz nach Friedrich Pfister 1925 auf den fünf Jahre lang verwaist gewesenen Lehrstuhl Oscar Brenners berufen worden. Auch er hatte sich wie Pfister in Heidelberg habilitiert und brachte die „Germanisch-Romanische-Monatsschrift" seines Vaters aus Kiel mit nach Würzburg[87]. Er bezeichnete seine eigene Fachrichtung noch im Kürschner von 1966 als „Germanische und vergleichende Religionsgeschichte und Heldensage". Damit war nach dem Mundartforscher und Lu-

[86] Pasche, Hans: Der Frankenbund. Geschichte, Wirksamkeit, Organisation. 2 Bde. Würzburg 1963/71, I, S. 57f.
[87] Kriegelsteiner (wie Anm. 6), S. 12-15 u. 36-46.

ther-Editor Brenner ein ausgesprochener Nordist zum einzigen (bis 1959 !) germanistischen Ordinarius geworden. 1929 erschien von ihm in der Reihe „Religionsgeschichtliches Lesebuch“ das Heft 12: „Die Germanen“. Ebenfalls 1929 gab Pfisters Freund und Heidelberger Kollege Fehrle eine volkskundlich kommentierte Ausgabe der Germania des Tacitus heraus. Schröder bot im Sommersemester 1933 gemeinsam mit Pfister und Joseph Vogt, dem Althistoriker, als Vorlesung an: „Germanische Altertumskunde“ und als Seminar „Übungen zur germanischen Religion“; im Wintersemester 1933/34 als Publice-Vorlesung „Tacitus' Germania und die germanische Frühzeit“, während Pfister allein über Pseudo-Xenophons „Staat der Athener“ las und über Platons Phaidros Seminar hielt. Auch diese beiden Veranstaltungen ließen sich nahtlos in den Zeitgeist einfügen.
Der neue Privatdozent Dünninger begann darum seine pflichtgemäß mit den Ordinarien abgestimmte Lehrtätigkeit im Sommersemester 1934 mit der Vorlesung: „Von Tacitus bis Wilhelm Heinrich Riehl. Ausgewählte Kapitel zur deutschen Volkskunde“ und mit einer Übung zur Volkssage, während Schröder ein Nibelungen-Kolleg ankündigte und Pfister eine Thukydides-Vorlesung. Beim „Frankenbund“ stieg Dünninger 1934 ebenfalls erstmals mit einem Vortrag ein über „Deutsche Volkskunde im neuen Reich“, nämlich als „politisch-geschichtliche Wissenschaft“ im Sinne Riehls[88]. Parallel dazu veröffentlichte er 1934 in Schröders GRM sozusagen die Großfassung als „Das geschichtliche Problem der Volkskunde“, eine vertiefte und systematischere Abhandlung des Themas zukünftiger Aufgaben für eine sozialgeschichtliche orientierte Volkskunde. Sie müsse Teil einer deutschen Kulturgeschichte werden, wobei „das Bauerntum“ für eine „Volkstumsoziologie“ das „Kernvolk“ darstelle[89]. Riehls „Vorhalle der Staatswissenschaften“ erfordere historisches Wissen und Verständnis anstelle der bisherigen „ungeheure(n) Überschätzung der erhaltenen Formreste des Volkstums“[90].

[88] Dünninger, Josef: Deutsche Volkskunde im Neuen Reich. In: Der Frankenbund 1934, S. 19-21 u. 30-32.
[89] Dünninger, Josef: Das geschichtliche Problem in der Volkskunde. In: Germanisch-Romanische-Monatschrift 22 (1934), S. 22-31, hier S. 26.
[90] Ebd., S. 23.

Damit sind alle Beziehungen und Bezüge deutlich benannt, die zur Kreation eines Volkskundlers führen konnten. Schröder hatte seinen nordistischen Meisterschüler Dünninger 1930 mit dessen Preisschrift der Fakultät von 1929 zur „Gongu-Hrólfs Saga“ promoviert, die dann 1931 in Lund erscheinen konnte, und er machte ihm Mut, sich umgehend für deutsche Volkskunde zu habilitieren, damit dann später die Venia auf deutsche Philologie erweitert werden könne (wie er in seinem Gutachten betonte). Er brauchte Hilfe im germanistischen Seminarbetrieb, wofür Dünninger in den folgenden Semestern gotische, althochdeutsche und mittelhochdeutsche Übungen anbot sowie Einführungen in die Mundartforschung und Textlektüre des Meier Helmbrecht. 1936 bis 38 veranstaltete er sogar mit dem Neugermanisten Johannes Alt Kolloquien über „Volk und Dichtung“ vom Spätmittelalter bis zum Barock. Diese Qualifikationsmöglichkeiten waren lange vor 1933 eingefädelt worden. Das sozusagen religionswissenschaftliche Thema der Habilitationschrift über „Volkstümliche Heiligenverehrung in Süddeutschland“ lag den beiden Hauptgutachtern Schröder und Pfister vom volksgeschichtlichen Ansatz her grundsätzlich nicht fern[91], war für die erwünschte Lehrtätigkeit in Würzburg sogar fränkisch motiviert, der Kandidat historisch-philologisch bestens ausgewiesen sowie vom Bauernmythos und der Riehl-Begeisterung jener Tage gründlich erfaßt. Das Habilitationsverfahren erstreckte sich vom 26. Januar bis zum 14. Juni; die staatliche Ernennung zum Privatdozenten erfolgte am 20. September 1933[92].

---

[91] Zunächst ganz weit gefaßt gewesen als „Kulturgeographisch orientierte Volkskunde des bayerischen Nordgaus“.

[92] Das Habilitationsverfahren begann mit einem Vorstellungsvortrag am 26.1.1933 vor der Gesamtfakultät, also einschließlich der Naturwissenschaftler, über das Thema „Germanistik und Volkskunde in ihren wechselseitigen Beziehungen“. Am 1.2. erfolgte Dünningers offizielle Bitte auf Zulassung zum Verfahren, am 3.2. die Annahme dieses Antrags, im Februar, März und Mai die drei Gutachten von Schröder, Pfister und dem Historiker Chroust, am 30.5. fand das nicht näher dokumentierte Kolloquium statt, am 14.6. der öffentliche Probevortrag über „Die Entstehung der isländischen Saga“ und die Verteidigung von 12 mit der Einladung gedruckt vorliegenden 12 Thesen aus der Nordistik, der mittelalterlichen Literatur, der Sprachwissenschaft und der Volkskunde, gegen welche die Professoren Schröder, Woerner, Pfister und Pesel zu opponieren hatten. Damit war die Lehrbefähigung erreicht. Die Lehrbefugnis und die Berechtigung zum Führen des Titel Privatdozent erteilte das Mi-

Nun konnte Pfister in der „Akademischen Beilage“ des „Würzburger General-Anzeigers“ vom 20. Januar 1934 unter der Überschrift „Die Deutsche Volkskunde und die Würzburger Universität“ unter anderem vermelden, daß „Archiv und Bibliothek des Vereins in den Räumen der Universität untergebracht“ sind. „Damit besitzt die Universität den Grundstock eines Instituts für deutsche Volkskunde wie wohl kaum eine andere deutsche Hochschule. Nachdem bisher die Volkskunde in den Vorlesungen der Universität nur gelegentlich vom Graecisten im Nebenamt behandelt wurde, haben wir jetzt auch einen neuen Privatdozenten für deutsche Volkskunde in Dr. Dünninger, der zugleich zum Führer des Vereins ernannt wurde“. Schließlich zitierte Pfister seinen Freund Fehrle „eines der Führer auf dem Gebiet der Volkskunde“ aus dessen „Oberdeutscher Zeitschrift für Volkskunde“ über das bisherige geringe gesellschaftspolitische Ansehen der fortschrittlichen Volkskunde, wo dieser fortfährt: „Nun ist durch die Tat unseres Führers Adolf Hitler diese graue Theorie mit einem Schlag Wirklichkeit geworden. Was wir einst gelehrt haben, daß durften wir jetzt erleben: ein mächtiges Emporquellen deutschen Volksbewußtseins aus dem Mutterboden deutscher Kultur, ein Erwachen und Besinnen auf eigenes Wesen und erdgebundene Kraft, ein Erglühen aller deutschen Herzen für die heiligen Aufgaben einer germanisch-deutschen Wiedererstehung“. Dem schließt sich Pfister mit seinem Schlußsatz an: „Möge in diesem Sinn jetzt das Erbe Oskar Brenners an unserer Hochschule weiterwirken!“[93]
Am gleichen Ort hatte Pfister schon am 28. Oktober 1933 „Die politische Universität“ begrüßt: „Das neue Semester sieht die Universität in den Anfängen eines Übergangsstadiums, an dessen Ende ein völliger Neubau steht, genauso wie wir uns in Staat und Volk erst an einem solchen Anfang befinden. Nur das Ziel ist unverrückbar gegeben: hier der nationalsozialistische Staat, dort die politische Universität ... Die Universität hat den Stu-

---

nisterium am 20. September 1933. Am 2. August schon hatte Dünninger geheiratet und am 18. Oktober trat er der SA bei. Wie nötig letzteres war, sollte sich nach drei Jahren des mittellosen Privatgelehrtendaseins zeigen, als eine Dauerstellung in Aussicht kam, bei der die konkrete Frage „Uniformträger“ eine wichtige Rolle spielte, nachdem die Talare in Verruf standen.

[93] Pfister, Friedrich: Die deutsche Volkskunde und die Würzburger Universität. In: Akademische Beilage des Würzburger General-Anzeigers 52 (1934), Nr. 16 v. 20.1.1934, S. 10.

denten zu einem Glied des neuen Reiches zu erziehen. Als Ziel ist also gesetzt eine radikale Revolution, gesetzt und gegründet auf eine neue Weltanschauung ... Als 'politische Schule' hat aber die Universität die Aufgabe, den Studenten als ein in einer Gemeinschaft lebendes Wesen zum Leben und zum Dienst an dieser Gemeinschaft zu erziehen. Diese Gemeinschaft ist Staat und Volk und das Leben in dieser Gemeinschaft ist ein völkisch-staatliches Leben, nicht das isolierte Leben des Individuums ... Gemeinnutz geht vor Eigennutz, ein Satz dessen Inhalt wir aber schon deutlich in Platos größtem Werke vom Staat ausgesprochen finden. Alles um des Volkes willen aber um des Volkes willen auch alles! Es handelt sich hier um die Durchdringung der ganzen Erziehung mit dem Willen zur Gemeinschaft, nicht etwa um einzelne Lehrstunden über 'Politik' ... Die Politisierung der Hochschule verlangt auch eine Politisierung der Wissenschaft ... Es gibt nur eine Wissenschaft, die dem Volke dient, also auch nur eine 'politische' Wahrheit. Da wird unter Umständen das schwerste Opfer vom Hochschullehrer verlangt. Aber in der Größe des Opfers steht der Hochschullehrer mit dem Soldaten in vorderster Linie: Im äußersten Fall wird von diesem das Leben, von jenem ein sacrificium intellectus verlangt. Das wird zu ehrenhaften Konflikten führen, zu inneren sicher, gelegentlich auch zu äußeren. Aber seien wir nicht pathetisch! Es gibt nicht allzu viele staats- und volksgefährliche Wahrheiten, die wirklich Wahrheiten und wirklich staats- und volksgefährlich sind. Einstweilen kann immer noch über dem Portal unserer Hochschule die Inschrift bestehen bleiben: „Veritati“[94]. Pfister wußte sehr wohl, wovon er sprach, denn er hatte soeben erlebt, was dem von ihm geschätzten 43jährigen Kollegen der vergleichenden Sprachwissenschaft Alfons Nehring zugestoßen war, der „zum 1. Oktober 1933 in den dauernden Ruhestand versetzt“ wurde und 1938 nach Amerika auswanderte. Ihm ließ Pfister am 23. 9. 1933 im „General-Anzeiger“ eine ehrenvolle Laudatio einrücken, allerdings ohne dabei seine Autorschaft anzugeben[95].

---

[94] Ebd. 51 (1933), Nr. 9 v. 28.10.1933, S. 14.

[95] Universitätsprofessor Dr. Alfons Nehring im Ruhestand. In: Würzburger General-Anzeiger 51 (1933), Nr. 219 v. 23.9.1933, S. 3.

1934 hielt Pfister einen Vortrag im „Verein der Freunde des Humanistischen Gymnasiums“, der anschließend im Druck erschien: „Der politische Humanismus“[96]. Es ist der Versuch, seinem „Kampf um die Philologie als Geschichtswissenschaft und als Humanismus“, so der Titel eines kürzeren Beitrags aus dem Jahre 1932[97], nicht bloß zu aktualisieren, sondern sich damit zugleich dem neuen Regime als genehmer Altphilologe anzudienen. Fehrle bereitete nämlich für ihn einen Ruf nach Freiburg vor. 1932 hatte er das kulturhistorische Forschungsprogramm ihres gemeinsamen wissenschaftlichen Vorfahren Hermann Usener in den Mittelpunkt der Betrachtungen gestellt und eine historische Philologie gefordert gegen den Alleinherrschaftsanspruch eines „erneuerten oder dritten Humanismus ... Den Geist der Antike im Leben unserer Zeit dauernd wirksam zu erhalten, die Antike mit ihren lebendigen Werten als wirkende Kraft in unsere Geisteslage von neuem hineinzustellen“, und dies insbesondere im humanistischen Gymnasium, dem vor allen „die Sorge der Führer dieser neuen Bewegung gilt“, die „in rücksichtsloser Organisation schon Vieles geleistet hat, wenn auch das als neu von ihr Verkündete nicht immer neu und auch nicht immer verkündenswert war“. Pfister warb hier für beide Ziele: sowohl die „historische Erkenntnis“ wie „die Verlebendigung in der Gegenwart“.
Ein gutes Jahr später nun vermochte er zu fragen: „Ist mit der politischen, wirtschaftlichen und weltanschaulichen Revolution, an deren Anfang wir stehen, ein Weiterwirken antiker Überlieferung in irgendeiner Form zu vereinbaren? Hat die Antike als lebendiger Faktor noch eine Berechtigung im Deutschland der Gegenwart und der Zukunft?“ Pfister hoffte auf eine Erziehungsreform, weil „der Nürnberger Parteitag, der auf die politische Machtübernahme erfolgte, gerade diesen kulturellen Aufbau gewidmet war“. Er formulierte: “Bei dieser kommenden Neuordnung des Erziehungs- und Bildungswesens wird auch das Schicksal der Antike in Deutschland entschieden werden. Es liegen ja bereits mehr oder minder

---

[96] Pfister, Friedrich: Der politische Humanismus. In: Bayer. Blätter für das Gymnasial-Schulwesen 70 (1934), S. 65-77.

[97] Pfister, Friedrich: Der Kampf um die Philologie als Geschichtswissenschaft und als Humanismus. In: Akademische Beilage des Würzburger General-Anzeigers 50 (1932) Nr. 282 v. 12.11.1932, S. 9.

offizielle Äußerungen darüber in größerer Zahl vor, so vor allem von Adolf Hitler selbst und von anderen führenden Politikern und nationalsozialistischen Pädagogen"[98]. Pfister kannte sich in Hitlers „Mein Kampf" aus und zitierte ihn. Er berief sich vor allem auf den berüchtigten nationalsozialistischen Pädagogen und Frankfurter wie Heidelberger Universitätsrektor Ernst Krieck, sah dabei Parallelen zum „antiken Ideal, wie es der altspartanischen Verfassung und der Politeia Platos vorschwebte", wußte sich mit dem Reichsernährungsminister Darré, dessen Erbhofrecht vom 15.5.1933 und seinem Buch „Das Bauerntum als Lebensquelle der nordischen Rasse" von 1928 einig, zitierte sogar Heidegger, den Freiburger NS-Rektor, den Fehrle vom Ministerium aus antrieb. „Germanentum, Christentum und Antike" sind Pfister das Erbe im biologischen, kulturellen und völkischen Sinne. Erziehung hat auf drei Punkte zu achten: „1. Auf die Erhaltung und Pflege der biologischen Erbmasse, 2. auf die Bildung in der Gemeinschaftskultur, 3. auf die Erziehung zum Gemeinschaftswillen, die durch die Weltanschauung normiert wird". Fazit: „Für die klassische Altertumswissenschaft bedeutet dies, daß der politische Humanismus seinen Einzug auch in die Universitäten hält und daß die neuen Probleme in ihren Gesichtskreis treten. Nach wie vor aber bleibt die Grundlage der Philologie die Interpretation der antiken Denkmäler und so wird sie zu einem Teil immer historischer Forschung sein. ... Hier zeigt Plato einen Weg, den wir freilich nicht beschreiten können, weil er mit philosophischer Rücksichtslosigkeit und Unbekümmertheit gezeichnet ist. Aber der Gedanke, den er ausspricht, paßt auf unsere heutige Lage so gut, daß ich ihn hier nicht unterdrücken kann und schließlich, wenn auch die platonische Utopie nicht auszuführen ist, so arbeitet doch die Zeit für uns in ähnlichem Sinn, wie er es gewollt"[99].

Zu Ende des Sommersemesters erreichte Pfister der Ruf auf Wolfgang Schadewaldts freigewordenen Lehrstuhl in Freiburg zum 1. Oktober 1934. Am 15. September gab ihn das Münchner Ministerium für den 1. November frei, aber schon am 21. September mußte er dem Würzburger Rektor mitteilen, daß er die geplante Entlassung aus dem bayerischen Staatsdienst

---

[98] Pfister (wie Anm. 96), S. 67.

[99] Ebd., S. 70, 73, 77.

nicht stellen könne. Auf dem Volkskundetag in Heidelberg habe er durch Fehrle erfahren, es gäbe Einsprüche aus Berlin gegen ihn, seine Wissenschaft sei „lebensfern". Diese geplatzte Berufung und ihre angebliche Begründung, die er nach dem Kriege mit seinen damaligen Beziehungen zum Warburg-Institut zu erklären suchte, hat ihn schwer getroffen, so daß davon an vier Stellen in seinen Lebenserinnerungen die Rede ist[100]. In seinen Brief an den Rektor weist er die Charakterisierung der Lebensferne mit Blick auf seine volkskundlichen Ambitionen zurück: „Wer sich auf diesem Gebiet betätigt, kann dies nicht lediglich vom Schreibtisch aus tun, sondern muß 'Felddienst' betreiben und gerade in diesen Ferien habe ich wieder einen großen Teil Bayerns mit dem Rad durchfahren, dabei lebensnah in Jugendherbergen übernachtend, wobei mich niemand für einen Stubengelehrten gehalten hat". Er schließt: Falls dem Rektor seine Schilderungen nicht einleuchteten, „so hoffe ich, daß Eure Magnifizenz im Laufe der kommenden Jahre sich davon überzeugen werden, wenn ich an unserer Universität weiterhin tätig sein darf in dem Sinn, wie ich es Herrn Ministerialrat Fehrle in einem Brief vom 28.8. versprach in Freiburg zu tun: „Philologie zu treiben, die den künftigen Gymnasiallehrer befähigt, die Jugend zu tüchtigen Arbeitern im neuen Reich zu erziehen. Heil Hitler Friedrich Pfister". So hatte er bis dahin noch keine Briefe unterzeichnet.
Seine ansonsten unbeschwerte politische Naivität zeigt sich noch im Mai/Juni 1945, als er mit dem Nationalsozialismus in seinen Lebenserinnerungen abzurechnen suchte und wo sich unter der Überschrift „Sommer 1933" folgende Passage findet, die freilich keine Aufnahme in die gedruckte Fassung von 1989 fand: „Durch einen Brief, den ich im August 1933 an Schwester Luise schrieb, und den sie mir wieder zur Verfügung stellte, kann ich einiges nach weiteren Erinnerungen aus dieser Zeit berichten. Im Juni 1933 machte ich mit dem Althistoriker Vogt und 35 Studenten und Studentinnen eine Studienfahrt im Postauto auf die Saalburg und nach Mainz. Wir sangen während der Fahrt gelegentlich Lieder, darunter auch das Horst-Wessel-Lied, das vielen noch fremd war; damals durfte man es ja noch ohne weiteres bei jeder Gelegenheit singen, da es noch nicht als Nationalhymne geheiligt war". Aus weiteren Bemerkungen geht hervor,

[100] Pf., S. 42, 147, 165, 175.

daß Tochter Ilse in der Schule einen großen Rand führte, denn sie hatte „sich eifrig im B.d.M. betätigt", also in der weiblichen Hitlerjugend, lange bevor dies Pflicht für alle Schulkinder wurde[101].

Im Abschnitt „Persönliches Verhältnis zur Partei" findet sich der Satz: „Ich selbst stand in vielem dem Nationalsozialismus gar nicht durchaus abwehrend gegenüber, manches gefiel mir sogar an ihm, und ich habe in Diskussionen oft die Verteidigung übernommen. Als aber im vorigem Jahr ich zum Ortsgruppenleiter zitiert wurde und man mir nahelegte, Bernhard in die Hitlerschule zu schicken, habe ich es rundweg abgelehnt" (Pf., S. 174f.). Letzteres bezieht sich auf das Jahr 1944 und auf den jüngsten Sohn, geboren 1934. Es handelt sich also um die Routinenachfrage der sogenannten Ordensburgen beim Übertritt der Kinder in die Höhere Schule. Meine Mutter hat das für mich 1940 mit der Bemerkung abgewehrt: „Dann darf er dort nicht mehr in die Kirche gehen", während der jüngst verstorbene Freiburger Kollege Hannjost Lixfeld von seinen Eltern der NAPOLA übergeben wurde, was ihm zum herausfordernden Stimulans für seine einschlägigen NS-Studien geworden ist.

Pfister war, wie schon erwähnt, in die von Adolf Spamer geleitete Kommission für die Verleihung des Wilhelm-Heinrich-Riehl-Preises im Stubenrauch-Verlag berufen worden, wofür Spamer 1935 Riehls berühmten Vortrag des Jahres 1858 über „Die Volkskunde als Wissenschaft" neu herausgab[102]. Dies nahm Pfister zum Anlaß, in den „Forschungen und Fortschritten" einen kleinen Artikel über „Die Volkskunde als Vorhalle der Staatswissenschaft" zu publizieren[103]. Dieses oft bemühte Zitat hatte Riehl auf Herodot bezogen als einem „Vater der Volkskunde", was Pfister nun richtigzustellen suchte. Nicht dieser, sondern der Sokrates-Schüler Kritias habe eine ethnographische „Politeia" verfaßt und damit des Aristoteles „Politien" vorbereitet. „So ist also der Politiker Kritias der Schöpfer der

[101] Pf., S. 173, vor dem Abschnitt „Die Verantwortlichkeit der deutschen Hochschulen" zu denken, s. im Nachlaß in der UB.

[102] Heute am schnellsten zugänglich bei Lutz (wie Anm. 18), S. 23-37. – Dazu die neuerliche Diskussion im Jahrbuch für Volkskunde, NF 1 (1978), S. 9-66; ebd. 2 (1979), S. 73-102.

[103] Pfister, Friedrich: Die Volkskunde als Vorhalle der Staatswissenschaft. In: Forschungen und Fortschritte 11 (1935) Nr. 18, S. 236-237.

Volkskunde, und der wissenschaftliche Berater der beiden genialen Makedonienkönige, Aristoteles, ist ihr erster großer Organisator; bei beiden steht die Volkskunde in engstem Zusammenhang mit der Staatswissenschaft, und beide haben daher ihren Werken den Titelgegeben: „Politeia“[104].

Fast zwanzig Jahre danach hat Pfister an gleichem Ort (wenn auch inzwischen ein populäres Wissenschaftsorgan in Ost-Berlin geworden), also in jenen „Forschungen und Fortschritten“ den Artikel von 1935 nochmals aufgegriffen unter dem Titel: „Volkskunde und Völkerkunde“ als Fortsetzung einer Diskussion von Ingeborg Weber-Kellermann und Wolfgang Steinitz[105], auf dessen Einladung er übrigens zum Jahresende einen Akademie-Vortrag über Alexander in der religionswissenschaftlichen Abteilung in Ost-Berlin hielt[106] und in Fraengers erstem Jahrgang des neuen „Jahrbuchs für Volkskunde“ 1955 mitschreiben durfte[107]. „Der Schöpfer der eigentlichen griechischen Volkskunde aber ist der Sophist Kritias von Athen, der in drei Einzelschriften eine Volkskunde (Politeia) von Athen, Sparta und Thessalien verfaßt hat, wovon uns noch einige Fragmente erhalten sind“. Aristoteles unterscheidet später zwischen „Politeia“ der griechischen Städte und „Nonima“ (Sitten und Gebräuche) der Barbaren. Volks- und Völkerkunde seien also eng miteinander verwandt. 1933/36 klangen die Assoziationen zum aktuell „Politischem“ ein wenig anders, aber auch in Ost-Berlin war man 1954/55 gerade dabei, einen ebenfalls politisch definierten Wissenschaftsanspruch für eine gesamtdeutsche Volkskunde zu propagieren.

Das 1933 bei Kröner herausgekommene „Wörterbuch der Antike mit Berücksichtigung ihres Fortwirkens“ von Hans Lamer paßte sich für die 1936 erscheinende 2. Auflage der neuen Zeit an. Im Vorwort heißt es dazu: „Vor allem ließen wir den Einfluß der großen Fragen deutscher Gegenwart auf

---

[104] Ebd. S. 237.

[105] Pfister, Friedrich: Zur Diskussion: Volkskunde und Völkerkunde. In: Forschungen und Fortschritte 28 (1954), S. 113-115.

[106] Fünfseitiger Reisebericht für die Familie im Nachlaß.

[107] Pfister, Friedrich: Von den Wundern des Morgenlandes. In: Deutsches Jahrbuch für Volkskunde 1 (1955), S. 127-146.

die Altertumswissenschaft stärker in Erscheinung treten. Diese Arbeit hat sich zu unserer besonderen Freude Universitätsprofessor Dr. Friedrich Pfister, Würzburg, unterzogen“[108]. Von ihm stammen die neuen Lemmata: Deutsche Kultur und Antike, Erbhofrecht, Nordische Rasse, Rassenkunde, Bürgerkunde, Theristes, Politischer Humanismus, Kulturübernahme, Wissenschaft. Im Artikel „Politischer Humanismus“ komprimierte er nicht nur seinen oben zitierten Vortrag von 1934, sondern reduzierte ihn geradezu auf die nationalsozialistischen Grundaussagen in den eigenen weiterführenden Artikeln.
Im gleichen Jahr 1936 kam Pfisters lange schon geplantes Werk der Handbuchreihe des „Verbandes deutscher Vereine für Volkskunde“ zu „Glauben und Aberglauben“ auf den Markt, das Matthes Ziegler, dem volkskundlichen Scharfmacher im Amt Rosenberg nur in einer Hinsicht gefallen sollte, wie wir oben schon gehört haben[109]. Es war dies die Ablehnung der „religiösen Volkskunde“ im Sinne des seit 1933 geächteten Prälaten Georg Schreiber, dessen neues Jahrbuch (1936-38) auch Pfister in die Schußlinie nahm[110]. Das Buch wird von drei Hauptideen beherrscht: 1. Von Pfisters Orendismus-Theorie (S. 32-47), 2. von seinen Bildzauber-Vorstellungen (S. 87-100) und 3. von den Überformungen germanischen Glaubens durch das Christentum (S. 134-154). Zu Punkt eins gab es Vorarbeiten seit 1919[111], zu Punkt zwei ebenfalls entsprechende Artikel aus seiner Feder im HDA. Lenz-Kriss Rettenbeck und ich haben diese Identifikationstheorien in den letzten vier Jahrzehnten durch eine historische Phänomenologie ersetzt und damit die damaligen Forderungen nach einer Geschichte der Glaubensvorstellungen auch methodisch ernstgenommen[112]. Da seinerzeit

[108] Lamer (wie Anm. 33) S. Xf.

[109] Pfister, Friedrich: Deutsches Volkstum in Glauben und Aberglauben (= Deutsches Volkstum 4). Berlin u. Leipzig 1936. – Dazu Ziegler s. „Leitfaden“ (wie Anm. 54).

[110] Vgl. o. Anm. 8 u. 11.

[111] Vgl. o. Anm. 56 ff.

[112] Brückner, Wolfgang: Das Bildnis in rechtlichen Zwangsmitteln. Zum Magieproblem der Schandgemälde. In: FS Harald Keller. Darmstadt 1963, S. 111-129. – Ders.: Volkstümliche Denkstrukturen und hochschichtliches Weltbild im Votivwesen. Zur Forschungssituation des bildlichen Opferkultes. In: Schweizerisches Archiv für Volkskunde 59 (1963), S. 186-203. – Ders.: Bildnis und Brauch. Studien zur Bildfunktion der Effigies. Berlin 1966. –

Rudolf Kriss die Realien des süddeutschen Wallfahrtswesens ebenfalls zauber- und opfertheoretisch interpretierte, standen seine frühen Werke bei Pfister und Otto Weinreich im „Archiv für Religionswissenschaft" in hohem Ansehen und finden sich darum auch 1936 in Pfisters Literaturliste, unter anderem neben einem solchen Obskuranten wie Bernhard Kummer: „Midgards Untergang" (1927, ^{2}1935).

So konnte Pfister im Schlußkapitel „Das Christentum und der germanisch-deutsche Volksglaube" über die „Treue zum Eigenen" formulieren: „Und so haben auf der anderen Seite entgegen ihrer Duldsamkeit und folgend dem Gebot der Treue die Germanen wiederum auch sich der Einführung des Christentums widersetzt und der Treue zur eigenen Art viel Blut, fremdes und noch mehr eigenes, geopfert, vom Beginn der Christianisierung an in einer Jahrhunderte lang andauernden Auseinandersetzung. Es ist kein Zweifel, daß keine Idee mehr germanisches und deutsches Blut verlangt hat als das Christentum, teils direkt, teils indirekter Schuld. Daß man jetzt versucht, die Opfer der Hexenprozesse auf die germanische Rechnung zu setzen, ist echter Jesuitismus", wozu der Autor in der Anmerkung Alfred Rosenberg zitiert[113]. Kriss hat den Prälaten Schreiber eine zeitlang bei sich in Berchtesgaden vor der Gestapo versteckt, er konnte sich nur in Österreich habilitieren und bekam 1938 von den dortigen SS-Fachleuten die Venia wieder aberkannt und wurde schließlich 1943 vom Volksgerichtshof in Berlin zum Tode verurteilt. Dies alles stand und steht auf einem ganz anderen Blatt[114].

Im Vorwort des Buches verweist Pfister auf seine soeben erfolgte Aufnahme in die Mitherausgeberschaft die Schriftleitung des „Archivs für Religionswissenschaft", „das von jetzt ab gerade den Problemen sich nachträglich zu widmen gedenkt, die zum Teil auch auf den folgenden Blättern behandelt sind. Diese für unsere Gegenwart wichtigen religionswissen-

Ders.: Überlegungen zur Magietheorie. Vom Zaubern mit Bildern. In: Petzoldt, Leander (Hg.): Magie und Religion (= Wege der Forschung 337). Darmstadt 1978, S. 404-419. – Ders.: Bildgebrauch und Kreuzzug gegen Bauern im 13. Jahrhundert. Oder die Nazis in Stedingen. In: Bayer. Blätter für Volkskunde 15 (1988) H. 2, S. 91-97.

113 Pfister (wie Anm. 109), S. 149.

114 Alzheimer (wie Anm. 9), S. 148-152.

schaftlichen und volkskundlichen Aufgaben habe ich in der genannten Zeitschrift 33 (1936) genauer dargelegt. Eines dieser großen Probleme, das für mich auch bei der Abfassung des vorliegenden Buches im Vordergrund stand, ist dies, den deutschen Volksglauben der Gegenwart als ein historisch Gewordenes zu verstehen und den Zusammenhang zwischen Germanischem und Deutschem nachzuweisen"[115]. Genau das sollte nun im ARW geschehen. Dafür war Pfister ausersehen worden, dazu meldete der Verlag Teubner „Zum neuen Jahrgang", daß „die Hauptprobleme, denen das Archiv für Religionswissenschaft voran gewidmet sein soll", so umfassend seien und „so tief in das Leben der Gegenwart eingreifen, daß sie eines festen Sammelpunktes bedürfen". Aber man spürt durch den gesamten Text hindurch die Befürchtung, sich damit aus der bisherigen Internationalität zu verabschieden. Pfisters neue „Problemstellung" lautete: „Die Religion und der Glaube der germanischen Völker und ihre religiösen Führer". Unter letzteren versteht er z.B. „Friedrich den Großen oder Bismarck ... aber auch umstrittene Persönlichkeiten wie Thomas Münsterer". Methodologisch sieht er „zunächst ein rein historisches Problem", das in „der Christianisierung der Germanen" und in „der Germanisierung des Christentums" endet sowie in einer „Geschichte des eigentlichen Volksglaubens". Dieser wiederum offenbare eine „germanisch-deutsche kollektive Volksfrömmigkeit" entsprechend „der germanischen Religion". Dies nennt Pfister „germanisch-deutsche Glaubensenergie", die durch lange Zeiten wirksam gewesen sei, „häufig im Kampf gegen nicht artgemäße Ansprüche und Forderungen des Christentums durch das ganze Mittelalter hindurch bis zum heutigen Tag, wo sie sich stärker denn je machtvoll entfaltet. Solange die Rasse besteht, ist auch die ihr angehörige Glaubensenergie lebendig, und diese ist wiederum nach Rassen verschieden, ein Satz, der noch durch die Untersuchung vieler Religionen in seiner Gültigkeit nachgewiesen werden muß – oder zu widerlegen ist". Dies sei „seit der Macht-

[115] Pfister (wie Anm. 109), S. VII.

ergreifung durch den Nationalsozialismus in Deutschland zu einer der wichtigsten Fragen der deutschen geistigen Entwicklung geworden“ [116]. Darum bekam der Tübinger Religionshistoriker und Indologe Jacob Wilhelm Hauer (1881-1962) als Führer der „Deutschen Glaubensbewegung“ für eine „arteigene“ Frömmigkeit (1933-38)[117] nicht bloß Gelegenheit, 1936 im ARW gegen die umstrittenen Werke vom „Ursprung der Gottesidee“ des Paters Wilhelm Schmidt zu polemisieren, sondern im Jahrgang 1937 den Auftrag, über „Religion und Rasse“ zu schreiben[118]. Es ist derselbe Hauer, der 1936 im Buchtitel eines jüngeren Tübinger Theologen, Herbert Grabert, auftaucht[119], der zugleich das Stichwort für Pfisters politisches Erkenntnisziel vorformuliert hatte: „Deutsche Glaubensgeschichte“, nämlich „von Luther bis Hauer“. Pfister würdigte das Werk in seinem Beitrag über „Die religiöse Sendung des deutschen Volkes“ ausführlich[120]. Auch Herbert Grabert durfte sogleich 1936 im ARW mitschreiben über „Allgemeine Religionsgeschichte und völkische Glaubensgeschichte“ und sich dabei den „Arbeitsplan Friedrich Pfisters und die völkische Aufgabe der Religionswissenschaft“ besonders vornehmen[121]. Wir werden auf diesen in unserem Zusammenhang für Würzburg noch wichtiger gewordenen Autor zurückkommen.

Zum Rassenproblem hat sich Pfister 1945 rückschauend wie folgt geäußert: „Im allgemeinen habe ich in den zwölf Jahren des Nationalsozialismus weder in meinen Vorlesungen noch in meinen wissenschaftlichen Arbeiten etwas prinzipiell geändert, nur daß das Rassenproblem, das ich bis-

---

[116] Pfister, Friedrich: Die Religion und der Glaube der germanischen Völker und ihre religiösen Führer. Eine Problemstellung. In: Archiv für Religionswissenschaft 33 (1936), S. 1-14, hier S. 2, 3, 8f., 12f., 11.

[117] Hutten K.: Deutschgläubige Bewegungen. In: RGG II, 1958, Sp. 108-112, hier bes. 109.

[118] Hauer, Jacob Wilhelm: Religion und Rasse. In: Archiv für Religionswissenschaft 34 (1937), S. 81-97.

[119] Grabert, Herbert: Der protestantische Auftrag des deutschen Volkes. Grundzüge der deutschen Glaubensgeschichte von Luther bis Hauer. Stuttgart 1936.

[120] Pfister, Friedrich: Die religiöse Sendung des deutschen Volkes. In: Archiv für Religionswissenschaft 33 (1936), S. 373-380.

[121] Grabert, Herbert: Allgemeine Religionsgeschichte und völkische Glaubensgeschichte. Ein Beitrag zur Frage Volk und Glaube mit zwei glaubensgeschichtlichen Beispielen. In: Archiv für Religionswissenschaft 33 (1936), S. 191-220, hier S. 193f.

her nicht beachtet hatte, jetzt gelegentlich von mir behandelt wurde“ (Pf., S. 178). Kurz zuvor heißt es: „Die einzige Förderung, die ich durch den Nationalsozialismus wissenschaftlich erfuhr, bestand darin, daß ich mich mit dem Rassenproblem näher beschäftigte. Dieser Problemkreis war ja in der wissenschaftlichen Literatur bereits lange vor 1933 behandelt worden, aber ich lernte ihn erst nach 1933 kennen. Bereits in meinen Aufsatz über den ‘Politischen Humanismus’ ging ich darauf ein, später habe ich mich besonders mit dem Problem ‘Rasse und Religion’ genauer befaßt, auch einmal eine Reihe von fünf Vorträgen darüber gehalten und manches darüber geschrieben, so auch einige Artikel in Lamers Wörterbuch. Auch auf die Rassentheorien des Altertums ging ich ein, so in meiner Schrift über Tacitus. In den Personalfragebogen für Hochschulbeamte [der US-Besatzungsbehörde] schrieb ich über die Vorlesung ‘Rasse und Religion’: In dieser Vorlesung ging ich von der These aus, die von der Wissenschaft aller Nationen anerkannt ist, daß die Kultur eines Volkes auch völkisch geprägt ist“ (Pf., S. 177). Die öffentlichen Vorträge bezogen sich auf Volksbildungskurse in Aschaffenburg, Schweinfurt, Kissingen und Ochsenfurt über „Rasse und Religion“, über „Staat und Religion“, über „Wissenschaft und Leben“ (ebd.). Im ARW 1937 behandelte Pfister auch selbst das Problem „Rasse und Religion“ zusätzlich in seinem Beitrag „Die deutsche Glaubensgeschichte und der griechisch-slavische Kulturraum“[122]. An anderer Stelle seiner Lebenserinnerungen, die im Druck um den entscheidenden Nachsatz gekürzt worden ist, heißt es im vollständigen Wortlaut: „In der Judenfrage war Hitler ganz langsam vorgegangen, und seine ersten Maßnahmen konnten gebilligt werden“[123].

Die Übernahme der Hauptschriftenleitung des ARW 1936 bedeutete, wie man sieht, das Gegenteil des behaupteten Rückzugs in die Wissenschaft, zumal Pfister auch weiterhin in der Tagespresse präsent blieb. Dies geschah zunächst einmal mit einer großen Vorstellung seines neuen Programms für das ARW im Würzburger General-Anzeiger unter nochmaliger

[122] S. 250-254, insbesondere S. 251f.
[123] Pf., S. 164 u. Nachlaß UB.

Zuspitzung der Thesen seines dortigen Programmentwurfs[124]. Eingangs formuliert er: „In der langen Reihe der Bände einer wissenschaftlichen Zeitschrift spiegelt sich ein Stück Geschichte der wissenschaftlichen Forschung ... Daß auf unsere geisteswissenschaftlichen Zeitschriften die Revolution der Gegenwart umgestaltend und problemstellend gewirkt hat, versteht sich von selbst". Es ginge in Zukunft um Forschungen zur „Entstehung eines eigentlichen deutschen Glaubens und um die Glaubensgeschichte vom Mittelalter an bis zum heutigen Tag". Der Artikel endet: „Und da erheben sich die entscheidenden Fragen, inwieweit germanische und christliche Weltanschauung ... auf Unterschieden der Rasse beruhen, Fragen, die erst von der Gegenwart klar erkannt und gestellt wurden".
Im Jahr zuvor hatte er in der Zeitschrift „Geistige Arbeit" die neueste Heiligen-Monographie der wissenschaftlichen Reihe Georg Schreibers über Mauritius ablehnend kritisch angezeigt unter dem Titel: „Ein Beitrag zur Volkskunde oder zur Kirchengeschichte?"[125] In der Zeitschrift „Deutsche Zukunft" beantwortete er die Frage „Warum eigentlich Sommer-Sonnenwendfeier?" positiv mit der Begründung, es handele sich um antiken Reinigungskult, der christlich überformt sei durch den Johannistag. „Wenn wir also in der Gegenwart wieder das Fest Sommer-Sonnenwende feiern, so begehen wir ein altgermanisches Feuerfest, das der Reinigung und der Abwehr des Bösen galt, und ein Fest mit dieser Bedeutung hat ja auch in unserer Gegenwart noch einen tiefen Sinn und besonderen Wert"[126]. Das korrespondiert mit einer Abbildungsunterschrift aus dem Amte Rosenberg des Jahres 1939 zur Fotografie der Feuersegnung bei Sonnenaufgang vor einem Kirchenportal am Karsamstag, um die Osterkerze als Lumen Christi

---

[124] Pfister, Friedrich: Neue Probleme der Religionswissenschaft. In: Akademische Beilage des Würzburger General-Anzeigers 55 (1937), Nr. 83 v. 10. April 1937, S. 10.
[125] Pfister, Friedrich: Der heilige Mauritius. Ein Beitrag zur Volkskunde oder Kirchengeschichte? In: Geistige Arbeit. Zeitung aus der wissenschaftlichen Welt 3 (1936) Nr. 24, S. 5f. Über Herzberg, Adalbert Josef: Der heilige Mauritius. Ein Beitrag zur Geschichte der deutschen Mauritiusverehrung (= Forschungen zur Volkskunde 25/26). Düsseldorf 1936.
[126] Pfister, Friedrich: Warum eigentlich Sommer-Sonnenwendfeier? In: Die deutsche Zukunft. Wochenzeitung für Politik, Wirtschaft und Kultur, Berlin v. 5. Juli 1936, S. 14.

für die Liturgie zu entzünden: „Das kirchlich gleichgeschaltete Osterfeuer“[127].

An diesen konkreten Interpretationen werden die „weltanschaulichen“ Standpunkte jeweiliger „religiöser Volkskunde“ besonders deutlich. Pfister besprach deshalb im ARW 1937 ausführlich die Neuerscheinungen aus der nach seiner Meinung rein kirchlich gebundenen Ecke, voran die Aktivitäten des Prälaten Schreiber. Pfister schrieb deshalb wie Matthes Ziegler zwei Jahre zuvor[128], den Unterschied zwischen „völkischer“ und „kirchlicher“ Volkskunde fest[129]. Er unterschied zwischen Religionsgeschichte, Kirchengeschichte und deutscher Glaubensgeschichte. Deshalb seien „Religiöse Volkskunde“ und „Kunde vom Volksglauben“ so verschieden wie „Religion und Volksglaube“. Hier bekam dann Schreiber im Zusammenhang des Aberglaubenbegriffs Bescheid gesagt, und der Würzburger Religionswissenschaftler Wunderle katholische Ignoranz vorgeworfen, was aber „die meisten Mitarbeiter“ treffen sollte, deren Standpunkt „ein durchaus anderer ist als der meinige“ [130]. A. L. Veit z.B. mußte sich sagen lassen, daß seine Quellen „vom germanischen Standpunkt betrachtet“ werden müßten und Zoepfles Studien zum „Unbekannten Leiden Christi“ ernteten lediglich Spott: „weniger für den Volkskundler als für den Psychopathologen von Wert“[131].

Hier kommt nun Herbert Grabert wieder ins Spiel. Überhaupt nicht aber ist die Rede von Josef Dünninger, der doch 1934 und 1935 im Anschluß an seine Habilitation Grundsätzliches über „religiöse Volkskunde“ publiziert hatte, und damit das Schlußkapitel seines erfolgreichen Buches „Volkswelt und geschichtliche Welt. Gesetz und Wege des deutschen Volkstums“

[127] Thiele, Ernst Otto (Bearbeiter): Das germanische Erbe in der deutschen Volkskultur. München 1939, S. 216, Bild 91, zum Aufsatz von Hans Strobel: Germanisches Erbe im deutschen Brauchtum.

[128] Vgl. u. Anm. 10.

[129] Pfister, Friedrich: Probleme der religiösen Volkskunde. In: Archiv für Religionswissenschaft 34 (1937), S. 97-107, hier S. 198.

[130] Ebd., S. 101.

[131] Ebd., S. 103 u. 104.

1937 bestreiten sollte[132]. Dünninger besaß längst auch einen ganz anderen Blickpunkt als Rudolf Kriss mit seiner „Religiösen Volkskunde Altbayerns“ aus dem Jahre 1933, so daß sich zwei Meinungsfronten aus heutiger Sicht konstruieren lassen. Auf der einen Seite stehen Schreiber 1928/38, Dünninger 1934/35 sowie Kriss 1933/34 bei aller Nuancierung von wissenschaftstheoretischer Auffassung und politischem Standort und auf der anderen Seite in aufsteigender weltanschaulicher Radikalität und weiterwirkender politischer Präsenz Pfister 1936 ff., Ziegler 1935 ff. und Grabert 1936 ff.

Zu Herbert Graberts schon zitiertem Buch „Der protestantische Auftrag des deutschen Volkes“ schrieb Pfister 1936 im ARW unter der Überschrift „Die religiöse Sendung des deutschen Volkes“ unter anderem folgendes: „Als ich sein Buch las, war ich überrascht von der Ähnlichkeit seiner Gedankengänge und Forderungen mit den meinigen. Gleichzeitig, da Grabert an seinem Buch arbeitete, schrieb ich den Artikel 'Religion' für das Handwörterbuch des deutschen Aberglaubens, den einleitenden Aufsatz in diesem Band des Archivs für Religionswissenschaft und mein Buch 'Deutsches Volkstum in Glauben und Aberglauben', in dem ich eine germanisch-deutsche Glaubensgeschichte zu geben versuchte. Und ebenso

---

[132] Dünninger, Josef: Das geschichtliche Problem in der Volkskunde (1934), s. o. Anm. 89f., hier die Exemplifizierungen des Themas anhand religiöser Phänomene wie in Abschnitt 7. zu den Geißler-Liedern, Abschnitt 8. zur „religiösen Volkskunde“ des Votivsbrauchs und der Umritte, Abschnitt 9. zur „religiösen Volkskunde und Volksfrömmigkeit“ anhand der Hagiographie mit Karl Meisens Nikolaus-Buch von 1931, das seinem germanistischen Autor in Bonn während der NS-Zeit die Karriere verhindert hat und 10. die Legenden- und Wallfahrtsforschung bis in die „bayerische Barockkultur ist in diesem Zusammenhang von besonderem Interesse“. – Ders.: Religiöse Volkskunde. In: Deutsches Volkstum. Monatsschrift für das deutsche Geistesleben 1935, S. 898-903, über Riehls Diktum, „daß Religion im Volke zur Sitte geworden sei“, über „Volksheilige“, „Wallfahrtsbewegung“, „Volksliturgie“ und Max Rumpfs „Religiöse Volkskunde“ von 1933 als positivem Vorbild aus evangelisch-soziologischer Sicht. – Ders.: Volkswelt und geschichtliche Welt. Gesetz und Wege des deutschen Volkstums. Berlin u.a. 1937, Schlußkapitel: „Volksreligion“, S. 210-219 in kritischer Auseinandersetzung mit Rumpf 1933, Koch 1935, Schreiber 1936, Ziegler 1935, Naumann 1925/28, und Kriss 1934, bei denen allen er entweder die Trennung von kirchlich und volkstümlich bemängelt oder die Betonung des Psychologischen gegenüber einem grundsätzlich historischen, wir würden heute sagen sozialhistorischen Ansatz, denn: „Volksreligion ist Sitte, oder: Religion wird im Volke zur Sitte“ (S. 250).

ward auch Grabert 'die Aufgabe einer deutschen Glaubensgeschichte sichtbar. Noch ist diese Glaubensgeschichte nicht geschrieben. Aber sie muß und wird geschrieben werden' ... Grabert gebraucht das Wort 'protestantisch', das auch im Titel seines Buches erscheint, anders als der gewöhnliche Sprachgebrauch. Er spricht von protestantischen Urkräften, die bereits lange vor Luther vorhanden waren, und versteht darunter die arteigene, rassisch bestimmte, nordisch-deutsche Glaubensenergie; er spricht von protestantischer Seelenhaltung und meint damit ein Leben und Schaffen aus urdeutschem Wesen"[133]. Pfister findet zwar diese Umdeutung des historisch festgelegten Begriffs nicht glücklich, sondern wünschte sich als Titel: „Die arteigene religiöse Sendung des deutschen Volkes oder Der Kampf des deutschen Volkes um seinen arteigenen Glauben", aber Grabert war fortan Pfisters Mann.

Dieser veröffentlichte 1939 den ersten Band eines großangelegten Werkes unter dem Titel „Bauerntum und Christentum"[134], mit dem er von Tübingen aus, wo er sich mit Hauer überworfen hatte, irgendwo in Deutschland zu habilitieren suchte, weil inzwischen Matthes Ziegler vom Amt Rosenberg ihn für einen Lehrstuhl der „Religionswissenschaft mit besonderer Berücksichtigung der Volkskunde" an der zu schaffenden „Hohen Schule der NSDAP" vorgeschlagen hatte[135]. Ziegler und Grabert waren enge Geistesverwandte und besaßen ähnliche Lebensläufe. Beide kamen aus der protestantischen Theologie, waren inzwischen aber nicht mehr evangelisch, sondern „gottgläubig".

Beide hatten baltische Adelstöchter zu Frauen und jeder eine große Schar von Kindern[136]. Herbert Grabert (1901-78), zehn Jahre älter als Matthes

[133] Archiv für Religionswissenschaft 33 (1936), S. 377f.

[134] Grabert, Herbert: Der Glaube des deutschen Bauerntums. Eine weltanschauungskundliche und glaubensgeschichtliche Untersuchung. Erster Band: Bauerntum und Christentum. Stuttgart u. Berlin 1939.

[135] Völkische Wissenschaft (wie Anm. 3), S. 328f. Anm. 1295.

[136] Finkenberger, Martin: Post-Nationalsozialismus? Zur Funktion des „Mythos der Verfolgung und Entrechtung" im Denken der politischen Rechten am Beispiel des Verlegers Herbert Grabert. Diplomarbeit im Fachbereich politische Wissenschaft an der FU Berlin 1996. – Ders.: Herbert Grabert. Vom völkischen Religionswissenschaftler zum Geschichtsrevisionisten. In: Spirita. Zeitung für Religionswissenschaft 1997, H. 1, S. 26-28.

Ziegler, war 1928 bei J. W. Hauer in Tübingen promoviert worden über „Ekstatische Erlebnisse von Mystikern und Psychopathen". Er schied kurz vor Ablauf seines Vikariats und des zweiten theologischen Examens aus dem kirchlichen Dienst, arbeitete 1933-36 für Hauer in der „Deutschen Glaubensbewegung" als Schriftleiter der Zeitung „Deutscher Glaube". Die Trennung erfolgte durch die Abspaltung des radikalen Flügels, dem Grabert angehörte als Mitbegründer der „Deutschgläubigen Bewegung". Er veröffentlichte 1937 in Berlin „Krise und Aufgabe des völkischen Glaubens" und in Stuttgart 1938 „Die völkische Aufgabe des Religionswissenschaft. Eine Zielsetzung".
Schließlich erreichte er ein Stipendium der „Notgemeinschaft der deutschen Wissenschaften" für seine Studien zum „Deutschen Bauernglauben", später fortgesetzt durch die „Alfred-Rosenberg-Stiftung" der Universität Halle, deren Philosophische Fakultät jedoch trotz eines Gutachtens von Friedrich Pfister aus Würzburg die Habilitation nicht zustandebrachte, weil es das Fach „Religionswissenschaft" in ihren Reihen nicht gab, so daß der Fall unter den NS-Rektoren weitergereicht wurde nach Würzburg, wo es hieß, Grabert sei hier „auf das beste aufgehoben". Pfister zog die Habilitation ohne größere Probleme durch, und am 4.10.1941 ernannte ihn der Reichsminister für Kultus, Erziehung und Volksbildung zum „Dozenten für Religionswissenschaft". Der Gauleiter Dr. Hellmuth machte sich Hoffnungen auf eine Würzburger Außenstelle der zukünftigen „Hohen Schule der NSDAP". Das Kolloquium war im Juni 1941 über das Thema gegangen „Das völkische Lebensgesetz und die Mystik"[137]. Gelesen hat Grabert offenbar in Würzburg nie, weil er einen Ruf erwartete, aber er kündigte stets an und zwar in der Regel „Grundzüge der religiösen Volkskunde" bei den Philosophen und das Thema „Krieg und Religion", so noch im Wintersemester 1944/45, als auch Dünninger wieder ankündigte in der Germanistik: „Volksgeschichte des späten Mittelalters", „Volksgedanke und Volkstum in der Literatur der Romantik", und für Hörer aller Fakultäten: „Volk und Volkstum in Mainfranken". Acht Jahre zuvor, im Sommersemester 1936, hatte Dünninger ein einziges Mal „Religiöse Volkskunde" an

[137] Personalakte im ARS der Universität Würzburg.

der Universität angeboten. Jetzt also sollte das ein ganz anderer, sozusagen ein Kompetenterer, eben ein Nationalsozialist tun dürfen.
Über Dünninger allerdings hielt innerhalb der Parteibehörden offenbar ein Mann die schützende Hand, der zumindest als Student einen vergleichbaren Lebenslauf wie Ziegler und Grabert hinter sich hatte, aber anders als diese beiden auch nach dem Kriege noch von seinen volkskundlichen Kollegen weiterhin hoch geschätzt und sogar materiell unterstützt wurde, als er ins gesellschaftliche Nichts gefallen war: Dr. Dieter Narr (1904-1991)[138]. Er hatte 1941 bei Dünninger mit einer Dissertation „Der deutsche Humanismus als volksgeschichtliches Problem" promoviert und war einer der zehn Doktoranden, die zwischen 1937 bis 1943 die Universitätaktivitäten Josef Dünningers mit ihren unideologischen Themen charakterisieren. Darunter befinden sich der spätere Präsident der Benediktinerakademie Georg Stephan Schaller über das Oberammergauer Passionsspiel und die Tochter Leo Weismantels, Gertrud Weismantel, über das Volkskunstmotiv „Roß und Reiter". Dieter Narr publizierte zehn Jahre nach dem Krieg in der Festschrift Will-Erich Peuckert „Fragen der religiösen Volkskunde", die ihn in Übereinstimmung mit Josef Dünningers „überzeugender Zu-

[138] Narr, Dieter: Studien zur Spätaufklärung im deutschen Südwesten (= Veröff. d. Komm. f. geschichtliche Landeskunde in Baden-Württemberg, Reihe B, 93). Stuttgart 1979, Einleitung von Hermann Bausinger, S. IX-XV: „Für Dieter Narr ist der Umschwung seiner Forschungsinteressen in die Richtung auf das achtzehnte Jahrhundert verknüpft mit einem Gespräch, das er im Sommer 1942 mit Josef Dünninger in dessen Würzburger Wohnung führte. Er unterstreicht damit den Einfluß, den dieser Lehrer und Freund auf ihn ausgeübt hat, aber gewiß ohne damit in Abrede zu stellen, daß diese Wendung wohlvorbereitet, daß sie kein Sprung, sondern innere Konsequenz war. Dieter Narr hatte damals, fast vierzigjährig, ein Theologiestudium und etliche Jahre als praktizierender Theologe hinter sich ... Als er sich später von der Theologie abkehrte und in dem ungefähr gleichaltrigen Josef Dünninger seinen Mentor fand, war es nicht in erster Linie der Kenner der farbigen fränkischen Brauchlandschaft, dem er sich zuwandte, sondern der vornehmlich historisch arbeitende Philologe und Volkskundler. Volksgeschichte in einem weiten Sinne, eine Verbindung von Geistes- und Sozialgeschichte, blieb künftig die Domäne von Dieter Narr". – Vgl. auch den Privatdruck zum 80. Geburtstag, Vellberg 7. September 1984, 48 S. mit Vorträgen der Feier am 8.9.84 im Ludwig-Uhland-Institut Tübingen.

sammenschau der einzelnen Fragen“ jener „religiösen Problemstellung“ ausweisen[139].

Friedrich Pfister aber schrieb 1940 in der Festschrift für Eugen Fehrle über „Bild und Sinnbild“[140]. Die hier versuchte Verwissenschaftlichung der NS-Sinnbild-Forschung stellt jedoch lediglich eine Übersicht zu der damals gängigen, für uns heute ans Absurde grenzenden Literatur der Zeit dar und erweist den Autor auf einer Modewelle schwimmend. Was aber Grabert anbetrifft, so hat Pfister diesen noch 1953 in der Ostberliner Festschrift für Adolf Spamer allen Ernstes zitiert[141], als dieser den Vorsitz im „Verband der nicht amtierenden (amtsverdrängten) Hochschullehrer“ in der Bundesrepublik übernahm, ab 1953 deren „Mitteilungen“ redigierte sowie in dem von ihm gegründeten Verlag Bücher zur Entlastung des NS-Regimes publizierte, so daß ihn der Bundesgerichtshof 1960 „wegen der Verbreitung einer verfassungsfeindlichen Schrift in Tateinheit mit Staatsbeschimpfung in verfassungsfeindlicher Absicht“ rechtskräftig zu neun Monaten Gefängnis verurteilte[142].

6. Notwendige Nachschrift

Der „Fall“ hieß Friedrich Pfister, aber auch „Philosophische Fakultät Würzburg“, und das Beispiel hatte zum Ausgangspunkt die völlig gegenteilige Beurteilung unseres sehr viel direkteren volkskundlichen Kollegen und Ahnherrn Josef Dünninger. Seine unmittelbaren Schüler meiner Generation haben entsetzt auf die Anwürfe innerhalb des Instituts für deutsche Philologie reagiert und weitere Zeitzeugen zu seinen Gunsten haben bestätigt, daß man damals wie heute sehr viel eher bei Dünningers „preußischem“ Lehrer Franz Rolf Schröder strammen völkischen Nationalismus vermutet hätte. Dünninger wird von Hörern aus den späten fünfziger Jahren wegen seiner „unprätentiösen Art, was nicht dem Ordinarienge-

---

[139] Narr, Dieter: Fragen der religiösen Volkskunde. In: FS Will-Erich Peuckert. Berlin 1955, S. 116-127.

[140] Pfister, Friedrich: Bild und Sinnbild. In: Brauch und Sinnbild. Eugen Fehrle zum 60. Geburtstag, hg. v. F. Herrmann u. W. Treutlein. Karlsruhe 1940, S. 34-47.

[141] Pfister (wie Anm. 23), S. 182.

[142] Finkenberger (wie Anm. 136), S. 27.

habe seiner Zeit entsprach", gerühmt und wegen „seinem fränkisch-bäuerlichen Charme". Er sei insofern auf seine besondere Art „doch eher ein insgesamt auf Distanz haltender Mann" gewesen. „Unseren" Josef Dünninger, wie er bei manchen Würzburgern in der Erinnerung lebt, vermag man sich wahrhaftig nicht in den ihm verordneten Dozentenlagern und Kameradschaftsbetreuungen gar als einen Agitator vorzustellen.
In der Tat läßt sich dafür keinerlei Beleg finden, hingegen für Schröder zeigen, auch er war 1937er Parteigenosse, und ist deshalb ebenfalls von der Spruchkammer als Mitläufer eingestuft worden. Aber er hat das als deutscher Ordinarius nicht auf sich sitzen lassen, sondern in empörten Schriftsätzen darauf gedrungen, er sei ein Gegner des Regimes gewesen und damit in den Münchner Ministerien erreicht, daß sein Spruch kassiert werden konnte. Sein Parteieintritt sei unter Zwang geschehen[143]. Wie das? Man vergleiche nur Pfisters Aussagen und unser Wissen über die Verbeamtungsgesetze von 1934 sowie die Einstellungsvoraussetzungen für Hochschullehrer, also für diejenigen, die anders als Schröder und Pfister keine Rechtsgarantien besaßen. Nur der Privatdozent Dünninger mußte solche Verbeamtungsvoraussetzungen mitbringen und also einen Aufnahmeantrag stellen, sich in eine Warteliste eintragen lassen, in der Zwischenzeit bei Unterorganisationen der Partei Teilnahmepunkte sammeln. Doch genau er verlor die 1943 erst erreichte Lebenszeitverbeamtung an der inzwischen aufgelösten Pädagogischen Hochschule 1945 wieder wegen seines Parteieintritts 1937 und konnte erst 1959, nur 13 Jahre vor der Emeritierung an der Universität, erneut Beamter auf Lebenszeit werden.
Das aber hat allein mit der inneruniversitären Ochsentour zu tun, bei der die berüchtigte „Elitenkontinuität" weiterhin das Sagen behielt. Schröder sorgte wie Pfister aus dem gleichen Heidelberger Geist des Karl Jaspers dafür, daß Josef Dünninger zwar einen Großteil der Ausbildungslast in der Altgermanistik aufgebürdet bekam, aber auf keinen Fall gleichrangig werden durfte. Als ich 1973 seine Nachfolge antrat, litt Schröders Nachfolger Kurt Ruh unter der eingespielten Bevorzugung Josef Dünningers bei den Studierenden, und er war froh, daß ich mich nicht in die vom Rektorat ge-

---

[143] Kriegelsteiner (wie Anm. 6), S. 12f., 36-46.

wünschte Hilfe bei der Germanistenausbildung in mittelalterlicher Literatur drängen ließ, sondern lediglich im 16. und 17. Jahrhundert an deren Kanonrändern aktiv wurde, was auch die anderen Germanisten nicht stören konntc.

Warum hat Josef Dünninger selbst nie darüber gesprochen? Warum sind die offenkundigen Antipathien zwischen ihm und Schröder immer nur atmosphärisch zu spüren geblieben? Weil die Universität so gebaut ist, daß jeder sich seine eigene Spielwiese sucht oder vornehmer ausgedrückt, einen Reputationsumkreis schafft, der Selbstachtung bietet und damit soziale Satisfaktionierung. Von daher wird mir auch im nachhinein verständlich, warum im eigenen Institut und dessen Geschichtsüberlieferung der volkskundlichen Abteilung immer nur die Rede von Josef Dünninger war und der Name Friedrich Pfisters so gut wie nicht in Erscheinung trat. Deshalb schien es mir wichtig, hier eine Geschichtslücke zu schließen.

Aber noch etwas muß leider offen bleiben und wäre doch so wichtig zu wissen für die komplizierten Verschränkungen des Geistes in geistfernen Zeiten. Auch von Dieter Narr gibt es leider keine öffentlich bekannten Aussagen über jene Zeit. Einer seiner Söhne ist dabei, die quasi innere Vita seines Vaters zu rekonstruieren. Noch schlechter steht es um Johannes Alt, mit dem Josef Dünninger in den späten dreißiger Jahren mehrere Lehrveranstaltungen zur Literatur der Frühen Neuzeit in bezug auf die Entwicklung des Volksgedankens abgehalten hat. Josef Dünninger sprach in späteren Jahren gerne von den inspirierenden neugermanistischen Kollegen und von zeitgenössischen Dichtern, die man damals gemeinsam verehrte. Er sah sich wohl selbst in solchen literarischen Traditionen, wie ja auch seine damalige Diktion ausweist. Er war ein begnadeter Essayist und stand damit im Gegensatz zu vielen seiner brottrockenen akademischen Vorbilder.

Von Josef Dünninger gibt es keinen Text der direkten oder überdeutlichen politischen Art des Friedrich Pfister. Hitler oder die Partei werden – anders als bei Pfister – nirgends zitiert, doch es existieren von anderer Seite die wohlwollend stereotypen Empfehlungsformulierungen der vorgesetzten Behörde bei Bestallungen, die auch heute in aller Regel kaum etwas Substantielles über den Belobigten aussagen, weil es sich um Allgemeinplätze handelt und keine konkreten Faktenangaben. Was uns heute aus der Di-

stanz eines halben Jahrhunderts bei den publizierten Texten von Pfister und Dünninger auffällt als einem sofort ins Auge springenden Unterschied sind Schreibstil, Gedankenführung und Erkenntnisabsichten.
Dem nüchternen Positivisten Pfister, der seinem unbeschwerten Temperament freien Lauf in großer Öffentlichkeit ließ, steht die milde Jovialität des zu keinen öffentlichen Fehden fähigen Josef Dünninger gegenüber, wohl halb und halb aus Veranlagung wie aus jahrzehntelanger inneruniversitärer Positionierung anerzogen. Das Stakkato seiner gemeißelten Prosa der frühen theoretischen Essays rührte vom Duktus der zeitgenössischen literarischen Moderne her, wo die Vorliebe für originelle Formulierungen eher vage Aussagen förderte. Dies stand für zukunftsoffenes Suchen.
Pfister hingegen wollte ab 1933 die Polit-Begrifflichkeit der NS-Propaganda mit seinem wissenschaftlichen Weltbild harmonisieren. Dünninger hat sie hingegen nie in den Mund genommen. Allerdings haben die Rezensenten seines aus vorangegangenen Publikationen zusammengestellten Buches „Volkswelt und geschichtliche Welt“ (1937) dieses als wegweisend (eben auch im „neuen Reich“) gepriesen, eigentümlicherweise ohne zu bemerken, daß diese Wegweisung auf die spätestens 1938 endgültig verpönte und als konfessionell verschrieene „Religiöse Volkskunde“ zulief. Hier kam dem damals unbekannten Josef Dünninger offensichtlich zugute, daß seine Habilitationsschrift immer noch nicht gedruckt war, weil Georg Schreiber, die Feindfigur aller NS-Bürokraten, an der Fortführung seiner Reihe gehindert wurde. Pfister hatte dessen aus dem Haushaltsausschuß des Reichstages parlamentarisch gesteuerte Zuwendungspolitik für die „Notgemeinschaft der deutschen Wissenschaften“ schon vor 1933 kritisiert. Er hielt dies für klerikale Einmischungen in die sogenannte freie Wissenschaft (Pf.., S. 140, 159). Dünninger aber war zu jung, um nach 1933 noch durch eine mögliche Mitgliedschaft bei der Görres-Gesellschaft unliebsam auffallen zu können.
Schreiber selbst aber bevorzugte zur politischen Absicherung in seinem damals neuen „Jahrbuch für Volkskunde“, das übrigens den zeittypischen Haupttitel „Volk und Volkstum“ trug, den NS-nahen Theologen Anton Stonner als Autor für das Problemfeld „Die Volkstumskunde und ihre religionspädagogische Bedeutung in der Gegenwart“ (JbfVk 1, 1936, S. 249-

263)[144]. Das Amt Rosenberg lehnte zwar Stonner schon allein wegen seiner ehemaligen Mitgliedschaft im Jesuitenorden ab, aber wir kennen heute aus dem in Würzburg erhaltenen Personalakt seine Position als kirchlichem Opportunisten sehr viel genauer. Bei der Auflösung der Münchner Theologischen Fakultät 1939 ist Stonner nämlich der Würzburger Universität zugewiesen worden, und hier liegen nun die desavouierenden Briefe des sich „Anwerfens" an das Regime und seine universitären „Führer"[145]. Stonner trat mit seinen Büchern über „Germanentum und Christentum", wie er selbst sagt, „für die Vereinbarkeit von Christentum und Reich ein", und er wollte „einen Umbau des Religionsunterrichts, der dem Kurs des Dritten Reiches entsprach".

Der als Nordist preisgekrönte Josef Dünninger hat nie dem Germanenhimmel gehuldigt, sondern stets historische Direktbezüge zur christlichen Mentalitätsprägung der Bevölkerung gesucht. Gewiß begriff er die „Volkswerdung" der Deutschen keineswegs als Konstrukt, so wie wir das heute sehen möchten, aber seine Bemühungen um das Aufarbeiten der Entstehungsgeschichte von „Volk" seit dem 16. Jahrhundert hat meiner Generation die Augen dafür öffnen helfen. So war es nur konsequent, wenn er in den Dreißiger-Jahren mit dem Neugermanisten Johannes Alt Lehrveranstaltungen über den Volksbegriff in der Literatur des 16. bis 19. Jahrhunderts und die „stammlichen Grundlagen" von Dichtung abhielt. Aber genau daraus wird ihm heute ein Strick zu machen gesucht, weil sich nämlich der zu 50 Prozent schwer kriegsversehrte Johannes Alt (geb. 1896 in Nürnberg) als zeittypischer Vertreter jener Soldatengeneration ausmachen läßt, die sowohl die Kunstreligion Stefan Georges wie das Kriegspathos von Ernst Jünger internalisiert hatte, nämlich Sinnstiftung über Wesensschauen in literarischer Weltbewältigung zu finden. Johannes Alts deutsch-

---

[144] Brückner, Wolfgang u. Alzheimer, Heidrun: Volkstumsaffinitäten. Anton Stonner und das Dritte Reich. In: JbfVk NF 14 (1991), S. 115-120.

[145] Wittstadt, Klaus: Die katholisch-theologische Fakultät der Universität Würzburg während der Zeit des Dritten Reiches. In: Baumgart, Peter (Hg.): Vierhundert Jahre Universität Würzburg. Eine Festschrift. Neustadt/Aisch 1982, S. 399-435, hier S. 430-433.

nationale Begeisterung verstieg sich dabei schließlich zu rassistischer Anpassung an die NS-Ideologie[146].

Doch warum wissen wir gar nichts aus Josef Dünningers Erinnerungen über Johannes Alt? Weil dieser 1939 unehrenhaft die Universität verlassen mußte, die Beamteneigenschaften verlor, und sein weiterer Verbleib bis auf den heutigen Tag unbekannt ist. Gerichtsnotorisch gewordene gesellschaftliche Unpersonen verfallen bis zum heutigen Tagen der damnatio memoriae. Nicht einmal das Todesdatum läßt sich heute mehr ermitteln. Alt war nämlich als homosexuell überführt und bei den damals auf diese Menschen üblichen Hexenjagden zu zwölf Monaten Gefängnis ohne Bewährung verurteilt worden. In Frankreich wetterte zum Beispiel 1937/38 die berühmte Coco Chanel nicht minder heftig gegen die schwule Konkurrenz. In Nazideutschland war anschließende Sicherheitsverwahrung im KZ durchaus üblich[147], aber das interessiert bis zum heutigen Tage hierzulande niemanden, denn wer ein potentieller Nazi war, dem geschah diese „Ironie des Schicksals" (Kriegelsteiner) ganz recht, und wer mit solcher Meinung nicht übereinstimmt, der hat in früheren Jahrzehnten gleichwohl den Mund halten müssen, um nicht in den Verdacht zu kommen, selbst davon befleckt zu sein. Also hat wohl Josef Dünninger vor allem deshalb geschwiegen.

Pfister war übrigens der Dekan, der die staatlichen Maßnahmen im Anschluß an die rechtskräftige Verurteilung vollziehen mußte, und wir haben oben schon gehört, daß von diesem Dekanat in seinen Lebenserinnerungen kaum die Rede ist. So kommt auch der Name der Unperson Alt nicht vor. Mir aber scheint es zu einfach, wenn heutige Neugermanisten wiederum an

---

[146] Kriegelsteiner (wie Anm. 6), S. 18-21, 56-64.

[147] Man vergleiche die Lebenserinnerungen des Auschwitz-Kommandanten Rudolf Höß und die Kennzeichnung der Homosexuellen durch ein eigenes Winkel-Symbol auf der gestreiften Jacke. Am seit 1997 jährlichen Gedenktag der Opfer des Nationalsozialismus, dem 27. Januar, ist in diesem Jahre 1999 in der zentralen Berliner Feier der Gedenkstätte Sachsenhausen erstmals offiziell der Homosexuellen gedacht worden. Um die Erforschung des Schicksals der ca. 10.000 Häftlinge bemüht sich in Berlin das dortige „Schwulen-Museum". Seit 1936 existierte nach Verschärfung des § 175 durch § 175a eine „Reichszentrale zur Bekämpfung der Homosexualität und Abtreibung". Auf gerichtliche Verurteilung und Freiheitsentzug folgte in der Regel die Schutzhaft-Einweisung ins KZ.

dieser Stelle fündig werden für Vergangenheitsbewältigung, ohne die mentalen Beziehungen jener „männlichen" Kriegsgeneration etwa zu Stefan George für den konkreten Einzelfall überhaupt wahrnehmen zu wollen[148].

Josef Dünningers ältester Sohn hat ein bezeichnendes Diktum seiner Eltern überliefert, das manches erhellt, was die Schuldzuweisung von Spruchkammern durch Mitgliedschaften während der NS-Zeit relativiert, und er hat zugleich darauf aufmerksam gemacht, daß in der auf dem Amtsgericht verwahrten Akte von Josef Dünninger der Fall einer niedergeschlagenen Denunziation zu Kriegsbeginn 1939 dokumentiert ist. „1945 hat uns erstaunt, welche Leute gar nicht in der Partei waren, vor denen wir uns zwölf Jahre lang besonders vorsehen mußten"[149].

---

[148] Aus ganz anderer Sicht jüngst: Breuer, Stefan: Ästhetischer Fundamentalismus. Stefan George und der deutsche Antimodernismus. Darmstadt 1995.

[149] Prof. Dr. Eberhard Dünninger, Generaldirektor der staatlichen Bibliotheken Bayerns, München.

„... in heilloser Angst alles aus den Taschen verschwinden zu lassen, was nicht hineingehört: Rosenkranz, Zigarettenstummel, Abortpapier, Fetzen zum Umwickeln der wunden Füße ...“

Frömmigkeit im Konzentrationslager

Christoph Daxelmüller

„Sie // setzten keine Dornenkrone // auf dein Haupt //

Sie // lachten nicht über deinen Durst // als sie deine Lippen mit Galle benetzten //

Sie // durchbohrten deine Glieder nicht // mit spitzen Eisen //

Du // auf deinem Golgatha // Du bist nicht dreimal gefallen // auf deinem Weg // gab es kein Leintuch der Samariterin // kein Grab // keine barmherzige Mutter // die dir das Blut vom Antlitz entfernte //

Deinetwegen werden // keine zwei Jahrtausende Geschichte geschrieben //

Im Gegenteil // der Mensch ist schon herabgestiegen // und dein Martyrium // ist überwunden von anderen Martyrien //

Der Rauch, der emporstieg // hat sich längst aufgelöst // im Gedächtnis der Menschheit //

und // Du wirst aus deiner Asche // nicht auferstehen“.

Der 1925 in Mailand geborene Mirco Giuseppe Camia, Student der Altphilologie, schrieb das Gedicht „Der Märtyrer" (*Il martire*) 1945 kurz nach seiner Befreiung aus dem Konzentrationslager Dachau nieder[1]. Wegen seiner Zugehörigkeit zu einer Widerstandsgruppe hatte man ihn verhaftet, zuerst in ein Gefängnis in Mailand, dann in ein Lager bei Bozen eingeliefert, um ihn schließlich in das Konzentrationslager Flossenbürg und von dort am 10. Oktober 1944 unter der Häftlingsnummer 116 354 in das Konzentrationslager Dachau zu deportieren. Kurz später kam er in das Außenlager Kempten-Kottern und wurde am 29. April 1945 im Hauptlager Dachau befreit. Im Konzentrationslager besaß er keine Möglichkeit zu schreiben. Er verfaßte seine Gedichte in Gedanken und prägte sie seiner Erinnerung ein: „Ich kannte nur einen Gefangenen, der tatsächlich in der Lage war, eine Feder zu benutzen: der Blockschreiber, der sie brauchte, um die Neuankömmlinge zur registrieren und die Toten auszustreichen"[2].

Camia widmete sein Gedicht „Der Märtyrer" dem anonymen Häftling, dessen Sterben einsamer, grausamer und sinnloser war als das des Erlösers. Hinter dem Martyrium des unschuldigen Opfers verblaßte der Kreuzestod Christi, ein Motiv, das sich auch in einem Gedicht des belgischen Journalisten, Schriftstellers und Rundfunksprechers Arthur Haulot, geboren 1913 in Lüttich, findet; er war 1941 als Mitglied einer Widerstandsgruppe von der Gestapo verhaftet, im Juli 1942 in das Konzentrationslager Mauthausen und von dort am 9. November 1942 als Häftling Nr. 39 095 nach Dachau geschafft worden[3]. Seine Gedichte schrieb er in dem vom Januar 1943 bis 1945 illegal und daher unter ständiger Lebensgefahr geführten,

[1] Mein Schatten in Dachau. Gedichte und Biographien der Überlebenden und der Toten des Konzentrationslagers, mit einem Vorwort von Walter Jens, zusammengestellt und kommentiert von Dorothea Heiser. Hrsg. vom Comité International de Dachau. München 1993, S. 214 (italienisch) und 215 (deutsch).

[2] Ebd. S. 82.

[3] Ebd. S. 191.

später unter dem Titel „J'ai voulu vivre“[4] veröffentlichten Lagertagebuch nieder:
„Vater aller Dinge // habt Mitleid mit mir. // Eure Jungfrau o Herr // hat nur das Kreuz erduldet // und den Tod ihres Sohnes // Ich trage die Bürde der Ehefrau // und die der Mutter // Vater aller Dinge // habt Mitlied mit mir // Maria konnte die Wunden // von Jesus küssen // Mein eigener Sohn liegt im Sterben // weit von hier aber ich fühle // wie meine Adern sich // ein zweites Mal leeren //“[5].
Michael Moll hat die christliche KZ-Literatur aus wenig einsichtigen Gründen als teilweise „naiv“, „platt“, „pervers“, „dumm“, „einfältig“, „irreal“ und „illusionär“ abqualifiziert[6]. Camia und Haulot belehren ihn eines besseren. In ihren Gedichten haben Jesus und Maria ihre Unschuld und ihre göttliche Unantastbarkeit verloren. Sie scheinen nicht in die Hölle der Konzentrationslager zu passen, da sie den Verbrechern untätig bei ihren Mordtaten zusehen und das Grauen zulassen. Die Konzentrationslager scheinen ein Ort zu sein, in denen sich eine aus tiefster existenzieller Not geborene Frömmigkeit geradezu entwickeln muß. Sie fordert irdische Rettung ein, da Not zum Beten zwingt. Zugleich aber bilden die nationalsozialistischen Konzentrationslager den Raum, an dem Gott nicht nur von den ungläubigen Henkern, sondern auch von den Häftlingen gelästert und verflucht wird, da er sie ihrem Leiden und Sterben überläßt. Tatsächlich liegen Frömmigkeit und Frömmigkeitsverlust im Konzentrationslager eng nebeneinander.
Parallel zur Feststellung Adornos, daß nach Auschwitz das Verfassen von Gedichten nicht mehr möglich sei, stellte sich der Gesellschaft die Frage nach der Existenz und der Verantwortung eines Gottes, der den Verbrechen in den Konzentrationslagern tatenlos zugesehen hatte. Elie Wiesel,

---

[4] Arthur Haulot, J'ai voulu vivre. Dachau 1943-45 / Journal de camp. Vie Ouvrière. Bruxelles 1987.

[5] Mein Schatten in Dachau (wie Anm. 1), S. 194 (französisch) und S. 195 (deutsch).

[6] Michael Moll, Gedichte aus nationalsozialistischen Gefängnissen, Ghettos und KZs. Eine kommentierte Anthologie. Magisterarbeit Universität Münster 1983 (unveröffentlicht); ders., Lyrik in einer entmenschlichten Welt. Frankfurt a.M. 1988 (Diss. Münster 1987); s. Michael Ackermann (Hrsg.), „Unter den Kreuzen von Eisen“. Glaube und Literatur in KZ und Exil. Eine Anthologie. Wuppertal/Zürich 1989, S. 10.

selbst Überlebender des Holocaust, begnügte sich mit der Feststellung, daß sich der Messias nur verspätet habe, aber sicherlich kommen werde[7]. Andere formulierten schärfer auf der Suche nach einer Antwort auf ihre Frage, ob es nach Auschwitz noch die Vorstellung von einem Gott geben könne, „in die Auschwitz irgendwie hineinpaßt", und „wenn uns eine Schöpfung in Übereinstimmung mit Auschwitz als denkbar erscheint, dann muß dieser Gott ein Ungeheuer sein, dann muß diese Schöpfung ein Alptraum sein jenseits aller Vorstellungskraft"[8]. Resigniert notierte der protestantische Theologe Karl Adolf Groß, Dachauer KZ-Häftling Nr. 16921, am 19. Januar 1945 in sein Tagebuch, daß Gott „nicht die allerwirklichste Wirklichkeit für uns" gewesen sei[9].

Frömmigkeit gerät zum Teil und Ausdruck des Wahnsinns der Vernichtung; stellvertretend für zahlreiche Aussagen sei hier aus den Erinnerungen der 1983 verstorbenen Fania Fénelon zitiert, die dem Auschwitzer Mädchenorchester angehört hatte. Ihr wurde die Absurdität von Frömmigkeit bewußt, als eine Frau ihres Blocks in Anwesenheit von annähernd tausend anderen Frauen mit ihrem Kapo Geschlechtsverkehr trieb:

„Während sich diese beiden Wesen paaren, höre ich neben mir Frauen beten. Sind sie gläubig? Oder läßt sie die Angst einen Gott anflehen? In dieser Katastrophe, in der wir leben, die entsetzlicher ist als das Beben der Erde, was geschieht da mit dem Glauben? Welchen Sinn bekommen da Leben und Tod für Juden, Katholiken, Protestanten, Orthodoxe? Sie weinen und sprechen Gebete, wovon manche glühend sind: 'Ich danke dir, Herr Jesus Christ, daß du für mich am Kreuz gestorben bist, aus Liebe zu uns Menschen. Dank dir, heilige Jungfrau, Mutter Gottes, für die Schmerzen, die wir erdulden, wir opfern sie dir und deinem göttlichen Sohn ...

---

7 Eleanor Mlotek, Malke Gottlieb (Hrsg.), Elie Wiesel (Vorwort), Lider fun di getos un lagern. Mir zaynen do / Songs of the Holocaust. We are here. New York 1983 [jiddisch/englisch], S. 6.

8 Eugen Kogon, Johann Baptist Metz, Gott nach Auschwitz. Freiburg 1979, S. 105; vgl. auch Michael A. Meyer, Judaism after Auschwitz. The Religious Thought of Emil L. Fakkenheim. In: Commentary 53, no. 6 (1972), S. 55-62.

9 Karl Adolf Gross, Fünf Minuten vor zwölf. Des ersten Jahrtausends letzte Tage unter Herrenmenschen und Herdenmenschen. Dachauer Tagebücher des Häftlings Nr. 16921. München 1947.

Dank, Dank!' Sie beten und flehen und klopfen mit ihren knochigen Händen schuldbewußt an ihre ausgehungerte Brust, sie schluchzen, ihre Hingabe grenzt an Hysterie und beruhigt sie zweifellos.
Andere wenden sich an denselben Gott, speien schreckliche Flüche aus: 'Sei verflucht, Jesus! Ich hab' an dich geglaubt, und du hast mich verlassen. Sei verflucht! Verflucht der Schoß, der dich getragen hat!' Sie ringen die Hände, verkrallen die Finger, spucken ihren Schmerz aus, sind machtlos in ihrer Rache gegen diesen Gott, der sie verraten hat.
Die gläubigen Jüdinnen verschanzen sich verzweifelt im Ritual und versuchen, ihre Riten einzuhalten, psalmodieren mechanisch ihre Gebete. Die ungläubigen Jüdinnen bleiben Gott gegenüber weiterhin hemmungslos verschlossen, verfluchen ihn aber nicht wie die Katholiken. Vielleicht lieben sie ihn weniger fleischlich. Ihre Liebe zu Gott ist vergeistigter als die der Christen zu Christus ... Unsere Zionisten klammern sich aus Angst, sie könnten sie verlieren, an ihre jüdischen Sitten und Gebräuche, als bedeute für sie Vergessen - und sei es auch nur ein Bruchteil ihrer Tradition - die Vertreibung aus dem Gelobten Land, den Verlust der Verheißung"[10].
Frömmigkeit ist im 20. Jahrhundert zum Intimtabu geworden, über das man ungern spricht und zu dem man sich ungern bekennt; sie gilt als Privatsache, nicht als öffentliche Demonstration[11]. Doch im System „Gefängnis" oder gar im Konzentrationslager kann sie lebensgefährlich sein. Roland Girtler hat in seinem beachtenswerten und weiterführenden Aufsatz „Strategien der Frömmigkeit in Subkulturen", der schriftlichen Fassung eines auf der Österreichischen Volkskundetagung 1989 in Graz

---

[10] Fania Fénelon, Das Mädchenorchester in Auschwitz. München [7]1988 (französisch: Suris pour l'Orchestre. Paris 1976), S. 300-301; vgl. auch Christoph Daxelmüller, Volksfrömmigkeit im Widerspruch. In: Kuckuck. Notizen zu Alltagskultur und Volkskunde 4. Jg., Heft 2 (1989), S. 12-16.

[11] S. hierzu Christoph Daxelmüller, Volksfrömmigkeit. In: Rolf W. Brednich (Hrsg.), Grundriss der Volkskunde. Einführung in die Forschungsfelder der Europäischen Ethnologie (Ethnologische Paperbacks). Zweite, überarbeitete und erweiterte Auflage Berlin 1994, S. 397-420; ders., Volksfrömmigkeit ohne Frömmigkeit. Neue Annäherungsversuche an einen alten Begriff. In: Helmut Eberhart, Edith Hörandner, Burkhard Pöttler (Hrsg.), Volksfrömmigkeit. Referate der Österreichischen Volkskundetagung 1989 in Graz (Buchreihe der Österreichischen Zeitschrift für Volkskunde, N.S. Bd. 8). Wien 1990, S. 21-48.

über „Volksfrömmigkeit" gehaltenen Vortrages, darauf verwiesen, daß „echte Frömmigkeit [...] im Gefängnis [...] eher negativ sanktioniert werde"[12]. In der sich an den Vortrag anschließenden Diskussion ging Girtler noch einen Schritt weiter: Die aus Überzeugung fromme Betschwester könne im Gefängnis sogar der Gefahr für Leib und Leben ausgesetzt sein. Diese These kann bei aller Unvergleichbarkeit der Situation auch und gerade auf das System der Konzentrationslager übertragen werden: Priester und Gläubige der großen christlichen Konfessionen und nicht zuletzt die Zeugen Jehovas („Ernste Bibelforscher") sahen sich durch ihre religiöse Überzeugung besonderen Schikanen und Quälereien ausgesetzt; die Folter äußerte sich hier weniger in physischer Gewalt als vielmehr in psychischer Brutalität: Die Täter beschimpften die Bibelforscher als „Himmelskomiker", „Bibelwürmer" oder „Jordan-Scheißer". 1935 befahl die SS fünfzehn im Konzentrationslager Esterwegen inhaftierten Zeugen Jehovas, sich im Kreis niederzuknieen und ihr „Lied der Getreuen" zu singen, um „Jehova für seine Güte" zu danken. Das Lagerpersonal lachte über die Ohnmacht der Sänger angesichts der Strophe: „So spricht Jehova: Mein Arm wird euch helfen"[13].

Es darf nicht übersehen werden, daß kollektiv verbindliche wie gruppeninterne Normen, so etwa die Religiosität, von den Tätern bewußt als Mittel der psychischen und physischen Folter herangezogen wurden. Für orthodoxe Juden besitzen Paijes und Bart religiöse Bedeutung. Da das Abschneiden gegen traditionale Werte verstieß, verbargen sie die zugefügte Schande durch das Umbinden von Tüchern, wie Bilder aus dem „Auschwitzalbum" beweisen[14]. Geistliche wiederum quälte man auf spezielle, mit ihrer Identität verbundene Art und Weise. Man begrüßte sie durch Schimpfwörter oder Spottlieder; als in Dachau „der katholische

---

[12] Roland Girtler, Strategien der Frömmigkeit in Subkulturen. In: Eberhart, Hörandner, Pöttler (Hrsg.), Volksfrömmigkeit (wie Anm. 11), S. 367-388, hier S. 382.

[13] Valentin Schwan, Bis auf weiteres. Darmstadt 1961, S. 399.

[14] Serge Klarsfeld (Hrsg.), The Auschwitz Album. Lili Jacob's Album, New York 1980; zum kulturellen Wert der Haare für die Juden s. auch Tamar Somogyi, Die Schejnen und die Prosten. Untersuchungen zum Schönheitsideal der Ostjuden in Bezug auf Körper und Kleidung unter besonderer Berücksichtigung des Chassidismus (Kölner ethnologische Studien, 2), Berlin 1982, S. 85.

Ortspfarrer noch das Recht hatte, das Lager zu besuchen, wurde er immer mit Schadenfreude erwartet. Näherte er sich dem Lagertor, dann legten die SS-Männer [*SS im Original durch SS-Runen ersetzt*] eine Schallplatte auf, und es ertönte durch den Lautsprecher über das ganze Lager: ‘Du schwarzer Zigeuner komm, spiel mir was vor!’“[15].

Ähnliches schilderte Joseph Joos:

„Nach Angaben eines Dachauer Häftlings [...] soll zeitweise öffentlicher Gottesdienst im Lager abgehalten worden sein. Die Kirche selbst aber habe bald darauf verzichtet. Grund: wenn der Pfarrer von Dachau sonntags ins Lager kam, den Gottesdienst abzuhalten, wurde er bereits am Tor mit Schallplattenmusik begrüßt: ‘Du schwarzer Zigeuner ...’ Während der Messe gingen die aufsichtführenden SS-Leute schwersten Schrittes, Zigarren rauchend und hie und da Hiebe austeilend, einher; besonders während, der Wandlung wußten sie stets zu stören. Die Gottesdienstteilnehmer wurden sämtlich aufgeschrieben und mußten den ganzen übrigen Sonntag entweder die Kaserne schrubben oder in der Kiesgrube arbeiten; auch wurden ihnen während der Woche die schwersten und die schmutzigsten Arbeiten zugewiesen; endlich wurden sie bei Strafmeldungen ‘bevorzugt’ [...]. Noch Ende 1941 war während des Gottesdienstes in der Kapelle des Priesterblocks ab und zu ein SS-Mann neben dem Altar postiert und rauchte ostentativ Zigaretten. Ein solcher Posten riß gelegentlich dem amtierenden Priester die hl. Hostie aus der Hand und höhnte: ‘Wenn das euer Herrgott ist, so soll er euch helfen.’“[16].

Dieser Vorfall verblaßt im Vergleich zu den zusätzlichen Schikanen, denen Geistliche an den hohen Feiertagen ausgesetzt waren. So berichtet der Luxemburger Dachauhäftling mit der Nummer 25487, Jean Bernard, über das „Hängen“ von Geistlichen, das offensichtlich mit Vorliebe am Karfreitag als willkürliche Quälerei vollzogen wurde, eine Pervertierung der Kreuzigung Christi:

---

[15] Julius Schätzle, Wir klagen an. Ein Bericht über den Kampf, das Leiden und das Sterben in den Konzentrationslagern. Stuttgart 1946, S. 26.

[16] Joseph Joos, Leben auf Widerruf. Begegnungen und Beobachtungen im K. Z. Dachau 1941-1945. Olten 1946, S. 161-162.

„Unterwegs frage ich meinen Begleiter: 'Du, was wollte der Stubenälteste vorhin mit dem Karfreitag?'
'Das Schlimmste ist jetzt überstanden. - Am Karfreitag vorigen Jahres haben die SS unter irgendeinem Vorwand 60 Priester 'eine Stunde Baum' gehängt. Das ist die gelindeste Lagerstrafe. Man kriegt die Hände auf dem Rücken so zusammengebunden, daß die Handrücken gegeneinander liegen und die Fingerspitzen nach rückwärts zeigen. Dann werden die beiden Hände nach innen verdreht, eine Kette wird darum gelegt und der Mann daran hochgezogen. Das Gewicht verdreht die Gelenke und reißt sie auseinander.'
'Dann wart ihr dieses Jahr um Karfreitag in Sorge, sie könnten dasselbe wiederholen?'
'Ja. Monatelang wurde uns damit gedroht. Es war eine böse Fastenzeit. Wir wagten kaum zu atmen, um nur ja keinen Vorwand zu bieten. - Mehrere, die damals dabei waren, sind gestorben. Wer kein solides Herz hat, kommt nicht durch. Viele behalten eine verkrüppelte Hand.'"[17].
Opfer eines ähnlich perversen „Passionsspieles" wurde der österreichische Geistliche Andreas Rieser, Dachau-Häftling Nr. 21859, der am 3. August 1930 nach Dachau, am 27. September 1939 nach Buchenwald und von dort am 8. Dezember 1940 wieder nach Dachau gebracht worden war und der am 26. April 1940 auf einem der Todesmärsche befreit wurde[18]. Leo de Coninck, Mithäftling in Dachau mit der Nummer 30494 vom 19. Juni 1942 bis zum 29. April 1945, erinnerte sich
„an die schreckliche Szene, die mir noch einige Wochen vor dem Ende des Lagers derjenige erzählt hat, der ihr wirklicher Held war, nämlich der junge katholische Geistliche Rieser. Eines Tages gab ihm ein SS-Mann den Befehl, aus ganz verrostetem Stacheldraht eine Art Diadem zu machen. Dann setzte er es ihm brutal auf den Kopf, rief einige Juden, die in der Nähe arbeiteten, herbei und zwang sie, die Dornenkrönungsszene zu spielen. Sie mußten grinsend um den dornengekrönten Priester herumtanzen, ihn

[17] Jean Bernard, Pfarrerblock 25487. Ein Bericht. Hrsg. von Charles Reinert und Gebhard Stillfried. 2. Aufl. München 1962, S. 35.
[18] Eugen Weiler (Hrsg.), Die Geistlichen in Dachau sowie in anderen Konzentrationslagern und in Gefängnissen. Nachlaß von Pfarrer Emil Thoma. Mödling (1972), S. 560.

schlagen, verhöhnen, anspeien ... Als er des Vergnügens überdrüssig wurde, ließ er sein Opfer, das noch immer den schrecklichen Stirnreif trug, schwere Schubkarren volladen, die es von dem einen Ende des Lagers zum anderen schieben mußte."[19]

Die hier dargelegten Überlegungen zur Frömmigkeit, aber auch zum Frömmigkeits- und Werteverlust in den Konzentrationslagern beschränken sich auf die Gruppe der katholischen und protestantischen Geistlichen sowie der Zeugen Jehovas und streifen die Auseinandersetzung der Juden und ihrer religiösen Identität mit der Wirklichkeit der Konzentrationslager nur am Rande streifen[20]. Ein Schwerpunkt liegt zudem auf dem Konzentrationslager Dachau, in dem man die Geistlichen zusammenfaßte; sie lassen sich gerade hier als homogene und zugleich auch divergierende Gruppe besonders gut erfassen. Dies bedeutet keinesfalls, daß aus den anderen Konzentrationslagern keine Zeugnisse über das religiöse Verhalten vorhanden wären; verwiesen sei etwa auf Paul Schneider, den „Prediger von Buchenwald"[21]. Die Fokussierung erlaubt, den Blick auch auf eine Häft-

---

[19] Leo de Coninck, Priestergespräche in Dachau. In: Weiler (wie Anm. 18), S. 872-883, hier S. 875-876.

[20] Der Verfasser dieses Beitrags arbeitet im Rahmen des von der VW-Stiftung finanzierten Forschungsprojektes „Kultur in nationalsozialistischen Konzentrationslagern - Kultur als Überlebenstechnik" an einer gruppenübergreifenden Analyse von Frömmigkeit, Frömmigkeitsstrategien und Frömmigkeitsverlust in den Konzentrationslagern; s. hierzu Christoph Daxelmüller, Kultur gegen Gewalt. Das Beispiel Konzentrationslager. In Rolf W. Brednich, Walter Hartinger (Hrsg.), Gewalt in der Kultur. Vorträge des 29. Volkskundekongresses Passau 1993 (Passauer Studien zur Volkskunde, Bd. 8). Passau 1994, Teilband I, S. 223-269; ders., Zum Beispiel: „Konzentrationslager". Skizzen zu einer ungewöhnlichen Vermittlungsform. In: Jahrbuch für Volkskunde N.F. 18 (1995), S. 11-28; ders., Kulturelle Formen und Aktivitäten als Teil der Überlebens- und Vernichtungsstrategie in den Konzentrationslagern (im Druck); ders., Solidarität und Überlebenswille. Religiöses und soziales Verhalten der Zeugen Jehovas in Konzentrationslagern (im Druck); s. ferner Thomas Rahe, Jewish Religious Life in the Concentration Camp Bergen-Belsen. In: The Journal of Holocaust Education 5 (1996), num. 2 & 3, S. 85-121.

[21] [Paul Schneider), Der Prediger von Buchenwald. Das Martyrium Paul Schneiders. Berlin 1953; Walter Feurich, Paul Schneider (Christ in der Welt, 13). Berlin 1967; Heinrich Vogel (Hrsg.), Der Prediger von Buchenwald. Das Martyrium Paul Schneiders. Geb. 29.8. 1897, gest. 18.7.1939. Text: Margarete Scheider. 7. Aufl. Berlin 1961 (1. Aufl. Berlin 1953); Rudolf Wentorf (Hrsg.), Trotz der Hölle Toben. Dokumente aus dem Leben Paul Schneiders,

lingsgesellschaft zu werfen, die Joseph Joos folgendermaßen charakterisierte:

„Die große Masse der Häftlinge im Lager zu Dachau blieb freilich unberührt und ließ ein wagemutiges religiöses Bedürfnis nicht erkennen, so daß wir uns fragen mußten, ob denn die Kirche ihrer Heimat unter Ausschluß der Öffentlichkeit gelebt hatte?! Ganz offenbar ging eine 'Welt' an ihr vorüber. Und diese andere Welt war im Lager Dachau durch viele Tausende von Häftlingen repräsentiert, eine Herde von Zerstreuten, die auch hier vom Guten Hirten hätten aufgesucht und betreut werden müssen. Dieser Gute Hirt aber war im Priesterblock abgesperrt"[22].

Häftlingsgesellschaft: Konflikte und Solidarität

Frömmigkeit als individuelle Gebundenheit wie als gesellschaftlich-religiöse Sozialisation ist Bestandteil einer stillen, in ihrer Öffentlichkeit jedoch gefährlichen, da zu brutaler Folter durch die Täter anreizenden Strategie des Lebens und Sterbens, kein Aspekt einer verordneten Lagerkultur. Sie begegnet folglich nur dann in den offiziellen Lagerakten, wenn sie als Konzession betrachtet wird, etwa dann, als man im Dezember 1940 in Dachau den Geistlichenblock (Block 26) einrichtete, im Oktober 1941 jedoch die nichtdeutschen Priester (Polen, Holländer, Luxemburger, Belgier usw.) in Block 28 übersiedelte[23]. Ansonsten ereignet sie sich in der Anonymität des Rückzugs in das eigene Ich oder aber in bewußt eingesetzten Strategien, die noch zu erläutern sein werden.

Frömmigkeit und Frömmigkeitsverlust betrifft *alle* Häftlingsgruppen gleichermaßen, Juden ebenso wie die in Auschwitz-Birkenau inhaftierten Sinti und Roma, Kriegsgefangene, Widerstandskämpfer und natürlich auch die - internationale - Gruppe der protestantischen und vor allem katholischen

---

der zum Prediger von Buchenwald wurde. Berlin 1967; s. auch Konrad Hofmann, Reinhold Schneider, Erik Wolf (Hrsg.), Sieger in Fesseln. Christuszeugnisse aus Lagern und Gefängnissen (Das christliche Deutschland 1933 bis 1945. Gemeinschaftliche Reihe, Heft 1). Freiburg i. Br. 1947.

[22] Joseph Joos, Leben auf Widerruf. Begegnungen und Beobachtungen im K. Z. Dachau 1941-1945. Olten 1946, S. 162-163.

[23] Johann Neuhäusler, Wie war das in Dachau? Ein Versuch, der Wahrheit näherzukommen. o.O. [München/Dillingen: Kuratorium für Sühnemal KZ Dachau], o.J. [1960], S. 52-53.

Geistlichen. Dies mag das Beispiel der Kashrut für observante Juden verdeutlichen. Zwar war der Versuch, in Bergen-Belsen eine koschere Küche in einem Waschraum einzurichten, von Beginn an zum Scheitern verurteilt[24], doch die besonders strengen Vorschriften für die Feier des Seder Pessach konnten in einem Falle in Auschwitz teilweise eingehalten werden, wie sich eine „J. K." erinnerte:
„Mit einigem guten Willen konnte man auch unter außergewöhnlichen Umständen helfen. Unter uns war eine Gruppe von frommen Jüdinnen. Ostern nahte, das Passah-Fest, an dem sie kein ungesäuertes Brot essen durften - Matze gab es nicht, sie taumelten vor Hunger. Ich kam auf die Idee, ihnen Hafergrütze zu geben, die wir in der *Diätküche* bekamen. Wie froh sie darüber waren! Das Ritual konnte eingehalten werden, und hungern brauchten sie auch nicht mehr"[25].
Die Häftlingsgruppe der Geistlichen erscheint, da sie sich einer gemeinsam verbindlichen Ethik und Weltanschauung verpflichtet fühlt, auf den ersten Blick als eine zentrale Solidar- und Aktivgruppe innerhalb der Häftlingsgesellschaft. Doch hier bedarf es ebenso der Differenzierung wie bei dem Begriff „Konzentrationslager", hinter dem sich eine Vielzahl von Lagerformen vom Polizeilager wie Frøslev im besetzten Dänemark über das Durchgangslager, so z.B. Westerbork in den Niederlanden, Arbeits-, Außen- und Vernichtungslager verbirgt. Die Spezifik der Häftlinge erfordert es zudem, wenigstens drei Hauptperioden in der Geschichte der Konzentrationslager festzustellen: Die erste Periode erstreckte sich von 1933 bis 1936 und war bestimmt durch die am 4. Juli 1934 durch Heinrich Himmler

---

[24] Zitiert nach: Bergen-Belsen. Texte und Bilder der Ausstellung in der zentralen Gedenkstätte des Landes Niedersachsen auf dem Gelände des ehemaligen Konzentrations- und Kriegsgefangenenlagers Bergen-Belsen. Hrsg. von der Niedersächsischen Landeszentrale für politische Bildung Hannover. o.O. 1990, S. 63.

[25] Zenon Jagoda/Stanislaw Klodzinski/Jan Maslowski, Das Überleben im Lager aus der Sicht ehemaliger Häftlinge von Auschwitz-Birkenau. In: Die Auschwitz-Hefte. Texte der polnischen Zeitschrift 'Przeglad Lekarski' über historische, psychische und medizinische Aspekte des Lebens und Sterbens in Auschwitz. Hrsg. vom Hamburger Institut für Sozialforschung, Bd. 1, Hamburg 1994, S. 13-51, hier S. 42; vgl. ferner Elie A. Cohen, Human Behavior in the Concentration Camp, New York 1953; Shifra Epstein/Kenneth Hanson, Contemporary Kinot: Hasidic Means of Reacting to the Holocaust, in: Jewish Folklore and Ethnology Review 14, nos. 1-2 (1992), S. 71-72.

erfolgte Ernennung des Kommandanten des Muster-KZ's Dachau, Theodor Eicke, zum Inspekteur der Konzentrationslager und SS-Wachverbände, die nach ihrem Abzeichen auch „Totenkopfverbände" genannt wurden. Die Häftlinge rekrutierten sich aus Gegnern der Nationalsozialisten („Politische"), zu denen seit Herbst 1933 auch andere Personengruppen wie Landstreicher und Bettler („Asoziale") oder Kriminelle hinzukamen; hierdurch sank der Anteil der politischen Häftlinge bis 1936 auf etwa 75 Prozent. Die zweite Periode von 1936 bis 1942 brachte mit der Durchführung des Krieges ab 1939 eine Ausweitung der Konzentrationslager mit sich. Mit Ausnahme von Dachau löste man die Lager der ersten Periode auf oder übergab sie einer anderen Bestimmung. Neue und größere Komplexe traten an ihre Stelle: 1936 Sachsenhausen, 1937 Buchenwald, 1938 Mauthausen und Flossenbürg, 1939 das Frauenkonzentrationslager Ravensbrück, 1940 Auschwitz und 1941 Natzweiler - Le Struthof. Gegen Ende des Jahres 1941 nahm man Chelmno als erstes Vernichtungslager in Betrieb, im Frühjahr 1942 begannen die systematischen Morde in den Vernichtungslagern Treblinka, Sobibor und Belzec im Rahmen der Aktion Reinhard. Auschwitz I existierte bereits, Auschwitz II (Birkenau) und Majdanek, die als Konzentrationslager bereits bestanden hatten, wurden zu Zentren der Vernichtung insbesondere von Juden.
Die Übernahme des neugeschaffenen Amtes eines Chefs der Deutschen Polizei durch Himmler im Juni 1936 hatte das makabre Funktionieren des Systems „Konzentrationslager" der zweiten Periode ermöglicht. Im Oktober 1939 wurden Kriminalpolizei und Politische Polizei (GESTAPO) im Reichssicherheitshauptamt zusammengefaßt. Himmler konnte nun als Chef der Deutschen Polizei verstärkt die Einlieferung von nichtpolitischen Häftlingen in die Lager anordnen: mehrfach vorbestrafte Personen, Menschen ohne festes Arbeitsverhältnis oder ohne festen Wohnsitz (Landstreicher, Bettler, Zigeuner), Homosexuelle und Prostituierte. Die Einlieferung dieser Gruppen erreichte in den Jahren 1937 und 1938 ihren Höhepunkt und verband sich mit wirtschaftlichen Aspekten der Kriegsvorbereitung. Denn insbesondere im Baugewerbe fehlten Arbeitskräfte, die Häftlinge sollten in militärischen und zivilen Bauprojekten eingesetzt werden und dadurch die Rolle der SS im Gefüge des nationalsozialistischen

Machtapparates stärken. Doch seit Sommer 1938 und insbesondere nach den Pogromen der Reichkristallnacht Anfang November 1938 deportierte man Juden nur noch deswegen, da sie Juden waren.
In der dritten, von 1942 bis 1944/45 dauernden Periode der nationalsozialistischen Konzentrationslager setzte man die Häftlinge systematisch in der Rüstungsindustrie ein. Durch die hohen Kriegsverluste vor allem an den östlichen Kriegsschauplätzen war die nationalsozialistische Führung dazu gezwungen, mehr und mehr deutsche Arbeitskräfte für die Wehrmacht abzuziehen und sie weitgehend durch Zwangsarbeiter aus den besetzten Gebieten und - zu einem weitaus geringeren Teil - durch KZ-Häftlinge zu ersetzen. Ursprünglich hatte man geplant, die Häftlinge durch Arbeit und mangelnde Ernährung physisch zu vernichten, nun benötigte man sie. Dies führte vornehmlich in den Jahren 1943 und 1944 zur Einrichtung einer Vielzahl von den Hauptlagern unterstellten Außenlagern in der Nähe der entsprechenden Industriegebiete. 1942 war das Jahr, in denen Auschwitz und Majdanek zu Vernichtungslagern umfunktioniert wurden[26].
Dieser äußere Entwicklungsrahmen ist wichtig für die Erkenntnis der Entstehung und Zusammensetzung der Häftlingsgesellschaft: Zu den ältesten Häftlingen gehörten die „Politischen“, denen auch die Gruppe der Priester und die Ernsten Bibelforscher (Zeugen Jehovas) zugerechnet wurden, dann die „Asozialen“ und „Kriminellen“ und schließlich die nach der Reichskristallnacht 1938 in „Schutzhaft“ genommenen Juden. Die erste Häftlingsgesellschaft stammte aus dem Reichsgebiet, mit Kriegsbeginn internationalisierte sich jedoch der Lagerkosmos durch Deportierte aus den besetzten Staaten (Widerstandskämpfer, Juden) und durch Kriegsgefangene, wobei hier insbesondere die sowjetischen Kriegsgefangenen eine zahlenmäßig starke Gruppe bildeten. Die Kriegshandlungen und die systematische Judenvernichtungspolitik, die alle okkupierten Länder West- und

---

[26] Zur Geschichte der Konzentrationslager s. u.a. Eugen Kogon, Der SS-Staat. Das System der deutschen Konzentrationslager. 18. Aufl. München 1988 (1. Aufl. 1946); Falk Pingel, Häftlinge unter SS-Herrschaft. Widerstand, Selbstbehauptung und Vernichtung im Konzentrationslager (Historische Perspektiven, 12). Hamburg 1978; zu den frühen Konzentrationslagern (Periode I) s. jetzt Guido Fackler, „Des Lagers Stimme“. Musik in den frühen Konzentrationslagern des NS-Regimes (1933-1936). Phil. Diss. Freiburg i.B. 1997 (unveröffentlicht).

Südosteuropas, aber auch Italien betraf, führte dazu, daß die Zahl der „Politischen" wie der „Reichsdeutschen" in den beiden letzten Perioden prozentual rapide abnahm, eine Entwicklung, die sich auch auf die Gruppe der Geistlichen auswirkte - trotz der *unio sancta catholica*, trotz des gemeinsamen Priesteramtes und des Widerstandes gegen das NS-Regime erwiesen sie sich zuerst einmal als national denkende, mit allen Vorurteilen und Stereotypen über den anderen vertraute Individuen.
Man betrachtet gemeinhin die KZ-Häftlinge als verschworene Lagergemeinschaft, deren Zusammenleben von Solidarität geprägt war. Doch in den Konzentrationslagern kamen Menschen unterschiedlichster Nationen, sozialer, ethnischer, religiöser und intellektueller Herkunft zusammen. Der Lagerkosmos war bestimmt von Angst, Fremdheit und Konflikten. Die Überlebensstrategien bezogen ihre Techniken eben nicht nur aus der Solidarität, sondern auch im Kampf eines jeden gegen jeden, aus dem Diebstahl von Nahrungsmitteln, aus der Gewalt von oben nach unten in der Häftlingshierarchie. Hans Frese brachte den Verlust der Zusammengehörigkeit radikal auf den Nenner: „Kameraden sind wir überhaupt nicht, einer ist des anderen Teufel. Haben wir unter den Wachtmeistern schon genug zu leiden, die Erziehung unter uns selbst ist weit schlimmer und unerträglicher und macht einem das Leben auf die Dauer zur Qual. Ein Wort unter uns heißt: 'Die Uneinigkeit unter den Gefangenen ist die Stärke der Justiz'"[27].
Der holländische Dachau-Häftling Nico Rost, der 1931 seinen Freund Carl von Ossietzky zur Haftanstalt begleitet hatte, brandmarkte den Egoismus der Geistlichen von Block 26:
„Daß aber in Block 26 in manchem Schränkchen - ich selber habe es des öfteren gesehen! - soviel Brot aufgestapelt liegt, daß ein Teil davon schon verschimmelte, während in den abgesperrten Quarantäneblocks neben ihrer Baracke, also kaum drei Meter weiter, gehungert wird, daß hier Lebensmittel verderben, während besonders in Block 30 - und das müssen diese

[27] Hans Frese, Bremsklötze am Siegeswagen der Nation. Erinnerungen eines Deserteurts an Militärgefängnisse, Zuchthäuser und Moorlager in den Jahren 1941-1945. Hrsg. und mit ergänzenden Beiträgen von Fietje Ausländer und Norbert Haase (DIZ-Schriften, Bd. 1). Bremen 1989, S. 56.

Brothamsterer und Vorratbesitzer doch wissen - entsetzlichster Hunger herrscht ... dafür gibt es keine Entschuldigung!"[28].

Die Kapos, häufig Kriminelle, schufen sich ihre Überlebensnische im Quälen von Häftlingen, wodurch sie sich Privilegien bei der SS erhofften, und wenn eine dieser Bestien von Häftlingen ermordet wurde, konnte sogar ein katholischer Priester die Freude über die Tat nicht verhehlen:

„Störzer war eines Tages plötzlich in Ungnade gefallen. Niemand wußte, warum. Der grüne Winkel (Verbrecherabzeichen) und Transport nach Mauthausen waren das Ergebnis. Im Steinbruch 'Wiener Graben' ließ ein Zigeuner 'zufällig' einen schweren Stein auf den alten Mörder herabfallen. 'Störzer wird zu seinen Opfern gelegt, die ihm an diesem Tag vorangegangen sind ... Dem Zigeuner schenken wir Brot dafür, daß er uns von diesem Scheusal erlöst hat.' (E. Gostner). [...]".

„Häftling Stehele, ein gefährlicher Kameradenverräter, verleumdete drei Priester beim Lagerführer. 'Politisieren' lautete die Anklage des Verräters. Die Priester wurden schwer bestraft. Doch wenige Tage später kam auch die Stunde des Verräters. Er saß plötzlich im Bunker und erhielt zweimal '25'. Dann wurde er nach Mauthausen gesandt und von Mithäftlingen getötet"[29].

Die Häftlingsgesellschaft spiegelt folglich nur indirekt die für das Leben in der Freiheit gültigen sozialen Hierarchien wieder. Ihr Funktionieren ergab sich aus den Vorstellungen und Ansprüchen der SS und der nationalsozialistischen Ideologie, die zwischen „Menschen" und „Untermenschen" unterschied. Das Kategoriensystem der Konzentrationslager war weniger ein, so Wolfgang Sofsky, „Erkenntnis- als ein Machtinstrument"[30] und „diente nicht nur der bürokratischen Klassifikation, sondern vor allem der Diskriminierung und Dissoziation"[31], der Steuerung des Todes. Die soziale Distanz- und Rangskala bezeichnete den Abstand der Häftlingsklassen zum

---

[28] Nico Rost, Goethe in Dachau. Literatur und Wirklichkeit. München o.J. (Vorwort 1946), S. 184.

[29] Zitiert nach Josef Fattinger, Kirche in Ketten. Die Predigt des Blutes und der Tränen. Zeitgemäße Beispielsammlung aus den Jahren 1938 bis 1945, S. 73-74.

[30] Wolfgang Sofsky, Die Ordnung des Terrors. Das Konzentrationslager. 2. Aufl. Frankfurt a.M. 1993, S. 138.

[31] Ebd. S. 138.

Zentrum absoluter Macht. Je weiter eine Kategorie von der SS entfernt war, desto geringer ihre soziale Stellung und desto höher der Vernichtungsdruck. Je näher aber eine Klasse den Machthabern stand, desto höher ihr sozialer Rang und desto größer die Überlebenschancen.

Die Häftlingsgesellschaft setzte sich in der Handlungsargumentation der SS aus „Mensch" und „Untermensch" zusammen. „Zigeuner" und Juden standen in diesem System außerhalb der menschlichen Gesellschaft und waren für die systematische Ausrottung vorgesehen. Das Rassekriterium dominierte alle weiteren Kriterien, etwa als politischer Gegner oder Krimineller, als Reichsdeutscher oder Ausländer[32].

In diesem Begründungssystem der Täter besaßen die „Menschen" eine bessere Überlebenschance als die „Untermenschen"[33]. Während Sofsky seine Struktur der Häftlingsgesellschaft aus den Kategorien der SS entwikkelte und damit sowohl die Abstufung der Gewalt wie der Möglichkeiten des Überlebens sichtbar machte, unterschied Gordon Zahn die Opfer nach dem, „was sie waren" (z.B. Juden, Slawen, Sinti und Roma), nach dem, „was sie getan hatten" (z.B. Kriminelle, Homosexuelle, politische Aktivisten, Widerstandskämpfer), und schließlich nach dem, was sie zu tun abgelehnt hatten (z.B. Kriegsdienstverweigerer, Zeugen Jehovas), wobei sich auch hier die Kategorien als nicht exakt begrenzbar erweisen[34]: Die inhaftierten Geistlichen könnten demnach sowohl der zweiten wie der dritten Gruppe zugeordnet werden. Doch zu einer festen mathematischen Größe kann auch diese Kategorisierung nicht gezählt werden. Insgesamt aber bestimmte die Summierbarkeit der Faktoren, die ihren Ausdruck nicht zuletzt in den kombinierbaren Winkeln fand, das Maß des Hasses der Täter gegenüber dem einzelnen Häftling und den Umfang des persönlichen Freiraumes. So schrieb der Geistliche Richard Schneider über seine wegen Homosexualität inhaftierten Amtsbrüder:

---

[32] S. hierzu Sofsky (wie Anm. 30), S. 137-144.

[33] Sofsky (wie Anm. 30), S. 140.

[34] „Erwachet!" vom 8. April 1889;
zitiert nach http://www.geocities.com/Athens/Parthenon/6496/g890804-4.html [Internet-Adresse vom 8. Oktober 1997].

„Einige deutsche Geistliche trugen den rosaroten Winkel der wegen § 175 Verurteilten. Die Unglücklichen mußten von der SS viel Bitteres erleiden. Es waren krankhaft veranlagte Menschen, die gerechterweise in eine Verwahrungsanstalt gehörten und nicht in ein 'Umerziehungslager'. Es waren Menschen mit hohem Intellekt, aber ganz schwachem Willen, in denen das Weib sich regte und nicht der Mann. Es waren Menschen, die Mitleid verdienten, nicht Abscheu“[35].
Zum Überleben war die Zugehörigkeit zu einer Solidargruppe wesentlich wichtiger als das Alter und die körperliche Konstitution. Die Klassifikation der SS bildete die eine, das Selbstverständnis der Häftlinge und der Häftlingsgruppen die andere Seite. Denn es konnten situative und zeitlich begrenzte Solidargemeinschaften wie die Arbeits-, Kommando-, Baracken-, Tisch-, Bett- oder Krankenreviergemeinschaft entstehen. Nico Rost, der sein Tagebuch über die Hafterlebnisse in Dachau unter dem Titel „Goethe in Dachau“ veröffentlichte[36], mag für die Solidargemeinschaft der Intellektuellen und literarisch Interessierten stehen, die weit über andere soziale Zuordnungen hinausreichte. Parallel hierzu scheinen die unter dem Motto „Christus in Dachau“ publizierten Erinnerungen des Jesuitenpaters Johann Maria Lenz die Priester und Mönche als geschlossene, konfliktfreie Gemeinschaft zu betrachten[37]. Doch es zeigt sich, daß vor allem jene Gruppen, die sich zu einer gemeinsamen humanitären Ideologie bekannten, als Solidargruppen nicht nur untereinander, sondern auch für andere Gruppen auftraten und als Initiativkräfte tätig wurden. Hier spielte es - nach anfänglichem Mißtrauen - kaum mehr eine Rolle, ob die humanitäre Ethik wie bei den Kommunisten dem Paradies im Jenseits oder wie bei den Geistlichen der Erlösung im Jenseits galt, ob man die Ideologie des Klassenkampfes mit Blick auf eine bessere Zukunft jenseits des Stacheldrahtes im KZ fortführte oder ob man wie die Priester das Leiden als Martyrium, als Nach-

[35] Richard Schneider, Bericht des Pfarrers Richard Schneider über seine Erlebnisse im Konzentrationslager Dachau. In: Freiburger Diözesan-Archiv 90 (Dritte Folge 22) (1970), S. 24-51 hier S. 41.
[36] Rost (wie Anm. 28).
[37] Johann(es) Maria Lenz, Christus in Dachau oder Christus der Sieger. Ein religiöses Volksbuch und ein kirchengeschichtliches Zeugnis. Für Priester und Volk berichtet. 6. Aufl. München 1957 (vorher: Wien: Selbstverlag, 1956); 8. Aufl. Wien 1961.

folge Christi erfuhr. Im Konzentrationslager konnten, wie zahlreiche Zeugnisse belegen, zwischen Kommunisten, katholischen und protestantischen Geistlichen sowie den Zeugen Jehovas lebenslange Freundschaften entstehen. So berichtet der Dachau-Häftling und spätere Münchener Weihbischof Johann Neuhäusler über den Kommunisten Willy Bader:
„Viel Trauriges und Schauriges mußte schon aus dem KZ Dachau berichtet werden. Aber auch dort 'leuchtete mancherlei Lichtlein in der Finsternis', gab es mancherlei Tröstendes und Erhebendes, wurden viele Gegensätze überbrückt, viel Helfergeist geweckt, ja manche ehrliche und treue Freundschaft geschlossen.
Wie schön ist das Zeugnis, das z. B. Pfarrer Goldschmitt einem Kommunisten ausstellt:
'Unser Stubenältester Willy Bader regierte in den Stuben drei und vier wie ein guter Papa. Der kurzgewachsene, breitschultrige Mann mit den abgehärmten, blassen Gesichtszügen schaute ernst und kummervoll drein. Willy hatte das frohe Lachen ganz verlernt. Kein Wunder! Wir Neuangekommenen schauten mit Ehrfurcht, ja mit einem gewissen Grauen auf seine Häftlingsnummer, die niedrigste, die mir unter das Auge kam, Nr. 9. Der brave Willy schmachtete schon seit 1933 hinter dem Stacheldraht von Dachau. Der arme Tropf mußte Grausiges miterlebt haben, so menschenscheu und wortkarg war er geworden. Trotz unserer politischen und religiösen Gegensätze verband mich mit diesem Kommunisten fast 30 Monate lang echte, aufrichtige Freundschaft. Nie entschlüpfte ihm ein hartes Wort, nie tat er einem Leidensgenossen weh, immer reichte er jedem, wo es nur ging, eine hilfreiche Hand. Wenn wir in Dachau nur Blockpersonal und Capos wie Willy Bader gehabt hätten, wären Tausende Kameraden am Leben geblieben. Willy Bader ging in seiner Herzensgüte sogar so weit, daß er, trotz Androhung schwerster Strafen, uns Geistlichen half, den Sterbenden die heiligen Sakramente zu spenden. Leider ist dieser kreuzbrave Mann vor der Befreiung gestorben.'
Joos ('Leben auf Widerruf') widmet diesem Kommunisten folgenden Nachruf: 'Der interessanteste unter den kommunistischen Häftlingen war wohl Willi Bader, der 1943/44 Ältester vom Zugangsblock war, ein Transportarbeiter von Ludwigsburg. Er konnte von sich sagen, über seinem roten

Winkel eine der ältesten Nummern des Lagers Dachau zu tragen, nämlich Nr. 9. Dieser Mann war die Gerechtigkeit und Gewissenhaftigkeit selber. Von ihm wird der Ausspruch berichtet: ‘Ich frage mich jeden Abend, ob ich einem Kameraden in der Stube heute Unrecht getan.’ Er starb im März 1945 an Hungertyphus. Die Kameraden legten ihm die ersten Frühlingsblumen auf den Totenschrein, in dem ihn die von der Totenkammer aufgebahrt hatten. Und es gab sehr, sehr viele, nicht zuletzt Priester, die um ihn trauerten.“[38].

Kommunisten, praktizierende Christen und Bibelforscher nannte auch Albert Rohmer als wichtige Solidargruppen:

„In dieser Herde der Sklaven überlebten einzelne, aber die Hierarchie ist nicht mehr die gleiche wie im Privatleben. Jene, deren sozialer Rang nicht länger äußeres Ansehen hält, alle jene, deren Positionen nur vom Glück oder von der Intelligenz allein abhängen, sind erbarmungswürdig zusammengebrochen. Wir haben viele gesehen, die mit dem Ablegen ihres gut geschneiderten Anzugs ihre vorherige Autorität abgelegt haben. Nach vierzehn Tagen zeigte jeder, was in ihm steckte. Ihre menschliche Würde haben nur die behalten, die Charakter und ein Ideal hatten, die mehr in sich trugen als sich selbst, denn wenn der Körper zum Kadaver wird, begreift man, daß allein der Geist zählt. In diesem Sinne möchte ich an unsere jungen Kommunisten, unsere Bibelforscher und unsere Christen erinnern. Verrückt genug, um an ein Ideal zu glauben, hatten sie genug Charakter, um einem Leitgedanken treu zu bleiben. Der größte Teil von ihnen ist tot, ist gestorben, ohne sich gebeugt zu haben und ohne sich zu beschmutzen“[39].

Höchste Achtung wegen ihrer Solidarität nach innen wie nach außen aber genossen die inhaftierten Zeugen Jehovas (Ernste Bibelforscher), die man wegen ihrer Weigerung, Wehrdienst abzuleisten und mit ‘Heil Hitler’ zu

---

[38] Neuhäusler (wie Anm. 23), S. 57-58; Joseph Joos, Leben auf Widerruf. Begegnungen und Beobachtungen im K.Z. Dachau 1941-1945. Olten, 1946 (Neuauflage Trier 1948); vgl. auch ders., So sah ich sie. Menschen und Geschehnisse. Augsburg 1958.

[39] Albert Rohmer, Herren, „Befreite“, Sklaven. In: Christoph Ernst, Ulrike Jensen (Hrsg.), Als letztes starb die Hoffnung. Berichte von Überlebenden aus dem KZ Neuengamme. Hamburg 1989, S. 141-145, Zitat S. 144.

grüßen, systematisch seit Beginn des Lagersystems einsperrte[40]. Die Aussagen der Mitinhaftierten gleichen sich, ob sie von Juden, Kommunisten oder katholischen, bzw. protestantischen Geistlichen stammten. In ihrer Überzeugung, ihrer Religiosität und ihrer Brüderlichkeit blieben sie unbeeindruckt; sie lebten in den Augen der Mitgefangenen deren Sehnsucht nach Geborgenheit in der Gruppe vor.
Detlef Garbe hat in seiner detaillierten Studie über die Zeugen Jehovas im Dritten Reich minutiös die Geschichte der seit 1935 in größerem Umfang in die Konzentrationslager verbrachten Bibelforscher nachgezeichnet und die Veränderungen in den Lebens- und Überlebensbedingungen bis 1945

[40] Zu den Zeugen Jehovas (Bibelforscher) s. Detlef Garbe, Zwischen Widerstand und Martyrium. Die Zeugen Jehovas im „Dritten Reich" (Studien zur Zeitgeschichte, Bd. 42). 2. Aufl. München 1994; vgl. hierzu die Besprechung von David J. Diephouse, in: http://h-net.msu.edu/»german/books/reviews/diephouse1.html [Adresse vom 8. Oktober 1997]; s. ferner Detlef Garbe, Die 'vergessenen' Opfer. In: Verachtet - Verfolgt - Vernichtet. Hrsg. von der Projektgruppe für die vergessenen Opfer des NS-Regimes. 2. Aufl. Hamburg 1988, S. 5-13; ders., „Gott mehr gehorchen als den Menschen". Neuzeitliche Christenverfolgung im nationalsozialistischen Hamburg, ebd. S. 172-219; s. ferner Sylvie Graffard, Léo Tristan, Les Bibelforscher et le nazisme (1933-19454). Ces oubliés de l'Histoire. 2. Aufl. Paris o.J. (1990); Michael H. Kater, Die ernsten Bibelforscher im Dritten Reich. In: Vierteljahreshefte für Zeitgeschichte 17 (1969), 2, S. 181-218; Reiner W. Kühl, Widerstand im Dritten Reich. Die ernsten Bibelforscher in Friedrichstadt. In: Unterhaltung für Friedrichstadt und die angrenzende Gegend. Mitteilungsblatt der Gesellschaft für Friedrichstädter Stadtgeschichte 27 (1985), S. 165-190; Renate Lichtenegger, Wiens Bibelforscherinnen im Widerstand gegen den Nationalsozialismus 1938-1945. Phil. Diss. Wien 1984; Andreas Maislinger, Die Zeugen Jehovas (Ernste Bibelforscher). In: Widerstadt und Verfolgung in Tirol 1934-1945. Eine Dokumentation. Hrsg. von dem Dokumentationsarchiv des Österreichischen Widerstandes, Bd. 2, Wien 1984, S. 369-383; Monika Minninger, Staatsfeind Bibelforscher. In: „Das Recht wurzelt im Volk". NS-Justiz im Landgerichtsbezirk Bielefeld. Von Andreas Knobelsdorf, Monika Minninger, Bärbel Sonderbrink. Katalog zur Ausstellung des Stadtarchivs Bielefeld vom 17. September bis 31. Oktober 1992. Bielefeld 1992, S. 59-68; Wolfgang Neugebauer, „Ernste Bibelforscher" (Internationale Bibelforscher-Vereinigung). In: Widerstand und Verfolgung in Wien 1934-1945. Eine Dokumentation. Hrsg. von dem Dokumentationsarchiv des Österreichischen Widerstandes, Band 3 (1938-1945). Wien 1975, S. 161-185: Falk Pingel, Jehovah's Witnesses. In: Israel Gutmann (Hrsg.), Encyclopedia of the Holocaust, Vol. 2, New York 1990, S. 742-743; s. zuletzt Widerstand aus christlicher Überzeugung - Jehovas Zeugen im Nationalsozialismus. Dokumentation einer Tagung, hrsg. vom Kreismuseum Wewelsburg. Redaktion: Kirsten John-Stucke (Historische Schriften des Kreismuseums Wewelsburg, Beiheft 1). Essen 1998.

sichtbar gemacht[41]. Anfänglich stellten sie einen nicht unerheblichen Anteil an der Gesamtzahl der „Schutzhäftlinge"; so bildeten im Oktober 1933 die Zeuginnen Jehovas im Frauenkonzentrationslager Moringen unter den insgesamt etwa 1350 Inhaftierten nach den Kommunisten mit 24 Prozent die zweitstärkste Gruppe und erhöhten diesen Anteil 1937 sogar auf über 50 Prozent[42]. Allerdings ging die prozentuale Gruppenstärke in den Kriegsjahren angesichts der Deportationen von Juden und Gefangenen aus den okkupierten Ländern Nord-, West- und Osteuropas auffällig zurück. In den frühen Jahren des KZ-Systems bezogen sich der Haß und die Schikanen der SS besonders auf die Bibelforscher; er verstärkte sich zu Kriegsbeginn wegen der Weigerung, Waffendienst zu leisten. Hans Frese erinnert sich:

„Auch einige Bibelforscher sind darunter, Leute, die ihres Glaubens wegen nicht in den Krieg gezogen sind. Ein Wachtmeister hat diese besonders gefressen. 'Diese Pharisäer', schimpft er sie immer aus, 'die nicht nach vorne wollen, sondern bloß damit angeben, hinten Sanitätsdienste tun zu dürfen, damit sie hinten besser die Gefallenen ausrauben können!'"[43]. Zwei von zahllosen Berichten über das Solidarverhalten der Zeugen Jehovas mögen hier genügen.

Der Augenblick, in dem man das Lagertor durchschritt, die ersten Stunden, die ersten Tage und Appelle im Lager bedeuteten für die Häftlinge den tiefreichendsten Schock[44]. Brüllen und Schläge durch das Wachpersonal, Desinfektion, Enthaarung, Einweisung in die häufig überfüllten Baracken, Ernährung und hygienische Verhältnisse stellten für zivilisierte Menschen eine heute rational kaum mehr nachvollziehbare Erniedrigung und Irritation dar. Sie kamen als Fremde ins Lager, wo sie ihren Namen an eine

---

[41] Garbe, Widerstand und Martyrium (wie Anm. 40).

[42] S. Fackler, „Des Lagers Stimme" (wie Anm. 26), S. 218.

[43] Frese, Bremsklötze (wie Anm. 27), S. 79.

[44] Vgl. hierzu Viktor Emil Frankl, Psychohygiene im Notstand. Psychotherapeutische Erfahrungen im Konzentrationslager. In: Hygiene (Wien) I (1950/52), S. 177-186; s. ferner ders., ... trotzdem Ja zum Leben sagen. Ein Psychologe erlebt das Konzentrationslager. Vorwort von Hans Weigel. München 1977 (4. Aufl. München 1979; auch München 1982); ders., Ein Psychologe erlebt das Konzentrationslager (Österreichische Dokumente zur Zeitgeschichte, 1). 2. Aufl. Wien 1947.

Nummer verloren, weggerissen von ihren Familien, Freunden, Bekannten und sonstigen Bezugspersonen. Das traumatische Erlebnis konnte nur gemildert werden, wenn sie auf Mithäftlinge trafen, welche die Neuankömmlinge in die unbekannten Rituale des Überlebens einführten und sich engagiert um die völlig desorientierten Menschen kümmerten. Ein eindrucksvolles Zeugnis aus dem KZ Neuengamme überliefert uns der Journalist und politische Häftling Edgar Kupfer-Koberwitz; ihm berichtete, vermutlich Anfang 1941, ein junger jüdischer Häftling, ein tschechischer Schneider:

„Als wir Juden von Dachau in den Block kamen, versteckten die anderen Juden, was sie hatten, um nicht teilen zu müssen. Du schüttelst den Kopf, aber es ist doch so. Draußen haben wir uns gegenseitig geholfen, aber hier, wo es um Leben und Tod geht, will jeder sich zuerst retten und vergißt den anderen. Aber denke dir, was taten die Bibelforscher? Sie müssen zur Zeit schwer arbeiten, irgend eine Reparatur an einer Wasserleitung machen. In diesem kalten Wetter stehen sie den ganzen Tag im Eiswasser. Kein Mensch begreift, wie sie es aushalten. Sie sagen, Jehova gibt ihnen die Kraft dazu. Sie brauchen ihr Brot sehr nötig, denn sie haben Hunger wie wir auch. Aber was taten sie? Sie trugen alles Brot zusammen, das sie hatten, nahmen sich die Hälfte davon und legten die andere Hälfte ihren Brüdern hin, ihren Glaubensbrüdern, die jetzt von Dachau kamen. Und sie bewillkommneten sie und küßten sie. Bevor sie aßen, beteten sie, und nachher hatten alle verklärte und glückliche Gesichter. Sie sagten, daß keiner mehr Hunger hätte. Siehst du, da habe ich mir gedacht: Das sind die wahren Christen, so habe ich sie mir immer vorgestellt. Warum können wir nicht so sein? Wie schön wäre es gewesen, unsere Brüder hätten uns einen solchen Empfang bereitet“[45].

---

[45] Edgar Kupfer-Koberwitz, Die Mächtigen und die Hilflosen. Als Häftling in Dachau. Bd. 1: Wie es begann. Stuttgart 1957, S. 286; s. Detlef Garbe, Sabine Homann, Jüdische Gefangene in Hamburger Konzentrationslagern. In: Arno Herzig (in Zusammenarbeit mit Saskia Rohde, Hrsg.), Die Juden in Hamburg 1590 bis 1990. Wissenschaftliche Beiträge der Universität Hamburg zur Ausstellung „Vierhundert Jahre Juden in Hamburg“ (Die Juden in Hamburg 1590 bis 1990, Bd. 2). Hamburg 1991, 545-559, hier 549; vgl. ferner Edgar Kupfer-Koberwitz, Als Häftling in Dachau (Schriftenreihe der Bundeszentrale für Heimatdienst, 19). Bonn 1956.

Wie aber verhielten sich die in Dachau inhaftierten Geistlichen? Denn gerade von dieser Gruppe würde man eine aus der Religiosität heraus begründete Bereitschaft zur Solidarität erwarten. Dem war keinesfalls so, zumindest nicht am Anfang des Zusammenlebens unter Haftbedingungen. Nationale Gegensätze einer sich im Verlaufe des Krieges mehr und mehr internationalisierenden Häftlingsgesellschaft, die individuelle Sozialisation, der Kampf ums Überleben, aber auch die persönliche Verfaßtheit garantierten keinesfalls, daß sich von Beginn an eine verschworene Gemeinschaft herausgebildet hätte. Am 28. Dezember 1944 notierte Nico Rost in sein Tagebuch:

„K. wollte heute mein Urteil über Block 26 wissen. Ich hatte das Gefühl, daß er von mir eine scharf ablehnende Äußerung über den Block der Geistlichen erwartete - und ich glaube, daß ich damit die Auffassung der meisten Häftlinge richtig wiedergegeben hätte, doch so einfach ist diese Frage meiner Meinung nach nicht. Ich komme jetzt jeden Tag nach Block 26, oft sogar zwei- oder dreimal täglich: Um Blutspender zu rufen, um heimlich geistlichen Beistand für Kranke oder Sterbende, auch um Oblaten und heiliges Öl zu holen - und ins Revier einzuschmuggeln. Dadurch kenne ich nicht nur alle holländischen Geistlichen und Prediger, sondern auch viele ausländische.

Bereits die Formulierung von K.s Frage halte ich für falsch. Er fragt mich auch nicht, was ich von Block 18 oder 20 oder 22 denke, sondern was ich von X oder Y oder Z denke. In Block 26 liegen zwar ausschließlich Geistliche - Pastoren, Pfarrer, Prediger -, doch die bilden ebensowenig ein geschlossenes Ganzes, wie die Bewohner irgendeines anderen Blocks.

Etwas muß ich allerdings zugeben, nämlich daß gerade in Block 26 besonders viele Egoisten zu finden sind - viel mehr und viel größere Egoisten sogar - als zulässig! Und auch, daß in 26 - mehr als in den anderen Blocks - Häftlinge sind, die sich als sehr unsolidarisch gegenüber ihren Leidensgenossen erweisen.

Müssen wir aber bei unserer Be- oder Verurteilung nicht auch die ökonomischen Umstände berücksichtigen, in denen die meisten von ihnen vor dem Kriege gelebt haben? Pfarrer und Pastoren, die in ihren Städten und Dörfern die sozialen Nöte der Arbeiter und Bauern niemals tatsächlich ge-

teilt haben (womit noch nicht gesagt ist, daß sie sich nicht darum kümmerten), kennen daher auch jetzt, da die Praxis sie von ihnen fordert, keine wahre Solidarität. Vielleicht müssen wir damit ihr Benehmen - ihr oft nur allzu schlechtes Benehmen - teilweise entschuldigen? [...]
Nein, Block 26 ist kein geschlossenes Ganzes. Auch hier liegen letzten Endes nur ... Menschen! Menschen mit all ihren guten und schlechten menschlichen Eigenschaften! Hier liegen einfache, ja selbst beschränkte Dorfpfarrer und Kaplane, doch auch Jesuitenpatres mit verblüffend großen Kenntnissen auf den verschiedensten Gebieten. Hier liegen außergewöhnlich gebildete Geistliche, doch auch Klosterbrüder, deren Horizont erschreckend eng ist. Hier liegen reaktionäre Elemente, die von einem „Ständestaat" träumen, doch auch Pfarrer, die bei den Partisanen waren. Hier liegen Geistliche, die ihre Bischöfe kritisieren, doch auch Anhänger des österreichischen Kardinals Innitzer, der bis heute noch kein Wort gegen Hitler gesagt hat. Hier liegen Franco-Freunde, aber auch andere, deren ganze Sympathie den baskischen Priestern gehört, die mit der Waffe in der Hand gegen Franco gekämpft haben. Viele der Franzosen sind begeisterte Bewunderer von Maritain und vor allem auch von Péguy, doch gibt es hier auch ebenso begeisterte Bewunderer des Kardinals Baudrillard, der auf Seiten Vichys steht.
Pater Rootkrans aus Südlimburg, der tagtäglich die Flecktyphuspatienten im Revier besucht und der sein letztes Stückchen Brot weggibt, ist für mich - ein halber Heiliger! Aber der deutsche Pfarrer B., der den lieben langen Tag chauvinistischen Unsinn verzapft, dabei noch außerordentlich autoritär und unverträglich auftritt, ist für mich - ein halber Nazi! Das Problem: Block 26 - ist wirklich nicht so einfach wie K. glaubt"[46].
Auch der Dachauer Schutzhäftling Nr. 22838, Emil Kiesel, stellte der Gruppe der Geistlichen kein besonders wohlwollendes Zeugnis aus[47]. Er litt vielmehr an seinen geistlichen Berufskollegen: „Ich bin heute noch froh, daß ich nie in einem Kommando war, in dem vorwiegend Geistliche arbeiteten, ich hätte es nicht ausgehalten. Unter den Laienhäftlingen habe

[46] Rost (wie Anm. 28), S. 183-185.
[47] [Emil Kiesel], Schutzhäftling Nr. 22838 KZ Dachau. In: Freiburger Diözesan-Archiv 90 (Dritte Folge 22) (1970), S. 52-58.

ich aber soviel Gutes gefunden, daß ich staunte. Wir sind uns als Menschen näher gekommen und haben uns als Menschen Gutes getan"[48].
Kiesel analysierte im Gespräch mit dem Freiburger Historiker Hugo Ott die 'verschiedenen Gruppensolidaritäten'[49] und sprach dann von seinem durchwegs ausgezeichneten Verhältnis zu den aus politischen Gründen Inhaftierten in der Spannbreite von Kommunisten, Sozialisten und Sozialdemokraten; die Kommunisten besaßen eine „gewisse Vorherrschaft", da sie „die Ältesten im Lager waren"[50]. Obwohl anfänglich in Dachau ein gewisses, aus der jeweiligen Ideologie geschaffenes Mißtrauen zwischen den Gruppen der Kommunisten und Geistlichen bestand, hätte sich dies rasch geändert, da man sich recht bald bewußt geworden sei, daß beide Gruppen äußerlich als Solidargruppen auftraten:
„Aber im Laufe der Zeit haben unsere kommunistischen und sozialistischen Kameraden auch gemerkt, daß wir genau solche Häftlinge waren wie sie; d.h., daß wir genau die gleiche Kameradschaft üben konnten, wenn nicht noch mehr. Ich denke daran, wie sehr gerade von unseren Priesterblocks aus Hilfsaktionen gestartet wurden, obwohl wir eine Zeitlang ja auf halbe Portion gesetzt waren hinsichtlich des Essens; [...] Als unsere kommunistischen Häftlinge gesehen haben, daß wir nicht nur Geistliche sind, sondern eben auch Menschen, auf die man sich verlassen kann, hat sich mit einem Mal das Verhältnis zwischen diesen extrem-politischen Gruppen und uns gemildert"[51].
Man hatte sich folglich zusammenzuraufen. Dies zeigt das Beispiel des am 5. Januar 1893 in Hundheim bei Wertheim geborenen, seit 1. Mai 1930 als Pfarrverweser in Beuggen, Dekanat Säckingen, ein Jahr später ebenda als Pfarrer installierten Richard Schneider. Seit seiner im Rahmen einer Wahlversammlung 1932 gemachten Äußerung: 'Hitler ist sowenig rassenrein wie die Hunde in Karsau' bekam er den besonderen Haß der (späteren) Machthaber zu spüren, was ihn nicht daran hinderte, unbeirrbar seine Kri-

---

[48] Ebd. S. 58.
[49] Hugo Ott, Interview [mit Emil Kiesel; Ergänzung des Verfassers]. In: Freiburger Diözesan-Archiv 90 (Dritte Folge 22) (1970), S. 59-81, hier S. 69.
[50] Ebd. S. 69.
[51] Ebd. S. 70.

tik am Regime fortzusetzen. Am 22. November 1940 trat er, an einen Freiburger Juden gefesselt, die Fahrt nach Dachau an. Dort habe, so Schneider, gegen „die Norddeutschen, besonders östlich der Elbe“ [...] „eine gewissen Abneigung“ bestanden; „der preußische Ton war den gemütlichen Österreichern zuwider“[52]. Aus deutscher Sicht befanden sich vor allem die - in der Mehrzahl katholischen - polnischen Priester in Dachau in der Außenseiterrolle. Der polnische Klerus habe, so Schneider, zwar „furchtbare Blutopfer“ gebracht und sei insgesamt „recht fromm“, doch ein Teil des Weltklerus hingegen sei „sehr an gutem Essen und an Geld interessiert“, ja diese Geldgier hätten deutsche Ordenspriester, „die in Polen wirkten und auch dort verhaftet und nach Dachau gebracht wurden“, bestätigt. Insgesamt habe die „Gesinnung des polnischen Klerus gegen die Deutschen“ in einer „zurückhaltenden Feindschaft“ bestanden:

„Sie resultiert unter konfessionellem Aspekt aus der preußischen Polenpolitik, unter nationalen Vorzeichen aus dem Einfall der NSDAP in Polen. Jegliche Schädigung hielten sie für recht und Mundraub an Deutschen für keine große Sünde, selbst wenn einer dabei die ganze Tagesration Brot hinwegnahm und der Bestohlene 24 Stunden ohne feste Nahrung hungern mußte“[53].

Doch damit nicht genug: Der deutschsprachige Welt- und Ordensklerus aus der Tschechoslowakei besäße „viele laxe Elemente, die einmal Ärgernis ins Lager brachten wegen schlechter Beobachtung des Zölibates und Ärgernis gaben durch ihre Lauheit in religiösen Dingen“; sie gingen am Sonntag nur selten in die Messe und läsen statt des Breviers die Zeitung. „Auf dem Index stehende Bücher lasen sie unbedenklich mit der Bemerkung, daß jetzt für sie der Index aufgehoben sei“[54]. Der französische Weltklerus sei schlampig und nationalistisch, ähnlich wie der tschechische, habe die Deutschen stets als „Boches“ bezeichnet, auch Bischof Gabriel Piguet von Clermont-Ferrand habe hier keine Ausnahme gemacht[55]. Die ‘una sancta ecclesia catholica’ zerfiel im Konzentrationslager in eine gei-

---

[52] Schneider (wie Anm. 35), S. 40-41.
[53] Ebd. 40.
[54] Ebd. 41.
[55] Ebd. 42.

stig disharmonierende und konkurrierende Vielfalt von Gruppen und Interessen. Eine Splittergruppe etwa bildeten die Geistlichen um den ebenfalls inhaftierten Pallottiner Josef Kentenich, den Gründer der Schönstatt-Bewegung, was auch der Verhaftungsgrund war. „Sein Versuch", so Schneider,

„aus Dachau ein zweites Schönstadt [sic!] zu machen, scheiterte an der Ablehnung durch die Mehrzahl der Geistlichen. Bei der Wahl des Spirituals erhielt die überwältigende Mehrheit gegenüber P. Kentenich der Jesuitenpater Otto Pies. Deshalb verkapselte sich P. Kentenich und hielt nur zu seinen wenigen Anhängern, mit denen er einer gewissen Lächerlichkeit verfiel. Bezeichnend, wie die protestantischen Geistlichen die Schönstadt-Bewegung kennzeichneten: 'Die Äffchen unserer lieben Frau' nannten sie diese Gruppe"[56].

Frömmigkeit und Substitutsstrategien

Es wäre voreilig, aus diesem sehr individuellen Blickwinkel Schneiders auf ein hohes Konfliktpotential unter den Geistlichen schließen zu wollen. Die Haftjahre im Konzentrationslager erforderten einen Prozeß der Anpassung an die Verhältnisse und Notwendigkeiten. Der Schock der ersten Tage wirkte lange nach, und häufig prägte er die später niedergeschriebenen Wertungen und Verurteilungen. Wir haben zudem Aussagen, die Tagebüchern entstammen und die mehr oder weniger spontan die Tagesereignisse schildern, anders zu beurteilen als direkt nach der Befreiung der Lager entstanden Quellen. Eduard Farwer z.B., Priester der Erzdiözese Paderborn, seit 1938 in Haft, seit dem 18. April 1941 in Dachau, am 29. April 1945 befreit, hielt am 21. Mai 1945 in der Pfarrkirche von Maisach auf Einladung des dortigen Geistlichen Rats eine Predigt; er bestritt sie nicht mit erbaulichen Worten, sondern mit einem eindringlichen Erlebnisbericht

---

[56] Ebd. 42-43. P. Josef Kentenich SAC wurde am 13. März 1942 nach Dachau gebracht und dort am 6. April 1945 entlassen. P. Otto Pies SJ kam infolge seines Protestes wegen der Aufhebung eines Jesuitenklosters am 2. August 1941 nach Dachau und wurde am 27. März 1945 entlassen. Zu Kentenich s. u.a. Josef M. Neuenhofer, Egon M. Zillekens, Auf die Spur kommen. Pater Kentenich 1885-1968. Vallendar-Schönstatt 1985.

seiner Haft- und Leidenszeit in Dachau. In ihr beschrieb er u.a. das Hängen, allerdings in seinen harmloseren Folgen:
„Die Strafen selbst für geringfügige Übertretungen waren schrecklich. Im Jahre 1940 hatte ein Geistlicher einen Entwurf eines Marienaltares in der Tasche, was verboten war. Er bekam dafür 25 Doppelschläge mit dem Ochsenziemer, eine Stunde Aufhängen an den Armen und ein Jahr Strafkompanie. Ein anderer hatte während der Arbeitszeit geraucht. Er wurde eine Stunde an den Armen aufgehängt, wovon er sich jetzt nach drei Jahren noch nicht ganz erholt hat“[57].
Geistliche, die überlebt hatten, begannen bereits 1945, ihre Erlebnisse in kurzen Artikeln entweder in religiösen Zeitschriften und Zeitungen[58] oder als kleine Monographien zu publizieren. Diese dienten insbesondere dazu, die Verbrechen festzuhalten und einen Beitrag auch zu deren juristischer Verfolgung zu leisten. Viele Geistliche aber warteten mit der Veröffentlichung; damit setzte ein Be- und Verarbeitungsprozeß ein, der die Konturen der Konflikte verwischen und das Leiden als sinnvolles Martyrium Christi erfahren ließ[59].
Frömmigkeit im Konzentrationslager bedeutete Verlust und stetes Hoffen auf Rettung, bedeutete für die Laien mehr noch als für die in Dachau inhaftierten Geistlichen die Gefahr der Konfrontation mit den Kapos und dem SS-Wachpersonal.
Als erster reichsdeutscher Priester war 1940 der pfälzische Geistliche Fritz Seitz in das Lager gekommen; er hatte drei polnische Zivilarbeiter bewirtet: „Kaum stand er bei der Ankunft in der Lagerstraße, da zog ihm ein SS-

---

[57] Eduard Farwer, Der Pfarrerblock von Dachau. Predigt, gehalten in der Pfarrkirche von Maisach am 21. Mai 1945. In: Martin Niemöller (Hrsg.), Das aufgebrochene Tor. Predigten und Andachten gefangener Pfarrer im Konzentrationslager Dachau. München 1946, S. 5-14, Zitat S. 9; vgl. ferner Martin Fischer, Das Zeugnis der Verhafteten. Ein geistlicher Vortrag. Hrsg.von Martin Niemöller. Berlin 1953; Martin Niemöller, '... zu verkündigen ein gnädiges Jahr des Herrn!' Sechs Dachauer Predigten. München 1946 (auch Zürich 1946 und Zollikon o.J.).
[58] Vgl. z.B. das Quellenregister bei Fattinger, Kirche in Ketten (wie Anm. 29).
[59] Zum Quellenproblem s. u.a. Kurt Jakob Ball-Kaduri, Wert und Grenzen von Erinnerungen und Zeugenberichten als jüdische Quelle der Hitlerzeit. In: Zeitschrift für die Geschichte der Juden 2 (1965), S. 159-168.

Mann mit viel Gespött den Rosenkranz aus der Tasche und legte ihn dem Geistlichen, mit dem Kreuz über die Stirn hängend, auf den Kopf. Dann führte er ihn in dieser Ausstaffierung mit Faustschlägen und Fußtritten im Lager umher, wobei er überlaut brüllte: 'Der erste Saupfaff ist aus dem Altreich angekommen!' Seitz hatte in seinem Brevier ein Bild des Papstes Pius XII. Der SS-Mann hielt das Bild einigen Häftlingen unter die Nase und rief: 'Der römische Oberpfaff wird mit allen andern Pfaffen nach dem Krieg auch in Dachau eingesperrt. Dann hört der katholische Schwindel für immer auf!' Ein Madonnenbild gab diesem elenden Nazi Gelegenheit, derbe Witze über die Mutterschaft Mariens zu reißen, Lästerungen, die keine Feder wiedergeben darf"[60].

Frömmigkeit spielte sich daher meist im illegalen Untergrund ab; „Katakombenzeit" nannte ihn der Dachau-Häftling Johann Neuhäusler[61]. Ich will es anders formulieren: Frömmigkeit und Religiosität nahmen in ihren äußerlich sichtbaren Ritualen die Gestalt von Substituten an, was auch für andere Bereiche der Lagerkultur seine Gültigkeit besitzt[62]. Hafergrütze als Ersatz für Mazzenmehl wurde zum Symbol einer im Konzentrationslager nicht einzuhaltenden Kashrut, das Substitut schützte vor Normenverstoß und zugleich vor dem Verhungern[63]. Auf ähnliche Weise betraf dies auch die Geistlichen, die ihre Pflichten wie das tägliche Lesen des Breviers und der Messe, die Sakramentenspendung und den Versehgang - angesichts der Todesmaschinerie eine unlösbare Aufgabe - nicht mehr erfüllen konnten.

Die Häftlinge litten unter dem Verlust der in der normalen Welt selbstverständlichen und stets greifbaren kulturellen Accessoires und Techniken. Im KZ fehlte der leichte Griff ins Bücherregal; Priester erkannten in Dachau im Gespräch mit den Ernsten Bibelforschern (Zeugen Jehovas) ihre miserablen Bibelkenntnisse. Der geistliche Kooperator Andreas Rieser[64] z.B.

---

[60] Neuhäusler (wie Anm. 23), S. 52.

[61] Ebd. S. 55.

[62] S. hierzu Christoph Daxelmüller, Kulturelle Formen und Aktivitäten als Teil der Überlebens- und Vernichtungsstrategie in den Konzentrationslagern (im Druck).

[63] S. Jagoda u. a. (wie Anm. 25), S. 42.

[64] S. Weiler, Die Geistlichen in Dachau (wie Anm. 18), S. 560.

dachte über die Bedeutung des Besitzes einer Bibel oder einer religiösen Schrift während der Haft nach und zollte den Bibelforschern uneingeschränkte Bewunderung: „Wie diese Leute doch ganze Kapitel der Hl. Schrift heruntersagten [...]. Für mich war diese sonderbare Bekanntschaft jedenfalls Mahnung für die Zukunft: Sollte du das Glück haben, noch frei zu werden, dann lies eifrig das Buch der Bücher!“[65]. In Buchenwald lieh ihm ein polnischer Mitbruder, der eine lateinische Miniaturbibel ins Lager eingeschmuggelt hatte, immer wieder Blätter aus seinem Exemplar:

„Auf dem Weg von und zum Steinbruch, beim Stämmeschleppen, beim Baumstöckeausgraben, überall, wo es auch immer war, sobald eine Pause unbeobachtet gehalten werden konnte, zog ich die Bibelblätter hervor, las einige Sätze oder freute mich schon an ihrem Anblick oder dachte nur an ihre Gegenwart - und es war immer ein Ergreifen des Kelches - calicem salutaris accipiam - und ein Kommunizieren!“[66].

Die Verfügbarkeit des Kulturangebots in der Normalität der Freiheit stand im Widerspruch zum System „Konzentrationslager“. Es zwang die Häftlinge zu neuen Techniken und Strategien wie etwa zur mündlichen und imaginären Rekonstruktion des Kulturerbes; die auf Schriftlichkeit beruhende Kultur des bürgerlichen Lebens geriet zur illiteralen Oralität. Das Leben im Konzentrationslager erlaubte nur bedingt die visuelle Aneignung durch das Lesen; es wurde ersetzt durch die Rückerinnerung an erlernte Bildungsstoffe, durch narrative Memorate, durch das Nacherzählen und Kopieren aus der Erinnerung. In der damit verbundenen Reduktion aber verbarg sich eine neue, den Umständen angepaßte und dadurch überlebensnotwendige Kreativität: Das gilt für die handgezeichneten Andachtsbilder polnischer Priester ebenso wie für die Einrichtung eines Herrgottswinkels in Dachau mit organisierten Ersatzstücken[67] oder für die Rekonstruktion der Messliturgie. Das Sprechen von Gebeten war gefährlich und wurde beim Nahen eines Fremden durch belanglose Gespräche ersetzt, so der Luxemburger Jean Bernard:

[65] Fattinger, Kirche in Ketten (wie Anm. 29), S. 36.
[66] Ebd. S. 37.
[67] Ebd. S. 164.

„Im Invalidenblock finde ich einen lieben Bekannten wieder, Pater de Coninck S.J., aus Brüssel, der mir von der katholischen Filmaktion her bekannt ist. Er ist erst vor kurzem gekommen und noch bei vollen Kräften.
Mit M. de Backer schließt sich P. de Coninck ganz unserer Gruppe an und wird in diesem letzten und trostlosen Stadium der völligen Entkräftung unsere geistige und geistliche Stütze.
Nunmehr finden wir uns jeden Morgen nach dem Frühstück in einer stillen Ecke der Blockstraße zusammen und beten unauffällig ein gemeinsames kurzes Morgengebet. Kommt uns jemand zu nahe, so sprechen wir von gleichgültigen Dingen.
Dann legt uns P. de Coninck Betrachtungspunkte vor, die wir in zwanglosem Gespräch auszuwerten suchen. Wir sitzen dabei auf unsern Pantinen und stützen uns zu je zweien mit den Rücken gegeneinander ab“[68].
Auch das Meßritual rekonstruierte man aus dem Gedächtnis: „Danach beginnt die ‘hl. Messe’. Jeder von uns weiß etwas davon auswendig. Am liebsten beten wir die Luxemburger Muttergottesmesse ‘Ave spes nostra’“[69]. Hier mag versuchsweise der Begriff des „Rituals“ im Sinne Sally Falk Moores und Barbara G. Mayerhoffs Anwendung finden, der eine Klammer zu schaffen scheint zwischen der Normalität und der Abnormität[70]. Essen, Kleidung, Sprache und Transformation der physischen Umgebung erhalten Symbolwert, der sie über das Gewöhnliche hinaushebt und somit erinnerungs- und berichtenswert macht. Dies vermag zu erklären, warum die Schilderungen nicht nur der alltäglichen Lebens- und Arbeitsrituale, des Umgangs mit Essen und Hygiene, sondern auch der aktiv ausgeübten oder passiv rezipierten kulturellen Aktivitäten wie des Musizierens, des Nacherzählens von Filmen, die man in der Freiheit gesehen hatte, oder der verordneten Kunst- und Kunstfälschungsproduktion in Auschwitz einen besonderen Stellenwert im autobiographischen Erzählen und Schreiben der Häftlinge als ahistorische, weder nach Lagertyp noch nach zeitlicher Zuordnung differenzierte und differenzierende Leitlinie des Überle-

---

68 Bernard, Pfarrerblock 25487 (wie Anm. 17), S. 156-157.
69 Ebd. S. 157.
70 Sally Falk Moore/Barbara G. Myerhoff, Secular Ritual: Forms and Meanings. In: dies. (Hrsg.), Secular Ritual. Assen 1977, S. 3-24.

bens erhielten. So berichtet Jean Bernard in schonungsloser Offenheit vom Abort als Ort der Entspannung, der Erholung, aber auch als Platz, an dem man sich Nahrung beschaffen konnte:

„Der anziehendste Ort der ganzen Plantage war unbestritten der Abortplatz, dessen üblicher Name in der Lagersprache jedoch mehr volkstümlich klingt.

Anfangs nur eine waagerechte Stange, in 50 cm Höhe auf zwei in den Boden gerammte Pflöcke aufmontiert, und auf der vier Mann nebeneinander Platz fanden, wurde die Installation später mit einem 'Vorhang' aus alten Säcken umgeben. Weniger aus Schamgefühl als aus dem Bedürfnis heraus, auf Minuten der Aufsicht der Capos und der Posten entzogen zu sein.

Hier war denn auch das klassische Rendez-vous, wo man Leute aus allen Blocks treffen konnte. Hierher flüchtete man, wenn man vor Müdigkeit nicht mehr konnte. Zehn Minuten für hin, zehn Minuten dort (mit Einschluß der Wartezeit) und zehn Minuten Rückweg, das gab eine halbe Stunde Ausspann.

Eine Zeitlang gab es einen eigenen Abortcapo, der für Ordnung im Betrieb zu sorgen hatte.

Eines Tages, als Esch und ich dort anstanden, wurde ein Mülleimer ausgekochter Knochen dort entleert. Sofort stürzten wir uns darauf. Wohl kam mir der Gedanke, daß die Knochen aus dem Hundezwinger kämen ... Doch was machte das uns schon aus? Wo ein SS-Hund nichts mehr zu nagen fand, da gab ein Häftling es noch nicht auf.

Ein andermal brachte ein Capo einen Handkorb voll ausgerupfter Porree-Setzlinge zum Kompost. Wie er nun unsere verlangenden Blicke sah, stellte er sieh breitspurig hin und urinierte über die ausgeschütteten Dinger. ‘Damit euch die Lust vergeht ... ‘, sagte er.

Doch er hatte sich getäuscht. Ich erfuhr bei dieser Gelegenheit, daß es Kameraden gab, die noch hungriger waren als ich ...“[71].

Es fällt auf, daß im Gegensatz zur Erinnerungsliteratur der Kriegsgefangenen die Autobiographien und Berichte der KZ-Häftlinge Sexualität und Homosexualität, sexuelle Phantasien, die Verrichtung der Notdurft, Menstruation und Körper„hygiene“ mit einer nahezu pornographischen Scho-

[71] Bernard, Pfarrerblock 25487 (wie Anm. 17), S. 133-134.

nungslosigkeit schildern. Auch die Geistlichen sprechen ausführlich und ganz im Widerspruch zur offiziellen Moral etwa vom Lagerbordell als nationalsozialistischer „Kultureinrichtung"[72] oder von homosexuellen Amtsbrüdern und Sexualtechniken: In der Dachauer Krankenstation habe man aufpassen müssen, daß Homosexuellen kein Klistier verabreicht wurde[73]. Die Verhältnisse im KZ zwangen die Priester, einen Kompromiß zwischen geistlicher Pflicht und Überlebenskampf zu schließen. Als Bernard schwer krank in die Krankenstation kam, fand er einen Bettplatz neben einem Geistlichen und Professoren an einem polnischen Priesterseminar:

„Ich kann mich nicht entsinnen, jemals in meinem Leben ein solches Wohlbehagen verspürt zu haben.

Ruhig liegen dürfen! Alle Viere einfach von sich strecken! Die Augen schließen und an nichts denken! Keine Arbeit, kein Appell! Kein Mensch wird sich um mich kümmern, und zu Mittag kommt die Suppe von selbst herein... Ich weiß noch, daß mir der Gedanke kam, ob es wohl im Himmel noch schöner sei.

Essenszeit! Die Kessel rasseln zur Tür herein. Alle Köpfe heben sich.

'Graupen', melde ich meinem gastfreundlichen Nachbarn, der sich nicht mehr heben kann. 'Oh', sagt er nur, ganz entzückt.

'Kriegen wir wohl dieselbe Ration wie draußen?' wollte ich wissen.

Mein Nachbar antwortet nicht. Er ist tot.

Vorsichtig wende ich seinen Kopf zu mir herüber und walte rasch und heimlich meines priesterlichen Amtes. In den paar Stunden, die wir zusammengewesen, hatte ich einen Heiligen kennengelernt.

Rasch drehe ich ihn so, daß niemand merkt, daß mein Nachbar tot ist, hole mein und sein Essen und esse beides auf.

Dann erst rufe ich: 'Mann tot!'"[74].

---

[72] Leopold Arthofer, Als Priester im Konzentrationslager. Meine Erlebnisse in Dachau. 2. Aufl. Graz/Wien o.J. (1947) [auch Graz/Wien 1959], S. 117.

[73] Ferdinand Maurath, Bericht von Ferdinand Maurath, Pfarrvikar, in: Freiburger Diözesan-Archiv 90 (1970), S. 125-153, hier S. 143.

[74] Bernard, Pfarrerblock 25487 (wie Anm. 17), S. 137-138.

Bernard erfüllte im Geheimen die priesterlichen Pflichten, doch er meldete seinen Bettnachbarn erst dann als verstorben, als er dessen Essensration verzehrt hatte.
Klerikale Frömmigkeit äußert sich in einer Vielzahl von Aufgaben. Die hl. Messe konnte man hin und wieder lesen, nachdem im Priesterblock 26 eine Kapelle eingerichtet worden war. Doch bald verbot die Lagerleitung den polnischen Priestern den Besuch des Raumes und die Teilnahme am Gottesdienst. Für Neuhäusler blieb der Grund für die Umgestaltung eines Raumes zur Kapelle unersichtlich: „Die Lagerleitung war über dieses Zugeständnis 'an die Pfaffen' nicht erbaut, mußte sich aber fügen. Am 20. Januar 1941 war die erste hl. Messe. Der Altar bestand nur aus zwei Tischen, die nebeneinander gestellt wurden. Darauf wurden zwei Bett-Tücher, ein kleines Stehkreuz, zwei armselige Kerzenleuchter mit winzigen Kerzenstummeln, ein Kelch in Miniaturform und ein Meßbüchlein gelegt. Etwa 200 Geistliche standen hochbeglückt vor dem Altar, als einer der Kameraden in weißem Meßgewand das hl. Meßopfer darbrachte“[75].
„Man „organisierte“, um den Raum mit einem Altar mit Tabernakel, einem Christusbild, Leuchter, Statuen und schließlich gar mit einem Kreuzweg auszustatten. „Neben unserer einfachen, ganz hölzernen Monstranz hatten wir auch eine andere für die hohen Festtage. In ihr glänzten die Einlagen wie reinstes Silber! Es war aber nur Blech aus alten Konservendosen. Ein österreichischer Kommunist rühmt sich mit Recht, diesen Kultusgegenstand in der Schreinerei unter den Augen der SS-Männer geheim hergestellt zu haben“[76].
Priester wurden zu geschickten Handwerkern. Bernard arbeitete zusammen mit anderen Häftlingen „an einer Monstranz. Das Material haben wir uns bereits verschafft: ein Stück Besenstiel, ein paar Konservendosen, die inwendig wie Messing aussehen, und ein paar Holzbrettchen. Aus letzteren wird ein mehrstufiger, rechteckiger Sockel gebaut, dann ein Stück Besenstiel hineingepflanzt. Der Boden einer Konservendose wird zur Kapsel, die Wände werden zu kunstvollen Strahlen ausgefranst. Fast 14 Tage haben wir an der Monstranz gearbeitet, nur mit Zange, Hammer und Tischmesser.

---

[75] Neuhäusler (wie Anm. 23), S. 53.
[76] Ebd. S. 53.

Aber es ging, und wir sind überzeugt, daß der Heiland nicht minder gern darin thront als in manch güldenem Kunstwerk der Heimatkirchen“[77].

Im Oktober 1941 wurden alle nichtdeutschen Geistlichen aus dem Block 26 herausgenommen und in den danebenliegenden Block 28 verlegt. Damit sie nicht in die Kapelle blicken konnten, veranlaßte die Lagerleitung, die Fenster mit dicker weißer Farbe zuzustreichen. Der Kommandant verbot den Insassen des Blockes 28 unter Androhung schwerster Strafe sogar jede religiöse Betätigung auch innerhalb des Blockes; man nahm den Geistlichen die Breviere, Rosenkränze und andere Andachtsgegenstände ab.

Doch Not macht erfinderisch: „Die polnischen Priester [...] mußten sich anders behelfen. Sie erbaten sich vom Kapellencapo, einem katholischen Geistlichen vom Block 26, Hostien und Wein. Draußen in der Plantage arbeiteten viele polnische Pfarrer in Gewächshäusern. Während einer von ihnen Wache hielt und andere Kameraden sich mit Scheinarbeit beschäftigten, kniete der Polenpriester, der schon am längsten im Lager schmachtete, am Boden, das Gesicht in das Gewächshaus gerichtet, um den Schein zu erwecken, als jäte er Unkraut. Droben vom Beobachtungsturm aus hätten ja die SS-Posten etwas erspähen können. Der kniende Priester hatte einen kleinen Tragaltar in den Boden gedrückt, und dort las er die hl. Messe. Viele Kameraden eilten herbei, mit Gras oder Pflanzen in der Hand, gleich als ob sie dort etwas zu schaffen hätten. Auch sie knieten nieder und spendeten sich selber die heilige Kommunion. Nie sind die Polen bei einer solchen heiligen Handlung in diesen modernen Katakomben erwischt worden“[78].

Die Substitutskultur der Konzentrationslager funktionierte. Zu den Strategien der Häftlinge gehörte es, die Unwissenheit der Kapos und der SS-Leute auszunützen und den Aktionen einen profanen, dem brutalen Horizont der Täter entsprechenden, ja sogar blasphemischen Anstrich zu verleihen, um sich die physischen und psychischen Leiden zu erleichtern: Indem man die Schergen beim Strafvollzug zum Lachen brachte, ersparte man sich die Fortsetzung der Folter. Der politische Häftling Jakob Boulanger berichtete aus Dachau:

---

[77] Bernard, Pfarrerblock 25487 (wie Anm. 17), S. 55.

[78] Neuhäusler (wie Anm. 23), S. 54.

„Zweimal war ich in Dachau Zeuge, daß es Kameraden gelang, die Zahl der Stockschläge zu verringern, indem sie die Exekution mit Bemerkungen begleiteten, die das ganze Prügelkommando in schallendes Gelächter ausbrechen ließen. Ein Häftling rief, als der erste Schlag auf ihn niedersauste: 'Mein Gott, mein Gott!' Dann beim zweiten Schlag: 'O Schreck, mein Gott, mein Gott!' Der Lagerführer herrschte ihn an: 'Dir werd ich schon geben: 'Mein Gott, mein Gott!' Los, draufhauen!' Beim dritten Schlag rief der Häftling wiederum: 'O heiliger Schreck, mein Gott, mein Gott!' Einige SS-Leute begannen zu lachen. Beim vierten Schlag rief der Häftling: 'Mein Gott, mein Gott, ach mein Arsch!' Jetzt brach das ganze Kommando in Lachen aus. Auch ich mußte lachen. Der Tonfall des Kameraden machte es einem unmöglich, ernst zu bleiben. Auch den fünften Schlag begleitete er mit seinen Kommentaren: 'O Gott, o Gott! Mein armer Arsch!' Als der SS-Mann zum sechsten Schlag ausholte, fingen alle zu lachen an. Es war offensichtlich, daß der SS-Mann den Schlag gar nicht mehr mit ganzer Kraft führen konnte, weil er in Erwartung des 'Mein Gott, mein Gott!' schon vorher lachen mußte. Nach diesem sechsten Schlag rief der Lagerführer: 'Aufhören! Runter mit dem Kerl!' Der Häftling rappelte sich auf, dann meldete er schneidig: 'Häftling Nummer ... bestraft mit sechs Stockschlägen.' Der Lagerführer schrie ihn an: 'Mensch, hau ab!' Und dabei blieb es“[79].

Die Zeugen Jehovas wären nicht sie selbst gewesen, hätten sie nicht in ihrer Unbeirrbarkeit versucht, Mithäftlinge und teilweise sogar das Aufsichtspersonal zu missionieren. Als mit dem Jahr 1937 und der Auflösung des Konzentrationslagers Esterwegen alle Emslandlager der Reichsjustizverwaltung unterstellt wurden, lieferte man zahlreiche Bibelforscher dorthin ein. Sie mußten zeitweilig weiße Armbinden tragen, da ihre Bewacher die Anweisung hatten, jeden Missionsversuch gegenüber einem Mitgefangenen zu unterbinden. Doch die Zeugen Jehovas ließen nicht locker. Im KZ Neuengamme schleuste man Häftlinge, die zur Taufe durch die Zeugen Jehovas bereit waren, ins Entkrautungskommando ein, das Entwässerungsgräben auszuheben hatte. Dort rutschten sie dann anscheinend versehent-

[79] Jakob Boulanger, Eine Ziffer über dem Herzen. Erlebnisbericht aus zwölf Jahren Haft von Jakob Boulanger, aufgezeichnet von Michael Tschesno-Hell. Berlin 1957, S. 56-57.

lich aus. Mit Worten wie „wenn du schon reingefallen bist, dann tauch' wenigstens richtig ein“ faßte daraufhin der in dem Kommando arbeitende Bibelforscherälteste den Kopf des Taufwilligen und senkte ihn unter dem Gejohle der SS-Bewacher, die das Ganze für einen Scherz hielten, ins Wasser, während die andächtig verweilenden Zeugen Jehovas die Szene mit stillen Gebeten begleiteten[80].

Zu einem Husarenstück besonderer Qualität aber geriet die Priesterweihe des jüngst seliggesprochenen Diakons Karl Leisner in Dachau. Über die Vorbereitung berichtet Neuhäusler:

„Wir erlebten in Dachau auch eine Priesterweihe. Seit Ende 1939 schmachtete der schwer lungenkranke Diakon Karl Leisner, aus der Diözese Münster, in Dachau. Oft habe ich ihm Hoffnung gemacht, Gott werde ihm sicher das hohe Glück schenken, in der Heimat die Priesterweihe zu empfangen. Leider ging es mit ihm gesundheitlich immer mehr bergab. Im Herbst 1944 schwand jede Aussicht auf Rettung. Doch der liebe Heiland erbarmte sich des Diakons. Im September 1944 kam Msgr. Piquet, der Bischof von Clermont-Ferrand, als Häftling zu uns. Nun begann eine illegale Korrespondenz mit Kardinal Faulhaber aus München und dem Bischof von Münster. Sämtliche zur Priesterweihe nötigen Papiere kamen an. Geheim fabrizierten Häftlinge bischöfliche Gewänder und alles andere, was zu einer solchen Feier gehört. Ring und Brustkreuz lieferten die Messerschmitt-Werke. Der Trappistenpater Spitzig drehte den Hirtenstab. Der Stoff für die violette Soutane und das Mäntelchen kam von der Beute, die sich Nazi-Diebe im Judenviertel von Warschau geholt hatten. Der englische Oblatenpater Durand stellte aus Seide und Perlen eine Mitra her. Von Kardinal Faulhaber erhielten wir aus München die nötigen Öle und die Ritualbücher. Alles verlief so vorsichtig und geheim, daß nur vereinzelte Priester unseres Blocks es merkten. Kein Nazi ahnte etwas, weder von der Vorbereitung noch von der Zeremonie selbst. Am 18. Dezember 1944 stand dann der junge Diakon, eine schlankgewachsene Gestalt, mit vor Fieber glühenden Wangen in unserer Stube Nr. 2. Der Bischof legte die Pontifikalgewänder über sein Häftlingskleid. Ach, alles so armselig, und doch paßte es zu unserem Milieu. - Die Prozession bewegte sich zur nahen Kapelle. Alle

[80] Garbe, Widerstand und Martyrium (wie Anm. 40), S. 478.

Seminaristen, auch viele Laien, sowie die ehemaligen Capos des Diakons und Mithäftlinge seiner Kommandos durften der ergreifenden Zeremonie in der Kapelle beiwohnen. Wir anderen Priester blieben wegen Platzmangel draußen und folgten still der heiligen Handlung“[81].
Im Konzentrationslager entstand eine neue Welt und damit auch neue Wertigkeiten. Klopapier benutzte man, falls es überhaupt verfügbar war, nicht zum Abputzen des Hintern, sondern als Verbandsmaterial. Wo sich in der Freiheit die bedeutendsten Künstler und Kunsthandwerker darum bemühten, Ciborien und Behältnisse für konsekrierte Hostien so kostbar und so aufwendig wie möglich zu gestalten, behalf man sich im Konzentrationslager mit Dingen, die man in der Außenwelt als unwürdig betrachtet hätte, mit Arzneimitteldosen und anderen Gegenständen. So erinnert sich Bernard:
„Eines Morgens zog P. de Coninck aus einer Falte seines Hemdes eine Cellophantüte hervor, mit der Aufschrift „Vitamin C“. In guten Zeiten konnte man in der Kantine solche Tabletten erstehen.
Durch das Papier schimmerte hindurch ein kaum zentimetergroßes Stück konsekrierte Hostie. Wir hatten alle Mühe, unsere freudige Erregung zu verbergen.
Wir beschlossen, das Allerheiligste vorerst einige Tage bei uns zu behalten und es dann als Wegzehrung unter uns aufzuteilen.
Es waren Feiertage. Wenn wir nun zusammen die Meßgebete sprachen, dann hielt P. de Coninck den Herrgott unauffällig in der Hand. Was dabei an Trost, an Mut und Opferfreude in gequälte Priesterherzen floß, läßt sich nicht in Worte kleiden“[82].

---

[81] Neuhäusler (wie Anm. 23), S. 54-55. Die zahlreichen Schilderungen der Priesterweihe belegen den zentralen Stellenwert dieses Ereignisses für die in Dachau inhaftierten Priester. Zu Leisner s. u.a. Christian Feldmann, Wer glaubt, muß leiden. Bernhard Lichtenberg - Karl Leisner. 2. Aufl. Freiburg/Basel/Wien 1996; Otto Pies (SJ), Karl Leisner. In: Weiler, die Geistlichen in Dachau (wie Anm. 18), S. 967-969; ders., Stephanus heute. Karl Leisner. Priester und Opfer des KZ. Hrsg.von Herbert Gorski. Neuaufl. Leipzig: St. Benno, 1964 (1. Aufl. Kevelaer 1951).
[82] Bernard, Pfarrerblock 25487 (wie Anm. 17), S. 157.

Ausblick

Walter Pötzl hat sich insbesondere mit seinen Forschungen zur religiösen Volkskunde einen Namen gemacht. Viele Dinge, die heute unter der Kategorie der „religiösen Volkskunst“ und der „Volksfrömmigkeit“ be- und gehandelt werden, sind in ihrer Geschichte mit individueller menschlicher Not verbunden. Die Votivbilder in den Wallfahrtskirchen, aber auch die Andachtsbilder bezeugen Ängste und Bedrückungen. Doch die menschliche Heils- und Heilungssuche ist ein freier Willensakt, und die Gegenstände folgen einem festgelegten bildlichen Kommunikationssystem, mithin allgemein verständlichen Mustern, über denen man gerne die Dingheiligkeit vergißt.

Das Verbinden von Wunden und offenen, eitrigen Beinen mit Abortpapier in den Konzentrationslagern ist - wenn man so will - ein Akt der tätigen Nächstenliebe in der Nachfolge Christi, und dennoch käme kein Museumsleiter, kein Volkskundler auf die Idee, in seine Sammlung religiöser Volkskunst eine Rolle WC-Papier oder die Verpackung von Vitamin-Tabletten als Zeugnisse frommen Tuns aufzunehmen. Dennoch führen sie uns manchmal tiefer in das Wesen von Frömmigkeit ein als die volksbarocke Buntheit der Volkskunst; die Form wird sekundär, Inhalt, Bedeutung und Funktion - im buchstäblichen wie im übertragenen Sinne - gewinnen an Gewicht und Wertigkeit. Die Hosentaschen der Häftlinge sind gleichermaßen Kirchen und Vorratsraum für die wichtigen Dinge des Überlebens:

„Draußen steht der SS-Lagerkommandant in Person. Das Herz stockt uns. Auch die andern Stuben sind angetreten. Die Block- und Stubenältesten rasen und brüllen und hauen auf alles, was ihnen dazwischen kommt. Auch sie wissen nicht, was eigentlich los ist.

Es heißt: ‘Sachen holen!’ Dann wieder: ‘Alles dalassen!’ Wir erwarten eine ‘Taschenkontrolle’, und während der Lagerkommandant mit seinem Stab sich um die beiden andern Blocks bemüht, suchen wir in heilloser Angst alles aus den Taschen verschwinden zu lassen, was nicht hineingehört: Rosenkranz, Zigarettenstummel, Abortpapier, Fetzen zum Umwikkeln der wunden Füße ...“[83].

Frömmigkeit gerät in den Konzentrationslagern zur Begleiterin des Sterbens wie des Lebens und des Überlebens, nicht nur zur Pflicht, sondern auch zur unerschütterlichen Haltung und Motivation, zur Selbstverständlichkeit und Selbstrechtfertigung. Sie ist ihres prunkvollen zeremoniellen Beiwerks entkleidet und daher echt und kreativ, sie läßt Prozesse erkennen, die in anderen Bereichen des Frömmigkeitslebens verborgen bleiben. Es heißt daher, noch sehr viel intensiver als bisher die Frömmigkeit in den nationalsozialistischen Konzentrationslagern aufzuarbeiten, um daraus nicht nur Anstöße für die kollektive Erinnerung abzuleiten, sondern von hier aus auch auf Segmente aufmerksam zu machen, die bislang weder von den Zeithistorikern noch von den Volkskundlern berücksichtigt wurden, auf die Rolle etwa der katholischen und protestantischen Kirche bereits 1945 bei der Aufklärung der Gesellschaft über die nationalsozialistischen Verbrechen mittels der Predigt oder früher Veröffentlichungen der Leidensberichte in religiösen Zeitschriften, aber auch die Entstehung von Verehrungsformen und Kulten von Menschen, die im Konzentrationslager gelitten haben oder dort umgekommen sind. Als Beispiele seien hier P. Maximilian Kolbe, dessen Statue jüngst an der Londoner Westminster Abbey in Anwesenheit von Königin Elizabeth II. der Öffentlichkeit vorgestellt wurde[84], Karl Leisner, P. Engelmar Unzeitig und der Berliner Dompropst Bernhard Lichtenberg genannt, der auf dem Weg nach Dachau starb und um den sich nach seiner Seligsprechung im nordöstlichen Oberfranken nun ein Kult zu entwickeln beginnt. Hier könnte die Volkskunde zu einem wichtigen Arbeitsfeld zurückfinden, auch wenn das Untersuchungsobjekt „Konzentrationslager“ heißt.

[83] Ebd. S. 57.
[84] Mittelbayerische Zeitung 53. Jg., Nr. 157, Samstag/Sonntag, 11.-12. Juli 1998.

Kreuzfrevel – ein Thema für die Volkskunde?

Heinz Hürten

Das Urteil des Bundesverfassungsgerichts, das die Vorschrift aufhob, in Klassenzimmern öffentlicher Schulen des Freistaates Bayern Kruzifixe anzubringen,[1] hat durch die von ihm ausgelöste unerwartete heftige und breit gelagerte Erregung in der Bevölkerung die tiefe Verwurzelung erkennen lassen, die dieses Symbol christlichen Glaubens und der darauf gegründeten traditionellen Lebensordnung auch in einer offensichtlich zunehmend säkularisierten Gesellschaft immer noch besitzt.
Die im Unmut über dieses Urteil geäußerten Vergleiche mit der Entfernung der Schulkreuze durch die Nationalsozialisten griffen freilich oft fehl; denn anders als dem Bundesverfassungsgericht in seinem auch von juristisch kompetenter Seite kritisierten und darum vielleicht nicht gerade glücklichen Urteil ging es den Nationalsozialisten nicht um den Schutz der individuellen Glaubens- und Gewissensfreiheit, sondern um die Verdrängung christlichen Glaubens aus der Öffentlichkeit, ja letztlich aus der Lebenswirklichkeit der Menschen.
Die von Staat und Partei angeordnete Abnahme der Kruzifixe von den Wänden der Schulzimmer war keineswegs der einzige Ausdruck für die fanatische Energie, mit der manche Nationalsozialisten das Kreuz als Symbol einer von ihnen nicht überwundenen Gegenmacht bekämpften. Die 1933 zur Schau getragene Kirchenfrömmigkeit, die SA-Formationen an der Fronleichnamsprozession teilnehmen ließ, war rasch verflogen, und noch ehe 1937 die durch die Devisen- und Sittlichkeitsprozesse ausgelöste große Hetzkampagne gegen Orden, Priester und Kirche ihren Höhepunkt erreicht hatte, kam es zu ersten Aktionen von Nationalsozialisten gegen Zeichen des christlichen Glaubens. Die Berichte der bayerischen Regie-

[1] Urteil des Bundesverfassungsgerichts - Erster Senat - 1 BvR 1087/91 vom 16. Mai 1995; Entscheidungen des Bundesverfassungsgerichts Bd. 93 (Tübingen 1996) S. 1 - 37.

rungspräsidenten, die Helmut Witetschek und andere in ihren Religion und Kirche betreffenden Abschnitten ediert haben,[2] weisen von 1936 an eine Reihe solcher Vorfälle nach. In Wackersberg bei Tölz wurde von einem Feldkreuz der Korpus abgerissen und auf die Straße geworfen; in der Nähe des fränkischen Heiligenstadt wurde einer Franziskusstatue das Kreuz aus den Händen genommen und durch eine nationalsozialistische Hetzschrift ersetzt; in Eichstätt wurde der Brückenfigur des hl. Nepomuk das Kreuz entrissen und ins Wasser geworfen, drei Jahre später geschah dasselbe noch einmal; im Landkreis Nördlingen wurde ein 6 m hohes Feldkreuz abgesägt; bei Kaufbeuren wurden drei Steinkreuze umgeworfen; im Schweinfurter Umland wurden die Christusfiguren von Feldkreuzen zertrümmert; im Kreis Pirmasens schlug ein Arbeiter einer Christusfigur die Beine ab.[3] Ob die Berichte der Regierungspräsidenten alle Fälle von Kreuzfrevel erfaßt haben, muß zunächst offen bleiben. Auf jeden Fall handelt es sich dabei nicht um ein spezifisch bayerisches Phänomen. In den Akten des Reichskirchenministeriums findet sich nämlich gleichfalls eine Reihe von Hinweisen auf vergleichbare Vorgänge ohne regionale Begrenzung. Die Staatspolizeistelle Aachen meldete für die Zeit vom April 1939 bis zum Mai 1940 27 Fälle von Kreuz- und ähnlichen Freveln. Aus dem Ermland wie aus dem eroberten Malmedy, aus dem Bistum Limburg wie aus der Erzdiözese Breslau, die in kurzem Zeitraum fünfzehn Fälle meldete, liefen Beschwerden beim Reichsminister für die kirchlichen Angelegenheiten ein.[4] Als Täter wurden meist Angehörige nationalsozialistischer Verbände oder zum Bau des Westwalls zusammengezogene Arbeiter vermutet oder ermittelt. Eine Prüfung anderer Überlieferungen sowie der diözesan- und regionalgeschichtlichen Darstellungen über die Hitlerzeit dürfte ohne Zweifel eine große Zahl weiterer Fälle ergeben. Bis zum Erweis des Ge-

---

[2] Die kirchliche Lage in Bayern nach den Regierungspräsidentenberichten. 7 Bde. (Veröffentlichungen der Kommission für Zeitgeschichte Reihe A, Bde. 3, 8, 14, 16, 24, 31, 32). Mainz 1966 - 1981. 3 Ebd. I 196; II 255 und 369; III 230 und 236; IV 146; V 268.

[3] Ebd. I 196; II 255 und 369; III 230 und 236; IV 146; V 268.

[4] Bundesarchiv Berlin RKM 51.01/22164 und 22170. Die oben gebotenen Angaben beruhen nicht auf systematischer Durchsicht, sondern fielen im Zusammenhang anderer Recherchen an.

genteils wird man davon ausgehen können, daß es in der nationalsozialistischen Zeit von 1936 bis weit in die Kriegsjahre hinein zu zahlreichen Zerstörungen oder Beschädigungen von Kreuzen und ähnlichen Zeichen christlichen Glaubens an öffentlichen Stätten gekommen ist, die nicht von der höheren Führung der Partei oder staatlichen Autoritäten angeordnet oder inspiriert, sondern anders als das große Pogrom vom 8./9. November 1938 tatsächlich Ausdruck „spontaner Volkswut“ waren.

Bislang sind diese wilden Aktionen eher im Zusammenhang mit der Situation der Kirche gesehen worden, die sich durch solche Akte angegriffen sah und ihre Gläubigen zu Sühnegottesdiensten aufforderte. Sollte sich die erwähnte Annahme einer weit verbreiteten Bereitschaft zu sakrilegischen Aktionen, die auch unter den damaligen Umständen gesetzwidrig waren und mit entsprechenden Sanktionen belegt waren, erhärten lassen, würden sich neue Fragestellungen eröffnen.

Unter der Voraussetzung, daß sich ein annähernd flächendeckender Überblick über diese Vorgänge gewinnen und im Regelfall eine irgendwie geartete nationalsozialistische Motivation erkennen und sich ein quantitativer und qualitativer Vergleich dieser Delikte mit entsprechenden aus früherer Zeit anstellen ließe, ergäbe sich nicht nur die Möglichkeit, nach dem Ausmaß der Resonanz zu forschen, welche die nationalsozialistische „Weltanschauung“ in den sozialen Schichten gefunden hat, aus denen die Täter kamen. Ebenso wäre die Frage zu stellen, an welche Voraussetzungen ein solches Ergebnis ideologischer Indoktrination gebunden war, allgemeiner: welche mentalen Anknüpfungspunkte diese in den Tätern bereits vorfand. Sozialgeschichtlich formuliert würde die Frage lauten, ob es in Deutschland schon vor der Herrschaft der Nationalsozialisten eine trennscharf zu umreißende Gruppe in der Bevölkerung gab, deren Antiklerikalismus sie bei geeigneter Gelegenheit auch die Anwendung offener Gewalt gegen Sachen nicht scheuen ließ. Aber auch der Vorgang der Zerstörung oder Beschädigung als solcher verdient eine kritische Nachfrage. Waren etwa die Kreuzfrevel gegenüber den gleichfalls aufgetretenen Beschädigungen anderer religiöser Symbole und Stätten eindeutig in der Überzahl, wie es nach den oben herangezogenen Quellen der Fall zu sein scheint, dann bildeten sie nicht das mehr oder weniger zufällige Objekt einer Zerstörungswut, die sich blindlings gegen beliebige figurale Zeugnisse des überlieferten Christenglaubens richtete; vielmehr wäre ihnen dann ein ritueller Charakter zuzuschreiben, der als solcher näher zu untersuchen bliebe. Joseph Roth und Sigmund Freud haben den Judenhaß der Nationalsozialisten als Christushaß gedeutet.[5] Eine signifikante Konzentration antikirchlicher Zerstörungswut auf die Gestalt des Gekreuzigten wäre geeignet diese Auffassung zu stützen.

Angesichts des ganzen Ausmaßes nationalsozialistischer Untaten erscheinen die hier erörterten Vorgänge geringfügig und nahezu bedeutungslos. Aber das moralische Urteil bietet nicht in jedem Falle die optimale Orientierung der Forschung. Eine systematische Untersuchung der Kreuzfrevel in der Hitlerzeit könnte größeren Ertrag bringen als nur eine Sammlung individueller kirchenfeindlicher Aktionen von lediglich lokaler Bedeutung. Vielmehr könnte sie Anlaß werden zu einer „Volkskunde von unten", welche die Kräfte beschriebe, die Tradition und Herkommen zerstören wollen, aber dabei vielleicht selbst in Traditionen eingebunden bleiben, die ihnen verborgen sind.

[5] Paul Stöcklein, Zur Psychologie des Hasses. Joseph Roths Deutung des Judenhasses - mit einem Blick auf Freud, in: Dieter Borckmeyer und Till Heimeran (Hg.), Weimar am Pazifik. Literarische Wege zwischen den Kontinenten. Festschrift für Werner Vordtriede. Tübingen 1985. S. 79 - 89.

Bürgerfest und Altstadtrummel - kritische Bemerkungen zum neuen Festwesen

Sabine Doering-Manteuffel

„Der Aufenthalt in kleinen Städten ist mir von jeher über alle Maßen langweilig vorgekommen.“ Dieses Eingeständnis der Madame de Stëal in ihren 1810 fertiggestellten Gedanken „Über Deutschland“ mag auch heute noch mancherorts seine Berechtigung finden, wenngleich man wohl nicht mehr die Ansicht der berühmten Autorin zu teilen vermag, daß eben diese kleinen Städte den Geist der Männer einengen und die Herzen der Frauen zu Eis erstarren lassen.[1]

Reiseeindrücke aus Süddeutschland schienen ihre Abneigung gegen die Provinz gar noch zu verschärfen, denn dort fand sie „keine Gesellschaft“ vor, sondern „große Zusammenkünfte, die mehr einer Feierlichkeit als einem geselligen Vergnügen glichen, eine kriecherische Höflichkeit gegenüber der Aristokratie ohne Eleganz...“ Insgesamt, so die Beobachterin, böte Süddeutschland ein Bild „eintönigen Wohlbefindens“, das „handelnder wie denkender Tätigkeit außerordentlich schadet“.[2] Wie anders ging es da doch in Weimar zu! Die bürgerliche Gesellschaft der Stadt war aufgeschlossen, gebildet und lustig, und wußte ausgelassen zu feiern - nein, das war gar kein Vergleich zu den behäbigen und in den Augen der Madame schwerfälligen Festgebräuchen des Südens!

Dieser Zustand mag überwunden sein. Niemand wurde heute mehr ein solch krasses Urteil über die Verhältnisse hierzulande äußern, im Gegenteil: die Landschaften, Gemeinden und Städte Süddeutschlands zählen zu den begehrtesten Touristen- und Ausflugszielen Mitteleuropas und die Le-

---

[1] Madame de Staël: Gedanken über Deutschland. Vollständige Ausgabe. Nach der deutschen Erstübertragung herausgegeben von Monika Bosse. Frankfurt am Main 1985, S. 98.

[2] Madame de Staël, wie Anm. 1. 48.

bensqualität dürfte der in anderen Räumen um nichts nachstehen. Diesen Umstand verdanken sie nicht zuletzt ihren Festen.

Zur Erhöhung der Lebensqualität in Stadt und Land gleichermaßen für Einheimische wie für Touristen trägt seit einigen Jahren ein bestimmter Typus sommerlicher Feste bei, der sich am besten unter dem Sammelbegriff einer öffentlichen Historienbegeisterung zusammenfassen läßt. Es handelt sich dabei um einen ganzen Kranz von Vergnügungen mal kleineren, mal größeren Ausmaßes, dessen Spektrum von einfachen Straßenfesten bis hin zu lukrativen Ritterspielen mit entsprechender Kostümierung, von Handwerkermärkten mit „mittelalterlichen" Buden und mehr oder weniger ernst zu nehmenden Kunsthandwerkvorführungen bis hin zu großen Stadtjubiläen mit Umzügen und wochenlang währenden Rahmenprogramm reichen. Schöne bunte Feste sind das allemal -gewiß, und die Besucherzahlen sprechen auch für sie.

Aber stellt sich nicht auch die Frage nach den Ursachen dieser laienhistorischen Begeisterung, der von Städten und Gemeinden der Vorzug vor anderen Formen der Festgestaltung gegeben wird? Und sollte nicht von volkskundlicher Seite auch einmal nachgefragt werden, ob diese Veranstaltungen ein verfälschtes Bild der Zeit wiedergeben, in die sie sich hineinzuversetzen trachten? Dies berührt keinesweges nur die Kluft zwischen der Mittelalterforschung und der Inszenierung von Geschichte durch solche Festveranstaltungen, ist also mithin kein rein akademisches Problem, sondern reicht auch tiefer in die Materie hinein, denn die Sehnsucht nach dem Spiel mit längst vergangenen Tagen muß doch einen Sinn haben. Ist unsere Gegenwart etwa zu profan, unsere Kleidung zu nüchtern, sind unsere Geselligkeiten zu amorph, so daß der Mensch sich im Fest an eine andere Zeit zu erinnern sucht? Haben weltliche und kirchliche Feste und Feiern für Viele ihren Sinn verloren und weichen sie deshalb auf ein unterhaltendes Spektakel aus? Sind Jahrmarktsbuden und bunte Konsummeilen der Ersatz für jahreszeitlich gebundene oder gar an bestimmte Ereignisse erinnernde Fest- und Feiertage? Es geht für die Volkskunde bei all diesen Fragen sicherlich nicht um kulturkritische Positionen, die jegliche Form der Erneuerung von Brauchtum verwerfen und nur das Hergebrachte gelten lassen wollen - aber die Gestaltung der Gegenwart in Hinsicht auf ein modernes

Festwesen findet dennoch die Aufmerksamkeit des Kulturforschers, dessen zentrales Anliegen Tradition und Wandel der Volkskultur ist.
In Augsburg haben wir ein beredtes Beispiel für ein solch modernes städtisches Fest geradezu vor der eigenen Haustüre: das sogenannte historische Bürgerfest, das alle drei Jahre seit 1985 begangen wird. Das erste Bürgerfest dieser Art des Jahres 1985 zur 2000-Jahrfeier der Stadt ist bereits heute legendär - prächtige Umzüge, der Geschlechtertanz in historischen Kostümen, ein buntes Treiben in der Stadt, sowie ein Begleitprogramm mit vielfältigen Aktivitäten ließen Augsburg im Sommer 1985 zum Mittelpunkt einer ganzen Festregion werden, und die Erinnerungen daran sind in Bild und Schrift breit dokumentiert worden. Die Stadt Augsburg gewann nicht zuletzt durch das Bürgerfest ein neues Selbstbewußtsein, das sich am alten Glanz der ehemaligen Reichsstadt orientierte, an der Zeit der Fugger, als Augsburg zu den bedeutendsten europäischen Zentren zählte. Die nachfolgenden Feste konnten zunächst noch vom Ruhm des Ersten zehren, aber bereits 1994 und noch stärker 1997 traten auch kritische Stimmen auf den Plan, die beklagten, daß der Konsum den Sinn des Festes zu überflügeln drohe. Doch was war der Sinn des Festes eigentlich?
Wenn man bei diesem Beispiel ein wenig verharrt, so nimmt es nicht Wunder, daß bereits zehn Jahre nach der Einführung der Veranstaltung nachgefragt wird, ob das Fest noch die ursprüngliche Intention trifft. Es geht dabei nicht um Besucherzahlen oder um die Umsätze der Gastronomie, sondern um die Verankerung des Festgedankens in der Bevölkerung, der nach und nach eine Verflachung erfuhr. Das ist nicht erstaunlich, denn eine 2000-Jahrfeier läßt sich nicht beliebig wiederholen, selbst wenn sie sich durch ihre außerordentliche Popularität fest in das Gedächtnis der Stadt eingeschrieben hat. Es ist also selbst für eine solch erfolgreiche Veranstaltung schwer, ihren Geist zu bewahren, wenn sie mehr als ein sommerliches Spektakel darstellen und über ihren unmittelbaren Anlaß hinaus zu einem festen Begriff werden soll. Wolfgang Lipp hat in seinem 1987 publizierten Beitrag über „Gesellschaft und Festkultur“, in dem er sich mit „Großstadtfesten der Moderne“ auseinandersetzt, die bereits vor zehn Jahren durch ihren Massencharakter eine auffällige Gestalt angenommen hatten, die provokative Frage gestellt: „Heißt Modernität von Festen auf erster

Ebene also Ökonomisierung, auf zweiter Demokratisierung und Vermassung, so auf dritten und vierten Ebenen Technisierung, Organisierung und Administrierung." Und hinsichtlich der letztgenannten Ebenen führt er näher aus, daß man überall beobachten kann, „... daß besondere vorbereitende Kommissionen, Finanzierungsgesellschaften und überhaupt rundum ausgerüstete, bürokratisch operierende Organisationen geschaffen werden, die das Festgeschehen erst wesentlich auf die Beine stellen."[3] Und auch Helge Gerndt hatte 1978 bereits für ganz Bayern festgestellt, daß „die regionale Vorliebe für bestimmte Veranstalter verschwindet ..., sobald eine gewisse Ortsgröße erreicht ist. Je größer ein Ort, desto häufiger wird das Veranstalten von Gemeindefesten zum Bestandteil kommunaler Behördenarbeit. Eine Gegenentwicklung scheint sich mit den neuerdings auftretenden Stadtteilfesten anzubahnen."[4] An die Stelle von Kirche und Verein war also schon in den Siebziger Jahren ein Kulturmanagement getreten, eine Organisationseinheit, die eigens für die Ausrichtung von Festen ins Leben gerufen wurde. In Augsburg wurde im Sommer 1998 die neu geschaffene städtische Stelle eines Kultur-Managers besetzt, dem - folgt man einer Zeitungsmeldung -, ein Jahresetat von vierhunderttausend Mark, sein eigenes Gehalt eingeschlossen, für derartige Aufgaben zur Verfügung steht. An der Notwendigkeit einer solchen Positionen kann es beinahe keinen Zweifel geben, denn es scheint einige Anstrengungen zu kosten, solche Großveranstaltungen auf die Beine zu stellen, mit denen andere städtische Einrichtungen als Nebenaufgabe überfordert wären. Aber es ist dennoch nachzufragen, ob es sich insgesamt um eine Entwicklung handelt, die der Sache überhaupt noch angemessen ist, oder ob sich der Massencharakter städtischer Feste bereits in einer Weise verselbständigt hat, der solche Folgekosten für den öffentlichen Haushalt rechtfertigt?

Es hat schon einmal eine kulturgeschichtliche Phase gegeben, in der man sich Gedanken um Feste gemacht hat, zwar nicht über deren Kostenfolgen,

---

[3] Lipp, Wolfgang: Gesellschaft und Festkultur. Großstadtfeste der Moderne. In: Hugger, Paul (Hg.): Stadt und Fest. Zur Geschichte und Gegenwart europäischer Festkultur. Stuttgart 1987, S. 234.

[4] Gerndt, Helge: So feiern die Bayern. Bilder, Texte und Untersuchungen zum öffentlichen Festwesen der Gegenwart. München 1978, S. 10.

aber um deren Sinn und Zweck im allgemeinen, nämlich zur Zeit der Aufklärung. Bekanntermaßen war das Fest- und Feiertagswesen vornehmlich in katholischen Landstrichen in einer Weise ausgeartet, daß sich nicht nur aufgeklärte geistliche Herrscher ernsthaft Gedanken über eine Verminderung der vielen Festtage machten und durch eine Reihe von obrigkeitlichen Verordnungen schließlich auch durchsetzten. Diesen Verboten fielen viele traditionelle weltliche und geistliche Feste zum Opfer und vorbei war es auch mit der barocken Prachtentfaltung. Aber die Aufklärer hatten nicht nur die Abschaffung des überkommenen Festwesens vor Augen, sondern auch die Einrichtung von neuen, und diese unterlagen, wie Beate Heidrich in ihrer Studie über „Fest und Aufklärung“ ausführt, einer regelrechten Festtheorie. Es ging darum, „das richtige Verhältnis von Festinhalt und Festform“ zu erreichen, die „mit dem ‘eigentlichen’ Inhalt, der Aussage und Absicht des Festes keinesfalls in einem Mißverhältnis stehen.“[5] Lege man zuviel Wert auf äußerliche Gestaltung, so werde das Fest „zur leeren eitlen Parade ohne Gehalt, zu einer ‘geschmacklosen Farce’, die lediglich die Schau- und Sensationslust des ‘gaffenden Pöbels’ befriedigen könne, Geist und Verstand aber nicht berühre.“[6] Das sind gewiß starke Töne, aber sind die modernen Großstadtfeste nicht ein konkretes Abbild dieser aufklärerischen Festtheorie und damit die Erfüllung all jener Bemühungen, die die Aufklärer anwandten, um das Vergnügungswesen völlig aus dem bäuerlichen und handwerkerlichen Jahreskalender zu lösen, damit es instrumentalisierbar wurde? Und stehen wir nicht am Ende einer Entwicklung, bei der „man stets davon aus[ging], daß Volksfeste nicht in Eigenregie des Volks gefeiert werden, oder ‘aus dem Volk’ heraus entstehen. Die Spontanität des Feierns wird, soweit sie bislang vorhanden war, dadurch freilich unterdrückt, die Gesetzmäßigkeit des Feierns, die in der Volkskultur herrschte, weitgehend außer Kraft gesetzt. Das neue vernünftige Fest wird geplant, sorgfältig vorbereitet, genau durchdacht, gleichsam konstruiert und ‘von oben’, von der lokalen Obrigkeit beziehungsweise vom Staat ‘angesetzt’ oder ‘angeordnet’.“[7] Nun darf man heute getrost bezweifeln,

[5] Heidrich, Beate: Fest und Aufklärung. München 1984, S. 83.
[6] Heidrich, Beate, wie Anm. 5.
[7] Heidrich, Beate, wie Anm. 5, S. 121 f.

daß es für die städtische Bevölkerung überhaupt noch eine Gesetzmäßigkeit des Feierns gibt, wenn darunter ein Brauchtumskalender verstanden wird, der wiederkehrende Feste im Sinnzusammenhang des Kirchenjahres, von Märkten oder anderen feststehenden Terminen markiert, die keineswegs das Ausmaß mittelalterlicher Festtage annehmen müssen, in einer Zeit, in der es etwa für die Diözese Augsburg neben den Sonntagen noch weitere fünfundvierzig Festtage im Jahreslauf gab.[8]
Doch dies ist nicht nur eine städtische Entwicklung, selbst für das Land hat Ingeborg Weber-Kellermann erst 1985 festgestellt, daß sich die Feste „mehr und mehr auf große Besäufnisse [reduzieren]“, selbst wenn sie noch einen geistlichen oder anders traditionellen Hintergrund haben und nicht von Kulturmanagern, sondern von Kirchen, Vereinen und Gruppen getragen werden.[9] Es scheint also insgesamt eine starke Tendenz nicht nur zur Profanisierung, sondern auch zu einem durch ökonomische Interessen geleiteten Festwesen zu geben, das sich ganz den Zielen eines zweckgebundenen Rationalismus unterordnet. Und diese Formen des Brauchtums in der Gegenwart sind weit entfernt von dem, was Walter Pötzl über das Brauchtum um die Jahrhundertwende schreibt: „Der Brauch bringt einen inneren Vorgang sinnbildlich zum Ausdruck.“[10]
Mit der Abkehr des Momentes einer solchen immanenten Bedeutung sind unsere heutigen Großstadtfeste - und da schließt sich das Augsburger historische Bürgerfest nicht aus - ein Produkt auch jener Positionen, die am Beginn der Moderne für einen konsequenten Wandel des Festes eintraten. Es gibt wohl einen Unterschied zu den Zeitgenossen in der Epoche der Aufklärung: uns fällt dieser Sachverhalt gar nicht ins Auge, weil es beinahe keine städtischen Feste mehr gibt, die anders sind.

---

[8] Grotefend, Hermann: Zeitrechnung des deutschen Mittelalters und der Neuzeit. Hannover 1892, S. 4 - 7.

[9] Weber-Kellermann, Ingeborg: Saure Wochen - Frohe Feste. Fest und Alltag in der Sprache der Bräuche. München 1985, S. 140.

[10] Pötzl, Walter: Brauchtum um die Jahrhundertwende. Die Antworten auf die Umfrage von 1908 in den Bezirksämtern Augsburg, Schwabmünchen und Zusmarshausen. Augsburg 1990, S. 1.

Nun ist Augsburg nicht die einzige Stadt, die ein solches neues Fest wie das Bürgerfest vorzuweisen hat, und es gibt auch in der näheren und weitere Umgebung eine ganze Reihe von Veranstaltungenen, die zum Teil ebenso in den Händen der Kommune liegen, zum Teil aber auch durch Vereine oder Privatveranstalter getragen werden. Besonders auffällig sind dabei neben den historischen Bürgerfesten - die Stadt Friedberg etwa hat ihr Bürgerfest in die Zeit des Barock verlegt - zwei Erscheinungsformen, die sich in den vergangenen Jahren herauskristallisiert haben, nämlich die bereits angesprochenen Ritterspiele, die zumeist auf Burgen stattfinden, sowie die Mittelaltermärkte, die wohl eine ausgesprochene Domäne kleinerer und mittlerer Gemeinden sind und zu jenem Kreis von Veranstaltungen gehören, die „sich oft in Gemeinden [finden], die bis dahin keine hinreichend attraktive Festveranstaltung besaßen, sie sind dem Engagement von Kommunalpolitikern zu verdanken.“[11] Von diesen soll im folgenden die Rede sein. Aus welchen Grunde ausgerechnet das Mittelalter am Ende des 20. Jahrhunderts eine solche Begeisterung bei Veranstaltern und Festbesuchern weckt, ist schwer nachvollziehbar. Die Lebensqualität jener Zeit dürfte jedenfalls mit der unsrigen kaum Schritt gehalten haben. Es kann sich also nicht um den Wunsch nach Wiederherstellung der Verhältnisse handeln, der sich in den Aufführungen widerspiegelt, sondern eher um eine Vorstellung, die direkt etwas mit den Defiziten der Gegenwart zu tun hat und die im Mittelalter eine Zeit zu erblicken glaubt, in der sich der Alltag der Bürger vielleicht zufriedener gestaltete als heute. Mittelalter ist dabei durchaus nicht als eine Epoche zu verstehen, die fixe zeitliche Grenzen aufweist, sondern als eine Art Chiffre für das bunte Treiben, das sich aus historischen Zitaten und deren Umformungen zusammensetzt.
Kernstücke solcher Märkte bildet oft die Illusion eines Jahrmarktgeschehens mit Gauklern und Spielmannsleuten, Feuerschluckern, Puppenspielern und „fahrendem Volk“, dargestellt von Spielern, die in ihrem wirklichen Leben einem ganz anderen Beruf nachgehen. Sie sind also keineswegs wirklich ärmlich und auf den Obolus der Besucher angewiesen, wie ihre echten historischen Vorbilder, sondern vorzugsweise aufwendig ko-

[11] Gerndt, Helge, wie Anm. 4, S. 32.

stümiert und sie verkörpern den bunten Teil der Veranstaltung, während Handwerker und Händler den ökonomischen Teil bestreiten. Das Geschehen hat also ebenfalls im Hintergrund ein höchst profanes Gepräge und setzt sich genau aus den Bestandteilen zusammen, die auch sonst gut ins Bild des modernen Festlebens passen, nämlich aus der Verquickung aus Kommerz und Unterhaltung. Und dementsprechend sind es auch nicht selten Agenturen, die das Gesamtpaket einer solchen Veranstaltung verkaufen, und durch deren Vermittlung Sänger und Schausteller karawanenartig über den Sommer hinweg von Ort zu Ort ziehen.

Das Dargebotene bewegt sich dabei im Bereich der Unterhaltung sowohl aus historischen Versatzstücken, wie dem Liedgut oder Teile der Kostümierung, als auch aus deren Fortführung oder Nachdichtung, aus Stoffen, Farben und Formen, die der Phantasie entsprungen sind und damit bereits eine Eigendynamik im Zeichnen eine Bildes vom Mittelalter entfalten. Im Bereich des (Kunst-) Handwerkes gibt es ebenfalls sehr häufig ein Gemisch aus traditionellen Techniken - ob mittelalterlich oder auch nicht -, die man in der Tat ansonsten bestenfalls in Freilichtmuseen vorgeführt bekommt, wie etwa das Spitzenklöppeln oder das Korbflechten, und dazwischen drängen sich Händler kommerzieller Fernostware an Schmuck und Textilien.

Diese Märkte haben auch einen ökologischen Beigeschmack, indem Obstweine oder Honig und andere lokale oder regionale Spezialitäten feilgeboten werden. Aber neben den kommerziellen und dem unterhaltenden Aspekt kommt noch ein dritter Akzent ins Spiel, der bei den Großveranstaltungen in der Stadt beinahe ganz wegfällt: Im Gegensatz zu den großen städtischen Festen verkörpern diese Veranstaltungen eher ein Bedürfnis nach Heimeligkeit und Kleinräumigkeit und einer Zeit, in der es noch stärkere soziale Trennlinien zwischen Volk und Obrigkeit gab. Das klingt sonderbar, denn hatten nicht gerade die Aufklärer als eine der zentralen Forderungen an das neue Festwesen deren volksbildnerischen Auftrag angesehen und das Fest ausdrücklich unter demokratischen Vorzeichen betrachtet?

In gewisser Weise stehen diese Veranstaltungen auch wegen ihres geringen lokalhistorischen Bezugs in einem starkem Kontrast zu den historischen Bürgerfesten in den Großstädten, die zumindest noch den Anschein von

Brauch hinterlassen, da sie um eine stadtgeschichtliche Idee kreisen, selbst wenn diese nicht von der Bevölkerung, sondern von der Kulturpolitik erdacht wurde. Die Märkte verschaffen einem anderen Bedürfnis Raum, sie stellen in viel stärkerem Maße Rettungsversuche verloren gegangener Werte dar und einer Welt, die es nie gegeben hat und nie geben wird. Der Grund liegt darin, daß sie keine Aufführungen von Vergangenheit planen, wie etwa der Augsburger Geschlechtertanz, oder der „Ball beim Fürsten Rakoczy" in Bad Kissingen in Unterfranken, der 1950 von der staatlichen Kurverwaltung dort eingeführt wurde[12] oder das ebenfalls 1950 in Andernach am Rhein ins Leben gerufene „Bäckerjungenfest" mit einem Umzug aus Figuren der Andernacher Geschichte[13] und viele andere Veranstaltungen mit „lokalhistorischer Sinngebung", wie es in Leander Petzolds Führer zu den volkstümlichen Festen der Gegenwart heißt. Sie sind vielmehr „eskapistische, auf Gegenwelten gerichtete Handlungen"[14] als eine neue Form der Festkultur, wie sie erst seit den 1980er Jahren greifbar wird.
Das geht Hand in Hand mit einer allgemeinen Mittelalterbegeisterung, wie sie sich auch auf dem Buchmarkt bemerkbar machte und jetzt noch in vielen Ausstellungen faßbar wird, siehe etwa die wiedererwachte Popularität einer Hildegard von Bingen.
Was die Mittelaltermärkte von inszenierten Veranstaltungen unterscheidet, ist die Tatsache, daß sie viel stärker dem Anspruch unterliegen, nicht Folklore, sondern Volksleben zu verkörpern und zwar eines, das im direkten Kontrast zu vielem steht, was unseren Alltag heute ausmacht. Sie sind nicht Aufführung, sondern stellen eher eine gemäßigte Variante des sogenannten „Live-Rollenspiels" dar, einer Freizeitbeschäftigung von Jugendlichen, bei der sich 30 bis 300 junge Leute am Wochenende treffen, um eine (mittelalterliche) Geschichte zu spielen, in der jeder einen Charakter darstellt und ihn selbst ausfüllt. Helden und Schurken, Minnesänger und Gaukler, schöne Prinzessinnen und böse Mächte, das ganze Klischee-Repertoire aus der Video- und Science Fiktion-Produktion der vergange-

---

[12] Petzold, Leander: Volkstümliche Feste. Ein Führer zu Volksfesten, Märkten und Messen in Deutschland. München 1983, S. 129 f.
[13] Petzold, Leander, wie Anm. 12, S. 288 f.
[14] Lipp, Wolfgang, wie Anm. 3, S. 244.

nen Jahrzehnte feiert hier im wahrsten Sinne des Wortes fröhliche Urstände. Andrea Obermeier, die sich mit solchen Spielen näher befaßt hat, stellt fest, daß auch diese Spiele niemals spontan entstehen, sondern immer geplant sind: „Frustriert von der alltäglichen Hektik und dem monotonen Berufsleben brauchen viele Leute als Ausgleich Erfolgserlebnisse... [Im Life-Rollenspiel] kann man seine Träume verwirklichen und für kurze Zeit eine andere Identität annehmen, die mit der Realität absolut nichts mehr gemein hat."[15] Dies betrifft die Akteure, und die verkörpern, genau wie jene der Mittelaltermärkte, ein Stück Fortschrittskritik. Bei den Marktakteuren zeigt sich das im Umgang mit der Natur, indem sie naturnahe Waren aus Flachs, Hanf, Weide oder Wolle verkaufen, am Umgang mit der Kleidung, indem das Gewand der Händler weder der Tracht entlehnt ist noch Mode darstellt, sondern zeitlos Schlichtheit, Arbeit und Althergebrachtes signalisiert, und nicht zuletzt am sozialen Miteinander, indem sie ein Binnenklima schaffen, das der verloren geglaubten Dorf- oder Kleinstadtstruktur ähnelt, eben mit Bauern, Handwerkern, Jahrmarktsleuten und durchziehenden Schaustellern. Die Märkte stehen damit in einer Linie mit anderen gegenaufklärerischen Positionen, obwohl sie von der Organisationsform her ebenso durchgeplant sind wie die Großstadtfeste. Und natürlich handelt es sich auch bei dieser Form von neuen Festen um ganz moderne Varianten des Vergnügungsmarktes, der in vielfältiger Weise in Erscheinung tritt und nicht nur auf Historizismen abhebt. „Feste," so heißt es im Begleitheft zur Ausstellung „So feiern die Bayern" aus dem Jahr 1978, „wie sehr sie auch dem Ausbruch aus der Arbeitswelt und der Überhöhung des Alltagslebens dienen mögen, bleiben an ihre gesellschaftlichen Grundlagen gebunden. Vor allem unsere öffentlichen Feste sind von den Strukturen der Marktwirtschaft entscheidend geprägt. Sie können sich dem komplexen System von Angebot und Nachfrage, von Bedürfniserweckung und Bedürfnisbefriedigung, von offener oder verdeckter politischer Ausnutzung des scheinbar Unpolitischen kaum entziehen."[16]

---

[15] Obermeier, Andrea: Live-Rollenspiele - eine Gefahr für die Teilnehmer? Unveröffentlichtes Manuskript, Fach Volkskunde, Universität Augsburg 1998, S. 3. Erscheint als Beitrag in einer der nächsten Nummern der Augsburger Volkskundlichen Nachrichten.

[16] Gerndt, Helge, wie Anm. 4, S. 68.

Ein weiterer Aspekt dürfte eine wichtige Rolle spielen. Der Rückgriff auf historisches Ambiente beim neuen Brauchtum, wenn man das Aufkommen dieser Märkte einmal so nennen will, muß gewiß auch vor dem Hintergrund des Abkommens von tradiertem Brauchtum gesehen werden. Der so häufig beklagte Verlust der Lebensmitte ist zumindest teilweise auf mangelnde soziale Integration zurückzuführen - ein Prozeß, der sich seit dem 19. Jahrhundert zunehmend beschleunigt.
Wenn man einmal den von Walter Pötzl im Jahr 1990 herausgegebenen und bearbeiteten Band über „Brauchtum um die Jahrhundertwende" in den Bezirksämtern Augsburg, Schwabmünchen und Zusmarshausen zur Hand nimmt, wird man schnell feststellen, daß es sich um eine Zeit starken Wandel gehandelt hat. Aber dennoch waren beinahe alle noch vorhandenen Bräuche entweder kirchlicher Herkunft, lagen im bäuerlichen Arbeitsjahr begründet oder zählten zum Lebenslauf-Brauchtum. Als Beispiele für religiös bedingtes Brauchtum seien nur genannt die Adventsbräuche oder die Bitt- und Flurumgänge. Das Erntebrauchtum bestand in einigen Orten etwa aus der Sichel- oder Flegelhänke[17], und das Brauchtum im Lebenslauf reicht vom Kindbett bis zum Tode. Aber wir stehen in einer Zeit der starken Verdrängung und es sind nicht selten die technischen Geräte, die dies bewirken. Der Biburger Bürgermeister wird anläßlich einer Umfrage aus dem Jahre 1908 mit der Bemerkungen zitiert: „Infolge des ausgebreiteten Gebrauches von Maschinen aller Art in der Feldwirtschaft sind alle besonderen Gebräuche verschwunden."[18] Und in den Randgemeinden von Augsburg läßt sich allerorten feststellen, daß die Tracht weitestgehend abgekommen ist und städtische Kleidung vorherrscht. Beim Totenbrauchtum haben nicht zuletzt die städtischen Leichenhäuser dazu beigetragen, daß der Umgang mit dem Tod anonymer geworden ist.
Nun ist die Gleichsetzung von Brauchtum und Fest vielleicht nicht in allen Fällen zulässig, denn es macht natürlich einen Unterschied, ob sich die Bevölkerung auf öffentlichen Plätzen zu Umzügen, Dulten und in Bierzelten zusammenfindet oder ob im bäuerlichen Jahr die Familie gemeinsam mit

[17] Zur Flegelhänke vergl. auch: Die Flegelhänke: ein ländliches Fest. (Erscheinungsjahr geschätzt 1780). Oettingen-Wallersteinische Bibliothek, Sig 02/III.8.8.266angb.3.
[18] Pötzl, Walter, wie Anm. 10, S. 48.

dem Gesinde einen Brauch begeht, der etwa in einem besonderen Essen besteht.

Aber es ist schon auffällig, daß sich das Festwesen in der Gegenwart überhaupt zu einem weitgehend öffentlichen gewandelt hat. Wolfgang Lipp betont, daß es eben jene Profanisierungs- und Säkularisierungstendenzen sind, „die die metaphysischen, geheimnisvollen, sinnvertieften Seiten des Festes überall absterben lassen..." Und man möchte das Moment der Anonymität noch hinzufügen und dem Autor beistimmen, daß sich allerorten „die ökonomischen, politischen, überhaupt funktionellen Zwecke, die das Fest heute verfolgen, derart in den Vordergrund [schieben], daß der „Mehrwert" von Festen, ihre Offerte, im rauschhaften Überstieg neue ganzheitliche Erfahrungen zu machen, schnell verloren gehen kann."[19]

Bleibt noch die Frage offen, warum sich ausgerechnet das Mittelalter, oder zumindest das, was dafür gehalten wird, besonders gut als Projektionsfläche für gegenwärtige Bedürfnisse eignet. Die Gesellschaft des Mittelalter war eine Gesellschaft der engen sozialen Schranken und dies betraf natürlich auch das Festwesen. Die Funktion von Gauklern und Jongleuren, von Spielleuten und Lustigmachern bestand im Mittelalter in der Tat darin, ein „Ventil- und Spiegelelement"[20] zur Gesellschaft zu errichten. Dies geschah, sofern es sich um Volksbelustigungen auf den Jahrmärkten handelte und nicht um höfische Festkultur, in Form von szenischen Darstellungen mit wechselnden Larven und Kostümen, im karikieren des dummen Bauern, der in die Stadt kommt oder im Marionettenspiel.[21] Das hatte natürlich eine gewisse Aktualität und bezog sich nicht auf Verhältnisse, die Jahrhunderte zuvor Gültigkeit hatten. Hier genau liegt der Unterschied. Die Mittelaltermärkte der Gegenwart versuchen, ein Bild der Vergangenheit zu zeichnen. Sie sind kein Spiegel ihrer Gegenwart und als Geschehenszusammenhang eben gerade nicht mittelalterlich. Ihnen liegt ein immanenter Ausdruck einer Unzufriedenheit zugrunde, der sich im Gegensatz zu ihren historischen Vorbildern rückwärtsgewandt gibt. Diesen Veranstaltungen fehlt das schöpferische und spielerische Element. Und es stellt sich auch

---

[19] Lipp, Wolfgang, wie Anm. 3, S. 241.

[20] Kindermann, Heinz: Das Theaterpublikum des Mittelalters. Salzburg 1980, S. 122.

[21] Kindermann, Heinz, wie Anm. 20, S. 122 ff.

die Frage nach der Authentizität weniger, wenn zum Beispiel Minnesänger aus der höfischen Kultur ihren Vortrag vor Irdenwaren-Geschirrständen halten. Damit sind sie unpolitisch und politisch zugleich und verkörpern einen neuen Stil des Festwesens im Gegensatz zu den Massenveranstaltungen aus Darbietungen und Bierzelt, aus Wirtschaft und Politik.
Kann man aus dem Aufkommen dieser beiden neuen Festformen, den städtischen Massenveranstaltungen mit historischem Bezug sowie den Märkten mit pseudo-historischem Ambiente, Schlüsse ziehen auf die bereits erwähnte „gesellschaftliche Gebundenheit"? Ja und nein. Ulrike Bodemann hat in ihrem 1983 erschienenen Beitrag zum Thema „Folklorismus - ein Modellentwurf" einige weiterführende Gedanken geäußert, die über das Phänomen der wiederbelebten Bräuche in der Gegenwart hinausreicht und Ansätze zu allgemeinen Erklärungen über die Gestalt modernen Brauchtums liefert. Sie stellt heraus, daß neues Brauchtum mit historischem Bezug immer in gesellschaftlichen Umbruchssituationen entsteht, im Spätmittelalter, während der industriellen Revolution, nach dem Zweiten Weltkrieg. Es handelt sich also um Kultformen, um „solche Zäsuren im Kulturverlauf auszugleichen oder zu überbrücken ....". Der Zweck liegt auf der Hand, es geht um eine „Kompensation eines Vakuums". „Sie konstatiert eine Spannung im kulturellen Gleichgewicht...", aus der heraus „eine Rückbesinnung auf verdeckte Basismotive der Bedürfnisbefriedigung und auf traditionelle kulturelle Lösungsmuster, die aus der historischen Distanz betrachtet leicht idealisierbar sind und umso wirksamere Vorbildfunktion bekommen."[22] Die Ziele solcher Bestrebungen sind die Erhöhung der Eigenwelt, die Selbstbespiegelung als Kompensation einer religiösen oder anderen Verlusterfahrung, das Herstellen einer kollektiven Identität, das sinnvolle Ausfüllen von Freizeit, die Suche nach ursprünglichen Lebensweisen als kultureller Regressionsform.[23] Was für die Folklorisierung zutrifft, mag auch für die Historisierung des Festwesen gültig sein, denn es scheint, als seien beide Grundbewegungen nur die Vor- und Rückseite derselben Medaille. Je mehr sich die Gesellschaft individualisiert, umso mehr

---

[22] Bodemann, Ulrike, Folklorismus - ein Modellentwurf. In: Rhein. - west. Zeitschr. f. Vk. 28. Jg. 1983, S. 101 - 110, S. 104.
[23] Bodemann, Ulrike, wie Anm. 22, S. 105.

Anlässe gibt es, zumindest eine Illusion von Gemeinsamkeit im Fest erstehen zu lassen. Daraus mag sich tatsächlich das ein oder andere bewahren und auch langfristig zu einem neuen Brauchtum führen.
Wenn man diese Beobachtungen zusammenfaßt, sollte man meinen, daß diese Veranstaltungen eigentlich keinen festen Boden unter den Füßen haben. Aber so kann man das wohl auch nicht sehen, denn die Rechnung der Kulturpolitik und privater Veranstalter, die sich in der Nachkriegszeit und zunehmend bis in die 1980er Jahre hinein Gedanken über den Zusammenhalt der Bewohnerschaft etwa von Randgemeinden und Vorstädten mittels solcher Bürgerfeste gemacht haben und dies mit einigem Erfolg, sollten dafür nicht auch noch gescholten werden. Und jedes Fest, ganz gleich welchen Ursprungs, mußte sich erst einmal etablieren, bis es von der Bevölkerung angenommen wurde. Es bleibt also abzuwarten, welche Entwicklung diese teils monumentalen, teils kleindimensionierten Veranstaltungen nehmen werden. Der Volkskunde wird es jedenfalls Auftrag sein, das Geschehen auch weiterhin zu beobachten.
Bleibt nur, am Schluß dieser Abhandlung über Feste, dem Empfänger dieser Festschrift zu seinem Jubelfest alles Gute gewünscht - das mit einer fröhlichen Feier begangen werden möge!

Verzeichnis der Veröffentlichungen

(ohne Lexikonartikel, Beiträge in Zeitungen, Rezensionen)

Prof. Dr. Walter Pötzl

Katholische Universität Eichstätt

Übersicht:

I. Selbständige Schriften:

Darstellungen

1. **Geschichte des Klosters Irsee 1182-1501,** Ottobeuren 1969 (StMB Ergänzungsband 19), 264 Seiten (theol. Diss. München 1967).

2. **Bischof Ulrich und seine Zeit. 890-973. Eine Biographie,** Augsburg 1973, 71 Seiten.

3. **Das Staudenhaus aus Döpshofen,** zus. mit Horst Gutmann, (= Beiträge zur Heimatkunde des Landkreises Augsburg Bd. 9), Augsburg 1984, 142 Seiten.

4. **Geschichte und Volkskunde des Marktes Dinkelscherben,** Dinkelscherben 1987, 462 Seiten.

5. **Neusäß. Die Geschichte von acht Dörfern auf dem langen Weg zu einer Stadt,** (Hrsg. zus. mit Dr. Manfred Nozar), Neusäß 1988, 746 Seiten (Die Beiträge unter Nrr. 26 u. 76).

6. **Der Landkreis Augsburg. Natur Geschichte, Kunst u. Kultur,** (Hrsg.), Augsburg 1989, 304 Seiten (Darin 59 eigene Beiträge).

7. **Lebensbilder zu Bildern aus dem Leben,** Augsburg 1991, 272 Seiten (= Beiträge zur Heimatkunde des Landkreises Augsburg, Bd. 11).

8. **Zusmarshausen. Markt, Pflegamt, Landgericht und Bezirksamt,** (Hrsg.), Zusmarshausen 1992, 304 Seiten (Die Beiträge unter Nrr. 62, 77-79, 94).

9. **Geschichte der Marktgemeinde Stadtbergen,** (Hrsg. zus. mit Gunther Gottlieb), Stadtbergen 1992, 677 Seiten (Die Beiträge unter Nrr. 80 u. 105).

10. **Häuser - Möbel - Trachten. Zur Sachkultur des Volkes,** zus. mit Anni Hartmann, Augsburg 1993, 360 Seiten (Die Beiträge unter Nrr. 106 u. 107).

11. **Bobingen und seine Geschichte,** (Hrsg. zus. mit Wolfgang Wüst), Bobingen 1994, 966 Seiten
(Die Beiträge unter Nrr. 81, 82, 96, 108, 109).

12. **Geschirr und Gerät in alter Zeit,** zus. mit Anni Hartmann (mit Beiträgen von Gudrun Schmid u. Gudrun Nitsch), Augsburg 1995, 212 Seiten (= Beiträge zur Heimatkunde des Landkreises Augsburg, Bd. 13),
Die Beiträge unter Nrr. 110, 111, 112).

13. **Kreuze, Bildstöcke und Feldkapellen,** Augsburg 1996, 240 Seiten (= Beiträge zur Heimatkunde des Landkreises Augsburg, Bd. 14).

14. **Kunstgeschichte,** (Hrsg.), Augsburg 1997, 436 Seiten (=Der Landkreis Augsburg, Bd. 6),
Die Beiträge unter Nrr. 113, 114, 115).

Quelleneditionen

15. **Zeitgenossen berichten über die Lechfeldschlacht,** Augsburg 1973, 23 Seiten.

16. **Mirakelgeschichten aus dem Landkreis Augsburg,** Augsburg 1979, 101 Seiten.

17. **So lebten unsere Urgroßeltern. Die Berichte der Amtsärzte der Landgerichte Göggingen, Schwabmünchen, Zusmarshausen und Wertingen,** (= Beiträge zur Heimatkunde des Landkreises Augsburg Bd. 10) Augsburg 1988, 232 Seiten.

18. **Brauchtum um die Jahrhundertwende. Die Antworten auf die Umfrage von 1908 in den Bezirksämtern Augsburg, Schwabmünchen und Zusmarshausen,** (= Sonderband zum 21. Jahresbericht des Heimatvereins für den Landkreis Augsburg) Augsburg1990, 206 Seiten.

II. Aufsätze und kleinere Beiträge:

Kirchen- und Klostergeschichte

19. **Ablaßwesen im mittelalterlichen Kaufbeuren,** in: Kaufbeurer Geschichtsblätter 5, 1967, 81-86.

20. **Die Bedeutung des ehemaligen Benediktinerklosters Irsee,** in: Das schöne Allgäu 36, 1973, 151-158.

21. **Neresheim in der niederschwäbischen Benediktinerkongregation,** in: Die Abteikirche Neresheim als Ausdruck benediktinischer Geistigkeit, zur Wiedereröffnung hrsg. v. H. Tüchle und P. Weißenberger, Ottobeuren 1975 (StMB 86, Heft I/II), 231-270.

22. **Die Geschichte des Klosters Irsee im Mittelalter - Ein Überblick,** in: Das Reichsstift Irsee. Vom Benediktinerkloster zum Bildungszentrum. Beiträge zu Geschichte, Kunst und Kultur (= Beiträge zur Landeskunde von Schwaben, hrsg. v. Dr. H. Frei, Bd. 7), Weißenhorn 1981, 9-16.

23. **Der Irseer Konvent und seine Äbte in der Neuzeit,** 1502-1802, in: Das Reichsstift Irsee, l.c., 17-75.

24. **Kloster Irsee und seine Geschichte,** in: Ebbes - Z. f. d. Bayer. Schwaben 3, Heft 4, 1981, 2-5.

25. **Zur Kirchengeschichte von Neusäß,** in: 25 Jahre Kirche St. Ägidius. Weihe der Begegnungsstätte St. Ägidius, Neusäß 1978, 23 Seiten.

26. **Kirchengeschichte,** in: Neusäß, (in Nr. 5) 263-334.

27. **Die niederschwäbische Benediktinerkongregation vom Hl. Geist,** in: Germania Benedictina I. Die Reformverbände und Kongregationen der Benediktiner im deutschen Sprachraum, hrsg. v. P. Ulrich Faust, St. Ottilien 1999, [22 Druckseiten].

Patrozinienkunde und Kultgeographie

28. **Augusta sacra. Augsburger Patrozinien des Mittelalters als Zeugnisse des Kultes und der Frömmigkeit,** in: JbVABG 9, 1975, 19-75.

29. **Kultgeographie des Bistums Augsburg II. Die Patrozinien in den ehemaligen Landkapiteln Bayermänching, Friedberg, Aichach und Rain,** in: JbVABG 10, 1976, 70-113.

30. **Kultgeographie des Bistums Augsburg III. Die Patrozinien in den ehemaligen Landkapiteln Bayermänching, Friedberg, Aichach und Rain,** in: JbVABG 11, 1977, 34-65.

31. **Kirchenpatrozinien im Norden, Westen und Süden von Augsburg,** in: HVLAJb 1976, 127-215.

32. **Kultgeographie des Bistums Augsburg IV. Die Patrozinien in den ehemaligen Landkapiteln Wertingen und Westendorf,** in: JbVABG 14, 1980, 133-170.

33. **Loreto in Bayern,** in: JbVk 2, 1979, 187-218.

34. **Santa-Casa-Nachbildungen und Loreto-Patrozinien im Bistum Augsburg,** in: JbVABG 13, 1979, 7-33.

Kultgeschichte

35. **Die Weihe der St. Blasiuskirche am 1. April,** in: Kaufbeurer Geschichtsblätter 5, 1967, 51f.

36. **Gordianus und Epimachus. Translatio und Kult,** in: StMB 79, 1968 (= Festschrift für P. R. Bauerreiss) 359-368.

37. **Das Bild des Heiligen Thomas von Canterbury in Appertshofen,** in: Der Daniel 7/4, 1971, 3ff.

38. **Die Anfänge der Ulrichsverehrung im Bistum Augsburg und im Reich,** JbVABG 7, 1973, 82-115.

39. **Ulrichsverehrung während der Stauferzeit in Augsburg,** in: JbVABG 8, 1974, 66-84.

40. **Schwäbische Christkindl-Wallfahrten,** in: Ebbes - Z. f. d. Bayer. Schwaben 3, Heft 6, 1981, 9-13.

41. **Gnadenreiche Christkindl und ihre Verehrung durch Wallfahrer und gläubiges Volk,** in: Schönere Heimat 71, 1982, Heft 4, 463-474.

42. **St. Hildegard - Leben, Legende und Kult,** in: Allgäuer Geschichtsfreund 83/84, 1984, 79-96.

43. **Formen volkstümlicher Verehrung des hl. Willibald,** in: StMB 98, 1987, 146-168.

44. **Mehrere Texte (u.a. Reliquien, Legenden des späten Mittelalters, Patrozinien, Verehrung im Volk, Das Pferdepatronat in Jessenwang und Unterfinning),** in: Hl. Willibald, 787-1987, Künder des Glaubens, Pilger, Mönch, Bischof (= Austellungskatalog), Eichstätt 1987.

45. **Lebendiges Brauchtum um St. Willibald,** in: Schönere Heimat 76, 1987, Heft 2, 83f.

46. **Zur Wallfahrt Biberbach, Enstehung und Entwicklung der Wallfahrt zum „Herrgöttle" von Biberbach; Pfarrer Anton Ginter (1655-1725), der Begründer der Biberbacher Wallfahrt; Die Biberbacher Katakombenheiligen; Die Biberbacher Bruderschaften,** in: Biberbach, Regensburg 1997 (=Schnell und Steiner, Große Kunstführer, Bd. 199), 5-9, 32ff., 44.

47. **Die Wallfahrt zur „Einsiedelmadonna",** in: Das Dominikanerkloster zu Bad Wörishofen, hrsg. v. Werner Schiedermair, Weißenhorn 1998, 307-315, 352.

48. **Caravaca-Kreuze in Feld und Flur, auf Kirchen und Kapellen,** in: Schönere Heimat 87, 1998, Heft 3, 143-150.

49. **Heiligenverehrung in Bruderschaften. Die St. Anna-Bruderschaft in Baisweil,** in: JbVABG 6, 1972, 165-187.

50. **Die Miracula sancti Simperti. Ein Beitrag zur Wallfahrtsgeschichte und zum Volksleben,** in: JbVABG 12, 1978, 117-150.

51. **Bruderschaften, Wallfahrten und Katakombenheilige im Irseer Herrschaftsgebiet,** in: Das Reichsstift Irsee, l.c., 112-132.

52. **Katakombenheilige als „Attribute" von Gnadenbildern,** in: JbVk 4, 1981, 168-184.

53. **Die Wallfahrt zum Kreuzpartikel in Bergen,** in: Kloster Bergen b. Neuburg a. d. Donau u. s. Fresken von Johann Wolfgang Baumgartner, Weißenhorn 1981, 39-57.

54. **Marianisches Brauchtum an Wallfahrtsorten,** in: Handbuch der Marienkunde, hrsg. v. W. Beinert u. H. Petri, Regensburg 1984, 883-926; 2. Aufl. 1996/97, 483-526.

55. **Santa-Casa-Kult in Loreto und in Bayern,** in: Wallfahrt kennt keine Grenzen, hrsg. v. Lenz Kriss-Rettenbeck u. Gerda Mühler, München-Zürich 1984, 368-382.

56. **Die reale Welt der Votanten. Beispiele aus Dinkelscherben,** in: BJbVk 1985, 96-109.

57. **St. Blasius in Bopfingen und Unsere Liebe Frau auf dem Roggenacker - eine spätmittelalterliche und eine barocke Wallfahrt im Vergleich (Zusammenfassung),** in: Rieser Kulturtage - Dokumentation, Bd. VI/2, 1986, 649-655.

58. **Bild und Reliquie im hohen Mittelalter,** in: JbVk 9, 1986, 56-71.

59. **Wallfahrten gegen das Hakenkreuz,** in: Festgabe Heinz Hürten zum 60. Geburtstag, hrsg. v. Harald Dickerhof, Eichstätt 1988, 443-465.

60. **Ostbayerische Volksfrömmigkeit im 19. Jahrhundert auf der Grundlage der Physikatsberichte,** in: Ostb. Grenzmarkcn 1989, 86-97.

61. **Volksfrömmigkeit,** in: Handbuch der bayer. Kirchengeschichte III, St. Ottilien 1991, hrsg. v. Walter Brandmüller, 809-844.

62. **Wallfahrerinnen und Wallfahrer aus Zusmarshausen,** in: Zusmarshausen (= Nr. 8), 203-222.

63. **Die Verehrung des hl. Ulrich im religiösen Brauchtum,** in: Rheticus, Heft 2, 1993, 115-126.

64. **Volksfrömmigkeit,** in: Handbuch der bayer. Kirchengeschichte II, St. Ottilien 1993, hrsg. v. Walter Brandmüller, 871-961.

65. **Testamente der Landbevölkerung als Quellen zur Frömmigkeit,** in: JbVk 18, 1995, 155-164.

66. **Die Wallfahrt zum Prager Jesulein in Oberschönenfeld,** in: Kloster Oberschönenfeld, hrsg. v. Werner Schiedermair, Donauwörth 1995, 149-153, 206f..

67. **Augsburger Mirakelbücher,** in: Augsburger Buchdruck und Verlagswesen, hrsg. v. Helmut Gier u. Johannes Janota, Wiesbaden 1997, 653-682.

68. **Volksfrömmigkeit,** in: Handbuch der bayer. Kirchengeschichte I, St. Ottilien 1999, hrsg. v. Walter Brandmüller, 995-1078.

Ortsgeschichtliche Studien

69. **Kaufbeuren und Irsee. Reichsstadt und Kloster im Mittelalter,** in: Kaufbeurer Geschichtsblätter 5, 1969, 179ff.

70. **Das neue Landkreiswappen. Seine Begründung aus der Geschichte,** in: HVLAJb 1974, 20-28.

71. **Zur Ortsgeschichte von Rommelsried,** in: F. Feuerwehr Rommelsried 1978, 35-48.

72. **Ottmarshausen als bischöfliches Lehen unter der Grundherrschaft Augsburger Patrizier,** in: Ottmarshausen, von den Anfängen der Siedlung bis zur Gegenwart, Ottmarshausen 1978, 25-52.

73. **Kirche und Schule in Ottmarshausen,** in: Ottmarshausen, l.c., 81-97.

74. **Kleine Chronik der großen Gemeinde (= Neusäß),** in: Gründungsfest d. F. Feuerwehren 1975, 4-51.

75. **Zur Ortsgeschichte von Schlipsheim,** in: 35 Jahre Unterhaltungsverein „Frohsinn", Schlipsheim 1983, 53-65.

76. **Herrschaftsgeschichte,** in: Neusäß, (= Nr. 5), 105-238.

77. **Eine Königsurkunde bringt etwas Licht in das Dunkel, das über dem Frühen Mittelalter liegt,** in: Zusmarshausen (= Nr. 8), 8-16.

78. **Die Entwicklung des Zentralortes Zusmarshausen vom späten Mittelalter bis zum Beginn des 20. Jahrhunderts,** in: Zusmarshausen (= Nr. 8), 17-43.

79. **Das Landgericht Zusmarshausen,** in: Zusmarshausen (= Nr. 8), 223-284.

80. **Die Entwicklung der drei Siedlungen vom späten Mittelalter bis zum Beginn des 20. Jahrhunderts,** in: Stadtbergen (= Nr. 9), 57-78.

81. **Pobinga - Der Eintritt in die Geschichte,** in: Bobingen (= Nr. 11), 65-72.

82. **Die Ministerialen „von Bobingen",** in: Bobingen (= Nr. 11), 73ff.

83. **Schwäbische Mirakelbücher. Zeugnisse der Sorgen und Nöte, aber auch des Glaubens unserer Vorfahren,** in: Ebbes - Z. f. d. Bayer. Schwaben 2, Heft 2, 1980, 23-25.

84. **Rieser Volksleben aus alten Mirakelbüchern,** in: Rieser Kulturtage-Dokumentation, Bd. III, 1980, 329-344.

85. **Das Dorf Irsee und seine Bewohner um 1700,** in: Das Reichstift Irsee (= Nr. 22), 168-180.

86. **Votivtafeln als Bildquellen zur Rieser Volkskultur,** in: Rieser Kulturtage-Dokumentation, Bd. IV, 1982, 510-525.

87. **Alltag in Alt-Nausäß,** in: 50 Jahre TSV Neusäß, Neusäß 1983, 4f.

88. **Die Votivtafeln in Mönchsdeggingen als Bildquellen für die Wallfahrts- und Kulturgeschichte des Rieses,** in: Rieser Kulturtage-Dokumentation, Bd. V, 1984, 450-462.

89. **Brauchtum,** in: Landkreis Unterallgäu, Bd. I, Mindelheim 1987, 417-431.

90. **Kirchliche und weltliche Feste,** in: Geschichte der Stadt Kempten, hrsg. v. G. Gottlieb u. a., Kempten 1989, 322-328.

91. **Brauchtum im Landgericht Kempten im 19. und zu Beginn des 20. Jahrhunderts,** in: Allgäuer Geschichtsfreund 1989/90, 79-94.

92. **Prosopographie und Volkskulturforschung,** in: Volkskultur - Geschichte - Region (= Festschrift Wolfgang Brückner), hrsg. v. D. Harmening u. a., Würzburg 1990, 111-127 (Quellen u. Forschungen zur europ. Ethnologie 7).

93. **Gehöfte und Personen auf Votivtafeln. Was archivalische Quellen dazu ergänzen können. Ein Beispiel aus Hiltenfingen in der Wallfahrtskirche Maria Hilf auf dem Lechfeld,** in: Schönere Heimat 79, 1990, 186-192.

94. **Von Ungarn bis Brabant - wo sich ledige Zusmarshauserinnen und Zusmarshauser im Jahre 1751 aufhielten,** in: Zusmarshausen (= Nr. 8), 176-178.

95. **Charakterisierung der Eichstätter im Jahre 1860,** in: Schönere Heimat 81, 1992, 72-76.

96. **Brauchtum und Volksfrömmigkeit,** in: Bobingen (= Nr. 11), 405-442.

Rechts- und Wirtschaftsgeschichte

97. **Das Halsgericht Zusameck - Dinkelscherben in der Zeit von 1483-1534,** in: HVLAJb 1982, 427-509.

98. **Finanzielle Aspekte des Wallfahrtswesens - Wallfahrtsorte als Kreditgeber im 17./18. und 19. Jahrhundert,** in: Daseinsvorsorge und Kreditvergabe vom 17. bis zum 20. Jahrhundert, Zeitschrift für bayerische Sparkassengeschichte, hrsg. v. Manfred Pix i. A. des Bayerischen Sparkassen u. Giroverbandes, München 1994, 45-50.

Sachvolkskunde

99. **Zur Geschichte der Bauweise der Bauern- und Bürgerhäuser (vor 1800) im Gebiet der Altmühlalb,** in: BJbVk 1983/84, 30-40.

100. **Haus und Gerät, Möbel und Gewand in den Gerichtsakten und Hinterlassenschaftsinventaren des 16.-18. Jahrhunderts am Beispiel der Reischenau,** in: HVLAJb 19, 1983/84, 193-209.

101. **Häuser unter dem Legschieferdach,** in: Schönere Heimat 76, 1987, Heft 2, 103-104.

102. **Alte Ansichtskarten aus den Ortsteilen der Einheitsgemeinde,** in: Bild der Heimat, Neusäß 1984, 83-111.

103. **Andachtsbildchen der Wallfahrt Maria Brünnlein,** in: Rieser Kulturtage-Dokumentation, Bd.V, 1984, 462-480.

104. **Gehöfte und Personen auf Votivtafeln. Was archivalische Quellen dazu ergänzen können. Ein Beispiel aus Hiltenfingen in der Wallfahrtskirche Maria Hilf auf dem Lechfeld,** in: Schönere Heimat 79, 1990, Heft 3, 186-192.

105. **Die Sachkultur der Bauern und Handwerker in der Frühen Neuzeit,** in : Stadtbergen (= Nr. 9), 361-388.

106. **Zur Geschichte des Hausbaus,** in: Häuser - Möbel - Trachten (= Nr. 10), 11-132.

107. **Möbel und ländliche Wohnkultur,** in: Häuser - Möbel - Trachten (= Nr. 10), 133-193.

108. **Die Häuser der Bauern und Handwerker,** in: Bobingen (= Nr. 11), 477-496.

109. **Möbel, Geschirr und Gerät,** in: Bobingen (= Nr. 11), 497-512.

110. **Eine Fortsetzung der Sachkulturforschung: Geschirr und Gerät,** in: Geschirr und Gerät (= Nr. 12), 9-28.

111. **Herd und Ofen, Backküche und Backofen,** in: Geschirr und Gerät (= Nr. 12), 29-52.

112. **Bäuerliche Arbeitsgeräte und Werkzeuge,** in: Geschirr und Gerät (= Nr. 12), 131-186.

Kunstgeschichte

113. **Spuren romanischer Kunst,** in: Kunstgeschichte (=Nr. 14), 16-29.

114. **Glocken als Zeugnisse der Kunst und der Frömmigkeit,** in: Kunstgeschichte (=Nr. 14), 102-139.

115. **Die Kirchenausstattung der Barockzeit,** in: Kunstgeschichte (=Nr. 14), 320-371.

Biographien

116. **Der Kalligraph Leonhard Wagner aus Schwabmünchen (1454-1522). Leben und Werk,** in: HVLAJb 1973, 106-133.

117. **Pfarrer Anton Ginter (1679-1725), der große Förderer der Biberbacher Wallfahrt,** in: HVLAJb 1980/81, 391-409 (s. a. Nr. 7).

Bibliographien

118. **Literatur zur Augsburger Bistumsgeschichte,** in: JbVABG 5, 1971, 222-230.

119. **Quellen und Literatur zur Geschichte von Ottmarshausen,** in: Ottmarshausen (= Nr. 72), 173-182.

Liste der verwendeten Abkürzungen :

BJbVk: Bayerisches Jahrbuch für Volkskunde.
HVLAJb: Heimatverein für den Landkreis Augsburg, Jahresbericht.
JbVABG: Jahrbuch des Vereins für Augsburger Bistumsgeschichte.
JbVk: Jahrbuch für Volkskunde, Neue Folge i. A. der Görres Gesellschaft.
StMB: Studien und Mitteilungen zur Geschichte des Benediktinerordens und seiner Zweige.

Ralph-Ingo Stempfle M.A. (18.11.1998)
URL : http://www.ku-eichstaett.de/GGF/VK/vkwplit.htm

Biographische Notizen

Walter Pötzl

23.03.1939:	geboren in Plan (Egerland), aufgewachsen im nahen Ottenreuth,
	nach der Vertreibung
1946 - 1952:	Besuch der Volksschule in Ebersbach (Allgäu)
1952 - 1960:	Besuch der Human. Gymnasien Kempten, Hirschberg und Kaufbeuren
1960 - 1965:	Studium der kath. Theologie, Germanistik und Geschichte an der Ludwig-Maximilians-Universität München
1965:	1. Staatsexamen für das Lehramt am Gymnasium
1967:	Promotion zum Dr. theol. (mit der von Prof. Dr. Hermann Tüchle betreuten Dissertation: „Geschichte des Klosters Irsee 1182 - 1501")
1969:	2. Staatsexamen, anschließend Studienassessor am Gymnasium Neusäß
1970 - 1972:	wiss. Assistent am Seminar für Kirchengeschichte des Mittelalters und der Neuzeit in München
1972 - 1983:	Studienrat/Oberstudienrat am Gymnasium Neusäß
1975 - 1983:	Lehrauftrag für Landes- und Volkskunde an der Katholischen Universität Eichstätt
01.09.1983:	Berufung auf die Professur für Volkskunde der Katholischen Universität Eichstätt
seit 01.04.1984:	(im Ehrenamt) Kreisheimatpfleger für den Landkreis Augsburg

Autorenverzeichnis

Bauer, Erich, Welden,
Heimatverein für den Landkreis Augsburg e. V.,
Leiter der Geologischen Untersuchungen

Brückner, Wolfgang, Prof. Dr. (em.), Würzburg,
Universität Würzburg, Institut für deutsche Philologie,
Volkskundliche Abteilung

Daxelmüller, Christoph, Prof. Dr., Regensburg,
Universität Regensburg, Institut für Volkskunde

Doering-Manteuffel, Sabine, Prof. Dr., Augsburg,
Universität Augsburg, Fach Volkskunde

Finkenstaedt, Thomas, Prof. Dr. (i.R.), Wildsteig,
Universität Augsburg,
Lehrstuhl für Englische Sprachwissenschaft

Flachenecker, Helmut, Priv. Doz. Dr., Göttingen,
Max-Planck-Institut für Geschichte, -Germania Sacra-,Göttingen

Fleiner, Lorenz, Gersthofen,
Heimatverein für den Landkreis Augsburg e. V.

Fried, Pankraz, Prof. Dr. (i.R.), Heinrichshofen,
Universität Augsburg,
Lehrstuhl für bayerische und schwäbische Landesgeschichte
Vorsitzender der schwäbischen Forschungsgemeinschaft

Gabor, Ingo, M.A., Eichstätt,
Kunsthistoriker

Gruber, Udo, Neusäß,
Heimatverein für den Landkreis Augsburg e. V.,
Arbeitskreis Vor- und Frühgeschichte

Haderthauer, Wolfram, Göppingen/Eichstätt,
Realschullehrer

Hartinger, Walter, Prof. Dr., Passau,
Universität Passau, Lehrstuhl für Volkskunde

Hartmann, Anni, Zusmarshausen,
Lehrerin

Heller, Hartmut, Prof. Dr., Nürnberg,
Universität Erlangen-Nürnberg, Fach Landes- und Volkskunde

Heydenreuter, Reinhard, Priv. Doz. Dr. habil., München,
Archivdirektor bei der Generaldirektion der Staatlichen Archive Bayerns

Hürten, Heinz, Prof. Dr. (em.), Eichstätt,
Katholische Universität Eichstätt,
Lehrstuhl für Neuere und Neueste Geschichte

Kohlberger, Alexandra, M.A., Augsburg,
Wissenschaftliche Assistentin des Kreisheimatpflegers für den Landkreis Augsburg

Konrad, Anita, M.A., Eichstätt
Volkskundlerin

Kosel, Karl, Dr., Biberbach,
Diözesankonservator und Kunsthistoriker

Linke, Rainer, Königsbrunn,
Leiter des Archäologischen Museums, Königsbrunn

Maier, Konstantin, Prof. Dr., Eichstätt,
Kath. Universität Eichstätt,
Lehrstuhl für Mittlere und Neue Kirchengeschichte

Markmiller, Fritz, Architekt Dipl.-Ing. Dr., Dingolfing,
Kreisheimatpfleger f. d. Landkreis Dingolfing-Landau

Mayer, Bettina, M.A., Eichstätt,
Katholische Universität Eichstätt,
Wiss. Mitarbeiterin an der Professur für Volkskunde

Merz, Richard, Dr., Achsheim,
Stadtsparkasse Augsburg

Miedaner, Stefan, Dr., Augsburg,
Leiter des Archivs des Bistums Augsburg

Nitsch, Gudrun, Gablingen,
Leiterin des Archäologischen Museums, Gablingen

Reißer, Gudrun, M.A., Ostendorf,
Leiterin der Museen Donauwörth

Roth, Hans, München,
Geschäftsführer des Bayer. Landesvereins für Heimatpflege e. V.

Ruckdeschel, Wilhelm, Prof. Dipl.-Ing. (i.R.), Augsburg,
Fachhochschule Augsburg,
Leiter des Instituts für Technikgeschichte

Scharrer, Werner, Dr., Dietmannsried,
Diplom Historiker

Schlegl, Petra, M.A., Seeg/Eichstätt,
Kunsthistorikerin

Schmid, Alois, Prof. Dr., München,
Universität München, Institut für Bayerische Geschichte,
Lehrstuhl für mittelalterliche und vergleichende Landesgeschichte

Schmid, Gudrun, Aichach,
Lehrerin, Heimatverein für den Landkreis Augsburg e. V.,
Arbeitskreis Vor- und Frühgeschichte

Schneider, Otto, Augsburg,
Fachheimatpfleger für Vor- und Frühgeschichte für den Landkreis Augsburg

Simnacher, Georg, Dr., Augsburg,
Bezirkstagspräsident

Stempfle, Ralph-Ingo, M.A., Ingolstadt/Eichstätt,
Historiker

Till, Anneliese, M.A., Wemding/Eichstätt
Volkskundlerin

Tredt, Rainer, Eichstätt

Veit, Manfred, Dipl.-Ing., Bittenbrunn/Eichstätt,
Ing. f. Luft- u. Raumfahrttechnik, Sachverständiger

Wagner, Richard, Schwabmünchen,
Kreisheimatpfleger f. d. ehemaligen Landkreis Schwabmünchen

Wahl, Karl, Augsburg,
Heimatverein für den Landkreis Augsburg e. V.

Willi, Gerhard, M.A., Augsburg,
Wissenschaftlicher Mitarbeiter des Bezirksheimatpflegers

Witetschek, Helmut, Prof. Dr., Eichstätt,
Katholische Universität Eichstätt,
Lehrstuhl für Politikwissenschaft I

Würmseher, Markus, Dipl.-Ing. (FH), Rain/Eichstätt
Architekt

Zimmermann, Winfried, Großaitingen,
Heimatverein für den Landkreis Augsburg e. V.